近代天津民间借贷研究
（1900—1949）

A Study on the Civile Debit of Modern Tianjin
（1900—1949）

冯 剑 著

天津出版传媒集团

天津古籍出版社

图书在版编目（CIP）数据

近代天津民间借贷研究：1900—1949 / 冯剑著. -- 天津：天津古籍出版社，2021.3
ISBN 978-7-5528-1044-8

Ⅰ.①近… Ⅱ.①冯… Ⅲ.①民间借贷—研究—天津—1900-1949 Ⅳ.①F830.589

中国版本图书馆CIP数据核字（2020）第221461号

近代天津民间借贷研究：1900—1949
JINDAI TIANJI NMINJIAN JIEDAI YANJIU：1900-1949

冯　剑 / 著

出　　版	天津古籍出版社
出 版 人	张　玮
地　　址	天津市和平区西康路35号康岳大厦
邮政编码	300051
邮购电话	（022）23517902
责任编辑	刘艳艳　王海燕　王宇英
装帧设计	鞠佳美
印　　刷	北京建宏印刷有限公司印刷
经　　销	全国新华书店发行
开　　本	700毫米×1000毫米　1/16
印　　张	26.75
字　　数	436千字
版次印次	2021年3月第1版　2021年3月第1次印刷
定　　价	98.00元

版权所有　侵权必究
图书如出现印装质量问题，请致电联系调换（022-23517902）

国家社科基金后期资助项目
出 版 说 明

　　后期资助项目是国家社科基金设立的一类重要项目，旨在鼓励广大社科研究者潜心治学，支持基础研究多出优秀成果。它是经过严格评审，从接近完成的科研成果中遴选立项的。为扩大后期资助项目的影响，更好地推动学术发展，促进成果转化，全国哲学社会科学工作办公室按照"统一设计、统一标识、统一版式、形成系列"的总体要求，组织出版国家社科基金后期资助项目成果。

全国哲学社会科学工作办公室

目　录

绪　论 ………………………………………………………………… 1

第一卷

第一章　近代天津城市的发展变迁与民间借贷 ……………………… 37
　第一节　晚清时期天津城市的变迁与民间借贷 …………………… 38
　第二节　北洋时期天津城市的发展与民间借贷 …………………… 48
　第三节　南京国民政府时期天津城市的变迁与民间借贷 ………… 62
　小　结 ……………………………………………………………… 76

第二章　近代国家对天津民间借贷的管理 …………………………… 78
　第一节　清末天津政府对民间借贷的管理 ………………………… 80
　第二节　北洋时期天津政府对民间借贷的治理 …………………… 88
　第三节　南京国民政府时期国家对民间借贷的治理 ……………… 96
　小　结 ……………………………………………………………… 105

第二卷

第三章　近代天津城市家族与民间借贷 ……………………………… 111
　第一节　家族与民间借贷——以天津冯氏家族为例 ……………… 111
　第二节　近代社会变迁中的家族与借贷 …………………………… 114

第三节　近代天津商业家族与民间借贷 …………………… 123
第四节　家庭中兄弟、夫妻以及亲属与民间借贷 …………… 126
小　结 ……………………………………………………………… 130

第四章　近代天津民间私人借贷 ……………………………… 133
第一节　民间私人消费借贷 ……………………………………… 133
第二节　民间商业借贷 …………………………………………… 149
第三节　民间商业合伙债务问题 ………………………………… 171
小　结 ……………………………………………………………… 182

第五章　近代天津的高利贷 …………………………………… 184
第一节　近代天津高利贷与治理 ………………………………… 184
第二节　近代天津娼妓业高利贷治理 …………………………… 197
小　结 ……………………………………………………………… 214

第三卷

第六章　近代天津的民间借贷组织：合会 …………………… 219
第一节　合会概述 ………………………………………………… 219
第二节　民国时期天津城市丧葬类合会的蜕变兴衰 ………… 225
小　结 ……………………………………………………………… 253

第七章　"穷人的后门"：近代天津典当业 ………………… 254
第一节　近代天津典当业的类型与组织 ………………………… 254
第二节　近代天津典当业营业方式 ……………………………… 259
第三节　近代天津典当业借贷资本 ……………………………… 265
第四节　近代天津典当业的衰落 ………………………………… 271
小　结 ……………………………………………………………… 279

第八章　近代天津民间商业借贷机构 ………………………… 281
第一节　近代民间商业借贷机构 ………………………………… 281

第二节　近代天津票号与民间借贷 …………………………… 290
　　第三节　近代天津钱庄与民间借贷 …………………………… 300
　　小　结 …………………………………………………………… 332
第九章　近代天津新式金融机构与民间借贷 ……………………… 334
　　第一节　近代银行与民间借贷 ………………………………… 334
　　第二节　关注民生：银行的小额借贷 ………………………… 349
　　小　结 …………………………………………………………… 353
第十章　近代天津官商合办小本借贷 ……………………………… 355
　　第一节　小本借贷处成立之初的官商博弈 …………………… 356
　　第二节　慈善与谋利：借款中的官商博弈 …………………… 361
　　第三节　小本借贷处的实际运作 ……………………………… 366
　　第四节　官商在借贷处中的重新定位 ………………………… 377
　　第五节　小本借贷处的绩效与不足 …………………………… 384
　　小　结 …………………………………………………………… 387

结　语 ………………………………………………………………… 391
参考文献 ……………………………………………………………… 401
后　记 ………………………………………………………………… 419

绪　论

一、研究意义和学术史回顾

借贷不仅是社会经济生活运转中一个常见的经济现象,而且也具有深刻的政治和社会文化内涵。借贷有对国外的外债,有政府所举的公债,也有用于民间大众日常生活与生产运作的民间借贷。民间借贷[①]不仅关乎民生,还是为社会经济的发展提供资金的重要融资渠道之一,因而也越来越受到学者的关注。

然而,长期以来,学界对民间借贷的性质与作用一直有着争论。有的学者认为它是社会经济发展的重要动力,为正规金融的重要补充[②],需要大力支持;有的则视之为非法与高利贷的同义语,要求严格规范、限制甚至禁止[③]。由此可见,民间借贷问题需要进一步地深入研究。对民间借贷历史的研究无疑是民间借贷研究的一个重要的维度。关于中国古代民间借贷尤其是高利贷的研究已经取得了非常丰硕的成果。[④] 近代中国民间借贷的整体性的研究成果主要有以下论著:

[①] 关于"民间借贷"这个概念,各种词典众说纷纭。如《当代金融辞典》(北京:中国经济出版社,2000年,第137页):民间信用又称民间借贷或个人信用,不通过业已存在的金融机构而私下进行的货币或非货币的借贷活动,是一种比较原始的直接信用形式。《简明金融词典》(北京:改革出版社,1996年,第16页):居民个人之间以货币或实物形式提供的直接借贷。《金融辞海》(长春:吉林人民出版社,1994年,第210页):指居民个人或集体单位及其相互间提供的信用等等。对民间借贷概念的探讨,可参见李道永:《民国时期民间借贷习惯研究》,郑州大学博士学位论文,2012年,第6页;陈峥、李云:《三十年来近代中国乡村民间借贷研究综述》,《中国农史》2013年第2期;等等。本书中的天津民间借贷指的是天津市民个人、家族和商铺、企业之间及其与其他机构主体间的借贷融通资金的行为。

[②] 朱荫贵:《论近代中国民间金融资本的地位和作用》,《北京大学学报》2012年第3期,第140~151页。文章认为民间资本对近代中国工商业的发展需求提供了必要的供给。

[③] 李金铮、邹晓昇:《二十年来中国近代乡村经济史的新探索》,《历史研究》2003年第4期。

[④] 李金铮:《借贷关系与乡村变动——民国时期华北乡村借贷之研究》,保定:河北大学出版社,2000年。

（一）对近代民间借贷的整体研究

奠定中国近代民间借贷研究基石的是李金铮的两部著作——《借贷关系与乡村变动——民国时期华北乡村借贷之研究》与《民国乡村借贷关系研究》。① 这两书分别对华北和长江中下游两个中国典型经济区域的乡村借贷进行了研究，研究表明，它们并没有本质的区别：贫穷是农民借贷的最主要原因；消费是借贷的主要用途，借贷的形式主要有私人、店铺、典当、合会、钱庄借贷等，还有新式借贷如合作社、银行借贷等；资金的来源除了地主、豪绅、商人以外，还有农民互借。高利贷是残酷的，但是其存在也有历史的合理性，对农民的生存和简单再生产的维持是必需的。典当业的利率受到政府的限制，同时对百姓的生活利大于弊。新式借贷的特点是间接债务和债权，手续比其他民间借贷形式复杂，强调把贷款应用到生产上。新式借贷是乡村借贷的转型和现代化的重要标志，对乡村发展具有重大的意义，但是它管理混乱，不能满足农民的要求。新式乡村借贷关系没有形成，其根本的原因在于没有稳固的政权和体制。这两部著作在挖掘了大量新的历史资料的基础上，确立了研究民间借贷问题的基本框架：在范围上，既涉及国统区，也对中共政权控制下的民间借贷问题进行了深入的探讨；对以往人们探讨不多的钱会、新式借贷等问题进行了比较深入的研究；对以往人们在民间借贷问题上（如私债、高利贷、典当等）的一些偏见和误解进行了修正和澄清；以民间借贷为窗口，对国家政权和乡村社会的互动关系以及近代乡村社会经济的变迁轨迹进行了有价值的探讨。因此，这两部书被一些学者称为民间借贷研究集大成之作，为深入研究近代中国民间借贷问题奠定了深厚的基础。

徐畅的《二十世纪二三十年代华中地区农村金融研究》，对20世纪30年代华中农村地区的传统民间借贷进行了深入的实证研究，对民国时期的现代农业金融的兴起和物价变迁以及地权对农民生活的影响进行了深入分析，进一步推进了区域民间金融的研究。②

高石钢的《高利贷与20世纪西北乡村社会》，对整个20世纪西北乡村的民间借贷尤其是高利贷进行了研究，对高利贷和西北乡村社会经济的关系进行了深入分析，对解决乡村高利贷问题提出了建议。③

---

① 李金铮：《借贷关系与乡村变动——民国时期华北乡村借贷之研究》，保定：河北大学出版社，2000年。李金铮：《民国乡村借贷关系研究》，北京：人民出版社，2003年。
② 徐畅：《二十世纪二三十年代华中地区农村金融研究》，济南：齐鲁书社，2005年。
③ 高石钢：《高利贷与20世纪西北乡村社会》，北京：中国社会科学出版社，2011年。

俞如先的《清至民国闽西乡村民间借贷研究》一书，认为清代闽西乡村借贷来源是多元的，用途是多样的。乡族代表了闽西民间借贷最高的组织形式。高利贷只发生在局部和一定的历史时期。商业资本进入借贷领域。关于利率，闽西也有自己的特点。民间借贷对生产生活的维系作用是巨大的，把民间借贷等同于高利贷是错误的。①

李道永的博士论文《民国时期民间借贷习惯研究》，运用博弈等新的理论对民国时期民间借贷习惯的形成和特点进行了研究。②

此外，还有一些文章也对民间借贷进行了研究，如傅建成的《二三十年代农家负债问题分析》、单强的《民国时期江南农村信贷市场之特征》等。③一些外国学者的论著如马若孟的《中国农民经济》④、黄宗智的《长江三角洲小农家庭与乡村发展》⑤等对这个问题也有所涉及。

龚关的《近代天津金融业研究（1861—1936）》，从区域经济发展与国家和近代天津金融的关系两个角度对近代天津的金融机构进行了宏观研究，提出了政治对近代天津金融业具有巨大影响与传统和现代的金融具有互补性等结论。⑥

（二）关于近代高利贷诸问题的争论

高利贷问题是民间借贷研究中的一个重要内容，但是关于高利贷的定义则众说纷纭。一些学者认为民间借贷都有一定的高利贷性质或者以高利贷为主体。⑦李金铮还区分了两种意义上的高利贷，认为私人、店铺等高利贷是一般意义上的高利贷，而典当和钱铺等机构高利贷属于严格意义

---

① 俞如先：《清至民国闽西乡村民间借贷研究》，天津：天津古籍出版社，2010年。
② 李道永：《民国时期民间借贷习惯研究》，郑州大学博士学位论文，2012年。
③ 傅建成：《二三十年代农家负债问题分析》，《中国经济史研究》1997年第3期。单强：《民国时期江南农村信贷市场之特征》，《中国经济史研究》1995年第2期。另外，还有一些硕士论文对一些区域民间借贷进行了具体研究，如顾玉乔：《清以来徽州乡村民间借贷研究——以〈徽州文书〉中收录的收借条为中心》，安徽大学硕士学位论文，2014年。杨贞：《清代前期民间借贷法律研究》，河北大学硕士学位论文，2011年。徐攀：《晚清至民国时期赣南地区借贷关系研究》，赣南师范学院硕士学位论文，2013年。陈立谨：《晚清以来济南金融业研究：晚清至1937年》，山东大学硕士学位论文，2007年。
④ 〔美〕马若孟著，史建云译：《中国农民经济：河北和山东的农业发展（1890—1949）》，南京：江苏人民出版社，1999年。
⑤ 〔美〕黄宗智：《长江三角洲小农家庭与乡村发展》，北京：中华书局，1992年。
⑥ 龚关：《近代天津金融业研究（1861—1936）》，天津：天津人民出版社，2007年。
⑦ 徐畅：《近代长江中下游地区农村典当三题》，《安徽史学》2005年第3期。刘征：《民国时期甘宁青农村高利贷问题探析》，《历史教学》2011年第1期，第16页。陈峥：《民国时期广西农村高利贷研究》，广西师范大学硕士学位论文，2006年。李金铮：《近代太行山地区的高利贷——以20世纪二三十年代为中心》，李金铮：《近代中国乡村社会经济探微》，北京：人民出版社，2004年，第331页。

上的高利贷。① 但是，一些学者也指出，乡村借贷中一些私人借贷并不都是高利贷，还存在着大量的亲朋好友的互借和赈济性的借贷②，而且高利贷的比重也没有以往人们认为的那样高③。

关于高利贷的界定，有质和量两个方面。在质的界定方面，有的学者从社会形态的角度出发认为："在封建社会和半封建的旧中国社会中，各种信用，都带有高利贷的性质……都可以包括在高利贷这一名辞之内。"④常明明认为应该严格区分高利息和高利贷，是否为高利贷主要取决于借贷资金的使用目的，而不只是利率的高低。⑤ 还有的学者从国家认可的角度考虑，认为凡是国家规定为高利贷的就是高利贷，但同时要参考借贷的内容是现金还是实物以及市场变动等因素。⑥ 俞如先认为高利贷应该依据各个地区的不同习惯和传统分别界定。⑦ 李金铮从民俗学的角度指出：所谓的高利贷，是指那些超出社会认可，对债户非常苛刻的私人及店铺借贷利率习俗。⑧ 高利贷界定的混乱，使一些学者认为高利贷很难定义，如石毓符认为高利贷"这个名词含糊不清，因为任何高利并没有一个明确的界限"⑨。另外一些学者也意识到了这个问题，主张采取改换名称的办法，如赵毅认为最好称之为私债。⑩ 还有一些学者以其他的名字称呼之，如"民

---

① 李金铮：《近代太行山地区的高利贷——以20世纪二三十年代为中心》（李金铮：《近代中国乡村社会经济探微》，北京：人民出版社，2004年，第335页）："高利贷者分为一般高利贷者和严格意义的高利贷资本两部分，前者指以自己的部分家财放债取利，后者指从一般高利贷中分化出来的独立的生息资本形式，如典当、钱庄等。"
② 刘秋根：《明清高利贷资本》，北京：社会科学文献出版社，2000年。
③ 俞如先研究指出，高利贷在闽西乡村中所占的比例不大，只发生在局部和一定的历史时期（参见俞如先：《清至民国闽西乡村民间借贷研究》，天津：天津古籍出版社，2010年）。温锐也指出，乡村借贷的利率不如以往想象的那样高，存在着慈善借贷和亲友间的利率较低的借贷形式（参见温锐：《民间传统借贷与农村社会经济——以20世纪初期（1900—1930）赣闽边区为例》，《近代史研究》2004年第3期）。
④ 彭信威：《封建时代的高利贷》，北京图书馆藏油印论文。转引自刘秋根：《明清高利贷资本》，北京：社会科学文献出版社，2000年，第4页。
⑤ 常明明：《中国农村私人借贷关系研究——以20世纪50年代前期中南区为中心》，北京：中国经济出版社，2007年，第175页。
⑥ 陈峥：《民国时期广西农村高利贷研究》，广西师范大学硕士学位论文，2006年。
⑦ 俞如先：《清至民国闽西乡村民间借贷研究》，天津：天津古籍出版社，2010年，第329页。
⑧ 李金铮：《内生与延续：近代中国乡村高利贷习俗的重新解读》，《学海》2005年第5期。
⑨ 石毓符：《中国货币金融史略》，天津：天津人民出版社，1984年，第24页。转引自刘秋根：《明清高利贷资本》，北京：社会科学文献出版社，2000年。
⑩ 赵毅：《明代豪民私债论纲》，《东北师大学报》1996年第5期。

间抵押借贷"①、"古典借贷关系"②、"借贷资本"③等。但是所有这些新的定义都有问题,而且在事实上皆行不通。还有一些学者则干脆否认所谓高利贷的存在,如陈志武等认为高利贷是意识形态的产物,完全可以随着民间借贷市场的合法化和人们对它的文化偏见的消失而消失。④

在量的界定方面,多高的利率应该算是高利贷,学者也有不同的看法。方行先生从马克思理论出发,认为利率可以和土地、商业等收益相比较而存在,故而把年息率在15%以上视为高利贷。⑤ 1927年民国政府规定年息20%为高利贷的最高界限。俞如先通过对闽西乡村借贷的研究,认为高利贷利率在此地区应为36%。⑥ 刘秋根指出,凡带有经营谋利性质,且收益较一般地租收益高的借贷,均属于高利贷资本。⑦ 李金铮认为高利贷应指超出社会广泛认可的比较流行的借贷利率,是一个随着时代变迁而有所变化的动态利率。⑧

总之,高利贷的界定是一个非常复杂的问题。各地社会情况、经济发展水平千差万别,习俗和各地方人们的认可无疑是衡量某一借贷资本是否是高利贷的一种重要的维度。高利贷的界定首先应该是一种地方性的认识,国家的界定对此也有着重要的影响。

关于高利贷产生的原因,学者亦有着不同的看法。俞如先认为影响高利贷的主要因素有市场、竞争、风险、法律、宗族等。⑨ 刘征认为西北地区的高利贷是由商品经济和资本主义工商业不发达导致的。⑩ 温锐认为利息的高低与借贷风险的大小有密切关系,有时高利息是市场价格的一种补偿。⑪ 李金铮认为高利贷出现的主要原因在于乡村资金的缺乏⑫,同时,贫

---

① 周翔鹤:《清代台湾民间抵押借贷研究》,《中国社会经济史研究》1993年第2期。
② 秦晖:《汉代的古典借贷关系》,《中国经济史研究》1990年第3期。
③ 王曾瑜:《从市易法看中国古代的官府商业和借贷资本》,《大陆杂志》第85卷第1期,1992年。
④ 陈志武:《金融的逻辑》,北京:国际文化出版公司,2009年。
⑤ 方行:《清代前期农村的高利贷资本》,《清史研究》1994年第3期。
⑥ 俞如先:《清至民国闽西乡村民间借贷研究》,天津:天津古籍出版社,2010年。
⑦ 刘秋根:《明清高利贷资本》,北京:社会科学文献出版社,2000年,第4页。
⑧ 李金铮:《释"高利贷":基于中国近代乡村之考察》,《社会科学战线》2016年第9期。
⑨ 俞如先:《清至民国闽西乡村民间借贷研究》,天津:天津古籍出版社,2010年,第5~6页。
⑩ 刘征:《民国时期甘宁青农村高利贷问题探析》,《历史教学》2011年第1期。
⑪ 温锐:《民间传统借贷与农村社会经济——以20世纪初期(1900—1930)赣闽边区为例》,《近代史研究》2004年第3期。
⑫ 李金铮:《内生与延续:近代中国乡村高利贷习俗的重新解读》,《学海》2005年第5期。

困型生活借贷也是借贷利率高的重要因素①。彭凯翔、陈志武、袁为鹏认为,交易成本的理论对近代农村借贷的特征尤其是高利贷和习俗利息等有很高的解释力度,同时也应该注意人际关系的影响。② 林展、陈志武指出高利贷的产生应与地主剥削无关。③ 近来,陈志武等学者利用清代刑科题本命案记录,从生命风险角度对传统高利贷的形成作出了新的解释。④ 还有的学者认为高利贷是产权界定不明晰导致的。⑤ 一些学者认为政府法令对高利贷有一定的限制,但也有一些学者对此提出了反驳。⑥

关于高利贷利率和演变趋势⑦,刘秋根根据对明清时期高利贷的研究认为高利贷的利率有趋向稳定和下降的趋势。⑧ 王天奖通过对河南高利贷的研究认为高利贷者趋向多元化,高利贷的利率也总体趋高。⑨ 高石钢认为中国高利贷资本转化的趋势是向借贷资本转化。⑩ 陈志武等学者利用数据库对中国自清初至20世纪前期近300多年的利率长期变化进行了分析。⑪

关于高利贷的历史作用,以往的研究成果一度采取全面否定的态度,认为高利贷面目狰狞,充满血腥,吸尽了农民的膏血。⑫ 至今,当代的一些学者通过对区域经济的研究依然持有类似的看法,如王天奖对河南乡村的

---

① 李金铮:《近代太行山地区的高利贷——以20世纪二三十年代为中心》,李金铮:《近代中国乡村社会经济探微》,北京:人民出版社,2004年,第346页。
② 彭凯翔、陈志武、袁为鹏:《近代中国农村借贷市场的机制——基于民间文书的研究》,《经济研究》2008年第5期。
③ 林展、陈志武:《阶级身份、互联性交易、季节性与民间借贷——基于民国时期北方农村家计调查》,《清华大学学报》2015年第5期。
④ 陈志武、林展、彭凯翔:《民间借贷中的暴力冲突:清代债务命案研究》,《经济研究》2014年第9期。
⑤ 陆雷:《不完全产权的经济分析——应用于农村高息借贷的研究》,中国社会科学院研究生院博士学位论文,2002年。
⑥ 认为有影响的学者有张忠民、周玉英、曾维君等,反对的有李文治、章有义等。参见俞如先:《清至民国闽西乡村民间借贷研究》,天津:天津古籍出版社,2010年,第6页。
⑦ 俞如先对此作了总结,主要有三种观点:一种认为古代利率整体呈下降趋势,但发展却升降不定(曾维君);一种认为至清代前期呈下降趋势(漆侠、刘秋根);一种认为近代以来利率趋高(郑庆平、陈支平)。参见俞如先:《清至民国闽西乡村民间借贷研究》,天津:天津古籍出版社,2010年,第4~5页。
⑧ 刘秋根:《明清高利贷资本》,北京:社会科学文献出版社,2000年。
⑨ 王天奖:《近代河南农村的高利贷》,《近代史研究》1995年第2期。
⑩ 高石钢:《高利贷在中国古代的起源与发展问题探析》,《宁夏大学学报》2010年第3期。
⑪ 陈志武、彭凯翔、袁为鹏:《清初至二十世纪前期中国利率史初探——基于中国利率史数据库(1660—2000)的考察》,《清史研究》2016年第4期。
⑫ 李金铮、邹晓昇:《二十年来中国近代乡村经济史的新探索》,《历史研究》2003年第4期。

研究、刘征对西北地区的研究、陈峥对广西乡村高利贷的研究等。① 也有一些学者虽然总体否定高利贷,但也看到了高利贷的一些积极作用。近代较早全面评价高利贷的是费孝通先生。② 一些现代学者也看到高利贷在人们生产和生活中的不可或缺的作用,但是也指出了其道德上的缺失以及对经济的破坏作用。③ 可见,在看到高利贷在历史上的负面影响的同时,一些学者也更多地从它对生产和生活的作用方面对其进行了更加全面的评价。但是,也应看到高利贷在不同地区和不同时期内所产生的作用是不同的。

关于高利贷在近代的变迁,刘秋根指出从明清开始高利贷开始向借贷资本转化。④ 王天奖指出近代以来高利贷者日趋多元化,高利贷开始向近代工商业渗透,抵押借贷的比重越来越大,成为一种新的态势和特点。⑤ 徐畅认为20世纪30年代中国农村高利贷特点与以往不同,各种形式相互转化严重,具有层次性、间接性和隐蔽性,借贷队伍有了新的变化,土豪劣绅成为重要的成员,殖民性得到了加强。⑥ 温锐通过对20世纪初期苏区民间传统借贷状况的研究,认为借贷通过消费维持了再生产,借贷还较多地向商业性借贷延伸,有的还直接转变为生产性借贷。⑦ 而刘征则通过对西北一些地区的研究指出,高利贷对农村经济和农民生活的破坏在近代日趋严重。⑧

一些学者还对政府的高利贷治理进行了研究。孙季萌认为清代关于借贷的法律形式及内容尽管较为健全,却远未达到立法者所期待的效果,

---

① 王天奖:《近代河南农村的高利贷》,《近代史研究》1995年第2期。刘征:《民国时期甘宁青农村高利贷问题探析》,《历史教学》2011年第1期。陈峥:《民国时期广西农村高利贷研究》,广西师范大学硕士学位论文,2006年。
② 俞如先:《清至民国闽西乡村民间借贷研究》,天津:天津古籍出版社,2010年,第8~9页。
③ 参见刘秋根:《清代城市高利贷资本》,《中国经济史研究》1996年第4期。李金铮:《内生与延续:近代中国乡村高利贷习俗的重新解读》,《学海》2005年第5期。徐畅:《高利贷与农村经济和农民生活关系新论——以20世纪二三十年代苏、浙、皖三省农村为中心》,《江海学刊》2004年第4期。温锐:《民间传统借贷与农村社会经济——以20世纪初期(1900—1930)赣闽边区为例》,《近代史研究》2004年第3期。戴乐旺:《理性与道德之间:近代赣闽边民间借贷与乡村社会经济发展研究》,江西师范大学硕士学位论文,2003年。
④ 刘秋根:《明清高利贷资本》,北京:社会科学文献出版社,2000年,第9页。
⑤ 王天奖:《近代河南农村的高利贷》,《近代史研究》1995年第2期。
⑥ 徐畅:《20世纪20—30年代中国农村高利贷特点简述》,《烟台师范学院学报》2003年第1期。
⑦ 温锐:《民间传统借贷与农村社会经济——以20世纪初期(1900—1930)赣闽边区为例》,《近代史研究》2004年第3期。
⑧ 刘征:《民国时期甘宁青农村高利贷问题探析》,《历史教学》2011年第1期。

其根本原因在于统治者自身的局限性。① 李金铮认为民国时期政府规定的20%年息的法令显然没有成为一个被社会认可的新规则。② 李金铮新近的观点认为,高利贷是由借贷供求关系的不平衡所致的,如果政府扩大和泛化高利贷并予以激烈打击,将会导致民间借贷停滞、农民经济和生活难以为继的后果。③ 陈志武等认为对高利贷的道义批判可能加剧了借贷纠纷中的极端冲突。④

总之,高利贷问题非常复杂。关于高利贷有三种含义。第一种是从马克思货币理论出发的,就是将用于生息的非生产性的借贷视为高利贷,针对的是资本的用途。⑤ 第二种是从合法性的角度来看的,非官方的民间借贷就是高利贷,相对于银行或国家规定的利率高的民间借贷就是高利贷。第三种是从利率高低的角度来看的,高利贷有着超出社会认可的高利率。⑥ 对高利贷诸问题的争论与对高利贷含义的不同理解有着重要关系。

(三)合会概述

合会是中国具有悠久历史的民间金融组织,以血缘和情谊为基础,以互助合作为目的,对防止高利贷剥削和促进民间的经济发展与民生救济起到了缓急相济的作用。民国时期关于合会的研究专著主要有王宗培的《中国之合会》⑦、杨西孟的《中国合会之研究》⑧、费孝通的《江村经济》⑨和《乡土中国》⑩。林和成的《中国农业金融》⑪等书也对合会有所论述。其中王宗培的著作对合会的历史、作用、功能及当时全国各地合会的形式、内部的组织结构和类别、利息的计算以及会金的分配等问题进行了详细考察和论述,可以说是第一部对合会进行全面深入研究的著作,为以后的研究打下了坚实的基础。

---

① 孙季萌:《清朝的高利贷立法与规制略论》,苏州大学硕士学位论文,2016年。
② 李金铮:《政府法令与民间惯性:以国民政府颁行"年利20%"为中心》,《近代中国乡村社会经济探微》,北京:人民出版社,2004年。
③ 李金铮:《释"高利贷":基于中国近代乡村之考察》,《社会科学战线》2016年第9期。
④ 陈志武、林展、彭凯翔:《民间借贷中的暴力冲突:清代债务命案研究》,《经济研究》2014年第9期。
⑤ 黄鉴晖:《中国利息、利息率和市场利息率研究》,《山西财经大学学报》2007年第8期。
⑥ 李金铮:《释"高利贷":基于中国近代乡村之考察》,《社会科学战线》2016年第9期。
⑦ 王宗培:《中国之合会》,南京:中国合作学社,1935年。
⑧ 杨西孟:《中国合会之研究》,上海:商务印书馆,1935年。
⑨ 费孝通:《江村经济——中国农民的生活》,北京:商务印书馆,2002年。
⑩ 费孝通:《乡土中国 生育制度》,北京:北京大学出版社,2002年。
⑪ 林和成:《中国农业金融》,上海:中华书局,1936年。

近些年,合会的研究开始重新受到了人们的关注。徐畅的《"合会"述论》①一文,对20世纪二三十年代合会的运作功能类型和特点以及在农村借贷中的地位和发展趋势作了探讨。姜旭朝的《中国民间金融研究》②对农村合会进行了综述。单强和笡金生的《论近代江南农村的"合会"》③以及单强的《民国时期江南农村信贷市场之特征》④对江南农村中的合会组织的性质、运作数量、类型、功能等进行了论述,认为这种古老的组织依然有其价值。李金铮对合会的种类、内部结构、在乡村经济中的功能及其在近代的衰落和流弊进行了细致的考察。⑤ 邱建新的《论"合会"的信任机制》一文从社会学信任理论的角度出发,认为合会蕴含着社会生物学的基础,通过具有本土特色的信任文化,对建立乡土的"没有法律的社会秩序"起到了"社会黏合剂"的作用。⑥ 此外,一些国外学者的著作也对中国乡村中的合会有所论述,如明恩溥的《中国乡村生活》⑦、马若孟的《中国农民经济》⑧、黄宗智的《长江三角洲小农家庭与乡村发展》⑨等。

学界对合会性质的看法主要有几种。一种认为合会只是一种小规模的适合于前资本主义经济的金融组织,如王宗培等。⑩ 一种认为有些合会组织也有高利贷性质,如常明明看到湖南的标会就具有高利贷性质⑪,陈峥通过对近代广西乡村的研究表明标会有高利贷性质⑫。大多数学者认为合会是一种以亲朋关系维持起来的组织。但是费孝通先生在云南观察到一种合会组织,则是对亲友的回避。⑬

关于合会在近代的发展趋势,有的学者认为合会在近代走向了衰落,如李金铮、许畅等;有的认为还有发展和复兴的趋势,如单强等。吕利、曹

---

① 徐畅:《"合会"述论》,《近代史研究》1998年第2期。
② 姜旭朝:《中国民间金融研究》,济南:山东人民出版社,1996年。
③ 单强、笡金生:《论近代江南农村的"合会"》,《中国经济史研究》2002年第4期。
④ 单强:《民国时期江南农村信贷市场之特征》,《中国经济史研究》1995年第2期。
⑤ 李金铮:《借贷关系与乡村变动——民国时期华北乡村借贷之研究》,保定:河北大学出版社,2000年。李金铮:《民国乡村借贷关系研究》,北京:人民出版社,2003年。
⑥ 邱建新:《论"合会"的信任机制》,《江南大学学报》2007年第5期。
⑦ 〔美〕明恩溥著,午晴、唐军译:《中国乡村生活》,北京:时事出版社,1998年。
⑧ 〔美〕马若孟著,史建云译:《中国农民经济:河北和山东的农业发展(1890—1949)》,南京:江苏人民出版社,1999年。
⑨ 〔美〕黄宗智:《长江三角洲小农家庭与乡村发展》,北京:中华书局,1992年。
⑩ 参见王宗培:《中国之合会》,南京:中国合作学社,1935年,第272页。
⑪ 常明明:《中国农村私人借贷关系研究——以20世纪50年代前期中南区为中心》,北京:中国经济出版社,2007年,第155页。
⑫ 陈峥:《民国时期广西农村高利贷研究》,广西师范大学硕士学位论文,2006年。
⑬ 费孝通:《乡土中国 生育制度》,北京:北京大学出版社,2002年。

云飞认为合会在民国的上海社会中依然是比较普遍的,是合法的,但是他们所举的案例也表明合会的合法性问题出现危机。① 关于合会的改革,学者的意见有两种:一种认为可以保留但是利用政府的力量维持;一种认为可以由民间加以改良和利用,学界以此种意见居多。②

这种乡土组织在近代的城市中生存状态如何? 城市中与乡村中的合会有何差异? 城市与乡土环境不同,城市里的合会规模大、案件多,展现出了合会这种乡土金融组织所遇到的新问题。

(四)近代典当业述评

典当业是民间借贷的重要一环,民国以来就受到了一些学者的关注,如宓公干、陆国香、杨肇遇等关于近代中国典当业的著述。③ 还有一些文章对各地区典当业进行了介绍和研究。④ 民国时期有关天津典当业的主要著作有吴石城的《天津典当业之研究》⑤、赵兴国的《天津典当业之今昔》⑥、张皇的《天津当业》⑦等。

---

① 吕利、曹云飞:《民国时期上海地区的合会——(1918~1948)法制史的角度》,《枣庄学院学报》2007年第6期。

② 李金铮:《民国乡村借贷关系研究》,北京:人民出版社,2003年。

③ 宓公干:《典当论》,上海:商务印书馆,1936年。陆国香:《中国之典当》,《银行周报》第20卷第2号,1936年1月。杨肇遇:《中国典当业》,上海:商务印书馆,1933年。

④ 对典当的研究,1949年以前的主要文章有谭秉文:《北平当铺之研究》,《钱业月报》第14卷1、3、5期,1934年。朱博能:《福建省之典当业》,《银钱月报》第15卷第8期,1935年。中国联合准备银行调查室:《北京典当业之概况》,1940年。桂士逸:《北京典当业》,《中和》第2卷第3期,1941年。《豫鄂皖赣四省之典当业》,金陵大学农经系编印,1936年。《南京典当业调查》,《中行月刊》第7卷第2期,1933年8月。《上海之典当押质调查》,《工商半月刊》第1卷第23号,1929年12月。区季鸾:《广东之典当业》,国立中山大学经济调查处,1934年。徐启文:《中国典当业概况》,《商业月报》第16卷第3~5期,1936年3~5月。陆乃文:《中国典当业之概况》,《西北论衡》第8卷第3、4期,1940年2月。张一凡:《我国典当业之研究》,《中国经济》第2卷第8期,1934年8月。郭荣升:《中国典当业研究》,《南大半月刊》第13、14期,1934年。李祥煜:《我国之典当业》,《社会科学季刊》第1卷第2期,1942年。梁心沐:《中国典当业的没落过程》,《中国经济论文集》,上海:生活书店,1936年。刘仲谦:《典当业及其改善方案》,《南大经济》第2卷第2号,1933年。万铭键:《农村经济崩溃中典当业的兴起与没落》,《中国经济》第4卷第5期,1936年5月。蔡斌咸:《救济农村中之典当业》,《新中华》第2卷第15期,1934年8月。张由良:《吾国典当业的探讨》,天津《大公报》1935年5月22日。宓君伏:《典当业起源考》,天津《大公报》1935年12月27日。陆国香:《中国典当资本量之估计》,《农行月刊》第3卷第4期,1936年4月。陆国香:《中国典当业资本之分析》,《农行月刊》第3卷第5期,1936年。陆国香:《江苏典当业之衰落及问题》,《农行月刊》第3卷第6期,1936年6月。陆国香:《山西之质当业》,《民族》第4卷第6期,1936年。

⑤ 吴石城:《天津典当业之研究》,《银行周报》第19卷第63号,1935年9月。

⑥ 赵兴国:《天津典当业之今昔》,《河北省银行经济半月刊》第2卷第4期,1946年8月。

⑦ 张皇:《天津当业》,天津《益世报》,1934年。

中华人民共和国成立后,对近代中国典当业的研究更为深入,资料也日益丰富。一些当年的当业人士撰写回忆性的文章,对典当业的研究也起到了一定的推动作用。一些学者在典当业的研究方面出版了一些重要的著作。①

中华人民共和国成立后,关于天津典当业的回忆和研究性文章主要有王子寿的《天津典当业四十年的回忆》②。王绍惠的《沦陷前天津的典当业》③。此外,还有子珍、朱继珊的《天津典当业及其同业公会》④等。这些著述既有史料价值,也是进一步研究天津典当业的基础。天津典当业从业者大多来自山西,近年来关于近代山西商人的典当研究也有了一定的进

---

① 中华人民共和国成立后国内的研究成果主要有王廷元:《徽州典商述论》,《安徽史学》1986年第1期。常梦渠、钱椿涛主编:《近代中国典当业》,北京:中国文史出版社,1995年。刘鸿:《清末民初北京市的典当业》,《北京社会科学》1996年第1期。潘连贵:《近代上海的典当业》,《上海金融》1994年第2期。韦庆远:《清代典当业的社会功能》,载韦庆远:《明清史新析》,北京:中国社会科学出版社,1995年。刘秋根:《中国典当史研究的回顾与展望》,《中国史研究动态》1992年第8期。王世华:《明清徽州典商的盛衰》,《清史研究》1999年第2期。马俊亚:《混合与发展——江南地区传统社会经济的现代演变(1900~1950年)》,北京:社会科学文献出版社,2003年。马俊亚:《典当业与江南近代农村社会经济关系辨析》,《中国农史》2002年第4期。钱浩、蒋映铁:《民国时期的浙江典当业》,《浙江学刊》1997年第2期。范金民、夏维中:《明清徽州典商述略》,《徽学》(第二卷),合肥:安徽大学出版社,2002年。徐玲:《明清以来徽州典当业的地理分布及其社会影响:以长江三角洲的苏州等地为中心》,复旦大学硕士学位论文,2004年。李兴平:《略述清末民初的兰州典当业》,《甘肃行政学院学报》2002年第1期。刘建生、王瑞芬:《浅析明清以来山西典商的特点》,《山西大学学报》2002年第5期。刘建生、王瑞芬:《清代以来山西典商的发展及原因》,《中国经济史研究》2002年第1期。刘建生、王瑞芬:《试论明清时期山西典当业与社会各阶层的关系》,《生产力研究》2002年第2期。刘建生、王瑞芬:《试析明清时期山西典当业对国家财政金融的历史作用》,《生产力研究》2002年第4期。鲍正熙:《二十世纪上半叶苏州典当业述论》,苏州大学硕士学位论文,2001年。秦素碧:《民国时期四川典当业研究》,四川大学硕士学位论文,2003年。阴若天:《晚清时期典当业研究》,河北大学硕士学位论文,2011年。李莹:《近代山东典当业研究》,山东大学硕士学位论文,2016年。杨勇:《近代江南典当业研究》,复旦大学博士学位论文,2005年。李维庆:《中国近现代典当业之研究》,南开大学博士学位论文,2009年。潘敏德:《中国近代典当业之研究(1644~1937)》,《台湾师范大学历史研究所专刊》总第13期。罗炳锦:《清代以来典当业的管制及其衰落》,《食货月刊》复刊第7卷第5、6期。罗炳锦:《近代中国典当业的分布趋势和同业组织》,《食货月刊》复刊第8卷第2、3期。赖慧敏:《乾隆朝内务府的当铺与发商生息(1736~1795)》,《"中央研究院"近代史研究所集刊》1997年第28期。林益弘:《抵押品、利率与借贷市场——以台湾地区当铺业为例》,台湾中正大学硕士学位论文,1995年。洪士峰:《因物称信:典当业存在的基础》,台湾清华大学硕士学位论文,1999年。陈鸿铭:《急需借贷、交易成本与管制成本:以台湾当铺为例》,台湾中华大学硕士学位论文,2000年。

② 王子寿:《天津典当业四十年的回忆》,《文史资料选辑》第53辑,北京:文史资料出版社,1964年。

③ 王绍惠:《沦陷前天津的典当业》,《天津档案史料》1996年创刊号。

④ 子珍、朱继珊:《天津典当业及其同业公会》,常梦渠、钱椿涛主编:《近代中国典当业》,北京:中国文史出版社,1995年。

展,但依然有深入研究的空间。①

近年以来,对近代典当业的研究取得了非常丰硕的成果,有宏观的研究,有微观的研究;视角也非常多样,典当业内部的管理模式和机制、典当业的社会价值等相关研究都进一步深入。但是一些文章滞留于对典当业的简单的介绍,只具有资料性质,还需要加强深入研究。同时,对乡村典当业的研究较多,对近代城市典当业微观深入的研究还不多见,对城市中典当业同业公会的研究就更少了。②

(五)商业借贷机构:钱业与银行

票号是近代钱业的重要组成部分,也是民间借贷的商业借贷机构之一。关于票号的性质,何风群指出钱庄和票号分别代表帝国主义在华势力和封建保守势力,各自走上了不同的发展道路。③ 孔祥毅认为票号与清政府关系密切,辛亥革命后因失去靠山而衰落。④ 在1982年召开的金融会议上,关于票号、钱庄等性质的问题,引发了学者长时期的讨论。他们的讨论都是建立在马克思关于借贷与高利贷资本的论述的基础上的。黄鉴晖指出历来学者对山西票号的性质有两种认识:多数认为票号属于封建高利贷资本范畴,当然在表述上各有特点,但实质无异;少数学者认为票号属于中国银行业,或者属于民族资本范畴。⑤ 黄鉴晖对有学者提出的票号是封建高利贷的意见提出了质疑。⑥ 他对一些人主张票号资本为货币经营资本的意见也表示反对,并从马克思的论述出发,认为票号资本应为生息资本中的高利贷和借贷资本。⑦ 黄鉴晖认为银行产生于手工工场时代,西方的银行与中国的账局和票号等金融机构的性质是相同的。⑧ 张国辉也认为票号是中国封建社会金融业的主要组成部分,但19世纪20年代(清道光初年),它从兼营汇兑的商铺转为专营汇兑的金融组织以后,在调拨资金上为开展埠际贸易服务,起了促进商品流通的重大作用。一般说来,票号

---

① 王中良、杨小敏:《清代民国晋商典当业研究综述》,《衡水学院学报》2016年第5期。
② 关于典当业的学术史,参见刘秋根:《中国典当史研究的回顾与展望》,《中国史研究动态》1992年第8期。杨勇:《近代江南典当业研究》,复旦大学博士学位论文,2005年。
③ 何风群:《鸦片战争后钱庄和票号发展的不同道路》,《金融教学与研究》1985年第2期。
④ 孔祥毅:《山西票号与清政府的勾结》,《中国经济史研究》1984年第3期。
⑤ 黄鉴晖:《也谈山西票号和上海钱庄的性质——与洪葭管同志讨论》,《金融研究》1983年第1期。
⑥ 洪葭管:《略论山西票号、上海钱庄的性质和历史地位》,《近代史研究》1983年第2期。
⑦ 黄鉴晖:《"当铺、印局、账局、钱庄、票号"都是货币经营资本吗?——与孔祥毅教授讨论》,《高等财经教育研究》第19卷第3期,2016年。
⑧ 黄鉴晖:《银行起源刍议》,《高等财经教育研究》2014年第3期。

最初以黄河流域和华北各省为其主要的活动区域,并且以北京为其活动中心。事实上,当票号的业务转入发展阶段后,上海、汉口和福州等地都曾经是票号在东南地区的重要据点。同时,票号的业务也从汇兑扩展为办理存放款业务,成为完整形态的金融组织。①

关于票号在近代经济中的功能,孔祥毅将中国本土金融机构看作银行的先驱。② 柴达等人认为票号之所以首先在山西产生,这和山西商人雄厚的商业资本、遍布各地的商业贸易活动和分支机构、声名卓著的商业信誉以及山西商人同政府的良好关系等密切相关。③ 高洁认为山西票号是近代中国金融史上浓墨重彩的一笔,作为现代银行业的前身,从清代和近代以后,在资金运转、存、汇、兑等方面做出了重大贡献,它的许多经营制度和管理制度一直影响到今天。④ 燕红忠指出山西票号的创立和发展是中国传统金融发展过程中的一个重大创新,代表了中国金融体系的自主发展和演进路径。在山西票号的发展过程中,出现了类似于英格兰银行的发展因素,它们参与政府公共财政,并在金融市场中与政府进行策略互动,诸如代理国库、发行兑换券(纸币)和向国家银行的方向发展等。⑤

一些学者认为票号包含着许多近代因素。马嫒嫒认为山西票号是清末山西商人经营的金融企业。它的一整套制度安排如选人制度、用人制度、分配制度、地缘和业缘组织制度等都是有利于建立内部和外部信誉的,是低成本、高效率的。凭借着这些制度对行为的有效约束,山西票号在经营过程中一直保持着很高的信誉度。⑥ 郑仪立足于山西票号较为成功的经验,研究集体主义与个体主义文化共同对票号的制度建立和传递产生的内生影响,从微观视角关注票号内部财东与掌柜之间的互动,并揭示出了建立在东掌制度之上的激励与约束制度体系。基于比较历史制度分析的视角,不仅揭示了文化对于制度的影响,同时也发现了制度对于文化的促进作用,山西票号的制度体系促进了票号经营过程中财东与掌柜互相信任

---

① 张国辉:《十九世纪后半期中国票号业的发展》,《历史研究》1985年第2期。
② 孔祥毅:《中国银行业的先驱:典当、质店、押店》,《中国金融》2010年第8期。孔祥毅:《中国银行业的先驱:钱铺、钱庄、银号》,《中国金融》2010年第12期。孔祥毅:《中国银行业的先驱:印局与印子钱》,《中国金融》2010年第15期。孔祥毅:《中国银行业的先驱:账局、账庄、京钱庄》,《中国金融》2010年第18期。
③ 柴达、刘晓光:《试论山西票号形成的历史原因》,《晋中师范专科学校学报》1999年第1期。
④ 高洁:《浅析山西票号的历史地位》,《中国商论》2017年第8期。
⑤ 燕红忠:《从山西票号看传统金融的近代化转变——基于与英格兰银行发展路径的比较视角》,《财经研究》2014年第8期。
⑥ 马嫒嫒:《试论山西票号的信誉机制》,《山西师大学报》2003年第2期。

的文化的形成。① 李永福在其博士论文《山西票号研究》中也认为票号中有着值得借鉴的现代因素。② 如票号中盛行着一种股俸制。这一制度的实施,对于晋商的资本集中和经营管理改善均起到了一定作用。③ 还有学者指出,顶身股机制尽管没有在现代企业制度中延续,但其建构中的有效成分则成为中国现代企业组织的嫁接基础,现代企业组织中的官利制则是它最为明显的体现。④

关于票号衰落的原因,周子良认为票号习惯法体系的不完整性阻碍了票号更大规模的联合——组建银行。而票号未能组建银行,是山西票号衰败的主要原因之一。⑤ 李翠玲也指出晋商票号在社会信用环境的制约下,并未完成由传统向近现代的转型。⑥ 任朝英则认为票号之所以与现代银行失之交臂,是因为未能适应金融功能需求的演进,与外部环境失去协调。⑦ 有的学者认为这是信息不对称导致的。⑧ 李晶等人认为山西票号在辛亥革命前已积累了诸多风险,然而由于业务对象主要是商号,资金聚集在南方及承兑的公款数额大,山西票号在辛亥革命爆发后风险急剧放大,遂骤然衰落。晋商衰亡不是因为其封闭性,恰好相反,是由于其具备的开放精神。⑨ 魏潇箫认为山西票号近代化转型的失败,除了受其自身经营管理上封建性的束缚、竞争对手的挤兑以及当时动荡的时局等微观因素影响外,更重要的是当时的宏观政治环境对转型的影响。⑩ 孙建华认为洋务运动时期票号业进入了大发展时期,票号衰微的主要原因是竞争失败、经营不稳失去信誉、产权没有保障、缺乏银行和政府扶持。⑪ 杨欢指出山西票号与清政府一损俱损的关系、无法与现代银行进行竞争和动荡的社会形势

---

① 郑仪:《山西票号研究:一个比较历史制度分析的视角》,《经济问题》2017 年第 4 期。
② 李永福:《山西票号研究》,华东师范大学博士学位论文,2004 年。
③ 张正明:《清代晋商的股俸制》,《中国社会经济史研究》,1989 年第 1 期。
④ 兰日旭、兰如清:《山西票号顶身股机制再探析》,《福建师范大学学报》2014 年第 5 期。
⑤ 周子良:《论山西票号的习惯法体系》,《山西大学学报》2011 年第 2 期。
⑥ 李翠玲:《晋商票号的信用制度研究》,中央民族大学博士学位论文,2011 年。
⑦ 任朝英:《山西票号向现代银行转型失败的分析》,山西财经大学硕士学位论文,2015 年。
⑧ 李永福:《对山西票号转型失败的解读——基于信息不对称理论视角》,《经济问题》2007 年第 5 期,第 127~128 页。通行的观点把山西票号转型失败的原因归咎于其大掌柜的墨守成规。如果换一种思考方法,会发现这其实是由于信息不对称造成的,主要表现为:总号与分号的信息不对称;经营形势与经营业绩的信息不对称;商业环境与商业习惯的信息不对称。
⑨ 李晶、宋陆军:《从辛亥革命的视角审视山西票号的衰亡》,《金融理论与实践》2017 年第 5 期。
⑩ 魏潇箫:《山西票号近代化转型失败的原因和教训》,《齐齐哈尔大学学报》2017 年第 2 期。
⑪ 孙建华:《近代中国金融发展与制度变迁(1840—1945)》,北京:中国财政经济出版社,2008 年,第 375 页。

是票号衰落的外因,其自身经营制度的弊端和缺乏与时俱进的眼光是其衰落的内因。① 有的学者将英格兰银行和山西票号进行对比,认为二者均出现在两国工商业迅速发展的近代化转型时期,以"商业银行—国家的银行—发行的银行—银行的银行"为线索,通过比较分析二者在各自政府不同制度供给之下两种截然不同的发展过程,可以得出政府能够提供有效的制度供给是金融业近代化转型成功的重要因素的结论。② 孔祥毅指出,票号与清政府的联系是从19世纪50年代太平天国运动兴起以后开始的,票号与清政府的联系步步升级,以至如膝似漆,直到清王朝的崩溃为止。此间大体分作三个阶段:咸丰元年(1851)到同治三年(1864),票号与清政府的初步勾结;同治四年(1865)到光绪二十年(1894)中日甲午战争以前,票号与清政府进一步勾结,并充当清王朝的财政支柱;甲午战争(1894)到辛亥革命(1911),为票号与清政府勾结的顶峰。辛亥革命以后,票号因失去靠山迅速衰败。③

钱庄是近代钱业中最为重要的民间商业借贷机构。钱庄也称钱号、银号等,民国时期关于钱庄的主要论著有杨荫溥的《杨著中国金融论》④、潘子豪的《中国钱庄概要》⑤、卢孟宇的《我国之钱庄》⑥、魏承铨的《吾国钱庄于金融界之位置》⑦、王逢辛的《钱庄业在中国金融市场上之地位》⑧等。

---

① 杨欢:《20世纪初山西票号衰落的原因》,《黑龙江史志》2017年第1期。
② 刘建生、张宇丰:《英格兰银行与山西票号——近代化转型中的制度供给比较研究》,《东南学术》2017年第3期。
③ 孔祥毅:《山西票号与清政府的勾结》,《中国社会经济史研究》1984年第3期。
④ 杨荫溥:《杨著中国金融论》,上海:商务印书馆,1930年。
⑤ 潘子豪:《中国钱庄概要》,上海:华通书局,1931年。
⑥ 卢孟宇:《我国之钱庄》,《海光》第1卷第9期,1929年9月。
⑦ 魏承铨:《吾国钱庄于金融界之位置》,《钱业月报》第2卷第3号,1922年3月。
⑧ 王逢辛:《钱庄业在中国金融市场上之地位》,《钱业月报》第11卷第11号,1931年11月。

此外,还有一些对地方钱庄和钱庄功能的具体研究。①

中华人民共和国成立后,也有一些关于钱庄的著述。陈光明的《钱庄史》②,从历史的视角论述了钱庄的产生发展、内部的经营组织关系和制度、对市场和政治的影响。张国辉的《晚清钱庄和票号研究》③,从历史的角度对钱庄和票号在近代的演化进行了系统的考察,利用了大量的原始资料对外国金融业和中国钱庄、票号以及它们之间的关系进行了比较详细的考证。黄鉴晖的《中国钱庄史》叙述了钱庄从明代出现到民国衰落的过程,着重对钱庄的性质在近代的转变进行了讨论。④邹晓昇关于上海钱业公会的研究侧重于对钱业公会的组织功能和作用以及与政府关系和社会网络等方面的探讨。⑤

关于天津钱庄的著作和资料不多,主要有王子建等人著的《天津之银号》、日人所编的《天津的银号》以及近人杨固之等著的《天津钱业史略》等,但都是简介或者资料性的著作,缺乏全面而深入的研讨。韩国学者林地焕对近代天津钱庄业有一定的深入研究。⑥

关于近代钱庄,学术界主要讨论的问题是钱庄在近代的社会经济地位和功能、性质与作用。有的学者认为钱庄是落后的传统金融机构,近代更加成为外国进行经济侵略的工具。⑦如曲殿元认为天津银钱业存在缺少清算总机构和被外国金融操纵的两大弱点。⑧淑仪认为天津金融之五大

---

① 魏晋:《清代至民国钱庄发展变迁研究——基于钱庄数量与资本额的考量》,山西大学硕士学位论文,2012年。张恒静:《民国时期上海钱庄业的行业自治探析(1917年~1937年)——从金融法制视角》,西南政法大学硕士学位论文,2012年。李霖:《近代钱庄与票号对比研究及启示》,河南大学硕士学位论文,2013年。王亮亮:《金融风潮背景下钱庄内部控制研究》,复旦大学硕士学位论文,2014年。苏开亮:《钱庄的金融中介职能研究》,复旦大学硕士学位论文,2014年。朱园园:《中国钱庄发展问题研究——从1840年到1937年》,吉林大学硕士学位论文,2016年。赵婧:《近代上海方氏家族钱庄股权变动研究》,《中国经济史研究》2016年第5期。刘秋根、李潇:《清代前期钱铺银号的放款研究》,《河北大学学报》2013年第6期。朱荫贵:《论钱庄在近代中国资本市场上的地位和作用》,《社会科学》2011年第8期。易继苍:《钱庄业研究综述》,《学术界》2008年第1期。李一翔:《传统与现代的柔性博弈——中国经济转型过程中的银行与钱庄关系》,《上海经济研究》2003年第1期。杜恂诚:《近代上海钱业习惯法初探》,《历史研究》2006年第1期。魏忠:《近代上海钱业制度的内生性研究》,《山东经济》2011年第2期。潘庆中、龙登高:《近代上海钱庄银拆利率探究:基于1912~1933年上海汇划钱庄银拆的数据》,《经济研究》2015年第2期。
② 陈明光:《钱庄史》,上海:上海文艺出版社,1997年。
③ 张国辉:《晚清钱庄和票号研究》,北京:社会科学文献出版社,2007年。
④ 黄鉴晖:《中国钱庄史》,太原:山西经济出版社,2005年。
⑤ 邹晓昇:《上海钱业公会研究(1917~1937)》,复旦大学博士学位论文,2007年。
⑥ 林地焕:《论20世纪前期天津钱庄业的繁荣》,《史学月刊》2000年第1期。
⑦ 张国辉:《晚清钱庄和票号研究》,北京:社会科学文献出版社,2007年。
⑧ 曲殿元:《天津金融市场之组织》,《银行月刊》第7卷第10号,1927年10月25日。

弊端,大体上不能脱离山西票庄沿袭之精神。① 汪敬虞通过考察外国银行和洋行在中国金融界的竞争,认为在进口洋货的推销方面,中国钱庄的庄票是中国商人向洋行周转信用的重要工具。19世纪70年代以后,外国商业和中国商号、钱庄发生了前所未有的密切关系。② 姚会元通过对汉口钱庄的研究也认为,汉口的钱庄信用便利了外货的倾销,洋货向西南的倾销凭借的是汉口钱业的期票信用。③ 有的学者认为钱庄的存在是有合理性的,因为钱庄以信用放款为主,所以迎合了中国传统的商业习惯,而与银行鼎立。④ 马俊亚认为钱庄在提高服务质量、长期进行市场调查以及悉心研究商人心理方面取得了巨大的成就,满足了中国商人的需要。注重信用放款,是钱庄成功的关键。钱庄还起着沟通外商银行、华商银行的作用,更承担着沟通钱业市场和农副产品市场的重任,客观上为近代中国国民经济发展做出了巨大的贡献。马俊亚还指出,仅就外商银行与华商银行及钱庄资力比较而言,外商银行根本无法操纵钱庄。⑤ 朱荫贵也认为钱庄是中国传统金融机构的典型和代表之一。他还指出中国近代新式机器大工业企业诞生后,钱庄在资本市场上扮演了重要角色,为适应近代中国资本市场的需求,钱庄在经营习惯和制度等方面进行了相当多的改变和调适。他认为钱庄在近代中国资本市场上的地位和作用应该重新评价。⑥ 有的学者力图全面评价钱庄的历史地位,认为钱庄既有适应中国传统的一面,也有落后保守的一面;既有促进工商业的一面,也有依靠外国的一面。⑦ 近年来,对银号钱庄的研究出现了一些新的进展。左海军认为钱庄作为一种内生的金融机构,与银行一起支撑起了近代天津金融的格局,为社会经济发展和商品贸易提供支持。⑧ 孙睿利用新制度经济学的理论,对天津钱业同业公会与市场秩序的关系进行了研究,认为钱业同业公会在近代天津市场秩序的形成中具有一定作用。⑨

关于钱庄的性质,李金铮认为钱庄也是一种严格意义上的高利贷机

---

① 淑仪:《天津内国金融业之观察》,《银行周报》第12卷第3号,1928年1月17日,第21页。
② 汪敬虞:《十九世纪外国在华金融活动中的银行与洋行》,《历史研究》1994年1期。
③ 姚会元:《近代汉口钱庄研究》,《历史研究》1990年第2期。
④ 吴石城:《天津之银号》,《银行周报》第19卷第16号,1935年4月30日,第18页。
⑤ 马俊亚:《近代国内钱业市场的运营与农副产品贸易》,《近代史研究》2001年第2期。
⑥ 朱荫贵:《论钱庄在近代中国资本市场上的地位和作用》,《社会科学》2011年第8期。
⑦ 林地焕:《论20世纪前期天津钱庄业的繁荣》,《史学月刊》2000年第1期。
⑧ 左海军:《近代天津银号研究(1900~1937)》,华中师范大学博士学位论文,2014年。
⑨ 孙睿:《市场秩序与行业组织:近代天津钱业同业公会研究》,《中国经济史研究》2015年第5期。

构。① 张国辉认为钱庄在鸦片战争以前是属于高利贷性质的封建金融业，在鸦片战争后开始具有了借贷资本的性质。② 姚会元则认为钱庄某些方面与高利贷有共同之处，但是钱庄放款与商业关系密切，利率较典当低，灵活而又优惠，主要服务于中小商业机构。他认为近代汉口的钱庄有的向买办转化，有的向民族资本转化，封建性、买办性与民族资本性质兼而有之，而民族资本主义性则日益增强。③

关于钱庄在近代的发展趋势，姚会元认为钱庄在外国和本国压迫下日趋萎缩。④ 张国辉认为钱庄投资近代新式工商业，本身的力量也有所壮大。但他还指出从19世纪80年代开始钱庄在金融市场上的独立地位下降了，它既要仰承票号的鼻息，又不得不屈居外国银行的附庸地位，同时也为自己埋下了深刻的危机。⑤ 高海燕认为钱庄在近代出现了近代化的过程。⑥ 黄鉴晖认为钱庄从清咸丰年之后，开始由货币经营资本向生息资本转变，存放款业务渐渐成为它们的主业。⑦ 林地焕认为钱庄只是一种从传统到现代过渡性的金融机构。⑧ 钱庄其实并不保守，也从不拒绝现代化的改造。朱荫贵指出，能够根据外在社会环境变化调整、改革自身是钱庄业得以长期生存发展的根本原因。⑨ 左海军认为政府的控制是钱庄业在近代衰落的因素。⑩ 朱荫贵也分析认为钱庄业快速衰落的原因在于其角色定位的改变，因为南京国民政府实行的财政金融政策目的是建立统制全国的垄断金融体系，在这个体系中银行业是主角，钱庄业因其自身的传统和特点，成为被南京政府改造收编并纳入银行业中进行管理的对象。这种金融政策下，新的角色定位是直接导致这期间钱庄业快速衰落的决定性因素。⑪

银行是近代新式借贷的主要机构。20世纪80年代以来，对银行业的研究主要集中于银行的行业组织、银行与国家和银号的关系和银行对现代工商业的发展所起的作用等问题的讨论，关于银行对民间借贷的关系则较

---

① 李金铮：《近代中国乡村社会经济探微》，北京：人民出版社，2004年，第335页。
② 张国辉：《晚清钱庄和票号研究》，北京：社会科学文献出版社，2007年。
③ 姚会元：《近代汉口钱庄研究》，《历史研究》1990年第2期。
④ 姚会元：《近代汉口钱庄研究》，《历史研究》1990年第2期。
⑤ 张国辉：《晚清钱庄和票号研究》，北京：社会科学文献出版社，2007年，第120页。
⑥ 高海燕：《外国在华洋行、银行与中国钱庄的近代化》，《浙江大学学报》2003年第1期。
⑦ 黄鉴晖：《中国钱庄史》，太原：山西经济出版社，2005年。
⑧ 林地焕：《论20世纪前期天津钱庄业的繁荣》，《史学月刊》2000年第1期。
⑨ 朱荫贵：《论抗战时期的杭州钱庄业》，《安徽史学》2010年第1期。
⑩ 左海军：《近代天津银号研究(1900~1937)》，华中师范大学博士学位论文，2014年。
⑪ 朱荫贵：《抗战前钱庄业的衰落与南京国民政府》，《中国经济史研究》2003年第1期。

少关注。① 对于民国时期的银行及其他新式借贷,学者一度持全面否定的态度。② 当代一些学者对新式借贷进行了较为深入的研究。李金铮认为新式的银行借贷是农村金融近代化的开端,但是新式的银行在农村民间借贷中的作用是非常小的,主要原因是政治的不稳定。③ 高石钢对新式银行借贷在西北地区的作用进行了考察,也认为它没有对传统借贷产生根本性的冲击,金融现代化的目标并未实现。④ 合作社也是新式民间借贷机构的重要组成部分,赵泉民通过对民国时期合作社与乡村借贷关系的互动研究,认为靠行政力量自上而下进行的强制性制度变迁,其成效是与国家权威和政府官僚机构对此的认同度成正比的。20 世纪前半期政府强力推行的乡村合作事业,使得乡村借贷关系上出现了进化与异动两种局面并存的景象,折射出在建立现代民族—国家过程中,国家权力合法性的实现在乡村社会出现了障碍。信用合作社从一个方面代表着中国农村经济特别是乡村金融的现代化方向,同时它的存在也打破了高利贷一统农村资本市场的格局。⑤

(六)借贷的偿还及国家社会视角下的民间借贷

民间借贷的偿还是一个重要的社会经济问题,许多学者对此进行了研究。俞如先介绍了借贷信用的维持方法,契约的终止有回赎、自由处分抵押物、找补和司法诉讼等方法。⑥ 黄宗智比较了民国时期和清末债务官司的不同特点,对债务方面的法律与实践的关系进行了研究,认为清代法典从人们借钱主要为了生存的角度来考虑,而民国法典中的债主要是指资本主义信用。清代法典处理债的主要方法是处罚违禁行为,维持社会秩序。国民党立法者完全不同,他们视契约为现代社会赖以建立的基石及其成员责任的主要来源。然而,在清代小农经济中,信用的价格很大程度上被人际关系和当地的条件以及法律规定的限制所左右。清代小农经济中打官司也始终是人际关系化的:首先是非正式和法律外的,即去求助中人;下一步可能是亲族和社区中的调解和妥协;最后打官司,也可能是为了迫使对方回到谈判桌上。在实践中,秉承法典同情穷人的原则,许多县令倾向于

---

① 易棉阳、姚会元:《1980 年以来的中国近代银行史研究综述》,《近代史研究》2005 年第 3 期。
② 李金铮、邹晓昇:《二十年来中国近代乡村经济史的新探索》,《历史研究》2003 年第 4 期。
③ 李金铮:《民国乡村借贷关系研究》,北京:人民出版社,2003 年。
④ 高石钢:《民国时期新式金融在西北的农贷活动绩效评价》,《中国农史》2009 年第 3 期。
⑤ 赵泉民:《进化与异动:合作社对乡村借贷关系影响分析——以 20 世纪前半期中国的乡村信用社为中心》,《江海学刊》2006 年第 5 期。
⑥ 俞如先:《清至民国闽西乡村民间借贷研究》,天津:天津古籍出版社,2010 年。

温和处理,但是,特别是商业化地区的债务人根本就不把法庭的命令放在眼里。民国法院与清代惯习出现明显分歧的地方,首先是它们不再以仁慈地同情穷人的名义宽恕部分贷款或利息。国民党法官倾向于按章办事,强调书面的头等重要性。国民党立法者最初的目的显然是通过立法规定比清代通行的低的利息来重塑社会惯习。① 李金铮通过对农民债务偿还问题的研究,认为农民一般重视偿还,不愿意赖债。因为有借贷需要,而且借贷对农民的生活和生产的维系具有很大的作用,同时考虑熟人社会中知恩图报的思想和亲友中的人情面子等,有债必还有着法律的保障、强大的社会氛围的支持,所以农民的还债率也是很高的。虽然20世纪30年代农民的还债率还是在走向下坡路,但是暴力催债的情况不是很常见,人际关系依然很重要。总之,信用坚守和偿还危机是此时农民债务偿还的主要特征。②

一些学者从国家和社会关系的角度观察近代中国民间借贷问题,取得了一些成果。王卫平、黄鸿山通过对晚清借钱局的出现和演变的过程以及国家和民间在民间借贷中的互动关系进行研究,认为国家对民间借贷存在着不信任的态度,对借钱局采取否定的态度,但借钱局并未销声匿迹,而是最终被国家实施的社会保障体系所吸纳。③ 李金铮等人还对中共革命政权在民间借贷问题上的多面性进行研究,从而较为深入地探讨了中共革命与乡村社会经济之间的关系。④ 高石钢、杨双利探讨了中共借贷政策与陕甘宁根据地借贷关系的转变历程。⑤

(七)近代天津民间借贷的研究意义

纵观这些著述,对近代中国民间借贷问题的研究虽然深入而广泛,但是也留下了一些"剩余范畴"。如这些研究大多关注的是乡村中的民间借

---

① 〔美〕黄宗智:《法典、习俗与司法实践:清代与民国的比较》,上海:上海书店出版社,2003年。
② 李金铮:《信用的坚守与危机:20世纪前半期中国农民偿还债务之浅析》,李金铮:《近代中国乡村社会经济探微》,北京:人民出版社,2004年。
③ 王卫平、黄鸿山:《晚清借钱局的出现与演变》,《历史研究》2009年第3期。
④ 李金铮:《革命策略与传统制约:中共民间借贷政策新解》,《历史研究》2006年第3期。温锐:《民国传统借贷与农业社会经济——以20世纪初(1900~1930)赣闽边区为例》,《近代史研究》2004年第3期。张玮:《中共减息政策实施的困境与对策——以晋西北抗日根据地乡村借贷关系为例》,《党的文献》2009年第6期。游海华:《债权变革与农村社会经济发展秩序——以中央苏区革命前后的民间借贷为中心》,《中国农史》2010年第2期。王建国:《华中抗日根据地减租减息运动探析》,《中共党史研究》2010年第6期。
⑤ 高石钢、杨双利:《"破旧立新":中共革命政策与陕甘宁根据地借贷关系的恢复与重建》,《中国农史》2015年第1期。

贷问题①,而对近代城市中的民间借贷,则少有专门的研究。此外,对民间高利贷、典当、典权、商业借贷、钱会、钱庄等民间借贷形式中的一些问题,依然有深入探讨的必要。

对近代天津的研究是近代中国城市史研究的一个重要组成部分。中国史学界对近代中国城市史的研究兴起于20世纪80年代。城市史研究的兴起是历史研究内在逻辑和现实需要的产物,它不仅是中国近代史研究的一个新的增长点,也是中国近代史研究的一个新的突破口。② 随着改革开放的开展,城市发展和城市问题在现代中国日益凸显。同时,由于中国的城市史研究属于后起之秀,因此不可避免地受到国外先进理论的极大影响。较早的中国城市史研究受到美国芝加哥城市社会学的很大影响③,社会学的理论和方法受到了重视,也产生了一些重要的成果。施坚雅等人的区域城市研究的模式对中国城市研究有着重要的影响。从20世纪90年代起,美国近代城市研究的一个新热点是关于公共领域和城市精英的讨论,主要讨论的是地方精英、公共领域和国家的关系,从不同的角度解释城市共同体、政治、社会组织、群体和妇女以及工人阶级等。④ 美国学者的研究取向不仅影响到了日本对中国的研究⑤,而且对中国学者的研究也产生了极大的影响,尤其是对城市中商会以及善堂等的研究。⑥ 城市史研究的问题意识也多与外国学者相关,可以说是受他们的影响或对他们的回应,如对费正清冲击反应论、施坚雅的经济区域地理中心论和罗威廉的公共领域等模式和问题的回应。中国学者对城市史的研究广泛地吸收了外国学者的理论成果,在城市史研究上日益重视从多维视角和多个理论层次上进行,宏观的综合研究与微观的具体研究都有很多的成果,而且研究的主题和区域范围也日益拓展:主题从经济、政治、文化、组织、阶级、团体、性别到

---

① 关于乡村借贷研究状况,可参见陈峥、李云:《三十年来近代中国乡村民间借贷研究综述》,《中国农史》2013年第2期。
② 刘海岩:《近代中国城市史研究的回顾与展望》,《历史研究》1992年第3期。
③ 皮明庥:《城市史研究略论》,《历史研究》1992年第3期。〔美〕施坚雅主编,叶光庭等译:《中华帝国晚期的城市》,北京:中华书局,2000年。
④ 王笛:《近年美国关于近代中国城市的研究》,《历史研究》1996年第1期。卢汉超:《从精英到大众:近年美国中国城市史研究的"从上到下"取向》,《史学月刊》2008年第5期。
⑤ 〔日〕水羽信男:《日本的中国近代城市史研究》,《历史研究》2004年第6期。
⑥ 如马敏、朱英对苏州商会的研究,宋美云对天津商会的研究,日本学者夫马进对善堂的研究等。

城市的比较研究等,区域从沿海大城市到中小城市、城市群、衰落城市等。① 但是,城市史的研究需要进一步加强微观和个案的研究,城市社会经济史依然是城市史研究的主要问题之一。城市史的研究在走向微观和关注下层的同时也要注意上下的互动,把微观和宏观研究很好地结合起来,把握对单体城市的微观研究和区域关系的宏观与中观研究,在吸收外国先进理论的基础上力图形成自己的研究路径和理论模式。在城市史研究的眼光日益向下的同时,城市精英的相关研究则依然薄弱。② 单体大城市和中小城市以及乡村的关系、城市自身的社会经济文化的关系也需要进一步的整体研究。

近代城市民间借贷研究,在近代经济史的研究中处于薄弱位置。对城市借贷具体而深入的实证研究目前还不多见,这与近代以来城市经济的发展、城市在近代区域经济以及政治文化中的重要地位都是不相称的。费孝通先生曾经说过:"若是离开了都市的研究,乡村的变迁是不容易了解的。"③近代社会变迁的一个重要表现就是从古代的城乡一体到近代的城乡分离。一方面城市与乡村的二元对立日益显现,另一方面城市经济对乡村的影响也不断加深。从现实的角度来看,"今后城市生活将成为中华民族最主要的生存方式。与之对应,我们学者中的更多的人难道不应该关注城市生活,研究城市问题吗?"④关注城市的问题,历史研究是不可缺少的一环。城市借贷和乡村借贷一样是一个重要的社会经济问题,天津在民国时期百分之七十的民事案件都是有关债务问题的⑤,可见这个问题对于民生社会之重要。和乡村借贷一样,城市民间借贷也是反映城市社会经济变动和中国近代化进程的一个窗口。具体来说,本书选择天津作为城市借贷研究的社会区域,其学术意义有以下几个方面:

---

① 刘海岩:《首届中国沿海城市经济史讨论会综述》,《历史研究》1987 年第 1 期。何一民、谢放、王笛:《近代中国城市研究学术讨论会综述》,《近代史研究》1990 年 3 月。何一民:《21 世纪中国近代城市史研究展望》,《云南大学学报》2002 年第 3 期。皮明庥:《城市研究略论》,《历史研究》1992 年第 3 期。刘海岩:《近代中国城市史研究的回顾与展望》,《历史研究》1992 年第 3 期。张济顺、朱弘:《城市研究与上海研究国际学术讨论会综述》,《历史研究》1992 年第 3 期。郑成林、魏文享:《"近代中国社会群体与经济组织"国际学术研讨会评述》,《近代史研究》2006 年第 2 期。熊月之、张生:《中国城市史研究综述(1986—2006)》,《史林》2008 年第 1 期。任吉东:《从宏观到微观 从主流到边缘——中国近代城市史研究回顾与瞻望》,《理论与现代化》2007 年第 4 期。卢汉超:《从精英到大众:近年美国中国城市史研究的"从上到下"取向》,《史学月刊》2008 年第 5 期等。

② 陶鹤山:《论中国近代市民群体的产生和发展》,《东方论坛》1998 年第 4 期。

③ 费孝通:《社会变迁研究中的都市和乡村》,《费孝通文集》第 1 卷,北京:群言出版社,1999 年,第 111 页。

④ 郑也夫:《城市社会学》,北京:中国城市出版社,2002 年,第 2 页。

⑤ 《天津通志·审判志》,天津:天津社会科学院出版社,1999 年,第 143 页。

1. 对城市史的研究采取多元化理论视角和取向更为宏大的视野,是21世纪城市史研究的新动向①,其中民间借贷关系研究对城市发展与社会变迁的研究具有非常重要的意义。城市经济的发展和随着城市社会变迁而来的许多问题,如城市工商业的发展、贫民问题、慈善救济、黄赌毒、城市的管理、城市文化的变迁以及城市现代化转型、对外交流等都与民间借贷有着密切的关联。

2. 与乡村借贷相比,城市民间借贷有许多不同的特点和新的问题,比如上文提到的许多城市近代化过程中出现的一些问题,在乡村中往往不存在、不多见或具有不同的特点。

3. 天津在近代一跃成为华北的经济中心和全国第二大城市,其地位在近代中国经济史上非常重要。天津近代史就是中国近代史的一个缩影。近代天津城市的发展和变迁无疑是深入研究中国近代社会发展变迁的一个好的切入点,对天津城市借贷的研究则是观察近代天津城市经济社会文化发展变迁的一个很好的视角。

4. 天津是一个"五方杂处"之地,是华北区域经济的中心,也是北方当时对外贸易的中心,对天津城市经济的研究对于华北经济区域史的研究及中外经济关系史的研究无疑也有重要的意义。天津城市的民间借贷不仅涉及城市内部金融关系、经济关系,而且对城市政治、阶级和文化的研究,对天津与华北、西北等区域的经济金融关系的研究以及中外经济关系的研究也有很大的价值。

在研究社会区域的选择上,李金铮教授认为一个社会区域的选择主要受四种因素的制约。其一,这个区域是一个内在联系紧密的社会经济综合体。其二,这个区域要体现时代特色。其三,研究者对该区域的当代社会经济要有较为充分的认识。其四,有丰富可信的史料作保证。② 从这四点看,天津作为一个区域研究的对象具有很好的条件。第一,天津在近代为公认的华北大埠,是全国重要的经济贸易金融中心。其二,天津在近代一跃而成为华北区域经济中心,具有从传统到近代的转型社会的典型特征,非常值得从各个方面尤其是社会经济方面进行研究。其三,天津在当代正重新成为北方的经济中心,在成立滨海新区之后,天津的经济地位尤其是北方金融中心的地位更为明确,在华北的经济战略地位更为突出,对近代天津经济和金融史的研究尤其具有现实的意义。其四,天津档案馆、天津

---

① 何一民:《21世纪中国近代城市史研究展望》,《云南大学学报》2002年第3期。
② 李金铮:《近代中国乡村社会经济探微》,北京:人民出版社,2004年,第37页。

文史资料、天津近代各种报刊杂志非常的丰富，尤其值得注意的是天津档案馆所藏的大量的丰富的资料，许多至今还没有得到较为全面的挖掘和整理。因此，对天津史的研究可进一步发掘史料，深入拓展的空间非常广阔。

二、理论与视角

研究民间借贷的理论工具不是很多，本书力图以信任理论为主要视角对此进行尝试性研究，因为信任创造了信贷。① 信任包含私人信任和社会信任两个层次；同时，信任也有特殊信任和普遍信任，人际信任和制度信任，一般信任、技术信任和义务信任等的区分。信任的本质是一种交往态度（精神、方式等）、一种价值心理、一种文化模式、一种社会资本。② 选择这个理论的理由如下：

首先，信任不仅在人类经济生活中处在一种基础地位，而且还是人们交往的一种重要的基础。安东尼·帕格顿认为："显然，经济交易比其他活动更加依赖信任的力量，而且在每一种欧洲语言中都有同样的词汇：'商业''信用''名誉'和'信任'等，它们都是具有特定经济学意涵的术语。菲兰格指出，信任是'商业的灵魂'，而由信任产生的信用则被看成是'第二种货币'。"③经济关系中信任程度的高低从根本上决定了经济增长、经济周期和政策绩效。④ 一些学者还认为，人类的相互交往，包括经济生活中的相互交往，都依赖于某种信任。⑤

从经济学角度研究信任问题，可以追溯到亚当·斯密，他开创了对信任研究的经济－文化理路，认为经济活动发生在社会习惯和道德基础之上。1976 年新古典学派的经济学家贝克尔在《人类行为的经济分析》一书中开创了用经济学的分析方法研究信任的路径。最初的一些经济学家如阿罗认为信任就是交换的润滑剂，是规避风险和理性计算的产物。⑥ 近年来，博弈和信息不对称等较新的经济学理论也被纳入了对信任的研究中。

---

① 〔以色列〕尤瓦尔·赫拉利著，林俊宏译：《人类简史：从动物到上帝》，北京：中信出版社，2015 年，第 303 页。
② 白春阳：《现代社会信任问题研究》，北京：中国社会出版社，2009 年。
③ 〔英〕安东尼·帕格顿：《信任毁灭及其经济后果：以 18 世纪的那不勒斯为例》，郑也夫编：《信任：合作关系的建立与破坏》，北京：中国城市出版社，2003 年，第 161 页。
④ 梁媛：《银行信誉研究》，北京：清华大学出版社，2004 年。
⑤ 〔德〕柯武刚、史漫德著，韩朝华译：《制度经济学：社会秩序与公共政策》，北京：商务印书馆，2000 年，第 3 页。
⑥ 岳璐、田海平：《信任研究的学术理路——对信任研究的若干路径的考查》，《南京社会科学》2004 年第 6 期，第 19～24 页。

伯纳德·威廉姆斯在对合作的研究中认为,博弈中保证十分重要,制裁加码可能改变最初愿意合作的参与者提供的保证。① 帕萨·达斯古普塔指出信任是所有交易的中心问题,他认为信任的基础是声誉,正如其他道德资源一样,用进废退,而重复博弈是产生信任的道路。② 约翰·邓恩认为信任是一种在信息缺乏情况下的策略。③ 保罗·萨缪尔森等也指出了博弈与信任之间的关系:"许多博弈的一个关键问题是建立信誉。如果你能遵守诺言,说到做到,则你是可以信任的。但是你不能仅仅通过许诺得到信誉,信誉必须与博弈的激励相符合。"④ 福山把信任看作社会文化的产物,介于理性和非理性、无知与全知之间,认为信任是一种普遍的文化,高级的信任是普遍的,低级的信任是以血缘为中心的,所以美国、日本等国家有较高信任,对经济发展起到了促进作用,而一些以低级信任为主的国家如中国则经济发展往往滞后。⑤ 爱德华·H.罗伦兹说:"如果交易成本被看作经济中的摩擦,那么信任就可以被看作是一极其有效的润滑剂。"⑥梁媛通过对银行信誉的研究指出,银行之所以存在是因为银行在贷款业务上具有长期博弈的信誉,使得银行可能为低风险项目融资。⑦

金融的核心是信任关系。⑧ 当人们需要民间借贷时,首先要考虑的就是向谁借贷,如何借贷。可见借贷作为民间金融的核心问题,不仅体现的是民间社会的经济现象,而且具有丰富的社会和文化内涵。它反映的是借者与贷者关系,体现的是在一定社会背景下的人和人的社会关系。马克思认为人的本质就是其一定社会关系的总和,历史研究的最终目的在于揭示社会的发展规律和人的本质。对人们之间信任关系的研究无疑是考察人与人关系的重要方面,而借贷关系则对此种关系有较深入的反映。

其次,信任理论具有很大的包容性以及丰富的内涵。信任作为人类社

---

① 〔英〕伯纳德·威廉姆斯:《形式结构与社会现实》,郑也夫编,杨玉明、皮子林等译:《信任:合作关系的建立与破坏》,北京:中国城市出版社,2003年,第2页。
② 〔孟加拉〕帕萨·达斯古普塔:《作为商品的信任》,郑也夫编,杨玉明、皮子林等译:《信任:合作关系的建立与破坏》,北京:中国城市出版社,2003年,第57页。
③ 〔美〕约翰·邓恩:《信任与政治行为》,郑也夫编,杨玉明、皮子林等译:《信任:合作关系的建立与破坏》,北京:中国城市出版社,2003年,第103页。
④ 〔美〕保罗·萨缪尔森、威廉·诺德豪斯著,萧琛等译:《经济学》,北京:华夏出版社,1999年,第166页。
⑤ 〔美〕弗兰西斯·福山著,李宛蓉译:《信任——社会道德与繁荣的创造》,呼和浩特:远方出版社,1998年。
⑥ 〔美〕爱德华·H.罗伦兹:《既非朋友亦非陌生人:法国工业转包的非正式网络》,郑也夫编,杨玉明、皮子林等译:《信任:合作关系的建立与破坏》,北京:中国城市出版社,2003年,第248页。
⑦ 梁媛:《银行信誉研究》,北京:清华大学出版社,2004年。
⑧ 王曙光:《草根金融》,北京:中国发展出版社,2008年,第39页。

会的一种文化现象自古有之,但是作为一种理论则是20世纪才出现。最早,学者们把信任作为一种心理现象进行研究。如多伊奇和赖兹曼等人分别从信任的外部环境和人格特征等方面对人际信任进行了研究,之后一些心理学家把信任分为理性算计和感情两个类型,从而为社会学信任研究开创了局面。①

从社会学角度研究信任问题开始于德国的社会学家齐美尔,在《货币哲学》一书中,他把信任看作社会中重要的综合力量之一。之后社会学家韦伯、卢曼、巴伯、科尔曼、吉登斯等人从社会学的角度提出了"社会信任"的概念,从宏观的层面,把信任看作社会制度和文化规范的产物、一个不可还原的多维社会实体。韦伯把信任分为普遍信任和特殊信任。现代社会以普遍信任为主,而像中国这样的传统社会则以以血缘地缘等为中心的特殊信任为主。韦伯的信任理论基于传统与现代、东方与西方的二元对立。卢曼从系统论的社会学理论出发,较早地对信任进行了深入的研究。他提出应该将信任与不断增长的复杂性和不稳定性以及风险联系起来,认为信任是一种简化的机制,可以弥补理性的不足和信息的不完整,减少风险。卢曼还研究了信任和熟悉的关系,认为信任基于熟悉,但是不熟悉和熟悉则是可以转化的。② 科尔曼也认为信任就是一种社会资本,他指出:"观察过去的社会发现,那时曾经以家庭而不是以个人作为信任的对象,在当代社会的某些局部不发达地区仍存在着这种现象。由于家庭对其成员的行动承担责任,所以对家庭的信任便包括了对其全体成员的信任。不同的家庭处于各自的信任等级,这反映了家庭的社会地位有高低之别。"③吉登斯研究了全球化时代下的信任问题,认为在现代性的条件下,信任和安全、风险和危险以种种具有历史独特性的方式而相互并存。④ 基斯·哈特则认为信任是一种处在传统和现代中间的过渡性的社会状态。⑤

组织中的信任在20世纪90年代以来成为信任研究新焦点。欧内斯

---

① 岳瑨、田海平:《信任研究的学术理路——对信任研究的若干路径的考察》,《哲学研究》2004年第6期。
② 〔德〕尼克拉斯·卢曼:《熟悉、信赖、信任:问题与替代选择》,郑也夫编,杨玉明、皮子林等译:《信任:合作关系的建立与破坏》,北京:中国城市出版社,2003年。
③ 〔美〕詹姆斯·S.科尔曼著,邓方译:《社会理论的基础》(上),北京:社会科学文献出版社,1999年,第216页。
④ 〔英〕安东尼·吉登斯著,赵旭东、方文译,王铭铭校:《现代性与自我认同——现代晚期的自我与社会》,北京:生活·读书·新知三联书店,1998年,第21页。
⑤ 〔英〕基斯·哈特:《亲戚、合同和信任:一非洲城市贫民窟的移民经济组织》,郑也夫编,杨玉明、皮子林等译:《信任:合作关系的建立与破坏》,北京:中国城市出版社,2003年。

特·戈尔尼指出,一切都依赖网状组织,没有特殊的关系就没有信任。① 信任被认为是组织的关键性竞争手段。② 组织网络中基本的运作机制就是信任。总之,多学科的互动考察成为信任研究的基本路径。③

一些学者还从信任的视角对一些经典理论和新领域进行了研究和解释。如约翰·邓恩指出,马克思的核心观点是,剥削从根本上妨碍了理性信任。马克思和现代自由主义者都认为,结构性不公正的社会秩序排除了理性信任。④ 约翰·哈特·伊利则研究了不信任的作用,认为民主应该建立在不信任的基础之上。⑤

一些国外学者利用信任理论对一些历史和现实问题进行了研究。如安东尼·帕格顿认为在西班牙人的控制下,名誉代替了信任,这导致了那不勒斯的社会经济的毁灭。⑥ 迪戈·甘姆贝塔认为黑手党的存在与信任有着密切的关系:"黑手党最终把信任当作一种名额有限的商品出售……""对付不信任,同时又制造出新的不信任,可以看成是黑手党的力量长期存在的方式"。⑦ 彼得·什托姆普卡在总结信任理论的基础上对信任的概念种类和功能文化以及政治中信任的形成原因作出了分析,并以波兰在东欧剧变前后的变化为例对自己的信任理论进行了分析和验证。⑧

滨下武志曾指出,传统社会的经济特征表现在有关民间金融的习惯中。简单来说,就是如何收集资金、如何流通资金等习惯。而资金的流通促使社会各方面互相结合,同时资金的流动关系也表现了该社会人与人的关系。因此,从资金的流动可以洞察该地区社会人与人关系的性质。⑨ 同

---

① 〔美〕欧内斯特·戈尔尼:《信任、凝聚力和社会秩序》,郑也夫编,杨玉明、皮子林等译:《信任:合作关系的建立与破坏》,北京:中国城市出版社,2003年,第192页。
② 〔美〕罗伯特·布鲁斯·萧著,王振译:《信任的力量》,北京:经济管理出版社,2002年。转引自王晓玉:《组织间人际信任》,上海:上海财经大学出版社,2006年。
③ 岳瑨、田海平:《信任研究的学术理路——对信任研究的若干路径的考察》,《哲学研究》2004年第6期,第19~24页。
④ 〔英〕约翰·邓恩:《信任与政治行为》,郑也夫编,杨玉明、皮子林等译:《信任:合作关系的建立与破坏》,北京:中国城市出版社,2003年,第94页。
⑤ 〔美〕约翰·哈特·伊利著,朱中一、顾运翻译,杨海坤审校:《民主与不信任——关于司法审查的理论》,北京:法律出版社,2003年。
⑥ 迪戈·甘姆贝塔:《黑手党:不信任的代价》,郑也夫编,杨玉明、皮子林等译:《信任:合作关系的建立与破坏》,北京:中国城市出版社,2003年,第214~215页。
⑦ 迪戈·甘姆贝塔:《黑手党:不信任的代价》,郑也夫编,杨玉明、皮子林等译:《信任:合作关系的建立与破坏》,北京:中国城市出版社,2003年,第214~215页。
⑧ 〔波兰〕彼得·什托姆普卡著,程胜利译:《信任——一种社会学理论》,北京:中华书局,2005年。
⑨ 〔日〕滨下武志:《传统社会与庶民金融——新加坡、马来西亚华人社会的合会与银信汇兑》,南开大学刘泽华先生提供,第141页。

样,社会的变迁也可以在民间借贷习惯的变迁中窥见一斑。在韦伯看来,中国的社会信任也是中西文化不同特征的一个重要体现,正是由于儒家文化不能产生有利于商业发展的信任伦理,导致中国无法像西方那样出现资本主义:"儒教徒所适应的现世,却只看重温文尔雅的举态。儒教的君子只致力于外表的镇定,而不信任他人,就像他也相信别人不会信任他一样。这种怀疑一切的态度,妨碍了所有的信用与商业的运作。相反地,清教徒信任他人,尤其是在经济上信任他人,无条件地和坚定地相信由宗教决定的教友的合法性。此种信赖足以使他不把自己对现世与人生来的堕落所抱的深刻现实主义的与完全不敬重的悲观主义的态度变成对信用——为资本主义的流通所不可缺少的信用——的一种障碍。这只会使他按照诚实是最好的保险单的原则,始终如一地肯定客观的商业目的不可缺少的动机。"① 韦伯的观点缺少历史感,对中国社会信任的说法也需要具体研究去证实。

  信任理论在近些年来被介绍到了中国,郑也夫、彭泗清等学者对此做出了很大的贡献。他们从社会学的角度运用信任理论对中国信任问题和当代信任危机作出了分析。② 一些学者对中国信任问题开展了研究,取得了一些成果。如关于中国社会信任的性质问题,李伟民和梁玉成的研究认为中国人信任的人群以具有血缘关系的亲属为主,同时也包括朋友,但是中国人并未表现出普遍和极度的不信任,血缘关系不是信任的唯一因素,中国人基于人性善所具有的普遍信任和基于人际关系的特殊信任之间没有明显的关联。③ 楼远通过对中国金融与信任的分析,认为中国民间社会的信任一般沿以下路径拓展:首先是家庭成员之间的信任,然后是宗族(村)信任、乡亲(地缘)信任、朋友圈中的信任,再是正规及非正规组织如合会、商会、钱庄等中的信任。与信任形式相对应的民间金融同样表现出多样化形式:一是私人借贷,它对应前述亲缘、地缘以及朋友间的信任关系;二是以各种"会"的形式或以钱庄、典当行等形式存在的民间借贷组织;三是企业之间普遍存在的应收应付款融资;四是以合伙投资、商会、互

---

① 〔德〕马克斯·韦伯著,洪天富译:《儒教与道教》,南京:江苏人民出版社,2003年,第193页。
② 郑也夫、彭泗清:《中国社会中的信任》,北京:中国城市出版社,2003年。郑也夫编:《信任:合作关系的建立与破坏》,北京:中国城市出版社,2003年。另外,还有郑也夫的《信任论》《代价论》等著作。
③ 李伟民、梁玉成:《特殊信任与普遍信任:中国人信任的结构与特征》,郑也夫、彭泗清:《中国社会中的信任》,北京:中国城市出版社,2003年,第202、205页。

助贷款协会、互助担保协会等形式存在的金融互助组织。① 这些观点对韦伯、福山等人的观点提出了一定的挑战。

关于中国传统信任程度的高低问题,董才生的观点对以往西方学者的观点提出了挑战。他通过对中西方社会的对比研究,认为中国的社会信任度是不低的,它根源于内在的道德制度,而西方信任度则根源于外在的法律制度。② 史瀚波认为近代民国时期的天津社会公众对银行怀有信任,而不是如福山所说的中国不存在社会信任,但是直到中华人民共和国成立后,政府权力和社会公众对银行的信任才得以成功结合。③

关于近代中国信任的变迁问题,李金铮发现在风险系数增加的情况下,信用借贷反而高于抵押借贷,传统的血缘和地缘信任导致长江中下游地区在抗战时期及之后抵押借贷并没有流行。④ 郑成林对上海银行公会的研究表明,银行公会在规范市场信用、建立银行间合作信任方面发挥了很大的作用。他也对福山的中国社会信任水平低下的观点提出了质疑。⑤ 孙建国通过对上海中国征信所的考察,对近代中国信用制度的变迁进行了梳理,并对福山的观点提出了反驳。⑥ 杜恂诚认为近代中国的信用制度有明显的改进,主要体现在具有公共物品的信用机构的产生、信用工具的增加和鉴证中介的发展上,且票据交换所和联合准备库也是信用演进的重要内容。他认为市场经济、国家信用和社会稳定是信用生存发展的依据。⑦ 王尔敏对民间商业活动中使用的账折和水牌进行了研究,认为平民社会中商贩与客户间的相互信任依赖,即在账折与水牌等工具上见出其维系长久的"善良结果"。⑧

关于传统的中国的信任与现代社会的关系问题,张杰和刘东在分析了

---

① 邱建新:《信任文化的断裂——对崇川镇民间"标会"的研究》,北京:社会科学文献出版社,2005年。
② 董才生:《社会信任的基础:一种社会制度的解释》,吉林大学博士学位论文,2004年。白春阳:《现代社会信任问题研究》,北京:中国社会出版社,2009年。
③ 〔美〕史瀚波著,池桢译:《乱世中的信任:民国时期天津的货币、银行及国家-社会关系》,上海:上海辞书出版社,2016年。陶季邑:《史瀚波著〈乱世中的信任:民国时期天津的货币、银行与政府社会关系〉》,《历史研究》2004年第3期。
④ 李金铮:《民国乡村借贷关系研究》,北京:人民出版社,2003年,第114~118页。
⑤ 郑成林:《从双向桥梁到多边网络——上海银行公会与银行业(1918—1936)》,武汉:华中师范大学出版社,2007年。
⑥ 孙建国:《信用的嬗变:上海中国征信所研究》,北京:中国社会科学出版社,2007年,第375页。
⑦ 杜恂诚:《20世纪二三十年代中国信用制度的演进》,《中国社会科学》2002年第4期。
⑧ 王尔敏:《账折与水牌:传统商贩扩大信用之拓销工具》,《近代中国史研究通讯》(台北"中研院"近代史所)第32期,2001年6月。

信任产生的几种学说后认为,信任的产生从表面上来看是文化价值观的继承,实质上是市场经济交易机制所提供的重复交易博弈机制的必然结果:传统文化中的社会关系网络型信任在市场经济重复博弈机制的内在作用下,会向以产权契约为内核的公共信任与制度信任转变。① 邱健新提出了在转型社会中非正式制度可以向正式制度转变从而重建社会信任的观点。② 楼远把金融分为非制度金融(非正规金融、民间金融)和制度金融(正规金融体制内运作的金融机构体系),认为二者并非对立,在信任由低级向高级发展的条件下,民间金融也能实现由低级向高级的演化,因此能够培育发展非制度金融。③ 白春阳认为政府是社会信用的核心与支柱,是市场运行的保障。④ 郑也夫认为在信任中普遍主义和特殊主义不但是不矛盾的,而且是相互补助的,两者的关系以及如何连接、配合、互补是现代社会的关键课题。⑤

总之,研究理论需要将历史与逻辑结合起来。对历史研究来说,选用的理论视角应具有对历史的解释力。借贷与信任有密切的互动关系,借贷的媒介也是信任的具体形式,信任是交换与交流的媒介。媒介可以有种种形式如介绍人、信物、誓言、抵押,也可以不依据这些形式,但其本质是信任感。⑥ 借贷的主要内容是货币,货币是一种媒介,信任是这一媒介中的关键。⑦ 货币被视为一种信任系统,更准确地说是一种系统信任。⑧ 民间借贷不仅是一种经济现象,而且是一种社会文化现象和政治现象。借贷双方需要依据民间的习俗并在国家的法律框架之下完成交易,并依据不同信任的关系决定利率的高低和信用方式。因此,信任理论对民间借贷问题具有很强的解释力。对借贷的研究不仅体现出一定的社会经济特征,而且能够体现出一定的社会和文化特征以及国家与社会关系的特点。城市将血缘、地缘、文化传统上大相径庭的各色陌生人聚合在一起,从事着前所未有的交换和交流。⑨ 近代天津为全国性的大城市、北方的经济贸易和金融中

---

① 张杰、刘东:《来自继承,还是来自环境?——对我国信任体系缺失的再思考》,《湖北社会科学》2006年第8期。
② 邱建新:《信任文化的断裂——对崇川镇民间"标会"的研究》,北京:社会科学文献出版社,2005年。
③ 楼远:《非制度信任与非制度金融:对民间金融的一个分析》,《财经论丛》2003年第6期。
④ 白春阳:《现代社会信任问题研究》,北京:中国社会出版社,2009年,第105页。
⑤ 郑也夫:《代价论——一个社会学的新视角》,北京:生活·读书·新知三联书店,1995年。
⑥ 郑也夫:《信任论》,北京:中信出版社,2015年,第14页。
⑦ 郑也夫:《信任论》,北京:中信出版社,2015年,第177页。
⑧ 郑也夫:《信任论》,北京:中信出版社,2015年,第180页。
⑨ 郑也夫:《信任论》,北京:中信出版社,2015年,第135页。

心,从传统的社会迅速地向现代社会转型,既是研究近代城市借贷的一个典型的经济区域,也是研究信任从传统向现代转型的一个典型的社会地区。信任是在变迁的社会结构中调整自身结构从而为合作提供纽带的方式。① 传统社会结构是以熟人的社区为基本单元的,其信任也是熟人间的人际信任。现代社会的最大特征是走出了熟人的范围,其信任建立在抽象的系统之上,而它所依赖的最大的两个系统是货币系统和专家系统。② 通过运用信任理论,以城市借贷为窗口,可以更好地展示天津近代社会转型过程中经济社会以及文化的变迁。同时,在走向市场经济和风险社会的今天,以信任的视角对近代天津民间借贷进行研究,具有非常现实的意义。

可见,信任这个概念既有时间性,也有空间性。从时间上看,信任可以有传统与现代之区分;从空间上看,信任与地域有着密切的关系。③ 对近代社会转型来说,基于信任的信贷关系的变革也具有重要的空间意义。从城市空间看,信贷是资本主义的重要基础,土地是信贷的重要基础,信贷体系的革命也是城市空间关系的革命。④ 因此,对于近代天津城市民间借贷问题的研究,信任理论无疑具有一定的解释力。

当然,信任理论等只是本书应用的主要理论视角,在具体的史料面前,应该尽量根据具体的情况来选取适当的理论和方法来解读史料,正如吴承明先生所说,"史无定法"⑤。

三、资料和文献

新资料是体现著作价值和意义的重要方面,运用新的资料解决新的问题是历史学科发展的不竭动力。本书在资料运用方面也有一定的新意:

1. 较新的档案资料:除了使用《天津商会档案汇编》《天津租界档案选编》《北洋军阀天津档案史料选编》《天津邮政史料》《袁世凯天津档案史料选编》等已出版的档案资料外,还挖掘了一些新档案,如天津档案馆所藏的典当同业公会档案,银行、钱业档案,关于债务诉讼的案卷,关于商会、地方对民间债务问题解决的案卷,合会、典权、利息等方面的诉讼案卷等,其中

---

① 郑也夫:《信任论》,北京:中信出版社,2015年,第53页。
② 郑也夫:《信任论》,北京:中信出版社,2015年,第176页。
③ 郑也夫:《信任论》,北京:中信出版社,2015年,第176页。
④ 〔美〕大卫·哈维著,黄煜文译:《巴黎城记——现代性之都的诞生·序一》,桂林:广西师范大学出版社,2010年,第3~4页。
⑤ 叶坦:《史无定法识人唯长——吴承明先生的治学与为人》,《中国经济史研究》2012年第2期。

大多为前人没有利用过的第一手档案资料,大约近千余卷,皆具有很高的史料价值。

2. 报纸资料:主要利用《益世报》《大公报》《庸报》《直报》等。这些报纸如今已是经常为人们所利用的普通资料,但是其中的一些资料依然被人们所忽视而没有得到有效利用,如广告、声明以及关于人们日常生活中的一些新闻报道等。本书对此进行了较为深入的挖掘。

3. 期刊:民国时期的金融期刊是一个丰富的资料宝库,如《银行周报》《银钱月报》等,有关天津的论述非常丰富,是本书的重要资料来源之一。

4. 日记和家谱:日记和家谱对近代天津民间日常借贷活动的研究也有重要的史料价值,只是这方面的资料不是很多,本书主要利用《卞白眉日记》《冯氏家谱》等。

5. 调查资料:对近代天津社会经济问题的调查以当时的学界和天津社会局的调查为主。南开大学经济所方显廷等主持的对天津工业的调查,其中涉及民国时期天津工人的生活和民间企业等内容。民国时期天津社会局对当时的社会问题也进行过许多的调查,为今天的研究提供了大量的资料,如对妓女、贫民的调查等。

6. 文史资料:这是一些生活在晚清民国时期的人们在中华人民共和国成立后对当时的历史状况的回忆,也具有很高的参考价值。《天津文史资料》《天津历史资料》和全国文史资料委员会编辑的《文史资料》,为研究天津近代以来的社会生活提供了大量鲜活的第一手的资料。

7. 前人研究成果:这既是我们学术前进的基础,也为我们今天的研究提供了资料的支撑。近代学者出于对民间社会的关注和对民生的忧虑,对当时的民间借贷问题进行了大量的开拓性研究并积累了丰富的第一手资料,为我们今天的研究打下了基础。如王宗培对合会的研究,宓公干、陆国香、张皇对典当业的研究,王子健对天津银号的研究,杨荫溥对近代天津金融的研究等,都是兼具资料价值的研究成果。

此外,《天津府志》《天津县志》《天津通志》以及天津市政府主持编纂的诸天津地方志和来新夏先生主编的《天津风土丛书》等都是具有重要参考价值的资料。还有一些外国人留下的有价值的资料,比如英国人布莱恩·鲍尔少年时代在天津度过,他接触过当时租界中的很多人物,写了回忆录《租界生活——一个英国人在天津的童年(1918—1936)》。① 日本人

---

① 〔英〕布莱恩·鲍尔著,刘国强译,刘海岩校订:《租界生活——一个英国人在天津的童年(1918—1936)》,天津:天津人民出版社,2007年。

对天津也进行过非常细致的调查,侯振彤译的日本天津驻屯军所作的《二十世纪初的天津概况》①,是20世纪初日本在天津的驻屯军所做的调查,是我们了解天津在"庚子"后社会状况的重要资料。此外,日本人对天津金融业也非常关注,有一些调查和著述,如《天津的银号》等。

近代天津饱受战争以及各种灾害的冲击,许多资料毁于战火之中,本书所依据的主体资料如档案、报刊等大部分时限在1900年之后,故以此为本书论述的时间起点,以学界公认的近代中国终结时间为终点。

---

① 侯振彤译:《二十世纪初的天津概况》,天津市地方史志编修委员会总编辑室编:《天津史志丛刊》(一),1986年。

第 一 卷

第一章　近代天津城市的发展变迁与民间借贷

中国古人对在城市生活和投资没有好感,认为选择乡下生活才是宜子孙的万全之计。有两个故事体现了古人的这种心态。其一,"东海张公,世居草荡,既任官,其家以城中为便,买宅于陶行桥。公闻而甚悔之,曰:'吾子孙必败于此!'公六十,其后果废产。"其二,"陈眉公曰:吾乡两张尚书:庄简公悦、庄懿公莹,宅在东门外龟蛇庙左。孙文简公承恩,宅在东门外太清庙右。顾文僖公清,宅在西门外超果寺前。当时与四公同榜同朝者,其居城中,皆已转售他姓矣,惟四公久存至今。"由此,冯梦龙得出了"城市不如郊郭,郊郭不如乡村,前辈之先见真不可及"的慨叹。①

随着近代城市经济的发展及社会变迁,城市成为乡下人向往的地方。近代以来工商业的发展使得一些城市的经济地位越来越重要,城市功能也发生了变化,向近代经济中心的功能过渡。近代文化以及风俗的变迁也使城市成为时尚发源地,吸引着追求新鲜生活的人们。天津就是这样一个典型的近代城市。

天津地理位置优越,自古便是商业重镇,也是战略要地。天津位于九河下游,"为海河之要冲","路通各省舟车,南运数百万之漕,悉道经于此。舟楫之所式临,商贾之所萃集,五方人民之所杂处,皇华使者之所衔命以出,贤士大夫之报命而还者,亦必出于是。实水路之通衢,为畿辅之门户,冠盖相望,轮蹄若织,虽大都会莫能过焉"。②

天津是一个古老的城市。至迟在战国时期,天津地区就已经被开发。元代,天津直沽因系北方盐业、漕运中心以及南北商品交流的地区而经济活动日趋活跃。明代,成祖赐名天津,建立卫所。明代后期,天津成为支援朝鲜抗日和抗击后金的军事供应基地,天津的漕运地位也得到了加强。③

---

① （明）冯梦龙编著:《智囊全集》,南京:凤凰出版社,2009 年,第 98~99 页。
② （清）张焘撰,丁绵孙、王黎雅点校:《津门杂记》,来新夏主编:《天津风土丛书》,天津:天津古籍出版社,1986 年,第 1 页。
③ 罗澍伟主编:《近代天津城市史》,北京:中国社会科学出版社,1993 年,第 29~72 页。

到了清代前期，漕运和盐业的发展使天津的经济地位与战略地位日益重要。漕运和海运使天津拥有了北方粮食和商品市场的地位，晒盐技术的改进使天津的盐课占到全国的10％，天津成为长芦盐务的总汇之处。雍正九年（1731），升天津州为天津府，辖六县一州，这种建制一直延续到清末。其间，天津的对外商业交流也有很大的发展，乾隆四年（1739）闽粤会馆建立，成为天津最早的会馆。①

天津在近代是一个新兴的城市。在第二次鸦片战争后，天津成为外国侵略者对中国进行经济、军事侵略和控制的重要基地，客观上也成为西方文明传播的窗口。天津逐步成为中国北方的经济中心、进出口贸易中心，还一度成为北京政治的后院，至1949年前为中国第二大城市。

近代天津城市社会经济的变迁引起了城市区域的巨大变化，也引起人口的巨大变动以及随之而来的社会风俗和文化教育的变迁。于是，民间金融对城市的存在和发展便更加具有意义：一是人口与社会经济的变迁激发消费借贷的需求；二是工商业对融资借贷具有巨大的需求。金融是城市的血脉，没有金融活动的城市几乎是不存在的，城市金融的发达程度是衡量城市经济尤其是商业贸易发达程度的标尺。②

第一节　晚清时期天津城市的变迁与民间借贷

天津民间曾有一个关于借贷的动人传说："乾隆五十年间，天津有徐北山者，以盐务起家，后渐中落。尝以除夕避债委巷，听黑暗中有哭声，甚惨。以火烛之，则一贫士，以负债无偿，将欲自经者。北山告之曰：'予亦负人无偿者，尔亦何必寻此短见耶？'问其所负若干，曰：'二百金。'探怀中银，适符其数，尽以与之。其人叩谢去。隔十余年，北山之贫如故。而长子澜，次子淮，中文武两进士，三子汉，中嘉庆戊午举人。其孙文瑛，又中道光戊子举人。封翁义举，髫龄时常闻老辈津津乐道。"③这个故事后来在天津流传很广。嘉庆辛酉（1801）年间，天津发生大水，当时的天津诗人梅成栋（树

---

① 罗澍伟主编：《近代天津城市史》，北京：中国社会科学出版社，1993年，第72页。
② 罗澍伟主编：《近代天津城市史》，北京：中国社会科学出版社，1993年，第205页
③ （清）徐士銮著，张守谦点校：《敬乡笔述》，来新夏主编：《天津风土丛书》，天津：天津古籍出版社，1986年，第7页。

君)有诗曰:"曲曲愁肠日九回,儒生生计太灰聸。四周秋水无余地,何余堪修避债台。"① 上面的故事和诗体现了天津民间对借贷的渴望和借贷对于民间生活的重要意义:雪中送炭的借贷行为是一种高尚的美德;避债台则象征着民间借贷信用危机,而无法还贷致失去信任则无法生活。在人们日常生活和城市商业的运转中,借贷都是不可或缺的。

一、社会变迁与民间借贷

天津开埠通商后,天津地区的国内外贸易得到发展,周边的人们来到这里寻找生存发展的机遇,天津人口逐渐增加。天津社会邻里关系的宗族色彩浓厚,政府在邻里中设有堡和义民局等组织加以控制。② 天津是一个商业码头,所以具有"民多以贾趋利。人杂五方,俗尚奢华"的社会风气,尤其表现在丧葬方面,"不论商贾与平民,每遇婚丧百事陈。箫鼓喧阗车马盛,衣冠职事一时新"。③ 为应对巨额的丧葬费用,天津的邻里之间往往成立具有借贷性质的合作组织——合会。

随着社会经济的发展,天津社会也出现了"礼教日兴,科第接武。富者多好倡为善义行,其贫者就死不悔,勇于赴难而不屈"等社会风习,同时也具有"民风好斗,趋向不端"的特点。④ 曾任天津知府的沈家本,其墓志铭中记载:"津俗极剽悍,喜械斗。前守持之严,风少敛。"沈家本在天津主政尚宽,任内曾发生天津市民闹事案。⑤

虽然天津有大量的民间慈善组织,如备济社、广仁堂等,但生活需要与社会风习常常使人们产生借贷的需要。随着近代天津城市的发展,借贷的需求也日益扩大,天津城市资金相对集中,1900 年天津市场中资金大约有 6000 万元左右。此时,天津城市人口激增,达 58 万余人,多为移民。大批的小商贩、无业乞讨者、搬运工、人力车夫等劳动力来到天津,经同乡或亲属的引荐涌入店铺。天津还吸引了许多外国人来此淘金。城市的服务业也日见发达。城市空间进一步扩大,租界逐步成为城市的经济中心,郊区

---

① (清)吴惠元修,(清)蒋玉虹、俞樾纂:(同治)《续天津县志》卷十九,《天津通志·旧志点校卷》(中),天津:南开大学出版社,2001 年,第 468 页。
② 罗澍伟主编:《近代天津城市史》,北京:中国社会科学出版社,1993 年,第 89 页。
③ (清)张焘撰,丁绵孙、王黎雅点校:《津门杂记》,来新夏主编:《天津风土丛书》,天津:天津古籍出版社,1986 年,第 41 页。
④ (清)张焘撰,丁绵孙、王黎雅点校:《津门杂记》,来新夏主编:《天津风土丛书》,天津:天津古籍出版社,1986 年,第 41 页。
⑤ 李贵连:《沈家本传》,北京:法律出版社,2000 年,第 73 页。

城市化的趋势明显。① 贫困人口中还有工人,他们从事简单劳动的13个工种,日工资为2~5角,平均为3.5角,可换算为350文。② 近代以来,吸鸦片在天津成为风气。鸦片、赌博与娼妓等社会毒瘤在天津泛滥,进一步加剧了人们借贷和家庭破产的几率。于是,民间借贷便成为近代天津的人们维持生活的最为常见的手段之一。生活窘迫的人们往往先向亲属借贷,实在不行就去当铺,乞讨往往成为他们最后的归宿。

近代早期,天津贫民借高利贷的现象就已经非常普遍,因为天津民贫地瘠,贫民每天的收入仅能糊口,"而谋食之外,不暇谋衣。是以春夹秋棉两季衣襟,俱借印子钱制造",所以"春秋两季,周而复始。无之则民不称便"。③ 即便在普遍贫穷的情况之下,天津当地人做乞丐的也甚少。他们绝大多数都曾干过某些正经职业,由于机缘不巧,或是行为不正,失掉职业,坐吃山空,混得狼狈落魄,衣食不周,然而他们又不肯沿街乞讨,挨门讨饭,尤其是女人,更少出头露面,于是就利用当地老亲友的关系,以轮换的方式,向亲友告贷求帮。人有见面之情,被求的亲友,最初多是怀着怜恤心情量力帮助。如果常去告贷,日复一日,亲友烦了,在金钱的帮助上,由原来较多的数目慢慢降为一元几角,再降为铜板几枚。天津人称这类人为"伸托",有时也叫"托儿把"。④

被称为"穷人后门"的典当业也成为了获利最为稳妥的行业之一。民间有顺口溜云:"天津卫,好地方……稳是当铺利久长。此外别行,总是本大利广。"⑤每到年终,因着传统的减息习俗,典当铺往往异常热闹,"一进腊月,则烂其盈门,柜上伙计已有应接不暇之势。柜外人声鼎沸,乱如纷丝。从日出起,直至日落,迄无宁暑。至岁底数日,人数尤多,事情尤琐。大除夕城乡当铺一律向不闭关,纷纭一夜,竟有候终宵者。至元旦日出,人数始稀,其中大都转利者居多。因一逾此日,利息如故矣。"⑥当时天津当铺资本与营业多掌握在山西帮手中,而在市面萧条的时候,贫民"亦无处赚

---

① 罗澍伟主编:《近代天津城市史》,北京:中国社会科学出版社,1993年,第214页。
② 罗澍伟主编:《近代天津城市史》,北京:中国社会科学出版社,1993年,第286页。
③ (清)张焘撰,丁绵孙、王黎雅点校:《津门杂记》,来新夏主编:《天津风土丛书》,天津:天津古籍出版社,1986年,第111页。
④ 刘嘉粲:《旧天津的乞丐种种》,《天津文史资料选辑》(总第62辑),天津:天津人民出版社,1994年,第185页。
⑤ (清)张焘撰,丁绵孙、王黎雅点校:《津门杂记》,来新夏主编:《天津风土丛书》,天津:天津古籍出版社,1986年,第102页。
⑥ (清)张焘撰,丁绵孙、王黎雅点校:《津门杂记》,来新夏主编:《天津风土丛书》,天津:天津古籍出版社,1986年,第110页。

钱,度日维艰,既无处挪借,而典当各物又不能多得钱文"①,只有这时,他们才告别借贷,依靠行乞或救济生活。

随着天津社会经济的发展,作为城市赘疣的娼妓业出现,除了侯家后以外,南门内景家庄、西关外西横街也成为土娼集中的地方。② 近代天津"华洋杂处,流氓贼末良莠不齐,贫富既甚悬殊,生活亦自不同,凡举人民之衣食住行、生活习惯及一切社会上之现象,罔不成畸形现状"③。近代天津城市中的人际关系受到了商品经济原则的潜移默化的影响,传统的义利之辨受到动摇。赌博进入了城市各阶层的休闲消费之中。市民的服饰开始追求时尚,西方的习俗与娱乐进入中国人的生活。④ 天津地近鸦片盛行的北京,因而早在开埠之前就已出现了"烟馆则随处皆有,烟具则陈列街前,积习成风,肆无顾忌"⑤的局面。时人曾写对联描述鸦片对天津烟民的毒害:"一杆烟枪,杀遍豪杰英烈不见血;半盏灯火,烧尽房产地业并无灰。"⑥天津开埠后,鸦片走私合法化,1861 年天津进口鸦片占当年洋货总值的36.42%。⑦ 天津是中国北方最大的鸦片市场、鸦片走私口岸和鸦片贸易的集散中心。⑧ 嫖娼、赌博、吸毒等现象成为社会公害,屡治不绝。这些问题也往往与民间借贷息息相关,正如一首民间歌谣唱的那样:"邀局是老祥,请会是老广,终日无事忙,帮嫖看赌随着逛。崩骗是寻常,花到空囊,不得不借阎王账,还不上,要遭殃。年节下,更难搪。要账的,一行一行,估衣铺来闹,靴帽铺来嚷,不干不净……哪知账主工夫长,自然撞得上……拉着喊冤去告状,审一堂,押在班房,吩咐变产去还账。"⑨

二、社会经济变迁与民间借贷

天津自古为商业要冲,交通便利。明代迁都北京后,天津地位更为重

---

① 《中外近事》,天津《大公报》1903 年 4 月 8 日,第 2 版。
② 罗澍伟主编:《近代天津城市史》,北京:中国社会科学出版社,1993 年,第 110 页。
③ 《天津之风俗调查》,《河北月刊》第 1 卷第 3 期,1933 年 3 月。
④ 《津门纪略》,转引自罗澍伟主编:《近代天津城市史》,北京:中国社会科学出版社,1993 年,第 294 页。
⑤ 来新夏主编:《天津近代史》,天津:南开大学出版社,1987 年,第 15 页。
⑥ 郝福森:《津门闻见录》,转引自来新夏主编:《天津近代史》,天津:南开大学出版社,1987 年,第 15 页。
⑦ 庞玉洁:《开埠通商与近代天津商人》,天津:天津古籍出版社,2004 年,第 191~192 页。
⑧ 庞玉洁:《开埠通商与近代天津商人》,天津:天津古籍出版社,2004 年,第 56 页。
⑨ (清)张焘撰,丁绵孙、王黎雅点校:《津门杂记》,来新夏主编:《天津风土丛书》,天津:天津古籍出版社,1986 年,第 104 页。

要,连接南北,成为一个五方杂处之地,南北客商云集津门,使天津地方文化有着商业码头的民风性格。

天津自古就是一个具有浓厚商业色彩的城市,商业人口在道光年间就占了城市职业人口的一半以上。① 天津商业以转运贸易为主,故各地客商云集天津,外来客商在津除开设店铺字号外,又建有会馆。②

表1-1 道光年间天津城市人口职业统计表

职业	城内	北门外	东门外	东北城角	西北城角	西门外	南门外	合计	%
绅衿	288	103	129	36	56	39	2	653	1.99
烟户	2887	1426	1771	1087	658	1526	418	9773	29.83
应役	1139	427	383	95	119	156	19	2338	7.14
铺户	3132	3196	2975	318	902	823	280	11626	35.49
负贩	1935	799	1330	726	318	465	102	5675	17.32
盐商	159	52	110	13	34	4	—	372	1.14
船户	19	131	200	192	94	37	—	673	2.05
佣作	30	422	—	27	98	130	—	707	2.16
医户	11	11	—	—	—	—	—	22	0.07
僧道	32	—	29	17	8	15	4	105	0.32
乞丐	25	10	22	14	9	7	2	89	0.27
土住	257	13	113	78	39	197	31	728	2.22
合计	9914	6590	7062	2603	2335	3399	858	32761	100

资料来源:庞玉洁:《开埠通商与近代天津商人》,天津:天津古籍出版社,2004年,第33页。

近代以来,天津商业的主体依然是民间小贩,它们占据商业的绝大部分,直至1949年的人口统计,小商贩和流动商贩仍有11万,占天津城市人口的6.3%。③ 对占据天津商业数量优势的小商贩来说,借贷是常有的事情,除了私人借贷以外,高利贷对他们来说也是家常便饭,虽然高利贷盘剥

---

① 庞玉洁:《开埠通商与近代天津商人》,天津:天津古籍出版社,2004年,第33页。
② 张利民等著:《近代环渤海地区经济与社会研究》,天津:天津社会科学院出版社,2003年,第71页。
③ 刘海岩:《空间与社会——近代天津城市的演变》,天津:天津社会科学院出版社,2003年,第225页。

令人痛恨,"然剜肉医疮,亦权济目前之急"①。

在近代以前以及近代早期,天津盐、粮巨贾等虽然数量不多,但是却是当时天津城市经济的重要支柱,出现了从事盐和粮食等大宗商品贸易的大家族,即所谓的天津"八大家"。

作为近代天津经济支柱之一的盐业,借贷是更为经常的事情,且留下了较为系统的私债利息记录。对早期天津发展具有重要意义的盐商来说,借贷事关重大,利息也随着时代变迁而不断变化。

表1-2　清末津埠十大盐商亏欠商款私债利息比较表

（光绪十五年至宣统三年,1889~1911年）　　　　　（单位:分）

年代	最高	最低	平均	备注
光绪十五年	1.5	1.—	1.233	
光绪十七年			1.—	
光绪十八年	1.5	1.—	1.166	
光绪十九年			0.8	
光绪二十年			1.—	
光绪二十三年			1.—	
光绪二十五年			1.—	
光绪二十八年	0.8	0.5	0.65	
光绪二十九年	0.8	0.8	0.8	
光绪三十年	1.2	1.—	1.1	
光绪三十一年	1.8	1.—	1.4	
光绪三十二年	2.—	0.8	1.38	
光绪三十三年	1.—	0.8	0.95	
光绪三十四年	2.—	0.9	1.325	
宣统元年	2.—	0.6	1.071	
宣统二年	2.—	0.75	1.135	
宣统三年	1.8	0.5	1.088	

资料来源:《天津商会档案汇编(1903—1911)》(上),天津:天津人民出版社,1989年,第484页。

大商家在从事巨额贸易的同时,为了资金周转并使剩余的资金赚取利

---

① （清)张焘撰,丁绵孙、王黎雅点校:《津门杂记》,来新夏主编:《天津风土丛书》,天津:天津古籍出版社,1986年,第111页。

润,开设典当铺、银号、银楼、金店等金融机构。来自不同地域的商人因地域关系而互相扶持联系,结成传统的商帮,依靠传统的信任关系建立起金融串换的关系。

近代早期,天津的银钱业还不是很发达,银钱业的许多资金还没有纳入借贷资本的范围。"天津市面盛行钱帖,彼往此来,无非一纸流通。除殷实钱铺以外,俱谓之外行帖,诸多滞碍难行。更有等名换钱局者,资本无多,全靠出帖以资周转,既无以偿,便以闭门羹谢客,谓之荒钱铺。坑人财帛累万盈千,相习成风,殊为可恶。所以市道常有戒心,不敢久藏钱票。如取现钱,又搀和小钱无算,每串有数十之多,民间吃亏甚重。前经宪示,每开一铺,必着殷实钱铺五家联保,法良意美,无奈商定多时,未见议覆,不过徒托诸空言耳。"①可见这时传统银钱业的信用不高,信任保障多用传统的铺保。

天津开埠之后,战略地位日益重要。随着近代洋务企业的大量建立,天津成为了北方洋务运动的中心之一。开平煤矿的建设为天津城市发展注入了动力,招商局的建立促进了天津交通的近代化,铁路的建设使天津的发展进入了一个划时代的新时期。天津城市官商关系紧密,城市商业风气浓厚,对封建礼俗比较淡漠。② 随着租界的建立,外国侵略者将天津作为基地,客观上也将西方文明带入天津。近代城市发展是西方产业革命的结果。近代天津一半人口为工商铺户。开埠后天津经济、政治、军事地位上升,开始取代北京成为华北地区的商业经济中心。③ 天津不仅开始成为中国南北经济重要的枢纽,也成为东西贸易重要的港口,并逐渐成为华北区域经济贸易金融中心,"天津一埠为水路卫要,轮帆火车往来无阻,所有华商洋商货物云集,罔弗销售其间"。④ 随着外国侵略者的到来,中外商人借贷关系也发展起来,洋行等商贸机构在中外资金的支撑下,从事着中外商品交流业务。

近代天津的崛起与其在腹地与外贸中所处的优越地理位置息息相关。随着对外贸易的增长,天津经济对内地的辐射能力也日渐增强。20世纪初,天津的经济腹地几乎囊括了黄河以北的半个中国,天津成为全国最大

---

① (清)张焘撰,丁绵孙、王黎雅点校:《津门杂记》,来新夏主编:《天津风土丛书》,天津:天津古籍出版社,1986年,第107页。
② 罗澍伟主编:《近代天津城市史》,北京:中国社会科学出版社,1993年,第110页。
③ 陈克:《近代天津城市经济功能的变化与城市发展》,《天津历史博物馆馆刊》1987年第2期。
④ 佚名:《为殷实银号等商号连环互保等事禀天津商会》,1911年1月1日,天津市档案馆,档号:J0028-3-002582-027。

的毛皮和草帽辫出口口岸。① 之后,近代天津即成为北方最大的土货出口贸易中心,北方各省的原料和货物大量经由天津转运出口,大量的洋货也经由天津贩运到北方各地乃至全国。天津与腹地的贸易关系进一步发展。进口和出口的贸易量增加。天津运往腹地的货物主要有米、棉、煤油、糖、面粉、颜料,此外还有洋布。山西一直是从天津进口洋布的最大主顾,每年有300多名山西商人来天津购买洋布回本省。② 由天津出口的商品有:古玩、铜器、瓷器、驼毛、羊毛、马鬃、猪鬃、牛皮、驴皮、骡皮、马皮、羊骨、羊角、各色皮货、蚕茧、乱丝头、棉花、土布、土酒、靴鞋、草帽缏、毡毯、绒毯、毡帽、羽扇、椒、参、药材、金针、红枣、桃、杏仁、花生、瓜子、大头菜等。③

表1-3 1860～1890年天津贸易增长情况表

年份	1861	1866	1873	1880	1885	1890
杏仁(担)					6600	8285
大豆、豌豆(担)	86456	41060			44100	114623
猪鬃(担)					3351	4219
煤(吨)					17486	47243
红枣(担)	2988	21501	19994	22991	32830	27592
乌枣(担)	3421	15301	14262	14217	27568	31753
鹿茸(对)	88	3004	3715	5119	3846	4700
药材(海关两)					318011	407035
大黄(担)	426	64	521	700	1073	1277
山羊皮(担)					326014	474497
草帽辫(担)			1859	19961	44208	42424
驼毛(担)		638	1898	16442	20540	13753
绵羊毛(担)	1804	946	339	703	19747	80679
棉花(担)	74	136177				

资料来源:〔英〕雷穆森著,许逸凡、赵地译,刘海岩校订:《天津租界史》(插图本),天津:天津人民出版社,2009年。

天津紧邻首都,腹地广阔,交通便利,开埠后成为西方列强在北方最主要的登陆点。1885年天津进出口贸易总额比1865年增加了一倍,1895年

---

① 罗澍伟主编:《近代天津城市史》,北京:中国社会科学出版社,1993年,第205页。
② 罗澍伟主编:《近代天津城市史》,北京:中国社会科学出版社,1993年,第175页。
③ (清)张焘撰,丁綿孙、王黎雅点校:《津门杂记》,来新夏主编:《天津风土丛书》,天津:天津古籍出版社,1986年,第146页。

又增加了一倍,为 5017 万海关两,到 1898 年天津进出口贸易总值比 1880 年增加了 191%,达到了 7000 余万海关两。天津一直执环渤海地区对外贸易之牛耳,始终占环渤海地区对外贸易总额的 50% 以上。①

近代天津的崛起与其对外贸易地位有很大的关系。天津为北方原料出口的集散地,外埠货物贩运、滞留、行销等无不需要大量资金,民间借贷的资金便成为天津开展国内贸易的血脉。开埠后的对外贸易量急剧增长,天津成为中国北方对外输出原材料的最大中心。因此,天津也迎来了金融业大发展时期。用于民间商业借贷的金融机构主要有早期的账局、票号等。票号的主要功能是汇兑,但也有借贷的功能,与早期银号有着密切的关系。但在 20 世纪初,天津的票号随着时代的变迁以及金融危机的发生,逐渐衰败。随着近代天津内外商业贸易的发展以及西风东渐的影响,本土内生的银号以及银行逐渐成为商业借贷的主要来源,"银行、钱业为众商之母,一埠金融机关辗转流通,不患其少,闭藏积滞,弥觉无多"②。传统的银钱业资金向借贷资本转化,银号、钱庄迎来了大发展的时代。直隶天津县在第二次鸦片战争后辟为商埠,工商业日益繁荣,至清末有银号 38 家,银炉 21 家,钱铺 53 家。③ 开埠后腹地商业借贷主要依靠钱庄。19 世纪末天津的钱庄达到 300 余家,从事存放款的钱庄多在估衣街、针市街和竹竿巷一带,称为西街钱局;银钱互换多在宫南宫北一带,称为东街钱局。④ "庚子"前,天津银钱业资本大量投入商业借贷,号称百业之王,天津钱行共计 200 余家,南北巨富在津开设钱行者有一二十家,素日一家串换十万或百万。钱行放款多,是因为钱行有大量存款,"庚子之变"前外帮存款共有 2000 万,计票庄 1000 万,金店及南帮 200 万,银行 300 万,其他各路共约 500 万。⑤ 由此可见,钱业资本、放款数额都十分巨大,但有帮派之别,具有传统的特点。中外合资银行业也在天津设立,向商业发展注入资金。

经过"庚子之变",天津社会经济受到重大打击,市场停滞,进行民间借贷的典当业、银钱业亦受到了巨大的冲击,银号仅存 12 家,它们分别是:万兴号、中裕厚、胜豫号、新泰号、公裕号、信成涌、义德号、恒利号、庆源瑞、

---

① 张利民等著:《近代环渤海地区经济与社会研究》,天津:天津社会科学院出版社,2003 年,第 137 页。
② 《天津商会档案汇编(1903—1911)》(上),天津:天津人民出版社,1989 年,第 630 页。
③ (清)石小川编:《天津指南》卷五,宣统年刊本。
④ 罗澍伟主编:《近代天津城市史》,北京:中国社会科学出版社,1993 年,第 205 页。
⑤ 黄鉴晖:《中国钱庄史》,太原:山西经济出版社,2005 年,第 88 页。

桐达号、裕源长、恒裕厚。① 民间小押等高利贷盛行,社会经济面临崩溃。

之后,清朝新政为天津迎来了发展的机遇。都统衙门时期,天津开始建立了现代化的城市管理机制,设立了8个管理城市的机构和4个管辖区,第一次设立警察、制定交通规则、管理卫生、组建防火队、管理城市基础设施、进行土地和人口普查。袁世凯推行的以天津为中心的直隶新政成为全国推行新政的典范。袁世凯收回天津后建立了新的法制管理体系,利用政府威慑控制市民的行为,改善和利用原有的社会组织约束市民,建立和完善了新式监狱、济良所、收容所、教养局等机构,利用绅商参与建立近代社会组织,推行新政,组建天津县议事会。通过上述举措,初步建立了一个中外、新旧、官方和民间杂糅的合乎中国实际的城市管理体系。② 1902年到1913年是天津近代工业重新兴起的阶段。袁世凯开发河北新区,在此区建立车长、市场、机构和学堂等,形成了新区、旧城区、租界区的天津城市格局。袁世凯主政下成立天津官银号、公估局,稳定市场,集合民间游资,打击高利贷,近代法律变革促成了法院司法机构的成立,喜争诉讼的天津人有了因借贷而诉讼的新场域,市场逐步恢复,银钱业有了新发展。

1911年的辛亥革命对天津市场产生了冲击,对一些富商大贾而言,他们常常既是借贷者,也是欠债者,一旦市面发生危机,其产业发生倒闭,往往会引起巨大的金融风潮。如天津富商王锡英产业计值220余万两,在1911年其产业倒闭,欠债数额达到120余万两,惊动了官府,致使市面动摇,而外人欠他的债务也不少,"虽有许多产业,竟至无处抵借,措手不及",他的两家银号停业,其他人也欠他的钱,计有银34万余两、钱43万余吊。③ 可见当时富商大贾在天津城市商业运作中的民间商业借贷数额都是极大的,一旦信用出现问题,则对整个城市的市场产生巨大影响。近代社会的动荡和市场的发展,对前近代商业的传统信用体系造成了不小的冲击和挑战。民国建立,天津的发展也进入了一个新的阶段。

---

① 黄鉴晖:《中国钱庄史》,太原:山西经济出版社,2005年,第48页。
② 罗澍伟主编:《近代天津城市史》,北京:中国社会科学出版社,1993年,第315页。
③ 《天津商会档案汇编(1903—1911)》(上),天津:天津人民出版社,1989年,第595页。

第二节 北洋时期天津城市的
发展与民间借贷

1914年到1928年是天津工业的腾飞时期,大批官僚的聚集和一战的爆发为天津工业的发展带来了契机。天津很快形成了以轻工业为主的工业体系,大中型工业虽然起步迟但是发展快,外资工厂在天津不占主导地位,近代工业和传统手工业相互补充。① 虽然这期间有1917年、1922年的军阀战乱,但此时天津的社会经济总体是向上发展的。

一、社会变迁与民间借贷

近代以来,中国城乡差别日趋严重,尤其在20世纪二三十年代后,中国的广大乡村在国内外经济变迁的大背景之下出现了衰落,大量资金流入了城市。李金铮对近代以来资金从农村流入城市的分析也非常适用于近代天津的情况。首先,地主富户携资入城,是引发乡村资金外溢的一个重要因素。地主富户之所以入城,城市社会经济近代化是重要的诱因之一,如享受城市现代生活或投资工商业等。城乡贸易关系不平衡,是乡村资金外流的又一重要原因。此外,军阀、官僚所积蓄的大量钱财也多来自农村,也是农村资金外流的重要因素。由于上述原因,乡村资金向都市集中的速度日益加快。②

天津城市资金以借贷的方式向乡村输入,是维系城乡之间重要经济关系的纽带。一般情况之下,农民往往通过民间私债和城市民间借贷机构来融通资金,而私债往往就是高利贷,如印子房之类。农民有急需,借贷方法分两种:如需用甚少,则向印子房借,最多5元,每天归还5分,120天还完,本利共为6元;需用多者,则向转子房借,至少50元,须有铺保或可靠之保人,每月还洋6元,10个月还清,本利共为60元。③ 又如,冰窖业曾经是天

---

① 罗澍伟主编:《近代天津城市史》,北京:中国社会科学出版社,1993年,第416页。
② 李金铮:《民国乡村私人、店铺高利贷利率研究》,《中国乡村社会经济探微》,北京:人民出版社,2004年,第409~411页。
③ 曾铁忱:《天津特别市农业调查概况》,天津特别市社会局编:《社会月刊》第1卷第5、6号合刊,1929年,第27页。

津城市较为重要的一个行业,在抗战胜利后,冰窖业向农民贷款:"有钱时,就放稻米帐和稻草帐,把款给需款紧急的农民,约定价格以稻米、稻草取偿。这样冰窖的损失减少了,可是害苦了贫苦农民。"①可见,乡村的资金集中到城市,对城市的经济发展起到了相当的促进作用,却在一定程度上加剧了乡村的危机。而城市的民间资金返回乡村,虽然对乡村具有一定扶持,但其中却蕴含着极大的剥削,从而加剧了城乡的对立。故此,当时一些有识之士提倡将城市的剩余资金以低息贷款的方式反哺乡村,以解决当时乡村的危机,使乡村摆脱当时的经济萧条。②

民国以来,天津城市贫困问题更为突出。天津社会自清代以来就有许多的救济慈善组织。近代的一些救济思想传播到了天津,许多有识之士提出用借贷的方法来帮助这些需要救济的人们,通过借贷促进他们自强自立的精神,同时以此促进社会经济和生产的进步。以天津的李嗣香为例,他组织平济局,以小工商业者为救济对象进行借贷,借贷条件附有道德上的要求,虽然是抵押,但是和典当业很不相同,有很强烈的慈善色彩。③

天津城市的信任关系进一步恶化,欺诈在城市这个生人环境中是经常发生的事。许多人为了防止各种欺诈或澄清事实,都在报纸上刊登广告以正视听,从一个侧面反映出天津近代城市中欺诈的广泛存在。如下面这几个广告声明表明,当时有人利用多种形式如冒名借贷、假借担保、指物抵押等手段进行欺诈:

---

① 王霭堂、赵炳文、王忠纯:《天津的冰窖行业》,中国人民政治协商会议天津市委员会文史资料研究委员会编:《天津文史资料选辑》第11辑,天津:天津人民出版社,1980年,第118页。

② 李培仁:《天津中国农民银行概述》,中国人民政治协商会议天津市委员会文史资料委员会编《天津文史资料选辑》总第77辑,天津:天津人民出版社,1998年,第133~136页。

③ 《组织平济局抚恤贫民》,天津《益世报》1921年7月18日,第3张第10版。"闻有邑绅李嗣香,因津埠难民众多,生计为艰,拟组织平济局,其宗旨以借款抚恤贫民,其办法:(一)凡小本买卖,如本钱亏耗,势须借贷者,报由本局查明,认为应行借贷,酌定数目,即为借给,分为百日归还,不取利息,或五日一交,或一日一交,除大风大雨及其家有事故外,不得延欠。(二)凡小本买卖,日欠日还,倘有疾病不能出门,报由本局查明属实,本局每日酌给二三百文,以资养病,并可酌给药资。(三)凡拉洋车者,倘有车损坏,报由本局查明,借给赁资之价,亦分为百日归还,除未拉车之日无款归还外,不得延欠,倘有疾病,报由本局查明,亦可每日酌给养病之费。(四)凡泥瓦匠等之小工,及在工厂、洋行、电车每日做小工之工人,倘有疾病,不能工作,亦可照拉车者一律抚恤。(五)以上所谓小本买卖及拉洋车作小工者,如愿得本局借款即抚恤者,先将姓名、住址、某种营业来局报明,由本局查实登册,以后有应借款及抚恤之事,方能照办。(六)凡愿向本局借款及愿受本局抚恤者,必须谨守本局六条规则,不得违犯:(1)不得吸食鸦片(2)不得扎吗啡(3)不得吸食纸烟(4)不得赌钱(5)不得偷盗(6)不得斗殴伤人。(七)凡向本局借款或洋或钱,各听其便,借洋者还洋,借钱者还钱。(八)凡向本局借款者须有抵押物品,还清后,原物取回,如不照期归还,过百日后,即由本局将抵押品随时拍卖,倘因事故,请为展缓,只准再缓五十日,扣足一百五十日,定行拍卖,卖得之价,如还本之外,尚有盈余,仍将余款支付原主。以上办法凡城内及城东城南住户在寄生所,河东河北住户在备济社,城西住户在教养院,均可报名。"

倾闻有人冒敝人名义在外借款及典房间等事,既得传闻,不能置之不问。凡未经鄙人亲自签字盖章之文件,鄙人概不承认,恐未周知,特此声明。①

　　近闻有人假借鄙人名义在外招摇以及接洽担保银钱等事,或充鄙人代表。查鄙人在津居住将近五年,除公义斗店公司营业自理外,他事概不与闻,亦未予各方接洽担保银钱等事。望各界友人万勿为其所愚,以后无论何事,非有亲笔图章概不负责。②

外来者到了这个生人的环境,受骗的也不少,如李海由武清县来津,带有行李等物,遇见张起禄、刘永和,二人花言巧语,将李海带至"三不管"复兴里居住,趁机将李海的行李全部当卖。③

商业中的欺诈借贷也非常普遍,行骗者常利用商号的名义或戳记等行骗,这些都引起了一些商人的警惕:"鄙人奉亲家居,处事向持谨慎。虽独力小有商业藉资糊口,从无与人订立契约经营事业。凡有关信用银钱往来事件,皆由亲自接洽签字盖章为凭。各埠无论何时何人,倘有假名揭借银钱,既其他一切行为,概与鄙人无涉。"④有的因为商业交往相熟,其中一方利用对方名义进行欺诈:"兹有张兴泰者素无正业,前因买砖致与其相熟,继则常来舍下求帮。昨得传闻,该张某有在外藉鄙人名誉招摇讹索情事,是以登报声明以免被其欺驱。"⑤

在乡村中,保人都是大家的熟人,而在城市中随着信息的传播和交往的扩大,保人也出现了多样化的情况,作保过程中也出现了欺诈现象:"本栈开设二十余年,专作代运客货生意,向无买卖货物私立合同应声作保等事,无论何时发现此等事实,本栈概不认可。"⑥

葛沽西大桥地方,一天晚上10点钟,住户赵介时家中忽来贼匪三四人,有一人手持手枪,声称奉司务长命令,不日出差,无有盘川,借洋200元,待赵介时给他们中南洋票20元,这些匪徒才接洋而去。⑦ 还有的因为借贷没有得逞而导致恶性事件发生。如杨华堂在日租界工业洋行任事,一

---

① 《王友山启事》,天津《益世报》1916年4月17日,第2版。
② 《田展程启事》,天津《益世报》1923年12月23日,第2张第6版。
③ 《骗当行李》,天津《益世报》1922年5月21日,第3张第11版。
④ 《袁兼之启事》,天津《益世报》1920年11月9日,第2张第6版。
⑤ 《杨庆明启事》,天津《益世报》1919年7月16日,第2张第7版。
⑥ 《津德裕、京华林货栈启事》,天津《益世报》1917年1月15日,第11版。
⑦ 《贼匪借洋》,天津《益世报》1925年9月23日,第3张第11版。

向谨慎,毫无嗜好。有个叫李恩贵的人素不安分,多次向他借贷,遭到拒绝后怀恨在心,污蔑杨华堂身带吗啡。后来被查明属诬告,受到了惩办。①

20世纪20年代,天津的赌博现象已经到处可见,天津俨然一个大赌窟。② 花会是当时一种流行的赌博方式,在上海等江南地区的各阶层中非常流行。③ 上海的竹枝词中有这样的词句:"赌博从来尽是欺,况如花会更离奇。一钱二十八来配,赚得愚民共着迷。"④后来这种赌博方式传到了天津一带,"以天津东各县之花会最为盛行,是项花会贻害地方,较寻常赌博尤甚。不予严禁,流弊何堪设想"⑤。天津著名的混混袁文会是花会最有名的组织者,常利用花会赌博大发横财。

一些文学之士也饱受贫困之苦,这些人在天津被称为"文贫",他们就经常借贷。如孟广慧,字定生,为天津四大书法家之一。他兴趣广泛,擅长绘画、戏曲、鉴赏古物,广交友,与弘一法师从小要好,但他"家道贫寒,买粮、买菜、烧柴以及理发、坐车经常赊欠,逢年过节来要帐者也很理解他的困境,如还不了钱就请求他给写些字以抵消欠债"⑥。就是一些有名气的上层人物也免不了为钱所困,常常借贷。教育家严修就是最有名的一例。他在北京时就常常欠债:"任满还京,不仅宦囊如洗,而且负债累累,只好托至戚举债,借八千缗又两千金于德厚堂,总计负债四千两。"⑦"此次学部卸任归来,又负债银二万两千余两,银元一万八千余元,向交通银行借三万两偿债。"⑧著名的教育家张伯苓为创办私立南开中学,常常为钱的问题发愁,利用各种关系去借贷办学,体现出了高尚的精神:"张伯苓建校借款,曾嘱代向中孚一商,为之函达稚松。"⑨

富裕的阶层也离不开借贷,除了用于商业发展以外,维持奢侈的生活

---

① 《杨华堂启事》,天津《益世报》1922年12月11日,第1张第2版。
② 《天津已成赌博世界》,天津《益世报》1922年1月21日,第3张第10版。
③ 苏智良、陈丽菲著:《近代上海黑社会》,上海:商务印书馆,2004年,第260页。
④ 《警察月刊》第1卷第1期,1933年。转引自侯艳兴:《上海女性自杀问题研究(1927—1937)》,上海:上海辞书出版社,2008年,第259页。
⑤ 《花会赌博均应厉禁,民政厅令各县妥拟办法》,天津《大公报》1932年1月29日,第2张第7版。
⑥ 孟昭联:《孟广慧事略》,中国人民政治协商会议天津市委员会文史资料研究委员会编:《天津文史资料选辑》总第65辑,天津:天津人民出版社,1995年,第137页。
⑦ 齐植璐:《天津近代著名教育家严修》,中国人民政治协商会议天津市委员会文史资料研究委员会编:《天津文史资料选辑》第25辑,天津:天津人民出版社,1983年,第11页。
⑧ 齐植璐:《天津近代著名教育家严修》,中国人民政治协商会议天津市委员会文史资料研究委员会编:《天津文史资料选辑》第25辑,天津:天津人民出版社,1983年,第22页。
⑨ 中国银行股份有限公司天津市分行、中国人民政治协商会议天津市委员会文史资料委员会合编:《卞白眉日记》第1卷,天津:天津古籍出版社,2008年,第194页。

也是富人借贷的原因。贵妇们时常出入典当、金店等,为其奢侈的生活而借贷。赌博和吸毒也常常导致男人们出入借贷的场所。北洋军阀资本注入近代天津典当业,在一定程度上弥补了山西资本的衰退,促进了典当业的发展。①

总之,民间借贷对于人们日常生活消费都是不可缺少的。随着近代天津城市化和近代化的发展,城市社会的民间借贷呈现出了复杂的面相——贫穷、生存、欺诈、恶习、风俗、慈善等,近代城市的发展及城市病的出现都与借贷息息相关。亲属、高利贷的印子房、合会、典当等成为人们借贷的来源,构成了近代天津人们维持日常生活的民间借贷网络。

二、经济变迁与民间借贷

民国建立后,天津地位日趋重要,在政治上成为北洋势力的后院,在经济上成为北洋资金的投机地。之后,随着中外经济交往的日益加深,第二次工业革命的成果也从租界传入,电讯、通信等基础设施的建立将天津和世界联系起来,外资企业逐步进入天津。近代民族企业开始兴起,但官办产业的资本占了绝对优势(占天津全部近代企业的94.3%)。② 20世纪20年代开始,天津经济一度发展迅速,工业和商业有了长足的发展,资本主义化有所加深,但大企业不多,多为中小企业,小型企业占大多数。到中华人民共和国成立前,天津有私营工业9873户,职工71863人,手工作坊占70%,千人以上的仅十几家,用机器生产的只有2939户。③

20世纪,天津城市商业占据了统治地位,表现在天津成为世界市场的一部分,商业的经营形式和手段向资本主义转化。新式的股份公司、新式的记账法、抵押借贷等契约方式得到推广,期货交易增加。近代商业分工渐细,传统商业逐步被取代,出现了许多新行业。商业规模大,洋行增加,商业经营分工细,大型的百货商场和中小商店构成了城市的商业网络。1928年,天津共有大小商店3万家,资本额3000万~4000万,从业人口10万人。④

近代天津的企业发展无不依靠民间借贷资金的维持,正如韦伯所说:

---

① 参见冯剑:《近代天津典当业资本的变迁》,《近代史学刊》第16辑,北京:社会科学文献出版社,2016年,第189~218页。
② 罗澍伟主编:《近代天津城市史》,北京:中国社会科学出版社,1993年,第218~262页。
③ 李竞能主编:《天津人口史》,天津:南开大学出版社,1990年,第36页。
④ 罗澍伟主编:《近代天津城市史》,北京:中国社会科学出版社,1993年,第377页。

"通常引起革命的并不是投入这个工业的新的资金流——在我所知的几个例子中,整个革命的过程是从亲戚那里借几千元资本开始的——而且这种新的精神即资本主义的精神发生了作用。"①这些商人投资于近代企业,有的是小本经营,他们依靠自己的钱财或借一些高利贷,多为独资;另一些是与亲友合资;还有一些工匠依靠赊欠商店企业的原料维生。中小企业多集中在天津市中心。② 大企业也常常依靠借贷来艰难度日。如在20世纪30年代由于经济不景气,当时各纱厂流动资金短绌,常年依靠借贷度日。贷款多来自银行、银号或日本财团,也有的向厂中董事或股东告借。借款多属高利贷性质,每年要付大笔利息,贷款抵押多以固定资产或商品抵押为主。③

表1-4 天津支店放款未收本息单

字号	行业	地址	津行平化宝银本金	津行平化宝银至阳历本年正月底止本利	银洋本金	至阳历本年正月底止利息	备注
万里灰局	煤灰	唐山北门内竹泉代理	8000.00	2512.67			
泉兴公	洋货	原设北京大栅栏宫北孟竹碘代理	2102.00	789.99			
义成泰	估衣	估衣街	4975.00	1587.51			
义成泰	估衣	估衣街	19688.35	6476.78			
吉兴顺	洋布	原设宫北街高佩文代理	10975.00	3695.17			
益兴恒	日本货	原设估衣街刘新桥代理	13675.59	3640.69			
天利材厂	木植	西门内大街	6000.00	1952.37			
同合德	木植	河北窑洼	25000.00	78.32			
瑞生祥	钱业	北门外竹竿巷	3000.00	130.19			

---

① 〔德〕马克斯·韦伯:《近代资本主义的本质》,〔德〕马克斯·韦伯著,黄宪起、张晓琳译,黄铁珊、杨小滨校:《文明的历史脚步——韦伯文集》,上海:上海三联书店,1997年,第112页。
② 罗澍伟主编:《近代天津城市史》,北京:中国社会科学出版社,1993年,第530页。
③ 天津南开学校编:《社会视察报告》,天津南开学校社会视察委员会,1930年,第72页。

(续表)

字号	行业	地址	津行平化宝银本金	津行平化宝银至阳历本年正月底止本利	银洋本金	至阳历本年正月底止利息	备注
复成号	木植	北营门外	972.97	195.10			
中兴顺	洋布	宫北大街	2000.00	662.00			
源和当	质库	宫北大街	2000.00	662.00			
福和真	钱业	宫北大街	5000.00	1343.75			
瑞林祥	钱业	原设针市街元记代理	35000.00	8789.15			
瑞林祥元记	绸缎	估衣街	10000.00	2510.66			
中兴成	贩货	针市街瑞生成代理	15000.00	3890.00			
源发恒	木植	河北窑洼	19000.00	5304.25			
同益兴	木植	河北窑洼	5000.00	1058.75			
通源	米行	奥界谦益号代理	10000.00	2653.75			
通源	米行	奥界谦益号代理			5000.00	1333.75	
汇康元	钱业	原设针市街移寓估衣街	3000.00	735.00			
瑞庆煤局	煤炭	针市街元庆号代理	10000.00	2652.50			
景德和	棉纱	北门外竹竿巷	6715.90	1044.22			
裕丰	银号	原设河北大街南马路王井三代理	30000.00	7973.00			
万丰	银号	天津	46586.28	10091.21			
万丰	银号	天津	4621.63	491.38			
顺发洋行账房		法租界	30869.28	9289.21			

（续表）

字号	行业	地址	津行平化宝银本金	津行平化宝银至阳历本年正月底止本利	银洋本金	至阳历本年正月底止利息	备注
麟记公司	烟草	原设金汤桥下	11613.52	3401.81			
盛星顺	洋布	东新街	1995.00	586.87			
义兴泰	洋广货	归贾胡同	1990.00	569.97			
平安公司	房产	保人任荔轩代理寓日租界	3000.00	567.22			
成兴号	米行	奥界粮店街	10689.95	2841.48			
恒义号	洋广货	原设锅店街寓记代理	5960.00	2890.80			
于兰舟	原瑞丰洋行账房	现在捷成洋行	3636.15	700.98			
福兴顺	染坊	太平街北先春园			619.37	175.00	
通顺	粮行	原设洋货行街北门内魏姓代理	8000.00	1787.00			
天丰当	质库	河东十字街	8000.00	1225.82			
聚通恒	银号	原设针市街二道街杨姓代理	20000.00	4200.57			
聚兴和	药材	北门外	7000.00	21.00			
玉源	粮行	原设海下矿物局邢姓代理	15000.00	3970.00			
立达美记行	木植	金家窑杨姓代理	9000.00	2575.75			
高介臣	元茂记洋行账房	季家大院	3000.00	646.50			

（续表）

字号	行业	地址	津行平化宝银本金	津行平化宝银至阳历本年正月底止本利	银洋本金	至阳历本年正月底止利息	备注
纯德里	盐商	东门内鲁姓代理	3000.00	793.50			
晋益恒	盐商	东门二道街杨姓代理	7000.00	1844.50			
合计			429256.64	108469.23	31994.12	8911.07	以上各借款均系买办经手
钱又岚	官吏	河北宇纬路	22000.00	6363.00			
张幼安	官吏	估衣街稼祥元记代理	40000.00	11312.00			
合计			62000.00	17675.00			

资料来源：天津市档案馆编辑：《北洋军阀天津档案史料选编》，天津：天津古籍出版社，1990年，第492～494页。

从表1-4中可见，近代天津借贷涉及各行业和各阶层，社会借贷需求巨大，从中也反映了近代天津中外金融关系之紧密。

总之，商业的发展离不开民间日常的借贷关系。如日本在国民政府北伐期间制造的"济南惨案"，引发了各地抵制日货的运动，在蒋廷黻的号召下，天津学生对日货商店征收了爱国捐。蒋廷黻当时建议成立一个工业研究机构，他写道："例如：天津盛产酱油，酱油的主要成分是大豆，依照旧法，大豆的发酵过程需要半年。因此，投资人就要担负六个月的利息。我请南开及其他地方的化工人员研究一套加速发酵方法，以减轻投资人利息的负担。当时在天津有一个做辣酱油的人，每个月他要负担约等于他资本额百分之十的借贷利息。"①他希望成立一个化学研究所以缩短发酵过程。从这个例子中可见，商业投资大多具有一定的借贷资金的投入。即使一些奉行所谓不借贷主义的商家，最终也难逃借贷经营的宿命。如天津著名的老字号店铺瑞蚨祥在经营中有不借外债的原则，但是在经济萧条的时候，资

---

① 蒋廷黻：《蒋廷黻回忆录》，长沙：岳麓出版社，2003年，第106页。

金无法运转,若不借外债,现款现购的方法是维持不下去的。①

20世纪初期天津成为华北和西北的金融中心,对商人提供借贷资金和押汇业务,吸引外地银行。天津帮银行控制了外地帮银号,各地帮银号则有固定的业务范围和往来对象。20世纪20年代形成了由天津和各地银行、银号和钱庄组成的流通系统,随着天津工业和交通的发展,天津的腹地也不断地扩展,在20世纪20年代天津的腹地和交叉腹地总面积达200多万平方公里,占全国土地面积的四分之一以上,涉及人口1亿多,比20世纪初的腹地扩大了一倍,包括我国北方大部分地区,天津及其腹地成为全国第二大经济区域。② 钱庄、银行、牙行、货栈等借贷机构的资金注入,为天津的国内贸易提供了源源不竭的动力。天津的国内贸易具有很大的地缘性,例如宁波帮凭恃慈溪、奉化、象山、定海等六县地方商帮遍及全国,以血缘乡谊为纽带,靠在天津经营运河南北货运生意发家,在天津的代表人物主要有严筱舫、叶澄衷、严蕉铭、王铭槐、叶星海、方若等人,对同乡和同业放款是他们的主要营业项目之一。③ 天津的货栈充当交易媒介,代客商存放物品、代理保险,为客人提供食宿,向客商提供抵押或信用放款,有的货栈还向银行、银号借贷。银号也多向客商提供贷款,最高额度为货价的60%~70%。④ 最终,银号、中外银行形成了互相补充支持和竞争的近代商业金融网络。

早期天津借贷资金除了来自依靠血缘、地缘关系进行的私人借贷以及民间的高利贷以外,还有的来自世家大户。民国时期官僚投资银行和银号,为工业发展注入资金。据30年代的调查资料显示,天津60多家主要的银号中官僚和军阀投资的银号的资本总额占全部资本额的28%。⑤

由于天津在近代地缘位置上的特殊性,其民间借贷资金的来源与北洋军阀的关系尤大。北洋军阀一度将天津作为政治后院和政治避难之地,他们到天津,将自己搜刮来的大量资金投入民间借贷。如军阀王占元对天津的工商业投资大约是290万元,他还在天津设有颐和银号,存放款的业务非常活跃。⑥ 北洋军阀常常以堂名的名义投资。他们多经营货店、茶庄、

---

① 刘越千:《日趋衰落的瑞蚨祥》,中国人民政治协商会议天津市委员会文史资料研究委员会编:《天津文史资料选辑》第5辑,天津:天津人民出版社,1979年。
② 罗澍伟主编:《近代天津城市史》,北京:中国社会科学出版社,1993年,第432页。
③ 张章翔:《在天津的宁波帮》,中国人民政治协商会议天津市委员会文史资料研究委员会编:《天津文史资料选辑》第27辑,天津:天津人民出版社,1984年。
④ 罗澍伟主编:《近代天津城市史》,北京:中国社会科学出版社,1993年,第596页。
⑤ 王子健等:《天津之银号》,河北省立法商学院研究室1938年,转引自罗澍伟主编:《近代天津城市史》,北京:中国社会科学出版社,1993年,第422页。
⑥ 赵世贤:《军阀王占元经营工商业概况》,中国人民政治协商会议天津市委员会文史资料研究委员会编:《天津文史资料选辑》第4辑,天津:天津人民出版社,1979年,第163,171页。

斗店、古玩、盐号、五金行等。① 他们从事非经济活动的时候一般只用堂名,经济活动则很随便。堂名被子孙继承时可以在堂名前面加"记"以示区别。兄弟之间可以共用一个堂名,也可以有个人专用的堂名。②

表1-5 1924年北洋军阀在天津经营银号统计表

银号名称	出资者	资本额(万元)
颐和	王占元	10
致昌	王占元	10
日亨	王占元	
裕庆合	王郅隆、倪嗣冲	
永豫	田中玉、陈光远	50
春华茂	冯国璋	
华充	冯国璋	
华实	冯国璋	
华北	李思浩	10
信富	刘冠雄	10
义兴	李纯	
成城	李景林	
谦益	张勋	6
详顺兴	张敬尧	
义胜	陆锦	8
永盛德	陈树藩	10
泰丰	高凌霨	10

资料来源:魏晓明:《北洋政府官僚与天津经济》,魏晓明:《积沙集》,北京:中国档案出版社,2001年,第203页。

当时的银号资本一般在4万元,而军阀大多有10万元资本。有的北

---

① 魏晓明:《北洋政府官僚与天津经济》,魏晓明:《积沙集》,北京:中国档案出版社,2001年,第202页。堂名在宋代就出现了,文人以之明志。清代起堂名之风大盛,皇帝也有堂名。民国时期堂名泛滥,大量用于经济活动,起到一定的保密和分散股数等作用。堂名的排列方法可以和姓氏颠倒组合,形成四种表示方法,姓在前、堂名、姓在后、没有"堂"字。堂名有真假,但假的用多了可以变成真的。堂名在经济活动中有时也会造成麻烦,比如身故后堂名却在银行丢失,导致企业管理混乱等。北洋后一些企业不再允许使用堂名。堂名也用于其他的社会活动,如著作的名字、出版的名字、学校企业的名字、书信等。

② 魏晓明:《北洋军阀堂名简述》,魏晓明:《积沙集》,北京:中国档案出版社,2001年,第213页。

洋军阀将银号改组为银行,如李思浩的华北银号改为华北银行;有的军阀从事浮事,即投机业务;还有的军阀投资近代工业。① 北洋军阀投资企业,可以分成以下几个系统:一个是以周学熙为代表的老北洋,一个是以王郅隆、倪嗣冲为代表的皖系,还有以王克敏为代表的集团以及以曹锟为中心的集团。随着时间的推移,军阀与私人资本结合日益交叉和多元化。② 军阀们还投资天津典当业,一度导致天津典当业的恶性竞争。③

天津在开埠后不久,西方的商船大批来到天津,随之而来的是外国资本。外来资本不仅通过外商银行流入中国,为其经济利益服务,而且有大量的资金通过其他的形式注入了天津市场。中外资金交流数量巨大,20世纪初期中外商间的借贷款就有千万之多,"庚子变仆,元气已伤,而津市各行商犹复竭力发掘,能将西商一千数百多万全数清还,可谓信矣"④,可见外资与国内资金共同构筑起了近代天津的金融网络,构成了中外经济关系的重要组成部分。这种关系之深入可以从下面几个例子中看出。"美商中华平安公司主要业务:存款、保险、押款、经租、买卖天津、北戴河、大连房产基地。"⑤"某洋商准备出具借款,如有以皮张、羊毛、棉花及一切出口等货作抵欲用现款者,请向法租界和西里新中区广告设接洽。"⑥"元久甫于前清宣统三年三月充当德商北清公司买办,当交押款银五千两。该项押款言明按月行息一分,定立合同。嗣北清公司以押款数目过少,须增加至万两。"⑦徐永元向华顺洋行借贷,"将房契押借华顺洋行行平化宝银一千两,并立借字为凭。因久未偿还。"⑧

意大利租界的方济各教会利用高利贷支持教会在各地的传教活动:"方济各教堂还利用铠记公司的名义,以房地产做抵押放高利贷,到期无力偿还时便将房地产收缴抵押债。方济各以其横征暴敛之所得,支持各地的传教活动"⑨;"庆丰益兴记棉纱庄倒闭,除欠西洋行之货款,经绸布棉同业

---

① 魏晓明:《北洋政府官僚与天津经济》,魏晓明:《积沙集》,北京:中国档案出版社,2001年,第202页。
② 魏晓明:《北洋政府官僚与天津经济》,魏晓明:《积沙集》,北京:中国档案出版社,2001年,第208~210页。
③ 参见冯剑:《近代天津典当研究》,北京:社会科学文献出版社,2017年1月。
④ 佚名:《为殷实银号等商号连环互保事禀天津商会》,1911年1月1日,天津市档案馆,档号:J0028-3-002582-027。
⑤ 《广告》,天津《益世报》1931年9月14日,第3张12版。
⑥ 《介绍借款》,天津《益世报》1927年10月5日,第3张第12版。
⑦ 直隶高等审判厅编:《华洋诉讼判决录》,北京:中国政法大学出版社,1997年,第266页。
⑧ 直隶高等审判厅编:《华洋诉讼判决录》,北京:中国政法大学出版社,1997年,第284页。
⑨ 纪华:《天津意租界回力球场小史》,中国人民政治协商会议天津市委员会文史资料研究委员会编:《天津文史资料选辑》第2辑,天津:天津人民出版社,1984年,第191页。

会代表杜绦泉担任设法维持外,欠上海元成等九家钱号共银十一万三千余两,洋一万六千余元,欠东洋行七万六千余元"①。

中国民间商人也与外国商人之间存在着大量的借贷关系。如一战后德国战败,德国在天津的租界被收回,德国在华的商业利益受到了极大的冲击,当时由中国政府出面向德国商人讨还借贷中国商人的债款,从中可见当时中外的民间借贷关系之一角。

表1-6 德侨负欠津埠华商债款简表

华商	德商	欠款数目	欠款时间	证据
黄季才(广东番禺人,礼和洋行买办,住英租界灯房东)	补海斯德	1000两	1899年8月25日	兴业房产公司第55号股票纸
生记号戴仲球(广东南海人,针市街肉市口北头,商人)	顺威洋行韦尔德	500两(另计息)	1913年2月1日	天津地方审判庭8年民字第88号判决书
秦文起(天津人,天津英租界小白楼)	德国领事	26789.332元	1913年5月27日	赔偿盖房损失立有合同为凭
张云卿(天津堤头村,泰来洋行买办)	泰来洋行肃茂	5000两(另计息)	1913年	债权人在该行任事时所交押款
北洋保商银行	毕切特洋行	72828两	1914年6月30日	账单一张
黄季才	德华银行劳路斯	29688两	1917年6月27日	劳路斯收款单(购地定银)
郭继堂(直隶抚宁,英界福安里,福山洋行买办)	福山洋行佛克司白哥	415000两	1917年8月	羊毛批单及外庄羊毛商赔偿字据
黄季才	礼和洋行秀士	8669.59两	1918年12月31日	拖欠款,有行东自开清单

---

① 《庆丰益将拍卖还欠》,天津《益世报》1922年8月17日,第3张第11版。

(续表)

华商	德商	欠款数目	欠款时间	证据
宋作舟（天津，天津南头窑大街，礼和洋行买办）	礼和洋行秀士	21038.26 两	1919 年 3 月 16 日	债权人寄库保证金有该行东自开清单

资料来源：《天津商会档案汇编（1912—1928）》（4），天津：天津人民出版社，1992年，第 4498 页。

外国资本也注入天津的金融机构中，即便是金融机构本身也有借款的需求。以天津信诚银行为例，在 1911 年 11 月，因为辛亥革命后天津市面萧条，该银行资金周转不灵，要求以架本并抵押各据，向外国资本借贷 10 万两白银，以解危急。① 在近代天津市面危机时刻，外资往往成为救命的稻草。1912 年发生"壬子兵变"，天津许多商铺被烧。为恢复营业，1912 年 9 月 17 日一些商铺联名上书天津商会，要求借洋款 200 万以解救危机，并要求制定稳妥的分配办法，希望商会与政府对此予以支持。② 天津典业公会自"壬子兵变"后一直没有恢复过来，1924 年，也要求借贷洋款以维持营业，并提出了押借、利息以及清偿的具体办法，"商允法商马律利得·巴莱达以各典当房产暨各典当本，抵借洋银一百万元或六七十万元"，希望政府与法国方面商议。③

一些外来势力还趁借贷之机吞并中国的民族工业，此种情况尤其明显体现在民族工业与日本人之间的借贷关系中。一些日本人利用向中国的民族企业借贷吞并中国企业，力图控制中国经济。如裕元纱厂向日本银团借贷就是由与北洋安福系关系密切的王郅隆出面筹办的。在筹办过程中王郅隆利用他广泛的社会关系网为这个纱厂集资，他和安福系、日本人以及南方的荣氏家族都是有密切联系的。这个纱厂创办之初在技术和管理上依靠日本人，后来自己想办法训练学生取而代之，但是因为还不上日本天津银行团 160 万元的欠债，该纱厂被抵押给了日本的大仓银行，改名为公大六厂。④ 从案例中可见，外国资本注入天津民间借贷网络之中，对中外经济交流和资金融通起到了一定的作用。在屈辱的对外交往处境之下，借贷中中国商人往往受到不公正的待遇并面临被压榨的风险，体现出了当

---

① 《天津商会档案汇编（1903—1911）》（上），天津：天津人民出版社，1989 年，第 606 页。
② 《天津商会档案汇编（1903—1911）》（下），天津：天津人民出版社，1989 年，第 2588 页。
③ 《当商拟借洋款牵复，天津当商》，1924 年，天津市档案馆，档号：J0128－2－002084。
④ 王景杭、张泽生：《裕元纱厂的兴衰史略》，中国人民政治协商会议天津市委员会文史资料研究委员会编：《天津文史资料选辑》第 4 辑，天津：天津人民出版社，1979 年，第 172～179 页。

时中国社会半殖民性的特点。

第三节 南京国民政府时期天津城市的变迁与民间借贷

天津自古人口流动频繁,是一个五方杂处的城市。近代天津自开埠以来,西风东渐,城市社会出现了前所未有的变化。随着经济的发展、政治地位的提高以及城市区域的扩大,天津城市面积不断增长,城市人口数量大幅增长。

一、社会经济与人口变迁

南京国民政府时期,天津城市发展有了新的变化。

首先,经济发展与城市地位发生了变迁。南京国民政府时期,天津工商业有了进一步发展,但因政治中心南移,天津的地位有所变化,资金有所南移。军阀官僚对近代工业、金融业的投资在1922年至1928年6月停滞并转向衰落。① 随着日本在华北侵略不断深入,天津社会出现动荡。据1935年的统计,天津商店总数为28427家。② 到1945年,天津市有大小工厂5000多家。③ 根据统计情况来看,天津城市经济的主体一直以小本工商业为主。

表1-7 1935年天津市工厂统计

机器及金属制造	交通用具制造	土石玻璃制造	化工业	纺织	服用	橡革	饮食烟草	饰物文具	印刷造纸	其他	共计
18家	2家	7家	8家	32家	6家	4家	7家	1家	7家	4家	98家

资料来源:《天津市工厂统计》,天津《大公报》1935年1月24日。

---

① 龚关:《近代天津金融研究(1861—1936)》,天津:天津人民出版社,2007年,第182页。
② 鲁荡平:《发展天津市工商业最低限度之工作》,《社会月刊》第1卷第5、6号合刊,天津特别市社会局编印,1929年12月,第1页。
③ 《小统计津市商店总数共计28427家》,天津《大公报》1935年2月23日,第6版。

表1-8　1935年天津市社会局调查市商店总数

一区	二区	三区	四区	五区	六区	特一	特二	特三	特四	总数
6378	6259	5955	2432	3632	1706	933	684	430	18	28427

资料来源：《小统计津市商店总数共计28427家》，天津《大公报》1935年2月23日。

其次，人口的规模和结构也发生了变化。民国以来，近代天津的人口数量与其区域一样，呈倍数增长。

表1-9　天津市区总户数、总人口数统计表（1840~1948年）

年度	非租界区总户数	非租界区总人口	租界区总户数	租界区总人口
1840年	32761	198715		
1911年	91812	556587	11819	51883
1928年	183490	939209		183196
1937年	228417	1080229		182032
1945年	318982	1721502		
1948年	383785	1913187		

资料来源：李竞能主编：《天津人口史》，天津：南开大学出版社，1990年，第82页。

近代天津城市居民主要分为六个社会阶层：1.官僚遗老、金融公司企业名流和投资者以及社会名流；2.商人、资本家、高级职员等；3.小企业主商人、职员、中间商、教师和一般公务员；4.手工业者、小商贩、帮头、工匠、工头等；5.摊贩、季节工、临时工、装卸工等；6.无业游民、难民、乞丐、娼妓等贫民。①

自古以来天津人口迁移变动较为频繁，流量比较大，涉及地域比较广，对人口总量增长有较大影响。② 各种原因产生的灾民、难民构成了城市移民的一个重要来源。天津的贫民大多生活在城市的边缘地区，民国时期天津的主要边缘区是谦德庄、地道外等。③ 此外，南市一带后来位于城市中心，是天津贫民的集中区域之一。天津人口死亡率较高，1935年为38.16‰，1944年为34.38‰。死亡率高的原因主要是劳动人民生活悲惨。天津城市化进程迅猛，大量贫苦农民不断流入，贫富两极分化严重。④ 根据

---

① 罗澍伟主编：《近代天津城市史》，北京：中国社会科学出版社，1993年，第468~469页。
② 李竞能主编：《天津人口史》，天津：南开大学出版社，1990年，第100页。
③ 刘海岩：《空间与社会——近代天津城市的演变》，天津：天津社会科学院出版社，2003年，第287页。
④ 李竞能主编：《天津人口史》，天津：南开大学出版社，1990年，第154~156页。

1937年的统计,天津本地人在总人口中所占比重不及一半,其他人口来自全国各地,大多来自天津周边地区如河北、山东、山西、北平等地,以河北省居多。①

表1-10 1937年天津人口籍贯统计表

省市	男	女	合计
天津市	232114	212859	444973
南京市	300	329	629
上海市	1103	1332	2435
北平市	13618	9462	23080
青岛市	48	22	70
汉口市	57	35	92
河北省	280702	166547	447249
浙江省	1829	1361	3190
安徽省	1170	1148	2318
江西省	212	175	387
福建省	369	274	643
广东省	841	742	1583
广西省	37	23	60
湖北省	520	375	895
湖南省	331	313	644
四川省	142	118	260
西康省	4	1	5
贵州省	101	41	142
云南省	30	27	57
辽宁省	3153	2540	5693
吉林省	327	196	523
黑龙江省	126	66	192
河南省	8093	4669	12762
山东省	70907	36960	107867

---

① 李竞能主编:《天津人口史》,天津:南开大学出版社,1990年,第176页。

（续表）

省市	男	女	合计
山西省	5247	1034	6281
陕西省	62	41	103
甘肃省	27	20	47
宁夏省	5	3	8
绥远省	42	17	59
察哈尔省	720	92	812
热河省	81	54	135
新疆省	1	1	
蒙古省			
江苏省	2551	2196	4747
西藏省			
其他	12	6	18
总计	624882	443078	1067960

资料来源：李竞能主编：《天津人口史》，天津：南开大学出版社，1990年，第176页。

造成大量人口移民天津的原因很多，从根本上讲，在于移民者想通过移居天津寻找新的职业，摆脱原来的贫困生活或进一步改善其处境。移民者移居天津，或趁招工的机会，或在灾荒、战争时盲目流入。①

再次，这一时期天津贫民问题一直比较严重。1928年天津城市贫民为10万人，占全市人口的10%；到1947年底增至30万，占全市人口的六分之一。其中有8万赤贫人口，达到了衣不蔽体、食不果腹的程度。②

表1-11　1929年天津各区贫民统计表

区域	人口数	贫民数	每百人中贫民数
公安第一区	146989	8642	5.88
公安第二区	241026	26763	11.10
公安第三区	175002	4913	2.81
公安第四区	98871	39951	40.41
公安第五区	209408	12923	6.17

① 高艳林：《天津人口研究(1404—1949)》，天津：天津人民出版社，2002年，第101页。
② 陈卫民编著：《天津的人口变迁》，天津：天津古籍出版社，2004年，第88页。

(续表)

区域	人口数	贫民数	每百人中贫民数
特别一区	28011	1303	4.65
特别二区	24287	624	2.57
特别三区	15615	390	2.50
县属各村	422497	261827	61.97
总计	1381706	357336	26.24

资料来源:《民国十八年度天津特别市各区及县属各村庄贫民人数比较表》,《社会月刊》第1卷第1号,1929年7月。

天津人口结构的巨大变化,使贫困问题更为突出。新兴的工人阶层也加入了城市贫民的队伍。人口学家林颂河在1927年对塘沽久大精盐公司614个工人家庭做调查后证实,当时每拥有三个成年人的家庭,其一年必需生活费用为241.23元,平均月需费用20.10元。据国民政府统计局关于天津各业工人与工资的统计,1933年天津市工人中,工资月收入仅1~5元的占14%,6~10元的占31%,另有16%的徒工、试工没有工资。就是按上述工资月收入较高的10元计算,也仅能买213斤玉米面或86斤大米。1933年天津工人工作时间达12小时的占28%,13小时的占38%。1947年天津有脚行200多家,搬运工人六七万人,他们的饭碗掌握在3000多个雇主手中。① 这样,年收入在30元以下的家庭,大都处于入不敷出的境况。下层家庭吃很少的肉类,住土坯房,很少用火炉,生活方式有乡村的痕迹。②

表1-12 20世纪20~40年代天津职业人口数及其在总人口中的比重

年份	总人口	职业人口数	职业人口在总人口中的比重(%)	无职业人口数	无职业人口在总人口中的比重(%)
1928	939209	575109	61.23	364100	38.77
1929	955075	606152	63.47	348923	36.53
1930	937053	607709	64.85	329344	35.15
1936	1081072	424271	39.25	656801	60.75
1946	1677000	714491	42.60	962509	57.40

资料来源:天津市警察局对五区、八区及三特区市民职业调查资料及《天津市政公

---

① 李竞能主编:《天津人口史》,天津:南开大学出版社,1990年,第155页。
② 南开大学经济研究所编:《南开指数资料汇编》,北京:统计出版社,1958年,第604页。

报》1936、1946 年的统计。①

天津人口的贫困问题也与职业和性别结构相关。天津人口因为其商业性与移民性的特点,男女比例失调状况也非常严重。以 1935 年的统计为例,华界 105 万余人,男 616133 口,女 435885 口。② 16～65 岁的青壮年人口一直占绝大多数。③

表 1-13　1929～1948 年天津总人口性别比

年份	性别比	年份	性别比	年份	性别比	年份	性别比
1929	174.55	1934	167.63	1939	135.59	1944	145.74
1930	171.90	1935	141.39	1940	137.63	1945	144.50
1931	177.08	1936	141.20	1941	140.29	1946	139.84
1932	179.61	1937	139.50	1942	142.45	1947	136.92
1933	164.63	1938	135.95	1943	144.27	1948	132.34

资料来源:李竞能主编:《天津人口史》,天津:南开大学出版社,1990 年,第 207 页。

近代天津的教育事业也有长足的发展。1860 年前后,在总人口中识字的人是很少的,绝大多数人是目不识丁的文盲。直到 20 世纪初期,"大概在每一千人当中识字者仅约一百人"④。1931 年,全国平均每百万人口中专科以上学校在校学生 93 人,其中河北省为 137 人,居全国第七位,天津市在河北省中文化教育又是比较发达的,⑤有文化的人口比率也较高:

表 1-14　天津人口的文化构成

年份	总人口	有文化人口数	有文化人口占比(%)
1938	1028061	479961	46.7
1942	1494842	677781	45.3
1943	1776323	887367	50.0
1944	1762603	922898	52.4
1946	1677000	765570	45.7
1949	1778311	693126	39.0

资料来源:李竞能主编:《天津人口史》,天津:南开大学出版社,1990 年,第 227 页。

---

① 李竞能主编:《天津人口史》,天津:南开大学出版社,1990 年,第 244～245 页。
② 《津市人口最近统计》,天津《益世报》1935 年 6 月 10 日,第 2 张第 5 版。
③ 李竞能主编:《天津人口史》,天津:南开大学出版社,1990 年。
④ 侯振彤译:《二十世纪初的天津概况》,天津市地方史志编修委员会总编辑室编:《天津史志丛刊》(一),1986 年,第 339 页。
⑤ 李竞能主编:《天津人口史》,天津:南开大学出版社,1990 年,第 225 页。

表1-15 天津在业人员性别构成表

年份	男性人员占在业人口的比重(%)	女性人员占在业人口的比重(%)	在业人口男女性别比
1928	84.72	15.28	5.54
1929	83.93	16.07	5.22
1930	85.70	14.30	5.99
1946	89.18	10.82	8.24

资料来源:李竞能主编:《天津人口史》,天津:南开大学出版社,1990年,第224页。

二、社会变迁与民间借贷

社会经济的变迁与人口结构的变化以及政府管理的变化,使这一时期天津的民间借贷呈现出了一些新的特点。

天津的贫民问题在近代得到了社会的广泛关注,为解决平民生计问题,天津的慈善组织活跃,1927年有近20个。① 此外,传统的民间救恤形式也是种类繁多、数不胜数。② 借贷是救济贫穷的一个重要方法,有些民间义士甚至以自己借贷的金钱来救济贫民。如李春城"力行善事……生平思义必为,有时家资不给,虽称贷多至万金,不顾也"③。一个叫邢钺洲的人,为救济水灾,典衣捐助7角。④ 公益性借贷出现了新的形式。如天津《益世报》的社会服务栏目在20世纪30年代中期大力提倡办理民间小本借贷,他们认为小本贷款"可以藉以自立,不至于使捐助钱的人空捐了钱,而受捐的人反倒容易养成了依赖心。此计划实行之后,或即将前此捐助贫苦之办法,予以停止"⑤。他们通过社会捐助得到了大约500多元钱。1934年10月5日,《益世报》的社会服务栏举办了这次借贷活动,很快这笔款子就办理完毕了。⑥ 对于《益世报》服务部这笔贷款的用途,一些人来信表示希望用于生产事业,或用来救济更为需要救济的农村,以纠正人们

---

① 《新天津指南》,天津:天津绛雪斋书局,1927年,第473页。
② 《天津之风俗调查》,《河北月刊》1933年3月版,第1卷第3期。
③ 天津市地方志编修委员会编著:《天津通志·旧志点校卷》(中),天津:南开大学出版社,1999年,第803页。
④ 《邢钺洲先生典衣助赈》,天津《益世报》1935年9月17日,第3张第9版。
⑤ 《下月一日起,本部举办贫民贷款》,天津《益世报》1934年9月15日,第3张第9版。
⑥ 《本部开始贫苦贷款》,天津《益世报》1934年10月2日,第3张第9版。

传统的思想。① 但这一期过后,并没有资料显示《益世报》服务部又办过新的一期借贷,大概是因为没有了新的提供捐助的绅士。这种借贷的想法虽好,可是需要大量的热心公益的慈善家才能维持。既然是借贷,那么就需要归还,这样慈善借贷的资金才能不断地循环使用,并且能够支持越来越多的借贷者。然而,这次慈善借贷的归还情况也没有进一步的消息。

近代天津自然灾害频繁,也时常导致大量贫民的出现,尤以 1917 年和 1939 年的水灾最为严重。其中 1939 年水灾的规模更是前所未有,天津城区 78% 的区域被淹,受灾人口达 65 万人左右,市内外交通完全断绝,水灾造成的损失达 6 亿元。② 为救灾,一些民间救济组织也采用借贷的方法。如天津水灾急赈会提供灾民每人 8~10 元的小额借款,作为他们在城市里自谋生路的资本。若为有技艺者,急赈会也可以帮助谋职,或假以资本,准其自由营业。③

总之,民间的慈善性借贷不是经常性的,取决于社会慈善人的善心。从掌握的资料来看,近代天津没有形成固定的经常性的民间组织来专门进行慈善性的借贷。因此,慈善性借贷不能从根本上解决贫困和救济的问题。作为"穷人后门"的典当业在这个时期有了较大发展。④ 天津政府为救济小本工商业和解决贫困问题,一度设立小本借贷处,用于救济资助民间小本工商业,也部分用于民间消费借贷。⑤

在 1939 年到 1949 年的人口统计中,天津有文化的男性所占比例达 70%~80%,但是随着时间的推移,女性受教育机会在逐渐增加。⑥ 近代妇女解放的风潮日炙,许多妇女自愿或被迫走出了家门,从事工作,妇女就业人口增加。⑦ 但是,这些职业妇女的收入不高,往往也是实际或者潜在的借贷者。如一个摆摊的老妇女,家里每天只有三毛钱的收入,每天剩不下钱,却有两个儿子,"只求有一口饭吃就是好事"。一些从事"白领"工作

---

① 《徐黼臣先生建议贷款应限于生产事业,国人卑谬思想应予彻底纠正,本部酌量情形接受徐氏意见》,天津《益世报》1934 年 10 月 27 日,第 3 张第 9 版。《禹山居士按月捐助贷款基金,盼本部办理农村贷款,救济贫苦农人为刻不容缓之事,应征求各地读者调查农村疾苦》,天津《益世报》1934 年 11 月 3 日,第 3 张第 9 版。

② 乔虹:《明清以来天津水患的发生及其原因》,《北国春秋》1960 年第 3 期,第 88 页。

③ 刘海岩:《空间与社会——近代天津城市的演变》,天津:天津社会科学院出版社,2003 年,第 235 页。

④ 参见冯剑:《近代天津典当研究》,北京:社会科学文献出版社,2017 年。

⑤ 参见冯剑:《义利之辨:民国时期天津市小本借贷处成立之初的官商博弈》,《中国社会经济史研究》2011 年第 3 期。

⑥ 李竞能主编:《天津人口史》,天津:南开大学出版社,1990 年,第 228 页。

⑦ 李竞能主编:《天津人口史》,天津:南开大学出版社,1990 年,第 119~120 页。

的知识女性所赚也不多。① 女星象家悟真女士,每月所得不过十来块钱,六口人吃饭,房租十七元,每天至少吃一元,一个月最多需要七八十元,"没有办法想,只有当当度日。"②

总体来说,陈旧的就业观念依然在近代天津的家庭中占主导地位,这也是导致其贫困而产生借贷需要的因素之一。天津的一般家庭,除去一两个人到外面去谋求生活外,其余的人都抱着陈旧的观念,尤其是女人们,她们宁可闲着,也决不去觅一份工作。中层阶级以上的妇女讲求虚荣,要保持那种太太小姐的尊荣,从不肯脚踏实地地去减少生活负担。下层社会的妇女只有很少的收入。"不过我们细想在工商界的人们,有几个每月收入是在五十元以上呢?同时他们的家庭的人口至少的是七八人,这一种生产和消耗数目悬殊的事实,自然造成了经济恐慌和生活困难。"③据统计,没有职业的男性占男性总数的 26.4%,而没有职业的女性则占女性总数的 81.6%。④虽然男性失业人口远比女性多,但女性无职业人口远比男性多;男性就学人口比女性多,不事生产的女性远比不事生产的男性多。⑤

表 1-16　近代天津人口性别比

1910 年	137.69,如不算租界为 155.2
1928 年	162.1
1929 年	179.61
20 世纪 30 年代	平均为 155.45
1932 年	179.61
1939 年	135.59
1940~1948 年	平均为 140.44

资料来源:李竞能主编:《天津人口史》,天津:南开大学出版社,1990 年。

近代天津性别比例的失调以及贫困问题还导致天津娼妓业的产生和发展。妓院从 19 世纪后期随着城居人口的增加而大量出现,并随着商业中心而转移。⑥ 天津与许多地方拥有一样的陋习,就是贫苦人家往往将其妻女押与妓馆营业,向妓馆借贷金钱,以资糊口,所借之金钱名为"押账"。

---

① 《津市职业妇女生活——摆小摊子的老妇》,天津《大公报》1930 年 5 月 22 日,第 2 张第 9 版。
② 《津市职业妇女生活——女星象家悟真女士》,天津《大公报》1930 年 5 月 26 日,第 2 张第 9 版。
③ 《津市的中等家庭专仗男子赚钱养家》,天津《大公报》1933 年 6 月 22 日,第 4 张第 13 版。
④ 陈卫民编著:《天津的人口变迁》,天津:天津古籍出版社,2004 年,第 120 页。
⑤ 李竞能主编:《天津人口史》,天津:南开大学出版社,1990 年,第 248 页。
⑥ 陈卫民编著:《天津的人口变迁》,天津:天津古籍出版社,2004 年,第 119 页。

凡借用押账之人,即给妓馆书立借字,约定营业年限,俟将来限满,并将押账还清后,方准其妻女出离妓馆。①"由于家庭遭受事故,借债还不起,妇女被迫与窑主订合同,卖身几年偿债。这种人叫'有押账的',也不能随便自由行动,从而间接地失去自由,有的最后也沦为'柜上人'。"②如特一区下瓦房住户白云华,31岁,天津市人,无正业,妻李氏19岁,由于生活窘迫,将妻押入娼门。李氏不愿去,私自逃走,在东浮桥投河。③外地来的妇女也多有被抵押而为娼的。如宝坻县人董殿清,年27岁,以250元的价钱,将其妻押入群英后玉仙班。④

一些孀居女性也依靠放债为生,这种情况在天津非常之多,成为天津民间社会的一道独特风景。如1930年,河北营门外邵家园子附近发生了一起冲突。一个妇女带着幼童手持菜刀,在门首叫骂。守望警于俊山将二人带到派出所询问,方知该妇女是交河人,孀居7年,以放利钱过活。被骂者从该妇女处借得50元,已过3月,分文未还,且屡要不给,遂导致这场冲突。⑤当时一些从事放债的妇女,生意做得不小,为人所瞩目。如河东郭庄子的杨周氏,以放债为生,一天晚上家中闯入二匪徒,各持手枪威吓,抢去了金镯子一副,金戒指4个。⑥

这些妇女时常因为家中无男性被人欺负。如大兴籍李冯氏,住南市富贵庄天顺里,有一女名永华,年22岁,颇有姿色。李冯氏以用丈夫生前的积蓄放利钱为生,并将平日一切贷款收款事项嘱托附近赵姓人代办。有个叫袁应祥的,认识了李氏母女。袁应祥是个好色之徒,对李家女儿心怀叵测。一次,趁李冯氏不在,袁应祥两次赴女家非礼,被抓住后拒不承认,反称李冯氏欠他10元大洋,意图赖债。⑦

当时天津一些合会组织也多为孀居女性经营,"藉此生活者不少"。到了二三十年代,由于社会信任度降低,"放出去的款多有收不回来之苦",于是"放款的人渐少了,攒钱会却以其无限便利风行民间。虽不立案

---

① 南京国民政府司法行政部编,胡旭晟、夏新华、李交发点校:《民事习惯调查报告录》,北京:中国政法大学出版社,2000年,第429页。
② 周恩玉:《解放前的天津南市概况》,中国人民政治协商会议天津市委员会文史资料研究委员会编:《天津文史资料选辑》第33辑,天津:天津人民出版社,1985年,第239页。
③ 《自杀》,天津《益世报》1937年3月4日,第2张第5版。
④ 《鬻妻钱悖入悖出,无底洞越填越深》,天津《大公报》1929年1月5日,第2张第6版。
⑤ 《持刀讨债》,天津《益世报》1930年3月18日,第3张11版。
⑥ 《放债户偏遭抢案》,天津《大公报》1932年9月18日,第2张第7版。
⑦ 《无赖子夜入人家,暗室中欺凌少女,事后称往讨账》,天津《益世报》1935年4月14日,第2张第5版。

登记,却能信用厮守,并没有拐骗的事情发生"。①

城市社会与乡村的熟人社会不同,人们识别其他人的可信性,往往依靠的是名声和外表。许多欺诈者便利用了人们这种心理进行欺诈。如天津市政府第四科科长陆涤寰,在政府办公的时候,进来了一个自称王嘉祺的人。这个人的名片上印有"前甘肃教育厅长王嘉祺"等字样,王某说他曾在冯玉祥幕下任职,后来由冯玉祥部下调充甘肃省政府委员兼教育厅长,因为在任清苦,生活毫无办法,所以希望借点钱,维持几日生活,并帮助他完成到欧洲游学的宏愿。陆氏以王某开口便借贷,且以往并未听说有甘肃教育厅长,认为王嘉祺显然在诈骗,当即拒绝。后来记者调查,这个人是天津地方的一个惯骗,"年约20余岁,观其外表,极为精明,津市各机关职员等受其欺骗者极多。昨日其赴市政府之衣着,系烟色绸质棉袍,青礼呢背心,头戴黑卷时髦土耳其帽,举止颇为阔绰"②。

骗贷不仅为发财致富,也有其他的动机。有一个为求学借贷的事件:李际卿20岁,山东人,父李源,家中较为富有。但是李际卿在乡间高级小学毕业后,家中就不准他升学。李坚持要投考中学,于是偷偷来到天津,住保阳旅馆19号,后来考入大中学校,但是没有钱。于是模仿天津姐丈刘宝文的语气,伪造山东邮局戳记一枚,写借贷信一封,发信地址是其原籍,贴邮花五分,加伪戳,投入邮筒,不料被邮局识破。③

近代天津民间借贷中,常常有中保人,保人也有受到欺诈的情况。如1939年,庆德堂张相全将张绍曾、李锡煆二人告上天津地方法院,要求保人偿还欠款,而保人李锡煆则指出,张绍曾有能力偿还,有价值大约1000元的资产和20亩良田,"分属叔侄二人,这些张相全都是知道的,可见合谋串通的证明"。④

还有利用权势以恐吓手段索债诈财的事例。张克清是天津特一区车巡队警士,他的表伯郭金义从他的祖父张开福手中借去大洋200元,屡次催讨延宕不还。他的祖父去世后,祖母命他到天津索债。郭金义不仅不还,还蛮不讲理,张克清非常气愤。此时正好遇见旧相识郭宝升,郭知道后,也感到这个事可恨,并代为介绍张寿全(在宪兵队做事)等三人同往讨索。后来在邻居调解下,对方打算陆续清还。后来郭金义家遭到抢劫,有

---

① 《津市的民间储蓄会》,天津《大公报》1933年9月28日,第4张第15版。
② 《冒充甘教厅长竟找人借几角钱》,天津《益世报》1935年3月28日,第2张第5版。
③ 《一少年志切求学,竟蹈法网,伪造山东邮戳寄函告资败落》,天津《益世报》1936年2月10日,第2张第5版。
④ 《庆德堂张相全诉张绍曾等债务》,1939年,天津市档案馆,档号:J0044-2-45116。

人怀疑是讨债的人干的。虽然郭金义也认为不一定是张克清所为,但天津警方认为张克清携带宪兵队的人讨债,意近恐吓,把他开除出了警队。①另有一个肉店的伙计,因为向老板借贷未遂,又被掌柜的辞退了,心怀怨恨,于是用杀猪刀扎向了掌柜。②

民国时期的天津,民间金融依然缺少法律秩序,民间常有暴力借贷的事件,名为借贷,实际上就是抢劫。如有一个歹徒持刀在西关大街的原盛成油铺内强行借走30余元。③

外来人口犯罪现象也非常多见。如匪徒张桂林(年36岁,沧县人),住广生店,拉车为生,与孙芳标(年35岁,住西头掩骨会)相识。孙芳标一天到西广开椿树里友人梁四家里闲谈,临出门时突被匪徒五人抢走所穿的青布棉袍毛月大褂一件,灰麻丝葛棉裤一件,钞洋二元。案子很快就破获了,匪徒杜振山、张桂林连同店执事王金山被抓获。张桂林称孙芳标向他零星告贷,积欠14.5元。听说孙芳标由原籍返津,是以找他索要积欠,不料他竟称无钱,于是张桂林与同伙杜振山将孙芳标衣服扒下,典当于西头双庙街协合当,得洋一元。④

有些社会风习也会导致人们生活拮据,不得不借贷应付。住在天津市区的家庭交往频繁,人际关系复杂,日常交际和送礼成为家庭负担的一个重要内容。⑤ 有个小资产者"因至亲喜事庆贺之举,不可避免",但他月薪仅25元,"家庭每月房金2元(租一间平房),饭费每日4角上下,房饭及零费每月至多15、16元,每日上下午行车4次,铜元48枚,合洋不及1角,全月除每星期六下午及星期日照例休息外,仅车费车资2元有余,总计每月需洋至多不及20元",如果有其他的需要,总是入不敷出,只好借贷周转,"此次至亲喜事,敝方至多需洋40元",于是他向银行借贷50元。⑥

天津社会有厚葬的习俗,而且仪式繁杂,丧事办理需要很高的花费:"丧仪共有十六项,送魂、白事、讣闻、分出资、放焰口及接三、送三、出殡、出殡前概况、仪仗、奏乐、乐器、开吊、伴宿、出殡第二日、渡桥式、圆坟等","以上丧礼,原来是在富有者中间进行。至少要花费三百元到五六百元。

---

① 《赵风鸣等纸售月刊家务债务纠纷案》,日伪天津市警察局,1938年7月,天津市档案馆,档号:J0218-3-000337。
② 《伙计借钱不遂,杀猪刀扎死女掌柜》,天津《大公报》1928年9月16日,第6版。
③ 《借钱,手持尖刀掏出,柜伙恭谨献上》,天津《益世报》1929年6月11日,第5张第17版。
④ 《索欠债剥衣服,被疑为匪》,天津《益世报》1936年2月11日,第2张第5版。
⑤ 南开大学经济研究所编:《南开指数资料汇编》,北京:统计出版社,1958年,第604页。
⑥ 《本行小额代款客户咨询的来往函》,新华信托储蓄商业银行天津分行,1935年,天津市档案馆,档号:J0203-1-000499。

因此中等以下人家,不免要节约和省略一些"。① 王蕴徽有诗描述当时天津丧葬的情形:"不论商贾与平民,每遇婚丧百事陈。箫鼓喧阗车马盛,衣冠职事一时新。"② 一般人家无钱办理丧事的,只好借贷。还有的组织老人会等民间互助组织,在遇到丧事的时候互相借贷金钱,以应急需。③ 合会信用在这个时期的天津迅速扩大。

这个时期,天津城市社会风气依然不佳,赌博者常常借贷而引发了许多纠纷和悲剧。鼓楼东刘家胡同住有李敬芳,与宁王氏聚赌,索要赌账,有邻居钱成泰上前劝解,被打伤眼睛。④ 吴金铭的妻子刘氏,因为家中的钱财都被住在一起的嫂子借作赌资,于是回家索欠。吴金铭听说后非常愤怒,责骂刘氏,刘氏于是自尽。⑤

民国时期,天津的吸毒现象非常严重,吸毒者也常常因为无钱吸毒而四处借贷、欠债。如天津市人韩水珍,有一个 26 岁的女儿,嫁给了潘振东。潘在直鲁及上海某军充军官,迭遭编遣,失业在家赋闲,游手好闲,吸白面,依靠妻子向母家借贷。一次,潘突然生病,生活困难,负债迨遍。该女因交不起水费与挑水夫张某争执被打,遂自杀。⑥

到了 20 世纪 30 年代,天津吸食鸦片者已经不多,改为吸食海洛因。吸毒现象到了可怖的程度,整个城市乌烟瘴气。⑦ 吸毒是经济上的无底洞,富人且不说,穷人一旦染上,往往只好依靠借贷度日,常常引发家庭矛盾。如刘吕氏的丈夫刘玉宝有吸白面的嗜好,刘吕氏多次规劝,刘玉宝置若罔闻。刘吕氏觉得不能过下去了,无奈之下,携小女暂回娘家生活。因为娘家生活也非常困窘,她只好到公大纱厂做工,以维持生活。后来年龄大了,被工厂裁员,衣食没有着落,只好找她的丈夫。没想到刘玉宝早将房产典质一空,她只好到法院控告刘玉宝,要求养活她们母女二人。⑧

---

① 侯振彤译:《二十世纪初的天津概况》,天津市地方史志编修委员会总编辑室编:《天津史志丛刊》(一),1986 年,第 126~128 页。
② (清)张焘撰,丁緜孙、王黎雅点校:《津门杂记》,来新夏主编:《天津风土丛书》,天津:天津古籍出版社,1986 年,第 39~40 页。
③ 南京国民政府司法行政部编,胡旭晟、夏新华、李交发点校:《民事习惯调查报告录》,北京:中国政法大学出版社,2000 年,第 759 页。
④ 《索赌帐打和事老》,天津《益世报》1929 年 12 月 13 日,第 5 张第 17 版。
⑤ 《慷自家之慨——将家用借人作赌本,丈夫诘责便图自尽》,天津《大公报》1929 年 9 月 22 日,第 3 张第 9 版。
⑥ 《经济压迫复受欺凌,少妇投坑自杀》,天津《大公报》1935 年 7 月 5 日,第 2 张第 6 版。
⑦ 《津市毒气之可怖七个月戒绝三千余,吸海洛因者占多数》,天津《益世报》1935 年 10 月 9 日,第 2 张第 5 版。
⑧ 《刘长祖等虐待债务家庭及其他纠纷案》,日伪天津市警察局,1938 年 3 月,天津市档案馆,档号:J0218-3-000393。

一些吸毒者因为欠债还干出了伤天害理的事情。如天津西头小西关赛安里三号,住有郭姜氏。她生有子女各一人,儿子名郭成山,28岁,女儿名金子,才10岁。郭成山不务正业,游手好闲,并染有鸦片嗜好,时常向其母讹索。郭姜氏爱子情切,加以规劝,但是郭成山全当耳旁风。后来郭成山因在外吸毒,欠下了大笔债务,无法偿还,又向其母讹索,并以自杀为要挟。郭姜氏坚不应允,郭成山遂起意不良,勾结其友王德山合谋将金子卖与刘起凤为养女,身价百元,当时交定洋20元,后来遭太古洋行便衣察觉而被制止。①

因为民间借贷具有巨大的市场需求,天津民间以放款为生的人非常之多,其中有些人获利丰厚,以致引人眼热。如有个叫王晏卿的,素以放债为生,颇有积蓄,以致为匪徒垂涎。一天中午,有四人闯入他的家中,抢劫票洋40元,现洋8元,金戒指2个,钻戒1只,怀表1只。②

三、城市经济变迁与借贷

城市与乡村的借贷关系在这个时期也有了新的进展。20世纪30年代,天津的农民银行贷款一度以城市的工商业短期贷款为主,用于农业生产发展的反而不多。后来天津农民银行开始办理对河北农村的贷款以及对绥靖区的小本贷款,③还参与了对天津渔民的贷款。为了密切和地方政府的关系,农行"对社会局合作指导室组织的合作社亦予以贷款支持……当时曾对邵公庄养鸡合作社和南市天主教友组织的缝纫合作社,经社会局介绍进行贷款。其余也准备贷放一些城市小手工业者组织的合作社贷款,后以中央合作金库在天津市设立分库,农民银行即未在市内进行贷款"④。这样,天津城市的资金便注入了乡村的合作社事业,为农村的发展注入了活力。但是,当时各种势力互相争斗,对农村的借贷大都敷衍了事。天津市政府社会局闻知国民党中央政治学校的一些人正准备成立中央合作金库,为保持天津地方实力派对合作事业的统治,就由天津市政府社会局长胡梦华、合作指导室主任陈飞景邀请天津农民银行一些负责人和大专院校

---

① 《毒贩贫瘾交集,诱出胞妹,拟价票身价百元,已付二十元,搭船赴烟台为人识破》,天津《益世报》1935年3月18日,第2张第5版。
② 《城里东箭道抢案》,天津《大公报》1935年5月25日,第2张第6版。
③ 李培仁:《天津中国农民银行概述》,《天津文史资料选辑》(总77辑),天津:天津人民出版社,1998年,第133~136页。
④ 李培仁:《天津中国农民银行概述》,《天津文史资料选辑》(总77辑),天津:天津人民出版社,1998年,第138页。

的经济教学工作者,先组织成立天津市合作协会,继而计划邀请农民银行投资一部分,再由天津市农民银行拿出一些地方资金,成立以天津地方势力为主的天津市合作金库。可是,银行只是为敷衍地方势力,并不是真心参与,此事最后并未具体实施。①

天津的企业发展无不依靠民间借贷资金的维持。这些商人投资于近代企业,有的是小本经营,他们依靠自己的钱财或借一些高利贷,多为独资;另一些是与亲友合资;还有一些工匠依靠对商店企业的原料赊欠维生。② 大企业也常常依靠民间借贷来艰难度日。如在20世纪30年代由于经济不景气,当时各纱厂流动资金短绌,常年依靠借贷度日。贷款多来自银行、银号或日本财团,也有的向厂中董事或股东告借。借款多属高利贷性质,每年要付大笔利息,贷款多以固定资产或商品抵押为主。③

到了日伪时期,天津城市进入畸形发展时期,人口增加,抗战前夕有108万左右,到1943年则发展为177万人,主要来自人口迁移,其中以男性居多。④ 日本的资金更多地注入了天津民间借贷市场,并对民间借贷机构如典当行、钱庄等加强了控制,以便更大程度地掠夺资源。日本人加强了对钱庄的现代改造,提高了注册资本的门槛,并规定将其改造为股份有限公司的形式。在对典当业进行控制却没有达到目的的情况下,日本人利用小押当与之竞争,使天津典当业面临着非常严峻的形势。⑤

抗战后,金融的紊乱导致民间借贷市场萎缩,典当行、钱庄等机构逐渐衰落,高利贷盛行,最终随着中华人民共和国的建立,典当行、钱庄、高利贷等民间借贷形式成为非法,或消失,或转入地下。

小　结

关于近代天津借贷资金网络的形成,可以从纵横两个方面分析。从纵的方面来看,从上到下,上层资金流向商业和穷人,外埠和外国的资金流向

---

① 李培仁:《天津中国农民银行概述》,《天津文史资料选辑》(总77辑),天津:天津人民出版社,1998年,第141页。
② 罗澍伟主编:《近代天津城市史》,北京:中国社会科学出版社,1993年,第530页。
③ 天津南开学校编:《社会视察报告》,天津南开学校社会视察委员会编印,1930年,第72页。
④ 罗澍伟主编:《近代天津城市史》,北京:中国社会科学出版社,1993年,第678页。
⑤ 参见冯剑:《联合与抗争:日伪时期的天津典质业》,《近代史学刊》第15辑,北京:社会科学文献出版社,2016年。

中国内地。银行、钱庄、典当行等金融机构投资,来自外资、外埠资金、政府投资及个人资金。个人资金主要来自地主、官僚、盐商、军阀、银行界人士、买办等。从横的方面来看,同族、同乡、同业者的借贷关系等一同构成了近代天津民间借贷的金融网络。

近代天津民间借贷与近代天津城市的发展相伴相随,近代天津社会经济发展的需要促进了民间借贷的相应发展。由于在近代天津的地位十分重要,在向近代转型的过程中,天津多次受到战乱波及,重要的有"庚子之变"、辛亥革命、1912年的"壬子兵变"、1917和1922年的战乱、1931年的暴动以及抗战和之后的解放战争等,天津的社会经济遭到了重大损失和影响。每当天津因战乱遭到重创时,民间借贷就会陷入困境。近代天津社会的风气有恶化的趋势,黄赌毒现象有增无减,奢靡之风严重。民间借贷的信用问题日益严重,风险日增。城市发展使民间借贷问题受到国家与社会的关注。南京国民政府时期,天津社会出现了新的发展趋势,人口进一步增加,工商业也有了一定的发展,民间借贷需求旺盛。到了日伪时期,天津城市进入畸形发展时期,日本的资金更多地注入了天津民间借贷市场,并对民间借贷的机构如典当行、钱庄等加强了控制,使天津典当业面临着非常困难的形势。

总之,民间借贷与近代天津社会经济的发展息息相关,随着社会经济的变迁而起落,也涉及社会各方面复杂的社会关系。金融是城市的血脉,在近代经济中处于核心的地位。民间借贷对人们日常生活和民间工商业的发展具有举足轻重的意义,但民间借贷中也有不少消极因素,高利贷和与社会丑恶现象相联系的借贷也是民间借贷常为人知的部分。有人将其与民间借贷相等同,视之为非法金融故而主张将民间借贷严格规范;有的学者则为高利贷正名而主张对民间借贷采取自由放任的措施。① 从近代天津社会经济发展与民间借贷关系来看,民间借贷对社会经济的发展不可或缺,但其中也存在着负面影响,正确看待与对待民间借贷问题依然是社会经济中的重要课题。

---

① 参见李金铮:《释"高利贷":基于中国近代乡村之考察》,《社会科学战线》2016年第9期。

第二章　近代国家对天津民间借贷的管理

近代以来天津发展"为北方第一商埠,中外杂处而居。一些社会繁荣进化都有赖于商业的进步"。伴随商业的繁荣,天津社会也发生了剧变,"繁荣和富庶容易带来奸宄发生,兼之地狭人稠,容易成为藏污纳垢之所"。商业发展与社会变迁带来了民间借贷①的勃兴,也给国家的治理带来了不小的麻烦。民间借贷在近代成为天津城市管理者高度重视的问题,而近代天津也"号称难治,需要精明干练、勇于服务之人才"②。

随着天津战略地位和经济地位的上升,天津的政治地位也有很大的提升。"直隶总督,兼北洋通商大臣。每年自仲春节驻津门,至十月冰冻后,轮船停行……"③这是天津政治重要性的体现。

民国时期,天津在北方一直具有重要的政治地位,辖区也不断扩大。1913年,天津为河北省会的所在地。1923年10月7日,北京政府一度将天津确定为特别市。南京国民政府时期,1927年6月,天津正式被确定为特别市。1930年6月,依照市组织法之规定,改为天津市,直隶于行政院。11月,河北省政府从北平移设天津,天津市改隶河北省政府。1935年6月,河北省政府移设保定,天津市又恢复旧制,改为直辖市。④

经济的发展和政治地位的提升,使得天津的城市面积不断扩大。

---

① 这里的民间借贷,指私人借贷,高利贷,以及合会、典当、票号、钱庄等民间借贷机构和银行、政府等针对民间个人及商铺的借贷。
② 《天津市长人选》,天津《益世报》1930年12月16日,第1张第2版。
③ (清)张焘撰,丁绵孙、王黎雅点校:《津门杂记》,来新夏主编:《天津风土丛书》,天津:天津古籍出版社,1986年,第6页。
④ 录自天津市政府历史资料《天津发展史略与展望》(卷号3-2-75)。

表 2-1　1840~1948 年天津行政沿革表

时期	区划	面积
1840 年左右	城内、东门外、西门外、南门外、北门外、东北角、西北角总称城关地区	
1860 年	城关地区、法英美租界	
1902 年	南段、北段和八国租界	24813 亩,华街区 6.61 平方公里,租界 9.915 平方公里,共计 16.525 平方公里
1912 年	五区、二特别区、租界和四乡	市区:33.216 平方公里 天津县:1059.916 平方公里
1931 年	五区、四特别区、租界和四乡八所	市区五警区三特区 71083 亩,英、法、日、意租界 10191 亩
1934 年	同上	99.778 平方公里
1936 年	市内六区、特别四区、租界	147.830 平方公里
1943 年	一至十二区、三个兴亚区和一个特管区	148.66 平方公里
1948 年	一至十一区	151.343 平方公里

资料来源:李竞能主编:《天津人口史》,天津:南开大学出版社,1990 年,第 78~80 页。

从表 2-1 可见,近代以来天津城区的面积不断成倍增长,同时行政区域的变化也体现了城市管理近代化的发展。但是,因为行政区域拓展较快,城市管理的水平难以跟上。

近代以来中国政府对民间借贷的治理可以分为两个方面:一个是消极地干预,如打击高利贷、限制利率、立法规范民间借贷行为等;一个是积极地介入,如向受灾者借贷救助,或者在市场不景气的情况之下向民间借贷注入资金以及控制监管民间借贷机构等。近代以前,政府对民间借贷多以消极的规范干预为主,较少主动介入民间借贷之中。[①] 近代,尤其是民国时期情况有所变化,表现为政府对民间借贷的积极介入情况有所增加,如

---

① 王卫平、黄鸿山:《晚清借钱局的出现与演变》,《历史研究》2009 年第 3 期。

在20世纪30年代的危机时期对农村进行借贷。① 在近代天津,随着城市规模的扩大,人们对借贷的需要扩大,民间借贷问题的影响也日益彰显。政府对民间借贷既有消极的规范干预,也多有积极的参与,主要表现在吸收民间游资、向民间工商业借贷、充当民间借贷的中介人和保证人、在灾荒时期对民间进行慈善性借贷和在市场衰微时对民间借贷注入资金以及对民间借贷机构加强引导和管控等。

第一节　清末天津政府对民间借贷的管理

晚清政府在庚子之后对近代天津民间社会债务问题更为关注。在庚子后,天津市面大乱,民间的债务问题非常严重,导致市场信用丧失,市面陷入停滞。为了恢复市面运转,时任直隶总督袁世凯于1904年5月24日,在对商务公所绅商宁世福等公议《商会就地便宜章程二十条》的批示中,就天津民间的债务问题指示:"其倒闭报穷之家,家产尽绝,在有资产仍准债主追讨;折阅之债分年归还,如或狡执禀官严追二条,是为惩贪狡警效尤起见,可以照准。懋迁财货首贵流通,欲保借款先严稽核,凡有银钱兑借,须将数目报明总会存档备查。如有立意吞骗,应将产业资财查封备抵。"袁世凯要求对民间借贷中借债不还的现象进行严惩,力图通过行政手段恢复民间信用以解决信用危机。同时,他还认可了商会在处理民间债务问题上的作用和权力。②

典当业的利息一直为民间社会和国家高度关注的问题。庚子后,当铺、社会和国家一直围绕这个问题进行博弈。庚子前,天津典当业利息,价格低的一般2分,价格高的3分,当期可延至30个月,冬令减息的时间为1个月。义和团运动以前,在天津还未曾见围绕当息发生争斗的事件。义和团运动期间,天津当业遭受沉重打击,大规模衰退,"至于利率,在乱靖后,短时期中曾有为月息一律三分,后始减至一律二分五厘"③,年终减息的习俗也一度停顿。为了应付局面,在当商李安邦的要求下,当时的直隶总督

---

① 参见李金铮:《借贷关系与乡村变动——民国时期华北乡村借贷之研究》,保定:河北大学出版社,2000年。李金铮:《民国乡村借贷关系研究》,北京:人民出版社,2003年。
② 《天津商会档案汇编(1903—1911)》(上),天津:天津人民出版社,1989年,第34页。
③ 张中龠:《天津典当业》,万里书店,1935年,第4页。

袁世凯同意从光绪三十年(1904)开始将当业利率一律提至月息3分,并且试办三年。① 但是典当业在试办三年后又悄无声息地延办了两年多,这引起了民间社会的严重不满。② "庚子事变"之后,随着清朝政局的变动,典当业面临着新的挑战。1907年,天津成立了县议事会,经过选举,一些地方精英进入这一机构。成立的第二年,议事会就对天津典当业的利息上涨表示了不满。有的议事会会员提议,应恢复传统计息和年终减息的传统,以缓解庚子以来的民生压力。对此,典当业"以三分取息,系禀准有案,每年减息,系照县示遵行"为由加以拒绝。随后,议事会又向天津县政府提出改正当息的要求,希望"规复二分取息之年限",恢复冬季减息的成例,"俾利贫民,而广惠泽"。③ 之后他们还要求把当业多取的两年多的利益"追出作体恤贫民之举"。④ 1908年5月,天津地方政府、商会及天津县议事会共同议定,依据天津本地情况,规定当业月息从3分降为2分5厘,在灾重之年提前半个月减息,从旧历十一月开始减息,试办五年,不得变更。⑤ 在此期间,天津政府与地方社会及当铺之间反复博弈,稳定了当息。

当时在民间金融中执牛耳的票号、钱庄等也在混乱中受到了冲击。庚子后,天津票号开始衰落,"自变乱以来,情见势绌,票庄既不肯通融,银行亦不轻交易,一遇称贷,必咸以官家担保为请"。⑥ 辛亥革命之后,票号更是出现了相继倒闭的情况,在此情形之下,对民间金融机构的监管也成为政府关注的内容之一,尤其涉及与政府有着重要利益关系的金融机构,如票号等。湖广总督瑞澂在1911年上书清政府,要求对票号等金融机构进行严密的监管以维护国家和市场的信用和利益。首先是调查票号资本账簿。"近来钱庄票号,倒闭日见,商民交困,日趋于敝。敢乞饬下部臣,对于商办各银行,施以严重之监察,予以实力之补助,时时稽核其基本金,禁遏其非银行应有之营业及违犯法律之行为,并饬国家银行,允许轻息与之优待,使存放款项者,得安收其利而无危险之虞。"⑦ 许多其他的官员也有相似的建议,如田赋司行走学习员外郎陆定也建议说:"宜实行清查各票号之资本也……若不经此日之清

---

① 《直督袁饬天津县示谕当商减息札》,甘厚慈编:《北洋公牍类纂续编》第21卷,《近代中国史料丛刊三编》第86辑,台北:文海出版社,第1626~1627页。
② 《天津绅商徐人杰等禀督宪请规复当商典息旧例文》,甘厚慈编:《北洋公牍类纂续编》第24卷,《近代中国史料丛刊三编》第86辑,台北:文海出版社,第1832页。
③ 《天津商会档案汇编(1903—1911)》(上),天津:天津人民出版社,1989年,第720页。
④ 《天津县议事会禀筹议当商行息办法文并批》,甘厚慈编:《北洋公牍类纂续编》第24卷,《近代中国史料丛刊三编》第86辑,台北:文海出版社,第1835页。
⑤ 《津邑典当冬令减息》,天津商务总会,1916年,天津市档案馆,档号:J0128-3-004333。
⑥ 《山西票号史料》(增订本),太原:山西经济出版社,2002年,第296页。
⑦ 《山西票号史料》(增订本),太原:山西经济出版社,2002年,第362页。

查,而异日设当市面奇窘之秋,偶有一二家之动摇者,则其市面更不堪设想矣,是岂保护商民之道哉!"他还提出了清查的具体办法:"清查之法,宜将各票庄之股东姓名及其股本使先注册,并其存款若干,放款若干,年终汇结盈余亏损之账,均当令其报告,一切依银行条例而实行之。""宜由部中别立银行调查处,以为辅助之机关,择实心任事者数人,日事讲究,求实际不求铺张,以收改良发达之效。"调查内容主要涉及:"各省商家银行、钱庄、票号股本之多寡,股东殷实与否,每岁贸易之总额及其盈亏之比较,均造统计表,并揭载其沿革事由,苟有见闻。"此外,还须联合其他机构分总其事。① 调查处与征信处类似,是国家对民间社会的信用管理机构,是国家深入干预民间金融的一个重要表现。

这些建议当时得到了清政府的同意,但是却引起了包括票号在内的商家的反对。"抽查一节,事属创举,闻风者不以为循例抽查,而以为犯事办,商人名誉重于性命,名誉少有动摇,基业立见倾覆。"②这段文字体现出了商人对国家监察的心理,反映了传统信用习俗与现代信用理念的不适应。清末民国,正如杜赞奇所说,国家为实现现代化而相比以往任何时期对民间的事务进行更为深入的干涉,放弃了古代的自由放任的主张。③ 但是自古以来国家和社会都保持互相信任关系,而国家加强对民间金融的干预这个举动被民间视为对二者信任关系的极大的破坏,因为历来只有有问题的商号才受到国家的干涉。

"庚子事变"后天津市面大坏,钱庄倒闭了百余家,"兵祸之后,银根奇窘,竟至每千两加贴水三百数十两之多"。《辛丑条约》订立后,袁世凯为平息市面风潮,创立平市官钱局,1902年改为直隶官银号。在官钱局的积极引导下,金融风潮告一段落,市场逐步恢复,晚清"天津一埠之票号犹多至三十四家,重要钱庄计二十余家"。④

近代天津政府还采取积极的措施吸收民间游资,向民间工商业发放贷款,并引导规范民间借贷的模式。平市官银号,袁世凯于1902年8月在天津主持创办。在当时市面迟滞之际,该银号为天津以及直隶金融之枢纽。1903年4月改为天津官银号(又名天津银号、北洋天津银号)。1910年9月,由直隶省银行替代,前后共存在8年多。天津官银号在正式营业的8

---

① 《山西票号史料》(增订本),太原:山西经济出版社,2002年,第362页。
② 《山西票号史料》(增订本),太原:山西经济出版社,2002年,第363页。
③ 〔美〕杜赞奇著,王福明译:《文化、权力与国家:1900—1942年的华北农村》,南京:江苏人民出版社,1996年。
④ 王子建、赵履谦合著:《天津之银号》,河北省立法商学院,1936年12月,第3页。

年期间,主要做了两方面的工作。一方面借助公帑的划拨、储存和民间储蓄存款扩充资本,活跃社会金融。为此,1907年5月20日,天津官银号为吸收民间资金并为小本营业者提供借贷与为民间丧葬合会提供存储,准备设立博济银号。当时的直隶都督对此批示:"候通饬各府厅直隶州各县出示晓谕,以开风气而裕民生。"1907年5月20日,天津官银号为开办博济储蓄银号拟定宗旨章程,并向天津商会递交了呈文,声称已在4月25日上市开标,并制定了拟办博济储蓄银号宗旨六条①,力图吸收民间的借贷资金和游资以扩充资本。后来官方不想出钱,民间资本也撤回,袁世凯转而求助于英、俄等国的资本,几经周折借来150万两,开始向民间社会收放资金。② 之后,天津官银号变成了直隶银行,将博济储蓄银号改为储蓄银行,并增订了八条章程,规定了直隶银号与这个储蓄银行的关系。③ 另一方面天津官银号以低息贷款,将资金借垫、挹注于工商企事业,促进了直隶与天津民族工商业的发展,使津埠初步成为具有银行职能的金融枢纽。④ 当时,袁世凯鉴于户部银行开办尚需时日,缓不济急,将平市官银号出入款

---

① 《天津商会档案汇编(1903—1911)》(上),天津:天津人民出版社,1989年,第746页。一、设立博济储蓄银号,系为各项工徒、商伙、佣役人等以及妇女童稚,如有余资,皆可交本银号代存,以求子息,免致随手浪费。一、储蓄银号专为平民集资,可以维持风俗,保全良善,其为地方善政裨益无形,必须永久护持。将来无论官家如何更动,此项存款务须妥为安置,不可失信于人,致伤民气。一、凡有持资赴本银号收存者,报明姓名、住址,即行发给凭折,无庸另觅妥保。一、本银号为便民起见,并不图利。所有伙友人等,皆由天津银号调拨,期于支应灵通,概不开支薪水,以节费用。一、津邑五方杂处,人类不齐,往往积有余资不知运动,或竟放给小贩营生。脚夫仆役意在希图重利,一遇坑欠,亏折转多。有本银号代为收存,确系有利无害。一、津邑风气,向为父母存丧葬费者,必须联络多人,方能集资开会,所有人款交钱铺收存。自经拳乱,十荒其七,当时人皆视为畏途。嗣后如有承办此等会社者,无论集资多寡,本银号皆可代为存收,照章计息。

② 林纯业、郝庆元:《天津官银号记事》,庄建平主编:《近代史资料文库》第8卷,上海:上海书店出版社,2009年,第334页。

③ 《天津商会档案汇编(1903—1911)》(上),天津:天津人民出版社,1989年,第621页。"计开,第一条:为奖励人民储蓄,遵照奏定储蓄银行则例设立,就旧日天津银号兼办之博济储蓄银号,改名曰直隶省储蓄银行。第二条:本银行承领直隶省总行资本银五万两,按常年五厘行息。第三条:本银行附设于天津直隶省银行内,惟系另立门面归行,以清界限。凡有直隶省银行分行之处,亦应随时酌量设立分行。第四条:本银行半年结账一次,核算所收储蓄存款总额,将现银四分之一存入直隶省银行作为准备金,以昭坚实。直隶省银行亦须从优付给利息,以示提倡维持之意。第五条:储蓄银行既附设于直隶省银行,必当随时维持辅助。凡储蓄银行存款于直隶省银行,无论定期、来往,应比照其行中存款最高之利息,如有借用直隶省银行款项之处,应比照其行中放款最轻之利息。第六条:直隶省银行随时派员稽查所有账目款项及贸易情形,听凭查核以昭慎重。第七条:本银行出入账目每至月底,将本月分收付款项及盈绌数目,造列清帐一份,呈直隶省银行督理、总办、帮总办阅后存查。第八条:本银行为倡导人民崇尚居积,原非重在获利,所有办事人等,仍由直隶省银行调拨,期于支应灵通,所有薪水伙食概不另行开支,俟年终获有盈余,除付常年官息并酌提办事人员等花红外,作为十成,以四成为公积以厚基础,下余六成,归直隶省总银行列入盈余项下,汇总核算。"

④ 林纯业、郝庆元:《天津官银号记事》,庄建平主编:《近代史资料文库》第8卷,上海:上海书店出版社,2009年,第332页。

目、银钱票据一并归入天津官银号办理。在该银号的基础上,拟定由绅商合资集股开设天津银行,以资周转,挽救财艰。同时设立商务公所,借资联络。经众商遴选,举出公正殷实、素著声望的杨俊元充任天津银行总董,石士元、卞煜光、王文郁、李士铭等充任董事,他们承允集股银百万两。同时,商务公所亦经各商公举在籍知府王贤宾、宁世福和县丞么连元等为董事。① 可见,政府在筹集民间资金以挽救市场危机中,起到了引领的作用。

1903 年,清廷"锐意振兴工业,屡下明诏劝谕",天津出现了兴办工业的热潮。天津官银号通过信贷方式,以其集聚的资金支援津埠商人兴办工业。1. 低息贷款,支持民办工业。1904 年,天津商会协理宁世福,在河北大街创办织染缝纫公司,天津官银号以 5 厘低息贷予银 15000 两,供其作辅助资本之用。1905 年,天津工商研究会会长宋寿恒在西马路皇姑庵东老公所胡同创建造胰有限公司,天津官银号亦以 5 厘薄息贷予银洋 1000 元,用作补助资本。1906 年,天津客籍学堂庶务长王龄嵩在北马路开办牙粉公司,天津官银号从号存茶捐存款中贷拨补助股本银 2000 两。1907 年,天津直隶工艺总局前任观察赵尔萃开办玻璃厂,天津官银号又从号存茶捐存款中贷拨补充股本银 5000 两。天津官银号以大大低于当时社会上一般借款行息 8 厘至 1 分 2 厘的低息,将其资金借贷商人,支持其兴工办厂,推动了民族工业的创兴与发展。② 2. 抵押贷款,扶植商业发展;借贷现银,助商周转流通。"庚子事变"后,津埠市面凋敝,商业萧条,银根短绌,流通疲竭。1903 年,天津官银号报请直隶总督袁世凯核准,以 5 厘薄息,将其资本 70 余万两借与天津各钱商,冀以周转流通,挽救天津市面商情。当商人不能如期归还本息之时,除一再展缓外,还采取欠款之家亦不必到期,"不拘多寡,随时归还,免致存银待期","还若干,即减若干之息",以"即轻若干之累"的优惠条件,用以推动天津市场的恢复与发展。1909 年,为帮助商人携产品赴南洋赛会展销介绍商品,天津官银号拨付 50000 元。③ 1906 年初,为帮助客商进行商业活动,天津官银号租赁紫竹林栈房一所,选派对津地货物出入极为熟悉之员为司事,办抵押货物官栈。外地客商携货来津,经天津官银号验明货色,根据即时市面货物销售情形,面议银数与利率后,均可将其货物存入官栈抵押银两。除货物外,该银号还办理抵押国债

---

① 林纯业、郝庆元:《天津官银号记事》,庄建平主编:《近代史资料文库》第 8 卷,上海:上海书店出版社,2009 年,第 333 页。
② 林纯业、郝庆元:《天津官银号记事》,庄建平主编:《近代史资料文库》第 8 卷,上海:上海书店出版社,2009 年,第 349～350 页。
③ 林纯业、郝庆元:《天津官银号记事》,庄建平主编:《近代史资料文库》第 8 卷,上海:上海书店出版社,2009 年,第 350～351 页。

券、有价证券、房地产等。当抵押贷人到期不能赎取时,即由该银号将货物抵押拍卖,以抵偿贷款及利率,多者退银给客商,少者追补。除此之外,急切想获得货款而离津的商人,也可将货品经官栈介绍,运至天津官银号资助开办的代销公柜,由公柜先付部分贷款,再为之代售。售后,与商人结账。①(附录:《天津官银号官栈抵押货物章程》②)

表 2-2　天津官银号官栈抵押货物清单

一、此货已将关税完清。
二、此货存入官栈后由　自保火险将保险单送存。
三、此货每件照时估值价　两,请照　成抵押　平。
四、此货抵押之款利息按月照认不误。
五、此货抵押以　各月为期,如至期不能取赎,听凭拍卖。扣抵押款本利及各项费用外,如有余款,应照发还。如时价跌落至有不敷,仍由　号补还。
六、此货随时可以取赎,押款利息照日分认。
七、此货系外洋原包装原件,并无抵换,如有以低货冒充高牌希图多押等弊,一经查出,听凭罚究。

---

① 林纯业、郝庆元:《天津官银号记事》,庄建平主编:《近代史资料文库》第 8 卷,上海:上海书店出版社,2009 年,第 352 页。

② 林纯业、郝庆元:《天津官银号记事》,庄建平主编:《近代史资料文库》第 8 卷,上海:上海书店出版社,2009 年,第 352~353 页。《天津官银号官栈抵押货物章程》:一、凡有客人,愿将货色存入官栈抵银两者,须先将关税缴清,备具抵货清单,将轮船公司提单送至本号验明,面议银数、利息、期限后,由本号加盖号章准押,一面知照官栈照收,一面即由客人将提单送至官栈照收货色。二、官栈见提单后,即换给客人收条,以便照单查验货物,如单、货相符,即提入官栈储存,扛力等费,由客出示。三、官栈管栈员司,于验收货物时,务照提单逐细详视该货箱是否与寻常此货值箱皮相符,其包皮、铁箍、麻绳等物,有无残损,并查明是否原箱原包。如不明,可以酌量开验,以免吃亏。验明后,除填写清单存查外,即照缮入栈凭单,送银号查核,留底转交客人收执,取回官栈所给收条,交还官栈查销。四、客人赎货时,须先赴银号,将押款本利各项费用算明,付清后,由银号填写官栈提货凭单,交付客人。此单系属四联,除存根外,以一纸交客,以一纸连同根照送官查核。俟提货凭单与入栈凭单由客交栈核对相符,即将或照付,将根照填注,送还银号存查。如分次提货者,仍将入栈凭单注明,交该客收执。若系全数提取者,立将凭单注销。五、官栈于客人提取时,无须细心核验,若客人大批货色分次提取,尤须逐次核查,毋得错误,致有单、货不符之弊。六、货物入栈后,客人须将货保火险,取火险单送至本号,方能付款。七、货物抵押成数,须看行销之迟速,以为成数之多少,临时酌量商议。八、押款利息,临时斟酌市面情形酌定。九、押款货色,至多以三月为限,至少以半月为限,临时与客酌议。如满三个月后仍不取赎,即由号将货拍卖,抵偿押款本利及各项费用,如有余存,照数发还客人,取回入栈凭单,如以时价跌落,致有不敷,仍须向客人追补。十、押款货色,如甫经抵押旋即取赎者,至少须认银号半个月利息,半个月后,即按日计算,不再多取。十一、押款货色,以原包、原件为准,若有拆动、改换痕迹,详查无讹者,注明验收货物清单,仍可照押。若有以低货冒充高牌,希图多押等弊,一经查出,必须从严究罚,以保信义。十二、以上各款,作为暂行章程,如有未能详备之处,随时可以酌收。

> 八、此货取赎时,应将押款本利费用各项付清后,取有提货凭单方能至栈提取。
>
> 以上均系本号自愿允认之款,即请天津银号查照
>
> 光绪　年　月　日　盖货主图章
>
> 具

资料来源:《天津银号抵押货物章程》,天津市钱业同业公会,1947年,天津市档案馆,档号:J0129-2-001562。

官银号对民间工商业的贷款利息低微,并通过银号来结算,还需要上保险,这对其他金融行业的发展有所促进,对天津金融的近代化也是有益的。

天津的官银号改为直隶大清银行后,对天津市面的民间借贷也有积极的辅助作用。1910年,直隶大清银行等四行为稳定天津市面,规定了十四条章程,同时又订立了六条规则。① 这表明政府在危机时期对市面的救济起到了重要的作用,采用押款的方式也是对民间借贷的规范和引导。

在中国的中古时期,政府一般多采取不与民争利且对民间借贷任之由之的政策,对民间的商业借贷很少积极介入。但是,晚清天津政府的作为与中古时期不同,具有了现代政府的一些特征。同时,由于近代社会的动荡以及市场形势的变迁,在市面停滞,尤其在中国国门洞开的情况之下,商

---

① 《天津商会档案汇编(1903—1911)》(上),天津:天津人民出版社,1989年,第621页。"直隶大清等四银行拟定押款章程规则十四条,宣统二年九月二十二日、二十六日(1910年10月24日、28日);合办押款章程八条:一、现为津埠市面欠稳,诚恐各内外行周转不灵,议由大清、交通、志成、直隶各银行共备银一百万两,定名为裕津公记,计大清、直隶各认三十万两,交通、志成各认二十万两,筹办押款,维持市面,暂以办至本年底为度,届时查看情形,或停或展,公同酌议。二、存放抵押各款,公议由直隶省银行经理,然必须四家签字盖章,公同认可后方能照办。三、押款货物,不论内外行,凡有妥实银钱票据及随带租折之市房印契,并洋线洋货等热货,皆可抵押银两。四、押款成数,总须察看何货,再酌如何折扣,全以以多押少为准,或以值十押六为率。五、押款利息自七厘至九厘不等,须分别何货,随时秉公酌定。六、押款期限以六个月为度,倘逾期不赎即登报拍卖归抵,所押本息及栈费余归本主,亏仍追补,如先期归还,利随本减。七、押款银两按照认定数目拟派,不必另立合同。即以直隶省所出之三联票为凭,无论盈亏应按照十成均摊,其杂费悉由直隶省银行暂垫,俟事毕后,亦按成摊算。八、抵押款项应有保证,或经商会接洽,或有妥实铺保,方可允准。"六条规则为:一、凡抵押之货,如房契须带老契租折,如票据须到原欠主处开明,如各热货须移出本栈,归货主自认,其花数另有清单。其出进扛力亦由货主自理,各具抵货清单,以凭验收。二、押货移栈后,货主须将该货自保火险,取火险单送至公记验明收存后,方能付款。三、公记栈房于验收货物时,务照抵货清单逐细详视,该货之箱皮包、铁箍等类,是否原来,有无残损,并以低货冒充高牌,希图多押等弊,如有不符之处,可以酌量开验,以免饶舌。验明后照缮入栈凭单,送交公记查核,由四家盖章签字,转交押款人收执。四、货物入栈后,遇有水火天气潮湿伤坏及一切意外等情,归货人自理,与公栈无涉。五、届期赎货时,先赴公记核算押款本利及栈费算明付清后,一面填给提货凭单者,须将原日入栈凭单注明提取某货,下存某货,仍交押款人收执。六、抵押各款,如系各种银钱票据及房契租折等类,议由大清银行收执,如系各项货物,归直隶省银行经理。

人们也需要政府出面干涉,维持市场的正常运作。

如1910年,天津市场发生危机,一些商号周转不灵,请求政府借贷以解危机,于是政府对天津一些重要的商号进行了借贷扶植。1910年9月5日,天津景德和洋布庄资金周转不灵,请求借贷救济。这个商铺的危机来自市场,因他们自己除护本银10万两外,"东伙均有余利在号存储,是以津申两埠信用昭著",但是"申埠钱庄倒闭,谣传商号被陈逸卿倒亏60万两,以致市面恐慌,人心不安",所以他们害怕"津申两埠听信浮言,摇动商号,诚恐一唱百和,商力难支,大局不堪设想",希望政府扶植一下,帮助进行账目清理,请求大清银行主持,并邀"大清、公益、志成三银行及永利钱庄等共同商议",帮助清理。① 之后,当局经银行制定了十一条办法,扶植这个商号,以挽救市面的危机。这是政府为维护市场的信誉所采取的挽救商号的办法,可见在市场危机时,政府对恢复市场的信用起到了很大的作用。②

此外,当时中国政府还在对外借贷时充当中介保证人。因为外国资金对中国国内的信用不了解,有问题时可以直接要求清政府办理,所以一些中国民间金融业者和商人向外国资金借贷时政府往往起到了保证人和中介人的作用。如1911年11月,天津信诚银行因为市面危机业务停滞,遂请求政府为之向外商借贷,以图自救。它通过天津商会请求天津道台,以架眼存据作抵押,借银10万两以解救危机:"本埠信诚银行因市面窘滞,需款接济,拟将所放架眼并抵押各据,借押银10万两以资应付","前奉北洋

---

① 《天津商会档案汇编(1903—1911)》(上),《中国近代经济史资料丛刊》,天津:天津人民出版社,1989年,第533~534页。
② 《天津商会档案汇编(1903—1911)》(上),《中国近代经济史资料丛刊》,天津:天津人民出版社,1989年,第535~536页。一、该号欠外各款年前归还三成,计收进外欠及售货之款除还三成之外,尚余银十数万两。拟借此为贸易资本,另立新章,由该号起草,仍须大家酌定,并刊用景德和公记图章,以清界限。二、所欠南北各债户之款,利息已结至七月底,自八月至宣统三年底之利息暂不计算。嗣后陈逸卿之欠款收有成数,必须按期核算,以昭公允。三、该号虽然照常贸易,而资本仍系众债户之款,须由众债户公举监理,方为妥恰。生意如有盈余,专款储蓄,仍为备还众债户之款。四、所有账目及一切贸易出入款项,每月造立清册一份,交监理送存省银行,以备众债户随时检查。五、众债户仍须遵守前议,不得私相授受及加货扣账等事,违者公共议罚。六、该号贸易至宣统三年底,视其贸易情形有无盈余,知照众债户集思广益,择善而从。七、陈逸卿如欠该号之款归还,无论数目多寡,仍应先行摊还各户之亏欠。俟还清各债户欠项外,如有余款,归该号收领。八、该号贸易大局定规后,由该号派人竭力追讨陈逸卿欠款,再由众债户公举代表协同办理。九、该号须禀明省银行,详院转咨南洋大臣并札行上海道立案,仍为南北合一办法,将来陈逸卿之欠款归还多少,一律秉公摊还。十、如上海收进正元、兆康等庄票,暂可作为该号贸易成本。十一、该号贸易借此十数万两如果不敷周转,拟将该号东之房契于众债户之中押借银两,以资周转。以后陈逸卿之欠款无论有着无着,设或生意再有亏折,均先尽此项押款清还,然后分还旧欠之款,前后不得混合。以上所拟规则,如有未备之处,随时公议酌收。

大臣饬由贵道……向外国银行筹借洋款银200万两"。①

在战争及社会动乱中,商人也会请求政府出面帮助借贷。1911年10月发生了辛亥革命,一时天津市面动摇。10月27日,商会因津埠银元奇缺,并大庆、元德、源厚、春兴号相继倒闭,要求赶快向洋人借债并向直隶总督发出了请求:"恳请大帅俯念时艰,速赐筹款接济,如一时无可筹拨,即由职会直接保商银行暂借外国银行100万两,接济市面。然必须官家担保,以昭信用。"他们还表示不会给官方带来麻烦:"职会查此次商借外款,决非盐商可比,何则?凡各商借用,皆以实产股票契据作押,如失信用,即以作押之产据抵偿欠款,官家虽有担保之名,绝不有累官家,如此变通办理,则殷实之商,知有转动的款,即可随时将产据押现,不致恐慌,市面转危为安。"②民间商业市场在危机的时刻,需要官府出面维持信用,显示了政府在民间借贷中重要的中介作用以及政府在中外借贷信用中的地位。

然而,政府与民间社会并没有建立起完全的信任关系。如在天津官银号创立之初,先是袁世凯自食其言,不想由官方出钱,引起了绅商的疑虑而不敢投资;之后袁世凯欲利用外资,而外国人要求由官府作保,导致当时官银号在成立过程中遇到了危机。③

第二节 北洋时期天津政府对民间借贷的治理

民国成立后,天津战争与社会动乱以及自然灾害依然频仍。同时,民国建立和新法律、新思想的传播也使社会有了新的气象。在一战前后,天津也一度迎来了民族工商业发展的黄金时期。

1912年1月14日,军阀战乱导致天津市面损失严重。2月间,天津灾民发起成立了京津保善后协会,上书大总统暨国务总理,恳求设法赔偿以期恢复。1912年11月30日,天津各行灾商代表张芷庵等再次恳请大总统设法补救灾商,希望国家能够给予拨款或借贷给地方,并规范民间债务秩

---

① 《天津商会档案汇编(1903—1911)》(上),天津:天津人民出版社,1989年,第606页。
② 《天津商会档案汇编(1903—1911)》(上),天津:天津人民出版社,1989年,第631页。
③ 林纯业、郝庆元:《天津官银号记事》,庄建平主编:《近代史资料文库》第8卷,上海:上海书店出版社,2009年,第333~334页。

序。直隶都督冯国璋为此事发出了指令,但没有提出具体的办法。①

1913年10月18日,京津保善后协会为津商会选举代表赴京借款事致津商会,要求在北京的天津商会选举代表团趁大总统选举的时机申请向民间注资借贷,以挽救天津商业的危局:"今正式总统业经选出,大局已定,正宜趁时进行,以求达到目的。"②

当时天津社会底层黑恶势力非常猖獗,并且经常用暴力抗债,引发了社会的不满,导致要求政府干预的呼声出现。南市"三不管"有个叫李三的,是地方的祸害,曾欠宿某津钱三吊,宿某屡次索讨,李三竟置若罔闻,继则出口不逊。宿某与彼理论,李三却率多人将宿某打伤。当时的舆论呼吁:"似此不法之徒,望有地方之责者速查惩办,以儆效尤。"③

法律是近代政府规范、控制民间债务问题的重要手段。民间债务虽然有时被国家看作民间的细故,但是社会影响很大。因此,近代以来国家对民间债务问题非常重视。1907年7月18日,直隶总督袁世凯奏报天津地方试办审判情形:"各国诉讼、民刑二事,办法迥乎不同。盖民事只钱债细故,立法不妨从宽,刑事系社会安危,推鞫不可不慎。"④

---

① 天津市档案馆编辑:《北洋军阀天津档案史料选编》,天津:天津古籍出版社,1990年,第241页。"刻届严冬,灾商等室如悬罄,告贷无门,实有朝不保夕之势。况现在又加之债款诉讼、房主纠葛、屡起冲突,若再无正当拯救办法,不特缺衣乏食饥寒致死,即债款逼迫,亦实难以安生,困苦情形至此已达极点。灾商等再四愁思,忧心如焚。除一面由灾商等呈请天津商务总会等处,迅将地方借款,并官商欠款分年筹还,以及房主纠葛,各办法赶速规定禀准实行外,谨合词泣陈都督均前,俯赐设法补救。并据情转恳大总统将赔偿办法迅速宣布,可否于本省先行筹拨巨款,以救燃眉之急,而保数十万人生命之处,自逾格鸿施,不胜迫切待命之至。"

② 天津市档案馆编辑:《北洋军阀天津档案史料选编》,天津:天津古籍出版社,1990年,第184页。附借款大纲:(第一章:总则)第一条:以本地方房铺捐作抵,借款400万元,以商会为总机关商借商还。第二条:此次借款以20年为限,前5年还利,后15年本利摊还。(第二章:用途)第三条:以200万作实业纺纱厂,呈请立案,并要求本县境20年以内不准他人仿设,其细则另行规定。第四条:以200万维持本地灾商恢复商业。第五条:前二条之规定须各设总理一人,其任用法由商会众商公举之。(第三章:维持灾商办法)第六条:凡灾商用款,须向商会磋办,其分配法由商会主裁。第七条:用款之家,以其营业之大小酌量借款款项之多寡。第八条:其有抵押品者,先按抵押品研究。第九条:其无抵押品者,以五家以上连带担负承还责任。但五家内须有二名以上之未被灾之商号。(第四章:灾商还款年限)第十条:按照银行之规定,愿早还者听。第十一条:借款之家如有措债者不还,由商会声明,按破产律行之。(第五章:附则)第十二条:此案实行时,有旧欠之商家,应按前定之分年八条办理。第十三条:至期满之时,出入项下倘无亏耗,以实业之得利弥补。第十四条:如有未尽事宜,随时共同研究增改。

③ 《讨账纠葛》,天津《益世报》1919年9月15日,第2张第6版。

④ 《天津通志·审判志》,天津:天津社会科学院出版社,1999年,第82页。

表2-3　1928年天津地方法院民事一审案件种类统计表　　（单位:件）

人事	建筑物	金钱	土地	粮食	物品	证券	杂件	合计
168	33	1623	110		15	133	156	2238

资料来源:天津市地方志编修委员会编著:《天津通志·审判志》,天津:天津社会科学院出版社,1999年,第143页。

从表2-3中可见,当时关于民事案件中金钱债务案最多,占民事案件总数的70%以上。可见债务诉讼也是国家对社会治理的一个重要内容。1915年司法部曾以商人债务诉讼往往经年累月,所以需要征集意见"以收集思广益之效",向天津商务总会召集各会员讨论办法。① 债务案件大多是民间的纠纷,但也有官方的和涉外的债务纠纷。②

中国在清末开始学习引进西方的法律制度,其中关于民间债务问题的内容在民法中占有很重要的位置。大清民法编纂于1911年,民国民法编纂于1925年,主要成果是初步完成了民法的编订,为中国法制史上的重要转变,采取了公平和正义的民法理念,调查注重中西结合,为民法的现代化打下了基础。③ 近代还依据情况不断对相关法律进行修正或解释,使法律与民间借贷的实际相符。如1922年天津地方审判庭呈请直隶高等审判庭转呈大理院函称:"债务案件判决生效后,债务人若不履行时,执行处得处债务人千元以下过怠金,以强制其履行债务,但对处过怠金仍不履行者当用何法结束?"对此天津地方审判庭还提出两点疑问:如果债务人仍不履行应该怎么办,如果是赤贫无力缴纳又当如何? 大理院答:"处过怠金之性质,本为督促债务人履约。若既处过怠金而仍不为一定行为,于法无不得

---

① 《讨论商人债务诉讼》,天津《益世报》1915年11月10日,第1张第3版。
② 天津市地方志编修委员会编著:《天津通志·审判志》,天津:天津社会科学院出版社,1999年,第143页。
③ 如1925年的民法草案中,第三百三十条规定:债权可生利息者,其利率周年为百分之五分。但法令有特别规定者,或有特别之意思表示者,不在此限。第三百三十一条:债务人约明以周年百分之六分以上之利率支付利息,经一年后,得随时将原本清偿之权利,不得以契约除去或限制之。第三百三十二条:当事人若预约至清偿之利息滚入母金中,且偿还其利息者,其预约为无效。利息延迟一年以上,经债权人催告,债务人亦不偿其利息时,债权人得将利息滚入母金中,并请求其利息。第二百九十一条:应付息之债务,其利率未经约定,亦无法令可据者,周年利率为百分之五。第二百九十二条:约定利率逾周年百分之十五者,经一年后,债务人得随时清偿原本。第二百九十三条:约定利率逾周年百分之三十者,法院应减至百分之三十以下。第二百九十五条:滚息作本之预约无效。但债务人为银钱者,不在此限。利息迟付,经债权人催告逾一年而不偿还者,债权人得将迟付之息,滚入原本。第三百二十九条:金钱债务迟延者,债权人得请求年利百分之五之迟延利息,但约定利率较高者,仍从其约定利率。第七百零七条:赌博不能发生债务,但因赌博已给付者,不得请求返还。(参见杨立新点校:《大清民律草案民国民律草案》,长春:吉林人民出版社,2002年,第204~241、246、298页。)

再处过息金的限制。惟于赤贫无力而不能缴纳者……解释上尚难认有其他项救济办法。"①近代,西方的司法、检察制度和律师制度也被引入了中国。天津近代检查机构的设立时间是1914年,成立了直隶高等审判厅和检察厅以及地方的审判厅和检察厅。② 在近代天津,法律机构和律师在民间债务纠纷中扮演了重要的角色。

此外,节令债务是一个非常值得注意的问题。民间的许多借贷纠纷都是在传统节日前发生的。传统的节日一般来说也是天津金融的活跃期,这是传统社会中借贷的"节日效应"。③ 正如当时记者观察的那样:"近年世难年荒,民穷财尽,一般平民苦力无不受生计影响。负债累累,而不作美之端午节,又紧迫而来,既无力以偿还,又天良之难昧。"④民国以后更改历法,对债务问题产生了很大影响,民间一度对此反应非常强烈。1917年发生了民间对历法更改问题的请愿,反对改阳历为阴历,希望避开传统节日时期催债的习俗,过一个好年。⑤

> 请假议员诸公均鉴:公等建议改用阴历,意欲贪图例假,欢聚家园,民等闻之不胜恐惧。夫诸公为家忘国,放弃责任,姑且勿论民等债台山积,债主无情,每到阴历年关索债,紧迫推托乏术,苦无入地之门,逃避无能,莫得上天之路。虽温言而恳乞,忍辱含羞,奈执券而临门,苦催紧避,即使周旋搪塞,捱过除夕之关。然而涸澈清贫亦无过年之趣,而玩家灯火,炮竹声隆,侧耳惊心,举目惭愧,叹穷人之无岁,闭户清愁,妒富室之奢华,相形益绌。凡兹窘状,实足痛心,自改阳历为正朔,方云惨状可除。乃诸公复有此提议,民等闻之,恐惧万状,谨此情愿,披胆相陈,务祈捐弃私怀,废除此前案,仍用阳历,永废旧年。如此则债主索债之时,适值阳历新岁,推托搪塞,亦曷为辞,而人度旧年,我过阳岁,忧乐悲欢,一反一复,区区苦衷,惟诸公谅之。临款仓皇,不胜迫切待命之至。

---

① 天津市地方志编修委员会编著:《天津通志·审判志》,天津:天津社会科学院出版社,1999年,第142页。
② 姚士馨:《解放前天津律师业概述》,中国人民政治协商会议天津市委员会文史资料研究委员会编:《天津文史资料选辑》第37辑,天津:天津人民出版社,1986年。
③ 吴石城:《天津金融季节之研究》,《银行周报》第19卷第46号,1935年10月26日,第19~23页。
④ 《避债水国》,天津《益世报》1921年6月9日,第3张第11版。
⑤ 青心:《债户穷民反对改用阴历建议案书》,天津《益世报》1917年2月4日,第3张第10版。

近代中国因为其半殖民地的性质而受到外国侵略势力的剥削和压榨,这在中外的民间借贷中也有体现。依照领事裁判权,中外纠纷归外国领事馆处理,这对中国人来说不仅屈辱,而且容易吃亏。恒远银号在1919年售予日本人清水金票,订有契约,后来因日本金行市日益跌落,日本人"赔累深巨,欠缴恒远款洋13000余元,恒远银号现请石川通律师,在日领事馆提起诉讼"①。虽然这个欠债案件的结果不得而知,但是到日本领事馆起诉,显然对中国人不利。

典当业当息问题依然在国家与民间社会中不断博弈。当商认为2分5厘还是低了,"非增利三分不足以资挹注"②,但在政府与社会压力之下,他们希望保住2分5厘的利息,不再因为社会动荡或者社会要求而导致利息的再一次下降。试办5年之后,当商发现市面经济积滞,2分5厘的利息不利于当业经营,于是希望政府仿照租界办法加息,并缩短当期。这一建议直到1921年才获得政府的认可。③ 1923年,宁河县刘宗诚到省议会控告典当业重利病民,要求改变传统的"过五"计利办法(当物在过期月满后,超过五日加一个月的利息),改为"当期在二十日以内者以半月计算,在二十日以外者以全月计利"。对于这一威胁典当业利益的要求,天津典当业坚决抗议,上书直隶省长。然而,刘宗诚的要求却得到省议会的批准。为此,典当业联合会先后三次上书省长,终于得到了"暂照旧章办理"的结果。④ 从以上当息争议事件可以看出,民间社会的力量开始增强,民主和民生的意识逐步向社会渗透,当息问题开始置于国家、地方社会和民众博弈的场域之内。商会、议会的出现,正是地方精英拓展自己势力范围的表现。博弈各方开始利用新的话语为自己的利益辩护,地方政权仍然具有绝对的权力,它在普通民众、精英以及当业之间力图保持平衡,一边顾及典当业的利益,一边也要考虑社会的呼声。但是,典当业毕竟为社会所需要,许多大商人、军阀、遗老等对典当业也有不少投资,与典当业有很深的利益关系⑤,因此典当业最终仍能够得到当局的支持。

在此时期,天津的银钱业因工商业的发展而成为民间商业借贷的核心之一。不少北洋官僚投资银号,对近代天津工商业注资,对这一时期天津工商业

---

① 《华商与日人债务纠葛》,天津《益世报》1921年7月23日,第3张第10版。
② 《典当业同业公会民国元年禀稿底》,1912年,天津市档案馆,档号:J0129-2-004308。
③ 《津邑典当冬令减息》,天津商务总会,1916年,天津市档案馆,档号:J0128-3-004333。
④ 《典当业同业公会民国元年禀稿底》,1912年,天津市档案馆,档号:J0129-2-004309。
⑤ 王子寿:《天津典当业四十年的回忆》,《文史资料选辑》第53辑,北京:文史资料出版社,1964年,第46~50页。

的发展起到了很大的作用。① 官僚的大量投资,为政府治理银钱业创造了非常宽松的环境,此时也正是天津民族工商业发展的黄金时期。

民国政府在近代依然充当中外民间借贷的中介者的角色,有时是主动的,有时则是被动的,这与当时中外信用没有可靠的保证机制有关。如万春斗店李皓田息借北京道胜银行银8000两,壬子期间万春斗店被抢,无力归还。其后政府向该行借款,该行将万春欠债扣提,经财政部和警察厅催缴,万春斗店凑集10年6厘公债票11430元,以抵本银8000两,但是利息无力筹措,请求商会陈请赦免。②

特殊时期,政府还直接对天津民间进行借贷。1917年,华北一带发生了一次空前的大水灾,天津灾情也空前严重。当时政府委派熊希龄为赈灾的善后督办,负责水灾的善后工作。熊希龄为赈济灾民,采取了许多措施,其中之一就是提倡政府和地方银行以及绅士设立因利局等借贷机构,共同对贫民进行贷款:"其杂赈办理可观者,共办成因利局309处,义当29处,老弱留养所181处,粥厂593处,种子借贷所49处。"③

因利局是一种具有近代救助理念的借贷机构,起源于近代扬州,并扩散到全国各地。④ 此时又被天津地方政府利用救灾:"拟即由各县知事商同该地绅耆推举局董先行筹款开办,嗣后再由本处酌量补助。"⑤但是,分毫不取利息的因利局没有得到地方士绅的响应,于是政府又制定了新的措施,以调动地方乡绅的积极性。1917年11月4日,政府制定了具体的办法,设立因利局,与地方绅士和官方合作办理,规定了九条大纲,统一各县办事章程,准许绅商收取轻微的利息。⑥

---

① 魏晓明:《北洋政府官僚与天津经济》,魏晓明:《积沙集》,北京:中国档案出版社,2001年,第203页。宋美云:《北洋时期官僚私人投资与天津近代工业》,《历史研究》1989年第2期。
② 《请免息银》,天津《益世报》1922年7月1日,第3张第11版。
③ 周秋光:《熊希龄传》,天津:百花文艺出版社,2006年,第412页。
④ 王卫平、黄鸿山:《晚清借钱局的出现与演变》,《历史研究》2009年第3期。
⑤ 《设因利局办法案》,天津《益世报》,1917年10月17日,第2版。
⑥ 《天津商会档案汇编(1912—1928)》(3),天津:天津人民出版社,1992年,第3388~3390页。《各地方筹设因利局大纲》:第一条,各地方应速筹设因利局,俾灾民得借贷资本自营生计。第二条,因利局除县城外,应于乡镇酌设分所,以便灾民就近借贷。第三条,因利局经费或借地方公款,或劝绅商及各慈善团体筹集,应由县知事就地设法,如实有不敷,得呈由本处核办。第四条,因利局应由县知事选派本地公正绅董经办,其组织法各地就地方情形酌定,仍报由本处备案。第五条,凡本地安分极贫民户实系因灾失业者,皆得向因利局酌量借贷,惟不得限制过严。第六条,凡灾民向因利局借钱或定轻息,或特免息,均由因利局临时分别酌定。惟均须有切实保证。第七条,初借、转借钱数及偿还日期,保证人资格及其责任,均由各地方自行酌定。第八条,各地方因利局章程均由县知事核定,并须用粗浅文字详明缮贴局门及通衢,以期周知。第九条,各地方因利局成立时,该管事知事应将筹办详细章程呈报本处备案。

但是,这个取息的办法难以满足难民的要求,而地方绅商设局"亦不能不酌取利息以资开销",于是熊希龄等又采取了保息的措施。① 然而,即便如此,因利局的创设最后也没有得到士绅的积极响应,"各处绅商或疑本处保息之不足持,意存观望"②。在这次水灾中,政府的财政也非常困难。于是与天津的银钱业商量办法。先是与天津盐业银行商讨,又向天津新华储蓄银行借贷。但是,银行因为种种原因而中止出资,这受到了熊希龄的指责。③ 可见,政府虽然有意以慈善借贷救济灾民,但是最终因为财政上的困难,加之与民间绅商和银行也缺乏信任,使自己也陷入了困境。

在 1917 年水灾中,为救济灾民和民间商业,政府还出台了保息贷纱的措施。由于在救灾的过程中需要大量的棉纱,当时熊希龄的善后督办处决定借款成立贷纱处④,并决定实行保息贷纱。之后,督办出台了布商借贷保息的十条章程,宣布保息贷纱的具体办法。⑤ 政府保息,要布商向银行等金融机构借贷的措施得到了民间商户的积极响应。⑥

在商人的保息借贷中也有许多问题存在。当时一些布商借贷遇到了高息。因为有保息,许多借贷者也以高息借贷,给布商造成了损失。同时,布商们在有了保息之后,纷纷想办法向各处借贷,维持生产,但是利息很

---

① 《天津商会档案汇编(1912—1928)》(3),天津:天津人民出版社,1992 年,第 3388~3390 页。
② 《天津县公函熊督办训令各地方等筹设因利局·因利局大纲·天津县》,1917 年,天津市档案馆,档号:J0128-2-002438。
③ 《津盐各银行及督办本畿一带水灾河工等事宜关于组织因利局大纲和因利银号办法致天津新华银行函》,新华信托储蓄商业银行天津分行,1917 年,天津市档案馆,档号:J0203-1-000016。
④ 《熊督办组织贷纱处》,天津《益世报》1918 年 2 月 18 日,第 2 张第 6 版。
⑤ 《天津商会档案汇编(1912—1928)》(3),天津:天津人民出版社,1992 年,第 2580 页。督办处修正布商借款保息章程十条:一、督办京畿一带水灾河工善后事宜处因灾区织户失业,姑拟维持布商俾使照常收买,如资本不充借款时,特予补助保息六厘。二、凡收买灾区布匹,各布商因资本不充,得自向银行、银号及其他商号借款,或以商会名义向银行、银号及其他商号汇借,均须函由本会核实转请督办保息。三、灾区商会如有不能自向银行、银号及其他商号汇借者,拟由本会随时再行函请督办酌核指定银行商借,除保息外,商会得负完全偿还责任。四、各布商自向银行、银号及其他商号借款须备具盖印说帖,由该商会查实备正式公文函请本会核准,再行转请督办保息,其商会汇借者,则商会与布商应另定契约。五、借款以一年为限,但有欲缩短期限者,听其自行办理。六、各布商自行借款已规定第三条中,其由商会汇借,以有商会接单及盖用该会关防钤印记者为有效。七、布商及商会无论在银行、银号及其他一切商号借款,一经借妥,呈由本会核准,即行函请督办先将保息照发,以昭信实,而免耽误。八、此项借款保息,本为灾区机户恢复职业而设,故以布商为限……其他各县与机户相等职业,关系全县人民生计者,亦可呈由本会转请督办加入此次保息一并维持,但以该县人民工业占全县户口十分之七以上为限。九、此次借款保息,以维持顺直灾区实业为限,以防冒滥,如热河原系直隶之附属区域其滦河被灾之地,应视同直隶一律办理。十、以上九条经本会议决,函请督办核准施行。
⑥ 《天津商会档案汇编(1912—1928)》(3),天津:天津人民出版社,1992 年,第 2583 页。

高,发国家的财。①

国家的借贷也出现了问题。1918年3月9日,天津民间58家商家对纱贷发放不公表示了不满:"自去岁水灾被害,十室九空,贫民无计可施,现蒙贷纱挽救,体恤殊深。商等因织业太多,务望分配公平,同沾利益,若少数棉纱恐不敷衍用,难免偏倚之弊。"②1918年3月13日,天津商会孙俊卿、赵文卿称:"案查保息及贷纱各商纷纷请求,数额或有过量,恐中冒滥。"③对此,政府实行连环互保的办法。④ 为兑现保息的承诺,1918年3月20日,天津商会拟定了七条细则。1. 本会依照督办处贷纱章程,选择本埠殷实布商取具保结,承领棉纱贷济织户。2. 布商于承领棉纱及分配各机户,必须取具连环互保,以昭慎重,并其分配必期公允,以免偏枯。3. 布商与织户所立连环铺保契约,随时呈由本会按章程转报备案。4. 关于布商与织户,所取之连环互保,本会应负责调查以昭核实。5. 各布商因织户无妥实保证不行借贷,则织户不能无理强为请求。6. 各布商按章届限交还纱价,不问其与织户关系断绝与否,若不履行,本会得函请联合会按章办理。7. 本细则如有未尽事宜,得随时增删修改,函请备案。⑤ 这个细则要求布商与织户采取连环互保的方式来进行借贷,并且把借贷的权力下放到了布商手中,织户的信誉由布商说了算。

1918年3月16日,天津商会作了保纱结果统计:津商会报告各商借款保息80余万元函并附借款保息一览表,兹据各商投帖附借款清折,计共51家,共借银54500两,共借洋730412.4元。⑥ 但是,保息贷纱让政府尝到了对民间借贷的苦头,最终终止了这个行动。⑦ 当时布商乃至各地的商会欺骗政府,贷纱和保息的好处没有落到被救济的贫民身上,而是被商人中饱私囊了。1918年6月至1919年1月27日,政府又相继采取了严厉的措施,要求各商迅速交上纱款,以便尽快归还外国的贷款。之后,天津各纱厂

---

① 《天津商会档案汇编(1912—1928)》(3),天津:天津人民出版社,1992年,第2586页。
② 《天津商会档案汇编(1912—1928)》(3),天津:天津人民出版社,1992年,第2585页。
③ 《天津商会档案汇编(1912—1928)》(3),天津:天津人民出版社,1992年,第2591页。
④ 《天津商会档案汇编(1912—1928)》(3),天津:天津人民出版社,1992年,第2592页。
⑤ 《天津商会档案汇编(1912—1928)》(3),天津:天津人民出版社,1992年,第2610~2611页。
⑥ 《天津商会档案汇编(1912—1928)》(3),天津:天津人民出版社,1992年,第2593页。
⑦ 《天津商会档案汇编(1912—1928)》(3),天津:天津人民出版社,1992年,第2613页。

纷纷上交了纱款,共缴纳行平银11130.72两。①

但是,这些还款与应交还的款项还有很大的差额。天津商会应缴纱价银为25150.96两。于是政府通过商会进行了严厉的追讨,"饬令查明开单送县押追。事关外债,丝毫不容短欠,勿稍瞻徇"②。在这次保息贷纱中,商会、布商失去了信誉,国家与民间社会陷入了信任危机。

第三节 南京国民政府时期国家对民间借贷的治理

1927年后,政府在经济金融方面对民间力求控制。随着社会经济的变迁,民间信用对政府的依赖性加强,国家在民间信用中的地位也日益重要。

张利民认为,1928年后天津城市管理机构和建制不断出新,法规不断完善。但他也指出,民国时期天津城市管理是低水平的。③ 因为城市管理水平较低,社会信任度也不高,加上城市规模、人口不断扩大,城市中欺诈和暴力借贷现象严重。

政府管理能力的缺失导致社会管理出现的陋洞为民间社会的地痞流氓所占有。"天津土棍之多,甲于各省。有等市井无赖游民,同居伙食,成为锅伙。自谓混混儿,又名混星子。"天津"华洋杂处,民俗逞强尚气,易滋事端","即被捕获,尤复不畏捶楚,熬刑忍痛,希图夸耀匪党,以资衣食,殊属愍不畏法"。④ 早年混混大多分布在旧城区的繁华地带,尤其是下层市

---

① 《天津商会档案汇编(1912—1928)》(3),天津:天津人民出版社,1992年,第2616~2617页。"前向三井洋行订购棉纱,代价日金一百零九万元,以财政部国库券日币一百十万元为担保,三井洋行函请证明到期偿还,并知照日使署等因,业经本部照办,并咨复贵处查照各在案。惟查前项订购棉纱契约,一年期限,转瞬即届,本部担保该款完全负责,届时承领纱商设或款项不交,或交不足额,本部及需备款代偿,值此财政万紧之际,尤不能不绸缪未雨先事预防。""查各领纱商会所完缴款日期,或以十个月为限,或以八个月为限,核其偿期,虽在三井契约还期之前,但各商人等到期应缴款款,必须责成商会如数收回,丝毫不得通融,倘有拖欠,即惟联保各商人是问,勿稍瞻徇。事关外债信用,且与公家款项有关,相应咨送查照,咨开各节,妥筹核办。遵照所定缴款日期,于应缴纱款必须如期收回,丝毫不得通融,倘有拖欠,即惟联保各商人是问,勿稍瞻徇是为至要。"

② 《天津商会档案汇编(1912—1928)》(3),天津:天津人民出版社,1992年,第2618页。

③ 张利民:《艰难的起步——中国近代城市行政管理机制研究》,天津:天津社会科学院出版社,2008年。

④ (清)张焘撰,丁绵孙、王黎雅点校:《津门杂记》,来新夏主编:《天津风土丛书》,天津:天津古籍出版社,1986年,第87~89页。

民或游民无产者聚居之地,或者妓院、赌场的麇集区。19世纪,在天津颇有些名气的混混大都以地名相称,如侯家后、针市街、西头、金家窑等处的混混都是如此。① 随着人口的流动和城市居民成分的复杂化,混混们再也不能守着自家的门口充当一街一巷的霸主了,争地盘有了新的含义,不仅仅是争夺对某一街巷的控制权,而是变成了争码头、争行夺市、争夺对某一地区或某一行业的控制权。②

混混们在天津城市社会底层中具有重要的社会地位,往往也是民间借贷的资金提供者,他们也常依靠民间借贷发财致富。天津最为著名的流氓头子袁文会和张八为便是依靠向赌徒和妓女放债发家的。③ 民间的黑社会人物,经常采取强借的办法为自己聚敛钱财。这种事情不止一次见诸报端,可见当时混混们势力之大。如天津南马路中公所门牌14号,住着一个叫王紫宸的,家道富有,被匪徒所觊觎。一天早晨,王某突然接到匿名恐吓信一封,其中写道:"知君富有,请暂借洋三千元,限5日内送至河北小王庄大堤地方,自然有人接取,如接函后,置之不理,或报告官衙,我等将必有所待。"王某接函后当即呈该管分局请求保护。④ 还有强迫他人认贷以榨取钱财的行为。如法租界紫阳里20号住着一个叫张鸣岐的人,一天他到法工部局控告住长春旅馆2楼3号的周子帆。据称,周子帆和他的侄子周少武日前找到张鸣岐,竟指称张鸣岐欠他款项数万元,当时二人强迫张鸣岐书立欠5000元的字据,并勒令张鸣岐先交现款数百元,否则有"意外行动"。⑤

有一些人迫于黑恶势力的压力,不得不低头,政府和法律也没有办法。刘福林在1942年将石九利告上了法院,请求法院做主确认自己与被告并无欠债关系,并让被告不得再滋事闹事。原来石九利是一个无业游民,看到刘福林家道小康,时常向刘福林讹索。在20日前,刘福林突然接到石九利来函,称"共同所使的玉米面并不是王华亭自己的,还有我的,怎么至今也不见我,钱也不交",实际是石九利无理索要,刘福林置之不理,而石九利又突然领有李姓等人到刘家,不容分说将刘福林抓住,强行"索欠"。在没有办法的情况之下,刘福林只好将其告上了法院。但是这个起诉之后就被

---

① 刘海岩:《空间与社会——近代天津城市的演变》,天津:天津社会科学院出版社,2003年,第244页。
② 刘海岩:《空间与社会——近代天津城市的演变》,天津:天津社会科学院出版社,2003年,第251页。
③ 杜家忠:《汉奸恶霸袁文会的罪恶一生》,中国人民政治协商会议天津和平区委员会文史资料委员会编:《天津和平文史资料选集》(第4辑),天津:天津人民出版社,1993年,第62页。
④ 《富商突接恐吓信索洋三千》,天津《益世报》1937年2月23日,第2张第5版。
⑤ 《不速之客,强迫承认债款》,天津《益世报》1936年9月20日,第2张第5版。

撤销了,很可能是原告受到了黑势力的威胁。①

政府当时也力图控制地方治安,与社会黑恶势力争斗,双方力量对比常常是此消彼长。如王雨泉在天津市东北角菜市内经营恩义呈青菜铺,一天突然来了一个自称李光明的人,要向这个商铺借贷现洋。王某不敢相拒,只好说柜中没有钱。李不久便带来许多人前来寻衅。幸好当时一区三所的彭巡长到此查勤,这些人看见后便纷纷四散。当时李光明被抓住了,菜市内众商鉴于地痞经常前来讹索,深恐他们误认为这次被捕是各商报告,都非常惊恐,纷纷走开了。派出所得知这个情况后,认为事关地方治安,派警长前往逐户劝导,表示如有其他事情发生,三所负其全责,大家才纷纷回来。②

随着近代天津社会经济的变迁,旧的节令对商人的影响在逐步减弱。民国后,民众对旧历不重视,而天津旧商人全以旧历为准,将新历视为一纸具文。旧历中的节令以端午、中秋和春节最为重要,旧历年结算在大年初二和冬至,被称为"煞账"。大年初六是许多行业交代公事的日子,涉及每个人的位置和是否留用,因此特别为人们所重视。但是随着时代的变迁,年轻的商人对节令不是很重视,员工的待遇也不如以前优厚,结算多用现金,所以商号只有春节时还可以维持。③

近代,时任天津长官的许多人都曾为解决民间借贷问题出力,如张廷谔、萧振瀛、张自忠等。可是,近代天津民间借贷问题一直没有得到有效的解决。

高利贷是政府治理民间借贷中的一个头痛的问题。1927年,国民政府颁布了年息不得超过20%的政令。天津政府也据此多次要求天津商业组织遵守这一法令。④ 这是政府又一次以法律的形式对民间高利贷进行限制和禁止的措施。政令对一些中小商号有较大的影响,因为这些中小商号与银行、银号一般没有往来,平时若有贷款周转的需要,多到民间以放款为业的店铺那里去,如印子房等。⑤ 可见,国家颁布的这个法令对高利贷

---

① 《刘福林石九利确认并无债务关系》,天津地方法院及检察处,1942年,天津市档案馆,档号:J0044-2-060241。
② 《东北角菜市一场恐慌,地痞讹索菜铺,商贩避祸停市》,天津《益世报》1936年1月11日,第2张第5版。
③ 薛不器:《天津商人之节令》(一),天津《益世报》1947年1月24日,第5版。
④ 《为严禁高利借贷事致天津总商会训令》,天津工商部,1929年5月16日,天津市档案馆,档号:J0128-3-006295-048。《为公布严禁高利借贷事并送各业同业公会研究所的函》,天津总商会,1929年5月22日,天津市档案馆,档号:J0128-3-006295-047。
⑤ 《明令减息后高利贷之现状》,天津《大公报》1929年6月17日,第2张第6版。

的打击范围是有限的,且对小工商业产生了不利的影响。20 年代末,天津市社会局针对工人借高利贷的情况要求严禁高利贷,社会局也"正筹划令各当商减轻利率及从严调查高利典贷之富商股户,以便严格取缔"①。同时,针对妓女借高利贷的情况也采取了措施,在法律上和救济上力图解决娼妓的问题,最后也没有见到很大的效果。30 年代,天津社会经济低迷,高利贷盛行,一些社会人士又呼吁政府限制高利贷。但正如时人指出的:"在实际上,高利贷仍然潜伏着,有他活跃的能力,法律的力量也是不能有效防止的。"② 40 年代后期,国民政府实行通胀的经济政策,导致天津"市面萧条,物价高涨,利息也高,赋税繁重,货物滞销,而商人赚钱之后生活糜烂,花天酒地。货款多放作高利贷,谓之稳扎稳打,有益无害主义。高利贷的所得多入私囊,商店所得不过十之七八,许多人视商业投资为畏途"。这样对实业的投资减少,而投机增加,高利贷与通胀形成了恶性的循环。③此外,还有大量非法的地下钱庄,也以投放高利贷为生④,均遭到政府的严加取缔。

1936 年,天津地方政府为打击高利贷,与银行联合成立小本借贷处,为平民提供经营性借贷,但借贷的效果有限。⑤

20 世纪 30 年代,天津城市中的合会一度兴起,随之又相继倒闭,引发了极大的社会震动,政府出面对合会进行了规范,最后宣布取缔之,并将案件移交了法院。⑥

民国以来,国家随着控制社会经济日益深入⑦,不仅对民间借贷有了较为积极的介入,而且对民间借贷的利率干预也有深入的趋势。如 1927 年,南京国民政府公布了民间利率最高不得超过年息 20% 的法令,对民间的借贷和借贷利率产生了一定的影响。⑧ 当时天津的典当业主要针对贫

---

① 《天津特别市社会局一周年工作总报告》,天津市社会局,1929 年,第 289 页。
② 向欣:《天津市的高利贷》,《经济汇刊》第 1 卷第 4 期,1936 年 12 月 10 日,第 124~127 页。
③ 薛不器:《对天津商人进一言》,天津《益世报》1947 年 1 月 27 日,第 2 张第 5 版。
④ 《关于查办不法钞庄高利贷款私设黑帐买卖黄金案给天津金融管理局函》,天津市社会局,1948 年 10 月 2 日,天津市档案馆,档号:J0025-2-000478-024。
⑤ 冯剑:《义利之辨:民国时期天津市小本借贷处成立之初的官商博弈》,《中国社会经济史研究》2011 年第 3 期。冯剑:《运作、绩效与不足:民国时期天津的小本借贷》,《城市史研究》,北京:社会科学文献出版社,2015 年,第 33 辑,第 25~44 页。
⑥ 冯剑:《信任的崩溃:民国时期天津城市丧葬类合会的蜕变兴衰》,《中国社会历史评论》第 17 卷,天津:天津古籍出版社,2016 年。
⑦ 杜恂诚:《中国近代两种金融制度的比较》,《中国社会科学》2000 年第 2 期,第 178~190 页。文章将近代金融制度分为两个时期,晚清至民国前期和国民党统治时期。其中国民党统治时期占据统治地位的政府垄断式的金融制度,经济依赖金融而金融由政府操纵。
⑧ 《明令减息后高利贷之现状》,天津《大公报》1929 年 6 月 17 日,第 2 张第 6 版。

民消费借贷,因此法令的颁布导致了民间、政府与典当业关于利率的博弈,最终导致天津市典当业的利率有所降低。①

南京国民政府时期,国家认为银号是传统金融行业,不符合现代金融发展的需求,对银钱业进行了现代化的改革,但非常艰难。② 国家还通过加强对钱业公会的管理对银钱业加强控制。③

20世纪30年代之后,因受到世界经济危机和内地农村破产的影响,天津"市面萧条,商业凋敝情形已达极点。时届废历年关,各业商业感受困难,无法度过难关者十之八九"④。1936年,天津市面停滞,市场疲软,当时的天津政府应天津商会的请求,仿照北平的办法,为救济市面,决定对天津商人进行一次借贷。

这次政府对商业的借贷是从当时的北平开始的,而动议则由平津二市的商会共同策划。最初由平津商会邹、纪二主席协议,认为当前两市市面最大的问题就是缺少接济,虽然各商号有一些固定的资产如房屋、货物等,但是这些资产不能变成现金在市场中直接周转,各商号只好"坐以待毙","而一般商业银行照例又不能以房产抵押放款",为此,他们要求会见了宋哲元委员和两市的市长秦德纯、萧振瀛,要求政府设法给予接济。经过张公权、周作民两人与宋哲元本人议定,由张、周负责同平津各银行协商,收受房产、货物、铺底为抵押品,在旧历年中拨放巨款,救济平津两市商业,但"抵押品须切实,且须商会负完全责任。经将此案交付平津金融维持会核办,该会于六日在平召集会议,议定由平津两市府转知平津商会,迅速调查需要救济之家数计款数"⑤。

这次借贷得到了许多商人的积极响应,"各业商号值此商业凋敝困苦情形之中,咸感一筹莫展,突闻商会有此项救济办法,殊甚雀跃,昨日各商号书面请求者颇多"。此外,商人们还对借贷提出了自己的要求,希望贷款能够在旧历年关之前拨到,此时正是"金融季节"的关口,如此借贷才会有

---

① 李金铮、冯剑:《在国家、社会与当铺之间:近代天津当息的博弈史》,《中国经济史研究》2011年第2期。
② 沈日新:《钱庄》,《银行周报》第31卷第38号,1947年9月22日,第10~11页。
③ 王子建、赵履谦合著:《天津之银号·附录》,河北省立法商学院,1936年12月,第35~40页。
④ 《救济津商贷款,今日起始调查,商会昨发出紧急通告,欲贷款者三日内送报》,天津《益世报》1936年1月10日,第2张第5版。
⑤ 《救济平津商业,津商会即调查各银行收受产货抵押,废历年关拨款接济市面》,天津《益世报》1936年1月9日,第2张第5版。

意义。为了借贷方便,天津商会对会务也进行了调整,以便借贷手续的办理。①

政府方面也较为积极,冀察政委会宋哲元要求天津市长萧振瀛召集关系各方,确定贷款办法。借贷的具体方案很快就定了下来,由中央、中国、交通三银行实行贷款予以实际救济,津市贷款数目共为500万,并在旧历年前拨一部分款。② 银行方面对借贷的手续也进行了让步,准许了以不动产进行抵押。

1936年1月20日,公布了第一批合格商号124家,许多大商号听到限制贷款的条件后,又"不肯公然借款,昨日自动向商会追回贷款专件者亦有数家"。③

借贷完毕之后,偿还很是不乐观。在偿还期限早已超过之后依然只有少数商号归还贷款:"被接济者二百余商号,总数十万余元。原定货款以三个月为限,逾期即须归还,乃迁延迄今。到期偿付者仅一小部分,还数不过三分之一,其余概仍拖欠。"对此,银行方面因为贷款纯系信用透支,只好一方面要求商会尽快催还,一方面找了委托律师,依法追诉。④

这次贷款是应商界的要求,由政府出面联络银行各界实现的,这表明了社会需要政府职能的转变和政府对社会经济管理的深入。但是,借贷条件过严,导致许多商家不能借贷或者撤回了借贷请求。在借贷偿还上,商户又出现了掮债的现象,导致这次借贷的举办没有能够圆满完成。国家、银行与商户之间秉持不同的信用观念,三者之间并没有建立良好的信任关系。政府和银行的商业借贷手续繁杂,对民间借贷的控制力也非常有限。

1935年币制改革后,国家对民间金融业的控制加强了。国营行局通过中央、中国、交通三家银行为工商业贷款,"同私营行庄相比,短期拆借与民营行庄往来透支相似,其余各种贷款期限较长,贷款较巨,利率远低于其

---

① 《商业贷款调查后投函请贷者甚多,纪华日内赴平洽商》,天津《益世报》1936年1月11日,第2张第5版。"商会近以废历年关在近,办理救济商业各项事务异常殷繁,而会中经费复感竭蹶,兹为维持会务起见,对于会内积极整顿,除缩减经费、裁汰职员,近留九人办公外,并将办公时间改按各机关所定时间,计上午9时至12时,下午2时至5时。该会主席纪华已通知全体职员务须遵照规定时间办理,至于星期轮流值班。"

② 《救济津商贷款春节前拨一部,数额五百万,三行筹措,报名贷款期展限两日》,天津《益世报》1936年1月13日,第2张第5版。

③ 《贷款合格商号首批百二十四家,声请填就今午送报,未入会之商号准通融》,天津《益世报》1936年1月20日,第2张第5版。

④ 《工商贷款各商号迄未偿清银团拟依法追诉》,天津《益世报》1936年8月3日,第2张第5版。

他行庄"①。但是,国家控制的金融借贷也有许多的问题:"1.手续过繁,清贷不易。2.关系不密,较难借贷。3.著名厂商较有希望。4.注重事情,忽于事后"。时人夏高波提出了改进的办法:1.国营行局不直接办贷款;2.放款与民营银行和钱庄信托公司;3.由民营的公司提高利率房贷,但是低于黑市;4.期限在一月之内;5.票据可以限时买卖;6.中央银行公开市场政策;7.举办时间长、额度大的特种贷款;8.注意贷款的用途。此外,还要注意观察整个国民经济,统筹发展。② 总体上,他的办法是:一方面让民间借贷市场更为自由宽松,国家不直接介入市场;一方面国家也须进行有效的调控。可见,当时的有识之士已经注意到只有调整好国家与民间的金融关系,才能对社会经济发展起到真正的促进作用。

1938年1月,为恢复天津市场秩序,当时的天津伪政府在天津商会的要求之下,出台了一系列整治民间债权、债务的措施,以重整商业秩序。③在战乱和社会动乱等危机时刻,政府对民间借贷和民间债务市场的秩序有着引导、规范作用。

日伪时期,中外民间借贷依然受到不平等条约的制约。1941年一个与荷兰公司借贷利息劈分的案件,也因为领事裁判权而无法裁决。河北高等法院天津分院出于"该行既属荷兰国籍,系有领事裁判之国家,普通法院

---

① 夏高波:《国营行局贷款刍议》,《银行周报》第30卷第29号,1946年7月27日,第21页。
② 夏高波:《国营行局贷款刍议》,《银行周报》第30卷第29号,1946年7月27日,第23页。
③ 《天津商会档案汇编(1937—1945)》,天津:天津人民出版社,1997年,第1499页。"一、关于非常事变,遭受炮火灾各商号拟请政府以最低值利息给损失金额二分之一(例如损失一万元者由政府贷款5千元),规定6年付清,由第二年起为开始付款期间,如政府一时不能指定专款贷与时,或指定某银行贷款亦可。惟调查该商确系被炮火灾属实者,得免于抵押品。二、此次被炮火之商号及债权均负有损失义务,如债务商号能恢复营业时,在第二年履行陆续归还债权,停息归本,如债权方面认为债务方面继续接济时,得由债权方面推举专人(委员)管理监督其营业,如有盈余即照章归还欠债,如灾商无力恢复营业时,应由债权债务双方平均担负损失。"1938年2月至4月9日,津商会与银行钱业辅治会共同拟定灾商号救济办法并得到了市署的批准:"一、被灾商号请求救济者以津市直接蒙受兵火灾害者为限。一、被灾商号倘系有限公司应先查明其公司组织,如果确属合法,其已往之资产负债情形及历年营业状况并无亏损,确因此被灾损失,以至不能营业者始能予以救济。一、被灾商号如为普遍商号,应查明如其已往营业确无亏损而浦东现在确无担负所受灾之能力者始能酌予救济。一、救济办法应以顾全债权债务双方之权利义务为原则,被灾商业如合于上述被救济之资格,其已往拖欠各债权之款可予缓期归付。在缓期间内,其应付之利息由双方按以往关系情形自行酌定。惟在缓付期间内债务方面须提出相当之担保品,此项担保品如为不动产以及与该不动产不可分离之动产债务人,因业务关系有使用之必要者,在抵押期间经双方之同意,得由债务人向债权人租借使用(另提相当抵押品抵换亦可)。惟须依法订立租借契约,并声请当地法院或主管机关登记。一、被灾商号之担保品不足原债权人款项时,以现有之财产物品为担保须得债权人许可继续营业,但缓付期限由债权债务酌量情形,双方自行商定,以免讼累。

亦无受理之权限"的原因,对中国方面的抗告人李继枋的诉讼予以驳回。①可见治外法权的存在导致中外民间借贷案中对中国人的不公正待遇。

　　日伪时期,天津典质两业反对日本并股的要求,受到日本人的打压。日本人大力扶植小押当,导致恶性竞争,天津典当业面临巨大危机。② 抗战胜利后,民间借贷机构典当行和钱庄在经济崩溃中遭遇了强烈的危机。面对经济危机,典当业要求增加利息,最后天津市政府不仅不考虑典当业40分当息的要求,而且对以前30分当息的请求也予以检讨。不过,在实际生活中,民间百姓已经不顾当息问题,只希望当铺开业就好。市民王爱民的呼吁代表了他们的要求:"请津市各当铺万勿拒绝穷民抵押,以资救济生活。"③他们还要求政府向银行借贷资金,维持它们的营业,但最终没有挽救典当业的衰落。

　　日伪时期,天津的银号被日伪政府强令要求增资,并改造为股份公司,一些钱庄在日伪时期倒闭或停业,钱业投机活动盛行。国家为控制金融和抑制通胀,加强了对民间金融机构的市场准入控制,导致一些民间借贷行为走入地下状态。如由于国家的规定一些正常商业借贷的钱庄变成了非法的黑钱庄。1946年3月,财政部规定钱庄存款应向中央银行交存款准备金。1947年4月24日,新银行法又增定提存付现准备金。这样使钱庄的活钱大为减少,同时限期增资,使得许多银号无力维持,变成了所谓的地下黑银号。④

　　抗战胜利后,国家对民间小额借贷也非常关注。1946年10月5日,河北省政府为解决工商业的小额贷款,采取措施与合作社联合向小工商业者贷款,并加大优惠。⑤

　　抗战胜利后,天津商业又陷入了危机,"中央银行为救工商业危机,办理亿元工商贷款"。当时天津的杜市长对此极为关切,"约集本市各国家

---

① 《李继枋海昌公司求分利息抗告》,河北省高等法院天津分院及检察处,1942年,天津市档案馆,档号:J0043-2-023107,第1~2页。
② 冯剑:《联合与抗争:日伪时期的天津典质业》,《近代史学刊》第15辑,北京:社会科学文献出版社,2016年。
③ 《典当业》,1947年,天津市档案馆,档号:J0002-3-002304。
④ 《私营黑银号,王文生,河北天津地方法院侦查卷》,1948年,天津市档案馆,档号:J0044-2-123594。
⑤ 《小额放款函件》,河北省银行,1947年,天津市档案馆,档号:J0169-1-000521。修正地方金融机关办理小工业贷款通则第三条"小工业借款数额最高以五万元为度"及第四条"借款利率最高不得超过月息一分二厘"。凡借款不满五百元者,得申请酌量减低利率之规定,与目前一般经济情形已属不能适合,拟将借款数额及利率酌予提高并将原通则第三条改为"小工业借款数额最高以五十万元为度",第四条改为"借款利率最高不得超过该行一般放款利率之六成"。

银行首长谈话,他们表示必请示四连总处核实,杜市长以春节习俗上为结账日期,放款必须在节前,不容延缓,请求蒋主席和四联处迅速核准"。在解放前夕,政府通过四联总处对工商业和民生进行借贷,挽救经济危局。①

抗战胜利后的天津,市民借高利贷现象非常严重,导致市面停滞,经济无法运转。社会人士纷纷要求对高利贷问题给予解决,其中一些人对政府与高利贷的关系问题以及政府的责任问题进行了探讨。1948年,一位武清人士写信给天津政府。这封信得到了当时天津政府的重视,要求社会局参考。信中指出:物价问题都是政府的利率政策导致的,"近日物价涨风太烈,迫使人心不安,政府限价调查方法用尽,结果毫无生效。此中原因是在高位者与低层商民距离太远,所施防策均不对症,鄙以庸愚拙见认为纯系政府提倡高息放款造成恶果"。他认为政府"对经济不妨用无息或低息制",否则"本党前途实在不堪设想"。他还以当时中共控制的区域与国统区进行了对比来证实自己的看法,认识到中共领导的解放区"物质远较政府绥靖区内匮乏,其物价为何特别低,渐有增长亦是受政府辖区动荡之影响,因为他们放款是无利息,富有者应对贫苦者互相援助",认为解决物价问题要从减息开始。他回顾了民国尤其是法币改革之后的利息情况,认为加息是物价飞涨的原因,必须由政府规定减息、确定利率才能解决核心问

---

① 《津紧急工商贷款》,天津《益世报》1946年12月31日,第1张第4版。

题，使社会的游资走向正轨，并抑制物价的上涨。① 从这封信中可见当时人们对国家利率政策的不满和对政府的不信任，同时也显示了政府作为对民间市场利率的影响。

小　结

民间借贷对城市经济与人们生活是必要的。对于那些生活于社会下层的人来说，借贷往往是救命的稻草；对城市的工商业者来说，借贷资金则是其发展的血脉。但是，借贷对经济发展和人民生活是一把双刃剑，民间

---

① 《市民为物价高涨利息太高请制止》，天津市社会局，1948年，天津市档案馆，档号：J0025-3-001658。物价与利息因果比例：查战前利息，银行年息8厘，资本100元必须经过八年本息相平，共合本为200元。违法令的暗拆月息3分，亦须3年本利平，物价不受刺激，春涨秋回。自30年利息提高，暗拆10日一结，利上滚利，按日计息，最高者1分5厘，原本100元，经过一年即能本息相平，物价一直上涨，不能还原。自民国三十四年中央银行提高利息每日3分，则原本100万能达成400万元，所以民国三十五年物价较民国三十四年高4倍。自民国三十五年利息暗拆日息5、6分，放款者1年是三翻，100万一年升涨变成本息共成800万，物价到民国三十五年是民国三十四年的8倍。自民国三十六年利提到日息7分，暗拆8、9分，1年是四翻，涨16倍，物价亦依民国三十五年原价到民国三十年加了16倍。近日中央银行又提高利息，市面暗拆日息12分，1年是五翻，100万原本放出，年终孳生本息是3200万，照此比例推进，明年麦粉最低每袋9000万元。美国资本主义是发展工商业。中国是经济宰割发展，银行、银号、钱庄现在农工商公教人员均不得活，而银行、银号、钱庄是畸形发展，如政府不在病源上施行硬性法令，任何对策是无效的。政府既以先总理三民主义为原则，为何总理主张减息政府反提高利息？现在中国利息之重，开古今中外千古未有奇例。政府为何不加限制？考政府自废止硬币实行法币后，经济整个操诸政府。因为抗日军兴，政府开支扩大，增加发法币较诸增捐加税易行。如若增税加捐，用人多开支大，有财有势者还可以逃避放抗取之于民者10万，除开支及层层舞弊外，归之于国库者亦不足千，所以不如法币增额，则可余数归公。然而法币增额当然刺激物价，如无其他原因则法币增一倍，物价涨一倍，这是自然的因果。自民国二十四年至民国三十四年，物价之上涨是与法币增额互为因果。迄日本降服后，政府需用量大，法币多量加增，物价自然亦有一度暴涨。政府骗人讳过，偏要说是奸商操纵，投机囤积，游资作祟，经济管制当局又出一种新口号，提高利息吸收游资。中央银行挂牌日息六七分，这一设施给资家造了机会，从先放款人的生长率是6年本利平，暗拆高息也要3年本利平。银行年息8厘，一年一结算。增加复利渐改三节结账加复利，后来改按月滚算，近来改日息一日一流算，息率一日10分，不须3个月本利平，100万原本1年四翻，可孳生1600万，为古今中外千古未有之奇example。政府开了这个方便之门，都是因为当权者自己本身是财阀，政府增发法币，他身受影响而不能反抗，藉利息宰割以求本身之生长。法币增额不如他以利息宰割生长的快。这一物价的动荡就演成无止境的上升。今日要安定的物价一味限价，查囤积是不能收效的，必须对症下药，由政府硬性规定息率，银行放款年息8厘，私人放款月息1分，如有违例，即对放款人施以严格制裁，此种硬性命令实行后再严查囤积，惩办投机。双方一挤，游资入正轨。积财人多心恨引导不为功迫令能收效。当权者应对贫苦者负责谋出路，对有钱人以法治。如不从这病源上下手医治，明年麦面势必每袋1亿元以上。

的钱债纠纷一直是让人头痛的问题之一。这就要求建立一个具有信任和有序法律制度的市场,政府应在其中发挥重要作用。

近代天津民间金融与官方有着密切的关系。如民间借贷的资金来自官僚、军阀,尤其是北洋军阀对天津典当行、银号等有大量的投资,这是近代天津民间借贷资金的重要来源。同时,他们也常常向这些机构借贷。天津的典当行、票号等也非常有"官气"。民间借贷中的乱象、困难也需要政府出面干预和解决。

从国家与社会的关系视角对近代进行专题研究取得了很多成果。① 从近代政府对天津民间借贷的治理来看,国家与社会关系在近代有所变迁,不同时期具有不同的特点。近代天津历经战乱,从英法联军、"庚子之变"到辛亥革命以及军阀混战、日本全面侵华等,但其间也有相对和平发展的时期。总体看来,晚清时期国家对民间借贷的治理,开始主要采取的是消极的治理方法,如利用立法等手段规范、限制民间借贷;但清末随着天津动乱不断以及新政改革的实施,政府对民间借贷的干预更为积极主动。北洋政府是弱政府,北洋军阀对天津有着大量的投资,对民间借贷采取了较为宽松的政策,除立法外,对民间借贷采取协商和引导的办法。1927年后,南京国民政府以及其间的日伪时期则采取了控制的政策,积极介入,介于政府与民间的商会、行会等机构的作用被逐步削弱。

正如有的学者所言,在近代中国,国家在金融业发展中的作用的整体趋势是,"在全国范围内,国家对甚至包括地方在内的货币和银行业施加更大的影响,扮演更重要的角色"②。国家对近代天津民间借贷的治理也是如此。国家对民间借贷的积极介入,一方面缘于迫不得已的自然灾害或者市场萧条,一方面也有控制规范民间金融以求得社会的治理的意图。民间也有着对政府的依赖与信任的需求。但是,在近代天津政府与民间的关系中,双方并没有建立起信任关系。国家在借贷中关注的是政治稳定、社会控制以及道义上的慈善救济,民间注重的是生存与谋利。

从近代天津政府对民间借贷的治理看,有许多值得吸取的经验。国家在民间金融活动的治理中有着不可或缺的作用,民间金融活动需要国家监督和管理、提供法律秩序保障以及在危机时刻维护社会金融秩序,甚至提供资金。在转型时期,国家对民间金融起着引导和示范作用。但在近代中国,国家深入干涉民间金融,并没有取得好的效果。民间金融的自治组织

---

① 朱英:《近代中国的"社会与国家":研究回顾与思考》,《江苏社会科学》2006年第4期。
② 〔美〕史瀚波著,池桢译:《乱世中的信任:民国时期天津的货币、银行及国家－社会关系·中文版序言》,上海:上海辞书出版社,2016年,第1~2页。

如商会、行业公会等随着政府的深入控制,也没有发挥出应有的作用,最终也没有解决近代天津民间借贷困难的难题。

从国家对近代天津民间借贷的治理来看,近代国家与社会关系异常复杂,既有互相的支持,也有激烈的博弈。双方有着难以割舍的利益关系,也存在着互不信任、控制与反控制的关系。针对民间金融的发展,有的学者主张放弃国家的干预,认为自由发展才能有利于高利贷问题的解决和民间金融的良性发展;有的学者主张国家深入干预民间金融,认为严格规范才能保证其健康发展。[①] 从近代国家对天津民间借贷的治理来看,自由放任只是一种理想,而国家不恰当的过分深入的干预也不是最佳选择。

---

① 参见李金铮:《释"高利贷":基于中国近代乡村之考察》,《社会科学战线》2016 年第 9 期。

第二卷

第三章　近代天津城市家族与民间借贷

经济关系是人们社会生活中的基本关系,其中借贷关系是重要的人际经济和社会关系之一。近代天津城市中,民间借贷关系与家族间互有重要的影响。民间借贷与家族有着千丝万缕的关系,家族利用借贷关系来提高家族的控制力,同时在民间借贷的影响下,家族有解体的趋势。对于一些商业家族来说,家族对借贷依然拥有很大的影响力。近代天津社会转型时期,家族中人们的关系在民间借贷中表现出功利和冷漠的一面。

家族是传统社会关系的基石。目前学术界对家族的区域性研究日渐深入,对华北地区家族的研究也有了很大的进展,但是对北方地区城市家族的研究依然不多见①,对近代的家族研究目前也还较为薄弱②。"使中国的家成其为家的本质性的要素还是同居共财这样的生活样式"③。家族的借贷与家族的财产有着重要的关系。近代以来,天津城市经历了巨大的社会变迁,成为北方第一大商业、金融城市,民间借贷在近代天津的社会和经济关系中具有重要的影响和意义。本章以近代天津的民间借贷关系为切入点,对借贷关系中近代天津城市家族的变迁作一描述,从中可见近代天津家族、社会的变迁。

第一节　家族与民间借贷
——以天津冯氏家族为例

冯承柏先生是著名学者冯文潜之子,曾复印过一本残缺的家谱《冯介清——甲子编年录》,为其祖父冯学璋所写,先后赠予关文斌先生(后由张

---

① 常建华:《近十年明清宗族研究综述》,《安徽史学》2011年第1期。
② 常建华:《二十世纪的中国宗族研究》,《历史研究》1999年第5期。
③ 〔日〕滋贺秀三著,张建国、李力译:《中国家族法原理》,北京:法律出版社,2003年,第57页。

利民老师保存)及南开大学图书馆等收藏。家谱中记录下了冯氏家族近代以来的兴衰史。从这部家族的兴衰史中,我们可以看到近代家族与民间借贷的关系。本节以冯氏家族的故事开头,作为论述近代天津家族与民间借贷关系的序曲。

冯氏家族在明代正德年间由东安县歇渔城迁居到天津,已经有300多年的历史。据说因为当时"歇渔城旧有陋习相沿日甚",冯家兄弟三人便远徙来到天津一带谋生,后来三支逐渐分家,"各立新茔"。冯承柏家的始祖称盘公,"到天津立针铺生意,因致巨富"。至乾隆年间,冯家的生意开始逐渐衰落,但家中依然"相沿服贾"。生意衰落时,家中出现了文化气象:"我曾祖景云公嗜古而尤精于《易》,亦以布衣终身。至乾隆庚子科,智始领乡荐恩绶,随入武庠,锦文等亦先后入文庠。"①先辈的努力,使冯家有了较为深厚的积累,无论是资财,还是家族的门风。

后来,冯家祖辈开始从事盐业的经营,经过三世的创业,冯氏家族发展成为一代巨富,有"引地十七州县口岸,在外盐船八十二只,房屋百余间"。然而,因为发生了债务危机,竟然一路败落了下来:"1845年家运凋敝,又复弃产业还账,约计欠项四分之一","其后败运一如旺运,无处不坏,虽富有万,好时每年进益多时,恒有数万,不足持也"。②于是,家族开始分崩离析,留下了大量的家族私债没有偿还,之后举家迁到了涿州。但是家中债务关系依然多在天津,故可以纳入近代天津民间借贷研究的范围。

这个家族在1854年以后已经是"两手空空,半筹莫展,而私债积有数十万,无款筹补"。后来,他们将祖上遗留下来的盐引地出租,除还债外还用来维持生活。之后,家中依然没有什么起色,反而奢侈之风日炙,家中的债务危机也日渐严重:"数年内家中用度及一切举动非常奢侈,如车马、花鸟鱼虫、古玩、字画、书帖无不备具,宴会酒席颇多奢靡,大小喜寿事皆有预备,皆有人来,债台日高而引地租限又满。"于是,冯家兄弟三人商议,将引地收回自办,以图东山再起。"兄弟三人买舟一同赴津",想要收回引地,但是对方要价太高,只好"四面八方奔走借款",然而"所托非人,皆属骗吃骗喝、帮嫖看赌之匪类,妄耗钱财,于事无济"。家族经济危险万分,在这种万不得已的情况之下,兄弟三人按照母亲的吩咐,将引地收回转租,没想到使得家族债务危机更为严重,"数万金之债台由此高筑"。可能就是在这个多事之秋,由于精神苦闷,老三冯学璋吸上了鸦片。③

---

① 《天津亦政堂冯氏家谱》,1923年,静电复印本,南开大学善本库藏。
② 《天津亦政堂冯氏家谱》,1923年,静电复印本,南开大学善本库藏。
③ 《天津亦政堂冯氏家谱》,1923年,静电复印本,南开大学善本库藏。

1898年春,家族中总算迎来了一件大好事,老二要到陕西做官。但是,赴任的经费不足,还是要多方借贷。因为关系和行情的不同,借贷的利率也有所不同,"在津息借款项三千余两,为赴陕西候补费用。因系急需,故利息一分五六至二分不等,惟旧租商澄源号杨俊元宅息为四厘二毫五,归还时并不计息,因无息不成票,向来有所通融。"这笔款项的偿还需要三兄弟共同负担,"每支名下尚有四百两之负担"。这一年,因为"各债蜂起",老三没能回家过年。1899年,老三在天津遭到了债主们的起诉,结果被押到了官衙,幸亏有人作保,才逃脱了这次债务危机。1902年春,因为母亲的丧葬事,冯家不得不到天津再次举债2000两。丧事期间,大办酒席、衣衾、棺木等,导致了更为严重的家族经济困境,"从此经济益窘,家境困难愈不能支矣"。老三鉴于家中的债务危机,决定改掉自己吸鸦片的恶习。但是,家中事务繁多,仍不得不东挪西借。1905年11月11日,"在津再为文淇受室,乃纳内兄田荣三之女,借陆宅东隔壁当铺西方办事"。1906年,"二嫂由陕归,在津索银两千两,向王宅息借"。①

家中的债务问题,还引发了兄弟之间的矛盾。1907年,老二全家从陕西回来,冯家兄弟因债务发生纠纷,以致"剧怪现象时复扮演,贻笑故乡亲友"。后来,"大哥病增剧","遂挽如弟黄仲簃向租商王益荪息借数百两"。老大死后,为发丧却"苦于无钱,经黄叔良贷借两千元始克举事,一遇事即须借债,旧债未了,新债台则日筑日高",经过此次变故,家中又欠下许多债务。不久,因为家中引地的事情,兄弟之间又发生了矛盾。经过亲友从中调和,三支决定析居不析产,老三让出了家中事务的管理权,风波暂时平息。1911年春,因为家族坟茔的迁移,冯家又背上了债务,"此一迁花费一千元之多,三人分任,息借出三分重利"。到了第二年,冯家三支分房、分家具、分进款,最后则分旧债。② 这样,一个大家族最终完成了分家析产。

1913年,因为债务问题,冯家家中损失了大量的钱财。1919年,在友人的说合之下,家族债务总算有了一个大致的了结。1920年,冯家开设了一家纺织厂,人数日见增多,最后增至三千人,当时工厂在善堂内有捐资,在金融机构中储存生息,为当时工厂提供一些路费开销。1922年,又陆续清理了一些旧债,"谦益堂旧欠吴梅阁钱归我名下分担者500吊,又文成板铺货欠90吊,经王燮虞说合共作银170元清完,将原字撤回"。然而,正当家族事务刚有起色的时候,老二在天津因病去世,因此又发生了一次家族

---

① 《天津亦政堂冯氏家谱》,1923年,静电复印本,南开大学善本库藏。
② 《天津亦政堂冯氏家谱》,1923年,静电复印本,南开大学善本库藏。

的债务危机。老二的债务需要老三来归还,天津的债权人张介眉多次来家讨账,"来三次即发生跪门事,经刘君绥亭何月如和解,暂回保候信"。后来,债权人又假借势力强迫要钱,最后出现洋1111.24元,下余3000元。不料债主张介眉走了没几天,"他女人同一某姓女人又来了。仍假借时旅长,其势汹汹,要推翻原案,幸烦朱振北转时桂生向旅长说明原由",两个女人才偃旗息鼓地走了。①

从天津冯氏家族的兴衰史中,可见传统家族事务无处不与借贷相关,即使分家析产,兄弟也难逃债务责任。家族借贷的利息往往因为借贷对象的不同而不同。借贷者除有关系的个人外,还有商业上有交往的堂号。到了民国时期,家族内部的债务也是分别偿还,兄死弟还。冯家因为有一定家族传统积淀,而且子孙较有出息,人脉资源较为丰富,弟兄之间也相互忍让,总算度过了一个个的债务危机。但是,家族最后仍在债务危机中分崩离析。

第二节　近代社会变迁中的家族与借贷

天津家族的特点,除客籍居多外,还有以大家庭为多的特点,一般人以若干世同堂为荣耀,但贫家多为小家庭。普通大家庭有族长,有宗祠,其族人皆按序命名。此外又有家族会议,经一定时期召开一次。不过多数家族积久生懈,因为人们的性情不同,时间长了也容易离析分崩,不相谋面,除在长辈丧葬时来往外,有的甚至终生不相见。②

依靠向富家子弟借贷而谋财在古代是常常发生的。元代就有规定,尊长在日,卑幼不得私借钱债及典卖田宅人口,财主亦不得与富家通融,借与钱债。③ 可见这在当时是比较普遍的现象。

过去天津的许多大家族对随意借贷防范很严,"不许经理人及族人私借公存。如有公费,收存人须如数交付,不许以借出等语支吾误事"④。家长对家族中财务的控制很紧,一般一个人说了算,对私自借贷常常声明否

---

① 《天津亦政堂冯氏家谱》,1923年,静电复印本,南开大学善本库藏。
② 《天津之风俗调查》,《河北月刊》1933年第3期。
③ 〔日〕滋贺秀三著,张建国、李力译:《中国家族法原理》,北京:法律出版社,2003年,第139页。
④ 《天津于氏族谱》,民国七年红格抄本。

认,如"本宅出入账目皆系鄙人经手,倘有本家人等在外赊借等事务,须知会本人认可者方为有效,否则概不承认"①。足见子弟私自借贷是被家族所严防的。

近代以来,天津的社会风气发生了变迁,许多大家族对不肖子弟的借贷更加提防,并利用各种手段提防家中成员因私自在外借贷而导致家族的损失。

1908年,三品衔候补选员外郎黄昭章向天津商会请求,因"族繁人众,稽察难周,唯恐被人勾串私自借贷,恳恩备案以防后患",一方面"家中子弟繁多,贤否难齐,唯恐被人引诱在外招摇",另一方面"家中振德店建德堂之名私自借贷难以稽察",所以他表示"如有借给银钱者不当面知家长亲笔字据,不与振德店建德堂相干,将来振德堂不能认还。又或被人勾串私借银钱自作生意,无论赔赚亦均不与振德店建德堂相干"。此前他与一些乡绅已经将此事"禀准府尊县尊勒碑垂示,凡借给人家卑幼银钱,不知照家长者概不准理在案,并将以上各节曾于去冬登列商报即日日新闻报,俾众周知"。此外,还"已禀准关道宪审判庭备案在查",希望商会施行此案。② 黄家是天津著名的大族之一,有着丰厚的家资,子侄繁多引发了对他们在外借贷的担忧,为防止对家族不利,黄昭章才在商会备案,以防不测。同时,他也是代表当时许多绅士一起备案的,可见黄家的担忧具有一定的代表性,也足见当时家族子弟在外借贷问题是一个较为普遍而严重的问题。黄家的说帖得到了商会中人的支持:"推情切实,批准为盼,事关风化,想两公必乐赞成也。"③

另一个天津大家族卞家也随之向商会发出了类似的请求。1909年2月14日,卞氏家族的主要成员花翎二品封职候选光禄寺署正卞煜光、信义堂花翎四品衔教习候选知县卞宝廉、花翎员外郎衔中书科中书卞世清三人联名到商会上说帖,他们指出近来"天津为水路通衢,五方错处,风俗日就繁华",在这种社会情况之下,出现了"一种匪人,专联络富家子弟,寻花问柳,响导攸资,囊橐偶有空虚,伊必设法代为挪借,从中渔利,其害犹小。由一而再,重利盘剥,势将无所底止,此借贷银钱之不可防者也。又或乘人之危,投其所好,与人搭伙私立字号,以为稍获盈余,可以供其挥霍,贪利忘

---

① 《董书勋启事》,天津《益世报》1921年2月16日,第3张第10版。
② 《黄振德店防子弟被人勾串借贷备案》,天津商务总会,1912年,天津市档案馆,档号:J0128-3-002928。
③ 李家桢:《为送黄昭章说帖致叶兰舫等人函(附说帖)》,1913年1月9日,天津市档案馆,档号:J0128-3-002928-002。

害,甚至有因此亏累巨万者"的情况。尤其像卞家这样的大家族,"子侄众多,虽素昔家规严肃,然当此习俗奢靡之时,诚恐有意料所不到、权利所难防者,谨为贵会陈之。查津邑向有私作生意之人,不可不防也"。为严防子弟被人诱惑,卞家三人也恳请商会"先行立案,拟自奉批示后,职家无论何人,所有在外借贷银钱,无职等亲笔花押字据者,一概不能认还;如有被人勾串私作生意,亦未与职等商议者,不但与信义堂名下不相干,仍将本人及勾串之人指名送案究办,以挽浇风而杜后患"。① 这个说帖与黄家的一样,要求立案以防子弟借贷,同时可见它们之所以立案,不仅仅是因为自家子弟的问题,也是因为当时社会风习的变迁对家族财产的冲击问题。

1910年,天津大族敖钺因为子弟已经出事,才不得不到商会立案:"津郡夸诈成风,往往有不法之徒,勾引轻年子弟冶游,希图贷借银钱,从中渔利。受其害者指不胜屈。"敖家的"次子士林,年仅22岁,前在钱业学徒,忽于4月27日自辞铺事,不知去向",敖家连日访问,"闻有匪徒勾引沉溺娼家。职商至今并未访友下落,特恐日久借贷诓骗等事势所难免",所以请求"会议定如匪徒有瞒昧家长私自借贷等事,定有发落专条"。②

借给儿子钱、等到父亲死后要账的弊风在天津也同样存在。富家子弟因有父母执掌家务,往往在外私借钱债用以挥霍,订明俟其父去世,戴上孝帽时节,本利清偿,以戴孝帽时为偿债期,故俗称"孝帽债"。③ 天津著名的混混之一张春荣就是以这种高利贷起家的。他的祖父有小楼一幢,变卖了大洋1400元,因此人称"一千四",就用这笔售房款和他的祖母陪嫁的金镯子折合现款后,以放高利贷为生。传到张八这一代,变本加厉。这种高利贷"每月利息高达18%,在半年内就可本利相平。如果借了这种类型的高利贷,到期还不了则滚利盘剥,结果利息超过本金,即俗说子比母大,逼得债务人走投无路,就是卖儿卖女也还不清这笔阎王债"。④

从以上这些实例可见,当时民间借贷会导致家族内部的分裂和财产上的纠纷,引起了大家族的极大担忧。从中国的传统来看,个人没有独立的财产权,产权往往和家族联系在一起。这些具有官宦、商人背景的人家产巨大,有堂号,易被民间子弟诱惑而欠债,从而对家族的财产和安全造成

---

① 《天津商会档案汇编(1903—1911)》(上),天津:天津人民出版社,1989年,第897~898页。
② 《敖钺因次子陷溺娼窑恐匪结设局有私行借贷情事禀代请备案》,天津商务总会,1910年,天津市档案馆,档号:J0128-3-001870。
③ 〔日〕滋贺秀三著,张建国、李力译:《中国家族法原理》,北京:法律出版社,2003年,第140页。
④ 郭幼丹:《南市地头蛇张八的罪恶史》,中国人民政治协商会议天津和平区委员会文史资料委员会编:《天津和平文史资料选集》第4辑,天津:天津人民出版社,1993年,第69页。

威胁。

一些家族或家庭,也多有从防止子弟借贷对家族或家庭财政造成威胁出发,事先以其他形式如登报、官府备案、法律机构备案等形式来进行预防的情况,有的是针对家产,有的是针对家族所办的企业。再举例如下,足见当时家族债务问题具有一定的广泛性:

> 子侄辈等繁多,恐有指名赊借种种情弊,倘有以上事实,鄙人概不承认。特此声明。①

以上这些,大多是因为子侄不务正业、任意挥霍、结交匪人、不守家规、吃喝嫖赌等等。此外,还有其他一些因素促使家中防止其任意借贷的,如子弟精神错乱或思想行为诡异等。张家有一个精神病患者,"家严印文瑞,字少青,因久病以致神经错乱,举止失常。近由家中暗行拿出钱财,并赊欠布匹已在二百元以上,不知落于何处"②,所以家里人表示,如果此人在外借贷,家中不负责。

还有因为受到新潮思想影响而与家族不合所产生的防止借贷的声明,系用来有效管理、约束子弟的:"余子刘敬上年因学堂罢课,归家不服教训,私往天津,迄今未回。诚恐诸亲友关爱收留,资以用度,养成娇堕之习,致遗终身之忧,爱之适足害之,鄙人殊所不取。为此声明:倘有借贷情事,鄙人概不承认,俾得促其反省,早日归来是幸。"③

对于死不悔改的子弟,有的家庭则是发展到了与之恩断义绝的地步,将其完全驱逐出家门,且以登报防止其借贷以防后患,如:"兹因次子义兴不受家中约束,经鄙人屡戒不改,恐后在外招惹意外情事,累及鄙人,乃约同亲友会商完全脱离父子关系,自登报日起,如有兴义先后假藉鄙人名义借贷银钱既招惹是非等事,鄙人概不承认。"④

还有防止养子借贷的情况,一些人因为养子在外面指名借贷,给家里带来了很大麻烦。如郭恩奎先妹夫赵智庵,早年在保定育婴堂抱养张考之子五成为义子,命名赵埠。赵智庵去世后,郭恩奎的妹子不得已诉诸法庭请求解除养子关系,并在 1923 年 12 月 12 日经天津高等法院等审判庭判决令解除养子关系,"在天津警察厅成讼赵埠种种不法各在案,此亲友所共

---

① 《罗承汉启事》,天津《益世报》1919 年 8 月 12 日,第 2 张第 7 版。
② 《紧要声明》,天津《益世报》1925 年 11 月 26 日,第 3 张第 10 版。
③ 《刘镜清启事》:天津《益世报》1920 年 3 月 19 日,第 2 张第 6 版。
④ 《王振清启事》,天津《大公报》1935 年 2 月 21 日,第 2 张第 6 版。

知也"。"不料去年阴历年底,赵埠困苦已极,托人央求郭恩奎妹子借贷1400元,并答应与赵氏永远断绝关系。但近来她又听说赵埠有在外借贷行为,但有无指赵氏产业作抵情形尚不可知",所以郭恩奎在报上刊登声明,表示"如有其事与赵氏无干"。①

家丑不可外扬。但是,面对不肖子孙借贷这个无底洞,登报声明也是没有办法的无奈之举。产权不清晰,产生了在熟人社会中指名借贷的问题。这些情况表明,明晰家族与个人的资产是社会发展的需求。同时,这些声明也是家族教育规范子弟行为的一种手段,通过限制其经济能力以达到约束的目的。

一些家族分家后族产为各门共有,一般要防止借贷等情事,以免争执。借贷要一门内或者几门全部同意才行,通过这种办法来维持家族财产的安全和共同的利益。"敝族有祖造房屋三所,计坐落肉市口西梅家胡同两所,该契纸存于敝族二门,又北门东牛家胡同一所,该契纸存于敝族三门。该房因系祖产,同人等不得私自抵押典卖,除已呈准县公署备案外,恐未周知,特此声明。姜氏阖族同启。"②另一个娄姓家族瑞竺堂"原系三大支,人口众多,住宅东马路同居一处,其中诸多纠葛不清之事。凡族人有在外指房借贷契纸作押等事,若无三大支人公同认可,万勿办理。倘有人受其蒙混,祸患非轻,莫谓言之不预也"③。

家族内部因家产产生的矛盾也常常与借贷相关。天津八大家之一的石家,其财产纠纷涉及了债务的纠纷,家族内部信任关系面临崩溃:"敝祖天锡堂长房庶子石文光即耀华,日近匪人嫖赌浪费,往往在外借债卖产等事,现经全体办理一切,倘以天锡堂石文光、石耀华名义借债卖产,不经全体当面认可者一律无效,特此声明。万兴公石氏长门尉文、佩文、凤文等仝启。"④石文光则对此予以驳斥:"近有族人尉文等登报声明,倘鄙人在外借债等事,非由全体当面认可不生效力一节,查天锡堂系鄙人之堂号,所有天锡堂名下之财产鄙人有完全主权,不与族人相干,特此声明。"⑤

家族中遇有意外事件,对先前的借贷要进行谨慎的处理。郭子贞的"先兄巨卿公于丙寅年九月二十一日逝世",因为"其生前经营商业,尝有为人担保之事",现在郭子贞"主家政,对于上述担保诸多不知",因此,登

---

① 《郭恩奎紧要启事》,天津《益世报》1922年10月15日,第2张第7版。
② 《姜庭箴启事》,天津《益世报》1923年6月3日,第4张第13版。
③ 《广告》,天津《益世报》1916年11月6日,第7版。
④ 《紧要声明》,天津《益世报》1917年3月30日,第3张第11版。
⑤ 《紧要声明》,天津《益世报》1917年3月30日,第3张第11版。

报声明:"举凡执有先兄担保之各商号及被保诸亲友,务希于阴历十一月二日起两星期内亲持担保证书,驾临舍下,经过子贞审查,始继发生效力,倘逾期未经过子贞审查与盖章者,凡先兄在外一切之担保证书即行废止。"①

有的家族家产已经借贷出去,因为家里的族长去世,为防止纠纷,也不得不声明防止子弟随意借贷。王志清有在海下郑庄子的祖遗住房16间,并相连园地7亩1分,曾于1922年旧历闰五月间将该房地红契抵押给蒋儒卿借款。在王志清死后,所借款尚未清理,他的堂侄王学曾要将该房地觅主私自出售。蒋儒卿登报声明:"此后该房地无论售予何人之手,概作无效。"②

分家析产,首先也需要清理借贷关系,明确借贷主体。依照中国的习俗,分家时债也是均分的。③ 如马玉清在1916年11月决定将三个儿子"寿禄、寿恩、寿荣等析居。所有家产一切分明,立有分单,各执一纸,长子寿禄自愿将玉成合子本提出,该号生意不与伊相干"。之后,他表示"嗣后三子等倘有在外赊欠等各自清理,与鄙人无干。其析居以前所有欠外欠内亦皆清理明白"。④ 1925年4月,李兰波、李兰舫二人登报声明,表示虽然"我兄弟营业分析,有确实凭证",但"天齐庙住房,虽系我等与捷臣、殿臣兄弟共有",可是家族以前共欠"外洋30724元4角,具有捷臣签字之借字为凭",为了清还债务,将天齐庙的房子作价20000元外,弟兄4人还欠10000多元,所以"不特捷臣无分款之权,尚有另外偿债之义务",而捷臣却索要分家款,"出乎反乎,不践前言",故声明指出:"既捷臣承认住房价20000元均分卖产款项出乎卖契约,又何得谓为非法。如果捷臣认为尚有分配卖价权利,自可直接向我等交涉,亦绝无凭空登报索涉买主张姓之理,恐捷臣虚构事实,混淆视听。"⑤ 从这个案例中可见,家族先前的债务需要共同偿还,但因为有人不愿承担这个欠款,导致了这场纠纷,这说明传统的偿还伦理受到了挑战。

抵押的房屋原为家族财产,家族析产后,债务为家族成员共同负担。如张子腾状告赵炳文案。被告之父赵汉卿,在1931年4月1日以家长资格,用崇德堂赵汉卿名义向原告借去银洋25000元,并以其所有的坐落在东兴大街房地两段设定抵押权,到1934年6月1日结算本利。另立借约

---

① 《郭子贞启事》,天津《益世报》1926年12月14日,第3张第10版。
② 《紧要声明》,天津《益世报》1924年1月9日,第2张第7版。
③ 〔日〕滋贺秀三著,张建国、李力译:《中国家族法原理》,北京:法律出版社,2003年,第133页。
④ 《声明广告》,天津《益世报》1916年11月3日,第2版。
⑤ 《李兰波、李兰舫启事》,天津《益世报》1925年4月26日,第3张第10版。

载明借用银元 15000 元,月息 9 厘,由原告就借主房产收租抵息,如有不足,归借主找补。前次借约结欠之利息 8174.16 元,于还清本洋后亦由借主陆续清还。后来被告的父亲病故,被告继充家长管理家务,仍按月以原收房租作为利息,但对于原本及欠息未能依约清偿。原告屡次催讨,被告无清还诚意,为此到法院起诉。对此,天津地方法院于 1940 年 5 月 13 日判决:被告偿还原告国币 24831.66 元。法院认为还款是应该的,被告陈述承认借贷抵押,但是欠款过巨,而作押的房产为赵育文、赵会文、赵聚文等十余人所共有,被告一人不能负担,应该把家族全体作为被告才正当,所以抵押权的上诉不能只列赵炳文,还应该列上其他的几个继承人。①

家族中亲属关系复杂,导致借贷纠纷时常发生。下面是一起继子借分家之名典卖家产的纠纷。穆继文是天津忠厚堂的继子,在 1917 年以析产为名将忠厚堂穆马氏祖上遗留下的还没有分割的房产契纸诓出,很久不交回。在穆继文去世后,穆马氏才知道穆继文的儿子文敬私自将本门分忠厚堂契纸改为敬业堂,而穆文敬的妻子"穆廉氏行为尤为恶劣",除交回刘安庄地契九张外,"现仍把持坐落小甸村地契六张,刘安庄地契三张,天齐庙地契八张",于是穆马氏到法庭起诉,并登报表示"深恐穆廉氏乘间有盗典盗卖以契纸抵押借款等事,氏概不承认,倘经查出,定行禀官究办"。②

父债子还是天经地义的,父亲死后,其债务往往需要儿子来确认后偿还。如下面这则启事:"敝人等先父不幸于夏历十一月十八日病逝,所有先父在日欠外债务倘未经敝人等当面对明,应声担负者概不负责偿还,恐未周知,特此登报声明,并希诸亲友谅查。"③

家族内部堂兄弟的债务一般归由财产的继承人负责处理。天津西大稍直口黄振镛兄弟四人,"不幸本生父天然公暨胞兄郁文先后相继逝世",黄振镛因"胞弟焕文、胞侄家珍等均属幼孤",临时代理家务,表示等他们长大后继承了家业,"其经手一切未结债务当然由弟侄等完全负责,与振镛个人毫无关系"。④

一门中同胞弟兄之间也是以财产继承来规定债务的。财产的继承者具有还贷的义务,如下面这则启事:"可见当时家族内部也不是绝对均分的。先严遗产现在大家兄及二家兄手内。先严与先伯共拉欠之遗债,鄙人

---

① 《赵炳文,张子腾债款》,1940 年,天津市档案馆,档号:J0044—2—51726。
② 《紧要声明》,天津《益世报》1919 年 5 月 2 日,第 2 张第 7 版。
③ 《柴麟紧要启事》,天津《益世报》1937 年 1 月 19 日,第 2 张第 5 版。
④ 《黄晓楼紧要启事》,天津《益世报》1920 年 8 月 5 日,第 1 张第 2 版。

当然不负责任。兹自登报日起,所有债主祈向大家兄及二家兄讨要可也。"①

传统家庭中的妾对夫家的家产没有任何形式上的主体者的权利,夫死后,其以终身在家被抚养的身份作为一种重要人物有某种程度的发言权。② 嫡出与庶出之间在财产分配、继承等问题上常常发生纠纷。这是一个关于庶出取得财产后嫡出要求庶出负责偿还债务的声明,也体现了谁继承谁负责还债的伦理原则:"窃先父讳穆生,字清溪,前任吉林医院院长,娶有庶妻姚氏,生弟妹六人。自民国十八年八月间,先父失养,生前所有积蓄以及置办财产悉入于庶妻等掌握之中。振东等以自食其力旅外有年,故于先父人欠欠人等情无从得悉。惟是财力积蓄既为庶妻等所有,人欠之款固由庶妻等索取,振东亦不予过问,倘或有欠人之款,当然亦由庶妻等负责归还,与振东两不相涉。"③

因负债而卖儿卖女的现象在封建社会也是有的。把子女视为自己的财产并用来还债是传统观念,这一观念导致了许多民间悲剧的发生。如衡水县人乔金发,在天津经营麻绳铺,20 岁时娶同乡胡振山的姐姐胡氏为妻,生有二女,长女大凤,年 9 岁,次女大龙,年 6 岁,家庭和乐融融。不料年关时,乔金发外债累累,打算将长女大凤卖出还债,事情被胡氏得知,急将弟弟找来,严词质问乔,乔一时羞恼成怒,竟将妻子的鼻子打破,又咬伤了内弟的右手。④

家族的债务纠纷还会随着市场的变动而生波澜。天津八大家之一的杨家在分家中出现了债务纠纷,虽然已经解决,但是市场中房屋价格的变动导致纠纷又起,可见有些家族的亲情在金钱面前已经不值一文了。1939 年 3 月,杨家的李培英、李培荫将李培忠告上了法庭,要求确认被告对原告就 2 万元债权 1934 年 1 月 1 日以前之利息部分无请求权。事情缘于被告与原告等之前继承家产涉讼,根本的原因则在于"忽见市面房产涨价,具状请求执行查封原告房产,特意拣卖原告等所余各住宅之出路",故而"不顾母家情谊"提起诉讼。⑤

因为家族产权不清晰,固定资产抵押的主体不明确,在近代天津时常

---

① 《启事》,天津《益世报》1920 年 10 月 4 日,第 3 张第 10 版。
② 〔日〕滋贺秀三著,张建国、李力译:《中国家族法原理》,北京:法律出版社,2003 年,第 458 页。
③ 《钟振东钟振西谨启》,天津《益世报》1922 年 2 月 24 日,第 4 张第 14 版。
④ 《卖女还债》,天津《益世报》1936 年 1 月 13 日,第 2 张第 5 版。
⑤ 《李培英李培荫李培忠确认利息无请求权》,天津地方法院及检察处,1939 年,天津市档案馆,档号:J0044－2－045796。

出现一些纠纷。如1939年常增盛上诉天津地方法院状告刘淑兰,要求确认自己在一处查封不动产上有抵押权,如经执行拍卖,并证明有优先受偿权。事情的起因是常增盛的胞兄常凤山(已于1936年1月6日因病身故)于1934年10月7日经王家礼等介绍,借给任永和通用国币250元,言明以坐落于河北关上大寺派出所小渡口胡同二号砖灰土草房3间、地8厘2毫4忽作抵押,钱无利息,房无租价,并有1934年10月7日借字及同年12月声请抵押设定登记证明书为证。不料1937年6月因刘淑兰与任永和赔偿案曾将他们设定抵押登记之不动产执行查封,并经两次拍卖。常增盛多次与刘淑兰陈明对该不动产有抵押权,但刘淑兰始终不承认,于是双方在法院调解不成的情况下,上诉到法院。最后法院驳回了常增盛的请求。理由是常凤山经手借用常增盛及常增盛已故次兄常亚福、三兄常亚石、生母常李氏等共同共有之款国币250元,迄今尚未偿还,是否属实,没有证据。任永和等所借的钱为原告之母兄等所共有,则因借用该款所设定之抵押权即系原告及原告之母兄等共同共有之权利。原告提起诉讼请求确认抵押权,即系以公同共有之权利为诉讼标的进行起诉,需要将所有者全部作为被告。① 在这个纠纷中,双方曾经进行过抵押登记,但抵押物经过了重复的抵押,导致了复杂的纠纷出现,形成了三角债务关系。因为抵押物的产权属于家族,所以常增盛的控告没有得到法院的支持。

近代,外乡族人之间的信任和伦理在这个陌生的城市中面临崩溃。姜世标(40岁,山东人)到天津找人要债,在旅馆存洋1元4角作为房金,不久自杀。在他身上发现了三封遗书,一封寄给姜世范,一封寄给姜常财,一封寄给姜常泰,信中说姜常泰和姜世范合谋赖债。警察将这三个人按地址传到局里。姜常财(46岁,山东人)以拉车为生,称姜世标是族人,三年前来津经商,回老家后没有了音信。姜常泰,52岁,在河北邵家园子造胰厂充当同人。姜世范,34岁,在关下募安寺充当同人,称与姜世标是族兄,但是坚决不承认有借贷和赖债的事情。②

---

① 《常增盛刘淑兰确认抵押权》,天津地方法院及检察处,1940年,天津市档案馆,档号:J0044-2-047501。
② 《东马路太平旅馆一旅客服毒,族人赖债,生活无路,遗书陈述自杀经过》,天津《益世报》1937年6月26日,第2张第5版。

第三节　近代天津商业家族与民间借贷

近代天津作为一个商业大都市,许多商业企业为家族所经营。商业家族的借贷,往往是整个家族的大事,因此需要家族的主要成员即各支的长门都要同意。下面是一个家族合族盐引地的绝卖契,可见当时合族出卖祖产的仪式、信用形式和借贷关系等需要家族成员共同确认。

因业商族繁,立此顺引契,系六大门为首者出名,其余不能备载,惟此引地为合族公产,若非大家商议妥协,均相情愿,难期平允,今将合族远近支派人等齐集当场,实均情愿,各无反悔,遂一列名书亚以昭慎重外,将合族书押公立字据一纸一并黏贴于此大契之后,详请钤印永远存照。

中友:杨和安押　刘星符押　李泽普押　娄子圉押

纲友:王竹林押　韩瑞峰押

旧商:胥文晟押

秉钧押　秉益押　秉箴押　绍惠押　绍泉押

光绪二十四年戊戌六月二十六日立。杜绝顺引契、胥培初押。

立付凭折洪福昌今存到玉兰堂名下大洋 10000 元,言明每月 9 厘,每月一付息,除另借券外立此付息凭折为据。中华民国九年庚申二月十五日。

上列付息凭折至乙丑年六月十五日为止,立付息凭折洪福昌今存到爱竹堂名下大洋 10000 元,言明每月 9 厘息洋,每二个月一付,除另立字借券外,立此付息凭折为据。中华民国庚申正月初一日。[①]

商业中的交易因为家族产权的关系也要顾及借贷会造成的麻烦,需要提前准备,防范风险。这是一个买卖前要求声明有无借贷事项的声明:"现有坐落天津城北白庙村西北洋大学对面茂林堂魏宅园地一段,计地 12 亩 5 分 3 厘 4 毫,经中介绍买于乐宅名下,业经成立草契,若有亲族四邻等及担保债务纠葛不清等事,自登报之日起,务于一星期内速向原业主交涉清楚

---

① 《放款客函来去函》,中国银行天津分行,1930 年,天津市档案馆:档号:J0161-1-000870。

以便成立正式契约,期内不声明者,新业主概不负其责任,恐未周知,特此声明。原业主茂林堂魏新业主大经路乐宅谨白。"①

许多商业家族都注意防范借贷方面的问题,规定由家族集体认可才能成立借贷关系。如天津八大家之一的黄家振德堂在分家析产后明确了借贷主体,并在官厅和媒体上备案,以防止家族财产受到非法借贷的威胁:"上年十二月间,黄氏阖族析分财产。凡对内关系即对外责任,业将一切情形呈明官厅并分登政府公报、直隶公报、益世报在案。现在振德店专理运务并不另管他业。所有银钱串换按照办事章程非经黄世奇、韩荫桂、黄李氏同子保祺、黄葆光、黄葆慈共同签字不发生效力。倘有人借用振德店名义借款批货,未经黄世奇等签字或以振德店同人名义应声作保,均由本人自理。黄世奇等概不承认。"②

商业家族内债务有分工。如一个斗店掌柜在1885年因亏欠债款数十万而忧愤去世。他有子三人。老大后来也去世了,妻子"接续清理以产抵债,家产净绝,尚欠债款十万有奇"。老二凤岐、老三凤翰,家产充裕。老大"有斗店帖牌一纸,尊先翁遗言不能以帖牌抵公共之债",是给大媳妇及其子做"生养死葬之用"的,"日后归氏子擎受,他人不得争竞"。于是欠下的债务如何处理便成了问题,除由大儿子经手偿还的外,尚欠洋五万元。最终大儿媳提出:"兄弟三门各有一子。氏子允孙二门有子慰如,三亡弟有子玉孙,现均成立做事谋生。今为公允,以免伊等推诿起见,先人所欠之债著令其兄弟三人平均担任。各由所得之薪按年分配偿还以慰先人于九泉。"除此之外,"兄弟三人己身再有新债,个人清理各人之债,不与公共相干。或各人若有私蓄,公共亦不得过问。咎有擎受之权,似此公允,亲族无不赞成。"她将此登报声明,并表示"特兄弟再有私意推诿或有争竞,均作无效"。③

商业账目与家族关系纠结不分,也常常导致商业上的失败。魏信臣、魏伯刚两代买办在天津一度很有势力,与日本正金银行关系紧密。魏信臣独资经营,会计人员竟将华账房的开支、家庭日用、亲朋借贷以及投资事业的盈亏,统统混在一起。魏信臣财大气粗,亲友常来告借,且他出手阔绰,喜欢别人阿谀,好大喜功,往往"一语之合,成千上万脱手付人而多缺乏手续"④。这对他们的商业经营产生了很坏的影响。

---

① 《紧要声明》,天津《益世报》1920年3月20日,第1张第3版。
② 《紧要声明》,天津《益世报》1921年11月21日,第1张第2版。
③ 《刘穆氏暨夫弟凤岐启事》,天津《益世报》1920年10月7日,第3张第11版。
④ 魏伯刚:《天津横滨正金银行与魏家两代买办》,中国人民政治协商会议天津市委员会文史资料研究委员会编:《天津文史资料选辑》第18辑,天津:天津人民出版社,1982年版,第176页。

商业家族中的借贷凭证遗失后需要登报声明。如这则关于借券遗失的声明"兹因振德南引岸总店于民国元年两次借本堂息银15000两,均有借券。一时遗失,已经通知该店,声明作废。"①

许多商业家族的堂号都是家族共同的资产,因此家族析产分家也有商业上的问题。这是一个商业方面的分家通告,示信于世人,告知借贷负担的关系以及各自分担的情况,以便布信:西大沽刘桂林曾"与胞兄弟桂芬、桂生、桂芳分局,业已分出三股。兹于阴历五月初九日与大胞兄桂华实行分居自立。桂华应分得现洋如数找清,鄙人应分得长盛号、长盛厚两号所有现粮货款等物,外欠均在内以及各产通盘合价统归桂林管业,号中借债仍归桂林负担,经亲友办理桂林找出现洋,已交胞兄桂华。自分之后,倘有桂华字月亭名义,无论前后华洋借债欠款,全应桂华担负,决不与长盛号、长盛厚刘桂林相干"②。

近代天津还有利用商业家族分家析产进行债务欺诈的现象。1926年10月,于国成登报声明祖先并没有留下遗产,他们兄弟二人在亲族的主持下"三面议妥,将生意财产分清楚,立有分析关书,各执一纸为证",但"今因有匪人煽惑,假借鄙人名义搅扰生意从中得利",所以他声明"拖欠借贷担保赊欠货物及与各号或何人交易往来,非有鄙人亲手签字盖章概不为正式凭证。如无签字盖章,均作无效"。③ 又如集胜公司陈文祥的声明:"现因敝族有不良分子在外屡作违法之事,无论远近亲友如有假本公司名义在外藉端招摇以及借贷或欠账发生事端或私造铺保水印等与本公司无涉,概不负责,特此谨白。"④

商业家族内部复杂的亲属关系导致商业家族的借贷纠纷也非常复杂,曾有用家族的股票进行抵押借贷遂导致财产纠纷的案例。1936年,邓宝山、邓阜琴、邓黻廷状告邓开澄、董右岑、邓嫩婉,请求确认被告董右岑、邓开澄就余发堂邓在公兴店之股权所为之抵押契约无效,并将被告邓开澄就公兴店坐落乡九区塘沽盐滩地所有权保存登记,及被告邓开澄与被告董右岑就上开盐滩地所为抵押权设定之登记均予注销。他们的理由是:公兴店盐滩为原告之先人邓永丰以余发堂邓名义,与锡思堂董、守勤堂刘等共同购置。1921年邓永丰病故,该项财产即归原告与被告邓开澄之父邓豁然共有,无论何人不得私自处分。不料被告邓开澄之父邓豁然生前因儿女众

---

① 《李树德堂因借券遗失登报声明》,天津《益世报》1921年8月22日,第3张11版。
② 《紧要声明》,天津《益世报》1918年6月23日,第2张第7版。
③ 《紧要声明》,天津《益世报》1926年10月1日,第2张第7版。
④ 《紧要声明》,天津《益世报》1930年2月25日,第3张第10版。

多，收入短少，竟擅将余发堂邓在公兴店之股权抵押给被告董右岑，得款60000元。其后邓豁然病故，被告邓开澄又与被告董右岑勾串，私向法院声请调解，并就上开公兴店盐滩将所有权保存登记及抵押权设定登记，防止侵吞共有财产。被告邓嫩婉为已故邓豁然的爱妾，其在公兴店拥有七分之一之股权。她虽称股权是以其与张象言伙置三星公司的盐滩兑换而来的，但是她本身并无财产，显然是邓豁然生前擅取余发堂共有财产为其购置。所以原告以共有财产受被告邓开澄、董右岑、邓嫩婉等不法侵害进行起诉。最后法院判决：被告邓开澄与被告董右岑于1936年6月24日就余发堂邓名义以公兴店股权订立抵押借款契约之调解应予撤销，原告其余之诉驳回。① 由这个案例可见，股票等流动资产也可以作为抵押。但是，因为股票往往涉及一些复杂的家族产权问题，所以抵押借贷风险也较大。

第四节　家庭中兄弟、夫妻以及亲属与民间借贷

所谓宗族，归根到底无非是将父子、夫妻、兄弟三种关系加以几重的组合而成。② 家族或家庭中兄弟之间、夫妻之间因民间借贷发生的关系，也是近代天津社会中家族借贷关系的重要方面。

有的兄弟之间有财产的继承关系，需要防止借贷以维护产权。如"胞弟公恕，字宽仲，于光绪年间在天津河北二马路南头东买地一段，盖有住房三所，名曰鸿顺里，并有临马路铺房。现因舍弟已于民国八年阴历七月间逝世，无论远近亲族人等，如有指舍弟遗产贷借或出售等事，非经鄙人眼同立据概属无效"③。又如"鄙人舍弟祖熊，字慎之，因不规则，恐在亲友处串换财务等事，鄙人概不负责"④。兄弟之间在分家析产后，也须登报声明以预防因借贷而妨害信用类事情的发生："鄙人掀开同益公报单行生理，与胞弟屈文清早已分居各灶。近闻胞弟在外行为颇不正当，倘有意外事件发生

---

① 《邓宝山董右岑确认抵押契约无效》，河北省高等法院天津分院及检察处，1941年，天津市档案馆，档号：J0043-2-021486。
② 〔日〕滋贺秀三著，张建国、李力译：《中国家族法原理》，北京：法律出版社，2003年，第31页。
③ 《抵押置买房产者注意》，天津《益世报》1920年3月13日，第2张第7版。
④ 《陈受之启事》，天津《益世报》1922年1月10日，第3张第11版。

均由屈文清本身负担,与鄙人无涉。"①

因还父债而导致子女之间发生纠纷的事情也是常有的。下面这个案例就是一个因为归还父债而导致的兄弟之间的暴力案件。1939年1月25日,何顺铭和他的三弟媳妇何魏氏与二弟何顺贤因为家务纠纷而斗殴。何顺铭、何魏氏称,何家弟兄的父亲从陈德富处借贷大洋2400元,但是父亲已经去世了,陈德富到何顺铭家来讨债,按道理何家弟兄应该共同偿还这笔欠债,何顺铭家准备变卖家产归还这笔账,并且向他的二弟何顺贤商议如何归还,不料何顺贤不但不允许还贷,而且用尖刀将何顺铭的手部刺伤。何顺贤称,因为他的四弟媳妇在前些日子生小孩,他向何顺铭要钱,何顺铭不但不给,反而对他进行控告。派出所的警察认为,何顺贤"殊属刁狡,案关伤害",于是将此案移送至区警察局。② 从这个案例中可见,父债子还且需要弟兄共同偿还的原则是每个人都承认的,只是因为何家老二品行不端才出现了这个纠纷案件。

一些兄弟因为家庭债务问题而引发纠纷和暴力事件。天津南门外小马路有王玉良、王玉珍兄弟二人,以开水铺为生。玉珍欠债很多,近来各债权人常来逼索,他无法应付并且被控告到了法院。法院查封两人之动产及不动产数处。王玉良颇为忧虑,但不知道弟弟的借款到底干什么用了,导致两家人产生了猜忌。一天,王玉良午饭时饮酒过多,对玉珍言语多涉挑衅,致玉珍离开。玉良见弟去,便对弟妇牛氏口出恶言,继而饱施老拳,家人虽竭力拉劝,王愈打愈气,致牛氏面部负伤。③ 王氏兄弟二人还没有分家,产权不清,遂引发了矛盾。

下面是一个大家族内部兄弟间的借贷案。曹锟的弟弟早已亡故,其夫人曹郑佩兰因族兄曹辅庭生前拖欠丈夫债款4000元,到法院控告曹辅庭之子曹星阁,请求偿还债款并将海下小梁庄稻田房屋及英租界住宅一并查封。曹星阁之子曹景唐对查封部分向地方法院民事执行处提起异议。尚未开庭,曹星阁因查封一事于名声不好,将法院查封札布告撕毁,结果以妨害公务罪被提起诉讼。④ 总之,兄弟间的借贷关系也是非常复杂的,涉及产权、家务以及弟兄间的亲情。

民国时期的法律对女子的权利也有所关照。如有个女士就其兄长借

---

① 《紧要启事》,天津《益世报》1919年5月31日,第2张第7版。
② 《李文元,李白氏虐待致于死及韩景浩案诬告,毁损债务纠葛等案》,日伪天津市警察局,1939年,天津市档案馆,档号:J0218-3-001056。
③ 《老弟欠外债拿弟妇出气》,天津《大公报》1929年4月27日,第3张第9版。
④ 《债务人房产被封,竟撕毁布告》,天津《益世报》1936年1月6日,第2张第5版。

贷导致的纠纷向律师咨询。因为父亲早年去世,她的母亲和哥哥主持家政。其兄被某商号聘为经理,外借洋2000,长支洋1000,自己挥霍了。外借洋因年景不景气而不能偿还,其兄将其父所遗之不动产抵债。她问:"3000元是否应当赔偿,父之遗产不经母女能否抵债?"律师答:"令尊死亡时之法律未赋予女子以继承权,所有遗产自应属令兄一人承受。但贤母女及为令尊生前继续抚养之人,均得就遗产而主张权利,不能由令兄任意处分也。"①

在近代的天津市,夫妻关系因为借贷也常常出现问题。这是一个破产的农村家庭来津谋生,债台高筑导致的一个惨案:刘广柱和妻子徐氏结婚10年,生一女,已8岁,乳名大生,因破产,谋生不易,于是变卖田园,来天津以拉洋车糊口。留津后,刘广柱竟颓废不堪,导致家中债台高筑。他的妻子良言苦劝,而刘始终置若罔闻,伉俪之间情感日恶。一天,刘要将仅有的洋车出售,以抵亏累,其妻劝阻。刘不听劝告,受到妻子的责备,于是对妻女起杀机,手持剪刀,猛向徐氏母女乱刺。②

还有一个以婚姻骗取财物的案件,较为离奇。商民门丕烈,每日以血汗钱维持生活。1923年,经人介绍娶炮台庄杜殿奎之女,开始夫妻间还算和睦,不久丈人常到家取物借贷银钱,时间长了,门丕烈对此非常不满。一次丈人又来借贷,但是门丕烈没有答应,结果丈人以借宿为名,趁门不在家,将衣物等取走,其中有银洋45元、铜元500枚及零星钱物,之后父女消失的无影无踪。③ 以婚姻为手段、以借贷为借口骗取财物,足见当时人们的价值观念发生了很大的变化。

还有一些因婚姻关系产生的借贷问题。如一个姓冯的冀县人,早年贫苦,来到天津谋生。冯借岳母黄李氏大洋100元来津经商,在估衣街开设德义号毡毯铺,生意兴隆,又在唐山开广货铺。妻子病故后,冯又续娶张氏。此后黄李氏家道中落,向冯索钱。冯回乡后不仅不还钱,而且打黄李氏。后来经人说合,冯答应给200元钱,负责为黄李氏送终,但是实际只给了50元,全家潜逃至天津。黄李氏随之而来。冯说每年给50元,后又不管。黄李氏将之上诉至法院。④

丈夫借贷,本需要妻子来还。1938年8月,日警察署向中方移交张文祥等债务纠葛诉讼案。据张文祥供称,穆王氏之夫穆惠臣于三年前向他借

---

① 《法律》,天津《益世报》1935年4月21日,第3张第9版。
② 《忠言逆耳,洋车夫刺杀妻女》,天津《大公报》1935年3月2日,第2张第6版。
③ 《贼丈人》,天津《大公报》1929年9月18日,第3张第9版。
④ 《举债经商,得志负义》,天津《益世报》1935年12月17日,第2张第5版。

洋8元,他今来索要,穆王氏概不承认。穆王氏则声称她的丈夫实在不欠张文祥的钱,今因张文祥向她借洋1角未遂,便将她的左腿用开水烫伤。①

还有用妻女作为抵押以偿债的。饶阳人陆书恒,家眷住在天津西头鱼店街福兴店内,用房2间,已过两个多月,积欠房费洋40余元。陆留其妻母于店内,数日不回。福兴店经理梁凤岐、饭铺经理佟德福连日寻找不着陆,一天在西关大街巧遇陆,于是将他扭送岗警。②

在近代天津,亲属之间因为借贷导致的暴力和欺诈现象时有发生。天津南关下头杨家花园西,住有徐少云,48岁,家道小康。有族侄徐天民,年26岁,时常来他家,并不时向他借贷。旧历年前,徐天民因借贷未遂,乘其叔不备,将屋中所有座钟窃走,竟匿不露面。徐少云发觉后,乃各处寻找并告知家人以后拒绝徐天民登门。徐天民羞恼成怒,外出鸣警,反控其叔欠他大洋150元。③

这是一个有趣的亲属之间骗贷的事件。天津市西南角故物大街宝成麻袋庄经理宋宝成在1935年1月22日上午接到恐吓信:"因军警两界,很为注意,打算回家,没有路费,想与先生借洋300元以当路费。在津住十余年,很知先生底细。想到家里去借,怕家里没钱,柜上去借,怕先生受惊。自带钞票300元,在城内福临里南口。"还说如果不照办,过25日有他的好看,并附绝句一首:"沉到海底又出头,张辽将军把弓丢。二十五日戌时到,这已二分前后游。"二分局李局长看出诗中隐藏"沈长茂记"四字,但宋否认认识沈。后得知沈是宋宝成母舅沈万有之子,品行不端,上月娶妻,宋助50元。但宋素来看不惯沈,之前在米面铺遇到沈,对他视而不见。当时沈有言:"不理我,年前给你一个好看。"抓住沈后,比对字迹相同。沈22岁,求宋借贷40元,宋不肯,一再恳请之下,只答应借20元,沈因凑5元还账,又向他借3角,宋不给反骂,于是才出了这个事。④

这是一个因借贷不遂而导致的讹财案件,也是一个亲属间的借贷纠纷。天津北仓住民王四点,素无正业,游手好闲。因生活无着,不时找其叔王庆(年76岁)请求救济。一天,王四点又找其叔借款30元,被拒,一时情急,抄起菜刀,自残头部,到警局指控其叔及族兄王树廷二人将自己打伤。津县第二分局立即派警将三人带案送往津县。经询明,王四点确实是在

---

① 《张刘氏等婚姻家庭债务纠葛案》,日伪天津市警察局,1938年8月,天津市档案馆,档号:J0218-3-000467。
② 《拿妻女作抵》,天津《大公报》1928年11月20日,第7版。
③ 《叔拒侄登门,侄控叔欠债》,天津《益世报》1935年2月14日,第2张第5版。
④ 《一时气愤,亲姑表弟致函恐吓表兄》,天津《大公报》1935年1月31日,第2张第6版。

讹财。①

　　亲属间也有因为借贷发生的暴力事件,导致亲属关系的崩溃。静海县人张玉山在数年前开设张记洋车厂,每日所得租费尚能糊口。族弟张玉清常向张玉山借贷。张玉山念同族关系,不时周济。一次,张玉清因需款特向张玉山借钱,正逢张玉山手头没钱而不能借贷,张玉清恼怒万分,在厨房抄起新磨菜刀,猛向张玉山头部砍去。张玉山情急之下以右手相搪,右手自食指起,中指、无名指、小指均被剁落。张玉山痛急滚地晕绝,所幸三局五所警士高广奎赶到,将张玉清抓获。②

　　这是因为借贷导致亲属间极端行为的又一个案例。天津市侯家后仁记织袜厂厂长李菊人,因时有贫穷亲友向他借贷不遂,衔恨甚深。一天晨夜三更许,公安局三分局一所警长巡查至该厂外,见有柴禾一堆,汽油一筒,纸张少许,火柴一盒,显然是有人意图放火,见警察巡至,畏罪逃逸,当即报告分局一体查缉放火之人。③

　　还有虐待借贷者的情况发生。1939年7月21日,小关大街派出所柏元送交孙玉华等指控孙宋氏虐待嫌疑一案。孙玉华之父孙毓堂,在两月前赴外充工人,迄今未返。孙宋氏是继母,平日对她们姊妹时加打骂,每日夜深令其妹替她瘙痒,稍有不如意,即鞭笞交加。上月间,宋氏走访亲戚,抛开她们在家。她们因生活所迫到南市继母的侄女、表姊高宋氏处借得大洋2元过活。当继母返家时,她们即将前情告知。今表姊来家要钱,继母将孙玉华唤出,打她嘴巴,宋氏在旁辱骂,妹妹跑出鸣警。孙宋氏称,孙玉华趁她在亲戚家时偷东西当卖,又向氏侄女借钱。④

　　亲属关系无疑是中国社会最为重要的社会关系之一,但是在这些借贷案例中,亲属关系在金钱面前濒临崩溃,人们之间的信任关系也面临着危机。

小　结

　　共同维持家计的生活共同体称为家。⑤ 可见,家的本质就是以家产为

---

① 《借贷不遂,自残头部,王四点等归官》,天津《益世报》1936年1月13日第2张第5版。
② 《族弟借贷不遂,砍落族兄四手指》,天津《益世报》1936年2月4日,第2张第5版。
③ 《意图纵火被警查获》,天津《益世报》1937年1月8日,第2张第5版。
④ 《王大伦等婚姻债务纠葛等案》,日伪天津市警察局,1939年,天津市档案馆,档号:J0218-3-001047。
⑤ 〔日〕滋贺秀三著,张建国、李力译:《中国家族法原理》,北京:法律出版社,2003年,第42页。

中心的共同体。在近代中国,随着西风东渐以及社会经济的变迁,人们的生活方式和观念也发生了变化。正如有的学者所说:"近代工商业的出现,外国商品的输入,外来生活方式的诱导,刺激了人们对新生活的欲望,改变了民众的消费心理,重义轻利的价值观和知足常乐的生存意识已开始向谋取利益、追求享乐方面转化。作为发财致富的商业贸易这一重要手段已为民众接受。"①近代以来,中国传统家长制的削弱,助长了个人主义的形成。人们打破了传统的封闭的日常交往界限,基于天然情感和血缘关系的日常交往变为纯粹的私人活动,社会交往的自由与空间越来越大,理性、自由、平等、开放、功利的人际关系逐步确立。

  韦伯认为,中国的城市依然建立在血缘和乡村的依附关系之上,没有发展出官僚以外的体系。在他看来,宗族在中国社会生活中占有绝对的重要性,构造了中国传统文化的基础。即使在城市中,宗族在人们的生活中也占有绝对重要的地位:"从社会角度来说,对于宗族成员,包括在异乡,特别是城里生活的人的存在来说,宗族就是一切。正因为如此,城市对于它的多数居民来说,从来不是故乡,而是典型的异乡。"②"几乎一切超出个体经济范围的有组织的经济实体,都建立在现实的或模仿的宗族化的基础上。"③"宗族……它所起的作用不仅是凌驾于法律之上的,而且——甚至在礼仪问题上——也是反法律的。宗族对外团结一致。如上所述,除了刑法以外,并不存在互助责任,但是,宗族总是尽量解决族人债务。……往往很多的消费性的借贷急需基本上也是在宗族内部解决的,济危扶困是富裕族人义不容辞的。当然,一个非本族人如果叩了许多头,也得借钱给他。因为这个绝望的人如果自杀,他的亡灵就会来报仇,谁也不愿意担这种风险。好像没有谁痛痛快快地主动还过账,起码在他知道自己有一个强大的宗族作后盾时是不愿还账的。不过,最初只在宗族内部有过明确的济贫义务和信贷援助。"④20世纪80年代,罗威廉等人从市民社会与公共领域的视角出发,通过对汉口的研究提出:中国已经出现了市民社会的征兆和超越了血缘与地缘之外的自治认同意识。此外,施坚雅等人认为,中国城市有一定的规模和复杂性,有一定的发展模式,还有极强的市场功能。⑤ 这些看法无疑对韦伯的观点提出了挑战。近代天津成为北方举足轻重的国

---

  ① 张仁善:《礼·法·社会——清代法律转型与社会变迁》,天津:天津古籍出版社,2002年,第332页。
  ② 〔德〕马克斯·韦伯著,王容芬译:《儒教与道教》,北京:商务印书馆,1995年,第144页。
  ③ 〔德〕马克斯·韦伯著,王容芬译:《儒教与道教》,北京:商务印书馆,1995年,第150页。
  ④ 〔德〕马克斯·韦伯著,王容芬译:《儒教与道教》,北京:商务印书馆,1995年,第143页。
  ⑤ 林姿呈:《英美近代天津城市研究综述》,《史林》2012年第1期,第174页。

内外交流的中心市场,近代市场的扩大和发展对传统家族产生了重要影响。

天津近代之前的家族情况,大概与韦伯的理论还是比较符合的。人们借贷主要依赖首属关系。但是,自近代以来,天津家族的借贷纠纷多了起来,传统的借贷偿还伦理遭到了挑战,家族为控制借贷对家族的破坏性的影响,开始利用各种手段加强家族对成员借贷的控制。在商业家族中,借贷也非常重要,家族在民间借贷中还可充任保证者的角色,可见家族在商业发展中依然有重要的作用。但是,民间借贷对商业家族也有一定的解构作用。近代天津民间企业多数是中小企业,可能与此有一定的相关性。[1] 可见,家族对商业和现代化虽然有适应的一面,可是最终它们是矛盾的。[2]

天津城市在近代发生了变迁,但崇尚大家庭和崇孝等观念在城市中始终是一种守旧的力量。传统的以混合家庭为主的大家庭结构并没有很快解体。到了二三十年代,一些名门大户析产分家,迁出世代同居的宅邸。[3] 外来文化的影响也是近代天津家庭小型化的原因之一。一些家庭顺应了家庭转变的趋势,个人核心家庭是租界华人家庭的普遍形式,人们认可了小家庭的优越性。[4] 从上面的论述可见,在这个变迁过程中民间借贷对此也产生了重要的影响。

综上所述,从近代天津家族的借贷关系看来,借贷关系对家族产生了很大的影响,同时,家族也通过借贷的管理加强对家族成员的控制。近代天津家族关系正在从前近代走向近代,趋近功利并且日益冷漠。

---

[1] 李竞能主编:《天津人口史》,天津:南开大学出版社,1990年,第245页。

[2] 冯尔康:《二十世纪中国社会各界的家族观》,《中国社会史评论》第2卷,天津:天津古籍出版社,2000年。

[3] 罗澍伟主编:《近代天津城市史》,北京:中国社会科学出版社,1993,第596页。

[4] 张利民等著:《近代环渤海地区经济与社会研究》,天津:天津社会科学院出版社,2003年,第501页。

第四章　近代天津民间私人借贷

民间私人借贷主要为平民之间的借贷关系。平民间的借贷关系有以个人名义借贷的,还有以商号、堂号或者家族的名义借贷的。民间私人借贷是民间借贷的重要内容之一,无论城市还是乡村,私人借贷都是人们日常生活中不可缺少的内容,对人们日常生活和生产的意义尤为重大。本章就私人借贷的借贷内容、借贷方式、利率分布以及偿还问题做一探讨。天津民间借贷的用途既有用于生活消费的也有用于商业生产的,二者情况略有不同,故此分别介绍。

第一节　民间私人消费借贷

私人消费借贷是指人们在日常生活中用于消费用途的借贷,这在人们日常生活中是经常遇到的问题。本节主要介绍消费借贷的借贷物、借贷方式和利息及其偿还。

一、借贷物

金钱是天津民间日常消费借贷物中最为主要和最为常见的。人们在日常生活中出于各种原因需要借贷,首先想到的往往是关系亲密的或者有钱的亲朋。有钱有名气的人因此也常常为各种各样的借贷者所困扰。在天津市档案馆,可以看到1936年大陆银行经理许汉卿的借贷信函,从中可看出五花八门的人物都因为他银行经理的地位找其借贷。以许汉卿为例,可以窥见天津民间日常借贷的概况。

俗话说,家家都有几门穷亲戚,许汉卿也一样常遇到穷亲戚借贷。比如有自称是许汉卿姨丈的洪徐墉,因为学费不足要求接济10元。一个被许汉卿称为家兄的人,因为妻子病故,借贷200元,利息2分。五叔去世,叔母要求借贷救济丧葬。①

对一般的亲朋借贷，许汉卿一般还是尽力帮助的。对一些关系比较近的人或欠有人情债的，许汉卿则表示奉送，借只是一个借口。1935年，有个叫唐士行的，借贷200元，许汉卿改为送，退还了借据。一个叫孙绍谋的，称许为世伯，因为在兖州川资不足，许汉卿汇去40元。②

借贷者中也不乏富人，只是因为一时之需，资金无法周转而借贷。1938年，自称为许汉卿侄子的胡瑞贻来信要求抵押借贷，因为要在"北京置房产一处，已付定洋"，"拨付暂维通融五千元，并携来'赵千里织贡图''仇实父文织锦''宋拓麓山寺碑'，均为真迹，以作信用抵押"。③

还有一些借贷人来头不小。1937年，有人因为七七事变的影响而到天津避难，向许汉卿借贷，自称"室人系前上海法租界俞三之谊女。黄金荣、杜月笙皆当年俞三门下奔走，室人在帮中为杜之前辈，帮人最重家礼义气，是以数月以来之家用，乃此次避难来津一切用款皆杜等所接济"，要求"挪四五百当维持现状，并拟请曹总长为作保人"。④

对这些日常的各种关系和形式的借贷，作为大陆银行总经理的许汉卿也常常感到难于应付，非常苦恼，"以亲友之告贷者日众，已穷于应付，虽大关系亲故，处境窘迫"。⑤

总之，这些人借贷有的是因为生活困难，有的是因为婚丧嫁娶，有的因为子女上学，有的因为手头紧张，还有其他各种原因。借贷原因不一而足，借贷双方关系也是错综复杂。其与许汉卿的关系有的是亲属，有的是熟人，有的是世交，有的是不认识的人。对他们的请求，许汉卿有的奉送，有的给予借贷，有的须有利息，有的婉言拒绝，有的干脆不理。这些都反映了天津近代社会中复杂的借贷关系网络和社会面貌。

近代的天津城市民间借贷物以金钱的情况较多，但是实物借贷在日常生活中也是普遍存在的。比如人们日常用度的东西借贷用一下，也是借贷物。1922年，天津电话局孙玉甫院内水桶被徐兰春借走，卖与尚振玉，又被孙的妻子经孙高氏买去使用。孙徐二人因此吵架。⑥ 1938年3月1日，天津特别市公署警察局接手了一个案件：一个叫刘彭氏的人指控王曾贵对其实施暴行，据称王曾贵于年前9月间向她借金戒箍一个、包金镯子一副，

---

① 《借贷函件》，大陆银行总经理处，1936年，天津市档案馆，档号：J0215-1-001319。
② 《借贷函件》，大陆银行总经理处，1936年，天津市档案馆，档号：J0215-1-001319。
③ 《借贷函件》，大陆银行总经理处，1936年，天津市档案馆，档号：J0215-1-001319。
④ 《借贷函件》，大陆银行总经理处，1936年，天津市档案馆，档号：J0215-1-001319。
⑤ 《借贷函件》，大陆银行总经理处，1936年，天津市档案馆，档号：J0215-1-001319。
⑥ 《借物变卖》，天津《益世报》1922年9月12日，第3张第11版。

用作结婚时使用。借时称戴用后即行发还。不料后来王将戒指卖了40元。经过亲友从中调解，刘彭氏让他照价赔偿，但他只给了刘彭氏7元，"昨向其讨要，不但不给，反将其殴打一顿"。王曾贵则说他借金戒箍等变卖是实，但钱早就还清了，并没有殴打情节。又称借贷金戒指是因"前与刘彭氏之夫因合伙经营包子铺"，作为资本，但是生意亏本了，债务应由两人摊还，所以"包金手镯确收典押"。① 这个案例中双方有着纠缠不清的经济关系，此案大概是共同做买卖在钱债上发生矛盾引发的冲突。由上面的例子可见，在日常生活中，为了应付各种需要，实物借贷也是较为普遍的。

房屋等固定资产也是日常生活中借贷的对象。如李双喜开设杂货铺为生，同院中还住有周绍文及其婿刘福通。1935年，刘之弟刘二因无房娶亲，想借用一下李双喜闲置的房屋，李双喜没有答应，刘怀恨在心，邀集流氓多人实施殴打。②

经历社会危机时，贫困的人们常常借不到东西。如在义和团运动时，天津就出现过贫民无处无可典当、贫女为娼的现象。③ 1946年，刘德钟是东亚毛纺公司麻袋车间的工人。她丈夫在厂食堂干活，家里有老母亲和一个孩子。抗战胜利后，刘德钟的丈夫因肺病被解雇，生活陷入困境。厂里规定凡红白喜事可以借100元钱，刘德钟便到厂里借钱。管理杜华山说："大先生（指宋棐卿）早就说不借给你们钱了。"还威胁要开除她。刘德钟苦求无用跳了楼。被人送到了医院后，医院要交现金才能看病。厂里不借，结果工友凑了100元挂了号，但还是没能救转了。后来宋棐卿给政府上呈说是殉夫自杀，市长张廷谔题字"节烈可风"，社会局奖励5万元，东亚毛纺公司为之募捐，出了49天的大殡，在社会上搞得轰轰烈烈。当时《庸报》也报道了这个事件，但是并没有提到宋棐卿不借钱的事情，而是说刘德钟借贷到处碰壁，后"向同班女友借贷，并备述经过，讵竟多遭碰壁，女士行至公司二楼，心如刀扎，突坠楼殉夫"。④ 这些记载都反映了当时人们借贷的困难，只是角度不同，一个强调的是老板不借，一个说是同事不借，可能是出于不同的环境导致的不同的"记忆"。从这个事件来看，人们似乎不是一分钱没有，只是在当时的社会条件之下，借钱是一件相当困难的事情。

---

① 《张玉华等债务及细节纠葛案》，日伪天津市警察局，1938年，天津市档案馆，档号：J0218-3-000197。
② 《借房不遂，聚众刀伤房主》，天津《大公报》1935年4月29日，第2张第6版。
③ 天津市档案馆编：《天津商会档案·钱业》卷二一，天津：天津古籍出版社，2010年，第18596页。
④ 《东亚毛纺公司史料》，天津社会科学院历史研究所：《天津历史资料》第20期，天津社会科学院历史研究所，1984年2月，第114~115页。

二、借贷的信用方式

私人借贷方式可以分为个人信用借贷、保证信用借贷和抵押借贷等。

个人信用借贷指亲朋好友、同乡邻里因为相互熟悉而直接借贷,只凭生活中形成和积累起来的关系,也没有什么其他保证。天津民间有无息不立据的习俗。① 古人质朴,注重信用。近代天津的民间借贷中,因为没有信用凭据有时会出现纠缠不清的情况。如 1925 年,史立和,陈建章二人,因讹索纠葛,相互扭打起来。据史立和说,他在华安大街开豆腐坊,因为陈建章讹索钱财,所以来起诉。陈建章则说,纠纷乃因史立和欠债不还。② 二人之所以发生纠纷,就是因为没有凭据,空口无凭,谁也说不清。

一些人借贷是通过亲朋从中介绍的,可算是间接的个人信用借贷。如南市庆有西里住有王焕文,经友人介绍,借予孙学富大洋 120 元,到期不还,导致王焕文找孙学富争吵。③

保证信用是民间经常用到的信用方式,保证信用即由中间人担保作为借贷的偿还保证,如果到时不能归还,由中间保人负责督促或者偿还。在天津民间契约中,保证者在债务的契约中列名,"书姓不书名:此种意思表示,所以证明债权、债务之关系。由债务人缮就或请人代缮后捺印画押,其为中保者,亦列名画押,交由债权人收存,于债务清偿后撤废,此为天津一般习惯所通用",而且保证者在契约中有分类排列的习俗,"一、担保承还人,二、保人,三、中友人。其代偿之责则尽属之于冠有'承还'字样之承还担保人,寻常保人字样则不负责,此亦各讼案中之所迭见者。"但是在距离天津稍远的一些地方,也有中保不列名画押、债权人仅书其姓而不写自己名字的情况。④

保证信用应用广泛,有利息的借贷一般要立有借契,而且一般要有中人在场,有的中人就是见证人,但是不负责偿还。如元庆堂星记时星三在 1934 年借给高廉氏通用大洋 2800 元,同中人言明月息 1.5 分,借期 2 年,立有借约,但借贷后,一直没还,共欠本利 5320 元。⑤

---

① 《天津亦政堂冯氏家谱》,1923 年,静电复印本,南开大学善本库藏。
② 《债务争吵》,天津《益世报》1925 年 2 月 26 日,第 3 张第 11 版。
③ 《债务纠葛》,天津《益世报》1928 年 2 月 26 日,第 3 张第 12 版。
④ 南京国民政府司法行政部编,胡旭晟、夏新华、李交发点校:《民事习惯调查报告录》,北京:中国政法大学出版社,2000 年,第 427 页。
⑤ 《元庆堂星记时星三高廉氏债务》,天津地方法院及检察处,1940 年,天津市档案馆,档号:J0044-2-047433。

在大多数的时候,中保人负责偿还。如李文明经张鸿甫介绍借给刘彩萱银洋 200 元,5 个月为期,但此后数月未偿,又不换票。李文明找寻承还人张鸿甫代偿,而张亦因买卖歇业,无力代偿,于是双方争吵起来。①

在私人借贷中,保证信用主要有保人和铺保两种。铺保是由殷实的商铺作保。②

保人还有其他的义务,如负责双方借贷手续的清理等。1917 年 11 月,谢保轩同中人王玉璋借到张沛芳 2000 元,月息 1.5 分,契约规定到期不还由铺保代偿。后来谢保轩去世,中人撤回契约,并负责手续上的事情。③

有的借贷用的是铺保身份和铺保水印加上承还人作为保证的借贷。如舒仲礼在 1943 年,以铺保水印及铺掌身份担保承还杨树桐借给王绍庭的国币 300 元,借字内载明承还铺保东源居水印及"铺掌乙方王绍庭"等字样。④

一般认为民间借贷习俗讲究人际信用,而视抵押借贷为没有颜面的事。黄宗智对清代和民国时期民间抵押的研究认为清代和民国一样都否认民间抵押的惯习。⑤ 从近代天津的情况看来,抵押借贷比较普遍,是一种较为常用的民间借贷方式,在法院的判例中,对民间抵押借贷的习俗也是认可的。

抵押借贷的抵押品有流动资产、固定资产以及契约、证券、票据等。如一个广告中写道:"金珠翡翠、股票、契据,凡属宝贵物件,均可抵押,息利从轻,手续简便。"⑥

用房屋等固定资产抵押借贷是常见的一种民间抵押借贷的形式。如1919 年丕显堂黄披露在声明中写道:"孝友堂张姓前于民国六年将自置葛沽中街瓦房一所红契⑦,向本堂抵押洋七百元,又于本年正月起至六月底止,陆续加押洋两千八百元,前后共抵押洋三千五百元。订明尽本年底备银赎回,倘逾限期不来取赎,本堂定必遵照原约即将该房产变卖抵偿。如

---

① 《债保纠葛》,天津《益世报》1925 年 2 月 7 日,第 3 张第 11 版。
② 《孟少棠曹秀民等三人清偿债务》,天津地方法院及检察处,1944 年,天津市档案馆,档号:J0044 - 2 - 072949。
③ 《声明作废》,天津《益世报》1920 年 4 月 25 日,第 3 张第 7 版。
④ 《舒仲王绍庭保证债务》,天津地方法院及检察处,1943 年,天津市档案馆,档号:J0044 - 2 - 068818。
⑤ 〔美〕黄宗智:《法典、习俗与司法实践:清代与民国的比较》,上海:上海书店出版社,2003 年,第 83 页。
⑥ 《抵押放款》,天津《益世报》1930 年 3 月 18 日,第 3 张第 11 版。
⑦ 红契为官方承认的房产证明。

有再指该房产向别人借债等事,均属无效。"①这是以堂号的名义借贷的,同时声明防止房产被其他人指房借贷,说明当时存在不用红契方式的指房借贷和重复抵押的情况。

固定资产的抵押可能因为产权问题不清晰,导致抵押的主体不明确。1939 年常增盛上诉天津地方法院状告刘淑兰,要求确认自己对河北关上大寺派出所小渡口胡同二号砖灰土草房三间拥有抵押权,并证明如经执行拍卖,有优先受偿权。事情起因于常增盛已故的胞兄常凤山于 1934 年经王家礼等介绍,向任永和借通用国币 250 元,以上述房产作抵押。钱无利息,房无租价,并有抵押设定登记证明书。不料 1937 年因刘淑兰与任永和发生债务纠纷,将该设定抵押登记的不动产查封并两次拍卖。常增盛多次声明抵押权为自己所有,但刘始终不承认,于是双方闹到法院。法院驳回了常增盛的请求。理由是该处房产系常增盛及常增盛已故次兄常亚福、三兄常亚石、生母常李氏等共同所有,需要全部所有者共同起诉。② 在这个纠纷中,双方曾经设定过抵押登记,但抵押物经过重复抵押,导致复杂的纠纷出现,形成了三角债务关系。因为抵押物的产权属于家族,该控告没有得到法院的支持。

抵押物的变动也会导致抵押权问题的发生。1940 年,贾士清将张靳氏等告上法院,就是要确认抵押权。张靳氏同其子张元禄、张荣禄、张季纯等于 1934 年 12 月用其所有的天津北马路房地契一张和估衣街房地契一张及两契的登记证书,经人作中作保,从贾氏处借得 21000 元,以一年为期,立有借字为凭,当时即在天津地方法院为抵押权设定登记。后来张靳氏等因拟翻修新式楼房,需用款项,又凭原中保、原抵押品等续借 6000 元,约定以 3 个月为满期,也在天津地方法院登记,并在续借约内载明,翻修新式楼房工竣时,双方再到法院补行新式房间抵押权设定登记。但张靳氏在翻修的新式楼房竣工后爽约,贾氏虽多次催办并委托律师催告,张靳氏仍置若罔闻,且借款逾期毫无偿还意思,积欠本息近 3 万元,甚至又以新式楼房为押品四处托人借款。贾氏诉请法院判令张靳氏偿还本息确认抵押并履行登记义务。③ 从这个案子看来,房屋作为抵押品如果经过翻新,则有失去效力的风险。

---

① 《声明》,天津《益世报》1919 年 8 月 20 日,第 2 张第 7 版。
② 《常增盛刘淑兰确认抵押权》,天津地方法院及检察处,1940 年,天津市档案馆,档号:J0044 - 2 - 047501。
③ 《河北高等法院天津分院函送张靳氏等与贾士清请求偿还债款确认抵押权成立及请求履行登记义务案卷证由案》,河北高等法院天津分院,1940 年,天津市档案馆,档号:J0044 - 2 - 051560。

固定资产如房产等的抵押，如果不能偿还，而需要抵偿，往往容易出现问题，这也许就是近代天津银行界不愿以房地产为抵押的原因。如已经典给他人或者出租以及债务人还有其他的债务等，都会影响偿还的实现。所以抵押借贷的时候，债权人常常强调优先受偿的权利，法律对此也有规定。如黄家霆在1939年9月20日向永信堂吴友文借贷国币900元，约定月利1分5厘行息，限期6个月，本利一并归还，以坐落于市西头南阁东大街门牌五十号院内南廊一道作为抵押，言明至期如不清还，由声请人变卖得价优先受偿，立有抵押借据为凭。①

房屋以外，土地也是可抵押的不动产。许多天津人在农村有土地，常常以此在城市中用作抵押物。城市中的房产和土地有时是分开的，房子为浮房，有房契，地为基地，有地契。有些人在天津打官司，但是抵押物在外籍，按照当时的法律，应该由当地的法院来审理。1940年，边价人、刘锡贵向天津地方法院起诉于霞云、于钱氏，因为对方欠债不还，请求拍卖抵押物。但是，被告对原告的抵押权不予承认。抵押物是坐落沧县城东南旧区仵龙堂村的田地及房屋，法院以不动产之物权之诉讼，依照首开发条应专属于该不动产所在地的法院，即沧县公署管辖。② 由此可见，在近代天津固定资产的抵押借贷风险较大，诉讼起来也麻烦，成本较高。

固定资产如房屋、土地等抵押权的设定需要有证据，如果只凭口头，没有切实的抵押物证，则难免有风险。如1939年法院审理隆丰货栈邸玉堂上诉刘少坡一案。原告要求拥有刘少坡所有坐落于天津杨柳青之房5间、地7亩，又坐落于碾砣咀地12亩2分5厘及刘恩铎典变杜延松等坐落于义和庄之房9间的抵押权。邸玉堂的代理人称，刘少坡的房地契据之所以交付邸玉堂，原为担保其借用邸玉堂的款项13000元。但是，邸玉堂不谙法律手续，在借贷期间没有订立抵押手续，而刘少坡则说自己是将契据交邸玉堂寄存。邸玉堂出具的暂存收据可证邸玉堂主张担保借与而设定抵押权，但在往来款项折内及邸玉堂账内毫无记载，而刘少坡更未出立设定抵押权任何票据。所以刘少坡认为邸玉堂要求确认抵押权及命被上诉人协助登记显属无理。最后法院也确实驳回了邸玉堂的上诉。③ 这个案例中抵押因为没有手续而无法认定，只能依据法律判为寄存。从过程看来，

---

① 《永信堂吴友文黄家霆债务》，天津地方法院及检察处，1940年，天津市档案馆，档号：J0044-2-051509。
② 《边价人刘锡贵等四人请求拍卖抵押物》，天津地方法院及检察处，1940年，天津市档案馆，档号：J0044-2-047902。
③ 《隆丰货栈邸玉堂刘少坡求偿欠款及确认抵押权》，河北省高等法院天津分院及检察处，1941年，天津市档案馆，档号：J0043-2-021866。

无法解释被告何以将自己的契据交给原告收存,很可能是被告丧失了做人的良心而钻了法律的空子。从这个案例中可见,当时法律并未深入民间社会的习俗,而民间因为社会变迁和人际信用丧失,故明知有理而不能胜诉。

股票等流动资产也可以作为抵押物。但是,也因为股票往往涉及一些复杂的产权问题,抵押借贷风险也较大。有一个案例因为用家族的股票进行抵押借贷,导致了财产纠纷。1936年,邓宝山、邓阜琴、邓黻廷状告邓开澄、董右岑、邓嫩婉,请求确认被告董右岑、邓开澄就余发堂邓在公兴店之股权所为之抵押契约无效,并将被告邓开澄就公兴店坐落于乡九区塘沽盐滩地所有权保存登记及被告邓开澄与被告董右岑就上开盐滩地所为抵押权设定之登记均予涂销。他们要求的理由是公兴店盐滩为原告之先人邓永丰以余发堂邓名义与锡思堂董守勤堂刘等共同购置。1921年邓永丰病故,该项财产即归原告与被告邓开澄之父邓豁然共有,无论何人不得私自处分。不料被告邓开澄之父邓豁然生前因儿女众多,收入短少,竟擅将余发堂邓在公兴店之股权抵押与被告董右岑,得款6万元。其后邓豁然病故,邓开澄又与董右岑勾串私向法院声请调解并就上开公兴店盐滩为所有权保存登记及抵押权设定登记,想要侵吞共有财产。邓嫩婉是已故邓豁然的爱妾,其在公兴店具有七分之一之股权。她称乃以其与张象言伙置三星公司的盐滩兑换而来,但是她本身并无财产,显然是邓豁然生前擅取余发堂共有财产为其购置。所以原告以共有财产因受被告邓开澄、董右岑、邓嫩婉等不法侵害起诉。最后法院判决为:被告邓开澄与被告董右岑于1936年6月24日就余发堂邓名义以公兴店股权订立抵押借款契约部分之调解应予撤销,原告其余之诉驳回。① 这个案子非常复杂,从中可见股票抵押往往因为涉及家族产权问题变得十分棘手。

租折也可以用来与房地产等一同作押。如1915年12月李冠林要求商会审议朱家父子捐债不偿之事。李冠林借予朱家父子200元,有抵押房契一纸,兑租折子一个,"现在伊子病故,忽将抵押租札另租他号,商向伊理论,伊一味拖延不还,筹思再四,惟有恳请商务总会先生恩准传案追偿"。② 此外,老人会的红签也可以抵押。③

近代天津城市社会秩序常常处在紊乱状态,信用难以保障,借贷信用

---

① 《邓宝山董右岑确认抵押契约无效》,河北省高等法院天津分院及检察处,1941年,天津市档案馆,档号:J0043-2-021486。
② 《裕泰恒英记李冠林诉朱美债务纠葛案》,天津商务总会,1915年,天津市档案馆,档号:J0128-3-004066。
③ 《中立堂赵立荣房起荣等三人债务》,天津地方法院及检察处,1939年,天津市档案馆,档号:J0044-2-043821。

方式往往采取多种信用方式结合，以确保偿还无误。如 1938 年，刘翰林等将王长义等告上法院，原因是王长义之父王永泰 12 年前以其自置土草房屋一所连同地基带门面共房七间红契一纸作押借洋 600 元。这里有抵押房产、有承还铺保和借贷的期条等作为借贷信用，然而还是出现了信用危机。这个案子最后因为调解不成立，只好另想办法解决。①

许洁对以上几种借贷信用方式的风险进行过比较，见表 4-1：

表 4-1 三种信用方式的成本与风险比较

项目	个人信用	保证信用	担保物权
贷款人资信状况调查	成本高	成本高	成本低
	难度大	难度大	难度小
	风险预测高	风险预测高	风险低
借款人信用成本	提供个人信息	提供保证人	提供物的权属并估值登记
	费用小	担保人的担保费用	评估费、保险费、登记费
合约类型	借贷合同	借贷+保证	借贷+设定担保物合同
贷款风险	全部风险归贷款人	风险减少	风险极小
法律关系	借贷之债	借贷之债+保证之债	借贷之债+担保物权

资料来源：许洁：《担保物权功能论》，北京：法律出版社，2006 年，第 108 页。

不动产抵押被看作现代经济发展的一大发明，对市场信用具有非常巨大的促进作用。近代中国政府对不动产抵押进行登记，在对城市空间进行分割管理的基础上，对近代城市的社会信用与信任关系注入了活力，对抵押、典当等借贷方式提供了基础。如表 4-2 的典权登记证书，可以作为借贷的依据：

---

① 《刘翰林刘桂林等四人债务》，天津地方法院及检察处，1939 年，天津市档案馆，档号：J0044-2-043802。

表 4-2　不动产登记证明书示例：东二区李吉声典权暂时登记证明书

	登记人姓名	登记号数	收件年月日及号数	不动产之标示	登记原因及其年月日	登记标的	权利先后栏数	登记年月日	中华民国十六年五月十七日右证明登记完毕。登记处
不动产登记证明书	悦善堂张贵山	不动产登记簿第一册第九号	中华民国十六年一月二十九日收件第一七七号	坐落北三区河北新大路坐西纯德里房地一段，计地亩一分七厘，砖瓦房三十七间	民十六年一月二十六日由纯德里张日政等设定典权	典权设定登记	他项权利部第一栏	中华民国十六年五月十七日	

资料来源：《东二区李吉声典权暂时登记》，天津地方法院及检察处，1949 年，天津市档案馆，档号：J0044-2-207450。

抵押借贷在近代天津是比较常见的，而抵押借贷中常常有加上中间人和保证人的情况，这体现出了城市社会信任度较为低下的情况。经济史家希克斯说过："经济制度的演进在很大程度上是一个如何找到减少风险的途径的问题。"① 从近代天津城市借贷方式看，如果不是因为风险加大，不会出现这种复杂的综合的借贷形式，这无疑加大了借贷的交易成本。但在信任度低的情况下，这促进了信用方式的发展，有向现代借贷方式过渡的趋势。

三、借贷的利息

民间日常借贷常是有利息的。天津民间借贷的利息分布有一定层次。除了高利贷外，在日常私人借贷中，利息不是很高，但一般都在 1 分以上。例如李思敏在 1938 年状告徐少周欠债不还，"于 1934 年向民借洋 3000 元，约定月息 1 分"。② 这个借贷的数目不小，利息算是比较低的。

民间借贷的利率非常复杂，即使是同一个人，向不同的人借贷，其利率也有很大的不同。如张瑞祯在 1941 年 9 月 8 日委托律师刘瀚章将甄占奎、穆瑞生、李凤岐、吴金生、从正义、刘仲梧等告上了法庭，要求偿还债务。

---

① 〔英〕约翰·希克斯著，厉以平译：《经济史理论》，北京：商务印书馆，1987 年，第 46 页。
② 《义德堂李思敏徐少周债务》，天津地方法院及检察处，1939 年，天津市档案馆，档号：J0044-2-043850。

被告欠债的情况如下：被告甄占奎托穆瑞生作承还保证人借使国币300元，言明每月3分行息；被告李凤岐托吴金生作承还保证人借使国币36元，言明每月付洋9元，4个月归清；被告从正义托刘仲梧作承还保证人借使国币300元，分期偿还，均没有利息。① 这三个借贷人的一个共同点是都是由保人承还作保的保证信用债务关系。如果欠债人不偿，由保人代为偿还。从三个人借贷的情况看，有的有利息，有的没有利息，利息最高的3分，大概是因为借贷的对象或者保人与债主的关系不同导致的。但是值得注意的是在向法院请求的时候，原告只要求按照法律规定的20%的利息归还，可见年息20%的法令还是有它的实际效果的，打官司是在调解无效的情况之下的无奈之举。

利息有约定利息和延迟利息之分。法律上归还债务延迟有延迟利息一说，用来补偿债权人因延期偿还而受到的损失。延迟利息的利率一般法定为5%，且有时效规定。刘穆氏向天津地方法院请求民事调解，要求王子玉给付延迟利息国币436元2角2分，就是以年息2分计算的。② 但也有因为时效问题不支付迟延利息的。如1939年七月，邓械才状告赵俊文等，追讨17年前欠款未还的迟延利息。

在民间借贷中，往往有中人和保人。他们也不是平白作证或作保的，也需要一些费用，如中谢费或者茶水钱等，可以看作利息的一部分。一般来说，这些费用大都为借贷双方共同承担，也按照一定的利率计算。在天津的民间高利贷借贷中，这种茶水钱的多少，普遍是以利率为标准的。1.5分的利息，随着就是1.5分的茶水钱。所谓"礼谢"，是给介绍借款的中间人的酬劳，普遍是利率的一倍。③ 在民国的法律中，这个部分应该是不被承认的。但是，法院在实际的执行时在不同的时期有所不同。有个案例对这个部分表示了承认。1937年5月，郭子甘状告陈希文，郭子甘于1936年9月8日经中人章少芳说合，并凭被告益兴成担保息借原告法币250元，每月1.6分行息，每6个月为一期，茶水钱6.25元。但到期后欠债者要求推期1月，至期仍不偿还，共欠茶水钱6.25元。陈希文承认欠债及茶水利息属实，但表示无力偿还。对此法院的裁决为被告陈希文应按本息偿还债务以及茶水6.25元；如无力偿还，由益兴成代偿。④ 在这个案子中，法院承

---

① 《张瑞祯甄占奎债务》，天津地方法院及检察处，1941年，天津市档案馆，档号：J0044 - 2 - 058974。

② 《刘穆氏王子玉给付迟延利息》，天津地方法院及检察处，1941年，天津市档案馆，档号：J0044 - 2 - 055344。

③ 向欣：《天津市的高利贷》，《经济汇刊》第1卷第4期，1936年12月，第124~127页。

④ 《怡厚堂郭子甘陈希文欠债》，1937年，天津市档案馆，档号：J0044 - 2 - 182379。

认了民间的惯习。而在另一个案例中,谢中费和茶水钱则被看作不合法律而遭到了否决。1938 年,怡厚堂郭子甘状告中兴转运货栈,声称被告欠债本息及茶水钱、中谢费共 203.36 元。法院最后判决:"被告应偿还原告利息国币 133.36 元,原告其余之诉驳回,诉讼费用由两造平均负担。"法院认为:"茶水钱 30 元、中谢费 40 元之约定,此种约定显系原告于限定利息外巧取利益之方法,依照前开强制规定应属无效,法律上当无保护之余地,应予驳回。"① 但是这个案子最后双方还是在法院以和解的方式了结。郭子甘情愿减少中谢费 10 元,代理人情愿支付。② 其结果完全符合民间惯习。但法令并非没有作用,如黄宗智所言,法律是妥协的一种手段而已。③

利息的计算,民间和法律上也有所不同。法律上不许重复计息,而且利息有一定的时效性。如姚李氏在 1939 年状告房仁信,因为房仁信的父亲房润奎生前经中人说合,向她借用国币 2580 元,月息 1.5 分,并以房屋作抵押。④ 但是,法院认为按照房润奎的利息计算方法不符合逾 5 年时效而消灭的规定,1925 年 7 月 24 日,至 1939 年 4 月 24 日的利息 1242.6 元是不存在的,至 1934 年 5 月 23 日以后,始应另算利息,其利息不过 700 余元。⑤

从天津民国时期的借贷案件看来,民间借贷的利率多在 1.5 分上下,但如果茶水钱、谢中费等费用也算在利息之中,合起来利息的数字也是不小的。利随本减为当时法律所规定。如 1939 年继兴堂徐少洲状告姚少君、王鸿兴,要求归还债务。被告姚少君的父亲姚富有于 1933 年由乙方鸿顺材厂王鸿兴担保并以城西大圆村房地设定抵押权,借使国币 800 元,月息 1.5 分,并约定利随本减。⑥ 但在所见的一般债务案件中,利随本减的实际情况不多。

此外,利息还可以以其他的形式交付。抵押房屋的,利息可以用房租来替代。如在一个诉讼案中,被告押借原告国币 7000 元,立借券约,以房

---

① 《怡厚堂郭子甘中兴转运客栈李文吉求偿息金》,1938 年,天津市档案馆,档号:J0043 - 2 - 20870。
② 《怡厚堂郭子甘中兴转运客栈李文吉求偿息金》,1938 年,天津市档案馆,档号:J0043 - 2 - 20870。
③ 黄宗智:《法典、习俗与司法实践:清代与民国比较》,上海:上海书店,2007 年。
④ 《姚李氏房仁信债务》,天津地方法院及检察处,1940 年,天津市档案馆,档号:J0044 - 2 - 048073。
⑤ 《姚李氏房仁信债务》,天津地方法院及检察处,1940 年,天津市档案馆,档号:J0044 - 2 - 048073。
⑥ 《继兴堂徐少洲姚少君等三人债务》,天津地方法院及检察处,1939 年,天津市档案馆,档号:J0044 - 2 - 044314。

租抵息。① 房租也可以作为利息的一部分,上面的姚李氏与房仁信的借贷事件中就是用部分房租抵付一部分利息。②

四、借贷的偿还

欠债还钱,古今至理。天津民间关于债务的归还也有着长期形成的一些习俗,如"字据为发财票:有以将来事实为条件者,如甲欠乙洋一元,甲无资力,立一字据于乙,约俟甲发财时履行债务于乙,未发财之先,停止债务履行。津埠谓此字据为发财票,往往用之。期条:关于此中期间,津埠之习惯,如甲负乙债若干,一时不能清偿,与乙约定以一月为期,或以数月为期,开其字条若干,谓为期条,交付于乙,俟时期到来发生债权之主张、债务之履行。"③

但是,许多时候借贷方往往不能按时归还债款。有些人是无力偿还。如朱亭海,因为无正当的职业,只能典当家业维持生活。1928 年他向友人王德成借大洋 100 元,到期无钱可还,朱到王家鞠躬涕泣,发生口角。④ 有些人则是失去道义,选择故意赖债。如西头双庙街住有赵贞木,1928 年父亲病故,善后无着,于是致函其在青岛的妹丈刘春华挪借。当时刘在青岛寄来洋 400 元。后刘因事来天津,曾索回 100 元。余者则被赵拖延不还。⑤ 还有些强势的借贷者常常故意赖债。1935 年,李苏氏欠张氏洋 1.8 元。一天张氏至李苏氏家中索要,李苏氏不但不偿还,反肆意辱骂。张氏返家,一时心窄,竟吞服鸦片烟膏。⑥ 又如,1937 年杨冯氏状告崔鹤九,因为被告借贷她家 300 元钱,月息 1.5 分,还立下了字据为证。但是,自从冯氏的丈夫死后,被告欺冯氏孤弱,多次催讨皆屡次推延,"且以言语诽谤,大肆斥骂"。⑦

天津民间有无息不立据的习俗,一般亲朋熟人之间的债务往往不立字据,偿还的时候常常发生冲突。争吵是经常发生的,如"西头陈瑞祥善权子

---

① 《源绪堂徐捷卿郭寿龄求偿债务及确认抵押权》,天津地方法院及检察处,1941 年,天津市档案馆,档号:J0044 - 2 - 055039。
② 《姚李氏房仁信债务》,天津地方法院及检察处,1940 年,天津市档案馆,档号:J0044 - 2 - 048073。
③ 南京国民政府司法行政部编,胡旭晟、夏新华、李交发点校:《民事习惯调查报告录》,北京:中国政法大学出版社,2000 年,第 427 页。
④ 《欠债的还钱》,天津《大公报》1929 年 12 月 12 日,第 3 张第 9 版。
⑤ 《借钱葬父,事后不愿还债》,天津《大公报》1930 年 3 月 18 日,第 3 张第 9 版。
⑥ 《老妪讨账未得,一怒服毒,有子声冤告状》,天津《益世报》1935 年 4 月 19 日,第 2 张第 5 版。
⑦ 《杨冯氏崔鹤九债务》,天津地方法院及检察处,1940 年,天津市档案馆,档号:J0044 - 2 - 047186。

母因孙国清负欠不还,先口角而后动武"①,"福顺里赵杨氏,因欠武文藻杂货铺零账甚多,日昨武某向伊讨要不给,彼此争吵不休"②。因为债务导致的暴力事件也常常发生,如"德美后十四号住的李连升,向与刘德海讨要欠债不给,争打成伤,李某的左右耳均受微伤"③。因此,诉诸法律是解决民间借贷偿还纠纷的重要的也是迫不得已的方式。

民国时期的民法有调解制度,一般债务的纠纷先要调解,调解不成才进入诉讼程序。如1938年,修德堂刘振基将袁恩荣、崔静安告上了法庭,要求调解债务纠纷。袁恩荣在1933年凭中保人崔静安说合借去刘国币300元,月息1.5分,借期6个月,立有字据并由崔静安为承还保人,但超期5年多未还,刘迫于无奈,请求法院出面调解。但是,袁恩荣、崔静安均不到案,刘只得进一步诉讼。④

偿还中,债权人让免一些债款或者利息,或者宽限一些日期,最后达到和解,这种情况是债务人与债权人在债务博弈中时常出现的结果。1940年,肃德堂包文元、福荫堂王学源、藜照堂刘孝曾聘请朱德武律师向天津地方法院请求调解被告人彭子俊偿还借款并确认抵押权,原告早已表示让免利息,双方调解当庭成功。在这个案例中,为了早日讨回债务,债主放弃了利息,只求归还本洋。法律的调解规定保留了双方的颜面,是一个适应民间习惯的程序,体现了民国法律对民间习俗的协调。⑤

在法院诉讼调解偿还的过程中,律师往往起着重要的作用,类似于民间中人。庭外的和解一般是由中间人来解决的,也有的由律师来调解。如1939年,永信堂吴友文状告黄家霆。黄以院内南廊为抵押向吴借了900元,言明至期如不清还,由声请人变卖得价优先受偿,立有抵押借据为凭。不料至押款到期仍本利未清,为此吴友文要求法庭调解。最后,双方在律师的调解下在庭外私下和解了结了纠纷。⑥

近代天津律师办案时,也常常有律师非法弄法的黑幕。据近代天津著名的律师朱道孔回忆,在1914年的一个欠债3000元的案件中,黑律师杨

---

① 《所欠控官》,《直报》1898年5月3日,第3页。
② 《债务争吵》,天津《益世报》1922年7月15日,第3张第11版。
③ 《欠债纠葛》,天津《益世报》1922年12月1日,第3张第11版。
④ 《修德堂刘振基袁恩荣等三人债务》,天津地方法院及检察处,1939年,天津市档案馆,档号:J0044-2-044316。
⑤ 《肃德堂包文元彭子俊求偿债款并确认抵押权》,天津地方法院及检察处,1940年,天津市档案馆,档号:J0044-2-050079。
⑥ 《永信堂吴友文黄家霆债务》,天津地方法院及检察处,1940年,天津市档案馆,档号:J0044-2-051509。

勤方收取了 1000 元,制造 2500 元的假还条。①

信用保证借贷在借贷者不能偿还的条件下,一般应由保人代偿。如兴义和铺掌段泽霖欠王文义烟钱 22.9 元,由张文焕、任相清作保,但不久段泽霖病故,债务便由张文焕等负担。②

有时保人还会成为直接的被告。刘焕章在 1938 年 10 月 12 日要求周尊元代为偿还债务就是这种情况。周尊元曾为两个人担保各向刘焕章借 120 元,约定 10 个月还清,由周尊元负保证代偿责任。结果两借款人均未照约偿还,且二人均为在天津做事的外乡人,七七事变后已返归故里,下落皆无,当即依照原约由周尊元偿还余款,后以庭外调解达成和解协议而告终。③

抵押借贷如果不偿,可以用抵押物拍卖抵债。庆丰面粉有限公司以原有全部房地机器等项抵押借贷,后通告要将其拍卖抵债。④ 但是民间的经济关系复杂,借贷抵押常常涉及其他人的利益,难以执行。如天津鼓楼附近的张恒之向石文瑞借款 32000 元,以房产作抵押,后张无力归还被控告,法院判令将不动产变卖归还。张还欠他人 9300 元,要以此款偿还,为保人王少山闻知,报官将其抓获,关押至二分局。⑤ 于是,抵押借贷之前往往要发表声明,以防止出现类似问题,以维护债权人的利益。如 1920 年孟绂廷父子向五桂堂借银洋 4000 元,3 年为限,以河北大王庙后路北利成水厂东院楼房作押。五桂堂在报纸上声明该房契并无抵借他债的情况,"恐此房再有抵押当卖等事"。⑥ 当然,抵押主人如果有其他债务纠葛,也要声明,以防止抵押物出现其他的债务关系。如王志清曾向蒋儒卿借款,以其祖遗的住房 16 间和园地 7 亩 1 分的房地红契作为抵押,王志清去世时所借之款尚未清理。蒋遂发表声明:"近闻有伊堂侄王学曾乳名大祥欲将该房地觅主私自出售之说,故特登报声明。此后该房地无论售予何人之手,概作无效。"⑦此外,还要防止抵押物的重复抵押。如张师黄借给吴彭秋 15000 元,以自置旧奥界四十号楼房一所并地基作押,吴彭秋届期未赎,张师黄诉

---

① 朱道孔:《解放前黑律师的形形色色》,中国人民政治协商会议天津市委员会文史资料研究委员会编:《天津文史资料选辑》第 37 辑,天津:天津人民出版社,1986 年,第 196 页。
② 《保人被累》,天津《大公报》1935 年 1 月 20 日,第 2 张第 6 版。
③ 《公堂刘焕章周尊元债务》,天津地方法院及检察处,1939 年,天津市档案馆,档号:J0044-2-043869。
④ 《刘明阳律师代表抵押债权人照买庆丰面粉有限公司全部房地机器等项通告》,天津《大公报》1930 年 4 月 3 日,第 3 张第 11 版。
⑤ 《三万余元一起债务官司》,天津《益世报》1936 年 6 月 6 日,第 2 张第 5 版。
⑥ 《寰省三启事》,天津《益世报》1920 年 12 月 31 日,第 2 张第 6 版。
⑦ 《紧要声明》,天津《益世报》1924 年 1 月 9 日,第 2 张第 7 版。

之于法庭的同时,登报声明"无论华洋人等,关于此房堂有当卖或重行抵押情事,概作无效"。①

抵押借贷如果不能偿还,到法院打官司需要确认抵押权,这时若有铺保则需要由铺保代为偿还。如礼善堂郭子甘将积善堂唐凤梧、忠诚缸店郑文魁告上法院,要求确认抵押权,清还债款,赔偿利息,其中唐凤梧无力偿还7000元,郭遂要求铺保忠诚号郑文魁负担偿还,并确认抵押权以维护债权。②

抵押的房屋原为家族财产,家族析产后,债务为共同负担,这时常导致债务清还出现麻烦。如张子腾状告崇德堂赵炳文,就是起因于被告之父以家长资格用崇德堂名义借去25000元,以其所有坐落于东兴大街即官沟大街的房地两段设定抵押权,另立借约载明借用银元15000元,月息9厘,由原告就借主房产收租抵息,如有不足,归借主找补。后来被告的父亲病故,被告继充家长管理家务,对于原本及欠息未能依约清偿。原告屡次催讨,被告无清还诚意,为此到法院起诉。地方法院判定被告偿还原告款项,但被告陈述作押的房产是全家十余人所共有,被告不能一人负担全部款项,抵押权上诉时应该把家族全体作为被告。③

债务偿还过程中也存在道德风险。因为没有手续,没有证据,民间借贷缺乏证据意识,往往出现纠纷。如1939年初朱茂林起诉蔺少林要求返还原抵押物契纸的案例,就是双方各执一词,都没有还款和退契的证据而被法院驳回。④

假扣押即暂时冻结财物,也是在债务偿还不能执行的情况之下的一种法律上的处理方法。1939年抗告人安赵道华为与安尽臣因假扣押事件对1939年1月23日河北天津地方法院裁定提起抗告,法院裁定抗告驳回。法院的理由是:"安尽臣以抗告人返还其利息垫款共22439.79元,而声请就抗告人财产以为假扣押,并未将其请求及假扣押之原因提出可供即时调查之证据以资释明。"⑤

股票等流动资产也可以抵还债务。如怡泰印务局总理人永义堂任麟

---

① 《声明作废》,天津《益世报》1922年10月24日,第2张第7版。
② 《礼善堂郭子甘积善堂唐凤梧等确认抵押权》,1944年,天津市档案馆,档号:J0044-2-72557。
③ 《赵炳文张子腾债款》,1940年,天津市档案馆,档号:J0044-2-51726。
④ 《朱茂林兰少如返还抵押品》,河北省高等法院天津分院及检察处,1939年,天津市档案馆,档号:J0043-2-020939。
⑤ 《安赵道华返还利息及垫款》,河北省高等法院天津分院及检察处,1939年,天津市档案馆,档号:J0043-2-020984。

生要求永兴堂还债,正好永胜堂代表任福培、任祯培、任禧培兄弟三人到津,称没有钱,于是永胜堂名下3000元股份归任麟生。①

第二节　民间商业借贷

近代天津作为一个商业大埠,不仅是传统商业的繁盛之地,也是当时北方重要的国内外商贸中心。商业借贷不仅必要,而且对商业的发展非常重要,而信用不良所带来的借贷风险则会对商业发展起到阻碍的作用。

民间商业借贷是指民间商业机构因业务发生的借贷行为,包括向私人、其他商业机构及金融机构进行的借贷。

一、借贷来源及利率

商业借贷在商业资金周转中占有重要的地位。20世纪30年代初,天津地方一度要求对商业的借贷金征税,引发了商人严重关切。当时的营业税征收处要立项对商会会员工厂借贷金征税。商会认为借贷金一项是负债,"与资本护本公积金不同,且各行业流动资本不仅借贷金一项,不能纳入资本范围",对此征税,"事关全市商业,损害甚巨",应"提交评议,以昭公允"。② 从中可见当时借贷一项对商业的重要作用。

从亲友等处借贷来的私人基金往往是企业发展的第一推动力。1913年,天津商会行董赵兴曹在陈述创业经过时写道:"窃商自幼衣食告罄,因多方告贷,遂作米面生意,沿街售卖,以为家内老小生活。"③天津著名的企业家陈调甫也是如此起家的,他创办永明漆厂时缺乏资金,他的舅父曾借予数千银元,帮他渡过难关。④ 又如永兴洋纸行是当时规模较大的一家,在1917年创办之初,这个纸行的资金来自私人借贷和典当业:"由于资金不足,没有雇职工。流动资金则是从亲友处借些贵重物品到当铺典当后得

---

① 《声明广告》,天津《益世报》1918年12月20日,第2张第7版。
② 《反对借贷金征收营业税,事关全市各商之损害,商会函税务局提出评议》,天津《大公报》1933年4月6日,第3张第9版。
③ 《天津商会档案汇编(1903—1911)》(下),天津:天津人民出版社,1989年,第2021页。
④ 徐增祥:《陈调甫传略》,中国人民政治协商会议天津市委员会文史资料研究委员会编:《天津文史资料选辑》第51辑,天津:天津人民出版社,1990年,第30页。

来的,这对永兴的初期发展起到了很大作用。"① 可见,在近代天津,企业在初期的创业中,首属关系间的私人借贷是非常重要的来源,而且常常是第一来源。此外就是商人之间的互相借贷,或者向银钱业等商业借贷机构借贷,也是日常营业中最为常见的。

借贷资金对企业日常运作也非常重要。如1912年天津发生了壬子兵变,许多商家被抢。恒升号等29家陈述兵变被抢后,生意停业,糊口无资,请求政府速拨发赈款。他们表示自己的商号"虽有资本,多系借贷而来,并存货物亦由川换家挪借"。②

借贷还是商业竞争的手段之一,不善于借贷的企业很难生存。王晋生创立华北制革厂的资金来源就是留学生和基督教会徒,此外还向范旭东、王正廷、梁思成等留美生借贷。在经营上"产品对外概不赊销,致使许多资金少的用户转向赊销的厂家,失去了许多主顾"。王晋生向银行贷款也特别谨慎,绝不冒风险,导致该厂发展缓慢。③ 可见,对内对外的借贷即赊销和贷款对一个企业的发展有着重大的影响。

商业借贷对商业本身也是一把双刃剑,借贷过程出现问题会导致非常严重的后果。如20世纪20年代"三津磨房因去岁列名商会之大米商人,逋欠巨款者数家,以故不敢信任。自今岁断绝交易,非取具保证,概不发货","而米商方面,亦走极端,照常取货,概不取保,纠葛甚深,以致市面上麦价日见增涨"。④ 这两帮商人因为借贷串换巨款产生信任危机,演变成米面商人间的矛盾而导致市场涨价危机,引起了巨大的市场波动。

天津作为华北第一大埠,与北方各省的贸易往来密切,民间借贷是天津与外地商人交往的重要内容。如多伦是内蒙古地区对外贸易最为重要的城市,毛皮等土产出口多经过天津,两地之间存在大量的借贷关系,如果发生问题往往对两方的贸易产生巨大的影响。1922年1月,战乱导致多伦昌盛号被"抢烧一空",该商号"在津办货多年,共欠天津玉兴泰颜料庄、敦庆隆等商号银128060.11两和3540.99元。"该商号却以"路途太远无从查考"和"现下年关在即,用款甚紧"为词,有意拖欠。天津玉兴泰颜料庄、敦庆隆等商号

---

① 王兆贵:《我所知道的永兴洋纸行》,中国人民政治协商会议天津市委员会文史资料研究委员会编:《天津文史资料选辑》第43辑,天津:天津人民出版社,1988年,第185页。
② 《天津商会档案汇编(1903—1911)》(下),天津:天津人民出版社,1989年,第2481页。
③ 周乃庚、李成仪、叶茂荣:《天津机器制革业及华北制革厂》,中国人民政治协商会议天津市委员会文史资料研究委员会编:《天津文史资料选辑》第31辑,天津:天津人民出版社,1985年,第193页。
④ 《米商纠葛》,天津《益世报》1921年3月31日,第3张第10版。

到天津商会呈告,"俾与津埠各号均得分偿"。①

天津与周边的省份贸易关系也非常密切,贸易中的债务关系对市面影响巨大。河南怀帮的全盛祥药材商把天津的药材运往广州、香港。1909年八月初三日夜,该号总理阎永图等欠债私逃,欠款79920两,导致无法偿还他帮货银,致使天津市面恐慌,天津铺商天聚号等请求天津商会查封其全部资产。②

除了大宗贸易外,在日常商业小宗交往中,天津商人与外地商人也常常发生借贷纠纷。如兴济镇邵居田弟兄二人以贩运粮食为生,在天津由高少棠的商号垫款,时有拖欠。邵居田病故后,高少棠即向邵弟催讨欠款118.6元,而对方竟意图狡赖。高少棠到天津商会要求严追,后青县的兴济商会了结了此事。③

一些外地的商户往往也在天津设有分号,这些商号间的借贷关系对其所在地商业发展有很大影响。如1916年,成记毛庄贾楷在张家口、兴化、归化、西包头等处设庄,因为先令大涨造成1915年后多半年内亏赔,"津本埠银行货栈以及各洋行批货定银共亏9万余两,津外两处共亏银约在20余万两之谱","不独毛店倒闭,即遗害包镇全局实非浅。"包头各毛店只好与成记商号共同清理。成记欠毛店13家"除与素来往项下抵补外,净歉银125600两有奇"。毛店担心成记诈骗,向商会申诉,以便追回欠款债务以维持包头的金融市面稳定。④

天津作为一个对外商业大埠,外来资金成为商业民间借贷的一个重要来源和依靠。许多外商与天津商业之间发生了借贷关系。如商民苏官峰等因拖欠美商胜家公司机架瓦罐窑货物被告上法庭,结果美方胜诉,法庭判决查封抵债。⑤ 1912年兵燹之下,天津城内商业受到重创,许多行业和商铺曾经寄希望于向外资借贷,以缓和危机。⑥

民间商业的借贷利率较为复杂,如表4-3是对晚清天津的民间商业借贷利率变迁的记录:

---

① 《天津商会档案汇编(1912—1928)》(2),天津:天津人民出版社,1992年,第2399~2400页。
② 《天津商会档案汇编(1903—1911)》(上),天津:天津人民出版社,1989年,第860~863页。
③ 《庆长顺同记诉兴济镇邵居田等债务》,天津商务总会,1915年,天津市档案馆,档号:J0128-3-004064。
④ 《天津商会档案汇编(1912—1928)》(2),天津:天津人民出版社,1992年,第2417~2418页。
⑤ 《天津商会档案汇编(1912—1928)》(2),天津:天津人民出版社,1992年,第2207页。
⑥ 《天津商会档案汇编(1903—1911)》(下),天津:天津人民出版社,1989年,第2588页。

表4-3 清光绪十八年(1892)至宣统三年(1911)天津民间商业借贷利率表

(单位:分)

年代	最高	最低	平均	备注
光绪十八年			0.7	
光绪十九年			0.6	
光绪二十年			0.7	
光绪二十一年			0.8	
光绪二十二年			0.5	以上各年每年均只1笔,故无最高、最低数
光绪二十三年	2.—	0.5	1.46	
光绪二十四年			0.75	
光绪二十五年	1.—	0.5	0.917	
光绪二十六年	1.—	0.5	0.614	
光绪二十七年	2.5	0.525	0.934	
光绪二十八年	2.5	0.5	1.008	
光绪二十九年	2.—	0.525	0.848	
光绪三十年	3.—	0.6	1.056	
光绪三十一年	2.—	0.6	1.179	
光绪三十二年	3.3	0.4	1.301	
光绪三十三年	3.—	0.65	1.250	
光绪三十四年	3.—	0.7	1.112	
宣统元年	3.—	0.6	1.2	
宣统二年	5.—	0.5	1.182	
宣统三年	6.—	0.5	1.282	

资料来源:郭凤岐总编纂:《天津通志·金融志》,天津:天津社会科学出版社,1995年,第317页。

从表中可见,近代前期天津商业借贷的利率有走高的趋势。但是,具体到民间私人商业借贷来说,利率往往由各种因素来决定,如市场、关系、借贷的数量等。以起盛鲜货铺为例,可见一斑:

表4-4 起盛鲜货铺借债及利息清单

日期	债权	借款金额（元）	月息（分）	还款期限	每月还款（元）
民国九年六月二十五日	立志堂孙氏	200	1.8		
十二月五日	玉发粮店	2000	2	民国十年十月十五日	
民国十六年四月三日	施春芳	500	2.5	6个月	
六月二十一日	玉发粮店	1000	2.5	6个月	
民国十一年正月五日	大悲院	1000	1		
三月十三日	忠德堂	500	1.7	10个月	
四月二十七日	源丰裕	472		10个月	47.2
五月一日	德善堂宋	500	1.7	10个月	58.2
五月三日	忠德堂	500	1.6	10个月	58
五月二十四日	成德堂王	500	1.8	10个月	59
六月九日	承庆堂玉记	236		10个月	
闰六月七日	德茂堂	300	1.8	10个月	35.4
七月六日	金茂昌	354		10个月	35.4
七月二十一日	成立堂	500	1.8	10个月	59
七月二十四日	自育堂	236		10个月	23.6
八月十五日	承荫堂	500	1.8	10个月	59
八月十九日	忠德堂	300	1.8	10个月	35.4
民国十一年十月十九日	立昌合	360		10个月	36
十二月十七日	存德堂	200	2.5		
十二月二十五日	于伯文	300	2		
民国十二年正月十五日	大悲院	500	1		
正月二十二日	华茂号	472		10个月	47.2
三月十八日	昌记	500	1.8	10个月	59
八月二十二日	中裕洋行	38.5			
九月二十四日	仁义堂张义德	200	1.8	10个月	23.6
十一月二十五日	树兹堂杨	400	2	10个月	48
民国十四年四月七日	天津三星公司	16.85			

资料来源：《天津商会档案汇编(1912—1928)》(2)，天津：天津人民出版社，1992年，第1519~1520页。

从清单中可见，这个鲜货铺借贷的来源有堂号、洋行、公司和寺院等。因为借贷的对象与彼此关系不同，利率的差距很大，从2.5分到1分都有，还款的方式也有所不同。

在天津市档案馆所藏的民间债务诉讼的案卷中，商业借贷利率在月息1分5厘的较为常见，但是也有较低的。1943年，王子瑞将石作光等告上了法院，要求他们偿还其父的债务，事因1925年底石等"借去洋一万元，当经三面约定，每月按一分二厘行息"。① 从其他的材料看还有更低的，如某人"于癸亥年冬，经手为刘君寿夫向恒德厚借用大洋五千元，月息九厘，约期四个月本利偿清"。②

近代全国各地的利率一度都有走高的趋势。主要的原因是："1.各省市滥铸滥发。2.由于贴现市场之不发达。3.信用组织不完备。4.经济活动之缺少。"这些因素在天津当时也是存在的，时人提出了补救的方法："1.存款利率之宜协定。2.信用调查部之宜增设。3.票据交换所宜速立。"③

二、借贷的方式

天津商号借贷的方式主要有串换和实物借贷、赊借等个人信用形式，保证信用，抵押以及综合信用方式等。20世纪30年代天津中国银行在对天津民间商业借贷习惯的调查中发现，信用借贷在民间私人的商业借贷中常常被使用。因为天津商号的资本多数属于无限责任，其股东负无限责任。各大商号的股东一般都是在商界和社会上有声望、拥有巨资的人。这样，他们一方面也能垫款购货，赊给外客，以图销路之推广；一方面也能得社会之信托，吸收堂名存款，以扩充流动资金。这些商号具有三种特点："(一)购买力雄厚。(二)因放账关系能多销货。(三)藉社会余资以供运用。"所以他们在商业经营中不仅处于中坚地位，而且掌握着融资的能力。在商号需透用银行银号款项的时候，这些金融机构一般乐于供给资金，甚至在借主提出请求前主动上门。"若抵押放款，更属罕见。一则各商号资

---

① 《遵义堂王子瑞石作光等四人债务》，天津地方法院及检察处，1943年，天津市档案馆，档号：J0044-2-070171。
② 《请欲抵卖刘寿夫南门里房之诸君注意》，天津《益世报》1925年1月31日，第1张第2版。
③ 荣瀚：《利率腾贵之补救方案》，《银行杂志》第1卷第12号，1924年4月16日，第7~10页。

金充足,本无需乎借款。二则风尚使然,咸以抵押为有损名誉。故银号对于各大商号放款,皆属信用性质。此津埠商号资金状况之特殊情形也。"[①]从这段调查中看,近代天津的大商号还是具有信用的,能通过赊销和垫款等方式进行借贷,金融机构也非常乐于借贷给这些商号。但是,大商号毕竟是少数,大量的传统商号以小商铺为多,借贷信用难以保证。同时,无限公司虽然似乎对信用保证有好处,但在近代市场日异发展的情况之下,抗御风险的能力不高。

天津荣华泰仁记洋布庄(股东边云阶、李剑潭,经理董少五)在天津竹竿巷开设洋布铺营业已50余年,曾在庚子、壬子两次被抢,损失惨重。到20世纪30年代,因时局影响,生意亏累萧条,欠债巨大,请求倒闭并请商会会长代为清理。从其欠账的单据中可见近代天津商业借贷的一般状况:

表4-5 天津荣华泰仁记洋布庄欠款清单

项目	商号名称或商主姓名	地址	欠款金额(存洋:元)	欠款金额(存银:两)	备考
钱铺借贷	丰业银行	针市街耀远里	275.76	1916.59	
	洽源银号	竹竿巷		1000.00	
	裕津银行	宫北	39.84	365.34	王李贤作保
	永兴银号	归化城	1097.70	3281.93	
合计			1413.30	4281.93	
抵押借贷	盐业银行	法租界		1000.00	
	济通		6000.00		
	全和栈	法租界		3028.75	王李贤作保
	大恒货栈	河东特别二区	5000.00		
	东莱银行	法租界		6749.82	
	通成货栈	法租界	1200.00		
合计			12200.00	10778.57	
染房借贷	德元成	大药王庙西	942.89		
	景顺兴	河北西洼窑	65.95		
	联兴号	三条石	11.53		

① 天津中国银行:《天津商业调查概略》,《银行周报》第14卷第26号,1930年7月15日,第44页。

(续表)

项目	商号名称或商主姓名	地址	欠款金额（存洋:元）	欠款金额（存银:两）	备考
	同信成	西头大沟头	51.12		
	同盛公	古皇庵	20.73		
	裕大号	河北小闸口	96.34		
	福源义	西头药王庙	22.34		
	双义厚	西头药王庙	43.97		
	广泉钰	西头药王庙	39.72		
	福立成	南马路周公祠	8.85		
	瑞复成	河北小闸口	19.26		
	聚恒德	西头小闸口	5.15		
	恒聚德	西头小闸口	5.15		
	东玉成	西头小闸口	30.20		
合计			1363.20		
贷款	通成号	小洋货街		371.11	
	恒裕源	山西太谷		4386.28	
	元生利	针市街德兴栈		465.75	
	元吉升	针市街德兴栈		232.40	
	联成号	山西榆次	4966.00		
	锦全昌	德兴栈		1340.00	
	万泰恒	德兴栈		1524.00	
	义信永	北平花市东头	185.00		
	信义兴棉庄	东门外水阁	94.00		
	永发成棉庄		40.50		
合计			5285.50	8319.54	
浮存	桐新行	日租界闸口		148.40	
	开源公司	河北关上肉架胡同	199.50		
	震记材厂	鼓楼北	200.00		
	敦庆隆	估衣街	25.20		

(续表)

项目	商号名称或商主姓名	地址	欠款金额（存洋:元）	欠款金额（存银:两）	备考
	永盛合	北马路狮子胡同	1.93		
	马振标			20.00	
	董少五		66.24		
合计			492.87	168.40	
零星借贷	义顺和肉铺	竹竿巷	65.23		
	三顺义绳铺	河北大街桥口	26.79		
	义兴文账本铺	北海楼后	23.60		
	义盛厚油纸铺	白衣庵胡同	62.10		
	万有酱园	竹竿巷	15.18		
	同业厚米面	河北大胡同	75.10		
	春立永米面	西关大街	42.10		
	福庆祥油铺		41.19		
	全聚德饭庄	日租界	24.96		
合计			375.35		
小借贷	辅盛栈	英租界	200.00		
	杨春芳	针市街隆顺里	200.00		
	霍子征	法租界32号路华茂	200.00		
	董筱林	南开鸢远里	200.00		
	永利义	归化城	300.00		
	沈虎岑	鼓楼南	600.00		
	胡桐轩	西洼窑	200.00		
	心善堂王	河东小王庄祯祥里	600.00		

(续表)

项目	商号名称或商主姓名	地址	欠款金额（存洋:元）	欠款金额（存银:两）	备考
	德铭号	河北关下广泰栈	200.00		
	增盛魁	河北下关广泰栈	200.00		
	存义堂刘	侯家后江叉胡同裕丰永	200.00		
	复兴堂	南门外富贵庄南仁德里	200.00		
	孙静波	西头小杨庄	200.00		
	义庆堂杜	英租界平和洋行	200.00		
	杨雨田	西头大伙巷	200.00		
	和记周	杨柳青	200.00		
合计			4100.00		
寄息			1188.60	226.58	
川往借贷	永盛合	北马路狮子胡同	7080.00		
	李华堂	北马路狮子胡同	826.00		
	馥安堂沈	鼓楼南当铺旁	2000.00		
	李志记	鼓楼南当铺旁	500.00	500.00	
	袁契芝	安徽六合		701.98	
	绍林堂杨	户部街财神殿陈宅同院		1000.00	
	天厚堂		4000.00		
	王宅	四棵树	100.00		
	怀善堂王宅	宝坻县尔王庄	1484.10		
	恩锡堂边		6000.00		

（续表）

项目	商号名称或商主姓名	地址	欠款金额（存洋：元）	欠款金额（存银：两）	备考
	仁义堂			915.35	
合计			21990.10	3117.33	
以上各项总计			48408.92	26892.35	

资料来源：《天津商会档案汇编（1928—1937）》，天津：天津人民出版社，1994年，第1219~1223页。

这是一个民间商业借贷的全息图表，其中有抵押和信用借贷，有个人的小额串换借贷，有临时的浮借和存项。借贷发生范围也非常广阔，在天津的全市各区和全国的一些地方皆有，最远在安徽的六合。从借贷的金额上看，抵押借贷的数量非常多、份额最大，大多是在银行、银号、货栈等处进行的抵押，而日常的小借贷、串换、浮借以及实物借贷多在商铺之间进行。

（一）串换与实务借贷

商号之间因为有业务关系，在日常账目上有串换浮借的关系和实物赊欠及垫借，这是民间商业借贷中常常存在的一种情况。商业经营中实物赊欠买卖是经常的，也是借贷的一种方式，许多行业常常以这种方式维持营业。天津近代木业在经营中经常采用赊购、垫款的方式，这对市场竞争也非常有利。如德和商号无息贷款给农民，让他们伐木，然后收购，既得到了廉价的木材，又将其他商户挤出山区。[①] 天津的鱼锅伙也常常发赊购的财。所谓的"鱼锅伙"就是流氓和混混的代名词，他们给资金不足的小商贩赊购，并经常充当商贩的经济人，由此形成一种职业。冬季渔民停产，生活困难，鱼锅伙就乘机向渔民放贷，这样农民"明年捕捞的鱼虾却要全部交给'放冬账'的'鱼锅伙'代卖，作价多少，如何结账，概由'鱼锅伙'做主"。他们也经常向商号借贷以维持生意。[②]

一些民间企业家也是靠借贷赊欠办企业的。如在1920年，九恒在天津的分号营业亏损，欠福建帮纹银1720两而倒闭。王敬之接收了这家分

[①] 施子厚：《天津木商业概况》，中国人民政治协商会议天津市委员会文史资料研究委员会编：《天津文史资料选辑》第46辑，天津：天津人民出版社，1989年，第190页。

[②] 龚尚祖：《天津"鱼锅伙"兴衰小史》，中国人民政治协商会议天津市委员会文史资料研究委员会编：《天津文史资料选辑》第11辑，天津：天津人民出版社，1980年，第120页。

号,任业务主任后,得到了福建帮大户高次平、徐鼎楷的支持,营业状况甚佳。1937年日本入侵天津,物价上涨,他改变了策略,以借款购货,在1939年在后院干黑银号,并结交权贵。后来投资于银号、工厂、茶庄以及典当业。① 又如,耿日初以私人入股的方式开办永安茶庄,靠自己的信用"向西头局店、茶庄赊欠货物,经门市部销货后归还欠款","在经营中得到了通泰茶庄、广裕茶庄的大力支持,业务做得很活跃,从此在河北大街一带稍著名声"。②

商业中的实物借贷,一般是以赊欠的方式进行的。实物借贷在商业中有时非常复杂,涉及市场价格的涨落问题。因为近代天津市场物价变动比较大,所以有时实物赊欠问题比较难办。张宝树在1940年先后卖给胡少舫焦砖等共计63906块,1941年,因对方不还款而上诉要求偿还欠款并给付利息共计国币98.95元。但胡少舫认为砖自始至终并未涨价,对原告追加涨价砖款的要求难以认同。结果天津地方法院驳回了原告的上诉。③

账目的串换很难清理,还常常有抵赖不还的情况,需要专业人士来看账才能清楚。如1917年,刘玉章到天津商会要求就与刘长胜的串换债务进行评议。因为商会中人对商业账目较为熟悉,能看出其中的问题,所以当时的法院遇到账目上的问题也常常送请商会协助审看。④

天津本地商人和外埠商人之间也时常有串换债务关系发生。如1909年,有一个在直沽开设吉兴米面铺生意的人,与定州城南西张谦村人梁洛敏及其胞弟梁五(二人在天津包工)发生了交易。梁洛敏兄弟"取用米面浮借银元共有400余元,除还下欠163.5元",但自上一年9月间回家后就没回来。米面铺要求商会进行追偿。后来天津商会将这个案件传送给了定州公堂。⑤

外埠的赊欠和串换债务关系对天津许多行业的兴衰也是至关重要的。如天津贩卖鞋的鞋客,资本一般不多,加上同业内部竞争,所以营业上现款甚少,而赊欠的情况非常多。赊欠的时间长了,信函索要无效,就得派人催

---

① 慕羽:《广裕茶庄经理王敬之》,中国人民政治协商会议天津市委员会文史资料研究委员会编:《天津文史资料选辑》第93辑,天津:天津人民出版社,2003年,第182~185页。
② 徐鲁真:《永安茶庄经理耿日初》,中国人民政治协商会议天津市委员会文史资料研究委员会编:《天津文史资料选辑》第93辑,天津:天津人民出版社,2003年,第191页。
③ 《张宝树胡少舫偿还货款及利息》,天津地方法院及检察处,1941年,天津市档案馆,档号:J0044-2-057568。
④ 《益聚永刘玉璋诉刘长胜债务》,天津商务总会,1917年,天津市档案馆,档号:J0128-3-004543。
⑤ 《米面商吉兴号控包工梁五等浮借洋元转请定追偿》,天津商务总会,1909年,天津市档案馆,档号:J0128-3-001537。

索。赊欠货款只凭顾客信用,毫无保障,常常导致的结果是呆账累累,倒闭的情况时常发生。① 杨梓年是天津的一个著名商人,据他回忆,外地客商在天津住庄的有周边的各地商人帮派,卖货的多依靠赊销,月底、半月还款。一旦遇上了破产户,摊上了"荒账",轻者本店遭受损失,重者波及本店的存亡。那时"山西帮到月底半月还款时,一般地可还30%到40%,最差的是保定帮和顺德帮,仅给20%,有时还不能给"。② 可见,赊销往往是商业竞争的需要,不得已而为之。

天津作为北方进出口贸易的中心,这里中外商人之间的商业串换关系也是非常密切的,赊欠垫款的事情更是平常。"在进口贸易中,洋行与买办之间普遍采用的交易方式是赊销。"③如洋布商采用试销、赊货、推销等办法打开销路,而布商依靠洋行赊货。天津隆泰成、恒昌厚等商号就是如此经营的,还有兼代洋商售货的77家代销店,其赊货达1500余万两,可见当时中外民间赊欠的数额之大。④

近代在天津的外国人之间也有着借贷关系,如"威尔第为德商华茂洋行行东,因欲在津埠租界大沽路第八段B字、C字地内建筑房屋,需用款项,于民国二年(一九一三年)十一月十二日与比商义品公司订立借款合同,借用平行银二万八千两,言明视应造工程之多寡,为分别付款之时期。借款利息长年九厘,按一、四、七、十等月一日先期交付,如有拖欠并加复利,即以建筑房屋及其地基作为抵押,担保本利及因此所生之费用。此项房屋须保火险,保险单据应交付放款人(义品公司)收执。借款人(威尔第)如违背合同条款,放款人用挂号信通知,一个月后仍不完全履行,放款人即有完全收管一切抵押之权,并可随时出卖。民国八年(一九一九年)一月为还本之期。以上各节,经双方协议,订明合同。义品公司迭经交付借款。"⑤

（二）保证信用借贷

在日常商业活动中,私人之间常常产生借贷。如没有保证,没有手续、

---

① 谷源田:《天津鞋业之组织》,李文海主编:《民国时期社会调查丛编》,福州:福建教育出版社,2005年,第466页。
② 杨梓年:《从学生意到工商业者》,中国人民政治协商会议天津市委员会文史资料研究委员会编:《天津文史资料选辑》第73辑,天津:天津人民出版社,1997年,第55页。
③ 庞玉洁:《开埠通商与近代天津商人》,天津:天津古籍出版社,2004年,第72页。
④ 胡光明:《论早期天津商会的性质与作用》,《近代史研究》1986年第4期。并参见直隶高等审判厅编:《华洋诉讼判决录》,北京:中国政法大学出版社,1997年。
⑤ 直隶高等审判厅编:《华洋诉讼判决录》,北京:中国政法大学出版社,1997年,第258页。

收据,也没有抵押,一旦有纠纷则难以解决。如1938年任国清和其亲戚陈闫氏做买卖因债务问题争吵。陈闫氏声称任欠自己640元,向其索讨,对方竟不承认。任国清则称陈闫氏穷极无赖向他讹诈,并无借贷及寄存款项之事。① 这些无手续无凭证的借贷对商业的交流不利,因此信用保证就非常必要。

在天津民间商业借贷中,请人作保是一种常见的现象。在商业借贷中,保人可以是个人、家族、店铺等。铺保的信用担保是天津近代商业借贷中最为常见的借贷方式之一。当时在城市开办商业或者借贷乃至办理许多日常事务,都有找铺保的习俗。如1938年,聚和栈柜上担保合兴隆用汇票1700元买怡祥棉布。汇票到期,司账武宝臣不付款。怡祥号又派余姓找武姓讨要欠款,没能给付,于是怡祥号告到了警察局。② 有文章对一个外地人在唐山合股办事业而社会局要求有殷实铺保之事表示了不满,作者带有讽刺性地提出:"铺保高于一切。"③《益世报》的另一篇文章也对铺保制度表示了不满,对当时人心不古的现象表示了遗憾:"在中国顶严重的话是以我的人格作保证。其实,人格这种东西,在有身份的人们看起来是至高无上,拿到社会上来用,还远不如一个淡红色的油盐店的水印。可见市价最低廉的东西也就是人格……在这个去处,民无信不立这句话恰好等于放屁。说真切了信这东西,如果说有,说的就是金钱。因之铺保比人格才值钱得多……如果你是没有钱,不止住房,一切加上一切都没有铺保管用。"④这个评论体现出了当时社会信任度的降低和这个时期保证信用的普遍性。

商业借贷中由中介人担保的事情也是常有的。如天津三角地李家店掌柜李五兴、住客彭德成二人曾为人作保在王治兴车厂赁车两辆。不料拉车人起意不良,将车拐逃。⑤

保证信用也时常出现问题。保人在借贷双方出现问题的时候还有调和的作用。赵庆堂在1941年凭中保人赵秉鳌、赵秉寅借给赵秉宽国币

---

① 《裕泰和李景华诉天顺居王允顺债务》,天津商务总会,1915年,天津档案馆,档号:J0128-3-003991。
② 《武宝臣等纠葛细节婚姻债务案》,日伪天津市警察局,1938年,天津市档案馆,档号:J0218-3-000448。
③ 慕一:《求人盖铺保》,天津《大公报》1929年4月13日,第4张第16版。
④ 小工:《铺保论》,天津《大公报》1929年4月6日,第4张第16版。
⑤ 《保人被累》,天津《益世报》1922年7月1日,第3张第11版。

3460多元,月息1.8分。① 1942年,瑞泰成赵庆堂告赵秉宽,要求偿还欠款。这个案子中保人和被告是亲属关系,最后在中人的调和下以先还2000元再如数偿还其余部分的约定使原告撤销了诉讼。②

保人一般承担有偿还债务的责任。如1939年闫立才状告刘佩华、张书岩、刘恩波要求偿还债务。因1930年刘佩华将闫立才的货物贱价卖出,得款享用,月息1.5分。张书岩、刘恩波两人是担保人,也一起成为被告。③

（三）抵押借贷

抵押虽然不是传统商业上惯用的信用方式,但是在近代天津商业借贷关系中也日益常见起来,当时法律对抵押借贷也有相关的规定。天津近代商业交往中,许多行业的生存和发展也离不开抵押借贷,其中天津地毯业的抵押借贷具有一定的代表性。

地毯业是近代天津民间一种重要的工业,在经营中,时常遇到金融周转的问题。在发展较好的时候只要赊销就可以借贷钱,但是在发展停滞的时候,只好向典当业进行抵押借贷。各地地毯作坊及工厂因为资本组织和经营方法的关系,大多数是小本经营,其中房租的支付为数较大,几乎居全部费用的80%,所以制造者必须设法找到周转的资金,"其最常用之方法,为向其定货之买办处,先行借款。此等借款,除制造者之个人信用外,不须任何担保品。不徒可以从买办处借款,且可赊欠食物,以供给工人之需"。④ 但是因为与金融界关联较少,有连带关系的商铺,如米面店与毛线厂,虽然都可与地毯行有赊期的约定,"但遇地毯行市停滞,或定货因工作不符,此时须囤积待沽,银根束缚,更形加紧"。所以,一旦遇到此种情况,地毯业往往"向典肆中取质"作为周转的办法,"然典肆章程严苛,非备齐本利不能照赎,设于典期中,遇市况发动之际,不能措付所典之数,只可认其机会错过而已",给从业者造成的损失非常巨大。后来,还出现了"专营地毯抵押之营业,至今日更呈兴盛。但其章程亦系类于典肆",不同之处在于"能在抵押期中,将地毯发往各洋行脱售,其利率为月利百分之二至百分之二点五,货值百元者,可贷七十

---

① 《瑞泰成赵庆堂赵秉宽债务》,天津地方法院及检察处,1942年,天津市档案馆,档号:J0044 - 2 - 061147。
② 《瑞泰成赵庆堂赵秉宽债务》,天津地方法院及检察处,1942年,天津市档案馆,档号:J0044 - 2 - 061147。
③ 《闫立才刘恩波债务》,天津地方法院及检察处,1939年,天津市档案馆,档号:J0044 - 2 - 044564。
④ 南开大学社:《天津地毯工业之调查》,天津《大公报》1930年5月12日,第2张第6版。

元。并于贷款之际,将抵押之地毯由物主书名限定最低价值,允放款者随时出售。其间经放款出售者,并不取何等手续费用",但是在暗中捎价这点上与典当业则是一样的。① 从这个材料看来,因为内部竞争和外部金融环境的关系导致地毯业不得不向典铺和抵押借贷者抵押以周转资金,抵押是在其他借贷方法无效之后迫不得已采取的办法。

在近代商业借贷中,即使是抵押借贷也需要保人。如赵金波在1920年,用大小生铁板24802块,向聚兴诚放款部押借银洋3500元,月息1.5分,约定3个月偿还,并由永昌洋行作保。到期后赵金波没有还款,人又逃了,债权人要求他在1个月内回赎,否则除将抵押货品变卖外,不足部分由中人永昌洋行负责偿还。②

程本固认为信用放款第一要义在能随时调查借款人财产上的增减变化,第二要义在明悉借款人借款之用途。他认为当时中国经济社会处在幼稚期,雇佣调查不准确,信用风险大。③ 他还认为抵押放款也不十分保险。因为抵押物的市场价值难以预测,所以抵押物以能随时变卖的才是最值得的。他提倡垫购抵押放款,既明确担保用途又缩短偿期,推崇经济产业发展少用流动资金。④ 然而,这些建议与中国传统的信用观念不合,在当时未多讨诸实施。

在近代天津中外借贷关系中,抵押方式是常用的,一般都以房地作押,如"王幼三、王仲奇曾于民国四年九月间,凭中友张敬元、李少田说合,以自置河滩地一段计二十一亩零六厘六毫其文、契一纸押借福成德号银洋八千元。言明一年半以内准王幼三等变价还洋,过期归福成德号变价备抵,无拘卖价若干,不与王幼三、王仲奇相干,立有借字,交福成德收执为证。"⑤

三、借贷的拖欠与追偿

(一)讲求信用

在商业活动中,债务问题是从业者经常遇到并需要及时处理的。商号

---

① 《天津地毯业抵押借款概况》,天津《大公报》1927年8月22日,第4版。
② 《聚兴诚放款部启事》,天津《益世报》1920年10月23日,第3张第11版。
③ 程本固:《信用放款及抵押放款与垫购押款之比较》,《银行周报》第5卷第38号,1921年10月4日,第5页。
④ 程本固:《信用放款及抵押放款与垫购押款之比较》,《银行周报》第5卷第38号,1921年10月4日,第6页。
⑤ 直隶高等审判厅编:《华洋诉讼判决录》,北京:中国政法大学出版社,1997年,第252页。

的成立、运营、出兑、倒闭、分家、内外纠纷、人事变动等都会关系到债务问题的解决。为保证信用而变卖店铺的事情是常有的,①下面这个声明也反映了近代天津早期商业上债务问题的处理情况:"本埠南市慎贻新里口杏花楼中西饭庄因各股东志图别业,愿将全份家具一概兑出,今由合记接办,更名杏花楼合记饭庄。准期旧历正月十八日所有以前杏花楼中西饭庄之名义欠内欠外账目等项,仍旧归旧股东自理,与杏花楼合记无涉。"②庆昌号因为有一个与之重名的商号,于是发表声明,以防债务问题的纠缠:"敝号与去年在公益栈庆昌号并不一事,如该号同人在外借贷银钱赊欠货物招摇生事等情于敝号毫无干涉。"③还有一个分家清理债务的实例:"本栈在津开设鲜果货栈历有年所,承远近客商嘉许,曷盛欣感。原因该栈系仝萧两家合股,搭作和睦无疑。兹因萧姓股东年迈不欲合志经营,决意分手,曾经中友共同核算,即将萧诊山君名下股本得利如数提清,并立有分白,逐件明晰,所有内外欠均已平分清楚,毫无纠葛,不清之处当经中友共同议明。而锦泰栈之生意,仍旧归锦泰栈仝记自行作成,照旧营业。至于以前客人存货借款,均归锦泰栈仝记一面经理,概不与萧姓相干。惟以前栈内作用之戳记图章,眼同中友剖作两份,双方收执,俾杜流弊。及至字号匾额仍更换锦泰栈仝记,以便区别,惟新用戳记图章,亦概加锦泰栈仝记二字,而免混同。自登报声明之后,务望惠顾诸商须认明锦泰栈仝记图章为凭。"④还有一个清理欠账的实例:"聚顺和货栈开设多年,今因股东纠葛有友人调处,凡旧号一切事宜,已归沈树桂自行接替。系原地原人所有欠内欠外各项账均由同茂笙担负,如有聚顺和存条保条由二十八日起至初三日讫,五日内来栈换清,过期不负责任。"⑤还有一个辞退雇员后防其在外借贷影响商号的声明:"敝行走街何汝梅于阳历4月1日业经辞退出行,倘有伊自行在外挪借钱项担保等事,本行概不负责。"⑥

信誉是商业交易的生命线,重视信誉是中国商人的良好传统。许多商号对自己的信誉都非常珍视。即使遇到特殊的情况,如自然灾害或者市场变动、战祸动乱、原债务人身亡等等意外,债务问题也往往要有个说法,以示信誉。如李荣舒经营益德裕宁晋总店,自庚戌盐务风潮后,因为资本开

---

① 《卖店还债的告白》,西集福兴斗店记米店,1906年1月,天津市档案馆,档号:J0128-3-000143-041。
② 《声明广告》,天津《益世报》1917年2月10日,第2张第7版。
③ 《紧要声明》,天津《益世报》1917年4月20日,第3张第11版。
④ 《锦泰栈仝记仍旧营业广告》,天津《益世报》1917年3月12日,第3张第11版。
⑤ 《布告声明》,天津《益世报》1917年3月25日,第3张第10版。
⑥ 《声明广告》,天津《益世报》1917年4月6日,第2张第7版。

始不足，又因为水患频仍，外县利息加重，得不偿失，于是打算另招股东改组维持运务，为此他登报声明："所有以前鄙人经手益德裕盐包银钱账目并欠内欠外一切，全行交代清楚，并无纠葛不清等事，特登报声明以重名誉。"①又如1917年，万顺祥号在天津做钱粮皮油生意，因为市场变动、利息太重导致无法还债，只好要求用自己的房产和土地抵债，以维持自己的信誉。他表示"拟将敝号所有各货以及房田产业，并各庄坞所欠内各款，尽其所有，全数抵偿欠外各债。……誓不坑人，容缓筹抵"，并希望商会帮助他清理。② 从上述文字中，可见各商号对自己的信誉的珍视与对无法偿还债务的无奈心情。

有的债务人甚至因为无法偿还债务，一死了之。天津日租界小松街二十二号兴顺隆栈，有个寓客滕宝锐，因为开设一个烟摊，亏损了数千元，无法偿还，以致于在寓室内以剃刀刎头自杀。③

(二)债务纠葛与逃债、赖债和躲债

信用对商业的运转来说具有极端的重要性。正如蔼庐所言："近世工商业之勃兴，贸易之发展，皆以信用为之枢纽。而其危险之程度亦与时俱进焉。当此信用经济时代，债权债务悉由信用而发生，债务履行之意志如何，能力如何，其影响债权者甚巨。"但他也看到，在近代的转型时期，债权的维护与中古时代完全不同了："顾银行为信用媒介机关，宜加以相当之注意。昔者信用之范围局限于一地，家产相承，执业有定，而今则不然。债务者即散处于各地，复时变其经营。况今日之事业规模较大，竞争尤烈。微征信不克补充其资产值不足，于是债务者竭力膨胀其信用，充其资产之不足。一旦破绽毕露，遂至不可收拾矣。"④他认为近代以来，财产的流动性增加了，市场范围空前扩大，对资产的控制与调查了解非常不足，导致了债务风险前所未有的扩大，所以主张设立征信机构，加强社会信用。

随着天津近代转型时期到来，商业交往的增加，市场范围的扩大，借贷风险日益提高，人们的商业道德有所下降，逃债、赖债、躲债等种种情况屡见不鲜。下面就是一些因债务而争吵的例子："西头大药王庙欠广泉钰药店同事谢志汉，在南市华纶洋布铺与该铺长商煨阶催讨染债，致起纠葛，口

---

① 《李荣轩启事》，天津《益世报》1918年9月29日，第3张第11版。
② 《天津商会档案汇编(1912—1928)》(2)，天津：天津人民出版社，1992年，第2394页。
③ 《日租界昨发生因负债无法还剃刀刎头而死》，天津《益世报》1935年6月7日，第2张第5版。
④ 蔼庐：《征信所概论》，《银行月刊》第1卷第9号，1921年9月5日。

角不休。"①"鼓楼东振泰成衣铺掌柜于泰平,四十八岁,天津人,曾欠……永丰布庄洋七十元。拖欠很久了,昨天上午布庄的掌柜朱宝章在一饭庄前遇见于,双方争吵起来。"②"利康烟公司罗云涛因刘松然赊欠烟卷洋不还,昨晚互相争吵不休。"③这些争吵的情况说明了当时人们对信誉重视程度降低,商业道义下降。

在无法偿还债务的情况之下,一些人还选择了弃铺或者迁移逃债。"近以本市各业商号,有因亏累潜逃或私行迁移不往该处呈报者,以致税收欠交。故凡开业歇业,在申请书上加盖殷实铺保戳记,以昭慎重。"④可见当时弃铺潜逃的后果是很严重的,对市场的转运、国家税收和商业信誉造成了极大的损害。这些弃铺逃走者连累了保人、坑害了债权人。受害人只好将店铺留下的东西清理拍卖抵偿,一般都是资不抵债。下面是一些弃铺逃债的案例,显示了当时商业信誉的缺失很严重。"南宫大街大兴画铺铺长孙庆兰,年二十岁,山东人,昨弃铺潜逃。"⑤"河东十字街西同义彩染店掌柜刘仲全,三河县人,因亏累弃铺潜逃,当经特别二区将保人河北三马路秀志染店张锦堂传区,转送检察厅讯办。"⑥

更有甚者,想尽各种办法赖债、逃债。兹举几例:乐盛大磁号,曾于数年前歇业,拖欠各界债务均未清偿。后来该号铺东又在津开设复兴昌新昌和两磁庄,以致旧债主纷纷向其索债。一天,有陈杨氏控告该铺东欠银1800 余两,经地方庭判决,如数偿还。而乐某以该款系属旧账,设词狡赖,"并在高等庭上诉,现已于十二日公开审理,闻乐某托某人向司法界说项"。⑦ 1916 年,兴达号洋货铺铺长宋云舫欠福生厚货款 284 两多。经人说合,分年归还,立有存据。但是 1915 年的腊月债务到期后,福生厚派人向宋云舫催款,而宋"分文未还,一派空言搪塞",所以福生厚要求商会评议,追偿债务。⑧

在天津商人与外埠商人之间的串换、赊欠等债务关系中,因为距离遥远,信用有时很难保证,债务问题时常发生。1916 年,陕西榆林府字号德

---

① 《逃债纠葛》,天津《益世报》1922 年 11 月 12 日,第 3 张 11 版。
② 《债务争吵》,天津《益世报》1929 年 2 月 3 日,第 3 张第 12 版。
③ 《要债争打》,天津《益世报》1922 年 6 月 30 日,第 3 张第 11 版。
④ 《各业商号开业歇业须觅铺保,防范弃业潜逃影响地方税收》,市营业税处函商会转知各商,天津《大公报》1933 年 5 月 25 日,第 3 张第 9 版。
⑤ 《弃铺潜逃》,天津《益世报》1925 年 2 月 15 日,第 3 张第 11 版。
⑥ 《弃铺潜逃》,天津《益世报》1925 年 2 月 17 日,第 3 张第 11 版。
⑦ 《债务纠葛》,天津《益世报》1922 年 8 月 11 日,第 3 张第 11 版。
⑧ 《福生厚诉兴达号铺长宋云舫债务纠葛》,天津商务总会,1916 年,天津市档案馆,档号:J0128 – 3 – 004330。

成厚铺掌王谦在源泰瓷庄购买瓷货共合银 195 两多。发货之后,言明在中秋节前来清账。后来到期不还款,如源泰瓷庄顾静轩经过调查发现"王谦竟由津购买木料,去年丰镇售卖。又由丰镇购买麦子去北京售卖,皆获厚利","其家中甚富,广有产业。且在汾州府开设驼店,沿路生意甚多,此账不难归还"。11 月初,王谦到津,不久又私自潜逃。所以顾希望商会出面"准移请榆林迅速传追将款兑津"。①

有的债务人财产被查封后,私卖盘货以逃避债务。天津河北律纬路稻香村生意赔累,经债权人等共同盘货,计价值 3700 元,不准债务人私自挪用,并在审判厅备案。之后,债权人永义生肉铺尚春岩在法租界发现朱子和代该稻香村私卖之盘货,于是鸣捕将朱子和带交法工部局讯办。经尚春岩查得,稻香村所存货物短少 1500 元之多。②

此外,还有一种债权转移的情况。1929 年,张慎安状告朱彤耀等四家商号,要求他们如数清偿债款洋 6570 元,并赔偿迟延利息。四家商号将欠债转移给了香港国民银行。法院最后驳回原告,认为该债权既已移转,原告何以不令文祥各号更名过账,而仅空言谓已与各号兑明,被告文祥等四号拒绝清偿,原告对于黄业文的债权既不能证明有合法取得之事实。③

近代天津商业借贷中,还有许多欺诈借贷。深县人郭崇墉、苏长荣二人,在孙长有经营之长发顺油店工作。孙并无商业常识,依赖郭、苏二人办理,不料二人用心不善,合谋欺骗孙某贷款 500 余元。④

近代天津时有讨债人失踪的事情出现,说明这项工作具有一定危险性。如天津人李宝琦,在特别二区金汤大马路三合成电料行充当工匠,为人忠实异常,不料一天铺掌派其外出讨账,竟然失踪了。⑤

(三)追偿

债主最为关心的就是债务能否到时偿还。如果不能偿还,则需要采取措施追讨。偿还的方式主要有当事人赔偿、保人赔偿、拍卖抵债、转兑等。赔偿案例如:天津市内有六家商号以诚记永拖欠货款、违背前约,要求这个杂货铺归还债款。当时商会已有评议,可以查封还款,但是碍于情面,没有

---

① 《源泰瓷庄顾静轩诉陕西榆林县德成厚铺掌王谦债务》,天津商务总会,1917 年,天津市档案馆,档号:J0128 - 3 - 004444。
② 《债权纠葛》,天津《益世报》1926 年 3 月 23 日,第 3 张第 11 版。
③ 《抵押放款债务诉讼卷》,中国垦业银行天津分行,1929 年,天津市档案馆,档号:J0209 - 1 - 000003。
④ 《合谋欺骗》,天津《益世报》1925 年 2 月 21 日,第 3 张第 11 版。
⑤ 《讨债失踪》,天津《大公报》1935 年 1 月 9 日,第 2 张第 6 版。

执行。诚记永先是要求开业分年归还，可是开业后一直也没有完全偿还。所以这六家商号要商会执行原来的评议，查封诚记永，以维持债权。①

如果欠债人不能偿还，有保人或者铺保的需要由保人或者铺保代为偿还。一天早晨9点余钟，天津鼓楼西的贾永发、王士车二人因债务争吵。贾永发指控王士车作保，借债7元，但是债主潜逃。他认为欠款应由保人偿还。当时警局讯明情况后，令王士车于五日内寻觅债主，否则须履行其保债的义务。②

保人有时不止一人，还有的分为初保人、转保人等情况。如1905年，陈润生到商会控告保人李永和，因为欠债人不知去向，要求其代为偿还债务。保人中"徐鹤桥亦非真正被告，不过代为具保"，而花翎守备李永和"系转保之人"，据当时天津的一般习俗"纵令原欠之人尚在，如实无力归偿，亦不过折半清结，今原欠之人既经隐蔽，理应初保之徐鹤桥代偿，乃初保者脱身事外，致转保者接续代偿，已属仁至义尽"。③

没有保人而有抵押的，可以拍卖抵押品或者拿商铺的资产抵债。"李汝善诉李德荃债务一案，业蒙天津地方审判庭判决偿还银4900余两。该李德荃逃跑无从，已将土房坐落东沽地方现租常关房产一座折价洋2000元，由厅给证明书，抵还斯债。"④

还有一种对付债务的方式就是转兑或转型。1911年，永益成当的张家林、吴玉堂等人因周转不灵无力还贷，87家债户力主请改办公司："此为据实陈明商务总会宪绅统核抵债值数，环请众债主议抵，以免拖累而结积欠。"他们依据的是"有限公司倒闭，将合资或股份银两缴足变售公司产业还偿，不另向合资人或股东追补等办法"。这个案例中，债权人大概认为这个商号还可以盈利，想继续办公司，并且对今后的债务问题也进行了规定，⑤最后以收兑方式结束了债务。1913年这个公司又办不下去了，改为同盛当收兑，最后议定为"所有益成当公司新旧各事自当均由张品三一人清理，概与商及同盛当无干"。⑥

债权团（委员会）是天津近代民间社会追讨债务的一个重要的组织，在钱业、银行、典当业和民间商业借贷中都出现了债权团（委员会）讨债的

---

① 《诚记永债务之纠葛》，天津《益世报》1922年6月13日，第3张第11版。
② 《保债被控》，天津《益世报》1925年3月29日，第3张第11版。
③ 《陈润生控徐鹤桥李永和担保债务》，天津商务总会，1905年，天津市档案馆，档号：J0128-3-000155。
④ 《声明广告》，天津《益世报》1917年5月3日，第2张第7版。
⑤ 《天津商会档案汇编(1903—1911)》(上)，天津：天津人民出版社，1989年，第722页。
⑥ 《天津商会档案汇编(1903—1911)》(上)，天津：天津人民出版社，1989年，第725～726页。

现象。1931年法院向天津商会询问天津民间债权团的习俗，天津商会回答："凡债务人于破产之前，陈请本会清理。经过合法评议及在法定机关备案者，其清偿分配办法，经大多数债权人同意后，对于本案清理，自有约束效力。遂少数债权人之有独持异议者，多数债权人故不能强制其不另起诉。然少数债权人之异议，绝不能破坏多数债权人之议决，故遇此等场合，向系依绝大多数决议办法，平均分配，一体偿还。至少数独持异议，另向法院起诉者，其应得之数，由会暂与保存。"①

普通商铺的债务有由债权团进行清理的。如天津市的文利鲜货庄因营业失策，亏累甚巨，全部债务约达18万元。一般债权人不忍该号破产，组织债权委员会管理一切，但是出现了"一般小额债权人多有不经债权委员会竟向该号讨债"的情况，对于商号的营业产生了不利的影响。于是债权委员会召开会议进行讨论，"决定所有小额债权人一律偿还二成，了结债务以资清理，刻已通知各小额债权人征求是否同意"。②隆元当因为本家银号倒闭，"由债权人等26家组织债权委员会，监管隆元当一切财产，以备优先受偿之资业"，"该当经理正式承认……至少限度亦应照以上数额完全交由债权委员会分配偿还，嗣后凡有收入款项及一切家具不动产均交债权委员会收存保管之，不得移作别用，以听随时分配偿还等"。即使是官款也被纳入了债权委员会的管理范围之内："此次所组织之债权委员会亦将此项官公各款加入债权以内。"③1928年，发生了著名的协和贸易公司诈骗案，这个公司债务的清理也是由债权团完成的。④ 1935年，明华银行倒闭，明华银行的存户就转变为债权人。天津的债户组成债权团，要求按照北京的方法以当地的债权抵当地的债务，发起债权团登记。⑤ 各种款项达40余万元，其中以储蓄、抵押占最多数。"为早日解决此款……假河北黄纬路天津律师公会举行债权团会议，研讨各应付办法。"⑥债权人们自发组织起

---

① 《债权分配清偿款物办法不因少数异议而变更》，天津《大公报》1931年9月27日，第3张第7版。
② 《文利号鲜货庄清理债务小额债权偿还二成》，天津《益世报》1936年8月4日，第2张第5版。
③ 《民国二十九年十月典当业公庆堂禀稿底》，天津市典当业同业公会，1930年，天津市档案馆，档号：J0129-2-004314。
④ 《协和贸易公司债权团清理之经过》，天津《益世报》1928年1月7日，第3张第12版。《协和贸易公司债权团清理之经过》（续），天津《益世报》1928年1月9日，第3张第12版。《协和贸易公司债权团清理之经过》（续），天津《益世报》1928年1月12日，第3张第12版。《协和贸易公司债权团清理之经过》（完），天津《益世报》1928年1月12日，第4张第13版。
⑤ 《天津商会档案汇编(1928—1937)》，天津：天津人民出版社，1994年，第919页。
⑥ 《明华银行债权团今日召开会议》，天津《大公报》1935年6月13日，第2张第6版。

多个债权团。明华债权登记统计债户1312户,款额42550元。① 以许汉卿为主席,债权登记达700多家,款额25万余元。律师朱道孔、张绍曾所代表的债权团登记的债权人超过90万,其中有商会会员,以明华统计分行财产抵当地债务。② 最后,债务处理在债权团的监督之下完成。③ 当地商人纪华等代表天津各债权人鉴于沪市分割法院判分割天津明华财产,要求社会局以青岛成例,以当地债权还当地债务,交清理处将所有财产账簿给债权团接收办理。④

假扣押是法院追偿债务中常用的手段。如1944年,于少云请求法院停止执行判令假扣押之债务抵消假扣押之债权。他在与孟肇达的诉讼中,被判偿还14000余元,内有赔偿损失4400余元。但是,于少云在判案后,"对赔偿部分发见新证据,提供同等数现币担保,请求再审及其自二十八年间假扣押之租金已交八千余元,并另状请求传集假扣押之债务人到庭。"⑤

如果以上手段都不能解决债务问题,债权人只好进一步诉讼,或者利用民间调解的方式了。

第三节 民间商业合伙债务问题

合伙作为中国民间商业中最常见的组织形式之一,在社会经济中具有重要的意义。从合伙债务问题的角度观察,民间合伙制度还存在一些弊端,如合伙双方责任、权利模糊,没有明确的风险分担及合伙主体不明确等问题。合伙制度不健全又会导致纠纷和欺诈。在近代市场日益发展的情况下,天津商界出现了要求合伙人承担有限责任的呼吁。合伙债务的有限责任问题引起了国家和社会各方的关注,由此进行的博弈反映了各方的利

---

① 《明华债权登记昨日截止,统计债户一千三百一十二户、款额四万二千五百五十元》,天津《益世报》1935年7月1日,第2张第5版。《各方监视中明华津行昨启封,库存现款三千余元,支付外债一千余元》,天津《益世报》1935年7月3日,第2张第5版。

② 《津明华银行清理,市商会成立委员会,决定五项办法登记债权,以当地欠外抵当地欠外》,天津《益世报》1935年6月15日,第2张第5版。

③ 《三关系方面协议,明华津行今午启封,债权团决定监督办法,拟坚决要求如数清还》,天津《益世报》1935年7月3日,第2张第5版。

④ 《市商会对清理明华主张昨日具呈市政府准由债权人办理》,天津《益世报》1935年11月19日,第2张第5版。

⑤ 《于少云孟肇远债务》,天津地方法院及检察处,1944年,天津市档案馆,档号:J0044-2-072813。

益诉求和传统信任价值的影响,现代风险观念虽然被部分商界人士认可,但传统的合伙制度向现代制度的转变依然步履维艰。

合伙制度至少在春秋战国时期就存在了,其类型主要可分为两类,即资本与资本、资本与劳动,①后来还发展出介于二者之间的一些类型。此外,还有合伙与隐名合伙的区分。中国古代合伙制度大约在宋代就已经形成了比较成熟的制度,所有与经营分离,并且有了某种有限责任的萌芽,具有一定的团体性,但是股份化的趋势不明显,而且没有政策与法律上的保障。②

在近代中国,随着商品经济的发展以及西风东渐,合伙制度有了进一步的发展,在社会经济生活中依然具有重要的影响。近代天津的社会经济有了飞跃发展,经济活动所需要的投资和风险往往也非个人独资力所能及,因此合伙制度广泛存在于近代天津各种经济活动之中。如在乡村中,人们为了灌溉打洋井也订立了合伙契约。③ 在城市中,随着经济尤其是对外贸易在近代快速的发展,需要的投资量也日渐增大,合伙制度也日趋发展,不仅本埠商人之间合伙,而且与外部商人之间合伙的情况日益增多,出现了"外股"这个名词。④ 以天津的典当业为例,早期的典当业资本合伙不是很多,但是在民国后有增加的趋势,同时合股的有限股份也出现了。资本与人力合伙是绝大多数当铺的资本组织形态。其他如银号、货栈等重要的商业行业合伙的情况也都普遍发展。但是,合伙制度发展的同时,其问题也日渐突出。⑤ 在由合伙制而引发的矛盾和纠纷中,尤其以债务问题较为引人注目,对合伙制度的发展影响甚大。

一、民间合伙债务的清理

合伙制的债务问题主要分外部债务和内部债务。外部债务主要是合

---

① 刘秋根、黄登峰:《中国古代合伙制的起源及初步发展——由战国至隋唐五代》,《河北大学学报》2007年第3期。
② 刘秋根:《十至十四世纪的中国合伙制》,《历史研究》2002年第6期。
③ 《王福田等八人与闫俊有解除合伙关系》,天津地方法院及检察处,1943年,天津市档案馆,档号:J0044-2-066585。
④ 《德盛号与王九如等合伙作牛羊生意纠葛》,天津总商会,1920年,天津市档案馆,档号:J0128-3-005101。
⑤ 《德盛号与王九如等合伙作牛羊生意纠葛》,天津总商会,1920年,天津市档案馆,档号:J0128-3-005101。《王福田等八人与闫俊有解除合伙关系》,天津地方法院及检察处,1943年,天津市档案馆,档号:J0044-2-066585。《郭淑恒王景若等三人确认合伙关系存在》,河北省高等法院天津分院及检察处,1942年,天津市档案馆,档号:J0043-2-023251。《孟文波刘静波清算及分拆合伙财产》,天津地方法院及检察处,1943年,天津市档案馆,档号:J0044-2-066838。

伙商铺对外债务,内部债务为合伙企业内合伙人间的债权问题。民国时期法律对合伙债务问题有所规定。① 从这些法律的规定中可见,近代的合伙债务责任是无限的连带的,与民间习俗基本合拍。民国时期的法院在对合伙债务问题进行审判的时候也非常注重对民间习俗的尊重。如在1929年河北高等法院就合伙人商号的存款和债务问题向天津商会发函咨询:"查银钱业及典当业各商,依其营业之性质,固可吸收存款,以利周转,至其他各商号亦可随便收入存款,或借外债而又合伙营业之商号,其经理人未得合伙员之同意,擅自收入存款或借债者,究应合伙员负责偿还,抑应由经理人自行负责?"②从这个询问看,当时的合伙制度依然根据习惯法行事,法院审判的时候需要考虑到习俗问题。

债务问题在合伙营业出现问题的时候需要着重处理。合伙人如果退出,需要首先清算债务。例如冯鹤亭发布退股启事:"鄙人于民国四年曾与友恭堂李合资创设文成合皮件厂,现因鄙人另有他就,自行退股,业经清算完结。"为防止之后与这个商铺扯上债务关系,他继续声明:"从此鄙人与该号断绝关系,所有号中欠内欠外均归友恭堂李一家担负,鄙人概不负责。"③

合伙商号散伙的时候,也需要清理债务,避免之后的麻烦。如李桐五发表启事:"鄙人与赵小亭合伙作桐聚兴药行,不意因亏累于5月初间当面议定歇业。所有将家具等项作抵,均经核对清楚。嗣后如有意外事项发生即个人名义在外赊借等情事鄙人概不负责。"④

民间合伙债务的处理,一般以传统人际关系为基础,按照各自的习惯处理。如1922年夏,由积庆堂出资48000元、松荫堂出资8000元、德本堂出资4000元(并历年公积存款44000元)合伙开设聚丰永银号,宁彩轩为监理,崔兰亭、王仲贤为经理。1936年1月21日,聚丰永因为维持不下去了,宣布清理。在中友人钱广斋、李云坡、于稚武、王向宸等在场的情况之下,立了散伙的契约,一一分白。分白中最为重要的内容就是债务问题的处理。这个银号的债务主要有欠金城银行的款、号内外的抵押欠款以及店铺中同人的长支(内部人员向自己银号借贷)共达30多万元。对于这些欠款,除欠金城银行的用日租界永庆里、汉益里房地备抵外,其余的都由崔、

---

① 杨立新点校:《大清民律草案民国民律草案》,长春:吉林人民出版社,2002年,第104~107页。另见陶百川编:《最新六法全书》,台北:三民书局,1981年,第123~125页。
② 《一般商号存款借债责任问题》,天津《大公报》1929年6月1日,第3张第11版。
③ 《冯鹤亭启事》,天津《益世报》1920年6月8日,第1张第2版。
④ 《李桐五启事》,天津《益世报》1919年6月23日,第3张第11版。

王二人负责完全清理。对于经理和店员的长支和不易收回的呆账,宁彩轩表示对经存款以及原有资本并历年公积存款完全舍弃,以便清付外欠各款而早结束营业。他们希望勾销其余各欠款及呆账,概归崔兰亭、王仲贤共同承受,宁彩轩丝毫不再过问。将来欠款收进,如松荫堂崔、德本堂王分配不均致起争执,应由崔、王二人各自负责清理,与积庆堂或宁彩轩无涉。如因此侵害积庆堂或宁彩轩本人后子侄辈权利时,应由崔、王二人分别担负全部赔偿责任。① 这个清理是一个典型的合伙债务和平清理的事例,完全按照传统习俗进行。在中友人的证明下,各方本着人情关系,对内部债务进行让免,对外部债务进行分割,同时考虑到了各个家族的利益。可以设想如果没有良好的关系和传统的商业道德,这个合伙债务问题将是一场难以清理的债务官司。

  合伙人按照习惯和法律一般是共同分担债务。如 1897 年,宋杜氏的丈夫宋秉周与田小山合伙在鼓楼南大街开设涌庆号土庄。1908 年秋间宋杜氏丈夫病故,商铺也在这年年终歇业。歇业后,铺掌宋云卿交红单,共赔银 16071 两 3 钱 4 分,在 1910 年被人告到了高等审判厅,被判令按合同两姓分担债务。在清算账目之后,宋杜氏的丈夫应担负赔银 8035 两 6 钱 7 分。清偿债务后,宋杜氏表示嗣后涌庆号再有任何纠葛与她无关,由"宋云卿担负完全责任,两姓合同业已作废"。②

  合伙的形式在中国民间社会中是多种多样的。除了共同投资或入股外,铺东与铺长也是一种合伙的形式,即资本与劳动的结合中常见的一种。资本一般称为钱股,劳动一般称为人力股。这种合伙也往往出现债务问题,如某人发声明称,"贵发德升记麻袋铺在茶店口多年,鄙人因与铺掌李贵发意见不合,即行歇业。所有欠外并无分文,欠内约有 500 余元,又前后长支立有借字者总共约 2000 余元,鄙人均送与铺掌受享。日后铺中倘有异说,不与鄙人相干,有铺掌担任完全责任。此系立存分拨各执一纸为证"。③ 因为没有外债,只有内债,最后双方以和平解决了事,铺东退出。

  在近代天津的合伙债务案例中,铺长即人力股也负有债务的责任。如 1916 年,商号敦庆隆等将河东兴隆街兴达号洋货铺告到了天津商会要求评议。这家洋货铺在 1912 年拖欠敦庆隆等共银 3479 两 5 钱 6 分,当时兴达号托在街市上较有声望的跑街老人孟云卿、李坤元、赵少田等代为调停,

---

① 《关于聚丰永银号股东积庆堂宁移轩等解散合伙事项》,聚丰永银号,1936 年,天津市档案馆,档号:J0129 - 3 - 005591。
② 《宋杜氏启事》,天津《益世报》1919 年 7 月 1 日,第 3 张第 11 版。
③ 《声明广告》,天津《益世报》1919 年 2 月 12 日,第 2 张第 7 版。

要求分年偿还。经过多次磋商,最后议定分七年归还,"并由该号长当众宣言,而期分虽长,然届偿限决不能稍有异议",还规定如果"该号营业所获之利不盈,所需设有中止,须归该联号兴泰洋货铺继续如期承还,并立有存据"。据敦庆隆等调查,这个商号的东家林姓"有金钱,广有田产,且林君为人干练精于营谋。该号自将商等款项分年后,恒财广布,独出资本开设兴泰成板厂。复分设兴泰号东记洋货,生理开张以来,生意畅茂,获利咸恒,而林君之家产为之益雄"。于是这些债权人以为这个商号的欠款必能归还。但五年过去了,"其第三年应偿之款至刻尚未清还,屡经催讨,伊必饷以伎俩、手段一味拖延,是此蹂躏债权",于是他们向商会请求追偿。商会调查时发现这个商号是一个合伙的商铺,原来的铺长宋云舫已经在1912年的时候离开了店铺,有分簿为证。商会认为"东家林姓以为营业习惯而论断无铺掌替东家还账之理"。但是,商会的评议员以为:"虽此事是东家负责,宋云舫既系铺掌,立过期条则不能脱离关系。"最后商会对此事进行了如下的判决:"宋云舫来会呈出分拨,查本案宋云舫虽系里有分拨。然当日交易皆系其一人经理并分期条子系宋云舫所立,况且以分拨所载更欠有长支,当兹该东家产无力偿还之际,不能脱离关系。宋云舫请求予限期分别办理,姑准所请,予限 15 日期,实为各债权人接洽和商办理。"①可见,当时的商会处理债务问题依照民间的一般习惯,需要铺长与铺东共同负担责任。

二、民间合伙债务处理中的纠纷

近代天津合伙制度不仅有合资、合股以及资本和人力合股等形式,在合伙资金的来源上,也日益多元化,不仅有来自外地的"外股",还有外国资金的注入。随着近代天津社会转型时期的到来,社会信用面临危机,债务纠纷常见于日常经济生活之中,合伙债务问题也日渐突出。

因为受到传统的人际关系的影响,导致合伙制度在现实的合作中时常产生许多问题,以致合伙人的认定有时都难以判断。天津市真容照相馆的屠庆章先后欠孙子文 300 元及 750 元屡经索要不还,双方打官司上了法院。结果照相馆被查封,屠氏被勒令偿还 300 元。不料屠氏后来竟到天津地庭反讼孙某,说孙是股东,不但 750 元不肯偿还,反需孙出若干赔款。该

---

① 《福生厚诉兴达号铺长宋云舫债务纠葛》,天津商务总会,1916 年,天津市档案馆,档号:J0128-3-004330。

厅厅长陈世杰主持审判,认孙某为股东。孙不服,上诉高等庭,高等庭判决孙非股东,屠某应偿还750元。但是地审厅又违令不肯执行,后来孙某因不堪此项财产损失,又决定向省署控告。①

合伙人内部常常因为偿还债务问题而发生纠纷。如天津特别一区姚某曾与王彩章等在营口合伙经营宏盛粮行,生意亏折太大,不得不停业。按照一般惯例,各股均应将应赔之款摊出。但是姚某依仗势力,不认赔偿。王找与理论,姚厉言威吓,王也不示弱,因此二人扭至警厅成案。"不知何故,警厅反将王某管押,据闻王某家属,将刷印伸冤状,以明是非。"②

合伙中欺诈的现象也是常见的。1920年6月,赵俊川登报声明,说自己经人介绍,与全聚德少掌柜于子扬合伙开设金谷春饭庄。开设不到一个月,少掌柜就长支了500余元,又欠外调货钱约计1800余元,赵俊川令其将赔累情由逐一清算,还没有交代清楚,少掌柜竟私自迁出,留下一堆混账。经赵俊川反复清算,实赔2900元。赵俊川本打算到法庭起诉,后来经过中人再四开导,既认伤财,不值得再寻精神痛苦。因为赵俊川对于各债户始终担负完全责任,经中人调解,与各债户订约于1920年6月20日前持折到庄偿债。于是赵俊川在报上声明:"于子扬以前以后所有烂事以及藉金谷春名义在外借贷,以及自私担保招摇等情,概与本庄东家无涉。"③这个案例反映了当时合伙营业中存在欺诈的情况,足见传统合伙制度债务问题上负无限责任的一些弊端。

近代天津的合伙商铺大量存在多人合伙的情况,还有外来资金的注入。这表明近代合伙商铺的资金来源更为多元,合伙人之间的关系更为复杂,经营过程和一旦倒闭后的债务问题也更为复杂。合伙商铺倒闭欠债,自然要追查合伙人的责任。从下面这个合伙债务纠纷案例中,更可显现天津近代合伙制度的一些问题。

1926年5月26日,安苤臣要求追查倒闭的信义永皮毛庄的合伙人的责任。忠义堂安苤臣与慎昌账房即杜克臣、陈翊廷及陈冠卿合伙经营之信义永皮毛行,额定资本共行平化宝银30000两,三股各出资10000两,合同载明陈冠卿为总理,专执行皮毛生意范围以内之业务。不料陈冠卿心怀叵测,从1918年开业,历时6年,对营业状况没有一次报告。安苤臣以营业得失不可不知,多次催令开列清单报告,向中友严重交涉。到1924年正月十五日,商号竟然亏欠银两185894两之多。消息传出后,各银号债权者纷

---

① 《债务涉讼》,天津《益世报》1925年2月21日,第3张第11版。
② 《股伙纠纷》,天津《益世报》1925年2月15日,第3张第11版。
③ 《金谷春紧要声明》,天津《益世报》1920年6月26日,第3张第12版。

纷到商会声请公断。按照法律,合伙财产如不足清偿合伙债务,则各合伙员须依分担损失之成数;分任其不足之额,与合伙员中有贫无资力不能偿还债务,仍应由他合伙员依同一标准分任偿还。在债权人向商会声请追偿的时候,安荩臣要求先行清算,而后再行分任偿还。但是商会认为"纯系内部关系,并误解合伙债务连合分担之制,而有连带清偿责任"。这样,安荩臣负责偿还61914两7钱7分3厘,杜克臣、陈翊廷及陈冠卿负责偿还48035两2钱2分7厘之数,共合平行化宝银11万两整。慎昌账房与陈冠卿负责偿还部分共银29833两3钱3分,安荩臣还要负责偿还不足之数共银10000两。安荩臣当时为顾全对外信用关系及息事宁人起见,勉强承认了商会的判令,但要求商会"体念商艰,责令杜克臣等将前项代为垫付之款共行平化宝银87868两5钱7分7厘按数加息算还"。①

此外,安荩臣还指出货栈内还有大笔的盈利没有由合伙员分配:"又查信义永各栈存货账内,载有交由慎昌公司寄卖英美羊毛、驼毛、皮张等货9912件,计值行平化宝银56万两,共在慎昌公司以七扣预支银391276两3钱2分。按陈冠卿既为慎昌洋行华账房,又系信义永合伙之一员而兼总理,依洋行营业,虽有以货物抵压债款习惯,实无寄卖办法。退而言之,即或为信义永寄卖前项皮张等件,确为营业上一种有利之计,画然寄卖,结果获利若干,红单之内既未载明,而以预支之款与货值相较,差额计达16万两有奇,其中余利尚不在内。此款归于何地,既属不明,谓非内无勾串侵占情弊,其谁信之?此层在银行公会致公会声称尚有至少6万两找回,由此可证,前项相差之款,自属非虚,应请贵会清算,责令陈冠卿如数交出,再按三股平分。"②从上可见,合伙债务中还有银行、洋行在内的预支与抵押的款项,非常复杂,内部的勾串事情更是机密。于是,三个债务层次形成,一是合伙毛皮栈的内部债务责任,二是内部责任者的外部自营生意串换,三是与其他银行洋行之预支抵押业务等。这样形成了复杂的债务和信用格局,其中的纠缠实在是麻烦。

另外,作为经理人的陈冠卿还有许多问题。首先是他私行借债的问题,"共欠银73404两8钱1分(利息在外)"。安荩臣认为这是陈冠卿私行借贷导致的,"乃陈冠卿以信义永总理与慎昌账房经理之资格,一面擅用信义永名义滥借银行贷款,一面将其擅自借入之款贷与慎昌账房。是账名为川换,实际确系挪移。虽慎昌账房即杜克臣、陈翊廷系信义永合伙之一员,

---

① 《天津商会档案汇编(1912—1928)》(2),天津:天津人民出版社,1992年,第2043页。
② 《天津商会档案汇编(1912—1928)》(2),天津:天津人民出版社,1992年,第2044~2045页。

然依债权债务之关系,自不能不负单独偿还之责任","皮毛生理,非同银钱业可比,该总理陈冠卿果因营业关系必须借贷款项,自非得他合伙员同意,不容擅行",所以他提出请商会清算信义永借用慎昌账房款项的利率加息清偿。陈冠卿还有私自给自己开支的行为:"信义永合同仅有按股均分得利之规定,并无别给总理津贴之明文,此项津贴拨动当然不能发生效力。以上两笔收入与上开除收下欠之数,合计共25245两2钱1分,应请贵会一并追偿。"最后陈冠卿还有将款项私自借贷之行为:"查承德堂即刘镜清账座欠洋1211元6角6分,作银824两5钱3分,按刘镜清与陈冠卿系属至戚,此项贷予之款,又与营业毫无关系。"甚至在商号难以维持的时刻他还向其他人借贷:"1924年正月初八日借洋3000元,作银2040两5钱,以贷与阚富。此款时期而言,已在信义永营业难以维持、合伙财产不足清偿债务之时,自顾不暇,何能将存款贷与人?"①

1926年6月8日,买办杜克臣在知道了安荩臣要求清理赔偿责任的事情后,也发表声明表示自己早就与信义永皮毛庄脱离关系,不能负责赔偿的责任。早在1918年,因陈翊廷心怀叵测,结交陈冠卿伙立信义永毛庄,为了自己的利益,杜克臣已将营业账目结算清楚,收回股票,取消保证,注销合同,到1919年3月一切手续均办清结。在信义永生意发达的1918年,他也没有要求分得利润而信义永生意搁浅,各银行、银号之债权者均向有责任者追讨时,自然也没有涉及他。②

这个合伙债务纠纷案例表明,近代天津商业合伙制度中,存在着权利和利益分割不明确、人事和账目管理混乱、责任和债务主体模糊诸多问题,以致当时合伙债务问题非常复杂,导致商会判令也非常困难。大概因为如此,商会对合伙商号的债务问题也非常关注。

三、无限责任与有限责任:合伙债务问题上的博弈

天津近代合伙商业的债务问题对于投资实业者的利益和债权人、债务人的利益而言关系重大,常常有商号因为合伙债务问题要求商会评议,因此引起了当时商会的关注。1924年3月15日,在商会的要求下,天津银行

---

① 《天津商会档案汇编(1912—1928)》(2),天津:天津人民出版社,1992年,第2046页。
② 《天津商会档案汇编(1912—1928)》(2),天津:天津人民出版社,1992年,第2047页。

公会将近年对合伙债务问题的相关法律和判例的研究情况送交商会。①从这些情况看来,商会是比较注重保护债权人的权利的。另外,合伙人负有无限的连带责任,这与发展实业的要求不是很符合。

1924年9月24日,天津商会在对合伙债务的问题进行了讨论之后,认为在合伙债务问题上,国家的法律和民间的一些习俗不利于合伙商业的发展,为此上书直隶省长。商会认为中国的"商业多系合伙投资营业,彼此互助以期发展。有资本者未必能自营业,有商业技能者又未必即有资财,双方借助合伙营业",但是"往往合伙营业之后,虽具有企业之诚心,恒因变动而亏累者有之,因兹而生诉讼者有之。如甲乙丙三人合伙营业,殆至营业停搁,对外亏抵,当然共担责任,以其股份金额为限,方属公允"。然而法律却要求合伙人负责连带责任,"假使乙丙无资偿还外债,完全归甲代为偿还",这样导致"甲倾家无以自了"。如此这般,"合伙之结果至不能保其固有之财产,而素来甲对于所营之业务,不但无暇料理,且不谙商业情形。此时责以偿还全部,致使家产因此牺牲,长此无救济之法,则恐企业资本家人人自危,不敢投资共同合伙,将为实业障碍"。所以商会会董提议:"此种现象于商业发展至关重要,应急设补救方法。"他们看到《公司法》上"保护公司条例,虽有四种公司之规定,然只限于公司之组织,合伙营业不能援用。因其定款立案繁杂,各商多行合伙营业",因此,商会希望能够"将合伙营业关于亏累偿还外债,其摊赔各按其契约股份之数,负担有限责任。遇有亏累,各以其股份定额负担偿还义务"。② 这是具有现代意识的一个建议,力图改变传统合伙的无限责任,无疑非常有利于投资,有利于应对日益扩大的商业风险。

1924年10月8日直隶省长公署对此给予指令,否决了商会的要求,认为这样做"不足以保障债权,维持公益",而且与法律的规定不符,"绝非商业团体之议决及行政官厅之命令所能变更补救,所请核定办法一节,碍难

---

① 《银行公会函大理院判例几合伙债务偿还之担负》,天津市银行公会,1924年,天津市档案馆,档号:J0128-3-008755。大理院判例几合伙债务偿还之担负:(一)凡合伙对于外部所负担债务,从应由出名合伙各员依合伙契约所定各自分担,惟于合伙员中有贫无资力不能偿还债务者,则为保护债权人起见,仍应由他合伙员依同一标准分任偿还。(二)凡合伙之债务,除以合伙财产尽先偿还外,其不足之额应由合伙人按股分还。故债权人非证明他合伙员已无偿还资力,即不得向其一人请求全部之履行。(三)凡合伙所负担之债务,如其他合伙员皆无偿还资力或因所在不明皆无从索偿时,其债权人可独向有资力之合伙员请求偿还。(四)凡合伙财产不足清偿合伙债务时,应由各合伙员按股分任清偿之责,如合伙员中实有无资力不能清偿或债权人有难于向之索债之情形,则应由他合伙员分任其所应清偿之部分。

② 《银行公会函大理院判例几合伙债务偿还之担负》,天津市银行公会,1924年,天津市档案馆,档号:J0128-3-008755。

照办"。① 1925年1月,直隶实业厅将直隶省长的指示公诸社会,要求遵照执行。② 可见,官府依然持传统的信用伦理,驳斥了合伙制度享用有限股份公司权益的办法,迟滞了合伙制度的现代转化进程。

然而,这个问题并没有结束。因为合伙债务立法问题,终于在1935年引发一场包括天津商界在内的全国范围的讨论。事情起源于当时汉口商会要求政府修改《民法》关于合伙债务问题的规定。当时政府决定另定《商业登记法》以资补救,由民法商法两委员会会同起草,其中第九条规定涉及合伙债务问题:"合伙人之姓名,住址,出资之种类、数额如已由各该本人向营业所所在地之主管署登记者,得于其出资限度内负分担损失之责。"③汉口商会希望联合天津商会等一起电催,同意促成这个修改。可见,合伙债务问题在当时的商界是具有普遍性的问题,一直存在争议而难以解决。对此,天津商会将讨论的问题下发到了天津许多商业公会组织听取意见。(表4-6)

表4-6 商会向各行业征求意见后的汇总情况

来文处所	来文件数	意见
李心斋监委	一件	应请电催该委员会提前通过
洋广货公会	一件	应请电催按第九条原案通过
银行业公会	一件	合伙债务仍宜连带负责
干鲜果品公会	一件	赞成第九条之规定
轮船业公会	一件	对于本案第九条一致通过
米业公会	一件	应查案催请议决公布
许汉卿委员	一件	极表赞同
肠业公会	一件	合资营业倒闭时由股东偿还,恐工艺专家无资设立工厂,资本家不敢出资与人合作,对于贫民生计最大障碍
赵常务委员	一件	对于连带责任不赞成,应按成分多寡分别负责
叶常务委员	一件	同上

资料来源:《为立法院规定〈民法〉续篇合伙债务连带负责诸多难行详研签注》,天

---

① 《银行公会函大理院判例几合伙债务偿还之担负》,天津市银行公会,1924年,天津市档案馆,档号:J0128-3-008755。
② 《合伙营业欠外之办法》,天津《益世报》1925年1月12日,第3张第11版。
③ 《为立法院规定民法续篇合伙债务连带负责诸多难行详研签注》,天津市商会,1935年,天津市档案馆,档号:J0128-3-008940。

津市商会,1935年,天津市档案馆,档号:J0128-3-008940。

银行业公会4月30日回复商会道:"敝公会之意,合伙债务仍宜连带负责,不宜规定分担限度。"①银行业公会首先从法律角度指出,合伙营业常常是按照合伙者能力的大小"认伙分之多寡,盈则按股份均分,亏则按股摊派",但是这种权利义务的支配,在法律上只适用于合伙成员间对内契约的关系,而对于对外债务则没有效力。民国《民法》六百十一条规定,合伙财产不足清偿合伙之债务时,各合伙人对于不足之额应连带负其责任,"表面虽似维护债权,实则即予债务者以举债保证"。他们还从商业信用的角度指出,中国的普通商业多采用合伙制,合伙事业的组织较一切公司组织范围小,所以它不能只依靠固定资本以资周转,必赖营业信用吸收外资。但如果贷款者不得法律之保障,就会导致营业者失去吸收巨款的来源,较大的合伙事业会因此周转不灵而难以发展,较小的合伙事业会逐渐走向衰败。何况贷款者对合伙事业的投资本来是以整个事业为其投资的对象,而不是针对各个合伙个人的借贷。如果合伙事业失败之后,其债务须由合伙人按股分担,且不论合伙人数复杂众多、"住址远近、个别债务之诉追迁延烦累之苦,即整个之投资令其为个别之收集而仍不免于无谓之损失",因此不合情理。如果发生欺诈或者因为有股实的股东以信用对外吸收存款,而他其实仅入很少的股份,一旦失败,只能按照股份分担责任,对债权人会造成极大的危害。银行业公会还指出各国合伙事业"均系负连带责任,我国法例尤未便独异",主张修改条文的人没有考虑到债权人的保障,只考虑到了合伙者吸收巨款的利益,这对债权人是不公平的。法律规定连带责任可以使合伙者借贷时"不敢轻率,而于彼此间之相互监督,必发一切虞诈行为当亦不致发生,此又债权债务交受其益也"。对于那些"经济负担能力薄弱者",银行方面认为"可依照现行《民法》债编第七百零三条之规定,为隐名之合伙,则损失之负担仅限于出资之限度内而已。然则吾人苟不愿为六百八十一条之负责,尽可依七百零三条以图自护"。"我《民法》未颁布以前,债权人对于合伙债款诚有因邂负迁延烦累之苦,情愿牺牲一切,听债务人尽量折减而不为追诉者,然其折减之额未必悉按其股份制支配,更非出于贷款人之本心,何必指为递迁之习惯?"如果对合伙债务没有明文保障,债务人会借故推诿,置商业道德于不顾,反而会影响投资者的投资兴趣。

---

① 《为立法院规定民法续篇合伙债务连带负责诸多难行详研签注》,天津市商会,1935年,天津市档案馆,档号:J0128-3-008940。

所以他们反对更改法律。① 总之，银行业公会的意见是从维护债权人的角度考虑的，希望能够维护借贷者的信用，减少自己出贷的风险。

天津肠业同业公会的回答代表了另一种意见，他们认为合伙者负无限连带责任会导致出资人不敢投资，对商业发展和民生都不利，"资本家鉴于以后之损失不愿出资与工艺专家设立工厂，乃为贫民生计之最大障碍也。"②他们从投资和民生就业的角度看到这个问题的严重性，因此不赞成无限连带责任。

可见，当时关于这场争论，商界也有很大的分歧，乃是基于不同的利益和立场，但是大多数都赞成汉口商会的意见。这个规定关系到投资的信任问题，改动与否都会影响到商业的发展。

小　结

无限责任是具有中国传统和特色的信任机制和伦理，具有历史的合理性。③ 但是，随着时代的发展和资本扩张的要求，民间资本对有限责任的呼声越来越高，而传统信用伦理和各种利益关系制约了转变的进程。

有限责任对市场的扩展和经济现代化具有非常重要的意义。经济史家希克斯在论述有限公司与经济现代化发展的关系时认为："有限公司的发明是这一系列发明中最为突出的。企业通过这种公司筹集资金，并允许投资者分享利润，开始时它是进一步扩大资本市场的一个手段。人们发现当进一步按固定利息借入资金有困难或不可能时，用这种方式筹集资金有时倒有可能……如果他的责任是有限的，因而他从某一企业的失败中蒙受的损失不致超过他对该企业的投资时，那么分散其投资就对他有利，即使他是按'公平'条件投资的，这就是有限责任公司扩大市场的办法。"④合伙

---

①　《为立法院规定民法续篇合伙债务连带负责诸多难行详研签注》，天津市商会，1935年，天津市档案馆，档号：J0128－3－008940。

②　《为立法院规定民法续篇合伙债务连带负责诸多难行详研签注》，天津市商会，1935年，天津市档案馆，档号：J0128－3－008940。

③　杜恂诚：《近代中国无限责任企业的历史地位》，《社会科学》2006年第1期，第34~40页。该文认为无限责任是落后的企业制度，但是在中国近代历史条件之下，无限责任制度有存在的历史合理性。它有利于企业盈利的市场性积累，而在缺少中央银行、存款保险公司等防范金融风险的公共机构的情况之下，无限责任的钱业组织是一种降低金融风险的有限制度安排。在配套制度方面，行业协会和司法机关是保证无限责任履行其责任的制度力量。

④　[英]约翰·希克斯著，厉以平译：《经济史理论》，北京：商务印书馆，1987年，第73~74页。

制度在近代天津市场日益扩展的情况下出现了要求负有限责任的呼声。但是,这个转变涉及债权人的利益,也与传统的信任伦理不相符,同时也受到国家行政和法律的制约。而近代中国因为市场风险加大,合伙债务问题陷入了困境,这无疑也是制约近代中国经济发展的一个重要的因素。

近代中国,投资实业乃是发展近代化所必须的,而投资又必须有一个良好的制度环境,才有利于实业的发展。合伙制度作为中国传统商业最为重要的资本组织形式之一,在近代市场经济发展的条件之下,有了很大的发展。合伙资金来源日趋多元,广泛地分布于各行业。国家法律参考外国的法律制度对合伙制度也进行了规范。然而合伙制度依然在民间习惯法上运行,国家规范只是在合伙人在法院打官司的时候才起作用。民间合伙制度在社会传统的影响之下运作,制度漏洞很大,合伙主体不明确、分配管理等方面责权都不清晰,为商业上的欺诈行为预留了空间,造成民间合伙在大发展的情况之下出现了大量的问题。其中,尤其是债务无限连带责任的问题,对合伙制度发展形成了强大的制约。民间商业组织多有要求参考外国股份公司而要求改变传统的合伙制度,但是受到了银钱业以及国家政府的反对。传统的合伙制度向现代化的转变之路在近代充满了曲折。除了各方利益博弈牵制以外,打破传统的信任伦理观念,确立现代风险意识,是这个转变的关键问题。

第五章　近代天津的高利贷

高利贷是一个重要的社会经济现象,自古为国家与社会所关注,本章仅对天津近代高利贷现象作一个具体描述。

第一节　近代天津高利贷与治理

高利贷问题已为学术界多方探讨,对其产生的原因、社会影响以及政府治理也多有论述。本节对近代天津高利贷情况作一大概描述,并对政府治理的成效进行分析,以对近代中国之高利贷问题作一地方性补充。

一、近代天津高利贷产生的原因

从近代天津的情况看,高利贷产生的原因之一,是金融市场借贷资金的供需矛盾,因为"人们时常感到货币不足应用"。① 高利贷的产生也与市场信息不畅、借贷机构不健全和不发达有关,正规的借贷机构如银行等对普通人的消费借贷缺少或者手续繁杂,人们在急用款而典当价低、合会等民间借贷不及时的时候,便要去借高利贷。② 社会经济不景气,市面停滞,借贷风险提高,也会导致高利贷现象的严重化:"民间经济的压迫一天比一天严重起来,生活越是艰难,失业的便越多,便人浮于事地越发不好生活。勉强着可以有个职业安身的,却又因生活程度的日高而感觉着钱不够用,有从旁借贷救济的需要。"③

高利贷也与社会信任度低有关。社会缺少信任,导致交易成本高,借

---

① 向欣:《天津市的高利贷》,《经济汇刊》第1卷第4期,1936年12月10日,第124页。
② 天津市地方志编修委员会编著:《天津通志·金融志》,天津:天津社会科学院出版社,1995年,第276页。
③ 《小规模的放款事业》,天津《大公报》1933年9月21日,第4张第15版。

贷风险大,成就了高利贷。近代天津"放钱的人自近年屡遭人倾债以来,放钱的手法越发紧了。在先时每月收敛回来的钱又可放出,越放越多,从此发财的人委实不少。如今则皆视为畏途,纵有不少抵押品,也要斟酌一番,慎重将事,没有妥实的铺保,便不肯轻易的放手。因此颇有些单以作保为生的人,开设小小的铺面,专为借钱的人做保人。借钱的人与他本不相识,只凭友人的介绍,借到钱后,给予一定的酬谢。似这么欺骗着过去,到债户清债时,连保人也不知去向了"。①

高利贷的盛行与近代以来天津市场物价不断高涨也有关系。出于对借贷资金贬值的预期,利率走高也是正常的。不仅是消费领域,而且生产和流通流域在近代也存在大量的高利贷现象,主要是追逐利润发生的。例如在抗战后,天津"市场萧条,游资转向高利贷。因为投资商业费用大,而且依据习惯负无限责任,利润不如高利贷大,故不愿投资。于是,商业的资本转而投向高利贷。按现时普通情况,以 15 分为标准,贷款 1 千万元,每月即可获利 150 万元。以复利计算,一年本利达 4700 余万,纯利 3700 余万。兼以放高利贷较投资商业有把握,无责任。但是,高利贷的放款主要也是商业"。② 大量的资本转入高利贷,为什么没有使利率降下来? 大概与此时的物价有一定的关系。正如时人所分析的:"高利贷的产生,主观上是由于一把人都感于物价步步高涨,如果不增高利率,则贷款势必因币值低落而使所获利息不足补偿其损失。客观的原因,同样也是由于物价高涨,市场对于货币的需要增加。中央银行为了避免因信用膨胀而刺激物价,不能按市场的需要而无限度地放贷,因此大家便仰求于高利贷了","所以这里根本的,这是一个物价问题。但高物价产生了高利贷,高利贷同样也刺激着物价,两者互为因果互为影响"。③ 而物价的涨落与当时政府的经济、金融政策息息相关,民间利率与政府的政策也是存在很大的联系的,所以还应当把高利贷的产生与政府行为挂钩。

二、近代天津高利贷的资金来源、利息与形式

高利贷资金大部分源自资财者,他们有大量的余资,在社会不景气的时候,会投资高利贷事业。

一般小商人也往往是高利贷者,如在年关时,普通社会人借贷很困难,

---

① 《小规模的放款事业》,天津《大公报》1933 年 9 月 21 日,第 4 张第 15 版。
② 薛不器:《投资商业与高利贷》,天津《益世报》1947 年 2 月 3 日,第 5 版。
③ 《当前的高利贷问题》,天津《益世报》1946 年 11 月 24 日,第 1 版。

"而一般小资本家遂大作其投机贷款,其利息之重,骇人听闻。借出8元则作为10元,并分期归还,每期尚须还1.5元,此外尚有短期借款至小利息一二分(如10元每月利息一二分)恣情盘剥,实为造乱之源"。①

流氓也是高利贷的释放者,如天津著名的混混之一张春荣就是以高利贷起家的。他的祖父在世时有小楼一幢,变卖大洋(银币)1400元,他就用这笔售房款和其祖母陪嫁的金镯子折合现款,以放高利贷为生。传到张八这一代,更为变本加厉。"据闻放这种高利贷的名称为'孝帽子钱',每月利息高达18%,在半年内就可本利相平。如果借了这种类型的高利贷,到期还不了则滚利盘剥,结果利息超过本金,即俗说子比母大,逼得债务人走投无路,就是卖儿卖女也还不清这笔阎王债。"②又如,脚行即搬运行业也被一些流氓把持,脚行的头头们常常利用高利贷剥削脚夫:"脚行内大都设有赌场。同和义脚行一工人一冬没有穿上棉裤,刚向脚行头子借钱做了一件,没两天,就在赌场输给头子了。脚行头又大都开当铺、小押,放高利贷,开滦脚行头子李胜东就是一个大高利贷主。"③可见,脚行和放高利贷者、赌场、当铺、小押等关系密切。

民间合会的资金也是高利贷资金的一个重要的来源。如哈广义等六人非法经营高利贷案,借贷资金全来自标会。

贫民对贫民也常常释放高利贷。如20世纪30年代,灾荒导致一些山东、河北等省的贫民和灾民来到了天津。这些人大概四五千人,他们生活非常困苦,吃住都很困难,生活的环境也很差,住在法政桥向西到曹家花园地段。"这里虽然全是贫苦的人,但是还有放债的小财阀和小地主。就是借给这人1元钱,每日要还1毛钱,到了11天,本利全清,这可说是穷鬼杀穷鬼了。"④

此外,国家和政府官员的资金也常常是高利贷市场的重要来源。⑤ 放高利贷者可以说是来自近代天津各个阶层。除此以外,还有外来资金。如三轮公司(经理白井寿彦,年23岁,日本商人,住津埠日租界)赊借胶皮带,对以人力车为生的劳动者放高利贷。⑥

---

① 《重利宜禁》,天津《益世报》1923年2月8日,第3张第11版。
② 郭幼丹:《南市地头蛇张八的罪恶史》,中国人民政治协商会议天津和平区委员会文史资料委员会编:《天津和平文史资料选集》第4辑,天津:天津人民出版社,1993年,第69页。
③ 天津市历史研究所资料室整理:《天津的脚行》,《天津历史资料》第4期,1985年10月1日,第17页。
④ 《新开河岸贫民窟》,天津《大公报》1933年3月5日,第4张第13版。
⑤ 《当前的高利贷问题》,天津《益世报》1946年11月24日,第1版。
⑥ 直隶高等审判厅编:《华洋诉讼判决录》,北京:中国政法大学出版社,1997年,第255页。

高利贷在近代天津民间社会中大约有以下几种形式：

1. **印子车**。人力车行业中是存在高利贷的。人力车于光绪八年（1882）前后，从日本经上海引进天津，很快流行。据1906年调查，人力车制造处有33户178人，出租人力车的经营者有228户1446人①，人力车夫有2036户、8082人，人力车营业用车6127辆、私用车611辆，小车夫有228户1638人。②人力车夫中有许多为高利贷的借贷者。天津人力车"打印子"当时是非常有名气的。有些车夫"不欲租赁车厂之车，拟自己买车拉座。车捐自纳以为谋生工具，但又限于经济不足，一时无力凑集大宗款项，可与胶皮车商办，采取分期零付车价办法"，如车价60元，可分10个月或12个月交清，每月交6元或5元。这个办法当时称为"打印子"。"因为类似于借印子的办法，为车夫自己买车之一种活动方法。"③有的干净漂亮一些的起码要打八十几元，按月或按天零付，要经过保证手续。④

有一个印子车导致的悲剧故事。山东齐河县人张德绅（住河东复兴庄杨家胡同二号）以拉洋车为生，妻张氏只生一子，乳名三儿。三儿在春天的时候突患重病，张德绅痛子心切，不得已将洋车卖与车夫李鸿忱（年26岁，陵县人，住复兴庄学堂街三十号），卖得大洋30元，按6个月打印子，每月打5元。打过4个月后，还欠2个月印子。当时正在中秋节前，张德绅冒雨找李讨要。不料李鸿忱不但不还，还持菜刀威吓。张情急夺下菜刀，称"不用剁我，我自己会剁"，说完忽以菜刀向自己肚子割去。⑤

2. **大额借款**。这种借款多是以不动产为抵押品。如借款的数额在千元以上，利率多在1.5分至15‰以上；款额过万，则多在1分2厘以上，即在12‰以上。放款数额以抵押品市价的30%以上至50%以下为标准。例如，以价值3万元的不动产抵押，所能借到的数额大约是1万到1.5万元。借款的使用期普遍是半年或一年。到了期满的时候，必须换票，就是将到期的借约重换一张新的。不过在换票的时候，各种必须的花费要再花一次。这些花费，就是在借款的时候一种必须办的手续，叫作"五大件"，即抵押品、保险、登记、铺保、对租五种。除了"五大件"以外，还须纳付茶水

---

① 侯振彤译：《二十世纪初的天津概况》，天津市地方史志编修委员会总编辑室编：《天津史志丛刊》（一），1986年，第99页。
② 侯振彤译：《二十世纪初的天津概况》，天津市地方史志编修委员会总编辑室编：《天津史志丛刊》（一），1986年，第100页。
③ 刘琰臣：《天市胶皮调查》，天津《益世报》1934年2月7日，第4张第14版。
④ 《天津的洋车夫》，天津《大公报》1933年12月12日，第4张第13版。
⑤ 天津市历史研究所资料室整理：《天津的脚行》，《天津历史资料》第4期，1985年10月，第17页。

与谢礼。茶水是给债权者雇人的小费。这种茶水的多少以利率为标准,1分5的利息,随着就是1分5的茶水。谢礼是给介绍借款的中间人之酬劳,一般是利率的一倍,例如1分5厘的利率,就是3分的谢礼。假如借款人需款孔急,谢礼就更须多加。因为谢礼出得多,中间人才可以设法替借款人又多又快地筹款。"五大件"中的抵押品以房地为主。因为抵押品是房地,债权者唯恐房地失火,所以保险一项也是必须办的手续,以免债权者受损失。保险的费用是由债务人负担。债权者又怕抵押品有纠纷,所以往往要到法院去登记抵押权,以便取得偿还时的优先权。在租界中,登记的手续是债权债务两方同到工部局,登记临时过户。到期债务人不能归偿债款,就去改登记正式过户,将抵押品的所有权移归债权人。如果债权者还不放心,可向借款人要单独的铺保或连环的铺保,以为债款利息的保障。债权者唯恐利息到期不能得到,又用对租的方法,由债权者直接向抵押品房地那去收取租金。这样也就保住了债权者的权利。① 这种借贷表面看利率不高也合法,但是各种花费足以使利率达到高利贷的水准,主要是借贷风险高导致的。

3. **小额借款**。这种借贷与大额借贷大同小异,只是金额不大。所有的手续也是完全一样。但是,借款如果没有抵押品,就必须有真正的保障才行。②

4. **白帽子钱**。这在近代天津民间也较为流行。因为这种高利贷剥削严酷,在清代前期"审判庭、县属、商会皆立有碑碣,久干禁例"。但是,在社会经济恶化的时候,天津民间地方又出现了这种高利贷现象。这种高利贷的方式也是小额借贷,出资不多,"本利合计,或本洋数10元,每元每日抽息铜子2枚,或本洋1百数10元,每月按加1行息,或本洋数百元,每月按5分行息"。这种借贷一般是地方恶势力所为,时常出现蒙骗现象。如"有蒙混妇孺,私刻图章,捏写假字,冒名顶替等事。写立契据,息洋以多报少,债主仍按3分行息立字;或按月按日抽出若干。如欠息若干,欠息作为本洋,是为息上加息,清偿为止"。借这种高利贷的多是一些"妇孺无知之人",他们因为生活问题而急于用款,只好忍痛借贷。民间一些悍妇希图重利,往往笼络怂恿这些弱者坠其术中。这种借贷是利滚利的,利息最后往往达到本金的几倍甚至更多,人们借了很难偿还,"致情急寻死者,时有所闻"。③ 官府虽然称之为非法,民间社会也呼吁取缔,但多无济于事。

---

① 向欣:《天津市的高利贷》,《经济汇刊》第1卷第4期,1936年12月10日,第124~127页。
② 向欣:《天津市的高利贷》,《经济汇刊》第1卷第4期,1936年12月10日,第124~127页。
③ 《重利盘剥亟宜取缔》,天津《益世报》1922年2月21日,第3张第11版。

5. 利息钱。这也是天津地方的一种高利贷,主要是针对贫穷者。这种借贷在旧历年节时候较多,因为"一般穷人宁可求亲告友典裤卖袄,过年的饺子总不能不吃,否则便自认为奇耻大辱"。这种高利贷是一种整借整还性质的借款,多为月息2分,但是最多有五六分的。一般的手续是,"如向某人借洋百元,言明若干月后归还,利息几分。由借款之日起,放账者即坐扣一月之利息,以后按月付息,至还本为止。"此外,有的还要按照利率扣除茶水及手续费各一份。如果是2分利息,就扣茶水及手续费各2元。茶水名义上是给放账者仆人的钱,如无仆人亦照例有茶水,归放账人自得。手续费就是给介绍人的钱。如果利息为2分,借洋100元,除茶水及手续费,再除去坐扣之第一月利息,实际借得不过94元。借款时须立字据作为凭证,如果是高过官府合法利率的借贷,如四五分的高利贷,"放账人恐官府不予保障,故在字面上只写作2分利息,实际付息时,须按言明之四分或五分交付"。① 利息钱如果到期不能归还,需要更新字据,各种费用也还需要再交一次。

6. 转子钱。这是常见的高利贷现象。所谓"转子钱",就是整借分还的一种高利贷借贷方式。天津转子钱的放款者常由多人组合,并设有固定账房(多设在日租界),俗称"内局"。这种贷款数额固定,以50元为最多,借款人须觅有商铺担保。借款时,预扣利息5元,茶水钱1元,中间人酬礼2元,印花税2角。偿还方法有三种:一是借据分写10张,每张5.5元,月还1张,10个月还清;二是借据分写10张,前5个月每张6元,后5个月每张5元,月还1张,10个月还清;三是借据分写6张,每张11元,月还1张,6个月还清。② 转子钱"在需要的人们身上或者还觉得轻松一点。因为屡月代消,实在是比较一次偿清是轻松一点"。借转子的手续是先要立个字据,找个妥实的铺保就算可以,其余的花费与上面的利息借款差不多。假若借转子钱100元,分10期归还,每月出息2分,便立字据一份,但字据上不书100元而写115元,可是实付95元,已扣去利息5元。再分立期条10张,5张写11元,5张写12元,合在一起正是115元。这样已将应付利息合算在字据内了,但只看字据,好像没有利息似的,"于是既显着公平又似乎不违背法定利率"。这种借贷表面看起来归还较为轻松,借贷者实际被剥夺的利益也不少,月息达到了10%~20%。③ 近代天津的转子钱开始大

---

① 《用高利贷剥夺的放账生涯》,天津《益世报》1934年2月19日,第4张第14版。
② 天津市地方志编修委员会编著:《天津通志·金融志》,天津:天津社会科学院出版社,1995年,第267页。
③ 向欣:《天津市的高利贷》,《经济汇刊》第1卷第4期,1936年12月10日,第124~127页。

多以 10 个月为期,后来多以 6 个月为期,更加重了利息。① 一般说来转子钱之利息虽较印子钱稍轻,但是利息也超过法定的利息。②

一些放款者常常利用借贷者的弱势地位,利用转子钱谋取利益。如有个人在 1934 年经中保,借得大洋 70 元,利息 5 分,但字据上写月息 3 分。后来因为生活所迫,无力缴纳息金。借贷方屡次催索,并要求如用分期偿还的话必须按转子钱办法,先将 70 元字据更换为 100 元之字据,再加 20 元转子利钱,共 120 元,每月 6 元,分 20 个月缴清。③ 这样,这笔借贷金就变成了转子钱,使借贷者更加为难。

转子钱固然是对借贷者的高利盘剥,但是对借者来说也有风险。如天津人王金铭以卖估衣为生,曾因为经济拮据,恳请吕胡氏介绍借得某放款人转子钱 90 余元。快要到期时放款人向吕胡氏索讨本利,因为王已迁居北平。④ 从这个例子可见,转子钱利息虽高,风险也不小,即使有保人也难以保证。

7. 印子钱。这也是天津地方常见的一种高利贷形式。所谓"印子钱",也是一种整借零还性质的借款,不过数目较转子为少,且需按日归还。借贷者多为贫困小民和娼妓。印子钱的名称来自山西,"每日登门索逋,还迄盖以印记,以是得名"。⑤

放钱的有印子房,此外,私人放印子钱的也不少,只是不如印子房的声势雄厚。印子钱在先前有许多的规矩,如生人不借、涩债者不借、有钱者不借、亲友不借等。放印子者须赌眼力,随时看人而借。⑥ 先前放款需要有友人介绍,有时连保人都不要,便可使钱。但后来,社会经济不景气的时候,倾债的人很多,所以放款人开始慎重起来。借钱要有一二家殷实铺保作介绍人,必要时还需要有抵押品。⑦ 借贷的过程也较繁琐,有议数目、定期限、定每日摊还之数、满出(全给)、扣出(扣利给)、立折子、挂账等名目。⑧ 印子钱贷款具有数额特小、期限特短、利息特大的特点。借款金额

---

① 《小规模的放款事业》,天津《大公报》1933 年 9 月 21 日,第 4 张第 15 版。
② 南京国民政府司法行政部编,胡旭晟、夏新华、李交发点校:《民事习惯调查报告录》,北京:中国政法大学出版社,2000 年,第 431 页。
③ 《月息五分变转子钱,实施重利盘剥,放账者之狠毒心肠》,天津《益世报》1936 年 6 月 27 日,第 3 张第 10 版。
④ 《避债无台》,天津《益世报》1928 年 9 月 23 日,第 3 张第 10 版。
⑤ (清)张焘撰,丁绵孙、王黎雅点校:《津门杂记》,来新夏主编:《天津风土丛书》,天津:天津古籍出版社,1986 年,第 111 页。
⑥ 吴志铎:《北通县第一区平民借贷状况之研究》,燕京大学经济系,1935 年 6 月,第 37 页。
⑦ 《小规模的放款事业》,天津《大公报》1933 年 9 月 21 日,第 4 张第 15 版。
⑧ 吴志铎:《北通县第一区平民借贷状况之研究》,燕京大学经济系,1935 年 6 月,第 39 页。

分为 10 元、5 元、1 元数种。① 借款时以 0.96 元作 1 元。利息视日期长短而定，一般每 1 元纳息 0.2~0.3 元。由双方商定每月还款数目，由放款者逐日按户收取本利。② 如借印子钱 10 元，分 100 次还清，每日还 1 毛 2 分（如遇阴雨，到了第 2 天也要补足），一共是 2 元的利息。表面上，100 天合 3 个多月，借 10 元就出 2 元的利息，每月可说是 7 分上下的利率。实际上，到了最末的那一天，一天只欠 1 毛钱了，也要出 2 分的利息。③

在天津放印子钱的外地人，先是以山西人为多，后以早年来天津的献县人仝、肖、鲁三姓为代表，再后则是本地的市井流氓。他们背着钱叉子在南市一带放印子钱，进行"加一八当十"的高利贷款，即借款 100 元，言明利息 3 分，分期 10 次还款。当时先扣除第一个月的本利 13 元（即加一），借款者只拿到 87 元（即八当十的概数）。之后，每月交还本息 13 元，到最后 1 个月只剩本金 10 元，也要付本利 13 元。此外，还有"驴打滚"的计息方法，就是本金加上利息一起计算。④

印子钱常常借贷与妓女。有一种印子钱，是由放印子钱的一次借给 100 元，或者是 200 元，以 2 个月为期，每天收钱时在借钱人的折子上打个印子。妓女们因为等整数的款子用而向他们借贷，他们仗着有领家老鸨的监视，不怕她们逃了。所以这种放印子钱的又叫"放窑账"的，在天津市这一类组织的名称不一而足。对娼妓来说，因其整借零还，轻而易举，只要每天有嫖客，便不愁还不上一两块钱。⑤ 而这种组织，表面上好像是互助或救济性质的，骨子里却是榨取和剥削。⑥

天津许多贫民区存在印子钱的市场，借贷印子钱的方式也是多种多样的。比如天津的白骨塔一带是著名的贫民区，不仅卫生差，垃圾成堆，而且居民终日吃不饱，半个炕睡六个人，用棒子面包饺子过年。这里盛行印子钱高利贷，但穷人并不是都能借到高利贷。记者曾问这些穷人："曾否使用印子钱？"答曰："住砖房的用印子钱，还要好保人，吾们真够不上。"据说，住砖房使印子钱者，"其成分在三角地以上"。这些印子钱本钱一般为四

---

① 《小规模的放款事业》，天津《大公报》1933 年 9 月 21 日，第 4 张第 15 版。
② 吴石城：《天津之市民金融组织》，《银行周报》第 19 卷第 46 号，1935 年 11 月 26 日，第 9 页。
③ 向欣：《天津市的高利贷》，《经济汇刊》第 1 卷第 4 期，1936 年 12 月 10 日，第 124~127 页。
④ 天津市地方志编修委员会编著：《天津通志·金融志》，天津：天津社会科学院出版社，1995 年，第 276 页。
⑤ 《小规模的放款事业》，天津《大公报》1933 年 9 月 21 日，第 4 张第 15 版。
⑥ 《天津盛行的两种经济组织：标会和打印子》，天津《大公报》1933 年 6 月 12 日，第 4 张第 13 版。

五元,周期为2个月,多为11分利,确系赤贫居民无力企及。①

放贷印子钱的人也是有风险的。如天津西头广开鸿福里住着一个放印子钱的人,叫张树田,和田德友住同院。田的妻子张氏曾经向张树田借贷印子钱大洋3元,但是到期之后,田张氏竟拒不肯还。②

8. 放债。放债者多为富绅及市井流氓。这些人或自有余钱,或依靠吸收外界游资放高利贷。借款方式或为信用借款,多凭商号或个人具保,或为抵押放款,大多以房地红契为抵押品。借款时立借契两张,借贷两方各执一张。借款额常为100元以上,还款期6个月至1年。利率随数额期限而定,最低为年息30%,高的常达50%～60%。利率不写在借契上,以防法律制裁。还款办法有四种:按月付息,到期还本;先扣利息,到期还本;以押品收益抵息,到期还本;分期摊还本利。③

9. 赊卖。这是一种以实物方式借贷的高利贷,主要流行在天津的西北城厢一带,赊者多为人力车夫和工人。赊卖者按赊卖物品不同,方法各异。但是不论赊卖面粉、针线、皮鞋,还是袜子,都是借赊卖物品以获高利。放面的人整袋贷给,照市价每袋2.5元,加计0.15元,期限14天,每天还0.2元,期满还清本息共为2.8元。赊针线的,都是妇女,计息特高,如货值1元,赊10天或半月,零还总数常达1.5元。赊皮鞋的,如鞋价1元,日还0.2元,偿还至1.5元为止。赊袜子的,每日偿还若干,由赊者自由选定,利息与赊针线的同样高昂。④

此外还有小押等,有的比上述几种高利贷形式更加可怕。⑤ 也有外国人在中国做高利贷生意的,如意大利的教堂、比利时的义品抵押公司等等。

由上可见,天津高利贷一般都不会低于月息2分这个利率。因此,可以认为月息2分是天津高利贷的底线。

三、近代天津高利贷的社会影响及其治理

从客观上看,高利贷对用款人救急以及社会生产发展有一定的作用,其存在有一定的合理性。正如当时的一些学者所认为的:"这个人既然使

---

① 《旧腊中之天津市民生(二)——三角地鸟瞰》,天津《大公报》1931年2月7日,第2张第5版。
② 《金钱是祸水,债务惹出事端》,天津《大公报》1929年2月15日,第3张第10版。
③ 天津市地方志编修委员会编著:《天津通志·金融志》,天津:天津社会科学院出版社,1995年,第276页。
④ 吴石城:《天津之市民金融组织》,《银行周报》第19卷第46号,1935年11月26日,第10页。
⑤ 向欣:《天津市的高利贷》,《经济汇刊》第1卷第4期,1936年12月10日,第124~127页。

用了钱,自然可以藉着钱的力量得到一种精神上或物质上的利得,如此这个借钱的人对于贷给钱的人支付一点报酬——所谓利息,这也不为不应当的。所以说借贷这种事情,一方面既可救了没钱的人的急,一方面也可以给有钱的人一点利益,这不是一举两得吗?"①如印子钱等高利贷多为穷人的消费性借贷,穷人虽以重利为苦,但因家中一时周转不灵,为救急起见,也无可奈何。有的没有保人或者押品,所以"零星归款,子母双清,负贩小民尚觉轻而易举"。②

但是,高利贷在社会的声誉的确不佳,天津民间时常有对高利贷的抱怨。每到年根,"借债赊欠助其生活者十之七,'打印子'一角起码,日打二枚,一月为期,共打六十枚,合月息七十分。'追儿把'借一元日息铜元二枚,一旦敛以还本之日止。一年不还七百二,十年不还七千二,百年不还七万二,此所谓一本万利。""现钱买加一,赊着八当十,赊醋、赊盐、赊油、赊酱,是愈少愈赊,愈赊愈多。大宗的不敢赊,腊八散条子(账条),二十三日为要账之起始,一日紧一日,故曰要命。直至吃罢饺子完事,饺子真救命的活神仙也。""每至三十夜,东家吵,西家闹,无非是为'好汉子要不了没眼的账'而打架,贫民深望今年由二十三日起,无论昼夜,即断绝行人而戒严,令债权人不敢出门。"③这些民间歌谣和谚语反映了人们对高利贷的怨恨心理。

高利贷导致的社会矛盾和人间悲剧更是时有所闻。家住河北梁家嘴的孙玉山,务农为业,其子文庆1929年因为妻子去世没钱下葬,请崔某介绍向首饰店李松年贷款百元,以自己的5亩菜园红契作抵,月息3分。当时除扣去各种手续费外,实得只87元,但是孙家收入有限,不到一年即拖欠利息21元;于是由崔策划再续借50元,此次实得不过20元,到了1931年又欠下利息22.5元;于是崔某又提议再借150元,即将地归李营业,孙如仍愿耕种,再与李姓纳租,以清积欠。孙无可如何,只得忍痛照办,与李另立承租手续,反主为佃。不料年来收获不佳,无力交租,又欠地租30余元,李屡讨不得,具状告诉地方法院。因孙无力偿还,地方法院查封了孙仅有的住房两间。孙文庆一时情急,用尖刀刺伤李松年,警士立时将其拘押。八十多岁的孙玉山年迈不能工作,家中财物当卖一空,生活无着,同儿媳寻

---

① 向欣:《天津市的高利贷》,《经济汇刊》第1卷第4期,1936年12月10日,第124~127页。
② (清)张焘撰,丁绵孙、王黎雅点校:《津门杂记》,来新夏主编:《天津风土丛书》,天津:天津古籍出版社,1986年,第111页。
③ 《旧腊中之天津市民生(二)——三角地鸟瞰》,天津《大公报》1931年2月7日,第2张第5版。

至双街口李宅,大肆摔砸,并将自己头部碰伤甚重。李之家属李俊林、李文元、李文立等见事不妙,赶紧报警。孙玉山二人也被警察拘押讯办。① 天津民间一些居家的妇女,因为生活关系也放高利贷,时常向邻里放贷以维持生计。如有个谭蒋氏平时就以放高利贷为生。一次借给邻居10元,利息按日计算,由于借债者无力按期偿还本息,发生了争执,谭蒋氏不仅不予通融,"且催索如火,非立时清偿不克了事",逼得借债者因气昏厥。②

对待高利贷,中国历代都有限制的措施,也有一定的法律规范,但是往往令行不止,效果不好,收效不大,尤其在社会经济低迷的时候。

1927年,国民政府颁布了贷款年息不得过于20%的政令。天津政府也据此多次要求天津商业组织遵守这一法令。③ 这是政府又一次以法律的形式对民间高利贷进行限制和禁止的措施。这个法令对天津的正式借贷关系影响不大。因为天津市商户贷进款项,营业规模大的,大多与银行银号作透支往来,月利一般在1.2分上下,货物或巨额不动产抵押最大只在1.5分之间。但法令对于一些中小商号有较大的影响。因为这些小商号与银行银号一般没有往来,平时若有贷款周转的需要,一般找民间以放款为业的人如印子房等借贷。这些贷款少则百元、多则千元,普通借款需不动产与不动产租折及妥实保证,月息1.5分至3分,大抵一千元为1.5分,五六百元须2分,一二百元须3分。自从明令规定年息不过20%后,这些行业受到了打击。"除转子条尚可以通融办法贷出外,关于整批借偿之款,以格于利率大小,多归收束,已进入停寂中,甚少活动余地,而于低级商业经济亦不无蒙受凝滞影响也。"④ 可见,国家颁布的这个法令对高利贷打击的范围是有限的,但对小工商业产生了不利的影响。

20世纪20年代末,天津市社会局针对工人借贷高利贷的情况要求严禁高利贷,"劳工生活,甚为艰苦,血汗所得,仅足维持衣食。其有余款可资储蓄者甚鲜,而工厂又大都无劳工储蓄及保护之规定。故工人一遇疾病、婚丧或失业,惟有出于借贷一途,而押当利息高至3分6厘。其他尚有印

---

① 《高利贷盘剥下,三年内地主为佃户》,天津《益世报》1935年8月4日,第2张第5版。
② 《工商部通令严禁高利贷,不得逾年二分》,天津《益世报》5月23日,第3张11版。
③ 《为严禁高利借贷事致天津总商会训令》,1929年5月16日,天津市档案馆,档号:J0128-3-006295-048。行政院秘书处函送江苏执委会呈为严禁高利贷一案通务递府令办理:严禁高利贷原呈一件到部,准此。查此案前于十六年八月经国府规定年利不得过二分,久已明令实行在案。设有阳奉阴违,自非严行禁止,不足以昭政府调剂民生之意,准函:前因合行令仰该会晓谕商民人等,此后关于借贷之利率务须遵照政府规定办理,毋得故违干咎,仰即遵照,此令。《为公布严禁高利借贷事并送各业同业公会研究所的函》,1929年5月22日,天津市档案馆,档号:J0128-3-006295-047。
④ 《明令减息后高利贷之现状》,天津《大公报》1929年6月17日,第2张第6版。

子钱,则类在5分以上,此种重利盘剥,常陷工人于万劫不复之地,实为法律社会所不许。故禁止高利贷款,实为急不容缓之事",于是"函请天津特别市指委会规划禁止",社会局也"正筹划令各当商减轻利率及从严调查高利典贷之富商殷户,以便严格取缔"。① 同时,政府针对妓女借贷高利贷的情况也采取了措施,在法律上和救济上力图解决娼妓问题,但最后也没有见到很大的效果。

20世纪30年代,天津社会经济低迷,导致高利贷盛行,一些社会人士又呼吁政府限制高利贷:"希望负有社会行政之责者,对于这类社会经济的组织,应该设法限制。一方面应该赶快把中下层社会经济的枯竭和资产阶级的经济闲散,因势利导,设法沟通起来。果能如此,我想穷而苦的人们,就不至于再受资产阶级的剥削了。"②此时,政府又举办了小本借贷来试图消灭高利贷,但是也不能从根本上禁止高利贷。正如时人指出的:"在实际上,高利贷仍然潜伏着,有他活跃的能力,法律的力量也是不能有效防止的。"③

20世纪40年代后期,国民政府实行通胀的经济政策,导致天津"市面萧条,物价高涨,利息也高,赋税繁重,货物滞销,而商人赚钱之后生活糜烂,花天酒地。货款多放作高利贷,谓之稳扎稳打,有益无害主义。高利贷的所得多入私囊,商店所得不过十之七八,许多人视商业投资为畏途"。这样,对实业的投资减少,而投机增加,高利贷与通胀形成了恶性的循环。当时天津的商店除有限公司外,大部分旧店铺都为负无限责任的。一般富有实力者感到责任过重,不敢投放经营,大多把资金投向了高利贷,导致市场游资充斥。天津商人中的少数人商德不修,对市场的信用多不遵守。④ 市场中出现了大量的经营高利贷的行当,如所谓的"兑换业",专营兑换小额货币,并兼营存放款等项业务,此时"率相自动停业并同时裁撤该业同业公会改营票行","其营业范围颇广,平日仍操副业吸收游资、高利贷款,囤积物资,投机倒把"。⑤ 此外,还有大量的非法的地下钱庄,也以高利贷投放

---

① 《天津特别市社会局一周年工作总报告》,天津市社会局,1929年,第289页。
② 《天津盛行的两种经济组织:标会和打印子》,天津《大公报》1933年6月12日,第4张第13版。
③ 向欣:《天津市的高利贷》,《经济汇刊》第1卷第4期,1936年12月10日,第124~127页。
④ 薛不器:《对天津商人进一言》,天津《益世报》1947年1月27日,第2张第5版。
⑤ 《为取缔兑换业多营高利贷款及投机营业将商号名称调查造册事给天津市商会整理委员会的训令》,天津市政府社会局,1946年3月9日,天津市档案馆,档号:J0128-3-008651-004。

为生,①均遭到政府的严厉取缔。

　　传统的信用观念与近代的投资也是不适应的,无法分散风险,导致投资者的保守心理。这时天津市场资金并不缺少,矛盾在于有资本而无处投资。高利贷与市场信用关系也是非常密切的,信用水平高、风险机制健全则投资向商业等实业;信用较低,风险太大,人们就不敢投资,导致高利贷充斥市场,造成了经济秩序更为恶化。正如时人所分析的:"假若约定的利息太大,很大的额外不劳而获的利益而加厚了债权人的资本。在债务人方面,不惟使其个人负担重大,得不偿失,有破产的危险,并在整个国民经济上说,资本因之集中,大众的购买力因之降低,使财富的不均,更加尖锐化,而社会的经济组织恐愈将走入崩溃之途上去了。"②

　　高利贷历来为政府与社会所痛恨和禁止,然而治理成效甚微。一有机会高利贷就会重新甚嚣尘上,几千年来都没有根除,说明其存在是有一定的社会根源的。民国后期,天津市场与全国各地一样出现了通货膨胀和严重的高利贷问题。当时有人提出了消灭通胀和高利贷的建议,认为前提是政治局势的澄清和财政收支的平衡,同时从解决高利贷入手,缓解高利贷对商业和工业的威胁。解决高利贷,首先要减少高利贷的资本来源,而从事高利贷的人是战后的那些暴富者,其资本的性质为官僚资本,"他们有钱而且更有种种特殊的便利。如我们所知道,就有很多借名从国家银行取得利率百分之六的贷款而来转放百分之二十的高利的。如果国家银行能百分之百的核实贷款,丝毫不用情面,不讲交情,那么高利贷资本的来源一定会减少得多。如果我们能再进一步对游资有所革命性的措置,或征借或征收,那么高利贷资本的来源庶几是可以绝迹的了。"③可见,此时天津的高利贷问题已经不是民间的问题,而是国家的政治和经济腐败所导致的内部失调的问题,所以资本不是投向生产而是转向了寄生性的高利贷。所以当时《益世报》的社论提出国家银行应该简化向工商业借贷的繁杂手续,因为国家对工商业借贷不是没有钱,而是手续繁杂,令"工商界谈而生畏,周周折折,用尽面子,几个月才请到一笔贷款,这家工厂还能够不关门吗?"④"我们认为今天的高利贷问题虽已严重到了万分,但是分析原因,也不一定完全是非人力所能挽救的。问题是在财政当局有无决心、有何办法来对官

---

①《关于查办不法钞庄高利贷款私设黑帐买卖黄金案给天津金融管理局函》,天津市社会局,1948年10月2日,天津市档案馆,档号:J0025－2－000478－024。
②　向欣:《天津市的高利贷》,《经济汇刊》第1卷第4期,1936年12月10日,124～127页。
③　《当前的高利贷问题》,天津《益世报》1946年11月24日,第1版。
④　《当前的高利贷问题》,天津《益世报》1946年11月24日,第1版。

僚资本作战;贷款机关那种坚深的官僚作风,有无方法彻底整饬,根本改善。"①所以社论认为高利贷不是危机的本源,"完全归之于高利贷,实在这是不尽公平的","高利贷也正是这个社会所必有的产物。高利贷固然加速了工商业的萧条与崩溃危机,但如不从根本上去设法,而单纯地消灭高利贷,却是根本不可能的事"。②

综上所述,高利贷虽然对社会的需求给予了一定的满足,但是更有着对社会发展不利的方面。要从根本上消灭高利贷,必须在打击高利贷的同时,充分发挥政府的作用,建立社会信任机制和稳定经济秩序。

第二节 近代天津娼妓业高利贷治理

娼妓问题和废娼运动是近代城市中引人注目的社会现象,近代娼妓问题随着社会史和性别史的兴起已经引起学界的关注。关于近代妓女问题的研究出现了许多深入的文章和著作,③对近代娼妓的生活状况、生存变迁、内部结构以及政府治理娼妓的举措、娼妓与现代性等问题都有了较为深入的研究,对娼妓的借贷问题也有所述及。但是,对借贷与娼妓产生、生存以及治理的关系还鲜有具体的论述。而在近代天津各种社会行业中,娼妓业与高利贷的关系较为密切。本节以近代天津娼妓业为例,拟从娼妓业与城市民间借贷关系的视角,对近代天津娼妓业的产生、结构及救济等问题进行研究,旨在论述娼妓业与妓女债务问题的关系以及因妓女债务问题导致政府废娼所面临的困境。

---

① 《当前的高利贷问题》,天津《益世报》1946年11月24日,第1版。
② 《当前的高利贷问题》,天津《益世报》1946年11月24日,第1版。
③ 近代娼妓问题研究的主要著作和文章有:邵雍:《中国近代妓女史》,上海:上海人民出版社,2005年;孙国群:《旧上海娼妓秘史》,郑州:河南人民出版社,1988年;武舟:《中国妓女生活史》,长沙:湖南文艺出版社,1990年;单光鼐:《中国娼妓——过去和现在》,北京:法律出版社,1995年;罗苏文:《女性与近代中国社会》,上海:上海人民出版社,1996年;〔日〕可儿弘明著,孙国群译:《"猪花"——被贩卖海外的妇女》,郑州:河南人民出版社,1990年;〔美〕贺萧著,韩敏中、盛宁译:《危险的愉悦:20世纪上海的娼妓问题与现代性》,南京:江苏人民出版社,2003年;〔法〕安克强著,袁燮铭等译:《上海妓女——19—20世纪中国的卖淫与性》,上海:上海古籍出版社,2004年;江沛:《20世纪上半叶天津娼业结构论述》,《近代史研究》2003年第2期。

一、近代天津娼妓业的概况

天津娼妓自古有之。在明清之际,随着天津商业的繁荣,大量单身男性集聚天津,他们的经济能力和生理要求导致了天津娼妓业的产生。天津娼妓业的"发源地,就是侯家后,这也是当然的,因为侯家后是以往的商业中心地点,而妓业却是工商业的寄生虫"①,在侯家后的落马湖和西门外的三角地一带形成了各等妓女群体。"庚子之变"中,八国联军骚扰天津地方妇女,地方绅士提议恢复妓院,建立官娼。20世纪初,随着天津经济中心的转移,南市、中华后、富贵胡同、谦德庄一带成为了妓院的新的集聚地。②1926年,天津华界提倡鸦片烟馆的营业,导致天津华界妓院也繁荣起来,有和租界娼妓业抗衡之势。直到北伐后,许多妓院才迁回租界。"总之,妓业和工商业是相依而行的,妓业的变迁完全是以工商业为重心。"③随着流动人口的增加和城市人口性别比例的失调以及城市管理混乱和道德的缺失,娼妓的发展和商业的发展相伴而生也是一个自然的现象。1950年的调查表明,在嫖娼者中,商人占30%,小贩占49%,工人等占21%,其中来津的外埠商人是嫖娼者的一个重要的来源。④

娼妓业是城市经济发展的产物,同时也是一个城市经济变迁的晴雨表。城市经济发展繁荣,高级妓女就多,娼妓业就呈现出发达的景象;城市经济萧条,娼妓就会减少,她们的身价就会低落。⑤"妓女人数,以十五年为最多,十六年次多,十七、十八年便少了。……那么我们可以武断本市的工商业自从民国十五年以来,就日益衰落起来!"⑥同样,可以从城市社会经济的角度将天津娼妓业的兴衰作出划分:1.方兴时期:清末至民国元年;2.倡兴时期,1913年至1920年;3.全盛时期:1921年至1926年;4.凋萎时

---

① 江沛、项宝生:《20世纪中叶天津娼业构成及其改造问题述论》,江沛、王先明主编:《近代华北区域社会史研究》,天津:天津古籍出版社,2005年,第91页。
② 江沛、项宝生:《20世纪中叶天津娼业构成及其改造问题述论》,江沛、王先明主编:《近代华北区域社会史研究》,天津:天津古籍出版社,2005年,第86~87页。
③ 天津社会局:《天津娼妓调查》,李文海主编:《民国时期社会调查丛编·底边社会卷》(下),福州:福建教育出版社,2005年,第527页。
④ 江沛、项宝生:《20世纪中叶天津娼业构成及其改造问题述论》,江沛、王先明主编:《近代华北区域社会史研究》,天津:天津古籍出版社,2005年,第91页。
⑤ 《百业萧条中,娼寮亦日趋衰落》,天津《大公报》1930年8月8日,第2张第7版。
⑥ 天津社会局:《天津娼妓调查》,李文海主编:《民国时期社会调查丛编·底边社会卷》(下),福州:福建教育出版社,2005年,第539页。引文中为民国纪年。

期,1927 年至 1931 年。①

从人数和内部构成看,天津娼妓业具有层次分明和多样性的特点,以满足不同人等的需求。早期天津的娼妓就有不同的层次和不同的称呼:"天津女闾自称曰店。北门外侯家后一带为妓馆丛集之处。其龟鸨曰掌柜。假母曰领家,领家住处曰良房。……等而下者则在西域外,人称西关。及紫竹林租界外之地,亦有土娼多处……俗称曰广东娼。"此外还有一种妓女叫作"挡子班,一名小班,亦妓女之流也"。② 随着时代的变迁,天津娼妓的称呼和妓院开设的地点也有所变化,等级分为五等,在第三等里又分为上三等、一元随便、下三等、六角随便四种。因为妓院要交乐户捐,所以一些一等自动降级或者成为暗娼。③

30 年代初,天津市社会局对天津娼妓业的资本调查情况如下:"全市计有妓户 571 户,妓女 2910 人,共分五级,各级娼寮投资总和为 146900 余元。"④各级妓院的资本额大致如下:"二等妓院的每家平均资本额是 949.5 元,上三等每家平均资本额是 338.03 元……其余依次减少。"天津妓女大多数来自天津及其周边地区,其中以河北为最多。河北地区距离天津最近,近代发生灾荒后到天津谋生的人最多,许多贫困的妇女也就沦为娼妓。⑤

总之,近代天津除游娼、暗娼以外的妓女总的人数在 2000～3000 波动,在天津各区都有分布,等次分明。

二、近代天津娼妓与高利贷

妓女产生的原因主要与其自身的贫困有关:"城市地方比较乡村产生妓女为多。这其中的缘故,就是因为城市都邑的人口密度大,生活程度高,一般人的习性安逸奢侈,并且大多数是没有恒产的","再次就是距都邑较近的地方,也比较容易产妓女","此外还有一种普通原因,就是灾荒贫卑

---

① 天津社会局:《天津娼妓调查》,李文海主编:《民国时期社会调查丛编·底边社会卷》(下),福州:福建教育出版社,2005 年,第 532 页。

② (清)张焘撰,丁绵孙、王黎雅点校:《津门杂记》,来新夏主编:《天津风土丛书》,天津:天津古籍出版社,1986 年,第 95～96 页。

③ 天津社会局:《天津娼妓调查》,李文海主编:《民国时期社会调查丛编·底边社会卷》(下),福州:福建教育出版社,2005 年,第 527 页。

④ 天津社会局:《天津娼妓调查》,李文海主编:《民国时期社会调查丛编·底边社会卷》(下),福州:福建教育出版社,2005 年,第 525 页。

⑤ 天津社会局:《天津娼妓调查》,李文海主编:《民国时期社会调查丛编·底边社会卷》(下),福州:福建教育出版社,2005 年,第 544 页。

的地方易于产生妓女"。① 可见,妓女的产生与贫困往往联系在一起,而贫困与借贷往往又有着不可分离的关系。实际上,天津妓女的产生、营业、休业、迁移都与民间债务有着千丝万缕的联系。

（一）娼妓的产生与借贷

1930 年,天津社会局调查妇女沦为娼妓的原因主要有:天灾人祸、经济压迫、业败、婚姻不良、环境恶劣等。②

表 5-1 各等妓女为娼原因比较表　　　　　　　　（单位:人）

堕落原因	二等	三等				四等	五等	合计
		上三等	一元随便	下三等	六角随便			
天灾人祸	5	9	1	14	1	12	10	52
经济压迫	135	289	206	541	73	257	335	1836
家长去世	3	29	5	20	4	5	6	72
父病残	3	9	7	9	1	1	1	31
父业败	2	11	5	4	2	3	2	29
父外出		3						3
父不良				1		1		2
母病残		2	1	5	1	2	6	17
母再嫁				1				1
母无成见		1		1				2
继母不良				1				1
夫逝		20	14	81	8	33	12	168
夫业败		3	2	15	5	13	5	43
被夫遗弃		5	2	17	6	14	2	46
夫妇不合				6		1		7
家属病逝				2				2
负气				1				1

---

① 天津社会局:《天津娼妓调查》,李文海主编:《民国时期社会调查丛编·底边社会卷》(下),福州:福建教育出版社,2005 年,第 543 页。
② 王翁如:《天津地名杂谈及其他》,天津:天津人民出版社,1998 年,第 88 页。

（续表）

堕落原因	二等	三等				四等	五等	合计
		上三等	一元随便	下三等	六角随便			
虐待逼迫				3				3
被熏染	5	4	3	11	1	13	11	48
子不养						1		1
亲属无人		1						1
人地生疏		1						1
年幼无知		8		9				17
希望经济富裕		5		2				7
虚荣心		1						1
放荡不羁		1	1	3				5
醉心繁华		1						1
好奇心盛		1						1
姑母不良				1				1
自甘	3	23	1	25	5	4	2	63
夫病残		5	5	23	5	15	19	72
不明	65	79	15	52	2	4	37	254
总计	221	519	270	887	115	381	454	2847

资料来源：天津社会局：《天津娼妓调查》，李文海主编：《民国时期社会调查丛编·底边社会卷》（下），福州：福建教育出版社，2005年，第550~551页。

从表5-1可以看出，妓女堕落的原因以经济上受压迫为多数，有1836人，为总数的63.88%。而沦为妓女的直接方式亦有多种，见表5-2：

表5-2 各等妓女堕落过程比较表

堕落原因	二等	三等				四等	五等	其他	俄妓	鲜妓	合计	百分比
		上三等	一元随便	下三等	六角随便							
被押	115	260	232	686	90	269	54	13		3	1722	59.17
被卖	16	43	5	26	2	2	4				98	3.36
被租	5	10	4	9		1	7			2	38	1.30

(续表)

堕落原因	二等	三等				四等	五等	其他	俄妓	鲜妓	合计	百分比
		上三等	一元随便	下三等	六角随便							
被拐骗		27	1	26							54	1.89
自己堕落	41	160	21	130	23	108	363	18		2	866	29.75
不明	44	19	7	10		1	26	3	21	1	132	4.53
合计	221	519	270	887	115	381	454	34	21	8	2910	100

资料来源：天津社会局：《天津娼妓调查》，李文海主编：《民国时期社会调查丛编·底边社会卷》（下），福州：福建教育出版社，2005年，第551页。

从表5-2可知，妓女堕落的过程有被押、被卖、被租、被拐骗、自己堕落五种。其中，妓女堕落中被押的人数占到将近60%，可见借贷乃是妓女被迫堕落中最为重要的原因。

与许多地方一样，天津贫苦人家往往将妻女押与妓馆营业，即向妓馆中借贷金钱，以资糊口，所借之金钱即名为"押账"。凡借用押账之人，即给妓馆书立借字，约定营业年限，俟将来限满，并将押账还清后，方准该妻女出离妓馆。此诚不良之习惯也。①"由于家庭遭受事故，借债还不起，妇女被迫与窑主订合同，卖身几年偿债。这种人叫'有押账的'，也不能随便自由行动，从而间接地失去自由，有的最后也沦为'柜上人'。"②外地来的妇女也多有被押而为娼的，如宝坻县人董殿清在1928年8月间以250元的代价，将其妻押入群英后玉仙班。③30年代，有记者对当时天津成立的妓女感化院中的外来妓女进行调查，发现许多来自南方的妓女也是因为借贷押账成为娼妓的。④

（二）借贷与娼妓生活

近代天津的妓女按照身世可以分为本班、搭班、玩票三种。本班就是娼主的养女；搭班就是对娼主负有债务的妓女；此外就是玩票的，也是搭班

---

① 南京国民政府司法行政部编，胡旭晟、夏新华、李交发点校：《民事习惯调查报告录》，北京：中国政法大学出版社，2000年，第429页。按：此结论系由《报告录》中的历次审理案件所得。
② 周恩玉：《解放前的天津南市概况》，中国人民政治协商会议天津市委员会文史资料研究委员会编：《天津文史资料选辑》第33辑，天津：天津人民出版社，1985年10月，第239页。
③ 《鬻妻钱悖入悖出，无底洞越填越深》，天津《大公报》1929年1月5日，第2张第6版。
④ 《救济院中长富堂妓女访问记》（续），天津《益世报》1936年8月23日，第2张第5版。

的性质,但是和债主没有债务纠纷。可见,妓女的身份主要看她们和娼主的债务关系。债务对妓女来说具有至关重要的意义。① 初为娼妓的手续也要由娼主请放窑账的过目评价,经同意后,就由娼主作保,给该主持人一笔相当的代价,日后此项代价就完全由该妓女担负。② 天津妓女债务的种类,"就是利息钱、印子钱、押账三种。'利息钱'这三个字是她们的一种俗语,其实这三种都有相当的利息,但是单独表明是利息钱的债务,这种利息完全由妓女本身负担。押账的性质和利息钱是相同的,不过这项利息由娼主负担。印子钱也是妓女本身的一种债务,不过因着方法不同,所以不能相提并论,就是整借零还的办法,但是是一种有规律的偿还办法"③。因为妓女借贷的需要,出现了一些专放窑账的。债务人仅限妓女,以利息钱最多,印子钱较少,利息之重,更是惊人。④

妇女只要入了妓女这一行,大多数都有押账,贫困的下等妓女更是如此。《大公报》记者在20世纪30年代进行了一次社会调查,调查的主要是天津的贫民区。天津的贫民区有名的有西南角的赵家窑、东北角的金家窑、东南角的破窑、西北角的南头窑四窑。这四个地方原来是砖窑,后来成了贫民集中居住的地区,从事娼妓业的人很多:"赵家窑之娼寮,约有六七十家,土妓三二百人。"有一个叫花荣桂的平均每日入款三元,批账一元,用押七十元,日息二角,合九分利息,再加服饰,则一元不剩。三角地的娼妓比赵家窑多三倍,这里的"妓女有押账者……妓女担任杂费;妓女无押账者,茶园入款分三分之二,谓之饭钱"。⑤

高级妓院如坤书馆的妓女的债务,可以分作两种:第一种是"代借押债",这种押债的利息,也由坤书馆代付或由坤书馆出保代借,并且代付利息,这项利息,就作为酬谢妓女的代价;第二种办法就是津贴。⑥ 各等妓女负债人数见表5-3:

---

① 天津社会局:《天津娼妓调查》,李文海主编:《民国时期社会调查丛编·底边社会卷》(下),福州:福建教育出版社,2005年,第532页。
② 天津社会局:《天津娼妓调查》,李文海主编:《民国时期社会调查丛编·底边社会卷》(下),福州:福建教育出版社,2005年,第538页。
③ 天津社会局:《天津娼妓调查》,李文海主编:《民国时期社会调查丛编·底边社会卷》(下),福州:福建教育出版社,2005年,第541页。
④ 《用高利贷剥夺的放账生涯——分印子、利息钱、妓女借债利率最高十五分》,天津《益世报》1934年2月20日,第4张第14版。
⑤ 《旧腊中之天津市民生(一)——赵家窑与三角地》,天津《大公报》1931年2月6日,第2张第5版。
⑥ 天津社会局:《天津娼妓调查》,李文海主编:《民国时期社会调查丛编·底边社会卷》(下),福州:福建教育出版社,2005年,第554页。

表 5-3 负债妓女人数表①

等级	二等	三等				四等	五等	总计
		上三等	一元随便	下三等	六角随便			
总数	221	519	270	887	115	381	454	2847
负债人数	121	416	181	791	104	281	367	2261
负债人数占总数之百分比(%)	54.75	80.15	67.04	89.18	90.43	73.75	80.84	79.42

资料来源:天津社会局:《天津娼妓调查》,李文海主编:《民国时期社会调查丛编·底边社会卷》(下),福州:福建教育出版社,2005年,第543页。

从表 5-3 分析,各等妓女负债的比例最低限度也在 50% 以上,甚至有到 90% 以上的,平均负债率达 79.46%。10 个妓女之中,差不多有 8 个人负有债务。所有人的债务计算起来,就有 430371 元,每月就要付 21948.92 元的利息。② 而妓女的生活方式决定了她们要生存必须借贷,见表 5-4:

表 5-4 各等妓女平均每人每月收支比较表

收支	二等	三等				四等	五等	各等平均
		上三等	一元随便	下三等	六角随便			
收入	33.31	34.84	36.10	23.63	26.70	18.96	19.68	26.48
支出	42.52	29.89	28.65	21.43	22.36	21.25	21.29	25.29
盈		4.95	7.45	2.20	4.34			1.19
亏	9.21					2.29	1.61	

资料来源:天津社会局:《天津娼妓调查》,李文海主编:《民国时期社会调查丛编·底边社会卷》(下),福州:福建教育出版社,2005年,第540页。

由表 5-4 可见,妓女要维持生计,不借贷几乎是不可能的。各种债务的负债人数,以利息钱的为最多,有 2072 人,印子钱的负债人数有 133 人,押账的负债人数仅有 56 人。"换句话说,就是由妓女本身负担利息的债务为最多,可以说是只要有债务的妓女,大半都是由他们自己本身负担",且

---

① 表中妓女总数因未将特等妓女列入,故与原数 2910 人不符。
② 天津社会局:《天津娼妓调查》,李文海主编:《民国时期社会调查丛编·底边社会卷》(下),福州:福建教育出版社,2005年,第543页。

"等级越高的妓女,负债的额数也越大"。① 各等妓女债务利率情况见表5-5:

表5-5 各等妓女债务利率表

利率	二等	三等				四等	五等	总平均
		上三等	一元随便	下三等	六角随便			
最高	4分	6分	6分	9分	9分	9分	15分	15分
最低	2分	4分	4分	6分	6分	7.5分	7.5分	2分
平均	2.9分	4.2分	4.6分	4.7分	4.6分	7.6分	7.8分	5.1分

资料来源:天津社会局:《天津娼妓调查》,李文海主编:《民国时期社会调查丛编·底边社会卷》(下),福州:福建教育出版社,2005年,第542页。

从表5-5可见,高级妓女身价比较高,所以可以多借些钱,借债多,利息就要低。下级妓女没有这些优惠,所以借债的数额很少,而一方面债主又恐怕她没有偿还本金的可能,所以就给她们加大利率,见表5-6:

表5-6 各等妓女债利负担表

负债情况	二等	三等				四等	五等	平均
		上三等	一元随便	下三等	六角随便			
平均利率(月)	2.9分	4.2分	4.18分	6.7分	4.28分	7.6分	7.8分	5.1分
平均每人负债额	420.78元	287.36元	221.44元	155.97元	201.68元	142.12元	96.86元	190.34元
应付利息(月)	12.20元	12.07元	10.19元	10.45元	9.28元	10.80元	7.56元	9.71元

资料来源:天津社会局:《天津娼妓调查》,李文海主编:《民国时期社会调查丛编·底边社会卷》(下),福州:福建教育出版社,2005年,第542页。

如果按每月30天算,每人每天除去利息以外,只有0.559元的剩余,再除去饭费、家具费、衣饰费、招待费、家庭费用,妓女的支出肯定不够,所以债务的支出在妓女的生活中应该占有很大的部分。

妓女为妓后,日常的借贷常须有保人,保人常常是窑主或者是妓院中人。如1929年1月南市东福巷桂莲班搭班住妓女刘雅仙,因欠韩有亭的

---

① 天津社会局:《天津娼妓调查》,李文海主编:《民国时期社会调查丛编·底边社会卷》(下),福州:福建教育出版社,2005年,第542页。

利息钱,双方争吵。刘雅仙的保人是卞秀山、杨福友,其中杨福友在裕德里品卿班当伙计,二人均认担保。① 妓女因为借贷问题时常与债主发生纠纷,恶性案例时常见诸报端。如妓女王艳芳1935年5月随母来津,经人介绍搭入南市丹桂后中乐堂,使用押账300元。因为后来收入欠佳,衣食发生问题,与窑主袁四发生冲突,被袁四用刀斧砍昏。②

(三)借贷与娼妓从良

从良是许多妓女的愿望,但是债务缠身往往导致她们从良的希望破灭,"大多数的妓女都是因为债重利繁的缘故,终不能打破这种经济的束缚而摆脱"。③ 首先窑主和债主们千方百计地提高利率,成为妓女从良的一个巨大的障碍,"押的方法,妓女随时都可以摆脱,但十年八年也不会摆脱得了。这其中的原因,就是因为押的款子漫无限制的,利率是超过法律所规定的,这样一来,每天除去利息一项,简直就没有富余了,所以债务愈弄愈多,永远没有赎身的一天。我们可以断定,妓女之所以不能脱离苦海最大的原因,就是债利方面的关系"。④

环绕妓院而出现的许多放债谋利的行当,多为高利贷,对妓女的从良造成了巨大的障碍。"天津乐户习惯领家与放钱者每一缔结贷借契约,常用妓女名义,隐示以妓女做担保之意思。其契约内容之记载,该妓女毫不闻知,仅令捺盖指纹,即为契约成立。"⑤ 放账者多以此发财致富:"放窑账的,专门向妓女放高利贷,俗称'打印子钱',按天、旬或月计息,如不能按时付息还本,就利上滚利,约十个月时间即本息相平,人称'阎王债'。南市有个绰号叫'马大肚子'放窑账的,以20元的债额逼得一个三等妓女名小凤的一家三口自杀。中华茶园旁,有北仓人孙印庭者,以放窑账为生,重利盘剥,不几年就把'印子房'扩充为桐丰银号,又在北门里开设了元兴斋花轿铺,并在家乡广置地产,成为北仓的大地主。"⑥

---

① 《因债涉讼》,天津《益世报》1925年3月23日,第3张第11版。
② 《淫窑中惨剧,妓女王艳芳得罪窑主,全身被砍》,天津《大公报》1935年11月30日,第2张第6版。
③ 天津社会局:《天津娼妓调查》,李文海主编:《民国时期社会调查丛编·底边社会卷》(下),福州:福建教育出版社,2005年,第551页。
④ 天津社会局:《天津娼妓调查》,李文海主编:《民国时期社会调查丛编·底边社会卷》(下),福州:福建教育出版社,2005年,第551页。
⑤ 南京国民政府司法行政部编,胡旭晟、夏新华、李交发点校:《民事习惯调查报告录》,北京:中国政法大学出版社,2000年,第430页。
⑥ 周恩玉:《解放前的天津南市概况》,中国人民政治协商会议天津市委员会文史资料研究委员会编:《天津文史资料选辑》第33辑,天津:天津人民出版社,1985年,第242页。

1939年4月发生的一起窑主与妓女的纠纷中,可见窑主们是如何不择手段地迫害妓女的。

妓女毛品卿与蒙景山(同乐堂掌班)二人,因为借贷发生了纠葛而到了法院。在法院的询问中,妓女毛品卿说她在同乐堂为妓,曾支用押账130多元,已如数偿清。但是在还债的那一天,窑主蒙景山说没带借款字据,下午带来撤还。毛品卿再去索要字据的时候,不料蒙景山竟不承认有偿债的事情,还对她进行了殴打。① 在法院与蒙景山的笔录中有如下对话:

问:借钱的字据在何处了?
答:在放钱的手了。
问:放钱的是谁?
答:(笑)姓什么那知道?
问:你不知道谁的钱怎么借的她,究竟是谁的钱?
答:有吾40元,放钱的60元,字据在放钱的手内保存了。
问:她不是将钱还你了,你未将借字退回吗?
答:未有那回事。②

从笔录中可见,窑主所说的完全是假话,连放账的是谁都不知道,是在有意掩饰,目的就是要留住毛品卿继续为娼。从这个案子中可见,当时的窑主为了迫害妓女为其赚钱,无论什么样的无赖招数都使出来了。

窑主们甚至借用法律对负债潜逃的妓女进行追究,如1939年6月发生的一起因为妓女负债潜逃导致的案件。郭振海开设华利妓馆,到警察局控告妓女李张氏,称李张氏经丈夫在两个月以前押至郭振海处使用押账180元,经过两个月,竟随其客人李树贵私行潜逃。李张氏则说自己被丈夫前两月押在郭振海所开设之华利妓馆为妓,是被丈夫与这开窑子的合谋骗的,"不料到他妓馆,每天如能与之多赚钱,他等确是欢天喜地,否则打骂种种虐待不堪其苦",且李树贵不是嫖客,二人原本认识,是因为逃跑后没有去处才找李树贵求其设法安置的。③ 此案不知结果如何,但从询问笔

---

① 《侯世明等债务婚姻纠纷案》,日伪天津市警察局,1939年,天津市档案馆,档号:J0218 - 3 - 001045。
② 《侯世明等债务婚姻纠纷案》,日伪天津市警察局,1939年,天津市档案馆,档号:J0218 - 3 - 001045。
③ 《侯世明等债务婚姻纠纷案》,日伪天津市警察局,1939年,天津市档案馆,档号:J0218 - 3 - 001045。

录中可见妓女在妓院中所受残酷虐待的情况。事发之后,窑主公然以负债潜逃控告李张氏,其嚣张之势是其在社会中处于强势地位的表现。所以,债务是压在妓女身上使其不能从良的一个最为沉重的大山。

(四)娼妓业的社会危害

20世纪30年代,天津市社会局经过调查认为,娼妓业对社会的危害很大,主要体现在治安、公共卫生、风化道德、工商业等几个方面。[1]

贫困是妓女借贷押账的原因,也是一些妓女家庭及社会悲剧之根源。如天津特一区的白云华因为生活窘迫,将妻李氏押入大连娼门。李氏不愿去,私自逃走,一时心窄,在东浮桥投河。[2] 南市喜堂主妓女侯庆花年16岁,1936年4月被其父母押于该娼馆为妓,使用押账150元,因为生意不佳,一时心窄自杀。[3] 又如南营门外的张学书因为经济困难,想逼妻子刘氏为娼,刘氏请人劝解,张大怒,在深夜杀伤三人。[4]

许多外地人来津谋生,因受骗被押而误入娼门。如北平女子王淑兰被其弟田玉和引诱来津,押于双顺堂为妓。王淑兰还押账后,与一个叫邓立元的青年结识,生下二子。后来邓母也来津,因生活无来源,王淑兰再次到双顺堂向窑主借洋20元。邓与之决绝。她看邓面色不对,立即回家,只见儿子倒在血泊中。邓在报纸上有遗言,称因贫困要全家同死,先杀二子,自己服鸦片,再杀王淑兰。杀子后杀妻未果,邓立元发毒而死。[5]

娼妓业还会带来公共卫生问题。1930年天津市社会局对娼妓业的调查表明,天津妓女人数是2910人,染梅毒的人差不多有826人。"一天就要有400个男子被传染上梅毒的……这样计算起来,就按直接被传染的,每月差不多就要有10000多人。"[6]虽为假设,但性病问题对百万人口的天津来说影响不小。从20世纪初天津报纸治疗性病的广告中可见一斑。[7]

---

[1] 天津社会局:《天津娼妓调查》,李文海主编:《民国时期社会调查丛编·底边社会卷》(下),福州:福建教育出版社,2005年,第554页。

[2] 《自杀》,天津《益世报》1937年3月4日,第2张第5版。

[3] 《盛德里鸿升班昨晚被日警查抄,寮主妓女均被捕,传与长福堂案有关》,天津《益世报》1937年3月22日,第2张第5版。

[4] 《押妻卖女未遂,深夜起杀机,三人受伤,凶犯就获》,天津《益世报》1937年6月20日,第2张第5版。

[5] 《南市惨杀案,妓女儿子被夫杀害,凶手行凶后服毒自尽》,天津《益世报》1937年5月18日,第2张第5版。

[6] 天津社会局:《天津娼妓调查》,李文海主编:《民国时期社会调查丛编·底边社会卷》(下),福州:福建教育出版社,2005年,第563页。

[7] 参见1915~1916年天津《益世报》的广告栏。

娼妓业往往还与其他的社会罪恶相联系。如山东人王金梁37岁,住天津市河北地纬路,无正业,有吸白面的嗜好,无力照顾妻子王李氏,令其在侯家后8号妓馆搭住。①

一些人嫖娼也给自己从事的行业带来恶果,如日租界芦庄子恒义当铺的司账姜幼安向经理推荐学徒高阳人董小楼,董狎妓为乐,亏累甚巨,将账房中之恒源(300元)、义恒昌(300元)、福顺(1000元)三银号存折取走,以办事为名请假外逃。②

总之,娼妓业导致了对妇女的严重摧残和恶性的社会问题,使民间社会与政府对娼妓业改造的意愿日趋强烈,废娼的呼声也日益高涨。

三、近代天津政府废娼与政府借贷

清末民国以来,民间社会上多有废娼的倡议和运动。民国初期,受西方文化的影响,社会上对废娼问题便时有呼吁:"近世东西洋学者皆提倡废娼之说,实为谋健全社会者之要图。……盖娼妓之由来已久,无论东西洋各社会莫不有其悠久之历史,直接于教育经济,间接于工商业均有相互关系。"③有一些妓女不愿为娼,要求从良,得到了当时社会的关注。如高筱云从小入娼门,负债三千余元,年长知羞耻,不甘堕落,要求跳出妓院这个火坑。④一些妓女对压在自己身上的债务也有抗争,如"南市上权仙前某娼寮妓女刘月楼,前向周成久借得款项,久未归还,有意抗债"⑤。20世纪20年代,天津妇女运动兴起了一个废娼的活动,对娼妓业妇女进行救济,使之摆脱娼妓业。⑥

天津租界废娼对华界产生了示范作用,尤其是娼妓盛行的日华边界一带。日本人认为日本娼妓在天津的表现是日本形象的"一个疤痕",因此日租界一度对娼妓业采取了一些治理的措施,1926年,决定以1928年年末为限,废止"红灯区"。但是,这些举措导致了华界娼业的繁荣。"红灯区"

---

① 《丈夫无力赡养,押入娼窑卖笑》,天津《大公报》1935年6月11日,第2张第6版。
② 《董小楼狎妓亏累窃出存折取款潜逃》,天津《大公报》1935年7月22日,第2张第6版。
③ 天津社会局:《天津娼妓调查》,李文海主编:《民国时期社会调查丛编·底边社会卷》(下),福州:福建教育出版社,2005年,第525页。
④ 《娼妓的自觉》,天津《大公报》1928年9月23日,第6版。
⑤ 《妓女抗债纠葛》,天津《大公报》1927年6月19日,第2张第7版。
⑥ 《救济妓女会章程》,天津《益世报》1921年9月4日,第3张第10版。《救济妓女会章程》(续),天津《益世报》1921年9月5日,第3张第10版。《救济妓女会章程》(续),天津《益世报》1921年9月6日,第3张第10版。

废止二三年后,日本、法国租界的妓女纷纷转到了华界。还有上海的妓女也来到天津,她们装扮成良家妇女住在法租界的一流饭店,开始在这里偷偷接客。"在市内,近代西洋的氛围十分浓厚。在最繁华的大街上,矗立着近代化的旅馆建筑,即使最初妓女没有住的地方,不得不住在新式洋房。……洋房意味着她们卖淫不可欠缺的场所。"①于是,从20年代末到30年代开始,天津市对娼妓的治理也提上了议事日程。

南京国民政府成立之后,"禁娼问题的确已成为现实社会问题之一。在革命政府领导下,好几个地方已经毅然决然地禁止。"治本应从道德和法律以及经济组织的改善入手。② 因此,治理娼妓问题,解决她们的债务和经济来源是最为关键的。天津社会局的调查员的结论也是如此,他们提出的救济妓女的办法,也是首先要从清理债务下手。③

20世纪30年代初,天津社会局对天津市娼妓进行了调查,"以为将来实施废娼之准备"。④1930年,公安局第71次局务会议拟定了如下救济办法:1. 对于已为娼者,取缔高利贷款,至多不得超过民法规定利率以上,并取缔暗娼,不得开门暗营;2. 对于将为娼者,限制借款办法,规定二等娼女最多不得过300元,上三等最多不过200元,下三等最多不过100元,四、五等最多不过50元,并限制将为娼者必须觅据铺保,保证其并非拐卖且借款合法。⑤

1935年萧振瀛担任天津市长后,对天津的娼妓实施了一些进一步整治的措施,取缔落马湖土娼,并派朱视察长赴落马湖地方视察,各娼窑应一并迁移南市,不准40岁以上之土娼继续营业,可以给资遣散。⑥

张自忠担任天津市长后,为救济妓女,废四、五等妓女捐,又令公安、社会、卫生三局拟定五项办法:"1. 由公安分所等调查现有四、五等乐户户数、姓名、地址、人数等。2. 由社会、公安两局根据名册派员详查各妓女负债情形,取缔高利贷及印子钱,息金最多不得超过民法所规定之利息(如年息百

---

① 〔日〕桂川光正,周德喜译:《天津租界的卖淫问题》,江沛、王先明主编:《近代华北区域社会史研究》,天津:天津古籍出版社,2005年,第71页。
② 吴若华:《禁娼问题之研究》,天津《大公报》1930年5月1日,第4张第13版。
③ 天津社会局:《天津娼妓调查》,李文海主编:《民国时期社会调查丛编·底边社会卷》(下),福州:福建教育出版社,2005年,第551页。
④ 天津社会局:《天津娼妓调查》,李文海主编:《民国时期社会调查丛编·底边社会卷》(下),福州:福建教育出版社,2005年,第525页。
⑤ 《取缔妓女高利贷款,市府将令公安局三特区办理》,天津《益世报》1930年6月28日,第3张第10版。
⑥ 《取缔落马湖土娼,以维人道而整市容,年老者即行给资遣散》,天津《益世报》1936年5月23日,第2张第5版。

分之二十),使其负担减轻,易于摆脱,如因利轻无人肯借,可商由小本借贷处酌予借给。3. 妓女进行疾病检验,有病者停业,送妇女救济院收容教养,生活费由班主或家庭负担。4. 禁止虐待妓女,发现后严惩并使妓女与之脱离关系,送救济院。5. 由感化院负责教育。"①

1936 年 7 月,天津市社会局等对下等妓女的情况再次进行了调查,以为救济妓女的准备。调查结果见表 5-7:

表 5-7　1936 年社会局、公安局、卫生局等奉令调查乐户表

二分局	三分局	六分局	全市总计
乐户 272 家	乐户 73 家	乐户 55 家	乐户 400 家
妓女 584 人	妓女 198 人	妓女 207 人	妓女 989 人

调查认为视妓女个人的经济情形,应严厉取缔高利贷,以资救济。②

天津市政府还成立了歌女感化院,把一些娼妓集中起来进行教育,并使她们自谋生路。③1936 年 5 月,感化院开课,盛况空前:"歌女千人,齐主任讲守规矩、去恶习,15 日开学典礼。参加者除南市一隅之妓女外,尚有日租界二等妓女数人自动报名。本市妓女统计达三千六百余名,报名一千四百名,到者千余名。学习的项目:歌舞、识字、绘画、算术、国语。每天授课一二小时,经费每月三千。"④

社会舆论方面也对娼妓问题进行了干预。《益世报》在 1936 年 8 月 22 日和 23 日分别报道了被移送法院的三个妓女案件和妓女的悲惨遭遇,⑤向社会呼吁救济妓女的必要性。⑥

但是,天津市政府的这些措施遇到了一些阻力,最终废娼效果不明显。1935 年在萧振瀛担任市长后,要取缔落马湖土娼,但这些妓女大都有债务关系,她们的债权人为维持债权"以孙相林等二人为代表,赴市府"。天津市长派视察员田久荣奉市长手谕,表示关于遣散老年妓女等所需款项,可向市民银行接洽借款。⑦ 感化院开课后,一些原来向妓女放高利贷的债权

---

①《初步废娼拟定救济办法由公安等三局实行》,天津《益世报》1936 年 6 月 4 日,第 2 张第 5 版。
②《调查四、五等妓女》,天津《益世报》1936 年 7 月 23 日,第 2 张第 5 版。
③《歌女感化院,昨日正式开课》,天津《益世报》1936 年 5 月 9 日,第 2 张第 5 版。
④《歌女感化院昨日正式开设,参加者达一千余人,由齐主任召集训话》,天津《益世报》1936 年 5 月 9 日,第 2 张第 5 版。
⑤《长富堂三妓女昨解法院》,天津《益世报》1936 年 8 月 22 日,第 2 张第 5 版。
⑥《救济院中长富堂妓女访问记》,天津《益世报》1936 年 8 月 23 日,第 2 张第 5 版。
⑦《取缔落马湖土娼,以维人道而整市容,年老者即行给资遣散》,天津《益世报》1936 年 5 月 23 日,第 2 张第 5 版。

人到政府门前,要求进入感化院的妓女还贷。① 这些窑主联合南市全体乐户150余人,携带呈文,前往市政府进行请愿,②对市政府形成了很大的压力。可见要解决妓女问题,债务问题是一道难以逾越的门槛。但是,政府的财力有限,对妓女的救济资金捉襟见肘。30年代初,政府设立的救济院也收容逃跑或被逼迫的妓女,而救济院本身常常闹穷,救济能力有限。可见政府和社会要救济妓女,还需要具有相当的经济实力。③ 歌女感化院成立后,开办经费也非常紧张,只好向当时的天津市民银行、农工银行借贷。在筹备感化院过程中,所有修理房屋购置家具等项所需要的款项,先行呈解开办费洋1万元。1936年,天津市歌女感化院请领总数金额国币11957元3角4分,并未超过预算之数。1936年5月,感化院将借贷银行款项领回4万元。之后,感化院将公益慈善奖券款22500元分别照章拨还两银行。此后,政府的公益慈善奖券出售非常困难,其中第三期慈善奖券10万张,只卖出了5万张。每张1元。④ 这样,感化院的经费陷入了困境,不久就陷入了停滞。

政府还利用立法手段,打击娼妓业,为妓女撑腰,力图通过立法废止妓女的债务来救济妓女。南京国民政府成立后,法律中规定:娼妓属于不正当营业,有违国法,不能认为公民;⑤妓女以前的债务,不得以身作押还贷,

---

① 《歌女感化院开始授课,乐户反对昨请愿》,《天津商报》1936年5月9日,第1张第4版。请愿原呈:窃夫设立妓馆,乃古辈先贤治国理财之要道,亦与社会秩序及安慰人生有关,岂能忽视至不重哉。查我天津市埠,在以前最盛时期,南市地方妓馆林立,为数颇多。乃于前辈年间,忽然愈转愈下,营业萧条已达极衰。延至现在,全市不过一二百家,且都敷衍从事,无不亏累。复因搭住妓女,非常慎重,必须有生身父母或本夫出名,实被经济压迫,生活无路者,始能准行。诸此类推,均有倒闭之虞。困苦情形实难陈述。正在此痛苦之下,忽奉通知,内开:设立歌女感化院,每日每家所有妓女须轮班到院受感化等因。似此办法,实与社会有益、妓女有功,自应遵行,何敢违背。无如妓女无知,对此感化,不明真相,皆抱悲观。现有停止生涯者,又有移居租界地者。此乃个人行为,孰能制止。倘此情弊发生,不但市面不能繁荣,且有衰落之象征。自市长莅任以来,减捐捐税,励精图治,全市民众,不遑感戴。今若强制妓女入院感化,势必与繁荣市面之初旨,大相违反。况妓女精神有限,设每日必受感化数小时,除应酬游客时间外,即毫无睡眠休息之余地。不惟生命危险,且与失业有关。兹代表等熟思至再,设若硬行,弊多利少。非此缓行劝道,俾明真相,或准其自由入院,不加强制,庶免停止生涯及迁居租界之弊。愚见及此,是否有当,思准慎重施行,以杜流弊而恤生活,实为感德之至云云。

② 《歌女感化院昨日正式开设,参加者达一千余人,由齐主任召集训话》,天津《益世报》1936年5月9日,第2张第5版。

③ 《救济院闹穷——妇女三个月中收二十六人,经费照旧,但已超过收容额数》,天津《大公报》1930年8月5日,第2张第7版。

④ 《歌女感化院开办经费》,天津市财政局,1936年,天津市档案馆,档号:J0054-1-003144。

⑤ 《娼妓不能认为公民——立法院解释市组织法之内容》,天津《益世报》1931年1月24日,第1张第3版。

高利贷一笔勾销;①押女为娼契约无效,因不法行为所生债权依法不能行使请求权。② 1929年一个天津妓女债务案的审判为妓女跨越这道门槛提供了一个有利的依据。这个案子的原告为窑主和债主刘田氏、严氏、朱恒兴、贺桂林、刘建才等,他们起诉的是被告妓女花美云、花美玉、文君欠债务。原告称被告欠凤英书寓借洋上千元,立有借约。近闻被告准备逃走,故起诉法院,请求被告分别偿还。天津地方法院于1929年5月8日判决驳回了原告之诉讼请求,理由是:刘田氏供给此款的目的,为使被告等在其所设凤英书寓为娼营利,原因即属违法,其与被告等由此缔结之债权契约自非有效。③ 这个判例为妓女摆脱债务的困扰提供了法律的依据,但是因为社会习俗和其他因素,到法院来请求解决债务的妓女微乎其微。

南京国民政府实行这些法律,在社会上引起的反响不大。就连当时法律人士也主张兼顾社会的习俗,用中间人说和等形式来解决问题。如一个妓女欠有押账大约800元,询问天津《益世报》的法律顾问,问是否合法。法律顾问答曰:依现行法律,买卖人口或以人口作质契约均应无效。但宜兼顾情理,方为两全之道。最好先托人向掌班婉说,求其减免按半数偿还。既公平又合理,如其坚持不允,再诉之法律解决。④

天津社会局调查天津娼妓现状后,向政府提出的废娼建议中也现实地指出了这方面的问题。他们提到:"譬如过去的妓女和债主发生纠葛时,只要一到法院里,不问是有何确实的证据,马上就会取消这项债权,这种办法的理由,也就是因为他们的利率是违法的。但是我们站在社会局的立场上说话,这种办法,多少有些不合宜。我们知道她们的债务总额是40余万元之多,那么这些债务恐怕要连带许多的债主,而这种债主大半是当地的地痞和土棍,我们要应用这种果断的法子,恐怕要惹起一种很大的骚动来,结果是徒使社会上呈一种不安的现象。所以这种办法虽然合理,然而事实确有很多的困难。我们终于采取了一种稳妥而比较有效率的办法,就是取缔高利贷,最多不得超过民法所规定的利率。……妓女都是些无知的妇女,所以债主规定的利息虽高,而她们或许认为是合法的,是应当的,是无可如

---

① 《法律上的优遇,妓女以前欠的债,概不得以身作押》,天津《大公报》1928年12月30日,第2张第6版。
② 《押女为娼契约无效,因不法行为所生债权依法不能行使请求权》,天津《益世报》1936年11月17日,第3张第10版。
③ 天津市地方志编修委员会编:《天津通志·审判志》,天津:天津社会科学院出版社,1999年,第143~144页。
④ 《押女为娼契约无效,因不法行为所生债权,依法不能行使请求权》,天津《益世报》1936年11月17日,第3张第10版。

何的,除非被债主逼迫到万不得已的时候,才发生纠葛以至于起诉。"①他们认为:"现在就有这种趋势。这样看起来,已为娼的妓女们,一经告发,就可以脱去了债务的束缚,当然就易于脱出的啦。这种办法,就是因为所有的妓女们整日里被践踏,糊里糊涂的,都沉闷到万分啦,只是喘吁吁的来应付老板……现在我们登高一呼,把她们都唤醒,并且又指示给她们,使她们自己去挣扎,这岂不是极稳妥而极有效力的办法吗?"他们提出了两种救济方案,其一是限制借款,规定二等妓女借款最多不得超过 300 元,上三等最多不得超过 200 元,下三等不得超过 100 元,四五等最多不得超过 50 元。限制借款还能够减少卖死契的弊病。因为在堕落过程当中,为得钱以卖死契为最多的办法。②

这些调查员的结论反映了当时废娼所面临的困境,也体现出了国家法律在面对风俗时的无奈。政府改造妓女问题的结果也印证了这些调查员的判断。可见,要解决妓女的问题,需要的是国家与社会合作,根本在于改造社会的风习,以及为包括妓女在内的社会穷困阶层找到根本的经济上的出路。

小　结

总之,高利贷是一种客观存在的现象,它时常表现出一种地方性的特征,存在着多种多样的形态。高利贷形成的原因很多。近代天津的实例表明,高利贷在不同时期的形成原因是不同的,但供求矛盾和风险高是主要的因素。高利贷的资金来源是多元的,来自各个阶层。高利贷的作用不可一概而论,近代条件在社会经济条件较好的情况之下,借贷风险较小,利息降低,高利贷对经济发展起到了一定的促进作用;而在高通胀等社会经济恶化的条件之下,高利贷就成为恶性循环的推动者。从信任的角度看,高利贷就是信任的成本,是由于因为社会信任水平不高导致的借贷成本上升,尤其在社会动乱时期,高利贷更成为社会的趋势。高利贷问题不仅是民间的问题,有时背后也有国家行为的因素在内。近代天津的社会信任出

---

① 天津社会局:《天津娼妓调查》,李文海主编:《民国时期社会调查丛编·底边社会卷》(下),福州:福建教育出版社,2005 年,第 559 页。
② 天津社会局:《天津娼妓调查》,李文海主编:《民国时期社会调查丛编·底边社会卷》(下),福州:福建教育出版社,2005 年,第 560 页。

现危机导致高利贷盛行,其社会危害也越来越严重。政府对其治理的成效也是极为有限的,同时政府自身的作为对高利贷的产生和盛行也有一定的影响。可见,高利贷往往是在信用手段缺乏而借贷双方没有信任关系的情况之下的冒险行为,其风险大、成本高而发生了高利息,政府的管制反而加剧了其风险,故更加提高了成本。近代天津的高利贷往往在社会动荡资金缺乏或迟滞的条件下发生,高利贷既非传统的信任关系也没有现代的非人格信任,只是一种对信任的赌博。

城市商业的发展、性别比例失调和贫富分化以及道德堕落导致了娼妓业的发展。近代天津娼妓的产生与贫困关系很大,贫困负债导致的妇女为娼占有很大的比例,因为谋利而逼迫妇女为娼的事情也经常发生。妇女一旦为娼,又往往会走上借高利贷之路,如此导致她们跳入火坑而难以自拔。娼妓是社会的一个毒瘤,不仅给妇女带来身心的痛苦,而且往往引发社会恶性事件,对社会风气和社会治安带来严重的影响。由此可见,要解决娼妓问题实行废娼,贫困和债务问题是首先要解决的重要问题。

近代天津民间社会和政府都对娼妓业的废除进行了努力。采取了救济、法律、借贷、检疫等种种办法,取消和废除娼妓,达到净化治理社会的目的。然而这些措施没有取得预期的成效。娼妓依然因为债务问题而难以自拔,面对民间对娼妓押账的惯习,国家也没有有效的办法,这些都反映了政府在面对民间惯习和社会惯性方面的乏力和困境。

第 三 巻

第六章 近代天津的民间借贷组织:合会

合会是民间社会互助合作的一种金融组织,体现着中国传统社会的合作互助的精神,具有传统熟人社会的信任机制。① 在近代天津城市中,合会组织一直大量存在于民间。随着天津近代社会的发展变迁,民间合会组织也发生了变化。

第一节 合会概述

合会在中国各地广泛存在,世界其他国家也有类似的组织,只不过各处的叫法不一。② 合会从用途分类可以分为集资类、保险类、慈善类和借贷类等,还可以从人数、周期等角度进行分类。③

合会在乡村的规模一般不是很大,所以杨孟西先生说它是民间流行的一种小规模的金融合作组织。④ 但是在城市中有的合会会发展成很大的规模。一般认为合会主要是以亲友联络的。杨孟西先生分析说:"中国为一农业社会,亲族乡党素重情谊,又安土重迁,移动稀少,于是合会的组织便应时之需,合地之宜得以生长蔓延。"⑤但是也有不同的情况,如费孝通先生在云南就见到过一种名为"上赊"的钱会。这种钱会组织的特点是避

---

① 刘继澳:《合会制度研究》,西南政法大学硕士学位论文,2013年。
② 王宗培:《中国之合会》,南京:中国合作学社,1935年,第1页。合会在不同地区有不同的称呼:"江南俗称蟠桃人(多在上海一带),此外如集会、邀会、聚会、请会等多在山东,安徽有打会,浙江有纠会,湖北有约会,粤省有做会,云南有赊会。日本有无尽会、无尽讲、赖母子或赖母子讲。印度叫做夺标会、助友会。合会为我国民间之旧式经济合作制度救济会员相互间金融之组织也。"
③ 李金铮:《民间组织的一个类型:20世纪上半期长江中下游地区乡村"钱会"解析》,《近代中国乡村社会经济探微》,北京:人民出版社,2004年,第288~289页。
④ 杨孟西:《中国合会之研究》序言,上海:商务印书馆,1935年,第2页。
⑤ 杨孟西:《中国合会之研究》序言,上海:商务印书馆,1935年,第2页。

免采纳同族的亲属为成员,成员内排斥亲友关系。他们力图减轻社会关系上的负担。合会可以说是中国社会信任关系中的一个比较高层次的信用组织。它的主要优点是可以促使人养成储蓄的习惯,联络亲朋的情感,便利缓急等,当然缺点也有许多。① 合会在近代中国乡村总体来说呈现出了衰落的趋势,②但是,在有些地区也有复兴的现象,这也说明了合会本身的社会价值。③

外国学者对合会也有关注。韦伯指出,在近代的中国,除氏族、商贾与工匠的行会之外,在所有的生活领域里,尤其是在经济和信用合作的领域里还兴起了以俱乐部形式出现的社团。④ 他在这里说的所谓的"社团"应该就是指合会等组织,韦伯认为这种组织是用以取代古老邻里信用与破产管理人的代替物。

在近代天津城市中,各种合会也是广泛存在的,如老人会、寿缘会、攒钱会、存钱会、使钱会、标会等等,简单论述如下:

摇会⑤,这个会一般是邻里之间的朋友或同乡们凑在一起搞起来的,在天津的民间社会中也较为普及。摇会一般由9或10个人组织成一个会,每个人每月交1元。第一个月凑10元,有会头摇骰子,中了由这个人先用这10块钱,第二个月会头用10元钱,三个月其他继续抽。直到每个人在10个月后都用过10元钱为止。⑥ 当然这些只是一般的情况,实际中标方式也是根据情况而有所不同的。

还有一种叫作"攒钱会"的组织也与摇会相似,储户以10个人为限,其中发起人或称会头,也算一户,每月储金若干,由会头到各户去敛。譬如是30块的会,则每月应敛洋3元,合每天洋1角,化零为整,一月期满,把10

---

① 李金铮:《民国乡村借贷关系研究》,北京:人民出版社,2003年。该书认为合会的主要流弊有六点:一、会员多、会期长,风险性大;二、没有法律保证;三、标会有浓厚的投机性;四、酒席浪费严重;五、会员借会生息,贫富分化;六、一些人碍于情面入会导致了经济负担加大。

② 王宗培:《中国之合会》,南京:中国合作学社,1935年。李金铮:《民国乡村借贷关系研究》,北京:人民出版社,2003年。徐畅:《"合会"述论》,《近代史研究》1998年第2期。

③ 单强、眷金生:《论近代江南农村的"合会"》,《中国经济史研究》2002年第4期。

④ [德]马克斯·韦伯著,洪天富译:《儒教与道教》,南京:江苏人民出版社,2003年,第84页。该书认为,此种社团可被视为一种社会。它或者通过一种信用合作社积聚一笔货币资本,然后以拍卖或抽签分配的方式加以利用;或者也可以俱乐部的形式出现,俱乐部主任,即债务人,从朋友那里得到一笔贷款,然后,他以俱乐部的名义,将贷款分期付给会员(债权人)。领回贷款者的顺序,通常由抽签的方式来决定。

⑤ 王宗培:《中国之合会》,南京:中国合作学社,1935年,第13页。摇会首期会额为会首坐收,第二期起用抓阄卜彩的方法决定会额归准,故曰"摇会"。堆积会和缩金会是最为通行的摇会。堆积会之利息系重会逐期加纳,故会额继续增高,而缩金会的会金逐期缩小。

⑥ 吴石城:《天津之市民金融组织》,《银行周报》第19卷第46号,1935年11月26日,第7页。

户的储金聚齐,便已有 30 元。那时便召集各户到会首那里去摇会,摇会是用四个骰子,掷出点子来,谁的点子多,便算得了这会,把 30 块钱给他使用。得会的储户,虽把权力得去,但每月每日还要把应纳的会金交出,直到第十个月为止。他得彩的算是预支的储金,但不扣息金,以后就不必再去摇会了。① 按例头月摇,二月收。第一个月摇过后,第二个月不须摇,这权力让会头独享,储户只尽纳款的义务。第三个月继续再摇,如是摇下,一直到第七个月,以后便只剩三户了。于是变更摇会的方法,不掷骰子而抽签,三家分掣一签。分出先后,到月满时,便自向会头处领去会款。②

　　天津的摇会还有一种形式,叫"打印子"。打印子的人数和组织方式大体与标会相同。不过打印子是每个人每天要存洋 2 角,风雨不误。入会者,每人立有会折一个,每天由经理人即会头到 9 个入会人的家中,收过会款洋 2 角之后,就打经理人自己的印子于个人的折子上表明收讫。这样,每人每天 2 角,每月 6 元,全会每月可以存洋 60 元。每到月底,入会者齐集经理人家中,实行摇会。先用骰子三枚,搁在竹筒里。由摇会者摇数下之后,掷在大盆之中,指定前后骰子点数最多者提前使用本月的会款。这种办法对会首较有利,第一个月的会款仍尽他先用,而已经摇会得会款的人们,虽然照常每日存款,可是只有存款的义务,而没有第二回摇会的权利了。③ 天津近代的摇会也时常发生问题。比如 20 世纪 30 年代天津北营门外安仁里有一位五十多岁的妇女冯罗氏,她因为家庭生活困难,拉周围的邻居组建了一个摇会进行融资。成员有 15 家,冯罗氏作为组织者,是当然的会首,每月一家存洋 3 元交到她手里,每月底摇会,一共 15 月,每月一家得会洋 45 元。最后冯罗氏因生活困难自己把钱用光了,当会员张某、刘某、张王氏等数人到她家中要账时,她无钱偿还,假称去外面借钱在营门西乾河投水自杀了。④ 从这个例子可以看到,当时合会中的人往往并不是代表个人,往往是一个人代表一个家庭。这个摇会组织还算公平,没有提到付息,机会也比较均等,对邻里之间互相帮助、联络情感也是有好处的。但是摇会的组织也有缺点,就是倒账的事故比较多,会头的责任比较大,有

---

① 《津市的民间储蓄会,攒钱会信用昭著风行一时,每月里摇会得彩即可使钱》,天津《大公报》1933 年 9 月 28 日,第 4 张第 15 版。
② 《津市的民间储蓄会》,天津《大公报》1933 年 9 月 28 日,第 4 张第 15 版。
③ 《天津盛行的两种经济组织:标会和打印子》,天津《大公报》1933 年 6 月 12 日,第 4 张第 13 版。
④ 《老妪为债户所逼,投河自杀,债权在家相候,出门跃河淹毙》,天津《益世报》1935 年 7 月 11 日,第 2 张第 5 版。

出现放贷失败导致逃款的现象,而且不受法律的保护。①

此外,天津民间的标会也是一种非常普及的借贷类合会。② 标会是 10 个人为一会、10 个月完会的一种零存整取互相为用的经济组织。办法是 10 个人之中,由有资财的人作为会头。会头是承办存钱会的经理人,他们每月按照会例,存洋 5 元,全会每月存数为 50 元。每月月底,标会一次,在这 10 个月之内,每人可以使用全会一月的会款。不过使用的前后次序,是要用投标的法子办理。如第一个月会头有优先权,所以第一个月的会款可以不用任何手续,归会头使用;第二个月便由那 9 个人用投标的法子尽标数最大者提前使用。"譬如九人之中,甲、乙、丙……标 5 元、5 元 2 角、5 元 4 角……独戊以急需故标 6 元,则这个月的会款,由戊使用,甚而至到于第 10 个月已是末次了,亦可照这个法子举行。"已经标得会款的,仍按月标洋 5 元,完会为止。因为每月各人的会款,是在上月底先行交齐。所以会头可以把这一笔款项,放出去得利。到了月底投标之期,会头已得过一个月的月利了。同时会头又可以收取中标者 5 元,取得会款以外的利益,层层剥削,因此致富的人,比比皆是。③

1935 年一个标会因为拖欠会款而发生了一起惨案。住河北三条石的献县人刘李氏在刘氏的介绍下,入了张展氏为会首的标会,刘氏负责担保,每月交一定数量的会洋。开始的时候刘李氏非常遵守该项规定,得到了会首的信任。在 5 月间,该会举行标会,刘李氏当场得洋 200 元,张展氏因为刘李氏前一段时间表现得端正,当即把 200 元全数付给了她。哪知道刘李氏得洋后便不顾信用,一连拖欠了几个月的会款。张展氏多次到她家里催讨均无果。中秋节的早上,刘李氏突然到张展氏家,说没钱只有一命,说毕拿刀向自己的头部乱砍,当即血流如注。④ 从这个例子中可见,城市中的合会与乡村中的合会出现了不同,就是会员不一定是亲朋熟人,也许是由别人作保的生人,这样风险就增加了。刘李氏也许是一个对标会的组织运作非常熟悉的人,甚至也许参加过标会,她非常巧妙地把自己伪装成了一个行为端正守信用的人,一旦拿到了钱款,就改变了面目。但是她没有完全摆脱熟人社会的情面和关系,在催讨之下,做出了血腥自残的举动。城

---

① 吴石城:《天津之市民金融组织》,《银行周报》第 19 卷第 46 号,1935 年 11 月 26 日,第 7 页。
② 王宗培:《中国之合会》,南京:中国合作学社,1935 年,第 60~61 页。"标会"有夺标之意,而折现竞争之法曰"写会"或称"划会票""盖会"等。
③ 《天津盛行的两种经济组织:标会和打印子》,天津《大公报》1933 年 6 月 12 日,第 4 张第 13 版。
④ 《昨日中秋节,津民众于愁眉苦脸中渡过,上层阶级仍不忘娱乐,下级社会竟因债拼命》,天津《益世报》1935 年 9 月 13 日,第 5 版。

市是生人社会,合会的信任关系需要在会员之间不断的博弈中建立,因为没有法律的保障,因而存在着很大的道德风险,传统的保人制度在化解这种风险中起到了一定的作用。

虽然标会内部存在风险和分配不合理之处,但这种合会在城市中依然有很强的生命力。在一些单位中,人们依然用这种办法来集资借贷,以便互助或谋利,因为同一单位中人们互相熟悉而收入也较为稳定。表6-1是1947年天津市政府公用局电车临时管理处成员之间组成的标会信息。标会共10人,每人每月开标两次,每次每人出洋20万元,其20万元除标息洋50400,净得洋149600元。

表6-1　天津公用局标会得标人出息与净得额

时间	得标者	出息额	净得额
1947年1月15日第一次	施宝光	50400元	149600元
1947年2月1日第二次	张柏泉	44000元	156000元
1947年2月8日第三次	储兆贤	39900元	160100元
1947年2月12日第四次	王昆	37200元	162800元
1947年2月15日第五次	吴金铠	32000元	168000元
1947年2月20日第六次	杨明圃	26000元	174000元
1947年3月5日第七次	吴滋九	19800元	180200元
1947年3月15日第八次	段文苛	11400元	188600元
1947年3月20日第九次	麦拱章	5000元	195000元
1947年4月5日末次	阚志英		200000元

资料来源:《本处人事室标会人名册》,天津市政府公用局电车临时管理处,1947年,天津市档案馆,档号:T87-1-000419。

从表6-1看来,标会大约半个月以内开标一次,参会额一部分是利息,一部分是净得额,出息额逐步减少。大概因为经济情况的恶化,标会这种在民间日趋衰微的借贷组织,在单位中进行得非常顺利。

中华人民共和国成立初期,标会在天津民间依然很盛行,如在哈广义等六人非法经营高利贷一案中,所用的高利贷资金全部来自标会。①

此外,还有一种使钱会。这种合会组织多数出现在工厂的工人中。随着天津近代工业的发展,工人的人数也越来越多。他们大多来自天津周边

---

① 《为函送王凤山高利贷案原结希查收》,天津市税务局,1950年,天津市档案馆,档号:X0090-C-000105-042。

地区,如河北、山东、河南等地。在工厂中同乡同事之间为了解决资金短缺问题,经常成立类似的借贷合会组织,以互相帮助,解决生活中的燃眉之急。这种合会利息不高,而且比较稳定,因为大家在一起上班,关系密切而且有较为固定的收入。如久大和永利两个工厂中就有使钱会这种组织,而且在住厂工人的借贷来源中处于非常重要的地位。在久大,它既是一个储蓄机关,也是一个借贷组织。一个使钱会的工人每月需要存大洋2~5元,会员一般为10人。有的使钱会无须利息,如果会员有急需,可以使用会金。如果两个人同在一个月用钱,可以抓阄,不得争执,类似于摇会。① 有利息的会中,有需要的会员可以支取20或30元的会费,比存储金有更大的便利。有利的使钱会每元钱可以有1分半到3分的利息。② 有的使钱会类似标会的做法,会金归出利最多的人使用,平时大家用钱不多,利息较低,如果用钱多,利率有时高达20%。③ 在非住厂工人中,使钱会就不如在住厂工人中盛行。据调查,61个住家工人,只有5个加入了6份使钱会,每月会金分2元、3元、4元三种,会员人数为9人或10人。因此工人家庭加入使钱会大半乃因有急需想使用会金。④ 永利住厂工人和久大住厂工人一样,使钱会一般是10人,每月会金2~4元。入会的人如果不使钱,可以得到利息2到3分,如同储蓄一般。如果使用,就按月摊还会金,大部分是寄到家里使用。⑤

近代天津也有一些储存类的合会,有各种名目,如存钱会等,常常由街头巷尾的妇女参与其中,一些人也专门靠办会发财甚至诈骗。如1928年在天津英租界松寿里有一个叫陈炯华的人,专门以办存钱会为职业,引诱妇女入会,等到会期快要到限的时候,就逃避或拖延支付,他的骗术时常得手。有一位王薛氏,在加入存钱会后,一共存入了84元钱,会期满了,陈炯华又一次不见了。一天,她正好在法租界街上遇到了陈炯华,当即将陈扭送到了法国工部局。⑥

近代中国社会处在一个剧烈震荡的转型时期,随着经济发展和城市空间的扩展,人们的伦理观念也发生着变化。合会这种古老的民间组织也因此面临着许多问题,它的组织和结构不能适应近代社会,但是,由于更先进的现代社会保障体系还没有建立起来,合会依然具有很强大的生命力。

---

① 林颂河:《塘沽工人调查》,北平社会调查出版,上海新月书店印行,1930年,第150~151页。
② 林颂河:《塘沽工人调查》,北平社会调查出版,上海新月书店印行,1930年,第72页。
③ 林颂河:《塘沽工人调查》,北平社会调查出版,上海新月书店印行,1930年,第150~151页。
④ 林颂河:《塘沽工人调查》,北平社会调查出版,上海新月书店印行,1930年,第220页。
⑤ 林颂河:《塘沽工人调查》,北平社会调查出版,上海新月书店印行,1930年,第262页。
⑥ 《存钱会剥削贫寒》,天津《大公报》1928年9月25日,第6版。

第二节 民国时期天津城市丧葬类合会的蜕变兴衰

20世纪二三十年代，天津市以互助丧葬费为主要目的的老人会、寿缘会等合会组织一度异常兴盛，但很快就纷纷倒闭，遭受损失的平民数以万计，引起了极大的社会动荡。天津市政府对此虽早有防范，但没能有效阻止。在近代城市社会急速转型时期，传统的民间公益性组织正在被谋利性组织所取代，适于生人社会的普遍信任机制还没有建立，传统合会在组织管理上也出现了大量的漏洞，致使这种曾经信用很高的传统民间公益组织很快变成了非法的骗人组织的代名词，在一度兴盛之后，迅速地衰落下去。从近代天津丧葬类合会的兴衰中，可见近代中国社会转型时期"道德逻辑"和"市场逻辑"的内在矛盾。

天津城市的发展导致了天津民间公益组织的日益发达。① 许多合会都由公益性的组织来举办。天津的丧葬类合会也是近代早期天津民间的一种公益性的组织，有老人会、攒钱会和寿缘会等，② 如南善堂等慈善机构就组织诸如老人会等民间合会。③ 当时"津邑风气，向为父母存丧葬费者，必须联络多人，方能集资开会，所有入款交钱铺收存。"④ 大概是因为天津举办丧事的花费非常之多，需有所预备。⑤ 这种会的实质是为民间丧葬互相借贷资金，因此可以将这种会看作一种民间借贷组织。

---

① 罗澍伟主编：《近代天津城市史》，北京：中国社会科学出版社，1993年，第89页。
② 天津市地方志编修委员会编著：《天津通志·金融志》，天津：天津社会科学院出版社，1995年，第275页。
③ 《南善堂成立老人会》，天津《益世报》1922年12月1日，第3张第10版。
④ 《天津银号为开办博济储蓄银号并拟定宗旨章程事咨会津商会文》，《天津商会档案汇编(1903—1911)》（上），天津：天津人民出版社，1989年，第746页。
⑤ 参见侯振彤译：《二十世纪初的天津概况》，天津市地方史志编修委员会总编辑室编：《天津史志丛刊》（一），1986年，第126~128页。该文分十六项论述天津丧仪：送魂、白事、讣闻、分出资、放焰口及接三、送三、出殡、出殡前概况、仪仗、奏乐、乐器、开吊、伴宿、出殡第二日、渡桥式、圆坟。以上丧礼，原来是在富有者中间进行，至少要花费三百元到五六百元。因此中等以下人家，不免要节约和省略一些。

一、近代天津丧葬类合会存在的背景

一般来说,古代社会中合会的信任度是很高的,①在合会的契约中往往有"众亲友"字样,②其信任机制源于乡土熟人社会的地缘和亲缘关系。它的组织运作也体现了传统的中国社会关系特点。③ 在信任度较高的民间社会,合会对缓和当时的社会矛盾有一定的作用。丧葬类合会至晚在宋代的时候就已经在中国民间出现了,如宋代敦煌地区的合会多以救助丧葬为主,内部的组织也较为严密规范。宋代的合会一般依靠信义维持,参与者遍及各个阶层,主要以朋友和乡邻为核心,具有地缘性。宋代合会受到官方较为严密的监控,官员和寺院利用合会谋私是当时合会的主要弊端。④

丧葬类合会是天津民间社会中早已存在的一种合会组织。⑤ 据天津社会局在20世纪30年代初的调查,天津市的这类合会历史悠久。因为当时银行和社会保险等行业不发达,中小家庭大多加入这类组织,作为存款和筹备丧葬费用之用。⑥ 这类合会在义和团运动后一度受到打击,"自经拳乱,十荒其七,当时人皆视为畏途",⑦但因为社会需求很快就恢复发展起来。

这是近代天津平民防老会一部分会员的名单,从中可见这种组织成员的概况:

---

① 邱建新:《论"合会"的信任机制》,《江南大学学报》2007年第5期,第46~49页。作者指出,乡土社会所具有的"熟人社会"结构和"不流动性"特征与传统社会的价值观等多位一体,构成了坚实的特殊信任关系,形成了具有本土特色的信任文化。

② 《同治朝曹有恒等钱会会约》及滨下武志《传统社会与庶民金融——新加坡、马来西亚华人社会的合会与银信汇兑》,此两件文献由南开大学刘泽华先生提供,在此致谢。

③ 〔日〕滨下武志:《传统社会与庶民金融——新加坡、马来西亚华人社会的合会与银信汇兑》,南开大学刘泽华先生提供。

④ 史江:《宋代经济互助会社研究》,《中国社会经济史研究》2003年第2期。

⑤ 从现有的资料看来,天津的老人会至少在1900年的时候就较为发达。参见《引寿社老人会停办之真相——社长任意挥霍难免拖欠会款》,天津《益世报》1930年8月30日,第2张第6版。《天津银号为开办博济储蓄银号并拟定宗旨章程事咨会津商会文》,《天津商会档案汇编(1903—1911)》(上),天津:天津人民出版社,1989年,第746页。天津市地方志编修委员会编著:《天津通志·金融志》,天津:天津社会科学院出版社,1995年,第275页。

⑥ 《引寿社老人会停办之真相》,天津《益世报》1930年8月31日,第2张第6版。

⑦ 《天津银号为开办博济储蓄银号并拟定宗旨章程事咨会津商会文》,《天津商会档案汇编(1903—1911)》(上),天津:天津人民出版社,1989年,第746页。

表 6-2 平民防老会会员表

姓名	年龄（岁）	住址或代收人
姜郭氏	78	小王庄赵家店对面
郭王氏	86	特三区项家胡同五十三号
高高氏	77	河北小王庄富德里二号
李李氏	87	河北西窑洼
许王氏	78	小王庄赵家内对面
刘恩涛	73	堤头渡口胡同二十二号
郝长德	65	堤头渡口胡同二十二号
林蔚	76	苇厂大街南头李家糖摊旁胡同六十一号
林王氏	72	苇厂大街李唐摊旁胡同六十一号
蒋福田	58	河北辛庄后街七号
张蒋氏	59	河北辛庄后街七号
吴于氏	76	辛庄大街刘家胡同四号
邹洛广	73	辛庄大街三十八号
施蔡氏	74	辛庄渡口
刘富有	88	堤头会所前门家胡同五号
窦郑氏	83	堤头会所前门家胡同五号
王申氏	90	堤头西兴泰胡同李家杂铺内
刘金数	87	堤头西兴泰胡同李家杂铺内
刘杨氏	81	堤头富乡胡同三十一号
刘刘氏	84	堤头富乡胡同二十四号
阎正	88	堤头西兴泰胡同十六号
田发	79	辛庄刘家胡同十三号
隋长泰	40	河北竹林村旱桥西七号
刘承祥	75	辛庄高家胡同四号
吴文德	67	东于王庄道顺胡同二号
杨清云	87	西窑洼大街一百五十六号马家包子铺
邵连宝	50	堤头后街万字胡同东口
宋刘氏	48	辛庄刘家胡同七号
张宝善	40	辛庄孟家树林对面

(续表)

姓名	年龄(岁)	住址或代收人
张宝贵	43	辛庄孟家树林对面
张吉祥	60	辛庄孟家树林对面
李桑氏	40	新河北大街乐安里
李奎章	60	东于庄大街三十号
刘王氏	95	东于庄大街三十号
刘文升	70	王庄脚行林汝纪代收
温联第	71	辛庄方蕴华代收
吴汉章	54	辛庄方蕴华代收
刘氏	80	辛庄方蕴华代收
温子凤	59	辛庄方蕴华代收
温学敏	30	辛庄方蕴华代收
温尽臣	76	辛庄方蕴华代收
高登科	64	辛庄方蕴华代收
温祖蕃	82	辛庄方蕴华代收
张月波	71	辛庄方蕴华代收

资料来源:《平民防老会债权团代表姜廷钰、高长新等十七人会款》,天津地方法院及检察处,1940年,天津市档案馆,档号:J0044-2-047246。

从这些人的年龄看来,40岁以下的仅有一人,为30岁,大多为六七十岁,还有八九十岁的,平均年龄67.6岁,大多是自己为自己存养老费,年龄较小的大约是为家里老人代存的。可见当时的城市民众对丧葬费用的需求是个较为突出的民生问题,当时"津邑风气,向为父母存丧葬费者,必须联络多人,方能集资开会,所有入款交钱铺收存。"[①]丧葬类合会正是在当时社会保障不发达的时代应运而生的。

天津丧葬类合会在20世纪30年代以前大多称为"老人会",30年代后,又兴起了一种叫作"寿缘会"的组织。

[①] 《天津银号为开办博济储蓄银号并拟定宗旨章程事咨会津商会文》,《天津商会档案汇编(1903—1911)》(上),天津:天津人民出版社,1989年,第746页。

二、老人会在20世纪二三十年代的信用扩张与崩会

在近代早期,天津老人会一般数10人为一会,每人每年出钱若干,由会中主持者将款存于商铺。老人会多以10年为一期,约定为父为母或为祖父为祖母者,在集会的一年或半年(集会时约定)以上遇有约定人死亡,则由会中提10年存储的数额作为殡殓费用,事后仍分年出钱以偿预提的差数;如果10年期满未遇有大事,则将历年存储的钱加上利息归还。开始入会的多为穷人,①后来,中上阶级人士也多有人参与这种组织。②

老人会的具体操作程序,以引寿社老人会为例,大体如此:

首先,入会的人需要先向会首说明入会的原因,找保人。第一年入会,缴纳本洋3角,从1930年开始变为缴纳4角,此外还有茶资费1元。以后每年过阴历年的时候由会首发茶帖,通知会茶日期和地址。经常在石头门坎鸿庆园饭馆会茶,每次交会茶资7角。储蓄的方法是以5年为满期,每月缴纳会资1元,到期有走会人(收缴会费者)或者伙友收敛。如果过期不交,要罚点心10斤。如果有死亡的会员(称"倒签"),需要带存款本到会首处报信。查明属实后,再找铺保,写保条,并由主事画押,才能领款(称"黑签",没有取款的称"红签")。领款一共应该领60元,但是要给走会人2.5元,实际领57.5元。会员死亡后,如果没有满期,还要向会中继续按月缴纳会费,直到续满5年。如果不能补足,则需要由保人负责补上。如果没有保人,会员可以把已存的款项拿走,但是仍需要给走会人2.5元。如果入会仅两个月会员就死亡,必须在百日之后才能领款。如果会友还没有到期就要退会,应在5年之后才能将会款领出,但是也需要将走会人的2.5元扣除。③ 如果会员不愿意到满期的时候领取,要立即领取,就要按照7折领取,走会人的2.5元还是不能少。此外还有一个规定,凡是入会满3年还没有遭遇丧事的,可以用抓阄的办法,抓出某年某月某日领钱,到期就可以将钱领出,没有打足的会资,仍继续按月缴纳会费,交满5年为止。④

这些老人会因为信用良好,在近代天津社会上一度信誉非常之高。如公益社老人会成立时,信用极好,每年都吸引了许多入会者,在出事之前已

---

① 天津市地方志编修委员会编著:《天津通志·金融志》,天津:天津社会科学院出版社,1995年,第275页。
② 《老人会会计侵款黑幕》,天津《益世报》1924年5月21日,第3张第11版。
③ 《引寿社老人会停办之真相》,天津《益世报》1930年8月30日,第2张第6版。
④ 《引寿社老人会停办之真相》,天津《益世报》1930年8月31日,第2张第6版。

经有会员不下2000人,所存会费已在10万左右,没有出过纰漏。① 20世纪20年代,有的合会的红签还可以用来在社会上抵押借贷。②

这就是近代天津城市的丧葬类合会信用扩张现象。它以合会传统的信任机制和古老的社会信誉为基础,同时又与近代城市社会变迁有着密切的关系。它首先表现为入会的人不只是亲友,非熟人关系通过保人也可以加入。其次,合会的范围扩大,在人数上,不限于传统的十几人或者几十人,大规模的达到上百上千人之众;在阶层上也不限于下层阶级,中上层也有加入者。最后,合会的信用也融入了城市金融市场之中。

与信用扩张相伴随的是合会逐步严重的信用危机。1907年,百龄社的老人会会首曾向天津商会反映信用难以保障的情况,要求商会出面解决。这是老人会信用出现问题的一个较早的记录。③ 当时的危机还不是很严重。随着天津城市经济的发展和社会文化的变迁,丧葬类合会的问题越来越引起社会的关注。

在20世纪20年代的中后期,两个由中上阶层人士组织的老人会发生了问题。此二会是天津城内旧营务小学校职员发起组织的嵩寿、延寿两社,发生了会计携款潜逃的事件。这两社成立时间已经不短了,入社的人也很多,嵩寿社存款3000余元,延寿社存款1万余元。会头为时任营校校长穆礼堂等,会中会计王建孙携款潜逃后,会头人等犹疑遮瞒。这时正赶上有两家会员发生了丧事,要求取银办事,会头拖延不支付。后来此事惊动了一些地方闻人如刘孟扬、张绍山、穆之朴、马千里等人,最后由他们出面调解了事。④ 其他的老人会也有诈财事件发生,报纸评论说"老人会为诈欺取财而设",指出"一般流氓及败劣分子均设老人会骗财"。舆论呼吁当局对老人会的诈财行为严惩,实行查禁"以杜欺诈之恶风,对于办会人严重惩办,以儆效尤云云"。⑤

1925年5月,又发生了一个严重的老人会诈骗事件。一个外号陶麻子的老人会会首,串通外人将收集的会款拐逃。这个会在20年代先后成

---

① 《平民防老会倒闭后,公益社老人会昨亦宣告破产,亏累近十万,受害三千,会员方面进行法律解决》,天津《益世报》1936年7月27日,第2张第5版。
② 《中立堂赵立荣房起荣等三人债务》,天津地方法院及检察处,1939年,天津市档案馆,档号:J0044 - 2 - 043821。
③ 张建星主编:《城市细节与言行——天津600年》第五卷,天津:天津古籍出版社,2004年,第246页。
④ 《老人会会计侵款黑幕》,天津《益世报》1924年5月21日,第3张第11版。
⑤ 《骇人听闻之老人会》,天津市地方志编委会办公室、天津图书馆编:《〈益世报〉天津资料点校汇编》(一),天津:天津社会科学院出版社,1999年,第467页。

立了庆龄社、吉龄社、庆延社、延龄社、寿龄社5个社,共收洋2500余元,所收的款归德美后的中记放钱局徐某处转放窑账,借图生息,没想到陶桂林串通徐某和梁某,将所有会款共约5860元卷走潜逃。① 1927年1月,有个以金某为会首的老人会也发生了问题。这个会有两个社,分别为延庆社和长庆社,已经成立了4年多。当时入会者和存款很多,会首说把钱都存在了金城银行。但是有人到金城银行调查,银行说没有这笔存款。这造成了各地会员的恐慌。②

同年8月,还发生了一个叫"福善会"的老人会倒闭的事件。这个老人会是一个叫田树堂的人组织的。他是一个天津商人,颇有资财。据查,田树堂一共欠存户218户,款计8062元,每户最多欠60元,最少八九元不等。此外他用自己的财产抵押,还欠外债38户,连利息一共7031元,最高欠900元,最少欠五六十元。而他自己的财产仅值3500元。会员们将钱交到会中自以为稳妥,没想到出了这种事情,"唏嘘涕泣者有之,戟指怒詈者亦有之"。③

1929年6月,又出现了一起严重的老人会崩会事件,再次引起了社会的震动。有一个叫孙树林的人,是专门以办老人会为谋生手段的。他是一个无赖之徒,当时担任二区一所第八编街第五间间长。他和自己的弟弟孙树元一共设立了33个老人会,每一个会都有一百数十人,总共在会的有2000多户。他们把每个月收来的会款任意挥霍,以致发生倒会。各会的会员听到了这个消息后,扶老携幼都到孙家哭闹。其中有一个80多岁的老人,他的儿子非常孝顺,平时拉车为生,每个月不论多困难都要省下钱来为老人按期缴纳会费,已经缴纳了40多元,没想到竟遭到如此的变故,老人大哭不止,以致当场昏厥。④

老人会内部会员之间发生矛盾的事情也时有所闻。1928年4月25日,有4个人因为老人会的事情,在天津东南城角争吵,后来竟然互相打了起来。执勤的岗警赶到,劝解无效,只好把这些老人带到区所处理。⑤

1930年,一个叫"引寿社"的老人会出现了崩会。引寿社位于天津河东郭庄子,是一个叫张鸿池的人主办的。1930年8月宣布停办,并委托律师康宗信办理清理债务。社会局和公安局听到这个消息后,非常警惕。因

---

① 《拐款巨案》,天津《益世报》1925年5月8日,第3张第11版。
② 《钱会亏本》,天津《益世报》1927年1月12日,第3张第11版。
③ 《金钱血汗化为泥土》,天津《大公报》1927年8月11日,第7版。
④ 《经济压迫下老人会拆白》,天津《益世报》1929年6月7日,第5张第17版。
⑤ 《老人会一场纠葛》,天津《益世报》1928年4月26日,第3张第12版。

为老人会的案件已经发生多起,这种会大多是"贫民劳工平时积存劳资,以备父母死后棺木埋葬之用,实属难能可贵之举",这个会停办是否如以前那些会一样是一个骗局不得而知。于是他们派人前往调查,以防止出现贫民受害的情况,最终发现这次依然是骗局。①

1936年,南门外姚家下厂的佟振宗老人会倒闭,会款2万元被会首佟振宗私吞。这个会有得麟社、庆麟社共计10余个会,每会会员80人。佟振宗潜逃后,会员中许多人痛不欲生。会员于鸿文联合会员千余人,在南门外大舞台的九恒北里土地庙内开始登记,会员纷纷前来,并定在3月27日下午4点在庙内开会,讨论追款的办法,请当局缉拿佟振宗。② 消息传开之后,群情激愤。1936年3月27日下午4点,400多人在南门外的土地庙内开全体大会,当场拟定了四项办法,并推于鸿文等20多人为代表,决定28日上午10点到社会局和公安局一所请愿,请求政府追究。③

不久,位于天津市河北三条石地区的另一个老人会公益社也发生了崩会。这个会的创始人是三条石德顺源澡堂主办人孙起凤、刘起德、贾有陞、罗庆云、赵恩普等,1921年前后成立,孙、刘、贾3人担任内部执事,罗、张2人担任外部调查及敛募会资职责。每年的会费存在中国银行和交通银行各行,存款多达上万元,所以平日在社会上的信用非常好,每年入会的也非常多,在破产倒闭之前有会员不下2000人,会费存款达到10万元左右,从来没有发生过纰漏。但是后来,会中的主事人刘起德、罗庆云先后病故,两家子弟接办后,不知老人之辛苦,任意挥霍,导致会款出现了巨大的亏空。会员有死亡的,讨要赙金常常要推迟几个月之久。很快人们对该会失去了往日的信任,随着其他合会不断出现问题,它也随之宣告了破产。④ 破产的消息传出来后,附近一带的会员数百人将这个会所包围。第二天,远方的会员闻声也赶来,声势一时非常浩大。会方赶紧请人出头调解,会员方面也设立登记处登记准备诉诸法律。地方警察分局看到事态扩大,将会方的主办人孙起臣、贾有声、张恩普等带到法院准备发落。主办方表示会务周转不灵,是得到赙金的会员不肯缴纳会费导致的,要起诉这些人让他们

---

① 《引寿社老人会员昨日赴社会局请愿,陈述痛苦,要求发还债金》,天津《益世报》1930年8月29日,第2张第6版。
② 《老人会会员组讨欠会,会长佟振宗携款潜逃,二十七日召开全体大会》,天津《益世报》1936年3月25日,第2张第5版。
③ 《佟振宗老人会会员今请愿,被害人昨开会》,天津《益世报》1936年3月28日,第2张第5版。
④ 《平民防老会倒闭后,公益社老人会昨亦宣告破产,亏累近十万,受害三千,会员方面进行法律解决》,天津《益世报》1936年7月27日,第2张5版。

先交款。① 7月27日,在公益社老人会宣布破产之后,已经有677户进行了登记,会员代表姚鸿年也被公安局转送到了法院。②

老人会本来是一个传统的具有慈善性的互助组织,可是有时为了谋取利益,一些老人会的会员做出了与传统道德相悖甚至违背人伦的罪恶勾当。因为老人会要到老人死后才能领出会金,所以自然老人越早死就似乎越占便宜,如果成为会内的黑签债务人,就能先使用别人的钱。这样有一些人入会的初衷就发生了畸变,他们更希望老人快一点死,以便早日拿到赙金,过几天宽裕的日子,于是便生出了许多歹念。如有个穷汉为父母各入了500元1组的会,天天盼着父母快死,好领1000元来受用。没想到二老越活越硬朗,他实在不耐烦了,就用禁食的手段饿死了老母,又残忍地将铁炉条烫红,穿进老父肛门里去,害死了老父。验尸的时候别人看出其父脸色不对,才调查出其隐藏的罪恶。还有一些会员为了诈财,把不是自己父母的老人拉来入会,想利用他们作买卖。一些老人也看到入会有利可图,就向这些人要高价。还有许多不讲信义的会员,倒签后便不愿意缴纳月费,导致会首亏累不堪,不得不多立几会,以资补救。可是越是这么对付,越是赔累难支,导致老人会的入会者多是奄奄一息的将死之人,最终导致红签会员吃亏。"这就是老人会倒闭的主因。"③可见因传统道德丧失老人会组织已经异化,从一个传统慈善的民间互助组织,变成了一个欺诈谋利的经济组织。无论是拐款的会头还是入会的会员,人人怀着欺人之心,这使老人会几乎成为了一个社会毒瘤,以致舆论呼吁"安得有慈善家兴资设养老之院,更安得有真好人驱除此不良风气,谋所以改造社会乎?"④

老人会不断崩会引起了天津社会的关注,人们要求政府加强管理;老人会等合会组织也在不断调整自身,以应对社会舆论,扩张信用。此时,这些合会正在失去原有的民间合作与慈善的性质,向着营利组织转变。中国传统城市与乡村一体,其社会也与乡村一样为熟人社会,而随着城市的发展和社会转型,城市社会日益成为生人社会。信用的扩张也打破了传统合会的亲友、熟人关系的圈子,传统合会通过这个圈子而多次博弈产生的信

---

① 《平民防老会倒闭后,公益社老人会昨亦宣告破产,亏累近十万,受害三千,会员方面进行法律解决》,天津《益世报》1936年7月27日,第2张5版。
② 《公益社老人会负责人昨日解法院》,天津《益世报》1936年7月28日,第2张第5版。
③ 《老人会与寿缘会都是现代特殊的组织,老人会多因信用破产歇闭,寿缘会起而代之盛极一时》,天津《大公报》1933年9月12日,第4张第13版。
④ 《变态的老人会,会员死亡可领五百元赙金,为得巨款竟忍心虐死爷娘》,天津《益世报》1933年11月1日,第4张第14版。

任关系因信用的扩张面临着一次性博弈而出现的投机行为。①

三、寿缘会在 20 世纪 30 年代的兴起与崩会

老人会崩会频发,在天津市的信用逐渐崩溃。20 世纪 30 年代初,一些新的丧葬类合会组织开始出现:"哪知近日来,本市突然如雨后春笋般地成立了许多变态的老人会。如什么寿缘会啦,什么互助会啦,什么益寿会啦,书不胜书。"这些组织引起了市民的极大兴趣:"市民趋之若鹜,若不胜其大有便宜可找者,于是全搬出二老爷娘,或者族叔长辈作孤注之掷,盖希望这顶名的人快快瞑目,一面免去为他人打印子,一面又可以领得赙金,作丧葬之费,固然实际是否用来料理老的,那就谁也管不着了。"②当时天津的大街小巷经常可见门面华丽、招牌瞩目的寿缘会之类的组织,"总而言之,统而说之,全是替代老人会经济组织的寿缘会"。③ 可见这种寿缘会的实质与老人会类似,其组织方法与老人会也有相似之处,只是比老人会更为复杂一些,进行了一些时髦的包装。大概一方面是老人会出现了信任危机,因此改名以谋发展;④另一方面,可能还受到其他地区的影响。⑤

---

① 张维迎:《信息、信任与法律》,北京:生活·读书·新知三联书店,2003 年,第 20 页。
② 《变态的老人会,会员死亡可领五百元赙金,为得巨款竟忍心虐死爷娘》,天津《益世报》1933 年 11 月 1 日,第 4 张第 14 版。
③ 《寿缘会的解剖,一种特殊的经济组织》(一),天津《益世报》1933 年 11 月 21 日,第 4 张第 14 版。
④ 也有人认为两会有许多的不同。1. 老人会是有期限的,寿缘会无期限。2. 老人会限每个月拿固定的会费,寿缘会无此限制。会员或者每月一角钱不拿,或则没十几份会费以上,闻有限每月十份为定者。3. 老人会无论红黑签一律以上满百月为限;寿缘会却以拿满二千会为止,以后便坐享利益。老人会二年以上的会员有何种优待条件,三年以上又如何优待,然绝对无所谓黑签,因为会员一死,便立刻无义务可尽,所以立会的人,纷纷找快死的老人,以期上不到几角钱,便可领到千百倍的会款。但寿缘会对横死者不给钱,否则实难免有新奇谋杀案发生。4. 老人会入会要有引有保,怕他倒签后不续费;寿缘会既无黑签,自无此种措施,只于入会时拍一照片,留作凭证而已。5. 老人会会首有时必须垫付会款;而寿缘会则每死一人,敛钱一次,会首可坐享二成余款。6. 老人会会首每年会茶一次,随便吃些饭菜,款待会员一下,可以得每个会员起码一块钱的礼金。寿缘会则并不会茶,只在立会时,每个会员纳报名登记费若干,这项款便寄在会首名下,做将来会中不时之需。7. 老人会会员有定额;寿缘会则以一千人为满额,后来是随走随补,流动额不做准的,假使一千人满额后,死了几个无人来补,会首也有抓耳挠腮之苦,若适在这时倒签,便也须会员垫款。以上见《老人会与寿缘会都是现代特殊的组织,老人会多因信用破产歇闭,寿缘会起而代之之盛极一时》,天津《大公报》1933 年 9 月 12 日,第 4 张第 13 版。但笔者认为在组织方法上,二者之间并没有本质上的区别。
⑤ 《管理寿缘会规程,管理寿缘会》,1933 年,天津市档案馆,档号:J0025-2-000126。此时北京和河北地区有寿缘会组织。寿缘会的兴起也许还受到当时国外的影响,参见丁佶:《寿缘会———一种病态的人寿保险》,天津《大公报》1934 年 1 月 3 日,第 3 张第 11 版。

寿缘会的会首或管理会务的人一般是一些有一定实力的商家,他们每月按期向会员收取一定的会费,写在折上。如果会员死亡,就到会中领取一定丧葬费,但是如果所交与会中支付有差额,需要继续交足。没有遭遇丧葬的户,到一定时间退还会费并付一定的利息。因此这种会既有一定的储蓄性,也有一定的借贷性质。会员中领取丧葬费用的叫"黑签",为债务方;没有领取的叫"红签",为债权人。① 寿缘会内部有会长、副会长与监察人等人员,下面一般分为几股:总务股、文牍股、调查股、会计股、庶务股等。入会的资格,一般要求年龄在 40 岁以上。入会的手续是,先填写志愿书,再交相片两张作为凭证,此外还要再交一笔会费与所谓附加费。这笔会费的数目,有分五种的,有分四种的。会费的种类,主要看会员的分组。会员的分组,有分甲乙丙丁戊五组的,有分甲乙丙丁四组的。前者的会费:甲组是 5 元,乙组是 4 元,丙组是 3 元,丁组是 2 元,戊组是 1 元;后者的会费:甲组是 4 元,乙组是 3 元,丙组是 2 元,丁组是 1 元。假如有一位会员不幸身故了,这死者的家属当时就能得到会费的百倍赙金。这种赙金是暂时由寿缘会垫付的。这个时候,再由寿缘会通知同组其他各会员公摊。各会员应摊的数目是按照会费交十分之一,也就是应得赙金的千分之一。不过在交款的时候,还须交付一笔所谓的摊款附加费。这笔附加费是按照摊款交十分之二。如应摊款子 4 角,如此必须再附交附加费 8 分,一共应交 4.8 角。(表 6-3)

表 6-3 寿缘会会费表

	甲组	乙组	丙组	丁组	戊组
会费	5 元(4 元)	4 元(3 元)	3 元(2 元)	2 元(1 元)	1 元
赙金	500 元 (400 元)	400 元 (300 元)	300 元 (200 元)	200 元 (100 元)	100 元
摊款	5 角(4 角)	4 角(3 角)	3 角(2 角)	2 角(1 角)	1 角

注:除交会费与摊款外,同时必须再交十分之二的附加费。括号中乃分甲乙丙丁四组时的相应款数。②

截至 30 年代初,天津的寿缘会已迅速发展到几十家,政府核准成立的有 12 家,主要有延康、福康、仁寿、平民、防老、延年 6 家。这些寿缘会有的

---

① 《平民防老会债权人华凤章等十三人确认债权额数》,天津地方法院及检察处,1941 年,天津档案馆,档号:J0044-2-052562。
② 《寿缘会的解剖,一种特殊的经济组织》(一),天津《益世报》1933 年 11 月 21 日,第 4 张第 14 版。

一二组,有的四五组,每组会员人数达到 500 或 1000 人,整个天津的会员达到 2 万人左右。① 在天津市社会局颁布了寿缘会的管理规程后,这类合会组织开始被纳入到了政府的监管之下,意味着寿缘会举办必须被政府所许可。寿缘会的举办在 1933 年达到了最高潮。当时政府对寿缘会调查如表 6-4:

表 6-4　天津市各寿缘会名称地址一览表

名称	地址	举办人	铺保	已否筹备成立	批准日期	备考
同寿社	日租界伏见街协昌里五十三号	黄十字会		否	1932 年 11 月 26 日	在管理规则颁布之前呈准筹备者
人生寿缘会	特一区苏州路明德里二号	陈静轩、李平民、高文卿、胡义卿、魏学琦、杨荫德、李春荣	三益公司、福聚栈、同义成	已	1933 年 3 月 14 日	同上
延康寿缘会	一区二所南斜街六十二号	蓝竹坡、李幼亭、杨继三、钱慕韩	瑞华成义纪、聚福公司、双顺房产股份有限公司	已	1933 年 4 月 20 日	同上
人事经济互助会	北马路商会对面小大院	顾元贞、杜明、贺柏龄、陈静斋、姚监堂、王竹樵、王秀山	绘芳阁画馆、北洋南纸局、振声斋南纸局	已	1933 年 5 月 20 日	同上
仁寿互助会	法租界二十六号秋华里二十三号	孙少山、焦翰卿、华子泉、董璞斋、王庆恩	鼎新协绍酒栈、鼎盛园糖茶庄、恒益成	否	1933 年 6 月 7 日	同上
平民防老会	四区三所第七坊公所内	高长新、朱凤祥、刘兆吉、庞士忠、高捷三、张恩波、萧名宝	富升煤厂、天信昌正记银号、志兴永米面铺	已	1933 年 6 月 29 日	同上

① 吴石城:《天津之市民金融组织》,《银行周报》第 19 卷第 46 号,1935 年 11 月 26 日,第 7 页。

（续表）

名称	地址	举办人	铺保	已否筹备成立	批准日期	备考
福康寿缘会	东南城角日租界内大悲庵	李玉珊、高凤鸣、吴自慰、兰雨田	泰记绸缎庄、裕丰泰、玉成商行	已	1933年7月13日	同上
延年济寿社	西头太平街红寺庙西十四号	李岫岩、李少红、韩祝三、张耀翔、杨振铜	振德荣烟行、荣记银号、玉川居、元记	否		在管理规则颁布之后呈准筹备者及铺保者
民益寿缘会	西头梁家咀土地庙东大街	刘金慈、李肃章、丁云祥	春记寿木厂、大信昌毛绒织品厂、鑫成皮厂	否	1933年10月6日	同上
福禄寿缘会	荣业大街南口二号	王云汉、徐泽祥、杨化民、刘荣九、伊鼎目		否		在管理规则颁布后呈准筹备
康宁寿缘会	河大大关西河沿七号	谢宗翰、王恩桂、张紫封、夏琴西、于锡恩、杨春生		否		同上
万年寿缘会	西南城角南关大街兴盛木场	徐聘三、刘少美、郑如镜		否		同上
同济寿缘会	河北宇纬路宇泰里东口五号	杜宝珩、董廷选、李华琴、姚铭清		否		同上
福安延寿会	侯家后玉茗春对面同义厚大米庄	李进法、孟华轩、谷筱忱、魏凤梧、吴玉槰、张复辰、季恩荣		否		同上

（续表）

名称	地址	举办人	铺保	已否筹备成立	批准日期	备考
同仁济寿社	河东小关大街同福当对面四十六号	贾岫声、董心耕、齐沛霖、刘秀峰、朱明甫、王海宴、王照堂、刘遇安		否		同上
耘生寿缘会	法租界天祥市场国珍书画古玩店	刘兆祥、何泽生、李国珍		否		同上
同益互助寿缘会	西头梁家咀土地庙东大街	邢殿甲、夏祝三、刘国钧、吴玉珍		否		同上
市民保康集金会	针市街同兴报单局	韩西园、徐家骏		否		同上
合济救急社	东南城角邱家胡同十号	安铁铸、孙小珊、池桂泉、杨世琦、杨世桢、胡少卿、安士驹		否		同上
永安寿缘会	河东小王庄润德里二十七号	杨莲舫、刘金台、李泰璞、魏辅臣、赵健臣、刘曙堂、陈克勤、毛德臣				同上
人寿集义会	南门西四条胡同门牌三号	于金波、缪无林、刘永全、刘秀三、周国桢、赵玉田、宋宝澄				同上
益寿合助会	估衣街归贾胡同干鲜果品业公会内	李润圃、王墨林、张荫棠、高联奎、石廷增				同上

（续表）

名称	地址	举办人	铺保	已否筹备成立	批准日期	备考
平民互济寿缘会		戴旭炎、韩性天、王静一、王国禅、戴中孚				同上

资料来源：《管理寿缘会规程，管理寿缘会》，1933 年，天津市档案馆，档号：J0025-2-000126。

以上一共23家，从地址来看，它们广泛分布在天津城内。大部分在管理规则颁布后才呈准筹备，共有16家。铺保是有些实力的商家，有的没有铺保，铺保数最多的为8家，多为三四家。举办人多在四五个人以上。它们大部分还没有被政府批准成立。此外，还有一些老人会没有在表内。① 虽然许多老人会在此时出现了危机，但还有一些依然有一定的发展，如公益老人社、佟振宗老人会等。② 这些新出现的合会的信用很快也出现了问题。

1933年的12月，延康寿缘会会长潜逃，福康寿缘会因负责人办理不当发生纠纷。这两个会的会员大约有3000人，他们推派代表开会，组成了一个索讨赙金请愿团。18日下午1点钟，会员代表300多人在社会局门前请愿。社会局第二股主任李铭接见了他们的代表张精一、单湘泉、崔永安等10余人，他们向李主任报告了损失，指出会长李玉珊潜逃，要求迅速调查。③ 事情很快有了转机，经理和财东发生了矛盾，经理崔少波发表了一个声明揭发了延康会的内幕，把矛头引向了财东李玉珊。被通缉的李玉珊和福康会会长崔少波第二天就被抓住了。也许他们并没有打算逃跑，只是想躲避一时，因为他们的家产还在天津，而且相比于会款的赔偿来说还要多一些。④ 李玉珊被抓后，表示愿意在会中的董事会监视之下办理结束寿

---

① 许多会是先称"老人会"，后叫"寿缘会"，只是名称不同，实质并无大差别。
② 《佟振宗老人会会员今请愿被害人昨开会》，天津《益世报》1936年3月28日，第2张第5版。
③ 《寿缘会会长潜逃——三百会员请愿，延康福康会员三千人呈请查办寿缘会》，天津《益世报》1933年12月19日，第2张第5版。
④ 《天津延康寿缘社启示》，天津《益世报》1933年12月19日，第2张第5版。"前以敝社财东李玉珊完全负责此次社员应享权利，均应由李玉珊负偿还义务。今竟匿不见面，查李玉珊在河北大街开设永盛竹货铺、永丰瓷器店，法租界天瑞银号及梁家嘴永安里房产家业百余万元，足可偿付，素来社内事务均为其一人主政，崔少波虽在李耀庭故后补名社长，亦李玉珊聘约，绝不负responsibility任。请社员迳向李玉珊主张权利，责有所为，请大家到河北大街永盛号竹货铺、永丰瓷店及梁家嘴家中理论，自然均有偿还办法。至其家中狡词分家，绝无其事，完全为避免负责任之意也。"

缘会，宣布破产，清理好账目。①

在延康、福康两会事件尚未平息的时候，人生寿缘会又出现了问题。就在两会进行清理的同一天，人生寿缘会因为会务停顿，代理会长许耀庭被羁押。会员200多人又到社会局请愿，社会局答应勒令人生寿缘会结束，在结束前由会方负责管理。②

此时延康、福康两会崩会的多米诺骨牌效应开始显现，社会上传言四起，局势已经无法控制。延康、福康、人生相继发生崩会后，其余各寿缘会都受到了莫大的影响。民益寿缘会在1934年的1月8日也发生了崩会。决定从当日起，各组会员一律停收会员。至于已经登记会费的会员，则限令其在一个星期之内，拿会证和收据到会中来换取现款，过期不负兑换的责任。同时向社会局呈报停办。不久，人生寿缘会波澜再起，会员们因为会长陈静轩已经藏匿不见，代理会长许耀庭又正在羁押，会款无法兑现，于是决定将铺保和陈静轩的私产进行处理。③

很快，全市四分之三的寿缘会先后都出现了倒闭、会务主持逃遁或到法院诉讼的情况，导致这种组织信用扫地。延年济寿社因为拖欠会员的赙金，被会员在社会局控告，社会局已发出布告限该社即行清理结束。而该社的会长李少江曾将同济、人事、仁寿及延年四会会费约计两万数千元全部携去，逃匿无踪。因李少江为延年会长，还同时兼任其他5个会的会长，并担任即将合并成立的协和寿缘会会计主任职务，所以各该会会费也可能一并被他拐取。延年铺保振德荣烟行阎相臣、荣记银号经理李云鸿、王川居酱坊经理张富元和延年副会长杨振铜、董事韩祝三及李岫岩，也均有连带赔偿的责任，故除杨振铜已由警所捕送法院外，社会局也致函河北省会公安局通缉上述几人，并且责令依法赔偿会员的一切损失。17日，延年寿缘会的200多人将协和会包围，要求交出会长李少江，警察方面出面将协和会首高捷三带往法院讯办。协和会是总会，会长被拘，会费被拐，信誉扫地，根本动摇，导致其他的负责人都纷纷逃跑。社会局决定拟定全盘结束协和会的办法，以最终杜绝纠纷。④

在清理寿缘会过程中，人生寿缘会又生枝节。人生寿缘会自倒闭后，受害会员曾推代表贾福斌向法院提起诉讼，经判决，将会首及关系人之财

---

① 《寿缘会纠纷》，天津《益世报》1933年12月20日，第2张第5版。
② 《寿缘会会员之请求，恳祈社会局办理》，天津《益世报》1933年12月26日，第2张第5版。
③ 《民益寿缘会昨日结束，通告各组会员持证领取现款》，天津《益世报》1934年1月9日，第2张第5版。
④ 《寿缘会多事，延年会长拐款逃逸，社会局令保人赔债》，天津《益世报》1934年1月19日，第2张第5版。

产查封。可是已经过去了好几个月,并未声请拍卖。一些被害会员侦知代表等与会方暗中妥协,唯恐受其愚弄,便在 1934 年 4 月 11 日到法院投递诉状,要求更换原来的代表,并推举了新的代表。12 日新代表到任后,才开始招标拍卖相关财产,用来赔偿被害会员的损失。①

随着时间的推移,清理工作已经接近尾声。截至 1936 年初,10 多个寿缘会大都已经先后清理完毕,只有延年济寿社一家还没有结束。这个会社有会员 705 人,会款 51803.2 元。负责人逃走后,债权团要求铺保荣记银号阎相臣、玉川居酱园张富元等连带负偿还责任。经地方法院判决,将玉川居酱园假托债权永年公司承兑。但是法院还没有查封,全部生财主权已行转移,并以永年公司名义向法院提起异议。法院在 1936 年 1 月 19 日,告知当事会员 705 人,在 21 日到庭审理善后事宜。②

1936 年,另一个寿缘会——平民防老会也倒闭了。7 月初,这个会的受害会众 2000 余人到社会局请愿。社会局的主管科长接见了会员代表范宝广、宋朝义等。代表提出严办会首,使其破产还债等要求。当时政府对此案非常重视。③ 7 月底,会首高捷三等被送法院,法警到会内去搜查证据。法院官员的变动使法院对这个案子处理延迟,注意不够,导致了民众的不满,新任局长表示一定维护平民的利益。④ 至此,寿缘会的信用危机算是告一段落。

总之,在这几年时间里,十几个会的会员一共损失数百万元,多数是被经办人拐款潜逃的。寿缘会已经被人们定义为"本市骗人组织",信誉扫地,无可挽回。⑤

1937 年,随着一些残存的老人会、寿缘会崩会,天津《益世报》发表了一个评论,呼吁政府加强管理,也要百姓提防上当:"过去的不要说了,此后我们希望当局对于这种黑幕重重的组织要严密监视,顶好令他们向当局缴纳巨量保证金,以作会员的保障,同时会员自身也当慎重,免得受了骗。"⑥至此,老人会和寿缘会等民间丧葬类合会已经是臭名昭著,很快地衰落了

---

① 《人生寿缘会纠纷告段落,财产日内拍卖》,天津《益世报》1935 年 4 月 13 日,第 2 张第 5 版。
② 《延年济寿社拐逃会款,会员七百零五人,法院定明日传讯》,天津《益世报》1936 年 1 月 20 日,第 2 张第 5 版。
③ 《平民防老会受害会员再度请愿,请市府社会局责令赔偿,当局令向地方法院诉究》,天津《益世报》1936 年 7 月 11 日,第 2 张第 5 版。
④ 《防老会案法院昨搜查证据》,天津《益世报》1936 年 7 月 31 日,第 2 张第 5 版。
⑤ 《延年济寿社拐逃会款,会员七百零五人,法院定明日传讯》,天津《益世报》1936 年 1 月 20 日,第 2 张第 5 版。
⑥ 《小评老人会》,天津《益世报》1937 年 1 月 15 日,第 2 张第 5 版。

下去,在抗战后基本销声匿迹了。①

四、天津政府对丧葬类合会的态度与管控

20世纪20年代当天津老人会出现问题的时候,政府没有给予特别的关注。嵩寿、延寿两社老人会出现问题后,当时天津警厅通令各区严查,要求如果没有妥实的银行保证,不能设立老人会。② 但是这些措施似乎没有什么效果,拐骗会款的事情仍不断出现。

到了30年代,老人会问题的暴露和影响扩大,开始引起了天津政府的注意。1930年引寿社老人会崩会后,天津社会局对此事进行了调查,认为防止这种老人社崩会最好的办法是公布账目,订明办法。③ 社会局发表了对引寿社老人会账务的解决办法,先是让公安局传讯会首,让会首和会员进行调解;如果调解不成,再送法院依法审理。④ 30年代后期,佟振宗老人会和公益社老人会的问题最后也都由法院审理解决。

20世纪30年代,寿缘会在天津兴盛起来后,北京等城市的寿缘会出现的问题以及天津市寿缘会的膨胀所存在的风险,引起了当时政府和社会的关注。天津市社会局认识到了寿缘会所存在的问题和可能的风险,对这些组织进行了规范管理。1933年6月10日,社会局主任秘书起草了一份对寿缘会的管理规程,向社会局长上报请求核准。他指出,最近社会上许多人要求设立寿缘会,这种组织虽然有保险性质,是一种互助事业,但是如果举办的方法不当也会发生一些弊端。所以,在参考了北平市对寿缘会的管理办法之后,也草拟了一个11条的规程,要求这些组织"觅具二万元以上之资本商号铺保三家出具保结,呈候查核备案"。⑤ 由此可见,在当时的政府官员看来,寿缘会的性质还是一个保险性的互助团体,但是他们也对

---

① 天津市地方志编修委员会编著:《天津通志·金融志》,天津:天津社会科学院出版社,1995年,第276页。
② 《拐款巨案》,天津《益世报》1925年5月8日,第3张第11版。
③ 《引寿社老人会停办之真相》,天津《益世报》1930年8月31日,第2张第6版。
④ 《老人会案——社会局函请公安局查传会首以便调解》,天津《益世报》1930年9月19日,第2张第6版。
⑤ 《管理寿缘会规程,管理寿缘会》,1933年,天津市档案馆,档号:J0025-2-000126。

寿缘会向着营利性方向的转变及其后果非常担心。① 社会局局长将这个规程进行改动后实施了。从改动情况看来,社会局关注的是寿缘会的性质。他们认为如果这些组织是互助的公益性的团体还是可以信任的,而一旦变成了牟利性的团体,则会产生问题。② 管理规程出台后,社会局对寿缘会依然不放心。9月6日上午10点,社会局为公布管理寿缘会规则要点,并征询各寿缘会成立经过召集会议。到会的寿缘会代表有陈静轩、孙少山等9人。社会局主席张正文通报决定:"一、凡已经呈准各会,自章程公布之日起,三个月不能征足会员者,则取消名义;二、修改章程规则第五条一项至十项,不得缺漏;三、限制死亡会员人数,每月不得超过十五人;四、遵照前令限期呈报修改章程,切实开列预算,不得超过提成之数;五、限制年限补偿会员损失。"寿缘会代表表示照办后散会。③在9月30日这天,

---

① 实际上寿缘会一开始就是一些营利性的组织。参见丁佶:《寿缘会——一种病态的人寿保险》,天津《大公报》1934年1月3日,第3张第11版。该文指出:"社会局亦认寿缘会为一种公益互助团体。惟实际上,组织寿缘会者多数系以营利为办会之目的。"但是一些寿缘会出台的章程会导致人们误以为其为慈善组织,如:"多数寿缘会规定于会员所缴之入会费及每次会员死亡生存会员所摊之赙金上,按数附加二成。此二成附加,依章程上规定,系以公开办经费会员证书等费及每月总各种办事经常费用或临时费用之需。如各项收入有盈余时,章程上多定将此扩充慈善基金或为举办公益事业之用。于此可见名义上寿缘会系一种公益组织机关,而非以营利为目的。"

② 《管理寿缘会规程,管理寿缘会》,1933年,天津市档案馆,档号:J0025-2-000126。1933年6月10日主任秘书上呈的寿缘会管理规程如下:天津市社会局管理本市寿缘会暂行规则:第一条:凡在本市组织寿缘会等类互助赙金事业之团体,悉依本规则管理监督及取缔之。第二条:凡在本规则施行前核准成立之各寿缘会,应一律依照本规则办理。第三条:凡有组织寿缘会等类互助赙金团体者,均须由发起人事先呈请本局核准许可筹备并附具下列各项:一、章程。二、发起人等姓名籍贯职业住址及详细履历。三、征集会员人数及互助赙金预算表。四、本会经费预算表。第四条:于呈请准许筹备后,视其会员分组之多寡及公酿赙金之数目,应觅具二万元至五万元以上之资本商号铺保三家,呈候本局核准后方准开始征集会员进行组织。第五条:各寿缘会章程内应规定下列各项:一、宗旨。二、名称及设立地点。三、组织系统。四、主办人姓名籍贯职业住址及确实保证。五、会员入会手续及会员权利义务分组等级人数递补方法,并缴纳会费及互助赙金数目暨方法。六、会员领受赙金方法及会员利益之确实保证。七、会内财政公开办法及经费概算并限制。八、基金保管方法及处所。九、成立年限。十、如办理期间中途因故停顿或发生变动时会员所受之损失如何补偿。第六条:所有收入会费基金之保管,应指定银行完全存入,除垫付赙金随时归还外,概不得移作他用。并应于章程内明白规定呈报本局备案。第七条:凡有下列情事者,本局即予取缔或撤销其立案而解散之,如会员受有损失则由主办人担负偿还之责。一、三个月内尚未征集足额会员或会费未能缴齐者。二、违反本规则之规定者。三、违反该会章程或不照章程履行者。四、其他发生事故致起纠葛者。第八条:凡已经核准成立之各寿缘会,每组会员人数征集足额、会费亦已缴齐时,应即连同会员名册呈报本局备案。第九条:凡已经核准成立之各寿缘会,每月各项开支及有无互助赙金暨等级次数并递补会员名册,均应按月呈报本局备案,必要时并须将底册账簿单据等送核。第十条:本规则如有未尽事宜得提出市政会议修正之。第十一条:本规则自公布之日施行。经社会局改动后,此规则在第一条后又增加了一条:凡组织寿缘会等类之团体,应以互助为原则,办事人不得从中侵润及谋利。这样,这个规程变成了十二条。

③ 《管理寿缘会》,天津《益世报》1933年9月7日,第2张第6版。

竟有 40 多件请求设立寿缘会的申请。鉴于流弊滋生,天津市社会局仿照北平的办法决定从 10 月 1 日起,不再准许设立这种组织。① 得知此信,许多的市民更加积极要求成立,积极筹备,先后有 23 家要求筹设寿缘会,但是按照章程送上铺保的只有 11 家。在这种情况之下,社会局决定延期。10 月 18 日,社会局的主任秘书转呈局长,请求"限令于两星期内呈送铺保,否则即予撤销,以资限制"。后来决定对一些到期依然没有办好铺保的,从 11 月 7 日起限期 10 天来办好铺保手续。11 月 16 日,社会局通知没有按照规定办好手续的尽快筹办,否则自行结束,如果还要延宕,就会被撤销,损失自己负责。得到催促通知的有人生寿缘会、人事经济互助会、延康寿缘会、福康寿缘会、同寿社、平民防老会、人寿互助会等几家。②

此时,北平有一家在英国商人公司内设立的同佐寿缘会,有敛财牟利的行为。因为借助外国公司开设,有违条例,并且在河北各县如通县等地有分会,民国政府要求天津也要注意查禁。天津市政府要求社会局调查汇报,社会局方面回复称天津没有发现这种寿缘会的分会,同时对天津寿缘会的情况作了汇报:备案的 23 家,正式成立的有 6 家,14 家还没有觅得铺保。③ 在陈述了原来的管理办法之后,鉴于当时的问题社会局又拟定了三项取缔办法,加大管理的力度,撤销了 4 家的资格,对其余的不合资格者也限期按照章程

---

① 《寿缘会何多,昨呈请备案者竟达四十余起,设立渐多,易生流弊,社会局已停止收件》,天津《益世报》1933 年 10 月 1 日,第 2 张第 6 版。
② 《管理寿缘会规程,管理寿缘会》,1933 年,天津市档案馆,档号:J0025-2-000126。
③ "兹查本市先后呈准备案之寿缘会共计二十三处。其中在管理规则颁布以前呈准管理者,计有人生寿缘会、同寿社、延康寿缘会、人事经济互助会、人寿互助会、平民防老会、福康寿缘会七处。管理规则颁布后,遵照各条之规定,手续完备并觅妥铺保进行筹备者,计有延年济寿社、民益寿缘会二处。其已遵照管理规则第四条之规定备具一切手续,呈准备案,但尚未遵照管理规则第五条之规定觅具合法铺保者,计有康宁寿缘会、福禄寿缘会、万年寿缘会、同济寿缘会、福安延寿社、同仁济寿社、耘生寿缘会、同益互助寿缘会、市民保康集金会、合济救急社、永安寿缘会、人寿集义会、益寿合助会、平民互助寿缘会十四处。以上各会谨领单注明。并查各寿缘会中,现在已召集会员足额,正式成立者为人生寿缘会、延康寿缘会社、人事经济互助会、平民防老会、福康寿缘会、人寿互助会等六处,其余均尚未正式成立。"参见《管理寿缘会规程,管理寿缘会》,1933 年,天津市档案馆,档号:J0025-2-000126。

办理，否则取缔，损失由主办人和铺保赔偿。① 铺保当时应负有无限责任，所以社会局下令担保的商号不能同时为两家担保以作为限制。②

这时，天津寿缘会的黑幕也开始被媒体揭露。据统计，天津寿缘会登记的会员死亡人数每月达到1500人，而天津市1930年4月统计的全市死亡数字不过五六百人。此外还发现寿缘会中赙金问题漏洞极大。③ 1933年底，社会局对寿缘会进行了调查，发现寿缘会存在着死亡会员过多、拖欠赙金、会内积欠、在市外扩展等问题。对此，天津市政府又颁布了几项办法，严格控制其成立，进一步对寿缘会进行管制，并防止其规模进一步

---

① 《管理寿缘会规程，管理寿缘会》，1933年，天津市档案馆，档号：J0025-2-000126。当时的管理及取缔办法计有三项："（一）于十月二十三日通告在管理规则颁布以前成立之各该寿缘会，一律限于自文到之日起两星期内，遵照管理规则第三、第四、第五各条之规定，修正章程备具一切手续及遵照规则改换铺保。（二）于十月二十三日通告，凡已呈准章程，备具手续尚未觅妥铺保之各寿缘会，一律限于自文到之日起，两星期内，呈具合法铺保。（三）按照管理规则之规定，自呈准后，在筹备三个月内，倘尚未征集足额会员或会费未能缴齐者，即撤销之。按此三项办法，如有未能遵照办理者，应即分别制止，撤销立案，予以解散。"之后拟定的三项取缔办法为：一、凡尚未筹备成立而迄未遵限具保者，实属违背管理规则，玩忽法令，显无办理之能力与决心，自应查照前通告形限届满，即予撤销原案，不准筹设。计已撤销者有万年寿缘会、耘生寿缘会、同益互助寿缘会三处。并有益寿合助会自行呈请撤销，以上共计撤销四处。二、凡已筹设成立及尚未成立各寿缘会，已遵限修改章程呈具铺保，无铺保或一部不合或全部不合者，已过限办理，而因迫于时日格于手续未能完备，在法律上重时效致未能在事实上质铺保已呈，似此情形，未便即予，依限撤销，故再定自十一月七日起，续展限十日，令重补具，曾经本局核准，商业注册资本在二万元以上之铺保，呈送查核，倘届期仍未能遵照办理，亦决予撤销之。三、凡已经成立之各寿缘会，曾经本局通告，迄未遵限修正章程，呈具铺保者，是无办理之能力与决心，本应亦予撤销，但为体恤困难，顾虑事实起见，特令重自行拟定结束办法，呈候核夺。如有特殊困难情形，亦应赶速明白声叙，倘仍故为延宕，决即予以取缔，限期结束所有会员损失，依照管理规则，由主办人及质铺保担负赔偿。

② 《管理寿缘会规程，管理寿缘会》，1933年，天津市档案馆，档号：J0025-2-000126。

③ 《揭穿寿缘会黑幕，会员死亡率何其多，赙金超出三余万，第三区呈请市政府制裁》，天津《益世报》1933年11月11日，第2张第5版。也有调查表明"有不及一月一千人中死亡六七十人，如按年计算，则死亡率合千之七八百"。参见丁佶：《寿缘会——一种病态的人寿保险》，天津《大公报》1934年1月3日，第3张第11版。

扩大。①

虽然政府采取了一些措施加强管理,但是悲剧还是再次发生了。1933年的12月,延康、福康两寿缘会发生了崩会。② 面对这种情况,社会局立即在下午2点钟召集会议,把人寿、人生等12家寿缘会也召集来讨论补救的办法。直到下午6点钟才开完会,决定了三项决议:"一、关于会员赙金摊领,每月二十次为限。二、市境外分会设立,酌予指定呈局核备。三、会员入会限制。实际已成立各会实行有困难,交双方考虑再行决定。"③从会议的结果来看,并没有完全解决问题。全市的寿缘会会员一共有2万多人,每个人代表的是一个家庭,如果以一家5口人来计算的话,寿缘会的问题涉及至少10万人,可谓是千家万户。当时的天津人口一共大约为100万,可以想见寿缘会的问题对于社会的影响是非常重大的。④ 当时这个事件引起了全市社会各界的重视,天津自治区联合办事处为此案在12月19日召集区长谈话会,讨论受害会员如何补救办法,并联合请求政府责令社会局妥善处理。同时天津市商民救国会30多个委员到会,主席宋朝义提出被害人可以到救国会声请援助⑤,设立登记处,由宋朝义和崔永安办负

---

① 市社会局,为整顿本市各寿缘会,前经派员分别彻查,业已完竣,彻查结果,除有一二处办理得当外,其余各处,有下列不妥之点:一、滥收会员致死亡会员人数过多。二、延欠死亡会员之赙金。三、会员积欠会份过多。四、经费过多。五、该会本身不照会章行事。六、会员亦不得照章履行。七、于市境外杨柳青等处设立分会,或代办处。对于以上情形,现在已通饬各该会主办人,严加取缔。其办理错误,情节重大者,令其设法清理,切实整顿。倘有未能清理整顿者,决即行撤销解放之。所有损失,由负责主办人及其铺保担负连带偿还责任。至关于尚未正式成立之各寿缘会,亦经该局拟定取缔办法三项,分别通告,兹录其办法如下:凡未正式成立各寿缘会,在备案期内召集之会员,如欲成立某一组者,必须先行造具会员名册呈请本局查照核准后,方准定期实行。权利义务,在未经呈奉核准以前,不得擅自成立。二、凡未正式成立各寿缘会,在筹备期内召集定额会员,呈准先行成立一组,经本局考察成绩优良办理妥善后,方可再行次第呈请成立,以昭慎重。其有擅自成立者,应归无效。三、所有各寿缘会,均不得于本市区域以外设立分会或代办处,亦不得招收本市区域以外会员,以免流弊云。参见《市社会局整顿寿缘会,颁定三项办法,不得擅自成立》,天津《益世报》1933年12月10日,第2张第5版。

② 《寿缘会会长潜逃——三百会员声请,延康福康会员三千人呈请查办寿缘会》,天津《益世报》1933年12月19日,第2张第5版。

③ 《寿缘会会长潜逃——三百会员声请,延康福康会员三千人呈请查办寿缘会》,天津《益世报》1933年12月19日,第2张第5版。

④ 丁佶:《寿缘会——一种病态的人寿保险》,天津《大公报》1934年1月3日,第3张第11版。文中记载:"各家组数,少者一二组,多者四五组,每组会员名额或一千人或五百人。推测共计各会会员不下一万数千人,加以各组之候补会员,各会员之关系人,或者为会员缴纳赙金者,或为于会员死亡领取赙金之受益人者,再加各会之负责人与办事员,共计天津市中与寿缘会发生关系之人数,当在二万人左右,占本市一百三十余万人口百分之一多。"笔者以为他的计算不是很准确,因为他计算当时的寿缘会是6家,而实际上寿缘会的数量多于此数。

⑤ 《介绍本市商界闻人》,天津《益世报》1934年8月9日,第2张第5版。

责办理。①

天津市社会局在福康、延康崩会后，鉴于市民遭受很大的损失，同时由于社会各界以及舆论的巨大压力，决定出台更加严厉的措施。一方面对铺保进行切实的调查，看其有无偿付的能力和办法，对核准成立的寿缘会进行严格的管理和约束，同时又拟定了四项规定，要求各寿缘会添设医生、限定会员为本市人以及加强会金管理等，加大了管理的力度。②

但是，会员们感到问题依然没有解决，事态依然没有平息。12月25日上午，延康、福康两会会员继续请愿，因为以前死者的赙金还没有偿还，其他人的损失是否赔偿还没有具体的办法。他们希望社会局召集延康和福康主事人筹商清理手续。在中午12点钟，两会成立了清理处，聘请了张务滋和夏琴西两位律师负责，将会员登记后接洽偿还赙金和一切欠款。在公布办法后，再请各界派员监视完成清理。③

社会局在24日召集代表筹商进一步的办法，决定在1934年1月27日开始发放款项。当时记者到场调查，据说两个会一共8000多人，还有300多人没有领到赙金。眼看到了旧历年关，市面金融开始紧张，纠纷看来难以避免，连会中的电话耳机也被人偷走了。④ 1934年2月2日，社会局宣布了清理福康、延康等寿缘会的办法后，决定此后寿缘会组织"一律取缔，以后不准再行成立"。⑤

五、近代天津丧葬类合会兴衰原因分析

（一）社会转型与信任危机

近代以来，尤其是20世纪20年代以后，天津传统的丧葬类合会之

---

① 《寿缘会纠纷》，天津《益世报》1933年12月20日，第2张第5版。
② 《社会局规定管理寿缘会办法》，天津《益世报》1933年12月21日，第2张第5版。此四项规定为：一、各寿缘会应即添设医生。所有以后招收或递补之会员，现在有无疾病，均以医生之检查书为准，藉杜滥收会员之弊，但各该会所聘医生姓名须早报本局备查。二、各寿缘会招收会员时，应以现居本市者为限，以符原章程之规定，并不得设立分会或分处。三、各寿缘会已收取会员，一二组足额者，经本局派员彻查其办理尚未完善者，应将已成立各组先行整理。未成立各组，暂缓招收会员。四、各寿缘会已收会员一二组足额者，经本局彻查其会员有无拖欠摊付赙金多至二十次以上者，各该会并未依照会章办理者，殊属非是，流弊极重，应即切实照章所限严格取缔。
③ 《寿缘会会员之请求，恳祈社会局办理》，天津《益世报》1933年12月26日，第2张第5版。
④ 《延康福康寿缘会清理结束，每一职员给洋四角》，天津《益世报》1934年1月22日，第2张第5版。
⑤ 《寿缘会纠纷平息，福康延康两会商定清理办法，社会局昨布告定期发款了结，市政通令寿缘会一律取缔》，天津《大公报》1934年2月2日，第3张第10版。

———老人会开始发生了变化。老人会原来一般人数很少,多为亲朋好友之间成立的小规模的组织,但是此时人数上有了巨大扩展,达到了成千上万的规模。会员与会首、会员与会员之间互相不熟悉的情况大量存在,构成了一个远较乡村社会复杂庞大的关系网络。[①] 老人会的性质也由原来的慈善互助组织向商业性转化,具有了牟利性。于是,老人会等合会的信用出现了扩张现象,但是因为传统合会的信任机制与转型时期的社会变化不相适应,导致其信用出现了危机。卢曼认为生人社会和熟人社会是可以转化的,文字可以使人们在城市的条件之下成为一种熟人社会,而当时的天津似乎没有发生这样的转变。[②] 老人会贫穷的会员中识字的很少,出了事之后,即使报纸上不断宣传,他们也不知道。[③] 总之,在此时,处在社会转型的城市中,老人会这种古老的合会组织面临着信任危机。

另一种丧葬类合会——寿缘会在30年代一度异常兴起,是有其社会背景的。在20年代,天津经济一度有着较为快速的发展,天津成为世界市场的一个部分,商业的经营形式向资本主义转化。城市化和近代化导致天津城市人口聚集,出现大量的移民,人口有了快速的增长。[④] 而在30年代初,天津的经济又出现了下降,一度低迷。当时政府并没有建立养老保险一类的机构,虽然一些慈善事业和保险业也发展起来,但是多服务于中上阶层,很难满足普通民众的需要,[⑤]于是人们只有依靠民间的社会组织自行解决问题。此时天津人口总体依然呈现增长的趋势,到1936年天津城乡人口达150万,为全国人口第二大城市。同时,天津民间丧葬习俗奢侈,花费巨大,天津市政府虽然一再改革这些陋习,但是一直很难见到成效。[⑥] 在这种情况之下,人们对自己的丧葬费用进行储蓄的需要就有了巨大的市

---

① 梁治平:《清代习惯法:社会与国家》,北京:中国政法大学出版社,1996年,第118页。
② 〔德〕尼克拉斯·卢曼,陈心想译,郑也夫校:《熟悉、信赖、信任:问题与替代选择》,郑也夫编:《信任:合作关系的建立与破坏》,北京:中国城市出版社,2003年,第116~130页。
③ 《公安局门前,老人会会员跪门,扶老携幼哭喊叫骂,八家保人连累倒霉》,天津《益世报》1929年6月10日,第5张第17版。
④ 罗澍伟主编:《近代天津城市史》,北京:中国社会科学出版社,1993年,第337~473页。
⑤ 丁佶:《寿缘会——一种病态的人寿保险》,天津《大公报》1934年1月3日,第3张第11版。
⑥ 《社会局工作报告》(续),天津《益世报》1929年2月24日,第3张第11版。文载:"天津婚丧仪式袭用亡清之故习,翎顶辉煌,斧钺并列,并奢陈诰封亭七件等,招摇过市,有碍观瞻,莫此为甚。职局成立,及张贴布告,严行禁止。函请公安局,特别一二三区公署,协助执行,并呈请市政府转呈国民政府,从速制定仪式,颁布遵行在案。惟尚无何等效果,推其原因,素封之家,对于婚丧礼典,往往亦有意铺张,非此不足以表示虚荣。而为是业者,在津市计有白货铺十处,红货铺二十七处,持是为生者,为数匪少,一旦废除,不免有失业之患,以致无法禁止。现为双方兼顾起见,权由职局在不违反国体及时代精神条件下,拟定婚丧仪式,提交市政府会议议决,传知本市各红白货铺,遵照办理,一俟国民政府制定是项仪式颁布,即行废业。"

场。当时老人会因崩会频发，信誉下降，高利贷的融资利息又过高，导致寿缘会之类的组织发展迅速。在城市这样一个相对乡村来说的非熟人社会中，寿缘会的发展也很快地超越了血缘和地缘关系，组织规模空前的庞大。城市中的人际关系受到了商品经济原则潜移默化的影响，传统的义利之辨动摇。① 寿缘会所能吸纳的资金可以用于借贷、储蓄或投资谋利，在日益商业化的天津城市中利润前景非常可观，为商家和牟利者所垂涎。据计算："按照寿缘会的办法，甲乙丙丁戊五组各足一千人方能成立……连会费带附加费一共是一万八千元。这些寿缘会便把这笔会费的款子存入银行了（附加费的三千元据说是开办费）。这样寿缘会当然又有一笔会费的利息收入。……分四组的也能收入一万二千元。"② 总之，每月的收入至少能达到五六千元。③ 寿缘会内部的一些组织管理办法也刺激了寿缘会的兴盛。从一些寿缘会的章程看来，参加的人数越多，会员和会内的负担越轻。④ 政府对这种组织的危险也有所发觉，加大了管理的力度，但市政府出台的措施在一段时间内反而加速了这些组织的诞生。⑤ 一些寿缘会为了能在政府限定的时间之内达到合法的资格，利用各种办法尽快地筹备。这样，寿缘会一时兴盛到了极点。

  随着近代城市社会变迁，市场日益扩大，地缘和亲缘关系日益疏离，合会内部博弈的文化土壤也发生了变迁，⑥ 合会的组织者和一些会员出现了一次性博弈的短期行为，组织者为一次争取入会资金而扩张信用，而有的

---

  ① 罗澍伟主编：《近代天津城市史》，北京：中国社会科学出版社，1993 年，第 294 页。
  ② 《寿缘会的解剖，一种特殊的经济组织》（二），天津《益世报》1933 年 11 月 22 日，第 4 张第 14 版。
  ③ 《寿缘会的解剖，一种特殊的经济组织》（四），天津《益世报》1933 年 11 月 24 日，第 4 张第 14 版。
  ④ 丁佶：《寿缘会——一种病态的人寿保险》，天津《大公报》1934 年 1 月 3 日，第 3 张第 11 版。文载："尚有规定一组于成立满足一年后，每年递加会员，如千人组中，每年加二百名，至第六年该组会员增至二千名为止。此种组中，入会在一年以上之会员死亡后所得之赙金，因组中人数之添多而递年增加。如甲组会员于入会第二年中死亡时，由新旧会员一千二百人各摊五角，可得赙金六百元。于入会第三年中死亡，可得赙金七百元。入会未满一年而死亡之会员则只得原始指定之赙金，如甲组五百元，惟组中会员在千人以上时，则个人应摊数额之多寡系视其入会之年数而定。如甲组之第二年有旧会员一千人，新会员二百人，共计一千二百人。此中一新会员身故后，应得赙金五百元，此额系由新会员二百人各摊五角，合一百元及旧会员一千人各摊四角，合四百元而成。如此组果能每年如上述规定增加会员额数时，则在会年数愈久者，一方面生存时所摊之赙金可愈轻，他方面死亡后夺得之赙金亦愈高。……死亡赙金之负担不在会之本身，而在于生存会员。且因每次赙金须附加二成，则每月会员死亡愈多，征收赙金顺利时，会之收入愈丰。因以上所述各因，故天津市中乃有不及一年而呈请设办寿缘会者四十起之多。"
  ⑤ 《寿缘会案市府将彻底根究，据张市长谈，现在正提阅卷宗，主管者决予严惩以儆贪污》，天津《大公报》1934 年 12 月 16 日，第 2 张第 6 版。
  ⑥ 刘明远：《熟人社会、抱团取利与中国民间金融的稳定性发展》，《学术研究》2011 年第 6 期。

会员入会就是要早些拿到会金而不想为自己不认识的人垫付资金,致使信用风险陡然加大。传统的信任机制丧失了,①而这种一次性的博弈行为如果缺乏外在的制度约束,就会导致信任的崩溃。遗憾的是,当时的政府管理以及社会制度也确实缺少这样的制约。

近代天津丧葬类合会在快速发展后突然出现崩溃,主要是其性质与管理方式与社会转型时期的社会发展不相适应导致的。合会是熟人社会亲属好友间联络感情互帮互助的传统的民间金融组织。在天津城市向现代社会日益转型的过程中,传统合会的组织形式和机构也开始转型,从慈善互助组织向牟利组织变迁,从而导致信任危机,出现了连锁崩会局面。

(二)合会内部管理失控

某些合会内部管理混乱,没有一定的规章,如前面所介绍的延康会,股东李玉珊决定一切,而出面经理会务的崔少波则毫无权力。合会成立期限的规定,导致这些合会仓促组织,会员与会长和股东往往不认识,内部管理漏洞极大。会中管理人才缺乏,各会股东经理会计人选,常有互相串换的情况,几个寿缘会合用一个会计,最后要联合成为一个协和会应对危机,反而导致全体信用崩溃。对赙金的给付,寿缘会也没有明白具体的规定,时常导致纠纷。② 据时人计算,一个会员如果在交足了会款后身死,"按照所摊赙金的总数减去所得赙金的来计算,如此就是多摊了多少钱的赙金,就是多吃亏了多少钱"。③ 寿缘会还暗藏许多剥削会员的伎俩,会内组织也缺少监督保障的机制,导致"办寿缘会的定义就是办寿缘会就跑,不跑就别办寿缘会。入寿缘会的定义就是入寿缘会就死,不死就别入寿缘会"。④

合会会首的更替往往是依照传统的家族继承制度。如公益社老人会原本信用很高,可是在原来主持者去世后,其子接手任意挥霍,导致了信任的崩溃。⑤ 这些合会都是无限责任的保障,这种保障符合民间信任的习惯,但是无限责任在市场环境之下,则不如有限责任更能承受风险而具有

---

① 张维迎:《信息、信任与法律》,北京:生活·读书·新知三联书店,2003年,第279页。
② 《寿缘会的解剖,一种特殊的经济组织》(二),天津《益世报》1933年11月22日,第4张第14版。
③ 《寿缘会的解剖,一种特殊的经济组织》(三),天津《益世报》1933年11月23日,第4张第14版。
④ 《寿缘会的解剖,一种特殊的经济组织》(四),天津《益世报》1933年11月24日,第4张第14版。
⑤ 《平民防老会倒闭后,公益社老人会昨亦宣告破产,亏累近十万,受害三千,会员方面进行法律解决》,天津《益世报》1936年7月27日,第2张第5版。

保障。① 而且,这种责任保障也没有受到政府和社会切实的保证。② 总之,传统的合会组织与近代市场商业化的趋势非常不适应。当时便有一些学者参照欧美的类似经验认为,因为寿缘会的制度漏洞极大,所以即使按照社会局新颁布的规定严格执行,它也是不能支持很久的。③

(三)政府管理的缺失

政府对合会的监管也是有问题的,这是导致合会崩溃的又一个重要原因。张利民教授认为,1928 年后天津城市管理机构和建制不断出新,法规化不断完善,但民国时期天津城市管理是低水平的。④ 因为城市管理水平较低,社会信任度也不高,加上城市规模人口不断扩大,导致合会信用出现了问题。

20 世纪 20 年代,政府在天津老人会出现信任危机时,没有及时进行管控,措施也不得力,没有控制住事态的发展,导致寿缘会问题继续恶化。政府对寿缘会的铺保和内部管理的规定和监督均不严密。政府备案"不过是一种官样文章,自有寿缘会去办,至于他们如何接洽如何办理,我们局外人不须过问"。商店担保也只是形式上的。担保证书"一定是存在寿缘会手中了"。"吃了亏的会员到什么地方去找他们寿缘会的负责人索要会费呢?""况且寿缘会根本就没有声明由某某商店做保证呢!""寿缘会为迎合人类心理起见,又称:本会有什么监察委员会,监察账簿与银钱,而避免弊病等等的言语。"⑤监察人就是创办人之一,监守自盗难以管理。政府对合会的营利行为不信任,认为营利行为与其慈善性矛盾,但是政府也没有认定寿缘会为营利组织,导致民众对其性质认识不清,寿缘会也没有按照营

---

① 〔美〕斯蒂格利茨著,纪沫、陈工文、李飞跃译:《斯蒂格利茨经济学文集》第一卷(下),北京:中国金融出版社,2007 年,第 395~396 页。
② 《管理寿缘会规程,管理寿缘会》,1933 年,天津市档案馆,档号:J0025-2-000126。
③ 丁佶:《寿缘会——一种病态的人寿保险》,天津《大公报》1934 年 1 月 3 日,第 3 张第 11 版。
④ 张利民:《艰难的起步——中国近代城市行政管理机制研究》,天津:天津社会科学院出版社,2008 年。
⑤ 《寿缘会的解剖,一种特殊的经济组织》(二),天津《益世报》1933 年 11 月 22 日,第 4 张第 14 版。

利组织标准给予会员以基本的权利。① 因为近代社会的频繁变动,政府的实力有限。政府力图代表慈善和公正,力图限制民间慈善组织营利的商业逻辑,对寿缘会营利的行为不予信任。但是,在天津近代城市商业化日益发展、人口空前增加的情况之下,民间传统信任秩序面临着挑战,政府作为社会信任的主要支柱,也没有根据社会需要,满足人们对这类社会保障的要求,成立现代人寿保险机构。② 这样,政府一方面从传统观念的视角,否认这些组织营利的合法性,另一方面也没有顺应社会的发展建立合理的保险机制。在寿缘会等合会组织的黑幕不断暴露的情况之下,政府却一再推延,最后一些仓促申报的寿缘会居然也得以合法注册,并且在政府宣布寿缘会取缔后,一些寿缘会依然存在,其中的"隐情"也是显而易见的。③

中国注重孝道的文化传统使丧葬成为民间最为重大的礼仪之一,形成了复杂的礼仪程序,丧礼的花费日多,形成奢侈的丧礼陋俗。④ 近代居住在天津的一些地方豪绅、遗老、军阀家之间豪华丧礼的竞赛更加助长了奢华的丧葬之风。⑤ 天津民间奢侈的丧葬习俗,是导致老人会、寿缘会等组织发达的重要因素。对于民间丧葬的陋俗,天津市政府多次厘定章程,力图改革。⑥ 但是民间惯行的风习很难改造,而且关系到一些人的就业问题,政府对此显得无能为力。

在丧葬类合会崩会的过程中,会员依赖政府,希望政府为他们做主,要求政府替他们讨回公道。社会舆论也要求政府对这些合会组织进行监督。

---

① 丁佶:《寿缘会——一种病态的人寿保险》,天津《大公报》1934年1月3日,第3张第11版。文载:"惟政府监督机关应规定寿缘会于其呈请设立时、于其征收会员时及于其章程广告上,指名本身之性质为营利抑为合作或公益,使民众对该会之真正性质不至发生误会。且各寿缘会宜称其非营利机关时,政府监督机关应审查其是否确依公益或合作机关执行其事务。如盈余之处置是否确系既未慈善公益之用,或公允分给于会员,及会员对于会务管理是否确有表决参加之权利,财政是否完全公开等事。现今寿缘会对会员表决或参加管理,从无规定。如寿缘会宜称其系以营利为目的,则应照商业机关注册,遵守特种监督规则,惟因其事业之性质系属受人信托,且防其将来因管理失当或他种原因或至发生纠纷失败,使会员受损失,应规定其负责人及担保人应负连带无限责任。"

② 白春阳:《现代社会信任问题研究》,北京:中国社会出版社,2009年,第106页。

③ 《寿缘会案市府将彻底根究,据张市长谈,现在正提阅卷宗,主管者决予严惩以儆贪污》,天津《大公报》1934年12月16日,第2张第6版。

④ 侯振彤译:《二十世纪初的天津概况》,天津市地方史志编修委员会总编辑室编:《天津史志丛刊》(一),1986年,第126~128页。

⑤ 张建星主编:《城市细节与言行——天津600年》第三卷,天津:天津古籍出版社,2004年,第148~154页。

⑥ 《社会局工作报告》(续),天津《益世报》1929年2月24日,第3张第11版。《社会局布告婚丧典礼不得袭用亡清仪式——翎顶辉煌斧钺并列,表现腐败有妨观瞻》,天津《大公报》1928年9月19日,第6版。天津市地方志编委会办公室、天津图书馆编:《〈益世报〉天津资料点校汇编》(三),天津:天津社会科学院出版社,1999年,第1526~1533页。

一些学者还呼吁政府,要求建立社会保险以满足人们的需求。① 但是政府并没有采取特别有效的措施,人们只有依靠调解的方法和法律的手段来解决问题。

值得注意的是,在丧葬类合会的崩会过程中,民间社会日益注重维护自己的权利。他们在依靠政府、请愿要求解决问题的同时,依靠自己的力量成立债权团登记,也越来越注重寻求法律的保护。以宋朝义等为代表的民间商界人士,也热心支持民间对寿缘会的法律诉讼。合会崩会后,一些人一直要求赔偿自己的损失,官司一直打到日伪时期。

小　结

合会作为一种传统的民间互助组织,在近代天津为转型时期的市场扩张所侵蚀,面临着严重的信任危机。其慈善互助的性质也向谋利性质转变。但是,这种组织依然顽强地存在于民间社会,民间传统金融借贷组织自有其顽强的生命力。从近代天津合会的发展演变中可见,传统借贷组织是建筑于传统信任即血缘、地缘关系之上的,适应于较为封闭的社会环境,一旦环境有变,超越了一定的范围,传统信用手段难以维持信任关系,就会出现崩溃的状况。近代天津合会的变迁体现了信用手段不足而导致的信任崩溃的情况。如果能够在重建社会信任的基础上对合会进行改造,它依然具有着重要的社会功能和价值,当然前提条件是具备有效的政府权威、地方精英与相应的富有保障的现代信用方式和法律制度,才能重建与维护合会的社会信任。

---

① 参见吴石城:《天津之市民金融组织》,《银行周报》第 19 卷第 46 号,1935 年 11 月 26 日,第 7 页。该文认为,成立平民人寿保险公司诸机关已成当务之急。另参见丁佶:《寿缘会——一种病态的人寿保险》,天津《大公报》1934 年 1 月 3 日,第 3 张第 11 版。该文认为,应该学习应用西方的人寿保险制度或者以类似的制度改造寿缘会。〔美〕斯蒂格利茨著,纪沫、陈工文、李飞跃译:《斯蒂格利茨经济学文集》第一卷(上),北京:中国金融出版社,2007 年,第 63 页。斯蒂格利茨认为,在死亡保险方面,认为非市场制度(家庭)可以解决问题而不需要政府干预是错误的,因为他们的风险分散能力很低。

第七章 "穷人的后门"：
近代天津典当业

典当业是一个古老的行业，对民间社会金融周转具有独特的意义。近代天津典当业在民间社会经济中具有重要的价值，在全国典当业中也有较高的地位。近代天津典当行可以说是一种以抵押借贷为主的兼具多种功能的金融、商业、保险机构。

第一节 近代天津典当业的类型与组织

天津典当业兴起于明代，在嘉庆年间成立了同业组织。随着近代天津城市的变迁，城市贫困人口大量增加，被称为"穷人后门"的典当业也日渐发展，"当铺营业最发达的时候，也往往是在民生最凋敝的年头"。[①] 而在经济萧条的时候，"各贫民亦无处赚钱，度日维艰，既无处挪借而典当各物又不能多得钱文"，[②] 只有这时，他们才告别借贷，依靠行乞或救济生活。当铺不仅是一般贫困人口生活借贷的场所，也是一般小商贩融资谋生的重要机构。小贩们常常将其不当季的衣物储存在当铺中，换取资金，以便融资，谋取生计。一般的职员们也时常手头拮据，将当铺作为主要融资渠道之一。故此，人们常用的衣物就成为当铺最为常见的当物之一。

随着近代城市经济的发展，天津成为商人博弈的战场和北京政治的后院。这里迎来了商人、企业家以及贵族、官僚、军阀各色人等，他们或从事贸易牟利，或做寓公以谋东山再起。这些人在近代天津日常的生活中或一时超支，或投资产业，也常有需要资金的时候，典当铺则是他们经常光顾的场所。古董、珠宝、字画常常是这些人的当物。

[①] 《漫画典当》，《天津市》第 4 卷第 2 期，天津市政府秘书处编译出版，1947 年 8 月 30 日，第 10 页。

[②] 《中外近事》，天津《大公报》1903 年 4 月 8 日，第 2 版。

天津早年的典当业主要是官典。官典是指那些领有官家当贴缴纳当税的当铺，利息受到官方限制，而官府负责其治安保护。早年天津当铺因为有官府的生息银两存入，所以行业地位较高，常常在门上挂有"便国裕民"的幌子。民国以后，天津成为北京政客的政治后院，许多北洋大员都来到天津租界定居，他们中的许多人成为典当业的投资者。

　　近代天津的典当业随着城市的发展不断拓展。原来典当业中心区域在天津老城区，随着近代天津开埠以及外国租界的出现，城市商业中心发生了转移，从老城区逐渐向租界一带移动。典当业也很快随之拓展到了租界地区。租界出现了与华界当铺相互竞争又多有联系的"质铺"，促进了天津当业的繁荣，体现了近代天津半殖民化的色彩。

　　德国、奥地利以及俄国（后来是苏联）先后把在天津的租借地交还给了中国政府后，天津市在这些租界区之上先后成立了特一、二、三区。1937年，这三区的质铺联合起来成立了一个质业公会。之后，先后回归的租界地的质当也都加入了这个质业公会。① 实际上，天津典质铺之间联系密切，许多人在华界开设当铺，同时也在租界开设质铺。租界中的质当因为其在租界境内，受到租界当局的保护而更加安全，服务也较好，虽然利息稍高一点，但是营业都较华界的当铺好些。② 天津典、质的区分主要在其所在的位置、管理的归属、利息等，其资本的差别已经不大。③

　　庚子天津变乱期间，典当业受到了前所未有的损失，民间出现了小押当。天津的小押一直是对民间私营的、非法的、资本非常小的当铺的称呼。"在清季以上，历代重视典业，特加保护。凡设典业，均由内部颁发典帖，以为特征凭证，否则即系私设小典，有干禁令。"④

　　在日伪时期日本人谷内和嘉作和一个姓中村的人，发动了许多朝鲜人和日本人来天津开设小押当。从1939年开始，天津的小押蜂起。⑤ 这些小押给天津传统典当业带来了致命的打击。它们经营灵活，资本较少，民间社会中一些急于用款的人多投入小押的怀抱。天津当业对此采取了一些措施。但是，当时开设小押的很多为日本人、朝鲜人，他们另有日本领事馆的护照。而且与小押相比，利薄期长的劣势，最终使当业难以应对小押

---

① 许树华：《解放前天津的典当业》，《天津文史资料选辑》总第77辑，天津：天津人民出版社，1998年，第96页。
② 张中龠：《天津典当业》，万里书店，1935年，第12页。
③ 《典当业公会》，天津市典当业公会，1946年，天津市档案馆，档号：J0025-2-002475。
④ 张中龠：《天津典当业》序，万里书店，1935年，第1页。
⑤ 《典当业》，天津市政府，1947年，天津市档案馆，档号：J0002-3-002304。

当的竞争,"能够活动的仅剩 15 家"。[1]

近代天津城市的发展导致乡村对城市金融具有更大的依赖,天津城市附近的乡间出现了代当。代当有代步、接典、转当、转当局、捎脚处等,也可以分为本代和客代两种。本代是城里的当铺直接派出自己的人营业,客代则是指其他人代为营业,到相熟的当铺取赎。[2] 代当多设在乡间偏僻的地方,相当于当铺的代理分店。[3] 天津正规的代当原来仅有广昌、天锡、庆昌和中通四当。近代乡村典当业资本流到城市,但乡村中的贫民仍须当衣物,乡村又缺乏当铺,于是代典、分典又纷纷设立了起来。[4]

代当也常常被称为"小押",[5]在近代天津时常与小押相混淆。当时的一些天津当业人士对代当和小押作出了如下的区分:"代当:即小押当,又称转当局,是典当行业旧有的一种经营方式,与日伪时期的小押当,根本不同。"[6]

代当也存在许多问题。20 世纪 30 年代,天津社会局因为代当弊病甚多而对代当进行了整理。[7] 七七事变以后几年中,租界当商业务萧条,不得不向外发展,联系代当。如曹家的万成当联系西沽万成转当局,张勋的松寿当则与宜兴埠的三义代当取得联系。后来日本浪人遍设小押当,这些老代当多改设为其他形式,[8]还有的为小押当所取代。[9] 40 年代初,天津的代当也与小押当一起遭到了调查和取缔。

天津华界合法当铺的建立程序大致如下:首先需要筹集资本,然后是选择稳妥的地址,之后是召集伙友,之后再向财政局请领当帖,缴纳当税。

---

[1] 燕生:《日趋没落的典当商》(下),《天津中南报》1946 年 7 月 15 日,第 4 版。《典当业》,天津市政府,1947 年,天津市档案馆,档号:J0002 - 3 - 002304。
[2] 潘敏德:《中国近代典当业之研究(1644—1937)》,《台湾师范大学历史研究所专刊》总第 13 期,第 148~149 页。
[3] 常梦渠、钱椿涛主编:《近代中国典当业》,北京:中国文史出版社,1995 年,第 28 页。
[4] 罗炳锦:《近代中国典当业的分布趋势和同业组织》(下),《食货月刊》复刊第 8 卷第 3 期,1978 年 6 月,第 156 页。
[5] 《市府为前警政会议案提出保安类营业取缔法规由局拟定典当业八种规则等训令》,天津市政府,1944 年,天津市档案馆,档号:J0218 - 3 - 006135。文载:"以往本市代押当混为一谈,押当局早在取缔之例,是否仍列入,似应另定专则。"
[6] 王子寿:《天津典当业四十年的回忆》,《文史资料选辑》第 53 辑,北京:文史资料出版社,1964 年,第 43 页。
[7] 《解除贫民疾苦——社会局规定取缔代当办法》,天津《大公报》1930 年 8 月 1 日,第 2 张第 7 版。
[8] 王子寿:《天津典当业四十年的回忆》,《文史资料选辑》第 53 辑,北京:文史资料出版社,1964 年,第 43 页。
[9] 许树华:《解放前天津的典当业》,《天津文史资料选辑》总第 77 辑,天津:天津人民出版社,1998 年,第 96 页。

民国时期需要另向社会局及市党部备案,方可开市营业。如果是在租界开设,只须取得保证,加入商会,得工务局许可即可开办。①

建立当铺首先需要集资。当铺的资本分为两部分,一部分为建筑当铺等所需之固定投资,一部分为日常营业的架本。固定投资的部分为当铺的股东自己先期筹备,有合资和独资等形式,数额在4万到10万之间。架本也就是流动资本,最多有几十万的。②

当铺的选址非常重要,在华界需要经过典当业公会的同意。应注意吸收当户的范围,拣适中的处所,使较远的当户亦可随脚奔来。更须以距原设之其他同业不过近为原则,免至互受胁滞,造成两家竞争的局势。一般来说典当业每50~200平方千米内开设一个较为合理,可以避免同业的恶性竞争。③ 采妥了地址,或购置或租赁,然后兴工建造出通风的库房,立起秩序井然的货架,便基本可以营业了。此外另有一些要点。"柜房为营业之所,其重宽畅,以求做事便利;饰库为储藏要物之处,务须缜密,藉保存固严;寝室、食堂,事属劳方所得待遇之享受,万勿太形简陋;厨房厕所,更关公卫生,都讲求清洁。"④

当帖是清代以来对典当业管理的方式,清代当帖也称为"龙票",是典当业合法营业的标志。⑤ 民国时向财政厅呈请,领得准许营业之当帖,便可竖起金字匾额,挂起布卷幌招,开始营业。租界则只须取得保证,加入团体,得工部局许可,即可开办。⑥ 领当帖的时候需要纳税,一般按照资本等分成不同的等级。清代康熙三年(1664年)负担为每年纳银5两、4两、3两、2.5两不等。雍正六年(1728年)领龙票,年纳银甚少。光绪二十六年(1900年),每年增为50两。1915年改当贴,10年为期更换,贴费分为四等:300元、250元、200元、150元。年纳税:250元、200元、150元、100元。铺捐分三等:40元、30元、22元。特别区铺捐:头等60.3元,二等30.2元,三等15.1元。⑦ 民国时期财政部还规定当票要贴印花税,当价在10元以上的一律2分,不满10元的一律1分。⑧

---

① 吴石城:《天津典当业之研究》,《银行周报》第19卷第36号,1935年9月17日,第13页。
② 张中儁:《天津典当业》,万里书店,1935年,第14页。
③ 潘敏德:《中国近代典当业之研究(1644—1937)》,《台湾师范大学历史研究所专刊》总第13期,第234页。
④ 张中儁:《天津典当业》,万里书店,1935年,第14页。
⑤ 张中儁:《天津典当业》序,万里书店,1935年,第1页。
⑥ 张中儁:《天津典当业》,万里书店,1935年,第15页。
⑦ 陈静竹:《天津之典当业》,天津《益世报》1936年5月24日,增刊(五)。
⑧ 许树华:《解放前天津的典当业》,《天津文史资料选辑》总第77辑,天津:天津人民出版社,1998年。

从当时全国当业内部的管理模式看,典当业的内部组织可以依据地域分为山西模式和徽州模式,因为全国经营当业者以山西、徽州人为主。山西模式与徽州模式总体上相似,但是山西模式不如徽州模式管理严密。①天津当铺是采用山西模式的。②

天津典当业一般在开业之初由劳资双方订立合同。资方开列出资若干,定为若干股;劳方自经理及以下主要职员定人股若干,获利时按股分之;③其次即为雇员,由经理视才学按职级分定薪金。④

当铺内部有自己较为严格的职业道德规范,如禁止投机放债、浮借赊欠、为人作保、嫖赌吸毒等。⑤ 但是随着时代的变迁,典当业对铺伙的要求和规范也日益松弛。1927 年后,典当业内部之旧有职业规范早已破坏殆尽,职员解雇有巨额的解雇费,经理不敢严格管理。⑥

天津典当业招揽的经理和铺伙,除来自北京的"四大顺"以外,多为山西人。山西人一直是天津典当业经理和铺伙的主体。⑦ 任经理者百分之八十为山西人,其余为北平与本地人。⑧ 据 1940 年同业公会的统计资料,天津当铺职工人数(不含经理、副经理)最多的有 38 人,最少的只有 8 人。投资人属于山西籍者达 32 家之多,其次为河北省籍 6 家、天津籍 5 家和北平籍 1 家。这 44 家的职员,上自经理下至学徒几乎全为山西人。⑨

典当铺内部股东、经理和雇员的关系也随着时代的变迁有了巨大的变化。在民国之前,当铺中成员关系还是传统的东伙关系,他们之间往往互相依赖信任,为主仆式的关系。⑩ 到了民国时期,因为社会大环境的变化,典当业的职工待遇较从前有了比较大的变化。当时铺伙对铺内的薪水、工作条件都有所不满,对铺东和经理及铺内的升迁规则也有许多怨言。铺伙与铺东相依为命、互相信赖的关系已经不复存在了。⑪

---

① 潘敏德:《中国近代典当业之研究(1644—1937)》,《台湾师范大学历史研究所专刊》总第 13 期,第 142 页。
② 刘秋根:《中国典当制度史》,上海:上海古籍出版社,1995 年,第 76~80 页。
③ 《当铺善恶之分》,天津《益世报》1919 年 3 月 24 日,第 2 张第 6 版。
④ 张中龠:《天津典当业》,万里书店,1935 年,第 46 页。
⑤ 潘敏德:《中国近代典当业之研究(1644—1937)》,《台湾师范大学历史研究所专刊》总第 13 期,第 142~146 页。
⑥ 宓公干:《典当论》,上海:商务印书馆,1936 年,第 302 页。
⑦ 《典当业公会》,天津市典当业公会,1946 年,天津市档案馆,档号:J0025-2-002474。
⑧ 吴石城:《天津典当业之研究》,《银行周报》第 19 卷第 36 号,1935 年 9 月 17 日,第 13 页。
⑨ 许树华:《解放前天津的典当业》,《天津文史资料选辑》总第 77 辑,天津:天津人民出版社,1998 年,第 95~96 页。
⑩ 《天津商会档案汇编(1903—1911)》(上),天津:天津人民出版社,1989 年,第 717~718 页。
⑪ 张中龠:《天津典当业》,万里书店,1935 年,第 9~13 页。

当铺与普通商店不同,如欲收歇不能立即关门结束,只能止当候取,等到18个月当期终满后,方可停止营业。其间营业开支固定费用,虽已止当,但不能大减,损失很大。所以当铺歇业想要逃避损失,大多采取推盘倒的办法,即兑价率为架本加计利息外,给伙友包钱当本百分之二,订立正式契约,即可由新业主依法呈报营业。①

第二节　近代天津典当业营业方式

典当业的营业程序各地不一,大致有收当、赎当、看货费(在买卖当票时看货的收费)、存箱费等。留当品的处理时间,各地不一。此外还有赔偿的情况发生。② 近代天津典当业营业方式的一些关键环节如下:

1. **当户**:当户的变迁体现了近代天津社会经济变化的一个侧面。③ 当户求当大体上是为了个人消费方面的借贷融通,也有一些小商人是为求得临时资金。④ 天津开埠后,城区人口增加很快,消费增多,加之洋货大量倾销,致使小生产者破产、劳动人民贫困,不得不依靠借贷维持生产和生活,从而促进了典当业的发展。城区当户多是劳动人民,包括小生产者、贫民、脚行、洋车夫、小贩和郊区农民;租界当户,除劳动人民之外,还有些没落的官宦人家。赌徒、小偷和扒手也是当铺欢迎的顾客。日租界当铺的当户中,妓院老板和妓女竟占当户总数的30%左右。⑤

2. **当物**:当物可分为动产与不动产。随着时代的变迁,当物也不断变化。30年代以后,典当业所收抵押品率多衣饰等轻便动产,⑥不动产近代已不多见。衣服最多,其中又分为棉、毛、麻、丝织品及毛皮五种;珠宝、首

---

① 吴石城:《天津典当业之研究》,《银行周报》第19卷第36号,1935年9月17日,第14页~15页。

② 潘敏德:《中国近代典当业之研究(1644—1937)》,《台湾师范大学历史研究所专刊》总第13期,第142~146页。

③ 吴石城:《天津典当业之研究》,《银行周报》第19卷第36号,1935年9月17日,第11~12页。

④ 侯振彤译:《二十世纪初的天津概况》,天津市地方史志编修委员会总编辑室编:《天津史志丛刊》(一),1986年,第217页。

⑤ 天津市地方志编修委员会编著:《天津通志·金融志》,天津:天津社会科学院出版社,1995年,第276页。

⑥ 吴石城:《天津典当业之研究》,《银行周报》第19卷第36号,1935年9月17日,第11~12页。

饰其次;钟表器皿、字画等物由于出估困难,当商不大愿意收,且曾拒收。①当物具体可分为三大类、九小类:

表7-1 典物分类表

细软	粗硬	其他
衣服类	家具类	古玩类
首饰类	器皿类	机件类
被帐类	农具类	农产类

资料来源:吴石城:《天津典当业之研究》,《银行周报》第19卷第36号,1935年9月17日,第15页。

3. 营业时间:天津当铺的营业时间,一般时期,长为早6时至晚8时,短为早8时至晚7时;②但是在动乱或者特殊时期也有所变化。如七七事变后,改为每日营业最多以3小时为限,由上午10时起至下午1时止,以资保护。③ 天津典当业有年终减息的习俗。每到旧历年终,一般要减息半个月,灾荒之年要减息一个月。减息一般为5厘。每到年终,正是人们需要结账还债的时候,所以典当业在此时期往往很晚关门,往往除夕深夜时分依然熙熙攘攘。④ 小押当的营业时间往往较当铺长,一般每天营业9~14个小时。⑤

4. 估价:明清以后值十当五之制形成。⑥ 一般来说,原则是:价高者折扣小;保管便利者折扣小;无死当、期短者折扣小;满当后好处置的折扣小。各地当物估价自六成到三四成不等。赔偿多在值十当五赔五,但因当物不同而不同。⑦ 天津的当价以八折之下为最宜。不同的当物有不同的标准,金银饰物等以分量为标准,衣服则当以现市销售估衣价格评物值,其他钟表、器皿的当价更在原购价四成之下。⑧ 一般情况下,衣服类当价为估价标准的六七折;珠宝首饰的当价为估价标准的七八折。当物估价以当物买卖为标准,当物原价与买卖价格之差异除营业费用、市场变动、折旧外,还

---

① 吴石城:《天津典当业之研究》,《银行周报》第19卷第36号,1935年9月17日,第15页。
② 陈静竹:《天津之典当业》,天津《益世报》1936年5月24日,增刊(五)。
③ 《天津商会档案汇编(1937—1945)》,天津:天津人民出版社,1997年,第318页。
④ 张中俞:《天津典当业》,万里书店,1935年,第37页。
⑤ 《关于代当局之调查取缔等市署局训令所属呈报办理情形等件》,日伪天津市警察局,1941年,天津市档案馆,档号:J0218-3-005224。
⑥ 刘秋根:《中国典当制度史》,上海:上海古籍出版社,1995年,第155页。
⑦ 陆国香:《中国之典当》(四),《银行周报》第20卷第6号,1936年2月18日,第22页。
⑧ 张中俞:《天津典当业》,万里书店,1935年,第28页。

要考虑利息损失和伪造损失等。① 此外,异地和同业竞争也导致折价高低不同。② 比如,在20世纪30年代的天津,因为典当业竞争激烈,竟往往有典当者挟着包袱跑遍全市,非给高价不成交。③

天津各当铺有各自的暗语,这是当铺压低当价的一种惯用的手段,以维持当铺对当价的垄断。暗语往往是代替数字的隐语,如"道子"是一,"眼镜"是二,"炉腿"是三,"叉子"是四,"一挞"是五,"羊角"是六,"镊子"是七,"扒"是八,"钩子"是九,"拳头"是十。如果当户嫌价低,拿着当品要走,坐柜、站柜必要过来打圆场。④ 按当商行规,甲当给价后,如当物者认为评价过低,转向乙当抵借,以甲当预于当物上作有暗记,乙当给价最高不能超出原当出价,这是天津当行中的一般规矩。⑤

5. **收当**:司柜与当物者商妥当价后,将当物从柜台上取下,照当物一件件记录总数和当价,按次向司账人报明。由司账人写好当票,记上底账,同时司柜人更须将备好之纸号条上(有用竹签者)签写种类、件数及当价,揭下来一并同当物交诸收号人。⑥ 号签是三寸多长、一寸多宽的毛头纸条。一个号签要分三部分:下半段的字体较大,写出与原当票相符合的号码,谓之"大号",露在包裹外面;左上角的小号码,放入包袱皮内;右上角的小号码放在衣服里。外面大号如果失落,里面的两个小号可资查对。⑦ 收号人先点对了件数,再用纸包好,将号条用针穿钉了,然后搁入临时存放抽屉里。收存衣物第一要点即为辨别质料,除破旧糟烂之衣物可予卷收外,其余皆折叠。如皮毛、哔叽、呢、绒及其他易让虫驻的,须加入樟脑,以防损毁。一号号包裹好了,除预将"肚号"收入包内,再将号条用针钉于前端。分清箱、盒、打包、长卷、条包以及正号各项类别,然后排列开号码次序。铜锡器本行中俗呼为"下架",因其在号库房之存在地在号架之下,就地沿次排列。收"下架"的手续,乃先将号条用细绳系于上端,再将器物用墨笔逐件批明号码。如钟、表、字画、瓷器等类,多数当铺皆以保存困难而拒之不收。当号经过多番手续,逐号卷包,由练习生依次朗声高唱,司账者同时逐

---

① 陆国香:《中国之典当》(四),《银行周报》第20卷第6号,1936年2月18日,第22页。
② 刘秋根:《中国典当制度史》,上海:上海古籍出版社,1995年,第156页。
③ 张中龢:《天津典当业》,万里书店,1935年,第27页。
④ 王子寿:《天津典当业四十年的回忆》,《文史资料选辑》第53辑,北京:文史资料出版社,1964年,第44页。
⑤ 吴石城:《天津典当业之研究》,《银行周报》第19卷第36号,1935年9月17日,第15页。
⑥ 张中龢:《天津典当业》,万里书店,1935年,第31页。
⑦ 王子寿:《天津典当业四十年的回忆》,《文史资料选辑》第53辑,北京:文史资料出版社,1964年,第44页。

号封清,记以"收"印,然后分类送入库房去。① 当铺对当物的保管制度非常严格,春冬两季,各需盘点清查一次,如为毛呢衣服,需于春秋雨季曝抖一次。② 由经理委一负责者充任印长,其下分下号、上号、补号、念号四部,分任干事,须将全部架号依次清点,才能算交代完事。皮毛呢质号件,收号时即标明品类,在库号房也是单独存放。③

当铺收当也常常会遭遇欺诈。如天津西头双庙街协合当,在1935年的一天下午,有一个中年妇女,手持手镯、耳坠各一副,戒指两个求当。她声称是赤金,要典卖洋钱若干。该当店员接过查视,见手镯等物式样异常精巧,上并刻有某大金店字样,但是质量异常轻飘,于是心怀疑忌,仔细一看,发觉该手镯及戒指竟是铜镀金,耳坠则是包金。④

6. 当票:当票是赎当的凭证,既为双方之契约,又可作为有价证券。⑤当票多由当铺自行印制以防伪造,多不记当人姓名,认票不认人,字体自成一家,"斯种文字实为典当商鉴于书写敏捷作伪不易之用意","现行写法,来自草文正规十七帖,练习生除练习珠算外还要习'当字谱',认写字次序为:一钱数,二颜色,三质料,四残点,五物类品名,六单件写法,七联书法。"⑥写当票时,多记当物的缺点,无论所当物品新旧,一律冠以"破旧"字样。⑦

一般情况下,如果当票遗失,便失却了取赎的权利,因为当票上印有"认票不认人"的字样。但只要在当票遗失后短时内即前往当铺声请,则仍可有转机。这时,当户除办理手续中烦觅铺保具单盖章负责外,还需作书面声请。典方在接收声请文之后,除在盘点架价及其他号账不能随时动用之时外,即当给其查找,以免被他人执票赎去。⑧

7. 利息和期限:近代天津典当利息和期限的演变较大,清末至抗战时期一直在2分至3分之间,后因通胀,利息高达10分以上,甚至达到20分左右。

---

① 张中龠:《天津典当业》,万里书店,1935年,第31页。
② 吴石城:《天津典当业之研究》,《银行周报》第19卷第36号,1935年9月17日,第15页。
③ 张中龠:《天津典当业》,万里书店,1935年,第33页。
④ 《一妇人以伪制首饰向当铺质钱为识出后送官》,天津《益世报》1935年4月13日,第2张第5版。
⑤ 陆国香:《中国之典当》(五),《银行周报》第20卷第8号,1936年3月3日,第25~27页。
⑥ 张中龠:《天津典当业》,万里书店,1935年,第67—68页。
⑦ 王子寿:《天津典当业四十年的回忆》,《文史资料选辑》第53辑,北京:文史资料出版社,1964年,第43页。
⑧ 张中龠:《天津典当业》,万里书店,1935年,第20页。

表 7-2 近代天津当息演变表

时间	当息
清光绪年间	当息普通 2 分,高者 3 分,冬令减息 1 个月。当期 24 个月,可延至 30 个月
1904 年	当息一度增至 3 分
1909 年	当息 2 分 5 厘,灾重之年提前半个月减息
1931 年	当息 2 分 5 厘,当期 24 个月(具体为:当息月利 2 分,冬令减息 1 分 8 厘,外加栈租 3 厘。除第一个月外,不过 5 日者免利,过 5 日者按整月计息,当期限为 18 个月。如当物者请求,也可将利作本,重新起利,留当 1 个月)
1933 年	天津市当息为 2 分 3 厘,天津县当息为 2 分 5 厘
1944 年	当息 4 分,当期 18 个月
1945 年	增加手续费 5 分。抗战胜利后,当息一度定为 10 分,当期 10 个月
1946 年	当息为月利 14 分,手续费 1 成,当期 3 个月
1947 年	8 月,当息 16 分,栈租 2 分,取消手续费用,当期 3 个月。10 月,月息 20 分,栈租费 4 分,当期 3 个月,手续费取消
1948 年	4 月,当息 22 分,栈租 8 分,当期 3 个月

资料来源:李金铮、冯剑:《在国家、社会和当铺之间:近代天津当息的博弈史》,《中国经济史研究》2011 年第 2 期。

8. 赎当:司柜者接收了当票,先按月计算息钱,本利收清后,在当票左端签署个人手字,便发下去由查号者查取;查号为学徒们的工作,查觅既得,便将当票折叠下端,掖于号腰绳捆上,使司柜者所签之手字明显于外,然后取出置于取票原地。司柜对准号码,将号包上所钉号条解下,与当票之号码相对无讹,再连同所收之钱,一并交割。过手人将号码及本利银清收无讹,然后才将衣物清点件数,交付给当主。① 典当业受银钱通货变化的影响极大,典当业从中赚取大量的利润也受到巨大的损失。但是政府基本的政策是以何种货币收当,便以何种货币赎取。②

9. 留当、顶当和抽当:留当就是存留当物,可以交一部分资金;用别的东西换正在当中的当物叫顶当;如新顶当的当物价值低,可付给一部分差

---

① 张中俞:《天津典当业》,万里书店,1935 年,第 35 页。
② 刘秋根:《中国典当制度史》,上海:上海古籍出版社,1995 年,第 162 页。

额,叫抽当。①

10. 死当:按照当铺规定,当物到期不赎也不转期,就任由当铺变卖充当本及当息,这种原当物即称为"死当物品"或"满货"。不取赎原因有:死亡;无力取赎;放弃当物;取赎不合算;迁移;当票遗失;当物被忘却。另外,津俗死亡婴儿之一切衣服被褥等皆须送入当铺以免生母碍目心痛。②

11. 死当的处理:死当当物多由当铺售卖以弥补损失。当物被各地满货发售时间不一,有每月一次或一年两次的。发售方式也不同,一种是自行设庄零售,一种是包商趸卖。前者多在繁盛之地,如杭州;后者是整票售出或由中保人介绍立约,中间人有一定的佣费。③ 死当的多少是社会经济兴衰的指标,也是典当业盛衰的关键。社会经济繁荣则死当少,反之则多。死当占百分之十则当业无法承受,若死当出手得利少则有倒闭的危险。④ 死当出售的为"正货",留在手里的为"陈留",还有的让自己的店员先选购。⑤ 早年时例于二、八月查出售卖,后改作每月月底清查一次,死当号件按月售出。售卖方法或按包点原字依号批售,或拆包零售,按件计值,皆经买卖双方同意后行之。如为衣服多由衣商收买,大估衣商以估衣街与北马路为集中地点,小估衣商则散集北开、三不管、谦德庄等地。如为金银首饰珠宝玉器,则多由聘集北门内之金珠店、日法租界之古玩商与侯家后宝和轩茶馆之古董商等按件计值,零整收买。⑥

12. 损害赔偿:当铺因为各种原因如兵灾匪患、盗窃诈骗(如伪骗、讹诈、监守自盗、他盗)、风火之灾等导致当物损坏,大多应赔偿。损害分全部损害和部分损害,又分为可避免损害和不可避免损害。不可避免的如战争和自然灾害等导致的损害一般不赔,如动乱时期当铺被抢往往声请免赔。⑦ 可避免的损害各地赔偿不同,一般除本息后半数赔偿。近代各地当铺上保险的不多,⑧天津的当铺后来大多上了火险。因为管理不善导致的损害要赔偿。近代有以出款为基准加倍赔偿的惯例,近代的法律对不同的情况如盗窃和失火等也分别有不同的规定。⑨

---

① 常梦渠、钱椿涛主编:《近代中国典当业》,北京:中国文史出版社,1995年,第35页。
② 张中龠:《天津典当业》,万里书店,1935年,第85~90页。
③ 陆国香:《中国之典当》(六),《银行周报》第20卷第9号,1936年3月10日,第29~30页。
④ 陆国香:《中国之典当》(六),《银行周报》第20卷第9号,1936年3月10日,第29~30页。
⑤ 常梦渠、钱椿涛主编:《近代中国典当业》,北京:中国文史出版社,1995年,第36页。
⑥ 吴石城:《天津典当业之研究》,《银行周报》第19卷第36号,1935年9月17日,第15页。
⑦ 《被抢典商声请免陪》,天津《益世报》1922年9月5日,第3张第11版。
⑧ 陆国香:《中国之典当》(四),《银行周报》第20卷第6号,1936年2月18日,第19~23页。
⑨ 刘秋根:《中国典当制度史》,上海:上海古籍出版社,1995年,第206页。

第三节　近代天津典当业借贷资本

与其他行业相比,被称为"穷人后门"的典当业也成为了获利最为稳妥的行业之一,因此吸引了富有阶层的大量资金。当铺也成为下层人群时常光顾的地方。

天津民间有顺口溜云:"稳是当铺利久长。"①在近代天津,当铺与盐业、粮食等成为近代天津城市中的重要产业,其利润在各行业中位居前茅。当铺的社会地位也因此受到了重视,在清代"当铺的门口,都会挂一块'裕国便民'的招牌"。当铺对国家的财政有着一定的贡献,"别的买卖很少给政府纳税,就是当铺每年纳税,政府也依靠这项税款,把这项税款列为主要收入之一",故此"当铺的掌柜都有顶戴,出门坐轿,衙门口推门就进,打起官司来,不论原告被告,当铺里的人一概不准逮捕"。②民国时期,经济环境的变迁使当铺在社会经济生活中的地位没有清代时那么高,政府对当铺的管理也有所变化,但当铺在社会经济中尤其是普通百姓的日常生活中依然具有不可或缺的作用。

一、天津典当业固定资本变迁

近代天津典当业的资本在全国主要大城市的典当业中名列前茅。近代天津当铺的资本系统也经历了巨大变化,成为时代变迁的缩影。清末,当铺的资本多数与天津本地的豪绅如著名的"天津八大家"有关系。他们是天津典当业早期最为重要的投资者。"天津八大家"之中的长源杨家开设的当铺有30多家,长源杨家在"天津八大家"中占第一位,是天津典当业中的巨头。1900年,天津城区的当铺被八国联军的士兵烧抢,其中有15家是杨家的。1912年的壬子兵变,被抢劫的当铺中有14家是杨家的。从此,杨家当铺的地位开始衰微。民国以后,杨家的当铺计有中昌、中祥、中通、协合等号,分布在华界五大警区,后来又在法租界组织裕中当和同吉当总

---

①（清）张焘撰,丁绵孙、王黎雅点校:《津门杂记》,来新夏主编:《天津风土丛书》,天津:天津古籍出版社,1986年,第102页。

②《漫画典当》,《天津市》第4卷第2期,天津市政府秘书处编译出版,1947年8月30日,第10页。

分号。杨家经营当业的特点是,东家资力雄厚,一贯采取"闭关自守"政策,从不向外借款,也不贷款与其他同业。其余属于"八大家"之内的,还有黄、石、刘、穆。振德店黄家在城区有德恒、德源两号,德庆当则设在独流镇。杨柳青石家在庚子以前,在天津有当铺约四五家,后来仅有万顺当设在杨柳青。土城刘家有义太当设在南马路。穆家有裕兴当设在西头大伙巷少数民族聚居之处。

此外,天津典当业也有外来大户的投资。如北京刘家的大顺、元顺在日租界,恒顺在法租界,和顺在城隍庙街,此即时人所称的天津当行中的"四大顺",与在北京经营当铺的"八大恒"齐名。"四顺八恒",原为清末内务府明索家开设的当铺。明索家经营当业,用刘禹臣为总管,后又用其子刘贡楠。民国后,旗人势力衰落,明索家的当铺遂辗转落到刘贡楠手中。①

经理典当的外地商人,主要是晋商,他们在清代也一度是典当业的投资人。当业人士张皇回忆,"说到资财方面,当见许多报章及其他刊物上每提到当铺便说'多数为晋商所开设'","其实在目下十九皆为此间巨商富室之资本。说到山西人不过代理经营,藉得区微劳动之报酬也。但在过去,庚子之前,则晋商出资经营者确在十处之上(如广盛、益盛、兴盛、文盛、天裕、义丰、长庆、日升、广昌以及天赐、广成等合资者)。至今所谓之晋帮,多为依人作嫁,根本投资而经营者则寥若晨星"。② 可见在近代前期,典当业有些资本来自经营典当业的山西帮自身。庚子后,只有广昌以及天赐两个当铺还在,显见山西帮在天津当业的地位在衰落,其原因多为战乱。

天津周边乡村的大地主也是近代早期典当业资本的重要来源。如河北省各县大地主在天津经营当业,著名的计有:肃宁县王萼怀,在日租界接办江苏人左子荣经营的恒裕当;乐亭县刘家,在特二区经营福祥当;胜芳镇蔡家,在河东粮店街经营天聚当;献县仝家,在南市经营福顺当。鲁东侯也是献县人,先在日租界开设聚丰当,继在日、英两租界扩充聚丰东号和聚丰南号,又在英租界成立东兴当和信丰当。鲁家经营当业,别具风格,对限满应作处理的架货,不走一般当商打当的路子,而在日租界四面钟东聚丰当旁组织一个售货部,把他所有五个当铺应作处理的衣物集中变卖。另一方面鲁家又在法租界天祥市场后开设鲁丰金店,收购珠宝玉石。这样,鲁家自己掌握当铺、估衣铺、金店三种互相为用的店铺。鲁家当铺的一切处理品绝不会落到旁人手中,而是自己控制着全部利润。另外,献县的一个特

---

① 王子寿:《天津典当业四十年的回忆》,《文史资料选辑》第53辑,北京:文史资料出版社,1964年,第47页。

② 张中龠:《天津典当业》,万里书店,1935年,第6页。

殊人物袁春帆,原是清末内廷太监,曾充慈禧太后御用轿夫总管,他在原籍拥有大量土地,曾在天津英租界(现在贵阳路)开设瑞和当。上述献县仝家的福顺当,也是与袁春帆合营的。①

当铺还有早期银行的部分功能,可以储蓄和发行货币等。在近代银行业出现之前,官方以及民间商业和慈善机构的资金大量储存在当铺中生息。天津的当铺与银号、票号以及后来的银行有着广泛的资金往来,为其发展提供了充足的资金。近代天津的当铺多为晋商开设,与山西的票号有着天然的联系。当铺内部的严密管理以及对外所积累的声誉也为其获得资金提供了有利条件。当铺与票号通过信息的重复博弈,形成信任关系,得到长期稳定的巨额投资。②

抗战前,1912年到1930年是天津典当业最发达的时期。③ 这个时期,一些军阀和政客在天津做寓公,把自己积攒的资本投入收入稳妥的典当业,"有好多当铺由'八大家'手里逐渐转入了军阀的手里,如曹锟、吴佩孚、陈光远等,都曾有过好多当铺"④。曹锟的当铺最多,先后共有7家。曹锟死后,其女曹成贞又在河东十字街成立永聚当。其次是江西督军陈光远,共开设4家。此时,天津当业的资本以租界最为雄厚,华界当业日趋衰落。1916年长江巡阅使张勋以10万元接班了公裕当,交他的老朋友马桐岗接办公裕当,改称松寿当。后来又设一分号,地址均在法租界。袁乃宽在北洋时期历任要职,曾在日租界开设裕丰当,后来又扩充一个分号。1935裕丰当遭火灾,被曾任国务总理的靳云鹏接办。曾任陆军总长的陆锦,于曹锟死后,接办万成当。高新樵系江苏督军李纯家管事,在法租界经营馥成当。此外,张作霖人大元帅时代的国务总理潘复,与当时的财政总长严廷瑞,合股在法租界经营天庆当总分号两处,由潘复的侄子潘海岑任总经理。潘、严原计划要开10个当铺,从而组织当业银行,因政局变换,未能实现。其他如吉林督军孟恩远,在葛沽经营庆昌当;黑龙江督军鲍贵卿,在英租界开设金华当;西北军军长高桂滋,在日租界开设德懋当;国民二军军长郑思成,在法租界开设义和当总号,又在河北大街设立分号。曾任津道海尹,以经营房产致富的胡贞甫,经营了两座当铺;安徽财阀王郅隆,曾

---

① 王子寿:《天津典当业四十年的回忆》,《文史资料选辑》第53辑,北京:文史资料出版社,1964年,第48~49页。
② 刘建生等:《山西典商研究》,太原:山西经济出版社,2007年,第267~269页。
③ 顾传济:《典当业的组织管理和业务经营》,常梦渠、钱椿涛主编:《近代中国典当业》,北京:中国文史出版社,1995年,第29~30页。
④ 《漫画典当》,《天津市》第4卷第2期,天津市政府秘书处编译出版,1947年8月30日,第10页。

经营裕昌当等当铺。①

抗战后天津典当业的"资本系统又有了新的变迁,目前市面上的当铺有不少是旧的字号,但东家与从业人多不是原来的了。据说,不但属于'八大家'的不多了,就是属于军阀的也寥寥无几了。不过,现在这个资本系统是属于哪一方面的,可就没有从前那样容易知道了"②。战后,当铺的经营资本唯有依靠政府和银行的借贷才能解决,走向了行业的衰败期。

二、近代天津典当业流动资本变迁

天津典当业借贷资本称为"架本",也就是流动资本。清末至民国初年,天津典当业的流动资本主要来自以下几个方面:

第一个重要来源是公款的发典生息。发典生息制度是在清代雍正皇帝时期创设的,一直到30年代依然存在。发典生息制度是清代典当业的一个重要的制度,对典当业的发展起到极为重要的作用,一方面对典当业的发展起到了资金支持的作用,一方面提高了典当业的社会地位,使之披上了官典的浓厚色彩。③ 官方借用典当业生息以办学和救济社会,这些善事无疑更加强了典当业"便国裕民"的名声。

天津在民国前以发典生息或以公款生息银两创办的书院有辅仁书院④、会文书院⑤、稽古书院⑥等。各种善会也有发典生息的,"敬惜字纸:……各有生息捐项,以备公用"⑦。天津的"敬惜字纸社,曰崇文、曰广善、曰德文、曰拾遗。每社……有捐项生息充公"。"采访局:天津绅士援照苏州府新定章程,设立采访合郡七州县忠、孝、节、义总局。……所有经费,前津海道黎捐款生息支应。""备济社:津郡设立备济社,筹集公

---

① 天津市地方志编修委员会编著:《天津通志·金融志》,天津:天津社会科学院出版社,1995年,第85页。王子寿:《天津典当业四十年的回忆》,《文史资料选辑》第53辑,北京:文史资料出版社,1964年,第50页。

② 潘敏德:《中国近代典当业之研究(1644—1937)》,《台湾师范大学历史研究所专刊》总第13期,第63页。但是从天津典当业的档案中可见,官款生息一直到30年代依然存在。

③ 罗炳锦:《清代以来典当业的管制及其衰落》(上),《食货月刊》复刊第7卷第5期,1977年8月,第217页。

④ 《续天津县志》卷四,天津市地方志编修委员会:《天津通志·旧志点校卷》(中),天津:南开大学出版社,第294页。

⑤ (清)张焘撰,丁绵孙、王黎雅点校:《津门杂记》,来新夏主编:《天津风土丛书》,天津:天津古籍出版社,1986年,第8页。

⑥ (清)徐士銮著,张守谦点校:《敬乡笔述》,来新夏主编:《天津风土丛书》,天津:天津古籍出版社,1986年,第140页。

⑦ 佚名撰,罗澍伟点校:《天津事迹纪闻见录》,天津:天津古籍出版社,第9页。

捐。……捐款法典生息,本银不动。所得息银按以三成济贫,七成备荒。""广仁堂:堂系南中善士捐资设立。"①育婴堂"创立,宫保通商大臣崇公(厚),运使恒公(庆),天津道周公(家勋)俱捐廉以助善举,拨上年捐赈项下余银五千两,发典生息"。② 济急会:"邑人李明远等创立泽于社,道光十九年,天津知府恒公(春)捐钱一千缗,交芦商王联品发典生息,以助义举。"③"增生朱维翰等创立恤嫠会,至今举行……商之邑绅,提交当行生息。"④

晚清时,天津地方凡管理学堂基金、慈善团体善款以及公用事业专款,都有官家指定,发交当行公所,转发各当商存储生息。如天津府中学堂(即铃铛阁中学)、八善堂、河工机关,都向当商存款,尤以八善堂为最多。存款利息,不过周息3厘至5厘,而当商在运营中,将之用作架本,一转移间,即可以换取余息3分的利润。⑤

天津当商领公款的方式为当行公所领回后,分别交到当时的23家会员手中,⑥"分领分还,无连带之关系"⑦。1908年后,典当业得到官方的生息款,"每新开一典,即按号均分一次"⑧。庚子后,天津典当业遭到了巨大的损失。壬子之乱损失也非常巨大,当时要求当业赔偿生息的公款,因为公款的领状为"津邑当商共同负责之契约"⑨。

清代官府发典生息的"官款种类甚多"⑩,天津典当业生息款种类及数量、利息,可以从壬子后当业所受损失的情况中窥得一斑。壬子之乱,天津

---

① (清)张焘撰,丁绵孙、王黎雅点校:《津门杂记》,来新夏主编:《天津风土丛书》,天津:天津古籍出版社,1986年,第50~56页。
② 《续天津县志》卷三,天津市地方志编修委员会:《天津通志·旧志点校卷》(中),天津:南开大学出版社,第291页。
③ 《续天津县志》卷八,天津市地方志编修委员会:《天津通志·旧志点校卷》(中),天津:南开大学出版社,第321页。
④ 《续天津县志》卷八,天津市地方志编修委员会:《天津通志·旧志点校卷》(中),天津:南开大学出版社,第321页。
⑤ 王子寿:《天津典当业四十年的回忆》,《文史资料选辑》第53辑,北京:文史资料出版社,1964年,第45页。
⑥ 这23家为:中盛当、中兴当、德恒当、隆庆当、隆吉当、万兴当、裕兴当、聚和当、协成当、益和当、源和当、协成当、中太当、同和当、万顺当、源庆当、天聚当、中和当、天赐当、德合当、广昌当、中通当、源成当。参见《天津商会档案汇编(1912—1928)》(3),天津:天津人民出版社,1992年,第1577页。
⑦ 《天津商会档案汇编(1912—1928)》(3),天津:天津人民出版社,1992年,第1578页。
⑧ 《民国二十八年典当业公度堂禀稿底》,天津市典当业同业公会,1939年,天津市档案馆,档号:J0129-2-004313。
⑨ 《天津商会档案汇编(1912—1928)》(3),天津:天津人民出版社,1992年,第1577页。
⑩ 《民国二十八年典当业公度堂禀稿底》,天津市典当业同业公会,1939年,天津市档案馆,档号:J0129-2-004313。

典商损失13座半当铺，"职道衙门经管育黎堂并宣惠河及各书院以及堡船经费各项，发典生息成本银钱均存天津县当商公庆堂，分款各立息折按时持取支用，历办在案……共计银43195.2287两，津钱28454文"①。还有当行公所，于光绪三十一年（1904年）九月初十日，公领藩库原发练饷局改归天津中学堂生息本银计库平化宝银11250两，常年8厘生息；又于光绪三十二年九月十六日以22典公领府宪续发志书局改归天津中学堂生息本银计公化银12923.25两，按月付息银103.86两。②此外，还有劝学所的息银自清光绪三十二年存洋1800元，月息8厘。③另有一些比较特殊名目的经费也存入典当铺，"津邑当商承领东陵捕虫经费生息银两原计31典……16典共应缴息银203.7677两"④。

天津典当铺资本的另一个来源是寺院。当时天津城市中有大量的佛教寺院存在，寺院中有大量的款项放到典当铺中生息。1909年，天津的历坛寺在典当铺中存在各种款项，要求偿还，计"兹查现开22典，分存本银五百两，钱五百吊，自（光绪）二十八年月起至三十四年十月止，按照新章八厘核算，共计六年息银二百四十两，息钱二百九十六吊"。⑤

个人投资及堂名投资和存款是典当业资本的又一个重要来源。其中也有部分投资实际上是来自官府，因为清末政府严禁官吏经商、与民争利，所以有的官员以个人和堂名存款的形式将官款存入典当以谋利，"把资金用隐名合伙的形式，交给社会上一些有信誉的商人出面经营，自己则居幕后坐享其成"。⑥清末政局动荡，人们对典当的需求更为迫切，地方富绅与权贵勾结"挪用公款，以低息贷款，用于经营当铺，美其名为'棒东设当'和'裕国便民'"。⑦

民国时期，典当业的流动资本来源依然较为多元化，与清末没有太大

---

① 《典当业同业公会民国元年禀稿底》，天津市典当业同业公会，1912年，天津市档案馆，档号：J0129-2-004307。
② 《民国二十八年典当业公度堂禀稿底》，天津市典当业同业公会，1939年，天津市档案馆，档号：J0129-2-004313。
③ 《民国二十八年典当业公度堂禀稿底》，天津市典当业同业公会，1939年，天津市档案馆，档号：J0129-2-004313。
④ 《典当业同业公会民国元年禀稿底》，天津市典当业同业公会，1912年，天津市档案馆，档号：J0129-2-004307。
⑤ 《天津商会档案汇编（1903—1911）》（上），天津：天津人民出版社，1989年，第721页。
⑥ 甘启源、张炳如：《记北京当商刘禹臣和他经营的西恒肇当铺》，常梦渠、钱椿涛主编：《近代中国典当业》，北京：中国文史出版社，1995年，第103页。
⑦ 沈鸿娴：《清末民初北京当商升沉记》，常梦渠、钱椿涛主编：《近代中国典当业》，北京：中国文史出版社，1995年，第100页。

的差别,不同之处在于现代银行资金开始注入了典当业。①

日伪时期,因为时局的影响,当业资本周转只有求助于政府和政府管制下的银行,新设当铺很少,不少当铺歇业。1943年8月23日,在典业公会第41次董事会上,董事温子庭因为商号休业而辞职。同时在这次会议上通知,官款生息的成本也一律收回,要求"各当商赶将所存官款生息成本暨息金即日归数呈缴来署"。② 由于生活费用日益高涨,通货膨胀严重,当业"开支剧增,如食粮玉米面去年价值每斤不过3角,今则增至2元之余矣。至其他日用必需之品,薪工杂支房租捐税等项比往昔亦无不大量增高"。同时,资本来源也陷入了困境,"金融奇窘,周转不灵,种种困苦情形可为空前所未有,是以负担提高,收入下跌,长此影响,亏耗何所底止。纷请止当前来"。典当业借贷资金来源的利息也日益增高,到了无法承受的地步,"事变前当铺借贷利至多不过1分,今者已增至2分五六厘,不但增利,而接济之款尚限制极严,透支每号不过万元,一旦市面银根吃紧,即行催还"。以前当业重要的周转资本来源之一的堂名存款"亦均提取殆尽,周转来源滞塞万分"。所以当铺请求市署转请准备银行予以低利大量接济贷款以应付局面。③

抗战结束后,在当铺资金来源日渐枯竭的形势之下,依靠当业公会向银行和政府寻求支持成了典当业争取流动资本最为主要的出路。如1948年3月5日,天津市政府指令社会局据呈典当业公会呈请贷款,拟请转令市民及河北省银行洽办。④ 但是不久之后天津解放,近代的天津典当业也走向了终结。

第四节 近代天津典当业的衰落

天津典当业在近代因其独特的社会环境,与北京、山西、安徽、上海、广

---

① 《天津商会档案汇编(1912—1928)》(3),天津:天津人民出版社,1992年,第1560~1561页。
② 《典当业同业公会民国三十年董事会议纪录》,天津市典当业同业公会,1941年,天津市档案馆,档号:J0129-2-004271。
③ 《天津市银行与市公署机关配售面粉、咸水沽韩家墅杨柳青息贷还财政局借款、愿警饷银提纯十分七办教育,请偿小本借贷处银团分担款等公函》,1943年,天津市档案馆,档号:J0178-1-000174。
④ 《典当业》,天津市政府,1947年,天津市档案馆,档号:J0002-3-002304。

州等城市和地区的典当业有着不同的发展节奏。① 天津典当业的兴衰可分为四个时期：1900年前为开创时期，1900年后至辛亥革命为挫折时期，民国成立后至1933年为发展时期，1933年以后直至天津解放为衰败时期。②

天津的典当业大约兴起于明代，但有文字记载始于清朝。天津当业具有浓厚的官方色彩，1812年，天津当商组织有津邑当行公所，典当业初具规模。1900年，天津有典当44家。随着天津城市商业的发展，典当业也日趋兴盛。③ 天津当业衰落的原因与其他各地有相似之处，但也有自己特异之点，近代学者也有不同的总结。

一、战乱对典当业的冲击

战乱是近代天津典当业发展的最大障碍之一。天津为北京门户，为近代战乱的重灾区，战乱对天津典当业的损害较其他各地尤为严重。除庚子之祸外，天津典当业在1917年、1923年、1927年遇到了三次危机，其中后两次是因为兵祸。④ 典当业因为存有大量的架本，往往与银钱等业一起成为战乱中被抢掠的主要目标。

八国联军入侵天津时，当铺被焚毁22家，剩下的22家勉强维持营业。⑤ 有统计显示，在此次变乱中，天津当业共损失约500万两白银。⑥ 1912年，袁世凯为拒绝南下就任总统而制造壬子兵变，导致天津在1912年旧历正月14日寅夜发生兵变焚抢，是对天津典当业的又一次大劫掠。此次兵变，天津"灾商损失千有余万，典当被抢四百余万，已达全数三分之一"。⑦

民国时期，军阀混战也给典当业带来了巨大的损失，天津屡次成为军

---

① 典当业发展的状况分为三种类型：山西、安徽、北京等地的典当业在鸦片战争后走向了衰落；天津、汉口等在开埠前就是商品集散地，在鸦片战争后较长时间内典当业稳定发展；上海等新的通商大埠开埠后，典当业整体不断壮大。参见刘建生等著：《山西典商研究》，太原：山西经济出版社，2007年，第25页。

② 许树华：《解放前天津的典当业》，《天津文史资料选辑》总第77辑，天津：天津人民出版社，1998年，第95～96页。

③ (清)张焘撰，丁緜孙、王黎雅点校：《津门杂记》，来新夏主编：《天津风土丛书》，天津：天津古籍出版社，1986年，第115页。

④ 子珍、朱继珊：《天津典当业及其同业公会》，常梦渠、钱椿涛主编：《近代中国典当业》，北京：中国文史出版社，1995年，第127页。

⑤ 天津市地方志编修委员会编著：《天津通志·金融志》，天津：天津社会科学院出版社，1995年，第83～84页。

⑥ 吴石城：《天津典当业之研究》，《银行周报》第19卷第36号，1935年9月17日，第11页。

⑦ 《天津商会档案汇编(1912—1928)》(3)，天津：天津人民出版社，1992年，第1565～1566页。

阀混战的争夺要地,政权更迭频仍,币制混乱。在1924年的直奉战争中,一些伤残军人用武力威胁换破衣,当价多至几十元、几元不等。1925年的直奉战争和褚玉璞时代省银行钞票停使。1927年,张宗昌、李景林军北上,发军票,一些人以军用票取赎,只值市面价格二三折,许多人晨当夕取。① 这些给天津典当业带来了上百万银元的损失。

20世纪30年代初,由于日本帝国主义对华北露骨的入侵,便衣队不时扰乱,城区富有之家纷纷将贵重物品运入租界,质存当铺,形同保险。一时租界各当商收不胜收,架货充斥,库房几无隙地,营业流水骤增,利息与估衣收入亦随之暴涨。城区当商多在租界租房营业,如卞家的泰和、隆庆、裕生,长源杨家的中昌、中祥、协和等号,都转入租界。在整个经济衰退的形势下,形成一种暂时的畸形发展。②

日伪时期,天津当业在七七事变中虽然没有受到巨大损失,③但是由于日本人对天津典当业兼并没有成功,就利用小押当等形式对天津典当业进行打击,还进行经济统治和征收杂费等,再加上战乱的影响,天津典当业多家止当候赎。

解放战争时期,金融混乱,典当业资本更趋枯竭,直到战后全体歇业。④

二、典当业社会地位下降

近代典当业形象、社会地位与竞争力的下降也是其衰落的表现。典当业在中国古代为重要的社会经济部门,在天津"素与钱业并称,昔者盐当二商,为豪富之家所经营,其在社会经济上所占地位,实有相当势力,又因为营业接近民众,作民众融通资产的源泉,被认为是裕国便民的营业,这个行业在过去很是兴旺"。1936年,北平市进行产业调查"拟先择与民生最有关系者数种作切实之调查统计以便试办……先择当业调查完竣后再调查他业"。⑤ 天津人士吉迪认为"典当业原为一种可靠之商业,故一般富商巨

---

① 张中龠:《天津典当业》,万里书店,1935年,第75~80页。
② 王子寿:《天津典当业四十年的回忆》,《文史资料选辑》第53辑,北京:文史资料出版社,1964年,第51页。
③ 《当业时局关系损失调查和内部情况调查》,天津市典当业同业公会,1937年,天津市档案馆,档号:J0129-2-004230。
④ 沈大年主编:《天津金融简史》,天津:南开大学出版社,1988年,第6页。
⑤ 《统制商业先从当业开始》,天津《益世报》1936年6月2日,第1张第4版。

贾,组织典当既可博'裕国便民'之美誉,且可获得稳妥之利益"。① 天津典当业与平民生计有着极大的关系,"查津埠典业向为中下级社会通融机关,贫民劳动赖其周转生活者数以万计。"②但是社会变迁导致人们对典当业的看法发生了巨变。一个名为镜清的人在天津《商学杂志》上撰文,认为典质的弊端有:坏风俗,为无节度和偷盗开销路;碍产业,使人们产生依赖的心理,失去进取心;困民生,使人们陷入债务圈中无法自拔。他认为禁止的办法是由行政机关停止或是限制其设立和营业,"各省市虽有取缔典当利息之令,惟缺乏低利供给资金之办法,故未有显著之成效"。③

近代社会舆论对典当业的形象变迁也产生了极大的影响,尤其以小说、杂文为甚。小说中对典当业的负面描写比比皆是。④《当铺里》描写一个人向当铺当衣服,预计至少5个月当期,但是只给了至多1.5元。作者对当铺高高的柜台和柜台后狰狞狡猾的面孔进行了刻画,对当铺极尽丑化之能事。⑤《典当衣裳》则描写了一个家庭没有吃的,只有去当衣服,但是因为手续费太高,当铺不要衣服,使一家人的生计陷入了困境。这个事例说明了当铺受到社会垢病的部分原因。⑥

典当业在近代形象的衰败与其自身的行径也有着很大的关系:"恶霸与当铺分不开,恶霸又例必与官吏结合。"⑦如天津西窑洼双庙街协和当典出银钱成色不好,而且往往典给来典当的妇女和儿童,如果他们要退换,当铺的伙计则怒目横眉,语言蛮横,坚持不允。⑧

典当业对社会稳定有一定的作用,但是对社会治安也有反作用,这也是为时人所共知的。当铺常常是销赃的场所。1910年,金珠首饰行商董并24家商号为预防误买贼赃妨碍公务,拟定了四条章程,其中一条为"查当商成例,凡典质各物,无论何人,是否贼赃,皆须备价赎物,并免对质"。⑨ 1924年,孙有贵肩负红洋布三匹又二半匹,在河东富美当铺典质,被警察

---

① 吉迪:《天津典当业概况》,天津《益世报》1936年11月30日,增刊3。
② 《为维持典商张贴遵守典铺价格布告事致警察厅函》,天津总商会,1927年,天津市档案馆,档号:J0128-3-006080-005。
③ 镜清:《典质商与民生》,《商学杂志》第9期,1916年11月10日,第7~13页。
④ 张中翕:《天津典当业》序,万里书店,1935年。
⑤ 葳:《当铺里》,天津《大公报》1932年7月9日,第3张第9版。
⑥ 《典当衣裳》,天津《大公报》1930年6月16日,第3张第9版。
⑦ 罗炳锦:《清代以来典当业的管制及其衰落》(上),《食货月刊》复刊第7卷第5期,1977年8月上,第209页。
⑧ 《当商不良》,天津《益世报》1922年7月27日,第3张第11版。
⑨ 《天津商会档案汇编(1903—1911)》(上),天津:天津人民出版社,1989年,第904页。

看出形迹可疑,将孙有贵审讯,讯明布匹来路不明。①

可见,典当业的社会经济作用虽然在近代以来依然存在,但是因为社会经济的变迁以及典当业自身的劣性,导致其形象在民国以后出现了历史性的变化。典当业近代形象的变迁与其当息问题也息息相关。

三、近代社会经济变迁对典当业的影响

近代以来天津新式银行和钱庄以及保险业兴起,典当业的社会经济地位日益下降,资本来源受到制约,被定位为一般平民的借贷机构,其他的机能萎缩。贫穷是促使民众典当最为主要的原因。② 随着天津近代城市的日益发展,贫困人口增加,许多贫民尤其是外来贫民穷到无东西可当的地步。平民的过分贫困化,对典当业的发展也形成了制约。

典当业作为社会经济的重要环节,其发展营业也日益受到近代市场的影响。在20世纪20年代,天津经济一度有着较为快速的发展,天津城市商业商品化占据了统治地位,表现在天津成为世界市场的一个部分,商业的经营形式和手段向资本主义转化。③ 1928年后,局势稳定使天津当铺有了一个大发展。当时当铺多设在外国租界内,1931年到1932年天津设立当铺10家,1934年当业协会会员为61家,未立案的27家,共88家。④ 30年代,天津市场萧条对典当业产生了巨大的影响,成为其由盛转衰的转折点,当时即使是较为兴盛的租界中各典,除松茂当和聚兴、天顺、永义、万成生意稍优外,余亦无巨利可获,此外均属平平。⑤ 1934年,天津市面更为萧条,义和当、元和当等皆"因连年赔累,势难支持""市面萧条,营业不振,亏累不支"等原由,要求止当候赎。⑥ 1944年,日伪时期,物价飞涨,市场紊乱也导致了颐贞当、松寿当、天兴当等当铺歇业候赎。⑦ 可见,近代市场化的发展导致典当业也随之成为市场的一个部分,其兴衰涨落与市场关系

---

① 《典质赃物》,天津《益世报》1924年3月23日,第3张第11版。
② 潘敏德:《中国近代典当业之研究(1644—1937)》,《台湾师范大学历史研究所专刊》总第13期,第331页。
③ 罗澍伟主编:《近代天津城市史》,北京:中国社会科学出版社,1993年,第337—473页。
④ 宓公干:《典当论》,上海:商务印书馆,1936年,第37页。
⑤ 《由初春到节边,津市商业盛衰一斑,受亏最重者织染业,其余各业均互有高低》,天津《大公报》1930年6月2日,第2张第7版。
⑥ 《典当业同业公会民国三十三年一月禀帖底稿》,天津市典当业同业公会,1944年,天津市档案馆,档号:J0129-2-004316。
⑦ 《市府为前警政会议案提出保安类营业取缔法规由局拟定典当业八种规则等训令》,天津市政府,1944年5月,天津市档案馆,档号:J0218-3-006135。

紧密。

　　清末中国维持自由放任的货币政策,因而多种货币流通于中国,如元宝银、小银、银票、两钱、银元、小银货、铜元、铜钱、银票等,另外还有日本、俄国、墨西哥等外国货币。① 近代中国市场币制混乱,各种货币兑换非常麻烦,严重阻碍了市场的统一和商品交流。即使在1935年国民政府统一币制之后,这个问题依然严重。近代天津的币种也是非常泛滥。这些对典当业的业务产生了双重影响。曾任天津典业公会主席的祁云五认为,币制问题对天津典当业的影响较战乱还要大一些。近代天津典当业因为币制问题导致的损失约有上百万元。② 1927年,政府发行的流通券和辅币也给典当业造成了很大的损失。③ 但当铺也利用币制的变化赚取到了利润,民间因此对典当业也有很大的抱怨:"典质零毛者周月取赎,名曰三分取息,实则九分,或另加一利也。此系当商取巧贪利,鱼肉穷黎……请严谕各当商定期改书钱数,质票、出纳俱用满钱,则两无亏耗矣。"④一些学者也指出"当铺同时又可以用货币制度不稳定的特点去剥削富户"。⑤

　　衣物是典当业的主要业务之一,当时天津无论是华界的当业和租界的质业,都是以典质衣物和首饰为最主要的营业。⑥ 而近代以来,社会风习变迁导致人们服饰变化多端,时装潮流日新月异,对典当业的营业带来巨大的影响。尤其在30年代,虽然有蒋介石提倡新生活运动,但是依然没有阻止住时代变迁的潮流。"典当业愈更富冒险性,这工夫当死了的马蹄袖、宽腿口的衣裳,早已成了落伍的东西;而现时新的包身高领衣裳,可断定便是数年后的落伍者!足金行市目下虽涨入了云霄,但看不定数年后或堕落到九地。当铺收进当货须等到十八个月后方有执行出售的权利,若不打下当价平稳的经营根基,将来闹得玄虚平常,自是意中之事。"⑦1936年,典当业出现了大面积亏损,统计天津全市典业不论租界华界,十分之八亏损,十分之二仅足维持,其主要原因之一,便在于服饰的变迁。典当业"此时期方当入时之最新式衣服,则已过时矣,亦不能值钱,且市价亦渐趋低落,致平

---

① 林地焕:《论20世纪前期天津钱庄业的繁荣》,《史学月刊》2000年第1期。
② 张中龠:《天津典当业》,万里书店,1935年,第75~80页。
③ 《为发给广告保护营业事与天津总商会来信函》,天津特别第三区公署,1927年9月,天津市档案馆,档号:J0128-3-006080-009。
④ 《天津商会档案汇编(1903—1911)》(上),天津:天津人民出版社,1989年,第428页。
⑤ 罗炳锦:《清代以来典当业的管制及其衰落》(上),《食货月刊》复刊第7卷第5期,1977年8月,第211页。
⑥ 《典当同业公会职会员名册》,天津典当业同业公会,1940年,天津市档案馆,档号:J0128-2-001387。
⑦ 张中龠:《天津典当业》,万里书店,1935年,第29页。

均多少照当本八折或七折售出……往时衣服可质半价,现则至三分之一"。① 其他城市的情况与天津也大致一样。②

四、典业内部的竞争

典当业内部之间的市场竞争也是其衰落的重要因素之一。典当业同业竞争主要表现为典当业公会内部的竞争、典当与质当的竞争以及小押当与典质业的竞争等。尤其在30年代,军阀、官僚等资金注入租界的典当业后,天津典当业内部的畸形竞争更为激烈。当时天津典当业人士张皇写道:"自近五年来许多拥资在野的官大人,许多善会投机的资本家,都看得这股所谓稳健求财的路子眼热,抓住现社会人们的需要,因此当铺的数额增多不已。但是开设的数额越多,营业上越感棘手!有些家竟比邻或对门,不顾损害其他既有同业之利益,各自挂起幌子来相夺互争。典当者为了需用贪多的缘故,有的竟往往挟着包袱跑遍全市,苟非给予特殊高昂的代价,绝不甘心成交。故给价的高低不均,甚足影响危害自己营业。"③典当业的内部竞争固然对提高典当业的服务质量、促进典当业自身改善形象、减少对贫民的剥削有一定的好处,但是,恶性的竞争也导致典当业投资过度,当铺分布不合理,利润率下降等事情发生,成为促使其走向衰败的重要因素。

随着天津城市向近代社会转型和商业化的趋势日益发展,"传统的义利观逐渐失去了维系人心的力量,取而代之的是以利为中心的功利主义价值观"④,典当业在新的市场环境之下,面临着更加激烈乃至危险的博弈。

五、政府管制的影响

近代官方力图在民众和典当业之间寻求平衡,以稳定社会经济的平稳运行,但政府的管理不是从典当业行业利益出发,顺应经济形势的变化,而是出于自身的统治利益,或对典当业加以勒索,或对典当业严加控制。这在一定程度上造成了近代天津典当业的衰败。政府对典当业的管制主要体现在税收、对当铺利息的干预以及陋规等之上。典当业的捐税萌芽于宋

---

① 《腊尾春头》,天津《益世报》1936年1月15日,第2张第5版。
② 张中俞:《天津典当业》,万里书店,1935年,第104页。
③ 张中俞:《天津典当业》,万里书店,1935年,第27页。
④ 熊月之主编:《上海通史·晚清社会》,上海:上海人民出版社,1999年,第433页。

代,正式开始于明代。在清代顺治年间,统一依法制定了每年5两的税则。光绪年间加征,捐2两成为惯例。典当业捐税的主要意义一是为国家的财政提供一笔固定的收入,二是通过一些社会性的捐款缓解了国家的财政困难,三是承担公款的存储为国家的事业和行政性经费提供了活动基金。①民国后,取消龙票,改由省财政厅核发当帖。按资本额分甲、乙、丙三等缴纳当税,计:甲等资本8万元,年纳当税80元;乙等6万元,年纳60元;丙等4万元,年纳40元。天津设市后,改由社会局及天津县政府按管辖区域分别发帖,仍照旧章纳税。租界当商则与一般商号相同,每家每月交铺捐6元;日租界当商交的较多,月交8元至10元。②

清朝,当行公所成立后,典当业除缴纳"报效"外,每届年终,还有向天津县衙"报效"的陋规。这项"报效"归公所汇总办理,由各当商分担,每年约送现银100两。此项陋规,一直相沿到清末。民国初各当商均不愿再摊这笔款,经公所与当时天津县知事张某几度洽商,最后给他凑了1000块钱,才把这项陋规取消。③

清代雍正皇帝以后,统治与利用商人的最普遍方法是发典生息制度,即是由政府托付给商人一笔公家资金作为投资,政府收取的利息是月息1分至2分。这个制度对军队和内务府的资助很大,但是"便于官吏去苛剥勒索商人"。典当商人也拒绝过政府的贷款,但是因为典当业利润很高,这就助长了官吏对商人的苛剥,而典业也往往把过高的苛剥转嫁到典户身上。④

此外,政府还时常出于各种原因对典当业征收临时性的税费,进行"合法勒索"。如光绪十三年(1887年),河南、湖北等地水灾,当铺被勒索预交20年的当税,从每年当税5两提高到50两,预交的要补交45两。

南京政府时期,虽然提出废苛捐,但是天津地方依然受到政府苛税的困扰:"时至今日,地方整个疲状,本业本身之暮气而通年中如当税如铺捐以及印花税等等……统计之下,成数亦够惊人。此外尚有地方公安机关之零琐征收,在如斯之处境下,日闻感叹呻吟,大有痛苦难堪之现象。"天津当业人士张皇因此呼吁:"苛杂因应即刻废除,其他亦宜在可能范围中设法减

---

① 刘秋根:《中国典当制度史》,上海:上海古籍出版社,1995年,第299页。
② 王子寿:《天津典当业四十年的回忆》,《文史资料选辑》第53辑,北京:文史资料出版社,1964年,第36页。
③ 王子寿:《天津典当业四十年的回忆》,《文史资料选辑》第53辑,北京:文史资料出版社,1964年,第37页。
④ 罗炳锦:《清代以来典当业的管制及其衰落》(下),《食货月刊》复刊第7卷第6期,1977年9月,第266页。

轻,方符解商困体民艰之为政本质。"①

七七事变平津沦陷后,天津当商业务随之衰退。各资东纷纷集议,请求伪当局予以救济,尤以颐真当资东胡贞甫鼓动最力。他曾亲自拟具缩短当期、提高利息理由书,由各当商联合具名请伪社会局核批,结果适得其反。伪社会局长蓝振德认为当商是有油水的,乃利用职权进行敲诈。他借口体恤民艰,主张延长当期,压低利息,但并无明文下达。胡贞甫暗中联络该局秘书长左愚,通过商会秘书朱厚叔与典质两会负责人疏通关系,终于给蓝振德送了一份厚礼,才将原议打消。②

抗战结束后,天津政府摊派给天津典当业的费用依然不少。如8月30日"欢迎国军慰劳献金",典当业摊款币196000元,商号共36家,每家摊6000元,共洋216000元。③1948年4月23日,市政府直接税局暂以预征六倍所得税。④

面对近代天津典当业的衰落趋势,近代天津的典当业人士也努力改革,力图挽救,如通过做慈善、办典当学校以及限制内部竞争和筹办典当银行等,但是因其整体的保守性,这些举措或收效甚微,或没有实现。

小 结

典当业以物立信,且有原始银行与保险机构的功能,自其诞生以来,在民间社会经济中占有着重要的地位。在近代天津,随着城市发展与人口的聚集,典当业也日益发展。在近代天津城市的转型中,城市社会的发展、贫民人口的扩大、城市生人社会的特点使得典当业这种以物立信且多功能的借贷机构具有了巨大的需求空间。典当业自古与政府的关系密切,收益稳定,使其吸引了大量的投资。

典当业是以物抵押的借贷机构,虽然早已在中国历史上存在,与传统社会的信任关系与信用方式似乎关系不大,可以看作是对传统信任关系的

---

① 张中龠:《天津典当业》,万里书店,1935年,第100~101页。
② 王子寿:《天津典当业四十年的回忆》,《文史资料选辑》第53辑,北京:文史资料出版社,1964年,第37页。
③ 《典当业同业公会民国三十年常务会议纪录》,天津市典当业同业公会,1940年,天津市档案馆,档号:J0129-2-004269。
④ 《典当业同业公会会员大会·理监事联席会签到簿记录簿》,天津市典当业同业公会,1946年2月,天津市档案馆,档号:J0129-2-004252。

补充，人们往往在传统信任关系中借贷没有希望的情况之下才来到典当铺典当，因此典当业被称为穷人的后门，反映了人们对典当无奈的心理。抵押借贷是信用度较高的借贷手段，双方讨价还价，在市场中也具有一定的公平性，然而典当业在近代依然面临着信任危机，是社会环境的变迁导致的。同时，其信任问题与其借贷利息有着一定的关系。近代天津典当业一直延续了传统的年终减息的做法，一方面有利于其资金的周转，一方面也提高自己的社会形象和信任度。

但近代天津战乱与社会动乱频仍，市场的变迁与混乱对典当业有着巨大的打击，使得近代天津的典当业几度兴衰。社会思潮的变迁使典当业成为人们眼中的高利贷剥削机构，典当业内部的传统信任关系也随着时代的变迁出现了变化，内部的东伙信任关系日益松弛，社会对典当业的不信任感增强，政府对其管理也加强，对典当业的社会形象带来了不小的冲击。随着近代社会经济的变迁，典当业在社会中的地位随着其他金融机构的成立也有所下降，资本日益枯竭，最终在近代走向了衰败。

第八章　近代天津民间商业借贷机构

钱业机构作为本土的金融机构，是近代天津民间商业借贷金融机构的主体。主要有票号、钱庄、银号、钱行、钱局、钱铺等等。它们与近代天津工商业发展拥有密切的关系，与工商业铺户有着紧密的联系。其中，钱庄有着"百业之主"的称号。

近代天津商业借贷机构最初主要是从账局、货栈、商铺、牙行等商业机构转变而来，后来票号也经营一部分借贷业务，但票号的主要职能是汇兑。进入20世纪，钱庄、银号成为民间商业借贷的主要机构。这是近代天津商业借贷市场的一个重大的变化，反映了当时天津金融市场的变迁。

典当业在早期也承担过商业借贷的功能，但典当业在近代主要承担了日常消费借贷的功能，而近代早期具有商业借贷功能的账局逐步退出了商业借贷市场，票号承担了部分商业借贷的功能，在20世纪20年代，票号也退出了历史舞台，钱庄、银号逐步成为了城市商业借贷的主力，商业借贷机构的变迁反映了近代中国社会经济变迁的轨迹。

第一节　近代民间商业借贷机构

近代天津主要的民间商业借贷金融机构为票号、钱庄、印局以及账局等等。此外，一些商铺本身也有商业借贷的功能或者成为金融机构的借贷中介，如牙行、货栈、斗店等等。在钱庄之前，它们是早期的借贷机构。

一、账局、牙行、金店

对于中国古代银行的起源，学界主要有两种意见：一种认为起源于唐代到宋代的金融机构，一种认为起源于近代的通商银行。黄鉴晖先生通过对账局的研究，提出了第三种看法，认为中国早期的银行起源于清代北京的账局。账局是在城镇经营工商铺户存款和放款的信用机构,虽然不承担汇兑业务,但经营存款和放款,基本具有银行性质。账局的兴起,是北京的市场需要,人口增加、工商业发展,恰克图贸易以及山西商人发展活动三方面因素的结果。首开账局的是山西人。账局的发展经历了以下三个阶段:1. 从雍乾至咸丰初年(1736—1852)为账局产生和壮大时期。2. 从咸丰中期到光绪二十五年(1853—1899)为再发展和衰退时期。3. 从庚子年到民初(1900—1915)为衰落期。账局的衰败主要是由于政治的动乱、票号的竞争,以及经济危机的冲击。①

随着商业的发展,账局的业务也不断扩大。账局主要分布在京、津、张家口、太原、多伦等北方商业城市。② 账局对工商业放款,也是钱铺、当铺和印局高利贷的来源。"同时设在北京的账局还兼营对候选官吏发放贷款。"③此外,账局对票号的产生也起过一些间接的作用。④ 账局的局限性主要表现为:具有高利贷性质,为经营借贷和商品的混合经济组织,力量小、经营部完善,组织守旧。⑤

账局经过长期的发展,开始也为他省商人开设,并在天津等地方有了相当的势力。第二次鸦片战争后,一些其他省市账局的分号进入天津,如保定的同泰裕、张家口的福成德、多伦的聚顺发、代州的天德隆、张家口的裕源永。⑥"早期账局只从事于信贷,而不办理汇兑。"⑦账局和票号有时互相转化,或为同一资本家所有,因而账局发展与票号有关。

天津的账局对天津地方商业发展一度具有重要的意义,如账局对天津盐业发展起到了重要的融资作用。清代天津长芦盐主要行销河北、河南一带,当时的引盐商人在春天和秋季到官府领运,春天将盐"运岸办标交课,秋运告竣征收帑利。而每年销盐又以酱菜两季为最,全在领运及时,课帑方无贻误"。太平天国运动前后,因为银价递增,商人们只能向银钱、账局借贷作为金融周转通挪。而一旦账局歇业,商人便会出现"挪借无门,领引交课益多竭蹶"的窘况,而"春关领引告运之商,较往年已觉减色"。⑧

牙行是旧社会促成买卖双方达成交易的中间行业,设有同业公会。在

---

① 黄鉴晖:《清代帐局初探》,《历史研究》1987 年第 4 期。
② 张国辉:《晚清钱庄和票号研究》,北京:社会科学文献出版社,2007 年,第 15 页。
③ 张国辉:《晚清钱庄和票号研究》,北京:社会科学文献出版社,2007 年,第 18 页。
④ 张国辉:《晚清钱庄和票号研究》,北京:社会科学文献出版社,2007 年,第 15 页。
⑤ 黄鉴晖:《清代帐局初探》,《历史研究》1987 年第 4 期,第 115 页。
⑥ 黄鉴晖:《清代帐局初探》,《历史研究》1987 年第 4 期,第 116 页。
⑦ 张国辉:《晚清钱庄和票号研究》,北京:社会科学文献出版社,2007 年,第 18 页。
⑧ 《山西票号史料》(增订本),太原:山西经济出版社,2002 年,第 47 页。

以中介为主要职能的同时,牙行还具有为货主垫款的功能,并且能够从中赚取大量的利润。比如到城市来进行交易的农民,"往往手里没有现款,所以概由牙行垫付。卖完猪以后,扣去食宿费、佣金、各种私钱及垫款利息,落到农民手里的就所剩无几了"①。中华人民共和国成立之初,对牙行代为垫款的功能依然给予承认。1951年,新成立的天津市人民政府税务局在关于牙行业代理贷款垫款的问题上得到上级的批复:"牙行业贷款垫款,系属一般习惯,不必加以限制,如有以自己资本买货转售,假藉垫款而通行逃税,经查属实者,应按逃税行为予以惩处。"②可见牙行垫款是一般商业上的习惯。但是,牙行垫款有的是假的,用来逃税的。③ 牙行有独资也有合伙的,牙行垫借资金多来自银钱业。如天津市棉花皮毛鹅卵总牙行就是由刘陶庵、王伯华、戴旭初、杨达夫、陈秀普五个人合资办的,他们的资金来自晋生银号,由大华报关行法定代理人马耀奎担保借贷。④

天津的金店也兼营民间抵押放款业务,主要质押物是珠宝、金银等与其业务相关的抵押品。明永乐二年(1404)天津建卫后,从事金银首饰制作的民间手艺人逐渐移向城镇。清代乾隆年间出现了工与商兼营的银楼,经营范围包括收购、熔炼、制造、销售,后来又增添了珠宝、钻石、玉器的购销业务,遂又改称金珠店。抗战期间,天津的金店银楼发展到150多家,至天津解放前夕有172家。⑤

一些资本雄厚的珠宝店做抵押放款的业务。天津有钱人家中需款又舍不得将心爱的珠宝玉器卖掉,于是便用珠宝做抵押先借笔款。借的时候因为准备会赎回,只好押死。即便双方事先说妥作价,可是价格只能受放款者的摆布。天津最早做此业务的是李赞臣(俗称李善人)开的万昌珠宝店。当时在宫北住的杨少农专买玉件,他的儿子杨建候需款时通过东门外义兴古玩店多次用玉件作抵,向万昌借款,其中以一批最精的白玉瓶、白玉插牌、碧玉瓶、碧玉插牌等六件借款1万元。后来李善人家因为"津浦盐斤加价"贪污问题遭到追查,就不再从事此项业务了。一些珠宝店还与外国

---

① 王受朋:《漫谈牙行牙税》,中国人民政治协商会议天津市委员会文史资料研究委员会编:《天津文史资料选辑》第20辑,天津:天津人民出版社,1982年,第192页。

② 王受朋:《漫谈牙行牙税》,中国人民政治协商会议天津市委员会文史资料研究委员会编:《天津文史资料选辑》第20辑,天津:天津人民出版社,1982年,第192页。

③ 《天津市税务局总局关于印花税规定的通知》,1951年,天津市档案馆,档号:X0090 - Y - 000314 - 026。

④ 《前天津市棉花皮毛鹅卵总牙行卢伯衡大华报关行马耀奎债务》,1940年,天津市档案馆,档号:J0044 - 2 - 47500。

⑤ 天津市地方志编修委员会编著:《天津通志·金融志》,天津:天津社会科学院出版社,1995年,第293页。

人有交易,从中赚取大量的钱财。如鲁丰与聚丰当原是一家,鲁丰门口牌子上也写有抵押放款业务。可是当时人们认为外国人比中国人信用好,都到犹太人李亚溥办的利华洋行去借款。"利华洋行本来没有钱,他又转押给聚丰当,从中赚取利息,押死的便宜也由利华得去。"李亚溥是近代天津的一个著名的犹太人,以从事保险业和盖了一座利华大楼而闻名,"解放后政府驱逐他出境时,他还欠劝业场文记珠宝店几万元的钻石贷款"①。

一些洋行、商行也从事抵押放款。有人押一个大钻石到壁得洋行,借款数与钻石值差价很大。壁得动了心,抵押到期前他锁门到北京去了。货主几次去赎都没见到壁得,因此在法院起诉。壁得败诉,不但把货让货主赎走,并且永远不准在中国经营业务。②曾任过江西督军的陈光远也借抵押放款发财。他出资的瑞增源行在天津劝业场二楼,"每逢旧历年底最后一次来他总说一句:若有过不去年,用珠宝抵押借款的,咱们可以放给他。"③

二、仓库、货栈

仓库是以代客商储存货品及抵押放款为业的机构。近代天津许多的银钱业也有自己的仓库,用来满足抵押借贷的需要。"凡属货品倘不违背国家法律及商业道德,虽有危险性,仓库亦可代客储存,且可抵押放款,惟不代为销售。"④仓库放款与货栈不同,"所营之副业固然如主业之放款,保管货品及代客买卖等。惟不如主业之重视。此为仓库业与货栈业相异之处。"⑤仓库与货栈之间常常有借贷关系,货栈常常向仓库抵押,因为涉及商业机密,所以还要求保密。"倘被客商知晓后,凡所有关系之客商,以后运货来津,即不敢再将货品请求代为销售。乃畏惧在货品未销售前,将其抵押耳。当时存有货品之客商,又必纷纷前往提存他栈,以免发生意外事故而蒙受重大损失。"货栈向仓库抵押往往是出于不得已,"虽似饮鸩止渴,然金融之不能周转,又不得不如此"。抵押的物品以棉花、皮毛、猪鬃、

---

① 牛秉钺:《珠宝古玩业在天津》,中国民主建国会天津市委员会、天津市工商业联合会文史资料委员会编:《天津工商史料丛刊》第1辑,1983年,第79~80页。
② 牛秉钺:《珠宝古玩业在天津》,中国民主建国会天津市委员会、天津市工商业联合会文史资料委员会编:《天津工商史料丛刊》第1辑,1983年,第80页。
③ 牛秉钺:《珠宝古玩业在天津》,中国民主建国会天津市委员会、天津市工商业联合会文史资料委员会编:《天津工商史料丛刊》第1辑,1983年,第80~81页。
④ 薛不器:《天津货栈业》,天津:新联合出版社,1941年,第5页。
⑤ 薛不器:《天津货栈业》,天津:新联合出版社,1941年,第5页。

蛋品等居多。①

货栈是代客买卖货品、经营信用放款与抵押放款、保管货物并可供客商寄宿的多功能商业机构,主要的功能有代客商买卖货品、代客商保管物品、抵押货品及信用放款,抵押借贷则又属于金融业职能。"若按其种类而言,计有棉花、皮毛、鲜果、干果、食粮等多种"②。但货栈对于代客商保管的货品、买卖之货品具有一定限制,所有信用放款及抵押放款也仅限于其所营业的范围之内。③ 货栈的特点是要求交通便利和信息集中。过去的天津货栈多集中于河东及英法租界。由于内战频繁,天津货栈渐次移于英法租界内。④

货栈脱胎于客店。货栈不仅是近代天津市场的重要商业机构,在当时的整个华北也有重要的商业地位。天津货栈之创设,大约在第二次鸦片战争前后。当时天津作为华北对外出口的重镇,人烟稠密,交通便利,商贾云集。华北等地的土产大宗销售商不远千里来到天津,而没有居住和囤积货物的地方,于是多往同乡处投奔。于是一些同乡介绍其他同乡的商店代为销售保管,以后渐渐委托销售并给予酬金,这就是货栈的开始。⑤ 可见货栈是国内外土产销售的承转机构。天津因为地理关系成为大商埠,客商买卖不能立即返回,只得找个落脚和存放货物的地方。附近的农民到天津出售一些农副产品,也需要找个存身之处。天津的小客栈就应运而生。⑥ 客商自内地运货来津,由曾运货至津销售之客商相互介绍,代理客商销售货品的同乡或商店业务渐次发展,利润日增。但货栈大多数只是几间屋子,当时并没有信用放款及保管货物等业务。民国后,华北的土产如棉花、皮张、毛绒、猪鬃以及干果等在国际上畅销,但是货栈营业的资本不足,"最多亦仅一二万元而已,且多兼营转运。"到了20世纪20年代,随着国际贸易日臻发达,土产出口额倍增,货栈开始进入了繁荣期,已在天津市场中占有重要地位。客商在货品未销售以前,资金无从周转,更无人可以接济,只有货栈为之解决。⑦ 此时货栈的"资金由三五万元至一二十万元不等。一二

---

① 薛不器:《天津货栈业》,天津:新联合出版社,1941年,第93页。
② 薛不器:《天津货栈业》,天津:新联合出版社,1941年,第3页。
③ 薛不器:《天津货栈业》,天津:新联合出版社,1941年,第5页。
④ 薛不器:《天津货栈业》,天津:新联合出版社,1941年,第7~8页。
⑤ 薛不器:《天津货栈业》,天津:新联合出版社,1941年,第1页。
⑥ 孟昭戎:《天津市货栈业及其同业公会》,《天津早期的货栈业》,市粮食局,1956年,天津市档案馆,档号:X0095-C-002140-002。
⑦ 薛不器:《天津货栈业》,天津:新联合出版社,1941年,第29页。

万元之资金,即无从周转"①。早期的货栈多为独资。后来市场扩张,竞争激烈,出现合资的组织,但相对较少,因为合资容易互相牵制,发生意见。②对于一般出资人,"货栈一切责任系由彼一人担负,全栈权利亦操诸彼一人"。如果自己不能经营,可订立契约聘请一人,合资的则自任正副经理或请人担任,自为监理。没有一营业员而任全部营业职务的。③ 货栈在20世纪30年代进入了最为繁荣的时期,获利越来越多,"一年可营业二三百万元以上者,其所获之利润由十余万至六七十万元以上"④,所需要的资金越来越多,但是由于物价的上升,"例如昔年有一万元之资金,可抵押甜杏仁三百件,而今虽增加资金至二万元,尚不能抵押二百件"⑤。其金融周转依然依赖银钱业,虽有可靠的银号接济,但接济数量相当有限,仅可作临时通融,不能任意超越其所限制的数量。而货栈的信用放款及抵押放款在交易季节最多可以达到上百万元。⑥ 货栈业是在近代天津市场从国内到国际的变迁中发展起来的。其特点是:由乡土乡谊联系起来,以土货为主要营业,以国际市场为主要对象,以人际信用为主要抓手,在市场地位日趋重要,同时也出现了商业借贷的需求。天津的货栈业于1926年成立了同业公会。

货栈的地方帮派性质非常明显。天津经营货栈业的,以河北商人为主,其次为山东、山西商人。货栈所有职工,由经理至工役,都是华北人士。华北以外之商人过去组织过货栈,但均告失败了。⑦ 究其原因,一方面因为地域上的偏见,另一方面也是竞争导致的结果,因为华北商人的货栈,"于业务上较为勤慎,营私舞弊稍具分寸"。⑧ 出口商之经纪人,有东洋行与西洋行之分,客帮之经纪人,种类更繁,其中较有地位者,计有港帮、申帮、广帮、建帮、朝帮等。⑨ 近代以来,一些大银行也有自己的货栈。

货栈放款不是从开始就有的。天津货栈业在清末民初还不经营信用放款,客商对货栈之态度也颇为谦恭。到1920年前后,货栈将客商的货品销售,货款又已收回,客商若欲提取货款,也需要婉言与货栈商议。"货栈

---

① 薛不器:《天津货栈业》,天津:新联合出版社,1941年,第2页。
② 薛不器:《天津货栈业》,天津:新联合出版社,1941年,第9页。
③ 薛不器:《天津货栈业》,天津:新联合出版社,1941年,第11~13页。
④ 薛不器:《天津货栈业》,天津:新联合出版社,1941年,第32页。
⑤ 薛不器:《天津货栈业》,天津:新联合出版社,1941年,第92页。
⑥ 薛不器:《天津货栈业》,天津:新联合出版社,1941年,第92页。
⑦ 薛不器:《天津货栈业》,天津:新联合出版社,1941年,第5~6页。
⑧ 薛不器:《天津货栈业》,天津:新联合出版社,1941年,第6页。
⑨ 薛不器:《天津货栈业》,天津:新联合出版社,1941年,第79页。

若金融稍感周转维艰之际,尚可推延时日,或先提若干,剩余之数容期再行支付。客商亦多原谅,迄无怨言。"从1921年后,货栈虽有少数放款,但是极为谨慎,多为小额的通融,"大宗数目殊非易事"。① 货栈对客放款既是有利可图也是竞争激烈的结果,也反映了近代天津商业发展的轨迹:"同业间竞争日烈,对于客商不大量放款,即有来货短绌之虞。""无论何人,凡有一二客商介绍,即可向货栈借款,同时,各货栈并在产区放款,互相竞争。"② 如天津交通货栈代客垫款,收取手续费。利息一般是1分5厘。它与50多家银号有关系,资金雄厚,还实行预付贷款的办法,吸引客户。它还利用职工的存款生息,发展非常迅速。③ 由于小商小贩们资本少,货物到津后不能存栈过久,货栈对他们除了在资金上允许较多的预借和垫付外,还尽先帮助他们售货。办法是交和记行收买,使他们不用等就可以拿到钱,减少在津食宿存栈方面的开销。④ 但这种处理办法也是一把双刃剑,有时具有很大的风险,如放出的款在新货上市后收不回来,常常导致货栈倒闭。一些存心不良的客商有意借贷不还,也是常有的情况。此外,一些货栈内部的经理和雇员与客商勾结借贷,也使货栈损失巨大。后来经过几次风潮之后,货栈对放款态度谨慎,同业间的竞争也降温了。⑤ 可见货栈对客商的借贷既有利可图,也有巨大风险,而不给客商借贷就不能招揽生意,也就无法发展,因为货栈或外庄不贷款给客商,"客商必然拒绝将货运往储存代售"。客商图保障,虽不须向货栈贷借款项,也必借词借款,"货栈不得客商之货而不放款者,亦系图有所保障耳"。⑥ 这样,借贷双方就形成了相互牵制的关系。

货栈向客商提供的资金"其数量普通当在货值四五成,亦有多至七八成以上者。此种贷款,危险性稍大"。⑦ 如同兴货栈,酌量客商信用的好坏,提供数量不等的资金,一般不超过准备交购的货值的一半。⑧

货栈代客垫款多为传统的信用借贷,"应用各款,由栈垫支或指货箱栈

---

① 薛不器:《天津货栈业》,天津:新联合出版社,1941年,第40页。
② 薛不器:《天津货栈业》,天津:新联合出版社,1941年,第41页。
③ 丁广安:《交通货栈发展述略》,中国人民政治协商会议天津市委员会文史资料研究委员会编:《天津文史资料选辑》第52辑,天津:天津人民出版社,1990年。
④ 李凤章:《达孚货栈经营之道》,中国人民政治协商会议天津市委员会文史资料研究委员会编:《天津文史资料选辑》第52辑,天津:天津人民出版社,1990年,第146页。
⑤ 薛不器:《天津货栈业》,天津:新联合出版社,1941年,第41页。
⑥ 薛不器:《天津货栈业》,天津:新联合出版社,1941年,第50页。
⑦ 薛不器:《天津货栈业》,天津:新联合出版社,1941年,第50页。
⑧ 刘绩亨:《天津货栈业发展沿革概述》,中国人民政治协商会议天津市委员会文史资料研究委员会编:《天津文史资料选辑》第20辑,天津:天津人民出版社,1982年,第176页。

借款,均不写立字据,由栈房代售货物,得价扣还本利,此津埠货栈普通习惯也"。① 货栈即应订立契约,不可以亲友间之关系过于密切,视契约不如信用及交谊之可靠,以契约为废纸。② 信用放款既是多年习惯,也有"饵该客货品投栈储存"的商业上的用途,所以货栈虽然明了信用放款的风险,但也"为竞争业务不得不冒此风险"③。货栈信用放款的关键是货栈内的人才,各地客商对货栈的职员有相当之友谊,对于货栈内部情形不明了或知其资金不多、商誉不佳,也可分赔其若干委托品运津销售。货栈职员为酬报客商的友谊,售货时也较为谨慎,恐怕有负有损对方之良好友谊。但是经理或职员如果离去,就会把生意带到其他货栈。货栈"对客商有恶感,如与职员有友谊,为增进分庄之友谊,亦分出货品储存代售。分庄职员与外客友谊,客商可利用其资金周转,可见货栈须有优秀之人才更为重要"④。货栈也有抵押放款的,如下面这个广告:"本栈设在义租借三马路西首,门牌五十七号,资本充足,栈仓宽宏,专代客商买卖堆有棉花、皮毛、山货等生意,兼理抵押贷款并代保火险事业。"⑤货栈贷款客商的利息,开始的时候约为1分5厘,后来有的增至2分,最低也在1分8厘,⑥货栈从银号借款的利息一般不超过1分,当时在银号心目中,货栈业用款伸缩性很大,资金富裕时可以多供应,货栈总能运用出去,这样致使货栈业在佣金、栈租利息上的收入激增。⑦

不同种类的货栈也有不同的营业放款特色。以皮毛货栈借贷种类为例:1.皮毛运津时,捐税及其他各费之垫付;2.买卖成妥,若未交货,或已交货而未收到货款时,货栈可代垫若干;3.对客商之货预垫货价之几成;4.货在途中,客商需要款项时可预借若干。⑧ 棉花货栈还代办银行仓库抵押贷款,从中加收手续费。⑨ 棉花货栈资金融通方式不一,棉客可以三种方式向货栈借款:1.以成交而尚未交货之棉花抵押借款;2.以存入仓库尚未成

---

① 《天津商会档案汇编(1912—1928)》(2),天津:天津人民出版社,1992年,第1992页。
② 薛不器:《天津货栈业》,天津:新联合出版社,1941年,第15页。
③ 薛不器:《天津重视人力之商业》,天津《益世报》1946年11月12日,第5版。
④ 薛不器:《天津重视人力之商业》,天津《益世报》1946年11月12日,第5版。
⑤ 《天津启华货栈广告》,天津《益世报》1920年5月10日,第2张第6版。
⑥ 薛不器:《天津货栈业》,天津:新联合出版社,1941年,第30页。
⑦ 刘续亨:《天津货栈业发展沿革概述》,中国人民政治协商会议天津市委员会文史资料研究委员会编:《天津文史资料选辑》第20辑,天津:天津人民出版社,1982年,第181页。
⑧ 慕柳:《天津皮毛货栈述概》,天津《益世报》1936年10月18日,增刊3。
⑨ 李杰三:《天津早期的货栈业——六十年(1896—1956)兴衰史》,中国民主建国会天津市委员会、天津市工商业联合会文史资料委员会编:《天津工商史料丛刊》第4辑,1986年,第77页。《天津早期的货栈业》,市粮食局,1956年,天津市档案馆,档号:X0095 - C - 002140 - 002。

交之棉花抵押借款;3.以正在装运途中之棉花抵借。前两种方式以存棉抵押借款,尚属可为,后一种则有一定风险。内地棉商开出天津本庄付款汇票,售予内地钱庄,得款购棉,钱庄将此本庄付款汇票寄至天津,向居津之代理人收款。① 棉栈借款一般在其运输途中之棉花按市价合计总值之半,或在半数以下。在途中之棉花,有时或遇匪劫,或遇水浅不行船,转运为难,垫款迟迟不易收回,而狡猾的人,有时向棉栈借得款项后,复将棉花中途运至青岛等处出售。棉栈本身之资金亦非雄厚,故办理上列三种借款,有时亦周转为难,为救济计,乃以棉花花单,向银行或仓库抵借。棉栈付与仓库之利息为月息1分,而货栈与棉商之款则收月息1分至1分2厘。利率之差,为棉栈收入之要源。②

斗店是天津最早的粮商,一般资本较多,以代客买卖为主。"货栈佣金少于斗店,按买卖金额提取1%。客户借款付利,存款无息,是货栈业的规定。粮食一般由货栈业转移到专业仓库。"③怡和斗店是在西集开业较早的一户。它除代客买卖粮食收取佣金和存栈费外,还可代垫货款(买主付息)。怡和粮栈也用先期使用货款的方式放款,日息1分2厘,生意兴旺。④ 斗店代客垫款,一般月息1分5厘,因为是赊期付款,客户借款日期较长,所以斗店利息收入较多。1938年,就连天津最有名的敦昌银号也添加了粮业部,代客买卖和抵押放款,索取佣金和较高利息。⑤ 鲜货栈和山货栈也代客垫款,收取较高利息。⑥

货栈在七七事变后生意更加兴隆,但是在抗战胜利后周转失灵,陷于停滞。⑦ 与货栈相关的一些行业如运输业也陷入停滞状态,纵然某运输商之信用好,手续简便。抗战后,货栈业进入穷途末路,运输业固有信用制度亦被破坏,各业欲树立过去人际关系而求发展则非常困难。⑧ 天津近代市场信任度日渐低落,对货栈影响很大。20世纪30年代以来,商人之商德

---

① 金城银行总经理处天津调查分部编:《天津棉花运销概况》,1937年1月,第21页。
② 金城银行总经理处天津调查分部编:《天津棉花运销概况》,1937年1月,第22页。
③ 李杰三:《解放前后天津粮食行业概括》,第5页。《天津早期的货栈业》,市粮食局,1956年,天津市档案馆,档号:X0095-C-002140-002。
④ 王作勋:《天津最早的粮栈——怡和斗店》,中国人民政治协商会议天津市委员会文史资料研究委员会编:《天津文史资料选辑》第20辑,天津:天津人民出版社,1982年。
⑤ 李杰三:《天津早期的货栈业——六十年(1896—1956)兴衰史》,第28页。《天津早期的货栈业》,市粮食局,1956年,天津市档案馆,档号:X0095-C-002140-002。
⑥ 李杰三:《天津早期的货栈业——六十年(1896—1956)兴衰史》,第25页。《天津早期的货栈业》,市粮食局,1956年,天津市档案馆,档号:X0095-C-002140-002。
⑦ 刘续亨:《天津货栈业发展沿革概述》,中国人民政治协商会议天津市委员会文史资料研究委员会编:《天津文史资料选辑》第20辑,天津:天津人民出版社,1982年,第181页。
⑧ 薛不器:《天津重视人力之商业》,天津《益世报》1946年11月12日,第5版。

渐次低落,"以系受生活程度提高及社会虚浮日烈所促成。一切不顾商道及名誉之事,渐有日益猖獗之景象。""四五十年以来,货栈与客商间之往还,迄未闻货栈将客货委托保管之货品据为己有,更未见客商借贷货栈之款项而不承认等情事。"货栈内部职员的职业道德也在衰落。许多中高级雇员常常在货栈中长支短欠,每年经副理长支二三千元,会计员与营业员各长支五六百元,大都视为平常。① 外庄人员也借货栈公款私自营利,倘若失败则转账与客商,或者勾结客商舞弊,导致货栈损失巨大。②"近十年来,少数不良客商、货栈卑劣职员,互相勾结,内外合作,侵占或诈欺栈款等情事发生,对于信用已不重视。栈商虽欲力除此中弊端,终以栈业实物繁琐,每有防不胜防之感。且弊端有层出不穷之势。究其原因,不外会计制度不健全耳。"近代天津社会虚浮日盛,内地市场虽不似天津之浮华,而外庄之勤慎已不似往年之景象,颇有渐趋下流之势。③ 当时天津社会正处于近代转型时期,商业道德有了巨大的变化,法制和现代信用制度到了非实行不可的地步。

第二节 近代天津票号与民间借贷

票号即汇票庄,俗称票庄,是近代天津钱业的一个重要组成部分,主要从事国内的汇兑交易,实际上行使了地方银行的职能。票号总店大都设在山西省太原附近的太谷县、平遥县和祁县,各地都府都设有分店。各票庄都对其资本额保守秘密。估计多者是百万两,少者也不下二十万两。④ 票号是近代天津钱业中的一支重要力量,也是近代商业借贷的一个重要机构。因其与钱铺、钱庄、银号等的业务和历史发展的轨迹有明显的不同,故单列出来说明。在以往的研究中,学者往往对票号的产生、内部机制以及衰落进行探讨,对票号在民间借贷中的作用研究不深入。天津是票号产生

---

① 薛不器:《天津货栈业》,天津:新联合出版社,1941年,第107页。
② 薛不器:《天津货栈业》,天津:新联合出版社,1941年,第23页。
③ 薛不器:《天津货栈业》,天津:新联合出版社,1941年,第25页。
④ 侯振彤译:《二十世纪初的天津概况》,天津市地方史志编修委员会总编辑室编:《天津史志丛刊》(一),1986年,第212~213页。

和发展的重要地区,票号对近代天津商业借贷的作用有必要进行重点介绍。①

一、近代天津票号的兴起与资本

票号是在清代产生的重要金融机构,主要经营汇兑业务。有的说法认为中国第一个票号产生于天津。山西平遥人雷履泰于嘉庆二年(1797)开设日升昌颜料铺,为购买四川铜绿,因携带现银不便而与四川两地采取了互相拨款的办法,于道光二年(1822)将日升昌颜料铺改组为票号。② 也有的说法是票号首先在汉口成立。③ 票号在早期的活动地区侧重在中国北方。④ "票号的汇兑业务原是适应埠际贸易的开展,解决不同地区间由于长途贩运而形成的债务清算和资金平衡等一系列问题而产生的。"⑤也有学者认为票号产生于19世纪20年代初,即清道光初年。账局对票号的产生间接地起过一定的作用。⑥

天津的票号在道光年间已经有了17家之多,多为山西票号,可分为祁县、太谷、平遥三帮。天津开埠后,钱业发展,各钱铺多吸收票号存款,以扩充业务,埠际之间的贸易也赖票号调解。⑦ 天津票号在太平天国运动时期有了一个发展的机遇。在太平军向天津逼近的时候,商人们纷纷逃散,导致天津商业受到很大的影响,许多十三行的商人失业。⑧ 对天津经济具有重要意义的盐商也受到了很大的影响,"本年引岸多被水灾,销数已属大滞。又值逆匪窜扰,运道间阻,引皆停领。核计春秋两运之盐,不及往年之十分之四。"盐商的生意还有赖于借贷金融的周转,而由于动乱,"津郡放账之家多已关闭歇业,商人无可通融,悉皆束手无策"⑨。于是,剧增的借贷需求为票号的信用业务提供了一个发展的机遇。加之战争时期票号为

---

① 李永福:《山西票号研究》,华东师范大学博士学位论文,2004年。姬淑婷:《信任网络破损——山西票号衰败的根源》,山西财经大学硕士学位论文,2014年。李南:《山西票号的衰败原因探究》,《邢台学院学报》2013年第1期。
② 天津市地方志编修委员会编著:《天津通志·金融志》,天津:天津社会科学院出版社,1995年,第86页。
③ 《山西票号史料》(增订本),太原:山西经济出版社,2002年,第533页。
④ 张国辉:《晚清钱庄和票号研究》,北京:社会科学文献出版社,2007年,第36页。
⑤ 张国辉:《晚清钱庄和票号研究》,北京:社会科学文献出版社,2007年,第15页。
⑥ 张国辉:《晚清钱庄和票号研究》,北京:社会科学文献出版社,2007年,第15页。
⑦ 沈大年主编:《天津金融简史》,天津:南开大学出版社,1988年。
⑧ 《山西票号史料》(增订本),太原:山西经济出版社,2002年,第47页。
⑨ 《山西票号史料》(增订本),太原:山西经济出版社,2002年,第48页。

清政府代汇军饷而为清政府所信任,票号还为官吏垫支款项办捐晋级补缺等,因此票号在此时有了较大的发展。① 庚子前票号在天津已达30家,为票号最为繁盛时代。"票号与清政府的关系异乎寻常地密切起来,这是票号在19世纪五六十年代之交业务对象发生变化的一个特点。"② "在19世纪60年代之后,票号在业务上进入了重大的发展时期。它在金融业中的地位和所发挥的作用就更为人们瞩目了。"③ 1862年,山西票号发展到了34家,有的在天津设了分号。票号以汇兑为主,而经营放款业务的比重则越来越大。票号采取分支连锁制,在各地设立分号、连号和代理店,票号分店甚至远达日本、俄罗斯等国。1905、1906年,《全津各行加入商会清单》中记载票号有25家。④

表8-1 清末天津部分票号

名称	地址	总号资本	资本	号东	经理
分设津庄百川通	估衣街	30万两	随带银1万两	渠兴周	雷德庵
分设津庄大德恒	锅店街	26万两	随带银1万两	乔景俨	王建功
分设津庄蔚丰厚	锅店街	28.32万两	随带银1万两	侯枚生	程宝田
分设津庄蔚泰厚	锅店街	35万两	随带银1万两	侯建基	孔镜堂
分设津庄新泰厚	锅店街	26万两	随带银1万两	侯子中	刘耀堂
分设津庄协成号	针市街	18万两	随带银1万两	吴士廉	张笏臣
分设津庄合盛元	针市街	25万两	随带银1万两	郭荣、张广滋	颉兰亭
分设津庄协同庆	针市街	24.4万两	随带银1万两	米务本 王卿云 协庆义	冀静山
分设津庄大盛川	针市街	10万两	随带银1万两	大盛魁	侯聚五
分设津庄蔚盛长	针市街	24万两	随带银1万两	候建基 王龙泉	尹辑五

---

① 沈大年主编:《天津金融简史》,天津:南开大学出版社,1988年。
② 张国辉:《晚清钱庄和票号研究》,北京:社会科学文献出版社,2007年,第80页。
③ 张国辉:《晚清钱庄和票号研究》,北京:社会科学文献出版社,2007年,第44页。
④ 天津市地方志编修委员会编著:《天津通志·金融志》,天津:天津社会科学院出版社,1995年,第86页。

(续表)

名称	地址	总号资本	资本	号东	经理
分设津庄蔚长厚	针市街	25万两	随带银1万两	蔚泰厚 蔚盛长 常汉章等	毛诗舫
分设津庄日升昌	针市街	38.28万两	随带银1万两	李五庸 李五典 李五玉 李五峰	乔仰侨
分设津庄福成德	针市街	5万两	随带银1万两	许立忠	刘辅廷
分设津庄裕源永	针市街	5万两	随带银1万两	霍枚	齐发茂
分设津庄大德玉	针市街	22万两	随带银1万两	常荫春 常立训 常畅春	段景亭
分设津庄大德通	针市街	35万两	随带银1万两	秦忠、秦文蔚	马文清
分设津庄义成谦	针市街	6万两	随带银1万两	张赞武	乔秀升
分设津庄大美玉	针市街	10万两	随带银1万两	常立训	聂绍琴
分设津庄锦生润	针市街	9万两	随带银1万两	曹锦隆	戴瑞臣
分设津庄志成信	估衣街	24万两	随带银1万两	负元玺	苏湘
分设津庄存义公	估衣街	24.6万两	随带银1万两	合资	翟继谟

资料来源：天津市地方志编修委员会编著：《天津通志·金融志》，天津：天津社会科学院出版社，1995年，第88页。

还有26家之说，多了一个义成谦。① 天津的票号大多集中在天津老城的繁华地段，如针市街、锅店街等，多为山西票号的分庄，总号资本较为雄厚，以二三十万两居多，随带资本皆为1万两。

票号在组织上多为独资经营，也有合资经营，但均负无限责任。② 资本的主人，有1人、3人、5人、7人等，各不相同。也有官吏匿名入伙的，投放资金，接受利润的分配。③ 资本都存在总号，分号不另发资本，只有相应

---

① 侯振彤译：《二十世纪初的天津概况》，天津市地方史志编修委员会总编辑室编：《天津史志丛刊》（一），1986年，第212~213页。
② 张国辉：《晚清钱庄和票号研究》，北京：社会科学文献出版社，2007年，第22页。
③ 侯振彤译：《二十世纪初的天津概况》，天津市地方史志编修委员会总编辑室编：《天津史志丛刊》（一），1986年，第212~213页。

的川资和开办费。合资的票号一般把资本分为若干股,各股数额规定不一。除资本外,大多数票号还有辅本(类似于长期存款),也分为若干股,但是只给定息,不分红利。辅本之外,财东或多或少均在号内有活期存款。票号开业的时候,资本多者几十万两,少则几万两。但是一般确切的数字很难知道,除了营业机密和夸大其词以外,主要是因为票号多从颜料庄、绸缎庄和茶行演变来。票号营业商的一切实务全由聘请的主事人负责,财东概不过问。票号每三四年为一个账期,分红利一次,分红时现将所获得的利润酌提一部分作为基金,然后按照股份计算,职工按身股分红,掌柜的红利由财东决定。"票号在用人方面非常的慎重,坚持因事用人的原则,对号掌采取用人不疑,疑人不用的宗旨。选用学徒非常严格,注重乡土关系,有看三代,看相貌,试鞋等惯习。一二年内不让接触业务,只管饭不发工资。顶身股是一种激励职工的手段。对入号三次账期及九至十二年的职工工作勤恳没有过失的人,最初一般不超过二厘,按股分红,没有顶身股的职工,则由掌柜根据情况决定分红。"严密的号规有十不准:一、不准接眷外出。二、不准在外娶小纳妾。三、不准宿娼赌博。四、不准在外开商店。五、不准染习不良嗜好。六、不准蓄私放贷。七、不准用号款借与亲友。八、不准投机取巧,买空卖空。九、不准懈怠号事,苟且偷安。十、不准向号中相与之家浮挪暂借。① 票号对外非常注重信用,"庚子事变后,票号业虽然遭受损失,但各家票号都非常强调信用,对于存户的提款毫不留难,甚至主动'推还存款'。因此,在事变后票号的信誉更见大著,社会上一再称道。"②票号的信誉与信用在长期的演变中形成了一套机制。③ 各票庄的营业信用的高低与拥有的资金多寡无关,而是由经理的能力如何而定。④ 但在近代新的环境下票号维持信誉的机制无法维持。⑤

二、近代天津票号的借贷特点

借贷在最初不是票号的主要业务,"非于资金停滞时,票号大都不愿放

---

① 天津市地方志编修委员会编著:《天津通志·金融志》,天津:天津社会科学院出版社,1995年,第87页。
② 张国辉:《晚清钱庄和票号研究》,北京:社会科学文献出版社,2007年,第174页。
③ 王书华、孔祥毅:《信誉博弈、制度均衡与晋商信用制度变迁分析》,《山西财政税务专科学校学报》2009年第1期,第62~66页。
④ 侯振彤译:《二十世纪初的天津概况》,天津市地方史志编修委员会总编辑室编:《天津史志丛刊》(一),1986年,第212~213页。
⑤ 张亚兰、孔祥毅:《从山西票号看信任半径、信誉均衡与金融发展的关系》,《金融研究》2006年第8期,第133~143页。

款,甚至放款范围,则以钱庄为多,商店及官吏次之,平常人则无论如何有利,绝少允许"①。但票号因为常有剩余资金,因此"兼营贷付业,以图利息"。主要是向钱庄借贷,在派人调查后,酌定利息,多为短期借贷。② 票号的存放款业务"到后来成为重要的业务内容,特别是存款成为其汇兑和发放贷款的基础。"③"票号最迟在 40 年代已经把存、放款与汇兑结合起来了,或者说通过汇兑形式进行存、放款活动。也就是票号业中所称的'逆汇'。""到 40 年代后期,票号经营存放款,已成为经营性的业务了。""信贷活动见之于以汇兑为专业的票号业务中,并且经常化,乃是票号业在早期发展历程中一个富有意义的现象。它标志了票号已经成为一个全面承担借贷和汇兑业务的金融组织了。"④

票号借券内容与形式也较为独特,借票在借款时,"由借者所发行记名式而附以利息之票据",与"日本之所谓担保之指名债权证(即有保证人之借据)"相似,"唯观其时为辗转,对于债务者,不必得其承诺与通知,斯固颇有类于票据之性质也"。"借据的形式,可以照相使用"⑤。

票号放款非常注意稳妥,一般来说,"如果不是银号、钱铺和其他有信用的商人以及确实的官吏等等就不借给"。票号"放款之地点,大半在各都市之商务码头,交易字号以钱庄及各大货行为限。小字号与个人,则曩不交易"⑥。

票号借贷的主要对象在不同的空间和时间上的特点有所不同。在早期,"主要对象为官僚、钱庄、大商人"⑦,其中官僚占多数。"票号之放账,长期为多,大都一般官吏士人,向其告贷。从前候补官吏,如遇困乏及必要时,往往向票号借款,定期归还。票号对于此种放账利息所取既厚,间且有加折扣,甚至予扣利息若干。且此种放账,与存款有连带的关系,将来归还借款时,亦即存款交易时也。"⑧其次是钱庄,多为短期。"运用之者以钱店为多,次则商店及官吏,至借给个人,则无论如何有利,决不轻许"⑨,对"小

---

① 《山西票号史料》(增订本),太原:山西经济出版社,2002 年,第 748 页。
② 《山西票号史料》(增订本),太原:山西经济出版社,2002 年,第 747 页。
③ 天津市地方志编修委员会编著:《天津通志·金融志》,天津:天津社会科学院出版社,1995 年,第 282 页。
④ 张国辉:《晚清钱庄和票号研究》,北京:社会科学文献出版社,2007 年,第 39 页。
⑤ 《山西票号史料》(增订本),太原:山西经济出版社,2002 年,第 750 页。
⑥ 《山西票号史料》(增订本),太原:山西经济出版社,2002 年,第 749 页。
⑦ 《山西票号史料》(增订本),太原:山西经济出版社,2002 年,第 747 页。
⑧ 《山西票号史料》(增订本),太原:山西经济出版社,2002 年,第 749 页。
⑨ 《山西票号史料》(增订本),太原:山西经济出版社,2002 年,第 748 页。

商号及个人向不交易"①。但在"庚子事变"后,"票号除了对钱庄进行商业放款之外,也开展了对近代企业发放贷款的业务"。② 近代天津开埠后,一些票号与外国的金融机构还发生了联系。票号与外国银行之间的融资关系也有期限的分别,此时票号与外国银行等在业务上也开始了竞争,"在19世纪90年代面临着外国银行的威胁,在天津尤其明显"③。

近代票号的借贷常常具有政治性,"票号与清政府地方官僚在私利上常常是结合很紧的"④。"票号与晚清官场联系非常密切,所以它在封建性上较当时另一种金融组织钱庄就远为浓厚。"⑤"垫款实际上就是票号对地方政府的贷款。"⑥"在洋务运动全面开展的过程中,依靠票号沟通各省金融的事例,是大量存在的。"⑦"票号的汇兑业务在缓和清王朝财政困难上起着不容忽视的作用。"⑧

近代以来,票号还与外国金融拉上了关系,"票号在资金不需要的时候,也要存到外国银行里,在每次需要时再去提取;还有在需要款项的时候,也有向外国银行借入资金的"。⑨ "近来票号多与外国银行交易,故也有融资金于外国银行者。借款期限为一个月、二个月、三个月之短期,或一年以上之长期,概为定期借款,其议定借一年者,准五六个月时偿还。"⑩

票号放款的期限,短期以1个月、2个月、3个月为限,长期则以1年为限。⑪ "放款多数是定期的,以三个月为最长,利息按月计算,必须三个月一结算。"⑫ "票庄存放款项,与汇兑一样,没有一定章程,利息因人而异,由票庄与主顾面商。"⑬在对银号等商家借贷利息较低,"票庄主要是能以很少的利息,向银号定期开放活期存款。"⑭但是对官吏的放款"利率甚

---

① 《山西票号史料》(增订本),太原:山西经济出版社,2002年,第749页。
② 张国辉:《晚清钱庄和票号研究》,北京:社会科学文献出版社,2007年,第174页。
③ 张国辉:《晚清钱庄和票号研究》,北京:社会科学文献出版社,2007年,第177页。
④ 张国辉:《晚清钱庄和票号研究》,北京:社会科学文献出版社,2007年,第99页。
⑤ 张国辉:《晚清钱庄和票号研究》,北京:社会科学文献出版社,2007年,第100页。
⑥ 张国辉:《晚清钱庄和票号研究》,北京:社会科学文献出版社,2007年,第92页。
⑦ 张国辉:《晚清钱庄和票号研究》,北京:社会科学文献出版社,2007年,第86页。
⑧ 张国辉:《晚清钱庄和票号研究》,北京:社会科学文献出版社,2007年,第37页。
⑨ 《山西票号史料》(增订本),太原:山西经济出版社,2002年,第747页。
⑩ 《山西票号史料》(增订本),太原:山西经济出版社,2002年,第748页。
⑪ 天津市地方志编修委员会编著:《天津通志·金融志》,天津:天津社会科学院出版社,1995年,第283页。
⑫ 《山西票号史料》(增订本),太原:山西经济出版社,2002年,第748页。
⑬ 《山西票号史料》(增订本),太原:山西经济出版社,2002年,第750页。
⑭ 侯振彤译:《二十世纪初的天津概况》,天津市地方史志编修委员会总编辑室编:《天津史志丛刊》(一),1986年,第212~213页。

高"①,"因冒危险较重,而利息也较高"②,"几与高利贷无异"③。"独对于信用最厚之商店,每有无抵当而许其有十万、二十万之逾借者,对于外国商人亦同。此逾数借款之利息,年自8厘至一分二厘。在银行同业之间,则其每年利息仅自四厘至八厘云。"④各地利息也不一致,在东北地方,月利常在7分上下,北京最少,天津比北京多。⑤ 利息也与市场的状况相关,"放款的利息并无一定,须视金融状态如何,普通自八厘至一分二、三厘不等。"利息按市场银根的松紧而不同,如果市场银根松大约是六七厘,如果银根紧就要由1分到1分2厘。但是也有变通的余地,"一商人若与银行为特别直约定时,银行应其商人之信用程度,有让以几成之利息,故各商店虽有如前述之利率,仍有缔结其借金之余地。又该地银行逾借之制度,视交易者之信用,大限虽有金额之制限。"借贷的期限对利率也有一定影响,"借出金有随时、定期之二种。前者则对于相交易商店之最确实者,预算该商店一年所使用之银额,定其低于通常例记之一定利息,而为预约之借予也,每年并一期为计算,其期日自十月二十日至二十八日之间定之。又定期借出金之期限,为三个月,多系信用借贷不事抵押。"⑥"金融之借款利息,常有期限之长短而各异,于长期之借款反要求重利者,盖以短期借款为本利之故。在一月或二月期限之票号借款,月利应收七厘;而即期借款之利息,自较定期借款之利息为轻,短期借款之利息如为六厘,月利大概为三厘五毫,为每日之结算。"⑦票号不同帮派的利率也不一致,平帮放款一般为五六厘,很少超过7厘,祁太两帮总在七八厘至1分之间。⑧ 实际上则因时因地因人的相互关系而没有一概而论,"各号均大有伸缩。"⑨"至以博取重息,悬为大禁,则为平遥所独也。"⑩总体看来,票号的利率不是很高,低于钱铺之利息,其差异在2厘至4厘之间。一般为最低之5厘,至银块甚缺之时,最高时曾有3分的重利。"唯每年观察金利之上下,其变动大至在

---

① 《山西票号史料》(增订本),太原:山西经济出版社,2002年,第747页。
② 《山西票号史料》(增订本),太原:山西经济出版社,2002年,第748页。
③ 《山西票号史料》(增订本),太原:山西经济出版社,2002年,第747页。
④ 《山西票号史料》(增订本),太原:山西经济出版社,2002年,第748页。
⑤ 《山西票号史料》(增订本),太原:山西经济出版社,2002年,第750页。
⑥ 《山西票号史料》(增订本),太原:山西经济出版社,2002年,第748页。
⑦ 《山西票号史料》(增订本),太原:山西经济出版社,2002年,第750页。
⑧ 《山西票号史料》(增订本),太原:山西经济出版社,2002年,第749页。
⑨ 《山西票号史料》(增订本),太原:山西经济出版社,2002年,第750页。
⑩ 《山西票号史料》(增订本),太原:山西经济出版社,2002年,第749页。

五厘至于二分之间。"票号利息的计算还有满加利一说。①

票号的借贷方式有信用和抵押两种,但抵押很少。抵押多用货物,也用票据,很少以房地作抵。"不重契据,不做押款,此为各帮所同"②。"有时也有收入抵押,利息以日计算","届期不能返还者,则为证书交换之"③。对不同的对象借贷方式也有不同。借给商店,须看货抵押,有钱庄为保证人,信用素厚的无担保也可以,"但无以房屋田地等为抵押而借款之事"④,借贷的时候,还需要抵押和保人作为保证,"或要殷实的保证人,如果有诉讼争端时,在道台衙门起诉,道台任命地方官加以判决。"⑤抵押票据多用于对商铺的借贷,也有中人保证。如"商与黄杏樵素有川换,光绪二十八年间,向商借用银两,曾有招商局股票作押,当由黄杏樵出与商借据三纸,而商出与黄杏樵股票收条三纸,一系二十八年二月间六十股收条一纸,一系二十八年三月间三百股收条一纸,一系二十九年六月间一百五十一股收条,均由中友经手,彼此各执为凭。"⑥

天津票号对近代天津对外贸易起到了很大的作用,如对皮毛业"一直到80年代以后,皮货收购的业务才在西北一带真正活跃起来。这期间,天津的票号对洋行买办所提供的信用,是起有巨大作用的。"⑦"天津票号在上述各省设有分号,它们之间维系着频繁的金融交往"⑧,对促进国内的经济交流也起到了很大的作用。⑨ "它在促进商品流通、支持埠际贸易开展

---

① 《山西票号史料》(增订本),太原:山西经济出版社,2002年,第750页。所谓满加利者,乃满算加利之谓。可分动静两方面申论之。就静态论,则一年分为四标,按标公开利率,春标开夏标,夏标开秋标,秋标开冬标,冬标复开次年春标,依次循环,决定由此标而夏标归还期内之满加利率,但每标期之前半月,钱业即行予开夏标之利率,以衔接下标。其利率大致每千元满加利20元上下。例如民国二十三年春标满加20元,夏标满加13元,秋标满加20元,冬标满加29元。但就动态而论,则市场金融松紧日有变化,一标三月之内,每日有每日之满加利行市,甚至每日有早、午、晚三次之行市,满加利之决定,每日有钱业公所交易定之。即随标期远近而伸缩,夏凭银市松紧而涨落。秋季粮食上市,需款孔急,银市较紧,归标时期虽近,满加利并不因之而低。春季银市甚松,用款极少,标期虽远,而满加利率反低。例如民国二十四年秋标在8月29日,冬标为11月24日,秋标开冬标之满加利为21元,而10月31日至冬标归款之满加利行市尚为20元,11月1日则降至16元。又如同年春标在3月8日,夏标在6月2日,春标开夏标之满加利为18元,而3月9日至夏标归款之满加利为8元,3月12日满加利为7元。故所谓满加利者,与其谓为借款时间为期限,毋宁按归标现为标准。

② 《山西票号史料》(增订本),太原:山西经济出版社,2002年,第749页。
③ 《山西票号史料》(增订本),太原:山西经济出版社,2002年,第748页。
④ 《山西票号史料》(增订本),太原:山西经济出版社,2002年,第749页。
⑤ 《山西票号史料》(增订本),太原:山西经济出版社,2002年,第748页。
⑥ 《山西票号史料》(增订本),太原:山西经济出版社,2002年,第750页。
⑦ 张国辉:《晚清钱庄和票号研究》,北京:社会科学文献出版社,2007年,第77页。
⑧ 张国辉:《晚清钱庄和票号研究》,北京:社会科学文献出版社,2007年,第109页。
⑨ 沈大年主编:《天津金融简史》,天津:南开大学出版社,1988年。

方面所起的积极作用,有力地推动了社会经济的发展"①。

张国辉对天津票号的放款活动做了如下的评价:"钱庄、票号,具有比较鲜明的商业高利贷的性质","但是,它的出现和使用,对封建经济的发展来说,毕竟是有积极的现实意义的。"②因为"到了 19 世纪 70 年代,经济活动的实际表明,钱庄资本和票号资本已经是从职能资本的运动中独立出来的货币资本,具备了借贷资本的性能。"③"钱庄、票号的活动到 19 世纪末、20 世纪初,已经不是局限于为商品的流通过程服务,而是发展到与商品的生产过程运动相联系了。"④"即从商业高利贷资本逐步地向以资本主义生产关系为依据的借贷资本转化。"⑤但是,在天津这个转化并没有最后完成,票号在金融界执牛耳的地位很快就成为了历史。但是从上面的介绍来看,把票号说成是商业高利贷还是有待商榷的,毕竟票号的借贷利率不是很高,与天津地方的高利贷利率还有一定的差距。

三、票号与银号的关系

票号与钱庄都是重要的民间商业借贷机构,也都在钱业范围之内。它们的借贷方式有相同之处,但是经营和借贷的业务范围则有些不同,"即票庄营业以汇兑为主,本地帮以本地贷款及兑换为主"⑥。钱庄的存放款则以一般商人为对象。钱庄所做贴现、兑换、买卖金银、交换票据等业务,票庄不参与。票庄结交官吏,发行纸币;钱庄注重社会信用,不发纸币。⑦ 天津近代前期商家往来,在本地经营以银号为外库,对埠际贸易持票号为调节。⑧

天津票号注重于政府投资方面,多与政府官吏往来,很少与一般商人有金融往来,但实际上通过钱庄间接贷款给一般商人,由此控制天津商业界的资金流通。票号的生息资本通过钱庄以商品经营资本的形式活跃于国内市场,票号的资本力量远比钱庄雄厚。⑨ 根据天津钱业行家估计,在

---

① 张国辉:《晚清钱庄和票号研究》,北京:社会科学文献出版社,2007 年,第 100 页。
② 张国辉:《晚清钱庄和票号研究》,北京:社会科学文献出版社,2007 年,第 189 页。
③ 张国辉:《晚清钱庄和票号研究》,北京:社会科学文献出版社,2007 年,第 190 页。
④ 张国辉:《晚清钱庄和票号研究》,北京:社会科学文献出版社,2007 年,第 191 页。
⑤ 张国辉:《晚清钱庄和票号研究》,北京:社会科学文献出版社,2007 年,第 192 页。
⑥ 《山西票号史料》(增订本),太原:山西经济出版社,2002 年,第 68 页。
⑦ 《山西票号史料》(增订本),太原:山西经济出版社,2002 年,第 66~67 页。
⑧ 吴石城:《天津之银号》,《银行周报》第 19 卷第 16 号,1935 年 4 月 30 日,第 17 页。
⑨ 张国辉:《晚清钱庄和票号研究》,北京:社会科学文献出版社,2007 年,第 105 页。

光绪二十六年（1900）以前，天津市场上可利用的现款或信用资金大略为6000万两，其中资金占有者分别为：票号2000万两，外国银行与政府官员在征收与交库期间留备流通的政府款项1000万两，富商及社会上层的周转金1000万两，钱票1000万两，本地商人赖以从上海赊购货物的资金1000万两。① 由此可知，票号的资金在天津市面占三分之一，如果没有票号的资金流通，则无法维持天津市面的安定局面。1900年初的贴水风潮中，票号鉴于社会秩序混乱，"'渐次收回现银，市面为之奇窘'，特别是天津的钱庄在票号暂停通融资金后，便痛感无力开展业务。"②

可见，票号和钱庄在业务上是互相补助和支持的。"本地钱庄崛起之后，在表面视之，似与山西票庄立于反对之地位，大有两雄对峙，势不两立之概。但实际上相处正善，毫无冲突之虞。"因为钱庄资力薄弱，有赖于票庄供给。而票庄对各地人情风俗不熟悉，于是他们"极愿与之往来以通声气。于是相互提携，共营斯业"。并为避免冲突而"划分界限不相侵犯。本地之事以钱庄任之，各省之间事，以票庄任之"。即使在天津开埠后，"票庄、钱庄各有分内之事，尤当分道扬镳，不容自相侵犯"③。所以它们二者关系密切，互相支持，钱庄以票庄作为后盾，可以取得民间信用，便于经营各种事业。而"票庄集中全力经营各地及各省往来的汇兑，把有关地方性质的营业，逐渐让与钱庄"④。

但是，庚子后，随着票号的衰落，票号和钱庄的关系也出现了问题。自变乱以来，情见势绌，票号既不肯通融，银行亦不轻交易，一遇称贷，必咸以官家担保为请。⑤

第三节 近代天津钱庄与民间借贷

银号、钱铺、钱局、钱庄以及票号是中国本土为民间商业提供借贷的金

---

① 罗澍伟主编：《近代天津城市史》，北京：中国社会科学出版社，1993年，第214页。
② 张国辉：《晚清钱庄和票号研究》，北京：社会科学文献出版社，2007年，第174页。
③ 《山西票号史料》（增订本），太原：山西经济出版社，2002年，第166页。
④ 《山西票号史料》（增订本），太原：山西经济出版社，2002年，第66~67页。
⑤ 《山西票号史料》（增订本），太原：山西经济出版社，2002年，第296页。

融机构,在此统称为钱业。① 其中钱庄作为"我国固有之金融机关,当四十年前银行犹未设立之时,各大城镇金融之调济,惟钱庄是赖;其地位之重要,殆冠百业。"②天津钱庄的发展可以分为以下几个时期:清代嘉庆前为胚胎时期;自天津票号产生后经历发展时期;至"庚子事变"前达到了全盛时代;庚子后至民国前因社会动乱而遭到重创;民国后至日伪时期是天津钱庄的挣扎图存时期;之后,天津钱庄进入了衰落时期。③ 庚子前后,天津钱庄成为天津市场的核心势力,号称"百业之主",是天津经济近代转型的重要标志。

一、近代天津社会经济发展与钱庄变迁

天津钱庄产生于明永乐年间。当时天津已步入城市发展阶段,商品经济的发展刺激白银和制钱的兑换,导致了兑钱摊的产生,④一些票号、钱铺、炉房、首饰楼等也兼营货币兑换,如益珍、天兴恒首饰店和瑞蚨祥绸缎庄等。⑤ 以后发展为独资经营的专门进行兑换的小型商号,间或有少量存款放款业务,称为钱铺、钱局、钱号。⑥ 清末宣统年间,始称银号,1947年全国统一称为钱庄。⑦ 钱商开始多为独资,后来出现了合伙经营。⑧ 庚子后,钱业始为之萧条。

清代自康熙朝以后,随着商品经济的发展,在商业比较发达的城市里,

---

① 英夫、朱继珊:《天津钱业与钱业同业公会》,中国民主建国会天津市委员会、天津市工商业联合会文史资料委员会编:《天津工商史料丛刊》第7辑,1987年。"钱业名称有钱摊、票号、钱局、钱号、钱庄、兑换业和银钱兑换号等,都是钱业,但又不是一个公会组织。后来在民国初年一律改称银号,业务也以存放款为主。"票号不在本部分的钱业之内,另文讨论。
② 王子建、赵履谦合著:《天津之银号》序,河北省立法商学院,1936年12月,第1页。
③ 王子建、赵履谦合著:《天津之银号》,河北省立法商学院,1936年12月,第1~5页。还有一种划分:天津钱业在民国以前业务刚起步,可以称为早期。民国时期,民族资本扩大,有所发展,可谓中期。七七事变以后,钱业组织有限公司,至解放前衰落,可谓晚期。(参见刘嘉琛:《解放前天津钱业析述》,中国人民政治协商会议天津市委员会文史资料研究委员会编:《天津文史资料选辑》第20辑,天津:天津人民出版社,1982年,第156页。)
④ 天津市地方志编修委员会编著:《天津通志·金融志》,天津:天津社会科学院出版社,1995年,第89~90页。
⑤ 沈大年主编:《天津金融简史》,天津:南开大学出版社,1988年,第2页。
⑥ 沈大年主编:《天津金融简史》,天津:南开大学出版社,1988年,第2页。
⑦ 刘嘉琛:《解放前天津钱业析述》,中国人民政治协商会议天津市委员会文史资料研究委员会编:《天津文史资料选辑》第20辑,天津:天津人民出版社,1982年,第156页。
⑧ 英夫、朱继珊:《天津钱业与钱业同业公会》,中国民主建国会天津市委员会、天津市工商业联合会文史资料委员会编:《天津工商史料丛刊》第7辑,1987年。

钱庄越来越多。① 在当时的天津市场上,钱铺的资本勉强达到一两千元,以经营元银、铜元、制钱或津钱的兑换为主。银号与钱铺在开始的时候在功能上有所区别,主要表现在:1. 银号资本比较大;2. 银号以兑银两和银元为主,钱铺以兑铜钱、银洋为主;3. 银号在外地有支店,钱铺则不然。但二者业务没有根本的不同。② 总之,钱庄、银号只不过是兑换所的资本增大、规模扩大、将业务进行发展改革的机构而已。在上述营业项目之外,银号和钱铺全都从事放款和存款,与一般的银行业务没有什么不同。到1867年,天津钱庄大约有100家,共有资本额60万两。其中,资本额在1万两左右的钱庄有40家,在当时当地可称之为大钱庄;资本额在4000两左右的钱庄有40家,其余20家小钱庄的资本额各在2000两左右。③

咸丰年间出现了钱业行业的组织——钱号公所。宣统年间先后开办的钱庄、银号达到256家,大都位于华界北部一带。1900年庚子事变,钱业倒闭百余家,在断银色的风潮中,又有大量的银号倒闭。至1906年仅剩19家。④ 庚子后钱业复兴,为控制天津金融,袁世凯在1902年创立直隶省官银号,也叫天津官银号,总号设在东北角。主要是经营兑换和调节银钱比价,吸收小额存款,提倡储蓄。1911年官银号改组为直隶省银行。这个银号对引导民间钱业的营业进入正轨起到了一定的作用。⑤ 同时,随着外国经济侵略的深入,钱庄与外来金融势力发生了密切的联系,"洋行买办为便于经营最大的交易,与本地钱庄和商号都有比较密切的联系"。买办"时而又以钱庄、银号、行商、坐贾的身份,在贱买贵卖的欺诈行径中攒积利润",银行买办"乃是钱庄职能买办化的主要媒介"。⑥ "钱庄在中外贸易活动中的作用,主要在于它给予进出口商人以信用便利,协助洋行推销洋货,搜罗土特产。钱庄进行这种活动的信用手段,在口岸本地是庄票,在口岸和内地是汇票。"⑦

---

① 张国辉:《晚清钱庄和票号研究》,北京:社会科学文献出版社,2007年,第2页。
② 《中国之金融》,中国图书公司,光绪三十四年,第9页。王子建认为:严格言之,银钱号不属于银号范围,因两者之间并不发生金融上之联系,且前者在系统上属于兑换业同业公会,与后者之属于钱业公会者截然二事也。据他统计,1935年天津银号为142家,本地81家,京帮33家,山西帮11家,山东帮5家,东帮4家,河南帮3家,南宫帮2家,河间帮2家,热河帮1家。兑换业公会176家,烟楼56家,其他兑换商店37家。参见王子建、赵履谦合著:《天津之银号》,河北省立法商学院,1936年12月,第8页。
③ 张国辉:《晚清钱庄和票号研究》,北京:社会科学文献出版社,2007年,第32页。
④ 天津市地方志编修委员会编著:《天津通志·金融志》,天津:天津社会科学院出版社,1995年,第89~90页。
⑤ 沈大年主编:《天津金融简史》,天津:南开大学出版社,1988年,第3页。
⑥ 张国辉:《晚清钱庄和票号研究》,北京:社会科学文献出版社,2007年,第51页。
⑦ 张国辉:《晚清钱庄和票号研究》,北京:社会科学文献出版社,2007年,第58页。

民国时期，随着天津工商业的发展，天津钱业又发展起来。到了1928年，资本金在万两以上的钱庄，从1908年的38家增加到81家，其中资本金在10万两以上的钱庄就有20家，较1908年的2家增加近10倍。这种趋势一直持续到30年代初。① 30年代，银钱号在天津市场已占重要的地位，"该业之兴替，不仅关系于天津一隅之得失，且影响于整个工商业甚大。"②据1935年统计，资本金在10万两以上的钱庄达25家，其中2家的资本额已超过20万两，每家平均资本额也从1928年的6万两增至7万两。1930年达到231家。1934年底，269家钱庄中将近半数迁入法租界。③ 民国时期，天津钱庄之所以能获得如此大幅度的发展，"与当时天津对外贸易和工商业的发展有着密切的关系。"④同时，钱庄自身也有了变化："钱庄资本和新式工矿企业联系的逐步扩大，意味着钱庄资本性质上的变化，这是钱庄日益资本主义化在一个方面的放映。"⑤

天津钱庄与天津商界借贷有着极为密切的关系，对商业发展具有重要的作用。而近代天津的银号、银行与外国银行之间有着密切的关系，他们常常互相借贷串换资金，为商家提供金融支撑。20世纪初，《北方日报》报道的一个事例显示了这些金融机构与商家的密切关系：某银号与某绸缎铺都是山东某富商开设的，字号外观颇为壮阔，因为其设立银号目的是为绸缎铺融资，所以绸缎铺铺掌赵某"终日与某大银行走街及洋商某银行走街联络，昼夜昵比厮混，刻不能离，同嫖同赌同吃同吸，藉此借贷巨款，计该银号共欠某大银行数十万金（洋商行不必论），而该银号所欠之款全归某某祥绸缎铺借使"，"故某大银行走街对于某某祥自觉甚有德色，而该铺掌赵某亭亦奉该走街若神明，某大银行若一提款，则该号即有倒闭之虞。"⑥从这个实例可见当时商业融资发展需要银行号的支撑，而中外银行号之间有着密切的通融关系。同时，银号与外国洋行、银行也有着竞争及控制与反

---

① 天津市地方志编修委员会编著：《天津通志·金融志》，天津：天津社会科学院出版社，1995年，第89~90页。
② 张国辉：《晚清钱庄和票号研究》，北京：社会科学文献出版社，2007年，第2页。
③ 天津市地方志编修委员会编著：《天津通志·金融志》，天津：天津社会科学院出版社，1995年，第89~90页。据英夫、朱继册：《天津钱业与银业同业公会》，中国民主建国会天津市委员会、天津市工商业联合会文史资料委员会编：《天津工商史料丛刊》，1987年。"到1935年银号有120多家，1940年增加到230多户。后来在1942年规定最低资本伪币五十万元，又剩下120户。抗战后有从事投机，解放后限制了资本额，只有六十多家。在1953年天津银号结束。"
④ 林地焕：《论20世纪前期天津钱庄业的繁荣》，《史学月刊》2000年第1期。
⑤ 张国辉：《晚清钱庄和票号研究》，北京：社会科学文献出版社，2007年，第167页。
⑥ 《为更正某银号走街与某商号新闻事致北方日报馆函》（附剪报），天津商务总会，1910年1月，天津市档案馆，档号：J0128-3-001248-038。

控制的关系。①

20世纪以来,钱庄逐渐占据了天津钱业的主要地位,业务有了新的拓展,开始投资于工商业,有了"百业之主"的称号,这是天津钱业发展的一个重要的转折时期。② 以表8-2为例可见银号与商业企业有着极为密切的资金往来关系,对商业企业发展有着重要的意义。

表8-2 银号巨数放款明细表(1947年5月)

户名	金额(元)	期限	利率	用途	住所
长顺和染厂	5000万	三个月	月息5分	原料	
大华兴记染厂	5000万	三个月	月息5分	原料	
大兴染厂	5000万	三个月	月息5分	购买原料	河北三条石胡同1号
万华二厂	5000万	2天	12分		第二区
东方贸易公司	5000万	三个月	5%	质押贷款	南开六里台
集成铁厂	5000万	三个月	5%	质押贷款	河北三条石大街
新华洋行	1.41亿	1天	15‰	采购皮毛	大沽路
	7100万	3天	15‰		
义记证券号	9600万	1天	15‰	证券投资	大沽路
辅中公司	5000万	4天	15‰	土产	一区营口道50号
成记号	1.34亿	1天	15‰	购买纸烟	一区长春道154号
同聚证券号	5000万	1天	15‰	暂借	一区林森路113号
庆昌货栈	5000万	2天	15‰	代客外埠购粮	东车站
德和泰	5000万	1天	15‰	购粮	

---

① 参见汪敬虞:《十九世纪外国在华金融活动中的银行与洋行》,《历史研究》1994年第1期,第112~135页。
② 杨固之、谈在唐、张章翔:《天津钱业史略》,中国人民政治协商会议天津市委员会文史资料研究委员会编:《天津文史资料选辑》第20辑,天津:天津人民出版社,1982年,第99页。

(续表)

户名	金额(元)	期限	利率	用途	住所
直东公司	5000万	2天	15‰	购煤	一区张自忠路911号
蚨昌信记	5000万	2天	15‰	购货	一区滨江道
广孚号	5000万	19天	15‰	卖粮	一区哈尔滨道
原盛行	1亿	1天	5‰	证券投资	十区大港路106号院
福丰企业公司	5000万	活期	15分	购小麦制粉	第一区贵阳路52号
长顺和染厂	5000万	三个月	5分	原料	1区
大华兴记毛呢厂	5000万	三个月	5分	原料	
达兴漆厂	5000万	三个月	月息5分	购买原料	河北三条石
万新炼漆厂	5000万	三个月	5分	原料	河北望海烧锅胡同2号
元兴号	5000万		160‰		估衣街
集民铁工厂	5000万	三个月	50%	质押贷款	河北三条石
东方药业公司	5000万	三个月	50%	质押贷款	南开六里台
新华洋行	6700万	7天	15‰	购买皮毛	十区大沽路
义记证券号	1亿	1天	15‰	证券投资	十区大沽路
瑞昶津庄	3000万				
振业有限公司	1000万				
振生烟行	500万				

资料来源:《本会会员银号巨数放款明细表》,天津市钱商业同业公会,1947年5月,天津市档案馆,档号:J0025-3-001047-006。

从表8-2中可见,钱庄借贷放款的对象有工厂、企业、商铺以及金融机构,非常广泛,放款的用途多样,期限也各不相同,体现了钱庄与天津经济社会发展的密切联系。

近代天津的钱庄分布也与近代天津商业发展变迁有着密切的关联,近代天津商业中心从原来的侯家后一带转移到了租界,近代天津钱庄银号的分布也随之变迁:

表 8-3　1934 年天津银号分布

分布地区	银号数	占总数的百分比
法租界	127	47.2
日租界	29	10.8
英租界	16	5.9
竹竿巷北马路一带	33	12.3
河北大胡同	14	5.2
宫南宫北大街	14	5.2
其他地区	36	13.4
合计	269	100

资料来源：天津市地方志编修委员会编著：《天津通志·金融志》，天津：天津社会科学院出版社，1995 年，第 89~90 页。

钱庄、银号和银行共同构筑了北方区域的金融网络，这一网络以天津为中心，以各地重要城镇为联络点，其影响所及覆盖整个北方地区，其基本的构架与北方区域的交通网络基本一致，交通要道上的重要城镇成为金融机构的集中分布区域。① 在这一网络中，钱庄、银号处于基础的地位，直接与腹地的商户进行资金往来。

1937 年七七事变后，天津银号减少到了 94 家。之后大量投机银号产生，1941 年增至 195 家，1943 年底和 1944 年当局两次令银号增资，使将近半数的银号停业。② 1945 年 9 月，政府成立融资委调解银号资金以资周转。1946 年政府规定了放款利率的最高限额，于是地下钱庄盛行。1946 年 3 月，财政部规定行庄存款应向中央银行交存款准备金。1947 年 4 月 24 日，新银行法又增定提存付现准备金。这样使钱庄的活钱大为减少。同时限期增资，且要求银号与商业经营脱离，使得许多银号无力维持，变成了所谓的地下黑银号。随着金圆券的发行以及投机的盛行，钱庄失去了对工商业的辅助功能，完全走向了衰落，1952 年陆续申请停业。③

二、近代天津钱业的组织与资本

天津钱庄内部的组织结构大致如下：股东聘任经理，经理以下有副经

---

① 龚关：《近代天津金融业研究（1861—1936）》，天津：天津人民出版社，2007 年，第 131 页。
② 天津市地方志编修委员会编著：《天津通志·金融志》，天津：天津社会科学院出版社，1995 年，第 89~90 页。
③ 沈大年主编：《天津金融简史》，天津：南开大学出版社，1988 年，第 13 页。

理,副经理以下分设七个部分:营业、会计、出纳、交际或走街、文书、庶务、外庄,此外还有学徒。① 也可分为营业、管账、交际(走街)三个部门。② 走街管理外行家之交往款项及市场上各种信息,出纳管理银钱收支及保管各种重要物品。③ 钱业的经理一般由行业内较有信誉的人担任,经理的人选对钱业的发展具有非常重要的意义,经理的声誉和地位往往能给钱号带来巨额存款,如 1937 年天津"闻人赵恩庆(紫宸)鉴于年来天津市面萧条,商业日趋不振,爰筹巨资,创设庆丰银号,藉以调剂金融,辅助实业"。赵氏除自任总经理外,聘李治民担任经理,"其余重要职员亦均在金融界负有声誉"。开幕典礼时,"各界人士前往致贺者计卞叔成、范雅林、纪仲石、吴景廉、陈光远等约 800 余人,收到存款达 700 余万元,颇极一时之盛云"。④ 可见,选择有信誉的经理对于钱庄的营业具有很大的作用。

自日伪时期规定钱庄按公司注册起,天津钱业的无限独资或合伙制度就不允许存在了,但传统的精神依然存在。钱庄在人事任用上不是亲朋就是故旧,在会计制度上用的是老式账簿,有清账房。⑤ 近代天津的银号组织日益近代化,日伪时期,银号以有限股份公司的形式设立,至少其表面为近代形式。⑥

近代天津钱业有四种类型,即钱庄、票号、汇兑庄和银钱兑换号。"庚子事变"后,钱庄开始超过了票号,成为近代天津钱业的主要行业。⑦ "票号衰落后,从直隶官银号成立以来,逐步形成了三派势力。"钱庄、银行和外国银行在天津金融界内鼎足而三。⑧ 天津钱业随着近代天津对外贸易的发展逐渐形成了一些帮派,显示了很强的地方性特点。初期的帮派大都来自天津本地,所以帮派之分不太明显。但在民国之后,由于天津与腹地之间的贸易逐渐增加,外地钱业在天津开设分支行,扩大营业范围,逐渐形成了帮派体系。到抗战前为止,在天津金融市场就有天津帮、北京帮、山西帮、南宫帮、深县帮及冀县帮等帮派组织,其中天津帮(本地帮)钱庄约占

---

① 吴石城:《天津之银号》,《银行周报》第 19 卷第 16 号,1935 年 4 月 30 日,第 20 页。
② 曲殿元:《天津金融市场之组织》,《银行月刊》第 7 卷第 10 号,1927 年 10 月 25 日。
③ 吉惠:《天津之银号》,天津《益世报》1936 年 4 月 26 日,增刊 5。
④ 《庆丰银号开幕,各界闻人多往致贺,收到存款七百余万》,天津《益世报》1937 年 5 月 15 日,第 2 张第 5 版。
⑤ 沈日新:《钱庄》,《银行周报》第 31 卷第 38 号,1947 年 9 月 22 日,第 10~11 页。
⑥ 《日本投降后天津各银号钱庄股东名册及典型章程,财政部冀鲁察热区财政金融特派员》,1946 年,天津市档案馆,档号:J0175-1-000057。
⑦ 杨固之、谈在唐、张章翔:《天津钱业史略》,中国人民政治协商会议天津市委员会文史资料研究委员会编:《天津文史资料选辑》第 20 辑,天津:天津人民出版社,1982 年。
⑧ 陈静竹:《天津金融界之三派势力之分析》,天津《益世报》1936 年 7 月 12 日,增刊 3。

60%，北京、南宫、深县等帮钱庄约占30%，山西帮钱庄占10%。① 可见，"民国初期在天津形成了所谓本地帮居首位而其余帮居次要地位的局面。"②

以表8-4为例可见钱庄资本组成中的传统血缘与地缘因素非常重要。表中七人同为山西祁县人，都姓乔，应具有血缘关系而出资组织钱庄资本。

表8-4　大德通银号董事监察人情况表

职别	姓名	年龄	籍贯	住址	经历
董事长	乔宝书	五十七岁	山西祁县	北京地安门南锣鼓巷井儿胡同四号	曾任祁县财政局长
董事	乔锦堂	六十六岁	山西祁县	天津法租界三十号路连璧里五号	曾任祁县大德成茶庄经理
董事	乔映元	六十五岁	山西祁县	山西太谷城内	曾任祁县广德裕经理
董事	乔韫山	五十八岁	山西祁县	上海法租界雷水路九十九号	曾任厚和法中庸银号经理
董事	乔雨文	四十六岁	山西祁县	上海公共租界海防路海防胡同起十五号	南开中学毕业

---

① 刘嘉琛：《解放前天津钱业析述》，中国人民政治协商会议天津市委员会文史资料研究委员会编：《天津文史资料选辑》第20辑，第162页。此外还有一些不同的说法：天津钱庄主要有本帮、北京帮、山西帮、山东帮、河北帮等（杨固之、谈在唐、张章翔：《天津钱业史略》，中国人民政治协商会议天津市委员会文史资料研究委员会编：《天津文史资料选辑》第20辑，天津：天津人民出版社，1982年）"此等钱庄按历史上系统可分为三帮，山西票庄帮、本地帮、南宫及其他帮。"（曲殿元：《天津金融市场之组织》，《银行月刊》第7卷第10号，1927年10月25日），可分为山西帮、京帮、东帮及本地帮（参见吉惠：《天津之银号》，天津《益世报》1936年4月26日，增刊5），按其帮派系统上言可分为山西帮、本地帮、南宫帮、其他帮四派（参见吴石城：《天津之银号》，《银行周报》第19卷第16号，1935年4月30日，第19页）。天津银号派别有山西帮、本地帮、南皮帮、河南帮、北平帮及其他帮，各帮派与本地商家关系密切，营业稳健。也有做投机金票的，在租界内的多与外贸出口相关，投机（套生意）多在日租界、华界、宫南宫北大街。各帮以本帮放款兑换为主（参见陈静竹：《天津金融界之三派势力之分析》，天津《益世报》1936年7月12日，增刊3）。天津银号分成天津帮、冀州帮、深州帮、京帮、保定帮、山西帮、山东帮、上海帮以及其他帮等帮派。

② 林地焕：《论20世纪前期天津钱庄业的繁荣》，《史学月刊》2000年第1期。

(续表)

职别	姓名	年龄	籍贯	住址	经历
监察人	乔云程	五十九岁	山西祁县	北京西城丁章胡同六号	曾任太谷县溥晋银号董事
监察人	乔紫庭	五十二岁	山西祁县	北京前内高牌胡同四十五号	曾任太谷县溥晋银号监察

资料来源：《大德通银号股份有限公司董事监察人姓名年岁籍贯住址经历清册》，天津市大德通银号股份有限公司，1942年1月，天津市档案馆，档号：J0025-2-001278-001。

民国以前天津钱庄的规模并不大，因而股东兼任经理者较多。但民国以后由于钱庄的资本力量与经营规模逐渐增大，各钱庄有经营与资本之分离倾向。股东仅对资本的投入负有责任，其他经营业务均由经理掌握，故钱庄的兴亡视经理的经营方向而定。各钱庄归属哪一帮派，也是由股东或经理之籍贯或出身决定的。① 比如有的钱庄股东虽来自山西省，而经理的籍贯是天津，则其钱庄属于天津帮派。例如，军阀王占元开设的颐和银号，经理倪松生是天津人，颐和就为天津帮；王占元开设的另一家钱庄敦昌银号，经理刘信之是冀县人，敦昌就为冀县帮。② 各帮的经营业务和特色也各有不同。天津帮以存放款为主，且数额巨大，与工商业有广泛的联系，是资助工商业的主要力量。天津帮因地面极熟悉，吸收本地存款与经营放款较容易。以前天津盐商为本帮的大主顾，新式银行兴起后吸收盐商大批存款，但天津在近代崛起为北方第一大商埠，钱庄自有新主顾。南宫帮善于经商，有冒险和创新精神，虽然只有七八家，但是和本地帮有着激烈的竞争。③ 山西帮原来有山西票号的支持，势力雄厚。山西帮因是由票号和汇兑庄转化来的，是民国以前钱业的主导，主要从事汇兑，后来也经营存放款，保守谨慎。④ 天津帮后来居上，取代了山西帮。辛亥革命以后，钱庄在天津传统金融市场上成了首屈一指的势力，从清末到20世纪40年代，一直掌握着天津钱庄的领导权。抗日战争期间，本地帮钱庄因战争的余波，

---

① 杨固之、谈在唐、张章翔：《天津钱业史略》，中国人民政治协商会议天津市委员会文史资料研究委员会编：《天津文史资料选辑》第20辑，天津：天津人民出版社，1982年，第112页。

② 杨固之、谈在唐、张章翔：《天津钱业史略》，中国人民政治协商会议天津市委员会文史资料研究委员会编：《天津文史资料选辑》第20辑，天津：天津人民出版社，1982年，第112页。

③ 曲殿元：《天津金融市场之组织》，《银行月刊》第7卷第10号，1927年10月25日。

④ 英夫、朱继珊：《天津钱业与钱业同业公会》，中国民主建国会天津市委员会、天津市工商业联合会文史资料委员会编：《天津工商史料丛刊》第7辑，1987年，第10页。

遭受甚大的打击。而从外地迁移到天津的冀州帮钱庄等扩张其势力，因此外地帮钱庄的数目有大幅度的增加。但本地帮钱庄仍然控制着天津钱庄业。① 山西帮的势力也不可小视，它们与山西商人往还密切。此外，还有河南帮之同和裕、中权，广东帮之永信等银号。② 各帮为自己籍贯的商人提供资金。截至1936年4月15日，天津银号共计85家，本地帮最多，京帮次之，山西帮、山东帮又次之，河南帮又次之。③

天津钱庄在近代一度"按营业性质区分则有东街西街之别"。④ 清末西街钱庄与东街钱庄都是经营白银收兑业务的。由于天津地区的商业与贸易逐渐发达，西街钱庄随之扩充存放款业务，白银的收兑与投机渐渐成为辅助业务。东街钱庄原本从首饰楼转化而来，只重视白银收兑，不重视存放款业务，因而白银买卖集中在东街之宫南、宫北一带。⑤ 后来租界也成为一个重要的营业中心。⑥ 西街钱庄主要是依靠帮派发展业务，同业间有靠家的关系，采取拨码制度。⑦ 民元后，山西帮地位衰落，业务范围缩小至针市街竹竿巷一带，多以汇兑为主，号中多为山西人，同人多至三五十人。京帮主要为北平人及南宫人，以汇兑和公债经营为主。东帮即东三省及津东一带，同人仅三五人，在针市街、宫北大街主要经营汇兑、买卖金票。本地帮在两宫大街一带，以交电汇、买卖金票为主。西街以折交、收电汇银元买卖为主，与斗店、棉布庄等多有交往。其他的帮派如山东帮、高阳帮、河南帮多为本帮汇兑押汇。九一八事变后，银号多迁入英法租界。⑧ 近代天津市场中心也从河北移到日法租界，东西街之分逐渐成为历史。⑨ 近代以来，钱庄还代办银洋兑换，从中牟取暴利，或利用存款扣息谋利。⑩ 如有的钱商与日本交易，大做老头票买卖，可见当时钱业与外国势力之关系。⑪

---

① 林地焕：《论20世纪前期天津钱庄业的繁荣》，《史学月刊》2000年第1期。
② 吴石城：《天津之银号》，《银行周报》第19卷第16号，1935年4月30日，第18页。
③ 吉惠：《天津之银号》，天津《益世报》1936年4月26日，增刊5。
④ 曲殿元：《天津金融市场之组织》，《银行月刊》第7卷第10号，1927年10月25日。
⑤ 林地焕：《论20世纪前期天津钱庄业的繁荣》，《史学月刊》2000年第1期。
⑥ 杨固之、谈在唐、张章翔：《天津钱业史略》，中国人民政治协商会议天津市委员会文史资料研究委员会编：《天津文史资料选辑》第20辑，天津：天津人民出版社，1982年。
⑦ 沈大年主编：《天津金融简史》，天津：南开大学出版社，1988年，第11页。
⑧ 吉惠：《天津之银号》，天津《益世报》1936年4月26日，增刊5。
⑨ 曲殿元：《天津金融市场之组织》，《银行月刊》第7卷第10号，1927年10月25日。
⑩ 另外，钱庄在存款方面也有利处。原先钱庄接受客户银元存款时，必照厘市扣去一毫二忽五，然后设计为银两起息；支出银元时，亦按厘市扣除一毫二忽五计算。出入之间，每万元银洋，钱庄可获三元四角左右之利润。参见杨荫溥：《杨著中国金融论》，上海：商务印书馆，1933年，第141页。
⑪ 《各钱商之品类不齐》，天津《益世报》1922年3月16日，第3张第10版。

表 8-5　近代天津钱业各派名号及地址表

天津帮西街	天津帮东街	天津帮租界	北京帮	深县南宫帮	山西帮
恰源、晋丰、利合、余大亨、泰昌、永昌、敦庆长、永丰、永源、永谦、德源、中和、颐和、祥生、庆益、耀远、谦丰、福康仁、振义、广余、广利、泰和、中兴、华丰、瑞源永、宏源等，以存放款为主。	敦昌、敦义、永康、永孚、永豫、裕津、肇华、永济、和丰、泰丰恒、元泰、永恒等，主要以作金银、证券、外币兑换等形式为主。	宝生、信源益、中实、久大、永利、大康、义聚大、顺兴、孚庆、恩庆永、恩庆厚等，一般规模较小，以兑换代客买卖黄金为主。	聚义、全记、聚泰祥、永增合、欵牲、同德、祥瑞兴、万义长、鸿庆裕、聚盛源、恒兴、启明、信诚昌等。	敦泰永、致昌、广业、同兴、生生、恒利、恒康、庆聚、致远、至诚、同裕、宏义、慎兴、隆远、正昌、春和、冀鲁、泰兴、同增益、信德、聚德、锦纪兴、太和记、聚华昌、福顺、东兴等银号。	大德通、大德恒、鸿记、源记、万德、宏利、永盛、汇源永、蚨亨、本立源、义生等。

资料来源：天津市地方志编修委员会编著：《天津通志·金融志》，天津：天津社会科学院出版社，1995年，第92~93页。

银号的资本"多来自商人资本之集合。也有官吏的游资，少部分还来自农村地主和高利贷者"[1]。还有一种资本叫作"护本"。[2] 据日本株式会社1935年和1938年的调查，与其他城市相比，天津的银号资本总额顺序为：

---

[1]　王子建、赵履谦合著：《天津之银号》，河北省立法商学院，1936年12月，第16页。
[2]　王子建、赵履谦合著：《天津之银号》，河北省立法商学院，1936年12月，第15页。关于护本有两种说法：一说为财东与营业始终的特种长期存款，与一般资本比较有一定的利息；一说为在缓不济急的时候，财东临时垫出的资本。

表8-6　1935年中国主要城市银号资本数目表

市名	银号数	资本总额(万元)	名次
天津	53	400	1
济南	28	103	2
北京	9	65	3
青岛	10	37	4

表8-7　1938年中国主要城市银号资本数目表

城市或区域	钱业会员数	资本总额(万元)	名次
上海	46	1908	1
香港	18	550	2
天津	40	344.5	3
广州	77	282	4
北京	9	65	5

资料来源：天津市地方志编修委员会编著：《天津通志·金融志》，天津：天津社会科学院出版社，1995年，第91页。

从表8-6、8-7可见，天津的钱业资本在全国名列前茅，占有极为重要的地位。

清光绪以前，天津的钱铺以独资居多。资本可分为三级：一级为制钱一二万文，二级为三五千文，三级为1000、500文。庚子后，以合伙居多，都是无限责任组织。1907年5月7日，农工商部对集股创办天津恰源银号有限股份公司申请予以驳斥。①1908年，天津钱庄有资本额万两以上的银钱号38家，其总额约75万两，平均每家资本额近2万两。② 其中资本3万两以上的有9家，其中恰源银号与栋达银号的资本额达10万两。民国以后，天津钱庄靠民初工商业的兴起，求得不断发展。至1928年，资本额达万两以上的钱庄增至81家，总资本额约450万两，平均每家资本额近6万两。③ 以钱庄的总资本规模而言，比1908年增加近6倍，其中20家银号的资本额竟达10万两以上。④

---

① 天津市地方志编修委员会编著：《天津通志·金融志》，天津：天津社会科学院出版社，1995年，第91页。
② 《天津商会档案汇编》(1903—1911)(上)，天津：天津人民出版社，1989年，第768~769页。
③ 《天津钱业之调查》，《工商半月刊》第1卷第12号，1929年6月，第15~21页。
④ 林地焕：《论20世纪前期天津钱庄业的繁荣》，《史学月刊》2000年第1期。

表8-8 1935年底72家银号的资本额情况

资本额(元)	银号数	百分比
105000 以上	5	6.9
95000—104999	20	27.9
85000—94999		
75000—84999	6	8.3
65000—74999	3	4.2
55000—64999	5	6.9
45000—54999	10	13.9
35000—44999	7	9.7
25000—34999	1	1.4
15000—24999	9	12.5
5000—14999	5	6.9
5000 以下	1	1.4

从表8-8可见,天津银号的资本额相差悬殊,最高达20万元,最少为3000元,大多数在10万元左右。[1]

为维护原出资本的不足,天津银号将历年盈利滚存作为股东之存款,号中略付存息后可以任意作营业之用,而股东则不能任意提取。

银号资金的投资主体为盐商资本(5%)、一般商业资本(50%)、地主资本(10%)、银行界资本(14%)、高利贷资本(7%)、军界政界资本(14%)。[2] 其中盐商资本占比5%左右。如泰昌银号是盐商资本中声望较高的一家,开业于1922年,由盐商天津八大家之一的振德黄出资8万元。地主资本占10%,如胜芳大地主蔡家在天津开办了立丰、立昌永、万德昌三家银号。一般商业资本占50%左右,如天津绸布纱商八大家(俗称新八大家)的金、潘、孙、胡、卞、范、乔、纪在银号都有投资。独资或合伙开设的有:晋丰、瑞源永、诚明、益丰、耀远、祥生、庆益、谦丰、福康仁、敦庆长等。银行界资本占14%左右,当时的交通、大生、盐业、金城、中南、大陆、中国农工等银行的经副理多人在银号有投资入股。有银行资本的计有:余大亨、永丰、和丰、中和、肇华、永豫、广利、信源益、元泰、天瑞、和生、德仁、同

---

[1] 沈大年主编:《天津金融简史》,天津:南开大学出版社,1988年,第12页。
[2] 刘嘉琛:《解放前天津钱业析述》,中国人民政治协商会议天津市委员会文史资料研究委员会编:《天津文史资料选辑》第20辑,天津:天津人民出版社,1982年,第156页。

兴等银号。高利贷资本占7%左右。以早期来津放印子钱的献县人仝、肖、鲁三姓为代表,在天津开办了信德、聚德、锦纪兴、太和记、聚华昌、聚华兴、福顺、东兴8家银号。军政界资本占14%左右,如冯国璋的华实银号,杨增新的裕源银号,王占元的颐和、敦昌银号,陈光远的德丰银号,庞炳勋的隆远银号,李鸣钟的谦牲银号,宋哲元、张自忠合办的启明银号,郑道儒、戴汇川合办的同兴银号,石友三、孙桐萱合办的永豫银号,刘汝明的正昌银号,阎锡山的亨记银号,傅作义的丰裕银号,王靖国的仁发公银号等。①

可见,银号资本主要来自商业资本,其次是官僚、政客之游资。据其中30家银号统计,资本总额为24.7万元,存款为1838万元,放款为1864万元,放款总额为资本总额的75倍。②"值得注意的是'私人存款'的比重占钱庄存款总额较大,而且到后期,其比重还见上升。实际上,所谓与钱庄相往来的'私人'中,有相当大的一部分就是工商业者。"③银行也有投资,天津银行独资与合资各参半。股东可存款于银号成为获本,利息为8厘。银行资本一般为5万元到20万元。④ 有人对抗战后银号的资本作了一番考量:"姑定其资金为1亿元,其须支出倒底费最少3千万元,家具费1千万元,单据费1千万元,交际费最少5百万元以上,各种杂费不能低于5百万元以下,总计6千万元,实际资金只剩3千万元,每银号往来户头最低为1、2百户为标准,每户放贷即普通为2、3百万,其资金周转实成问题,只能吸收社会游资,一旦市场波动,还外欠及提存前途则十分的危险。"⑤

从来源看,近代天津钱业的资本中传统的政治经济势力占有很大的比重。但是,新型的工商业资本不在少数。从帮派看,天津的本地帮占有重要的地位。可见,近代天津钱业主要依靠自己本地的势力。在一战期间,由于工商业发展,农村金融枯竭,资金流入城市,外国商品流入内地,促使天津银号发展迅速。⑥

抗战后投机盛行,银号骤增,多为冀中各县来天津的客帮投资。1941年12月11日公布《金融机关官僚规则》,强令银钱业增资,非资本50万元以上的股份有限公司不得经营,并明确规定银号一律改为有限公司。60

---

① 天津市地方志编修委员会编著:《天津通志·金融志》,天津:天津社会科学院出版社,1995年,第91页。
② 沈大年主编:《天津金融简史》,天津:南开大学出版社,1988年,第13页。
③ 张国辉:《晚清钱庄和票号研究》,北京:社会科学文献出版社,2007年,第165页。
④ 曲殿元:《天津金融市场之组织》,《银行月刊》第7卷第10号,1927年10月25日。
⑤ 薛不器:《津市商业之危机》,天津《益世报》1946年12月8日,第5版。
⑥ 沈大年主编:《天津金融简史》,天津:南开大学出版社,1988年,第9页。

家银号被迫停业。1945年春,再令增资伪银联券300万元。① 增资前,166家银号原有资本总额为1550万元,平均每家93400元,其中最多的中和银号为40万元,最少的15家仅有2万元。1948年8月国民政府发行金圆券,9月4日公布《商业银行调整资本办法》,限期天津等城市的银号增资25万金圆券,钱庄减半计算为12.5万金圆券。天津的钱庄有113家,资本法币1358680万元,平均每家12024万元,折合金圆券只有400元。② 天津解放后,1949年5月17日颁布《华北区银行钱庄管理暂行办法(补充规定)》,规定钱庄应增资为人民币600万元。核准后的91户资本总额为5.46亿元。③

存款业务是近代天津钱庄资本的重要来源。钱庄的资本小,资本运营更为重要。天津的钱庄,1000元可以吸收存款7444元,经营放款7548元,非常灵活。④ 钱庄存款种类主要有:1.私人存款。分定期、活期两种。定期为3个月、6个月、1年、3年。利率略高于银行,以股东经理等关系方面为主要存户。存款人的户名可采用真实姓名,也可用化名、某某堂名。堂名存款有的是个人所有,有的是家族之间的一笔遗产,为叔伯子侄或兄弟共有,这种存款或指定专门用途,或只取息不动本,属于长期存款,在天津俗称票存。2.工商往来存款。银号与工商业往来是主要业务之一。工商业多有季节性,其活动资金有盈缺之时,盈时就存,缺时就向银号借支。1927年前一般无利息,之后银号因竞争关系而给予低息。3.同业存款。有三种形式:银行存款、汇兑庄存款、客帮银号及本帮小型银号存款。它们一般不能与大型银号建立串换账户。4.机关存款。有明暗两种,明息归机关,暗息一般归经办人员。⑤ 此外,钱庄还经营汇兑,经营汇兑分国内、国外两种。

钱业如果发生问题导致经营不能维持的话,可以出兑或倒闭。出兑情况如1920年春,估衣街义恒源因故歇业,"经该铺长孟广斌将所有铺底家具一切",于阴历二月初十日经友人说合完全兑与德丰钱铺管理,立有字据并登报声明:"以后所有义恒源欠内欠外以及一切未清各事均由该铺长孟

---

① 沈大年主编:《天津金融简史》,天津:南开大学出版社,1988年,第13页。
② 薛不器:《津市商业之危机》,天津《益世报》1946年12月8日,第5版。
③ 天津市地方志编修委员会编著:《天津通志·金融志》,天津:天津社会科学院出版社,1995年,第92页。
④ 王子建、赵履谦合著:《天津之银号》,河北省立法商学院,1936年12月,第17页。
⑤ 天津市地方志编修委员会编著:《天津通志·金融志》,天津:天津社会科学院出版社,1995年,第285页。

广斌担负完全责任,与德丰毫无关涉。"①

银号若遇无法出兑,则只有倒闭清理。清理一般需要登报启事,处理好各种事务和关系,尤其是债务关系。如 1930 年 5 月,河东贞元银号受时局影响,致挤兑停业,无复业希望。故而委托律师登报声明:"希各债权人于本月 7 日起 1 月内,将姓名、住址、债额来函声明,以凭计算。倘各债权人关于情事有须面谈之处,请每日(除星期日)上午 10 时至下午 3 时止,随时来俾事务所当面接洽。至孙君等筹借之 2 万元及已交出之不动产契据等件,应如何分配,统俟召集全体债权会议共同解决处分。"②

许多银号是商铺为自己资金周转而开办的,这些商号生意亏折往往也会导致银号停业清理。如天津著名的敦庆长银号就是属于这种情况:1935 年因受市面萧条影响,敦庆长银号停业清理。该号欠外约 20 余万元,欠内约 30 余万元,清理不成问题。这个商号停业之最大原因,是该号联号敦庆隆绸缎庄本年营业亏折,曾向该号借款甚多,到期未能归还。债权人会一度举行会议,讨论应付办法。但终因周转不灵,无法维持。③

近代天津钱业的信誉在下降,一些银号在清理中选择了破产和逃债的方式。如估衣街信成银号经营 10 余年,因市面停滞,亏累 6 万元,无法支持,该号经理姚桐圃逃债。债权人多经公记药材铺从中介绍,希望药铺承担一切。而该庄登报启事与该号无关。一天下午,债权人正商讨之际,正好遇到姚桐圃,立即鸣警抓捕姚某。④ 有时债务纠纷竟会导致流血事件:冯秋舫在天津南市清河大街再开设广盛钱庄,借友人李伯元大洋百余元。冯秋舫营业关闭后,李伯元屡往索欠,导致双方发生冲突,不久冯秋航在广盛钱铺内用铁斧将李伯元剁毙。⑤

钱业的清理对象不仅有其欠下的外债,也有一些商号所欠债务需要追讨。如 1938 年,和顺兴银号因放出款项积滞不进,搁浅停业,欠外债达 8000 余元,只得先清理内债,再分还外债,实行倒闭清理,对放款户债务进行追讨。和顺兴银号法定代理人冯振銮、刘朗轩多次催讨吉盛昌米铺、新生茂颜料铺、益泰茶庄三家,要求它们偿还债务,但这三家欠户依然没有偿

---

① 《紧要声明》,天津《益世报》1920 年 4 月 2 日,第 2 张第 7 版。
② 《律师江庸周衡代表贞元银号总理孙君庆沂经理孙君亦洗启事》,天津《大公报》1930 年 5 月 9 日,第 3 张第 11 版。
③ 《敦庆长银号宣告停业,欠内多于欠外,清理不成问题》,天津《大公报》1935 年 7 月 22 日,第 2 张第 6 版。
④ 《信成银号亏累六万余元,经理姚桐圃潜逃后,被各债权人路遇捕获》,天津《大公报》1935 年 10 月 30 日,第 2 张第 6 版。
⑤ 《冯秋舫杀李伯元案》,天津《大公报》1935 年 9 月 29 日,第 2 张第 6 版。

还,只好请求法院调解。①

三、近代天津钱庄的放款借贷

近代天津钱业的业务种类主要为:1. 发行钱帖、银元帖、红帖和代理发行银行纸币。2. 存放款。1912年国民政府成立之后,市面渐趋稳定,商业获得发展。钱铺、钱局、钱庄、银号大部分增加了资本,并一律改称为银号,并由以兑换为主改为以存放款为主营业务。银号资本的增加和股东无限责任,也为其经营存放款业务创造了有利条件。自1938年开始,由于通货膨胀,币值日落,各业投机囤积之风盛行,银号也利用业务之便加入投机倒把的行列,轻视了存放款的正规业务。②

放款是近代天津钱业的重要功能之一。钱业的放款具有地方性,且多侧重中小商业放款。银号资本较银行资本为弱,因此活动范围有限,大多与本帮商家取得联络。因为银号有一定的活动范围和顾客范围,信用调查容易,所以经营侧重人情,不征押品,很受顾客欢迎。③ 银号放款对象多为纱布、绸缎、米庄、斗店、五金、皮毛、杂货、山货等行业,这些行业资本少则二三千,多则数万。④ 一遇银根紧迫,钱业也易遭损失。

近代天津钱业的放款功能的存在和发展有一个历史过程:在乾隆后期,由于商品经济的发展,钱庄逐渐在银钱兑换业的基础上发展成为信贷活动的机构。"标志信贷发展的另一事实,是钱票的使用和流通。"⑤后来,钱业除了旧有的放款对象以外,"新式企业在创建的活动中不能不与钱庄、票号在转变上发生一定的联系。从某种意义上说,这是钱庄尤其是票号在进入20世纪后经营上的一个新动向。"⑥钱庄对市场和金融的影响也日渐增大。1907年,道胜银行买办王宗棠认为:"天津市面自遭庚子之变,元气久未充复,近年银根紧急,更有江河日下之势。"其原因为钱业不兴盛,导致商业的衰弱。他认为如果"富商多设钱铺,为之开浚源流而厚其力。杜绝

---

① 《各顺兴银号冯振銮吉盛昌米铺陈柏卿生茂颜料铺吴绍文义泰茶庄辛如会等七人债务》,各顺兴银号,1939年,天津市档案馆,档号:J0044-2-043878。
② 天津市地方志编修委员会编著:《天津通志·金融志》,天津:天津社会科学院出版社,1995年,第285页。
③ 天津市地方志编修委员会编著:《天津通志·金融志》,天津:天津社会科学院出版社,1995年,第290页。
④ 沈大年主编:《天津金融简史》,天津:南开大学出版社,1988年,第10页。
⑤ 张国辉:《晚清钱庄和票号研究》,北京:社会科学文献出版社,2007年,第4页。
⑥ 张国辉:《晚清钱庄和票号研究》,北京:社会科学文献出版社,2007年,第161页。

弊端,而壮其胆,俾藏富者出储资以裕利,通货者持贷款以生财,则银钱既得流通,而各业自见畅旺矣。"①经济史家张国辉从总体上对中国近代钱业的轨迹进行了论述:"到了19世纪70年代,经济活动的实际表明,钱庄资本和票号资本已经是从职能资本的运动中独立出来的货币资本,俱备了借贷资本的性能。"②"钱庄、票号的活动到19世纪末、20世纪初,已经不是局限于为商品的流通过程服务,而是发展到与商品的生产过程运动相联系了。"③于是钱业成为了"众商之母,一埠金融机关辗转流通,不患其少,闭藏积滞,弥觉无多"④。以天津五金业为例,其生存发展与银钱业不可分离:五金业中资本最多有四五万的,每年能做三四十万之生意,资本最少有一两千元的,每年也可作一两万元之流水,除原有资本与财东浮借外,多是借贷银行银号的贷款补足,"此项放款例有信用透支,银行号耳目灵通,对于所交往者之经济状况,与其财东之产业情形知之极谂,研究有素,是以放款之额数亦以上列情形为标准,普通月息1分2、3厘不等,各号为发展营业,每年所出此次消耗,为数颇不在少"⑤。而钱业的收益也与市场商业的发展息息相关,如1946年"入夏后,各货市价甚高,需要之资力极巨,银号贷放款额增加,利率又大,故获利较任何商业为多"⑥。

  天津近代钱庄放款业务的发展与天津与外埠贸易有着极大的关系。韩国学者林地焕认为"天津港出口额的迅速增长,起因于进入20世纪以后与腹地之间贸易量的增加"⑦。20世纪以后,天津钱庄在天津与腹地资金流通中发挥了重要作用,尤其是外地帮钱庄不仅贷款给客商,而且直接经营天津与腹地之间的汇兑业务,如办理解付汇票和收解申汇等。同时,在西北各地设有联号,承担当地的收交客商款项,代为存储邮汇,开展信贷业务,因此有比较固定的营业范围与对象。各帮派也有自己的主要营业对象和势力范围。例如,冀州帮钱庄以棉花商为主要对象,山西帮银号则与皮毛商有较多的金融往来。高阳县手织布生产比较著名,高阳商人从天津采购绵丝后运回高阳县,织染后再运往西北各地销售。天津钱庄对近代工商企业也有借贷,主要为中小工业企业。同时,钱业还通过合资扩大资金,满足企业发展的需要。天津钱庄的商业放款比较广泛,如天津钱庄与斗店、

---

① 《天津商会档案汇编(1903—1911)》(上),天津:天津人民出版社,1989年,第775页。
② 张国辉:《晚清钱庄和票号研究》,北京:社会科学文献出版社,2007年,第190页。
③ 张国辉:《晚清钱庄和票号研究》,北京:社会科学文献出版社,2007年,第191页。
④ 《天津商会档案汇编(1903—1911)》(上),天津:天津人民出版社,1989年,第630页。
⑤ 傅垒:《津市五金业之概况》,天津《益世报》1936年11月15日,增刊。
⑥ 《银号纱布等业获利较各业为巨》,天津《益世报》1946年11月9日,第5版。
⑦ 林地焕:《论20世纪前期天津钱庄业的繁荣》,《史学月刊》2000年第1期。

米庄、五金店、杂货店等都有所往来。商业与钱业相互投资对天津钱庄和商业在近代的发展具有重要的意义。钱业适应中国商业的习俗,故钱业放款在商家看来较银行更为稳妥,若非迫不得已,商家一般不求助于银行。

钱业在对外贸易中也具有重要的作用,并与外国资金建立了复杂的业务关系。经济史家张国辉认为,19世纪60年代以后钱庄日益频繁地与外国洋行搭上了关系。① 在太平天国运动后,"设立在通商口岸的票号开始与钱庄发生了较前远为密切的联系,并通过钱庄与众多的商号建立起融通资金的关系。"②到了19世纪60与70年代之交,经过银行买办的媒介,外国银行终于开始接受钱庄庄票作为抵押,向钱庄进行信用贷款了。这就是通常所说的外国银行对钱庄的拆款。③ 正如马寅初所言:"庄票之来源谓庄票发源于洋商之不信任,以其不信任,故华商不能与在中国之洋商发生直接债券债务之关系。"④表8-9是一家外国公司与几个银号往来串换的账目,可见当时银号与外国商行往来的一般情况。

表8-9 亨通贸易股份公司与银号账目往来

银号	数目	账号	时间
同德银号	1000000元	2	1933年11月20日
聚泰祥	69500元	14	1934年12月21日
义生银号	2100000元	3	1933年11月7日
同兴银号	897344元	17~19	1934年3月
聚泰祥银号	590000元		1933年11~12月
庆聚银号	41500元		1933年11~12月

资料来源:《1933年—1937年银行钱庄往来帐》,亨通贸易股份有限公司,1933年,天津市档案馆,档号:W0120-1-000427。

钱庄能取代票号,成为钱业中与中外银行并立的金融势力,与其自身的营业特色有着很大的关系。天津钱业放款的方式主要有信用放款、透支、同业、抵押和贴现等形式。钱庄放款以信用放款为主,活期放款一般虽有口头约定的限额,但如需超过限额可以商量。银号在头寸多时为商请往来户增加借支,在头寸紧缩时又向往来户索回借款。活期放款也称透支放款,工商业户定有透支额,活期放款是银号经营放款的主要形式。天津银

---

① 张国辉:《晚清钱庄和票号研究》,北京:社会科学文献出版社,2007年,第57页。
② 张国辉:《晚清钱庄和票号研究》,北京:社会科学文献出版社,2007年,第44页。
③ 张国辉:《晚清钱庄和票号研究》,北京:社会科学文献出版社,2007年,第63页。
④ 马寅初:《马寅初演讲集》第3集,太原:山西人民出版社,2014年,第53页。

号通行的定期放款,是每逢农历年终大结束期在活期放款照例收清时给予不能还清透支户的1个月或3个月的定期放款,到期收回不转期。天津商业不习惯通行的10天期庄票,所以贴现放款很少。贴现就是拿没有到期的票据到银行兑现或作支付手段并由银行扣除从交付日至到期止这段时间内的利息。在天津钱业的放款中贴现不占重要地位。少数天津帮银号联合做芦纲公所的3个月运期盐条贴现,是天津银号因长芦盐务在天津居于经济的重要地位而做的一项特殊业务。抵押放款在天津的银号中极少承做。① 信用放款在钱庄放款中约占70%,对商业放款占80%。② 信用放款中大约有两种,一为纯粹信用放款(一名为活动收支放款),即中国所谓之透支放款。运用款项数目,先与银行说定,以后用时即凭折取,至达于一定额为止。支则计息,不支则不计。多存则另外给顾客息。这是钱庄一种极灵活的放款办法,对商界与钱庄都有利便。商界有利用款项之机会,不用时则不必计息。想收回放款时,商人亦极力凑还。再向他方设法。此项放款失败的情况很少,因为钱庄与商家熟悉。某家东家殷实程度、某经理信用程度,俱知之甚详。天津民间商业习惯中,最常用这种信用形式。即使商铺倒闭,东掌对此项借款不承认者甚少。二是保证放款。须有人或字号作保,才肯贷给。保人或立保条,或写保信,遇借款人不能偿债时,由保人负责。据天津钱业人士估计,纯信用放款约占70%左右。③ 但近代以来,保证信用放款日益多见。信用放款适合天津的习惯和当时民间商业发展的要求,使钱业在天津商业地位一度非常之高,天津商业一般都是资金少而业务多,所以流行赊销交易。赊货期近者,月底、半月结算,远期者三节(端午、中秋、农历年终)结清货款。由于商业是以信用赊销方式,而钱业的定期放款、活期透支放款也都采用信用方式,利率不高,一般是月息六厘到一分五厘;同时服务周到,从早到晚随时都可以存取款项。这样,钱业和商业融合在一起,促进了钱业的发展,在社会上被誉为"百行之主"。④

按惯例,钱庄贷给工商业户的长期贷款,往往以六个月为期。一般在

---

① 天津市地方志编修委员会编著:《天津通志·金融志》,天津:天津社会科学院出版社,1995年,第285页。

② 陈静竹:《天津金融界之三派势力之分析》,天津《益世报》1936年7月12日,增刊3。银号放款分为五种:信用、透支、同业、抵押与贴现放款。信用放款多在棉纱绸布上,在秋季最多,也有觅保的。透支多订约,计息凭折支取,多针对活存行。抵押多针对个人及堂名,收房地契和有价证券。贴现称拆条子,多不重视。信用放款占70%,商业占85%。吴石城:《天津之银号》,《银行周报》第19卷第16号,1935年4月30日,第21页。

③ 曲殿元:《天津金融市场之组织》,《银行月刊》第7卷第10号,1927年10月25日。

④ 刘嘉琛:《解放前天津钱业析述》,中国人民政治协商会议天津市委员会文史资料研究委员会编:《天津文史资料选辑》第20辑,天津:天津人民出版社,1982年,第156页。

阴历年终全部收回,但对少数信用卓著的工商业往来户,也可以通融转为过年放款。这种灵活的贷款办法,使工商业者深感方便,不少人仍愿与钱庄保持金融往来。所以,在新式银行兴起阶段,钱庄并未减弱它在金融市场上的固有地位和作用。① 新式银行则要借助钱庄,开展银行的放款业务。

此外,银号的经营方针漫无定绳,办事手续随顾客意旨而多有迁就,既无星期例假,营业时间也能随客户需要而延长。如1927年广瑞银号成立时,就确立了"固守信誉,薄利经营,方便顾客,不怕麻烦"的方针。② 放款的方式与行业的不同也有些关系,往来透支多放于外行家,如绵绸等业。③

陈静竹认为银号地方性特色浓厚,与本帮客商联络,与市场资本狭小相适应,以人情信用为主,不重押品。④ 吴石城先生也认为银号活动具有地方性,能夤缘乡谊与帮商家取得联络,客帮贸易每利用本帮银号汇票以求两地资金之周转,此外通融资金、存盈取息帮银行交相为用。银号侧重对人的信用,是因为银号的活动范围存在既有限定,所以信用调查甚易,于是拆放款项侧重人情,不重押品,极得顾客的同情。这些都使得银号适应了中国现实的经济状况,具有存在的价值,"即中外商银行过剩之资金,且常藉银号之媒介以为只宜泄焉。"⑤

民国以来政府以及一些社会人士一直要改变这种以信用放款为主的情况,抵押虽然有所增加,但是成效不大,可见传统金融习俗力量的根深蒂固。一般工厂商号所有原料成品是随时用以制造和销售的,不能以之做抵押,抵押放款也不适合以前风俗醇厚、道德观念极高的社会习俗。因为一方面从前的商铺对于个人或店号的信用十分看重,否则将无法立足于社会。另一方面信用放款各户遍于各业,数目不大,风险自小,即偶有倒账发生,亦不足影响全局。更为重要的是在老前辈的经验中,信用放款的风险是很小的,相反"如用抵押方式,反而因市价的变动易造不测"⑥。

20世纪40年代末,政府还一度要求透支需要有文字契约,并提高信用放款限额,但效果都不佳,使得钱庄不知如何是好:"自当局规定透支必须订立契约后,过去的口头接洽即形消灭。由于契约的订定,钱业对于客

---

① 张国辉:《晚清钱庄和票号研究》,北京:社会科学文献出版社,2007年,第166页。
② 天津市地方志编修委员会编著:《天津通志·金融志》,天津:天津社会科学院出版社,1995年,第290页。
③ 曲殿元:《天津金融市场之组织》,《银行月刊》第7卷第10号,1927年10月25日。
④ 陈静竹:《天津金融界之三派势力之分析》,天津《益世报》1936年7月12日,增刊3。
⑤ 吴石城:《天津之银号》,《银行周报》第19卷第16号,1935年4月30日,第18页。
⑥ 沈日新:《钱庄》,《银行周报》第31卷第38号,1947年9月22日,第10~11页。

户的用款从主动的地位,一变而被客户所支配,减少弹性作用,收放不能由我。虽有随时停止的规定,可是也无甚效力。在银根紧时,既难应付,即在平时当局又认为有信用膨胀、经营不当之嫌。钱庄身历其境,真觉左右为难。虽有提倡放款票据化之议,但也因币制不稳,困难重重,致未能顺利推行。"社会变迁、生产交易范围的扩大等因素使抵押变信用成为发展趋势。但是信用放款依然存在,同时也自有它的优势。抗战后,钱庄向政府争取扩大信用放款限额,并取得了成效:"此次立法院修正银行法草案,规定信用放款限额。钱业因信用放款为传统的商业习惯,对其所定限额似嫌过低,不足以应付工商业的需要。因此曾一再解释请求增加,终于提高限额,可见当时的政府也不得不顾及商业的习惯。"① 直到解放前夕,天津钱业的信用放款依然占据最为重要的地位。

表8-10 1949年1月天津市银行钱庄放款统计分析表

（单位：人民券元）

	买汇及贴现	信用放款	抵押放款	总计
商业银行	1655056	324469	263601	2243136
商业银行所占比例%	73.78	14.47	11.75	100
商业钱庄	33333	3227113	77379	3337825
商业钱庄所占比例%	1	96.68	2.32	100
外商银行	904010	15064368	16478	16184856
外商银行所占比例%	5.59	94.31	1	100
总计	2592399	18815950	359458	21968807
总计比例%	11.19	86.45	1.64	100

资料来源:《天津市银行钱庄2月份存放款分类放款对象汇款统计分析表》,1949年,天津市档案馆,档号:X0053-C-000098-009,第26页。

从表8-10中可见抵押放款则钱庄较银行为少,而信用放款则钱庄较银行为多。

表8-11 1949年1月天津市银行钱庄放款对象分类统计分析表

（单位：人民券元）

	工业放款	商业放款	个人放款	其他放款	总计
商业银行	264352	1433772	154641	390361	2243126
比例	11.79	63.92	6.89	17.40	100

---

① 沈日新:《钱庄》,《银行周报》第31卷第38号,1947年9月22日,第10~11页。

（续表）

	工业放款	商业放款	个人放款	其他放款	总计
商业钱庄	633390	2262775	360636	80984	3337825
比例	18.98	67.79	10.80	2.43	100
外商银行		16165107	14553	5196	16184856
比例		99.88	0.09	0.03	100
总计	898	19862	530	477	21767
比例	4.13	91.25	3.43	3.19	100

资料来源：《天津市银行钱庄2月份存放款分类放款对象汇款统计分析表》，1949年，天津市档案馆，档号：X0053-C-000098-009，第27页。

各行庄皆以商业放款为多，可见近代天津商业发达而工业相对落后的情况。个人放款以钱庄为多，工业放款以银行为多。

近代以来，天津市面投机猖獗，世风日下，一般工商业信用下降。[1] 商号与银号间因为信用问题时常发生纠纷。如1916年9月，庆昌厚武殿臣与泰昌恒等号因为生意上的串换关系而发生了诉讼，与泰昌恒号等的"川换实因生意不佳，加之街市金融紧迫，以致无力偿还，现在曾有多人出为调停，泰昌恒亦应允分年偿还"。武殿臣说"各商家分年清偿互为救济本属常事"，但是泰昌恒号"忽尔变其原意"，而"长此不结两不利益"，所以他要求商会主持公道，"转函天津地方厅代诉困苦准予分年清偿以维商业而恤商艰。"后来经过中人的调解，以和解了结。[2] 1940年，泰兴银号状告复兴永玻璃庄，要求它归还债务。泰兴银号在津市经营存放款业务已有多年，与复兴永玻璃庄有钱项往还已非一日。以前复兴永玻璃庄对所欠债款，尚维持信用，按期归偿，可是"自一二年来，信义顿失，屡有拖欠，结至现今，计共欠洋1996.66元，有账目及折据可证。声请人经进讨，竟至不理，似被声请人此种行为，显系故意抵赖"，所以泰兴银号要求法院判令归还。[3]

一般信用借贷有中间人或者保人，在不能归还的情况之下，保人需要担负责任。1941年4月，肇丰银号经理李敬修向天津地方法院申请民事调解，要求天津裕生祥经理曲万荣清偿借款5000元和利息。天津裕生祥商号副理侯纯良于1941年1月15日前来肇丰银号，请求为其驻津外客益

---

[1] 沈日新：《钱庄》，《银行周报》第31卷第38号，1947年9月22日，第10~11页。
[2] 《庆昌厚欠泰昌恒债务无力偿还请转致准予分年》，天津商务总会，1915年，天津档案馆，档号：J0128-3-003931。
[3] 《泰兴银号杨鹤如陈子安复兴永玻璃庄王学静债务》，天津地方法院及检察处，1940年，天津市档案馆，档号：J0044-2-047167。

增号代借国币 5000 元整,定明每月行息 1.8 分,以当年 3 月 15 日为期。如到期本利迟付,即由裕生祥负责清偿。因为双方向有来往交谊,所以"情实难却"。至当年 3 月 15 日期满后,借款人益增号并未归还分文,所以肇丰银号认为裕生祥应依约清偿。①

银号日常与商业借贷关系往往有一个利息折,记载银钱往来账目,以作为日常银号与商家往来的信用凭证。1938 年益恒昌银号到警察局状告桐华茂、桐华兴、稻茂隆、鸿兴顺四家米庄。这四家米庄都是王祖琛、王祖桐出资设立的,生意非常兴隆,与益恒昌银号有借贷关系,并立息借折一纸。截至 1938 年 5 月 18 日,四家米庄共拖欠款 8454.17 元,多次催还不理,银号认为米庄"结党坑骗之心昭然若揭。以商为弱可欺者明显易见",因此银号要求警察局"拘索严惩无赖,藉整市面而敬效尤"。②

因为市场风起的改变,天津钱业也有抵押放款,以厚保障。③ 钱业的抵押品分为不动产和动产,视实值的多寡定放款额。钱庄资本以活用为主,故放款多偏重于契据等,而对货物等实物抵押则非资本大者不兼营。放款的多寡,天津俗名曰架眼。④

定期抵押放款契约式:

今借到:

某某某银号通行某某某某某正言明按某某利息以某某某为期到期本利一并清还不误,所交担保品均尊后附章程办理。此为据。计开:担保品某某某。⑤

银号在抵押中,也需要有保证信用同时参加,体现了中国传统商业的信用特点,也是市场风险加大的反映。如 1937 年,信记银号状告贾有陞、

---

① 《肇丰银号李敬修天津裕生祥曲万荣清偿借款及利息》,天津地方法院及检察处,1941 年,天津市档案馆,档号:J0044-2-054640。
② 《冯刘氏等婚姻债务纠葛及拐带案》,日伪天津市警察局,1938 年 6 月,天津市档案馆,档号:J0218-3-000356。
③ 沈日新:《钱庄》,《银行周报》第 31 卷第 38 号,1947 年 9 月 22 日,第 10~11 页。
④ 曲殿元:《天津金融市场之组织》,《银行月刊》第 7 卷第 10 号,1927 年 10 月 25 日。
⑤ 吉惠:《天津之银号》,天津《益世报》1936 年 4 月 26 日,增刊 5。附则:一、抵押品或因天灾及别项事故致价格低落的须由立押券人交出增加抵押品或缴纳税金至少以补足低落价格为准则。一、如到期不还或期限中抵押价格低落而补交出抵押品或现金时即为违约,贵宝号亦不必通知本人认属将抵押品变卖以偿本利,若有不足时立押券人及保人证人负连带责任即归还清楚一、右书契系彼此商妥应严行遵守。中华民国某年某月某日。立押人:某某某。担保人:某某某。印花:保证人应担负完全承还责任。此批。拨码,即银号与银号拨付计数之条也。非同业不拨。

贾有禄、周云卿。原告称被告贾有陞、贾有禄因经营公益社老人会,于1936年凭周云卿担保共同向原告订立透支契约。定明1000元为限,每月按1.5分行息,并以三条石中间普渡庵太隆胡同10号地之草房7间作为抵押,契约成立后原告对于抵押权即依法登记,领有登记证书为证。不料被告截至1936年年底共借支法币781.74元(内有1936年7月至年底之利息69.4元)而不偿还,保人也不负责任,于是起诉,要求贾有陞、贾有禄等人应共同负责偿还原告法币781.74元,并自当年1月1日起至清偿之日止按月1.5分付利,如无力偿还时由被告周云卿代还。他还要求确认原告对三条石中间普渡庵太隆胡同10号地之草房7间有抵押权。① 法院最后判决支持了原告的请求。以上几个案例表明当时银号借贷风险加大,只能通过以双重保险保证债权,保护其信用。

保证者的身份在近代天津也有所变化,律师、市场中介者这些非"熟人"也加入进来。如"辑五等凭中黄幼林借到泰昌银号款项,以自己名下分得东门内冰窖胡同房产及唐县引岸作押,除将契纸交与债权人收执并双方聘请律师张务滋公正外,特登报声明。"② 可见非人格信任在银号借贷保证中越来越受到重视。

银号的抵押品可以是同等价值的期票,如果借贷方不能按时偿还,可以之兑付。1925年8月,隆聚等号向行会声请,因"永裕洋行冯楣卿息借各号银13000两,以期票作押,嗣以逾期2年之久,本利迄未偿还"。于是天津绸缎布匹面纱商同业公会鉴于冯楣卿潜逃,致函天津商会,希望先处分抵押期票。将抵押期票11359.2两由本年9月1日起至支取日止,按1分行息,半年结算一次,扣成实银6381.54两,于9月6日照各号原借债额按成分配。除下欠本银6618.46两并欠13000两,4年1分利息,等将来冯楣卿出现时,再行清算。③

凭股票也可向银号抵押借贷金钱。赵铸鼎"前以所有中兴煤矿孙益三君代向天津益寿堂赵户名股票五十股。托由孙益三君代向天津聚丰永银号质债款逾期多年,迄未理楚。曾代向孙君催偿",聚丰永银号表示,如果股票拍卖后不足偿还,"除对于下欠不足之数仍责由孙君负责代还外,令将前开股票处过户情形再向赵君通告。"④

---

① 《公益社老人会债权团马继援等孙起风等会款》,河北天津地方法院民事庭,1938年,天津市档案馆,档号:J0044-2-145627。
② 《周辑五周峻伯泰昌银号启事》,天津《益世报》1926年7月2日,第3张第10版。
③ 《关于债务涉讼及备案》,天津总商会,1927年,天津市档案馆,档号:J0128-3-006073。
④ 《刘明阳律师代天津聚丰永银号通告赵铸鼎君》,天津《大公报》1935年2月23日,第2张第6版。

房屋的红契也经常作为抵押品。如 1939 年 8 月,庆成银号指定代理人张俊臣状告兴业堂指定代理人郭凤藻,要求还债。兴业堂于 1937 年 2 月在庆成银号立券借到通用国币 1300 元。言明按月 1 分行息,以一年为期,并以自置坐落在五区二所王庄子东同福里房地一段之红契登记作押,但是本洋及利息一直拖欠。为此庆成银号要求归还本利,并请确定上开房地有抵押权。①

一些与银号有日常往来串换的商铺也常常有抵押。如 1916 年汇大银号要求商会评议与义盛恒商号的债务问题,它们有日常串换的关系。从 1915 年开始义盛恒欠汇大银号平化宝银一百二十七两七钱二分,以房契作押,并有账札为凭。但是因为汇大银号 1916 年歇业,要求各欠户偿还,"而搪塞者实系不少",而"义盛恒张廷选所欠之款,催讨多次,不但屡次支吾,而且一味强横,听其言语实无偿还之心",所以汇大银号认为"义盛恒并未亏累,若任其如此捎债,嗣后必多效尤,则商号之齐账焉有穷期,为此情急",希望商会作主将所押房间变价抵债,则欠款得以清还。后来商会派警察催债,义盛恒表示并非成心抗债不还,而是生意不佳,最后双方和解,汇大银号让免部分债务,义盛恒于头节付洋 50 元,过节 25 日付洋 30 元。②

透支借贷也有信用、抵押之别。③ 1938 年 6 月,义兴银号状告邵瑞泉、邵瑞熙要求清偿债款,称被告之被继承人邵竹坡生前开设永福洋行华账房,自任经理。曾向原告开立活期往来,按月 1.2 分拆息,并以其河北大寺土地庙前二号住房作为抵押担保透支欠款。当将该项印契交付原告,由原告开给活期往来银札一扣,存取款项历经登记。到 1926 年,因届阴历乙丑年终结账,只收尚欠原告行化银 19594.57 两。此时,这个账房停业,邵竹坡要求移等其人名账下。但是历年催讨,邵竹坡总是以卖产还债赎契之词要求缓时。不料房产一直未售出,而邵竹坡又于 1933 年去世,原告向其继承人催索多次,对方支吾不还,于是起诉。④

---

① 《庆成银号张俊臣兴业堂郭凤藻债务》,天津地方法院及检察处,1939 年,天津市档案馆,J0044-2-046419。

② 《汇大银号胡同轩诉义盛恒张廷选债务》,天津商务总会,1914 年,天津市档案馆,档号:J0128-3-003694。

③ 曲殿元:《天津金融市场之组织》,《银行月刊》第 7 卷第 10 号,1927 年 10 月 25 日。

④ 《邵瑞泉义兴银号债务》,河北省高等法院天津分院及检察处,1941 年,天津市档案馆,档号:J0043-2-021334。

四、钱庄的利息

钱业的利息依据借贷的不同形式而略有不同,定期抵押利息在 1 分二三厘,透支在 1 分左右,串换为同业往来无利息借款,各帮放款在 1 分左右。押汇放款经营少,信用透支最多。① 大体来说,天津钱业放款的利息多为 1 分左右。1928 年天津钱商公会向河北高等法院申述津埠长期欠款通行利率时表示:"钱商往来款项长期欠款利率 1 分者居其多数。此乃普通习惯,遇有银根松紧及有他种关系而为特别规定,或多或少两相情愿者不在此例。"②银号资金有限,而往来资金巨大,难免有暂时周转不灵的时候。因此银号一般都与其相熟的同业定有靠家关系,一遇缓急,可浮借款项以渡难关。此种浮借,大多不计利息。此外,在平时需要增加来源时,还可以联号浮借,联号间经常往还浮借,代理收付。③

在钱业日常的商业借贷中,利息率的差距较大。如 1941 年 7 月广丰银号卢惠忱、齐润甫要求王模卿、张居岐给付欠款和约定的月息 1.2 分的利息。王模卿开设益成商行,聘张居岐为经理。截至 1940 年 5 月 30 日,共欠齐润甫债款 2238.15 元,"有往来札据可凭而屡讨未付"。为此齐润甫要求法院调解,要对方如数归还欠款并按约定给付利息。④ 庆成银号张俊臣要求庆祥货栈刘国辅、李济民偿还 8552.35 元的欠款,因为在调解后对方依然没有给付,所以他要求按照银行规定利息的办法每半年一结算。要求对方付给 1943 年前半年的利息 1251.3 元,这样计算月息大约为 2.4 分。⑤

钱业放款的利息也受到市场变化和商业关系以及其他社会、政治变动的影响。如 1928 年 7 月间,津南纸书商同业公会向天津商会提出了"速筹临时清偿宿债和酌减息率办法"的建议。它们与钱业具有密切的金融往来,"津埠商界惯例,为谋营业之发展,须赖银钱业及放款户往来交易,藉资周转,凡借贷之款,按月计息"。但是"近数年来,津埠连遭涂炭,商业损失

---

① 曲殿元:《天津金融市场之组织》,《银行月刊》第 7 卷第 10 号,1927 年 10 月 25 日。
② 《天津商会档案汇编(1928—1937)》,天津:天津人民出版社,1994 年,第 932 页。
③ 天津市地方志编修委员会编著:《天津通志·金融志》,天津:天津社会科学院出版社,1995 年,第 290 页。
④ 《广丰银号卢惠忱王模卿清偿欠款及利息》,天津地方法院及检察处,1941 年,天津市档案馆,档号:J0044-2-056510。
⑤ 《庆成银号张俊臣庆祥货栈刘国辅等给付利息》,天津地方法院及检察处,1943 年,天津市档案馆,档号:J0044-2-070272。

已达极点,且军阀专横,增捐加税,任意摧残,虽饱受痛苦而息金绝无减少。现在银钱业及放款户对于各行商贷用款项,其利率较前提高",这样致使"各行商苦于经济难筹,欲维现状,又必须利赖于银钱业及放款户以资流通,故不得不忍痛于一时,以冀将来战事终结,地方平静,交通恢复,营业得以复原,再谋陆续清偿宿债"。不料年复一年,交通依然不便,营业仍旧萧条,"各行商号欠外之款有加无减,资本稍充者多被利息捐款耗去,资本薄弱者行将破产,倘长此以往,则商界前途何堪设想! 而影响于市面势必甚巨,全埠金融将陷于无法收拾之地位",于是他们请求商会"速筹临时清偿宿债办法及酌减息率,以资救济而维商业"。可见,钱业利息对于各商业行业具有极大的影响,但是其利息率也受到多方面的制约。①

民国后期,由于通货膨胀严重,民间借贷形势恶化,钱业的利率也没了谱。钱业被人们看作是投资倒把、重利盘剥的罪恶渊薮,钱业的信誉受到很大的影响,其利率上的违法现象也非常多。如1947年刘培善状告曹鹏九不守信用且高利盘剥。1947年2月,刘培善与恒源益银号立有金钱往来并订立透支契约。"自交往以来,该号尚守信用",然而,1947年6月13日这个银号竟以存款不足为由拒绝支付透支并10万元支票,且"擅自扣除息金23万余元之巨(按18分拆息则合月息约25分以上),此种重利息与法定利息相较,实为显不相当",所以他要求法院对"该号对于拒绝支付部分,实应负刑法第三百十三条妨害信誉罪责,擅自扣留显不相当利息部分,应负刑法第三百四十四条及三百四十五条重利罪责",还要赔偿其信誉损失费100万元并返还擅自扣不当得利重利部分30余万元。②

银号借贷的利息一般半年计算一次,且有计算复利的习惯,但是并没有被法律所承认,为民间习惯。1944年,庆成银号要求判决庆祥货栈给付利息国币2633.31元。据上诉代理人称:被上诉人拖欠上诉人债款,截至1942年终,共欠国币8532.35元,本利未付。经调解成立,被上诉人将原本如数给付,但对于由1943年1月1日起至11月7日止之利息分文未付。按银号原例规定,利息以6个月计算一次,而被上诉人由1942年1月1日至6月20日计欠利息为1251.3元,至11月7日止,又欠利息为1382.28元。两次共欠利息国币2633.31元,被上诉人不给付,是以提起上诉。被上诉人称:拖欠上诉人债款实际原本只有5000元,前次成立调解给付上诉人国币852.35元,已有利息在内,作为全清,上诉人请求给付利息实难承

---

① 《天津商会档案汇编(1928—1937)》,天津:天津人民出版社,1994年,第933页。
② 《刘培善曹鹏九妨害信用》,天津地方法院及检察处,1947年,天津市档案馆,档号:J0044-2-115267。

认。法院判决上诉驳回。法院认为1942年以前的原本与利息已经给付完毕,此案已经调解完毕。所以1943年以后的利息于法不应准许。①

以上是一个银号强行扣除利息的案例,体现了近代天津银号与商铺日常往来计算利息的特点。1918年11月,保阳同泰裕代表程华亭向商会要求评议义兴银号强行扣息的事件。同泰裕与义兴银号往来串换,因当时中、交两银行的停兑事件而倒闭,欠银号往来银5000余两。当时银号担心商号无力归还,便将源裕盐店存条计洋900元交该号收存为质,嗣后清理各账。后来义兴号将该号存银陆续归还,所欠尾银计有114.33两。商号屡与该号协商,要求将存条收回,归还该号尾欠以清账目。银号"谓商号所欠之款,虽属往来无息,然陆续归还,已算耽误该号之事,强将存条扣留,声言作为延日清账之利息"。同泰裕认为,一方面自己没有钱,并非有意抵赖,另一方面"当闻津地商事习惯并未有因倒闭而欠往来银洋陆续归还犹算利息之例者,该号竟出乎范围居然要节外生枝",所以程华亭要求商会评议,最后同泰裕支付了部分利息。②

总之,天津钱庄因近代天津经济变迁而成为民间商业放款的最为重要的机构之一。其资本来自商人、地主、军阀等。钱庄放款以信用为主,但是抵押放款也日益流行。钱庄的利息一般不高,但会随市场和社会环境的影响而变动。

表8-12 天津大昌银号借贷金额与利息表(1941年)

类型	名称	月息(分)	金额(元)
信用放款	天祥号绸庄	1.1	2000
	同顺和合记车厂	1.4	8000
	大恒酒店	1.3	5000
	恒源酒店	1.3	5000
	义同泰合记	1.2	8000
	怡庆号仁记花庄	1.1	10000
	全聚号棉庄	1	10000
	万春斗店协记	1.3	3000
	同发祥	1.2	2500

---

① 《庆成银号与庆祥货栈给付利息》,1944年,天津市档案馆,档号:J0043-2-25339。
② 《同泰裕诉义兴号债务纠葛》,天津总商会,1918年,天津市档案馆,档号:J0128-3-004668。

（续表）

类型	名称	月息（分）	金额（元）
	同源号杂货	1.3	3000
	万聚恒颜料	1.2	5000
	洪泰承	1.4	3000
	大新针织公司	1.4	5000
	中国夹板公司	1.5	5000
	福康盐店	1.3	10000
	源丰永海货	1.2	10000
	辅兴立油店	1.5	5000
	怡信号棉布庄	1.3	5000
	华昌号仁记棉庄	1.3	5000
	敦庆隆绸庄	1.3	20000
	宝华栈棉庄	1.2	5000
	同馨和	1.4	10000
	同孚新斗店	1.3	2000
	大民号棉庄	1.2	16000
	义喜源棉庄	1.3	5000
	恒丰号棉庄	1.3	5000
	龙华好棉纱	1.3	20000
抵押放款	搭放升恒机器厂	1.4	1220
	九华绸庄	1.3	10000
往来透支	义生和米庄	1.3	3692
	福丰号米庄	1.4	5000
	祥丰粮店	1.5	1818
	生计号米庄	1.3	371497
	颐烟公司	1.4	65623
	澍记人名欠款	1.2	48
	本立堂人名欠款	1.2	8519
	同和当	1.2	1786
	备德堂人名欠款	1.2	9024

(续表)

类型	名称	月息(分)	金额(元)
	永厚宝人名欠款	1.2	6768
	德厚堂人名欠款	1.2	6768
	世德堂人名欠款	1.2	9024
	庆善堂人名欠款	1.2	66189
	同仁堂日名乘客	1	7473
	王雉庭	1.3	1178
存放银行	中国银行		2461
	盐业银行		407
	中南银行		5000
	金城银行		20000
	大陆银行		30740
	河北省银行		40000
	大中银行		20000
	中国农业银行		10000
	东莱银行		20000
	大生银行		60000
	市民银行		10000
	裕津银行		80000
	中国联合准备银行		2442
	公库		19176
	朝鲜银行		52
	正金银行		1287
同业欠款	天瑞银号		3736
	顺和银号		40593
	和丰银号		430
	余大银号		645
	致远银号		1801
	新生银号		12310
	中和银号		341

(续表)

类型	名称	月息(分)	金额(元)
	华丰银号		2644
	宏源银号		86
	广利银号		15594
	永盛银号		5123
	益兴珍银号上饶		627
	元泰银号上饶		2449
	益隆银号		3692
堂记欠款	孙霭臣		1820
	于聘臣		1300
	王雁题		1040
	段惇		6014

资料来源：《为大昌银号改组注册事致天津特别市公署呈(附章程等)》，天津钱业同业公会，1942年12月，天津市档案馆，档号：J0025－2－001248－001。

从表8－12来看，钱庄与同业往来没有利息，而与其他行业借贷利息在月息1分到1.5分之间，可能因为关系的不同而出现了不同的借贷利息，但是总的来说不是很高，没有超过法定界限，不能说是高利贷。信用贷款是主要的，体现了钱庄依然以传统的信用体系为主，抵押借贷不多，依然不占主要地位，钱庄传统的信任关系维持放款经营。可见，在钱庄营业中传统的人格信任依然占主导地位。

小　结

近代天津民间商业借贷机构是随着近代天津商业逐渐发展而发展起来的，借贷功能也是随着近代天津商业的发展而发展完备的。因此，近代天津商业借贷机构的产生和发展顺应了近代天津商业发展的需求，也对近代天津工商业的发展起到了很大的作用。银号适应近代以来我国发展落后的情况，主要在于联络本帮商家，周转两地资金存放款。在人信用方面，银号与中国发展缓慢的现状及旧思想和旧习惯相适应，与银行的关系密切且互相通融。① 近代天津钱庄的资本规模虽然与上海的存在较大差距,与中外资银行也难以比拟,增资缓慢,但其总体规模不断增加,且融资能力不容小视。② 同时,银号等商业借贷机构也适合中国传统的文化土壤,并在此基础上建立起了商业信任关系。但是,银号等商业借贷机构因其自身的传统特性,对近代工商业的发展和近代天津市场的发展要求有许多不相适应的地方,于是近代天津民间商业借贷机构也出现了变革的需要和呼声。可是因为各种因素,变革是非常艰难的,与近代天津经济发展的需要不相适应,出现了信用危机。这些都导致了银号等民间借贷机构在近代出现了衰落的趋势。

近代银行势力的发展及其竞争力不断增强,也使钱庄势力有下降的趋势。③ 南京国民政府时期,对金融控制日益加强,法币改革对钱庄业务是一个沉重打击。政府对银号管理日趋严厉④,政府管制的一个重要方面就是以现代银行的标准来规范钱庄,对其借贷方式进行规范等等,使钱庄逐渐失去了原有的本土金融的色彩,成为采用有限股份制度的现代公司,同时与传统商号脱离关系。最终钱庄失去了原有的在中国社会经济中的地位,走向了衰落。

---

① 陈静竹:《天津金融界之三派势力之分析》,天津《益世报》1936年7月12日,增刊3。
② 左海军:《民国时期天津银号资本与资力的再估计》,《中国经济史研究》2014年第2期。
③ 黄鉴晖:《中国钱庄史》,太原:山西经济出版社,2005年,第128页。
④ 左海军:《近代天津银号研究(1900—1937)》,华中师范大学博士学位论文,2014年,第3页。

第九章 近代天津新式金融机构与民间借贷

随着西风东渐,以银行为代表的新式金融机构开始在近代中国城市中出现。近代天津作为华北金融中心,银行业务发展迅速,与民间社会经济的关系也越来越密切。民间的借贷需求也越来越受到银行业的重视。

第一节 近代银行与民间借贷

近代银行作为近代城市中核心的金融机构,与民间社会经济有着千丝万缕的联系。银行的经营业务、经营手段与传统的银号有着一定的差别。在近代天津民间借贷中,银行的影响力不断扩大。银行在近代成为民间借贷的新式机构,对民间借贷的影响越来越大,但也存在着诸多问题。

一、近代天津银行概况

近代天津开埠后,逐步成为北方最大的商务口岸。近代化的金融业也从外国引进,使天津成为北方最大的金融中心。天津金融业发达的标志之一,就是中外各种银行的大量存在。

最早在天津开办的银行是外国的银行。外国银行既是列强侵略中国的经济中心,也在客观上成为外国金融文明的窗口和中外经济交流的基地。其资本来自中国赔款、官僚遗老存款、中国借用外债的关税抵押、外国人存款以及租界当局的公款等。外国银行主要用以辅助工业、借贷政府,以及投资地产、铁路和保险、航运等事业。①

1897年12月,在天津出现了第一家中国银行。之后,天津的中国银行

---

① 陈静竹:《天津金融界之三派势力之分析》(续),天津《益世报》1936年7月19日,增刊3。

如雨后春笋般出现。其发展分为五个时期：1. 兴起（1897—1911 年）。1908 年大清银行、交通银行、直隶银行和殖业银行等分别在天津成立了分号或本部。2. 发展时期（1912—1927 年）。共有 14 家银行，其中北四行成为最重要的商业银行。此时的天津银行业和产业关系不明显，具有浓厚的封建性。个人存款不断增加，从事投机公债。中国的新式银行开设之初尚处幼稚阶段，此时中国资本主义发展缓慢，加上外商银行的竞争以及政治上公债和投机，都对银行的业务造成了影响。1928 年国民政府迁都后天津银行的业务才开始走上了正轨。3. 兴盛时期（1928—1937 年）。国民政府迁都后天津银行业一度南下，在 1934 年一度繁荣，为危机时期的畸形繁荣。金城银行等一度对民族工业投资。4. 沦陷时期（1937—1945 年）。天津银行业受到摧残。5. 恶性通胀时期（1945—1949 年）。天津银行业走向衰落。①

国家开设的银行对民间消费需求不是很重视。以中央银行为例，1931 年中央银行在天津筹建分行，行中多为宋子文亲信，由于以行中行自居，只存不放，很少和一般工商户和钱庄往来，一般不对天津地方工商业放款。但实际上因为全国分裂，当时中央银行信誉不及中、交两行，钞票在京津也不被人们信任，在平津势力微薄。②

向民间借贷的银行主要是地方银行和商业银行，这些银行一般由本地或者外地的大商人和财阀入股组织而成，具有地方性特点。以聚义银行股份有限公司为例，可见一斑。

表 9-1 聚义银行股份有限公司股东情况表

股东姓名	籍贯	股数	股额（联币）	住址	职业
田普馨	河北饶阳	924	924000 元	北平府右街皇城根 40 号	振成造胰公司董事长
王锡恒	河北宁晋	525	525000 元	北平东城胡同礼士胡同乙 80 号	北平大中银行经理
谢廷绶	河北束鹿	350	350000 元	北平和内中街 7 号	赋闲
常铸九	河北易县	1350	1350000 元	北平西城西斜街 20 号	信诚银行总经理 聚义银行总经理

① 沈大年主编：《天津金融简史》，天津：南开大学出版社，1988 年。
② 陈济年：《天津中央银行见闻》，中国人民政治协商会议天津市委员会文史资料研究委员会编：《天津文史资料选辑》2004.1（总第 101 辑），天津：天津人民出版社，2004 年，第 141~157 页。

（续表）

股东姓名	籍贯	股数	股额（联币）	住址	职业
王振亭	河北束鹿	770	770000元	北平西城北太常寺1号	金华银行经理 聚义银行协理兼经理
王佐才	河北大城	525	525000元	天津英租界敦本里3号	新生银行董事 聚义银号协理
孙益生	浙江绍兴	301	301000元	北平前外草厂十条22号	北平聚义银号副理
赵少圃	河北武清	70	70000元	北平东城显灵宫1号	赋闲
冯季远	河北河间	91	91000元	北平后门帽儿胡同7号	聚义银行天津分行经理
窦公颖	安徽霍邱	50	50000元	北平鲍家街16号	赋闲
杜襄臣	河北衡水	45	45000元	北平前外大耳胡同11号	信诚银行经理
张贞石	北平市	420	420000元	北平东城金鱼胡同1号	天津大中银行经理
田耀臣	河北深县	39	39000元	北平前门外西河沿102号	赋闲
李士珍	山东恩县	175	175000元	北平绒线胡同内花枝胡同1号	广兴布店经理
边趾仁	河北束鹿	49	49000元	北平宣外校场大六条7号	赋闲
顾信之	北平市	245	245000元	北平西单报子街蕉陵分馆	赋闲
王珍卿	河北束鹿	80	80000元	北平前外香串胡同14号	北平东庆恒玻璃店经理
石鹤年	河北武清	70	70000元	北平府石街达子营11号	律师

（续表）

股东姓名	籍贯	股数	股额（联币）	住址	职业
张希闻	河北易县	175	175000 元	北平西城西斜街 20 号	赋闲
焦世卿	天津市	91	91000 元	天津英租界敦本里 2 号	新生银行董事
田衡甫	河北大城	410	410000 元	青岛龙山路 37 号	青岛同怡板厂
赵新民	河北束鹿	140	140000 元	北平前外长巷上头条甲 1 号	冠三医院院长
孙百航	浙江绍兴	105	105000 元	北平前外草厂十条 22 号	协华医院院长

资料来源：《日本投降后天津各银号钱庄股东名册及典型章程》，财政部冀鲁察热区财政金融特派员，1946 年，天津市档案馆，档号：J0175－1－000057，第 77—78 页。

聚义银行的股东多数为河北人，可见地方商业银行的地域色彩也是非常浓厚的。当时的商人、财主或是出于地方帮派商业利益考虑，或是出于人际关系情面的考虑，对不同的银行分别投资。

许多的外地银行也常常到天津这个商业大埠开设分行，为本地区商业提供资金，并利用天津当时的金融地位以及对腹地交易的区位优势争取利益。如山东的齐鲁银行在天津打出广告，以优惠条件招揽客户。[1]

二、银行借贷的特点、方式与利息

天津银行的放款以抵押为主，营业对象主要是银号，除透支、浮借外还有拆条之法，即由银号收进期票，或持期汇票向银行贴现。银行自建货栈收抵押物，以棉、皮、面粉为大宗。天津商业银行以中国、交通、盐业、金城、浙江兴业、大陆、中孚、中国、实业、大生等十余家银行为主。它们为进出口或普通货栈贷款，多以厂基、机器为抵押。[2]

近代天津商业银行的经营特点也有一个历史变化的过程。最初多比较注意投资工商业，"大都专于本埠及外帮商工界交易上之投资。"[3]许多中外银行打出广告，争取各种形式的放贷。各种中外银行在放款市场上的

---

[1] 《天津齐鲁银行广告》，天津《益世报》1918 年 12 月 3 日，第 1 张第 3 版。
[2] 陈静竹：《天津金融界之三派势力之分析》（续），天津《益世报》1936 年 7 月 19 日，增刊 3。
[3] 《天津经济界之过去未来》，天津《大公报》1931 年 1 月 1 日，第 2 张第 6 版。

竞争非常激烈,如"本行系两合公司收足资本百万元、公债金十九万五千元,办理汇兑存款公债买卖抵押及商业银行一切业务。"①"本银行专办汇兑、押汇、贴现、抵押放款、买卖有价证券及各国货币兑换。"②"中法抵押放款银行已于五月十日星期五开办,临时公事房设在法界中街门牌九号……克己典押一切须有切当产业为质。"③

  天津成为北方重要的政治中心后,天津银行业的投资方向一度有所变化,"晚近因北京政治上之借款,利息优厚,不免见猎心喜。有若干投资于公债及其他政治借款者",虽为数有限,但对天津的金融业还是产生了很大的影响,"故民国十九年以来,天津市证券交易所之营业,始终未得成功。"1927 年,"自首都南迁以后,政治上借款多在上海交涉,不但为天津金融界无关,即北京金融界亦不受影响。故去年一年中,天津金融界颇少政治上借款之骚扰。一般金融界又多避之唯恐不及。"30 年代初,受到外部环境和市场的影响,商业借贷趋于萎缩。"商工界之情形,甚为凋敝,尤其各厂家(除面粉有数个月之好况外),大都受战事和捐税影响,本重滞销,焦头烂额,无一家周转裕如",因此银行也采取了收缩主义。天津银行业人士对天津以外的商业放款有了很大的兴趣,"北方有事可做,当然投资北方,北方无事可做,当然要投资南方,利之所趋,莫可奈何,从前津市金融界以天津金融界专以天津放款为本位者,其势不能不打破矣。此北方当局所应注意者。"④从这段话看来,由于北方经济萧条,天津银行投资的方向有向南发展的意向。这段话也是当时天津金融人士对天津政府当局的一个警告,希望政府采取措施稳定发展北方的工商贸易。可见,天津银行投资的方向主要还是以工商业为主。到 30 年代中期,银行对工商业的投资又有新的发展,银行"投资公债者已不多见,悉侧重于放款押汇等项正常业务矣,且积极扩张仓库营业"。⑤

  许多天津行业赖与银行建立借贷关系,以资周转。如天津木业需要金融的支持,使用银行的贷款来进行木料的囤积或是存储,等待价格的变化。银行信用对木业是非常重要的。银行有时也需要木业的支持,在银根紧缩的时候,木业收进"大码子"可以为银行撑腰。木业要是运用好了金融可

---

① 《天津聚兴诚银行广告》,天津《益世报》1920 年 6 月 8 日,第 1 张第 4 版。
② 《天津山东工商业银行广告》,天津《益世报》1920 年 6 月 1 日,第 1 张第 4 版。
③ 《中法抵押放款银行通告》,天津《益世报》1918 年 5 月 13 日,第 1 张第 2 版。
④ 《天津经济界之过去未来》,天津《大公报》1931 年 1 月 1 日,第 2 张第 6 版。
⑤ 筑人:《去年天津各业市场之回顾》,天津《益世报》1937 年 1 月 1 日,增刊 3。

以有很大的发展,但若是运用不好就会带来巨大的损失。①

银行实力较银号等雄厚许多,利息也较低。虽然手续繁杂,限制严格,但是一些大企业或者人际关系不足的新式企业还是需要银行的投资借贷。天津银行业兴起之初,为了保证信用,要求办理借贷需要商会的介绍。宋寿恒是近代天津的一位著名的民族企业家,1915年1月31日,他创办的直隶国货维持会等为同升德花竹工厂拟向银行抵押借款,致函商会要求代为恳请地方长官介绍银行借贷:"现因花竹出品日多,资本太少不敷流动,拟遵照部定维持工厂办法第二条,恳转求地方长官介绍银行,以房产货料抵借银元1000元,以1年为期,期满后每月还100元,利随本付等情。"这个厂是苑士林一人独资,仿造日本泽商店花竹器,清朝时在考工及南洋赛会屡次得奖。苑士林曾多次向宋寿恒借贷,很守信用,因而宋寿恒希望商会和政府能够代为介绍担保银行贷款,"抵押房产货料,以维工场而利实业。"②

与银行的关系对普通商铺来讲也是至关重要的。如刘少波祖上经营粮栈,虽有经商的家世,但到父亲一辈已是中衰,仅能维持生活。刘少波先在东北的一个粮栈学徒,练就了良好的业务本领,尤其是博闻强记,精于珠算。后来经人介绍来到正兴德茶庄,不久就将南北四路与客商的"业务来往、欠款数字,正兴德向银行、银号的借贷情况,如数家珍地一一报出"。1936年他和东家闹翻,率领一些人成立了成兴茶庄与天津北门外小洋货街。他的经营宗旨是"成大事业惟信用,兴立基础在精神"。他总结了前人的经营之道,采取了措施,一是保障信誉,扩大资本,主要是任用老业务员,请有名望、有财力的银行、银号做中人。他请到了致昌银行的刘信之、中和号的李在川、华丰号的李阁臣做中人,对保证信誉起到了很大的作用。二是广纳众长、学彼利己。在七七事变后,因为南方货物未到,负债10余万元。他把仓储建在洋行内,以求安全。如果银行催债,他就到仓库验货,抵押分存。在1948年根据当时的形势又采取贷款囤货方针,在银行借了大量款项到南方买茶叶,又弥补了一些损失。利用银行负债经营的方法,是其能够多年在生意场中立于不败之地的妙诀之一。③

近代天津银行放款的特点,以金城银行为例加以说明。金城银行是当

---

① 张云华:《天津的木商琐谈》,中国人民政治协商会议天津市委员会文史资料研究委员会编:《天津文史资料选辑》第46辑,天津:天津人民出版社,1989年。
② 天津市档案馆编辑:《北洋军阀天津档案史料选编》,天津:天津古籍出版社,1990年,第482页。
③ 徐鲁真:《成兴茶庄与刘少波》,中国人民政治协商会议天津市委员会文史资料研究委员会编:《天津文史资料选辑》第93辑,天津:天津人民出版社,2003年,第170~181页。

时中国著名的一个商业银行,当时在天津有很大的影响,其资本主要来自一些军阀和官僚。在民国初年,天津一般手中有现款者多将现款存于相熟的典当行或商店内。之所以不肯存在银号,一则因利息较少,二则因有倒闭风险。银行兴起后,这部分游资开始存放在银行。金城银行一开业即有相当规模,因此吸引这样的存款不少。① 金城银行成立后的前十年主要经营两个附属事业,一个是通成货栈公司,一个是丰大证券,为的是便于堆存保管放款抵押品和开展押汇业务。②

金城银行的放款原则为以稳妥为主,其次才考虑利益。在1923年7月金城银行行务会议议决案中规定:各行做放款项目须先求用户或押品之妥实,次求利益之优厚,遇有用户及押品妥实时,利虽不厚,尚可酌量通融。反此,利虽厚而用户或押品不甚妥实者,则绝对不宜放做。③ 只要市场有风吹草动,银行就会采取紧缩的政策。如1918年11月11日金城银行总经理周作民为市面银根奇紧,注意收缩放款等事致函津总行:"近来市面银根奇紧,政局不稳震动时虞,我行开办未久,尤宜格外注意。对于放款勿宜收缩,对于往来存款宜多储现金以资因应即(急)或市面情形各异,亦当慎择存放行号,而对于需用现金顾主,万不能不为先事准备,致失信用,是为至要。"④ 可见,银行为保持自己的信誉而采取的一些措施是非常稳健的。金城银行投资的主要特点有:1. 放款集中于少数重点户。金城银行一向认为不宜放款给小工厂,因为资本既不确实,内容又多复杂。对于较大规模或与董监经理人有密切关系的,或已参与管理的企业则大胆放款。2. 在工业放款中主要投资四个行业,即纺织业、化学工业、煤矿工业和面粉工业。3. 商业放款占有相当大的比重,附属企业为主,贸易公司、洋行次之,其他又次之。⑤ 放款种类主要有:1. 抵押放款,有货物、公开市场的证券、凭单、不动产。2. 信用放款,对于个人只信用放款及透支,以不承做为原则,但公司商号可以依照一定的手续办理。⑥

---

① 中国人民银行上海分行金融研究室编:《金城银行史料》,上海:上海人民出版社,1983年,第145页。
② 中国人民银行上海分行金融研究室编:《金城银行史料》,上海:上海人民出版社,1983年,第49页。
③ 蒙秀芳、黑广菊主编:《金城银行档案史料选编》,天津:天津人民出版社,2010年,第123页。
④ 中国人民银行上海分行金融研究室编:《金城银行史料》,上海:上海人民出版社,1983年,第315页。
⑤ 中国人民银行上海分行金融研究室编:《金城银行史料》,上海:上海人民出版社,1983年,第15~16页。
⑥ 中国人民银行上海分行金融研究室编:《金城银行史料》,上海:上海人民出版社,1983年,第153页。

1931年金城银行行务会议事中对小额贷款表示了反感："近年来银号每易发生事故，各业似正逐渐愿与银行往来。以米庄等类推之，如茶号等能知其向来信用及资本殷实皆可酌做。至小工厂，其资本既不确实，内容又多复杂，则不可做。"只是由于不得已的原因才不得不勉强应付，"在商业竞争上，此类小利放款诚属可厌。然以彼有发行权关系，故得任意为之。视其情形无论何项生意皆做可知，然亦只得听之，不必与争，徒受损失也。"①

金城银行关于透支放款的手续严格且繁琐，如果不是大生意，做抵押和透支在交易成本上对于双方都是不合适的。②"良好之放款对象各行应设法物色，凡商品化之农矿产品及工业品，均仍按押款押汇等方式增进融资。对于各工业之原料及半制品亦应予以押款，但机器厂屋之抵押则勿宜承做。"③金城银行的放款策略是以稳妥为主，对信用和信誉的要求高过对利润的要求。其他的银行如大陆等银行也有类似的想法，足见在当时的环境下社会信任的程度是较低的。

天津银行业的放款种类主要有信用放款、抵押放款和贴现放款等。信用放款有活期和定期两种。活期多为透支方式，向一些常有业务往来的商号透支，以满足它们一些临时的需要等，如对一些米店、杂粮店进行以杂粮为担保的放款和对杂粮商号之信用放款(例如对斗店货栈粮栈米庄之往来透支等)。④ 定期有一定的期限。随着市场风险的扩大，天津银行对信用放款大都采取了越来越严格的控制。1919年中国实业银行规定非在本行有来往存款之行号不得透支，往来行号透支数量应报总行核办，透支数目得以随时归还，期限不得过久，利息一次结算。1920年中华懋业银行规定往来商户透支不交抵押者应调查其信用，呈请总管理处核准后方得透支，但透支数目在1000元以下可以酌情。1922年金城银行规定除重要的股东和特殊人士及该行自记等个人堂名以外，一般不做个人信用放款。鉴于信用放款依然是重要的辅助形式，为稳定起见，对透支要进行有保证的信用调查，完备手续和加紧催收。1923年大陆银行规定一般只对有存有欠而出入活动者透支。1929年大陆银行规定信用放款须有完备的手续和妥实的保人，放款期限不得超过6个月，利率随时议定。1933年上海银行指示

---

① 蒙秀芳、黑广菊主编：《金城银行档案史料选编》，天津：天津人民出版社，2010年，第26页。
② 蒙秀芳、黑广菊主编：《金城银行档案史料选编》，天津：天津人民出版社，2010年，第75～76页。
③ 蒙秀芳、黑广菊主编：《金城银行档案史料选编》，天津：天津人民出版社，2010年，第136页。
④ 《存放款利息及调查》，天津市银行业同业公会，1942年，天津市档案馆，档号：J0129-3-005109。

放款前要调查,放款后要不断报告。1935年6月上海银行限制信用放款。1944年中国银行和交通银行停止信用放款。天津市财政局也明令禁止银行信用放款,但商人习惯于此,且信用放款数额较少,因此禁而不止。① 可见,天津银行的信用放款在逐步减少,只有少数数额较小的信用放款在20世纪40年代依然存在。

抵押放款分为不动产抵押和动产抵押两种。不动产主要是房地产,当时在西方,银行做不动产抵押的较少,多为动产抵押。当时中国银行经理卞白眉对当时的一些中国银行做不动产抵押非常不解,"其营业范围内有以不动产为抵押借款一条,此照各国经验所得、学理所认,凡发行银行,不宜从事不动产,今反此为之,谅我国经验家所见,必有独到之处,非吾侪鄙弃已久之留学生所敢妄为置喙也。"②后来,他领导的中国银行力图推动对动产的抵押,"王鸣和报告……放款则货物押款增。不可谓非行力渐臻健康也,因鼓励同人仍须努力前进。"③其他一些银行也开始对不动产抵押有了限制的措施,对动产抵押也有越来越多的规定,以保信用。

1919年中国实业银行规定证券抵押以公债和各种上市股票为准,且必须可以查证方可抵押。放款为押品的三分之二,市价变动需要增加押品,抵押品无论在何处银行须操变卖之权,抵押放款期限至长6个月。1920年中华懋业银行对抵押放款的规定是只做动产抵押,抵押放款数应酌定押品的性质和市价。1927年金城银行规定货物一般不做抵押。抵押品以妥实为准。1936年大陆银行规定抵押放款不得含有投机性质,房地产抵押禁做。1945年河北省银行规定抵押需要妥实的保人,以时价五折为度,利率月息9分至15分,期限3个月。④

银行借款抵押时,为了应对风险,往往还需要保证人,实为保证信用加抵押信用的双重信用。时人刘建藩生前把自己的一部分股票等抵押给了盐业银行,死后他的儿子及妻妾为赎回抵押权而争夺。双方开始是在报纸上声明自己的权利,之后又上诉到法院。这个抵押借贷是一个保人保证

---

① 天津市地方志编修委员会编著:《天津通志·金融志》,天津:天津社会科学院出版社,1995年,第313页。
② 中国银行股份有限公司天津市分公司、中国人民政治协商会议天津市委员会文史资料委员会合编:《卞白眉日记》第1卷,天津:天津古籍出版社,2008年,第13页。
③ 中国银行股份有限公司天津市分公司、中国人民政治协商会议天津市委员会文史资料委员会合编:《卞白眉日记》第2卷,天津:天津古籍出版社,2008年,第122页。
④ 天津市地方志编修委员会编著:《天津通志·金融志》,天津:天津社会科学院出版社,1995年,第314页。

的,这就是史瀚波所说的第三保证人制度。① 保证者也可以是公司和商铺。这个做法无疑增加了交易的成本,但是为了保证信誉,这是近代天津银行时常采用的信用保证方式。② 又如卞白眉曾记载:"林子有来谈,并为其友人商以春和戏院股票面额一万元押借四千元,且愿担保偿还。"③

银行的保人一般是两个。如李彦士向银行借贷,因其中的一个保人没有签字而手续不全导致无法办理,"前填之旧借据内缘由台端及佟德夫两君担保,此次换填之新借据内只佟君一人担保,台端并未具名,核与原来办法不符,兹将原借据两纸随函送还,应请台端具名担保,再行送下。"④

随着市场风险的加大和风险意识的增强,许多银行严密了借贷的手续,如1936年大陆银行规定:"凡有签订各项放款借据合同透支契约,一律由经理或副理一人于契据后面空闲处加盖名章一颗,以昭缜密而便检查。"⑤近代天津银行的手续和贷款方式总体来说越来越严密,也越来越繁杂。银行向民间放贷常常出现各种麻烦和问题,信用难以保证。如1933年罗芝祥将曹懋德告上了法院。曹懋德是大陆银行货栈经理,与罗芝祥素相识。罗芝祥曾经经商,与该货栈互相交易。1928年,罗芝祥存于该货栈皮货31捆,并于同月4日抵借银1万两,均交由罗芝祥收存。皮货由罗芝祥先后出售30捆。后来剩余一捆,因为当时行情的关系而没有出售。1931年4月9日,大陆银行以罗芝祥欠款未能如数清偿,罗芝祥说存的是贵重的羔义皮,并非普通羊皮。双方争执不下,罗芝祥告曹懋德为侵占罪,请求判令曹懋德赔偿羔义皮1162张或行平银6925.52两及自1928年9月1日起至自行终结日止9厘5毫月息。法院认为罗芝祥所谓31捆皮货中有由麟记洋行购来贵重之羔义皮一捆,以普通皮货抵借银4500两,羔义皮抵借5500两,均不能提出确切凭证以资证明,据此认为真实性难以认可。⑥ 从这个案例看来,银行方面的手续是非常严密的,但是依然不免出现人情关系和欺诈现象。

---

① 陶季邑:《史瀚波著〈乱世中的信任:民国时期天津的货币、银行与政府社会关系〉》,《历史研究》2004年第3期。
② 《诉讼案件》,盐业银行天津分行,1929年,天津市档案馆,档号:J0217-1-003504。
③ 中国银行股份有限公司天津市分公司、中国人民政治协商会议天津市委员会文史资料委员会合编:《卞白眉日记》第2卷,天津:天津古籍出版社,2008年,第83页。
④ 《放款客函来去函》,中国银行天津分行,1930年,天津市档案馆,档号:J0161-1-000870。
⑤ 《本行各种放款契约借据应由经理、副经理阅后加章案》,大陆银行总经理处,1936,天津市档案馆,档号:J0211-1-000070。
⑥ 《本行及分支行的债务诉讼案件及欧中公司与本行关于买卖国际证券来往文书及付经理的函件》,大陆银行天津分行,1924年,天津市档案馆,档号:J0216-1-001902。

当时有一著名的1928年协和公司诈骗事件,对天津乃至全国的市面影响很大。1928年大陆银行副理谈季祯要求协和贸易公司将进口面粉的一部分储存在大陆银行而遭到拒绝,这引起了大陆银行的怀疑。大陆银行通过内线了解到面粉大多不到岸就已经运走,这样大陆银行感到有诈,于是加紧催收欠款。后经查明,系天津协和贸易公司经理祁礽奚勾结美国瑞通洋行开出面粉假栈单向天津各银行抵押行骗。① 这个倒账案金额高达600万元,大陆银行的90万元在发现问题后陆续收回,但是其他银行受到了很大的损失,天津乃至与天津有联系的商埠的金融市场都受到了巨大的冲击。②

天津银行的利息率在近代变迁的大致情况如下:1923年4月2日,据金城银行天津分行利息概算表统计:利率(月息)6厘至8.5厘总计占放款的3.9%,9厘至1分占60.49%,1.05至1.2分占26.1%,1.3分至1.5分占8.37%,1.6分至1.8分占0.57%。1935年天津市华商银行放款,定期押款最长3年,最短1个月,利率最高为周息20%,最低为周息8%。③

表9-2 1937~1947年天津银行业放款月利率　　　　（单位:分）

年份	定期抵押	定期信用	活期抵押	活期信用
1937	0.8~1.4	0.5~1.2	0.7~1	0.7~1
1938	0.8~1	0.5~1.2	0.8~1.4	0.7~1.4
1939	0.7~1.4	0.5~1	0.8~1.2	0.7~1.2
1940	0.7~1.4	0.8~1.2	0.8~1.3	0.8~1.3
1941	0.9~1.4	0.7~1.2	0.9~1.4	0.9~1.4
1942	0.9~1.4	0.7~1.2	0.9~1.4	0.9~1.4
1943	0.9~2.4	0.7~1.4	0.9~1.9	0.9~1.8
1944	0.9~4.8	1.4~2	0.9~2.4	0.9~4
1945	0.9~8	2~8	4~8	4~8
1946	9	9	9	9
1947	9~18	9~18	9~18	9~18

资料来源:天津市地方志编修委员会编著:《天津通志·金融志》,天津:天津社会

---

① 王兆祥:《谈季祯识破骗局,大陆银行免遭损失》,中国人民政治协商会议天津市和平区委员会、天津市档案馆、天津市和平区档案馆:《老天津金融街》,天津:天津人民出版社,2010年,第55~58页。

② 王兆祥:《大陆银行总经理谈荔孙》,中国人民政治协商会议天津市和平区委员会、天津市档案馆、天津市和平区档案馆:《老天津金融街》,天津:天津人民出版社,2010年,第52~54页。

③ 天津市地方志编修委员会编著:《天津通志·金融志》,天津:天津社会科学院出版社,1995年,第318页。

科学院出版社,1995年,第319页。

在较为正常的年代,天津银行的利息率较民间私人借贷和银号的利息还是低的,起伏变化也不是很大。但是由于手续繁杂且受到诸多限制,银行借贷依然不是民间商号的主要选择。在义据福货栈向银行借贷的一个单据中,可见当时银行借贷的方式和利息等情形。

表9-3　1942年义据福货栈抵押贷款情况表

户名	活期透支金额(元)	活期透支利率	定期押款金额(元)	定期押款利率	抵押透支金额(元)	抵押透支利率
丰记粮站	10000（拟准5000）	月息一分三厘				
德合源			40000（拟准25000）	月息一分三厘		
同合新			38000（拟准20000）	月息一分二厘		
致远达			28000（拟准20000）	月息一分二厘		
锡德号					35000	月息一分二厘
广发茂					40000	月息一分二厘
义隆号					35000	月息一分二厘
义和金					40000	月息一分二厘
春源号					30000	月息一分二厘
义和昌					40000	月息一分二厘
复记号					40000	月息一分二厘
义依新					40000	月息一分二厘

（续表）

户名	活期透支金额(元)	活期透支利率	定期押款金额(元)	定期押款利率	抵押透支金额(元)	抵押透支利率
月满洋行					30000	月息一分三厘
合计	10000（拟准5000）		106000（拟准65000）		330000	

资料来源：《义据福货栈与各处订立赁仓库抵押借款并派员驻厂案》，义据福货栈，1942年，天津市档案馆，档号：J0169-1-001015。

抵押透支有三种方式，月息大致为1.2分到1.3分不等。天津银行的透支利息还有一些习惯性的规定。如1938年垣德堂王幼章将天津盐业银行法定代理人陈亦侯上诉到了河北省高等法院天津分院，认为盐业银行在计算透支契约复利的时候利滚利，而且超过了百分之二十。但是，法院最后认为透支契约第三条明确规定"抵押透支款项按月1.1行息，每年分六月、十二月两次付清字样，每届偿账期为不得收利息，付清应即滚入原本再生利息，否则欠息帐款额在账簿内即无所附记"，且查往来透支应计复利是银钱业通行之习惯，① 因而支持了银行的做法。

三、银行借贷的偿还

偿还对银行来说是借贷中最为重要的阶段和问题。

欠款到期不还，银行先要催款。如时人张慰慈向中国银行天津分行抵押借款洋100元，经一再推展，银行认为"本难再行转期。惟既承商当免为通融，自4月16日起，再行展期3个月，一次到期，务希照数清还"。② 该笔抵押欠款月息1.2分，在付息条件下一再推迟，可见当时银行对借贷者还是比较宽容的。

有的商号不能归还债务，只好请银行等债权人声请一起来清理。如中国垦业银行天津分行曾接到借贷者商函，因生意不佳，将铺佃兑出，请"大

---

① 《恒德堂王幼章天津盐业银行债务》，河北省高等法院天津分院及检察处，1939年，天津市档案馆，档号：J0043-2-020903。
② 《放款客函来去函》，中国银行天津分行，1930年，天津市档案馆，档号：J0161-1-000870。

家债户"到场"商议结数"。①

借贷者欠银行的债款不还,银行往往将其抵押品拍卖以偿。如北京商业银行天津分行登报告知借贷者,"尊欠押款过期已久",要求在限期前"备此本利来行清偿",逾限即将抵押品"全数或取出若干代为变卖,除去所欠本利及费用外,余则存,少则追偿"。② 又如德记搪瓷工厂将搪瓷色八十桶及厂内全部机器抵押给银行,计结欠本息洋 1900 余元,又欠栈租洋 100 余元。期满后因为该厂无人取赎,于是银行登报表示"自登报日起一星期敝行即将全部押品即行拍卖抵还欠款,如尚不敷,仍由贵厂负责清偿"。③

债务偿还出现问题时,如果有保人的话,保人可以代为偿还。或者如果保人肯负连带责任,则可获得额外展期。如在王永春欠中国银行的债务案件中,中国银行表示"如有妥实保人肯连带责任,商经债权人同意之后,所请求展期 3 个月,暂不变卖抵押品,尚可照办。否则只有将押品先行变卖,其不敷余额,姑予展期 3 个月"。④

对于有些不还债务并且有逃债嫌疑的个人和商号,银行只好申请法律解决,而且对其不动产进行假扣押。但是如能和解,银行往往也优先考虑。时人萧巨川因为要开恺济洋行向中国垦业银行借贷大洋共 5091.83 元,并在 1929 年 2 月出立字据,连同所有坐落于天津市西即西门外牌坊南哈家台地方房屋一处随带地基一块之红契一套抵押给银行。此后除偿还的外,还欠 3256.54 元。后来银行多次催还,但是他不理睬。1929 年 11 月,中国垦业银行状告萧巨川,要求萧巨川归还贷款并就上项原本自短欠时起至清偿日止之利息一并如数清偿。银行还指出萧巨川抵押的房产破败,估计所值不过 1000 余元,而其银行本利约计已达 5000 元。"两相比较不敷甚巨,而萧巨川又有偷变现住房产潜逃他处之讯,是本案实有日后不能执行之虞,对于萧巨川所有现住房产即不得不依保全程序请求予以假扣押之必要。"11 月 19 日,律师向萧巨川发函指出:"一旦涉讼,不特有碍台端令誉,而且伤及双方感情",希望他在 7 日内归还欠款,否则就上诉。1931 年 8 月,法院判令萧巨川偿还银行本洋 3256.54 元,并自 1929 年 2 月 9 日起按月 1.2 分给付利息。但是最后双方以和解了结:"兹经双方和解,除债权人

---

① 《抵押放款债务诉讼卷》,中国垦业银行天津分行,1929 年,天津市档案馆,档号:J0209 - 1 - 000003。
② 《王毓秀君鉴》,天津《益世报》1922 年 1 月 23 日,第 2 张第 7 版。
③ 《天津中国银行梨栈办事处为押款到期通告德记搪瓷工厂启事》,天津《大公报》1935 年 11 月 2 日,6 版。
④ 《抵押放款债务诉讼卷》,中国垦业银行天津分行,1929 年,天津市档案馆,档号:J0209 - 1 - 000003。

让免部分外，已如数付清楚，请求钧院准予销案免再执行，并前经债权人呈缴之借据一纸，祈即府赐发还。"①银行在法院判决后，依然采取了私下和解的办法处理问题，一方面可能是因为争取最大的还款时效和利益，一方面也可能存在着人情关系上的因素。

  一些规模较大的民间企业往往向多个银行借贷，如遇破产则资不抵债，一般需要由债权方面组成委员会清理。银行之间也时常意见不一，矛盾重重。以渤海公司的清理为例，1937年5月，渤海公司亏损，"公司厂基机器全部抵押，以20余万元之资本亏至二百数十元"。天津商会获请清理渤海公司债务，中国、交通、盐业三行到会，各家债权代表50余人到会。债权代表邸玉堂认为这个公司是一个无限公司，由各股东负无限责任，并由经理负无限责任。而中国银行的态度似乎比较缓和，它表示可以"允公司请求在百分之十限度内让出一部分款项，分配各债权，各债权不承认，再法律解决"。邸玉堂则要求中国银行让步以维市面，并由中国银行接办这个企业。②6月10日，债权人代表再次开会。会议最后决定全部无抵押额1199638.69元，由厂机提出约十分之一，即约12万元作债额。全体债权人59户，57户同意。其中，盐业银行对此不满，认为这样解决没有了信任的问题，而且带来了巨大的损失。它认为渤海公司债权只付十分之一太少，虽为有限公司但是手续不完备，应负无限责任（成品押4000元，透支180408.54元，利息12917.49元），最后它表示异议未签字。英商怡和洋行（债额55542.23元）最后也没有签字，它认为债金多为工资、教育基金（志学社1000元、励学基金3000多元，工人储金），开此先例，将来商家往来无保障。③6月13日，债权人再次开会，盐业银行继续质问三点：1.该公司股东所认股款是否交足。2.该公司是否合法，注册有限公司是否完备。3.该公司债务人是否真实。但是商会等指出，经查这个公司为有限公司，1931年10月1日在实业部核准登记，股额20万，实有269900元，并非不合法。④从这个案例看，在处理债务人的问题上，银行和商会等方面的债权人之间有着很大的矛盾。

---

  ① 《抵押放款债务诉讼卷》，中国垦业银行天津分行，1929年，天津市档案馆，档号：J0209-1-000003。

  ② 《渤海公司清理问题商会昨开会调解》，天津《益世报》1937年5月21日，第2张第5版。

  ③ 《渤海公司倒闭商会昨调解成立》，天津《益世报》1937年6月10日，第2张第5版。

  ④ 《渤海公司债务案又发生枝节，一部分债权将质问商会》，天津《益世报》1937年6月13日，第2张第5版。

第二节 关注民生：银行的小额借贷

　　银行一般注重对规模较大、信用较好的工商企业的放款。可是，近代中国存在着大量急需资金周转的中小工商业。由于银行贷款手续较为麻烦，而且存在严格限制，它们只能到传统的金融机构中或者依靠私人的亲属朋友关系去借贷，导致发展受到限制。同时，近代以来民间消费借贷需求也非常大，传统典当业走向衰落且有高利贷剥削的恶名，而民间私人借贷的高利贷种种盘剥也非常严酷。因此，一些近代金融界人士希望利用银行来解决小生产者的金融问题。在西风东渐的近代，许多有识之士深受西方相关经验启发。如沈一平参考了西方一些国家举办平民银行的做法，认为西方的平民银行为小企业和一般的劳动者所设立，是互助性质的而不是营利性的组织，注重个人信用而不用抵押，用途受到有效监督，节省办事费用和注重放款大于存款。他认为这些做法在短期内对发放财政公债和地方投资建设有一定的消极影响，但是从长远看还是有利的，对普及信用和减少生产费用有利，对打击高利贷、发展地方经济和改善贸易也是有好处的。此外，还能养成储蓄习惯，形成互助节俭的风气，建成和平的社会秩序。① 曾任《银行周报》主编的徐苍水先生认为当时的银行等金融业是"贵族金融"，放款都在4000元以上，要求客户资产在5万元以上，并不会为大多数无资产者谋幸福。他认为大工业由小工商业而来，若要发展工业金融界具有重要的作用，因而银行等金融部门应对资产、信用均厚的随时以巨额通融，对资产薄而信用厚的随时以相当之通融，对那些产业、信用均缺乏的以临时酌量之通融。他还认为银行偏重对物的信用有些矫枉过正，小本工商业一般注重信用放款，给小工商业便利可以促其发展且有利于国货并利于银行吸收下层存款。② 这些观点对金融界产生了一定的影响。

　　近代天津也是以中小商业企业为大多数，不仅中小企业商铺的资金问题对市场影响很大，而且这些中小企业的命运往往与借贷资金息息相关。

---

　① 沈一阳：《平民银行研究》，《银行月刊》第1卷第4号，1921年4月5日。沈一阳：《平民银行研究》（续），《银行月刊》第1卷第5号，1921年5月5日。沈一阳：《平民银行研究》（续），《银行月刊》第1卷第6号，1921年6月5日。沈一阳：《平民银行研究》（续），《银行月刊》第1卷第7号，1921年7月5日。

　② 沧水：《提倡国货与小商工业之金融》，《银行周报》第3卷第25号，1919年7月15日，第19~21页。

因此,在天津银行界,一些金融人士与银行开始关注中小商业的资金问题。如天津人士杨敬林意欲组织一平民银行,希望得到银行金融界人士的赞助。①

20世纪30年代,在金融界人士的提倡之下,小额信贷业务开始在一些城市出现。小额信用放款始于1930年6月,上海银行为最早。该行鉴于普通小本工商业及一般依靠储蓄金生活的人遇到经济拮据时苦无通融方法,于是参照外国银行的办法首先在上海开办了小额业务。1931年,天津大陆银行也拟定小额信用放款,以调剂小资本工商业、手工业及维持平民为宗旨。小额借贷的用途以生产事业为限。金额最低100元,最多500元;利息不超过1分,借款时预扣,利随本减或随本付息;期限从3个月起1年为限。借贷可以由动产、铺保或二人以上连带进行保证。②

1936年河北银行也开始举办小本借贷业务。③ 河北银行以河北省"经济日见凋敝,为谋调剂起见,特行举办本省之小额信用放款",由河北银行和各地分行及办事处负责办理,其借款额规定:各县镇每户以50至200元为限;平津两市以100元至500元为限,月息均为8厘。河北银行的小额借贷,一开始业务就非常火爆,受到社会的欢迎。④

抗战胜利后,河北银行继续举办这个业务。战后百业凋敝,这次小额借贷的目的是扶植工商,维持生产,遏止通货膨胀。放款的办法为:根据现实货币状况放款最多不超过三四十万元,采取信用放款方式。"凡小工商业确有营业上需要融通资金时,可觅取殷实铺保,请求贷款,银行贷与款项,经银行调查许可,填具证书,放款于是成立。"可以采取分期偿还的办法,规定若干时期摊还。利息大抵按月偿付,以免拖欠。放款到期后还有铺保负责。但"此放款利息低,手续琐碎,利益少而损失浩大"。河北银行的这个业务,同样受到了当时包括天津在内的中小工商业者的欢迎,"实行以来,贷款者颇形踊跃。"至1947年1月贷款达3110万元。借款人有手工工厂、杂货店、小饮食店、小烟行、煤炭厂、小印字馆等,因为当时交通没有

---

① 中国银行股份有限公司天津市分公司、中国人民政治协商会议天津市委员会文史资料委员会合编:《卞白眉日记》,天津:天津古籍出版社,2008年,第1卷,第192页。
② 天津市地方志编修委员会编著:《天津通志·金融志》,天津:天津社会科学院出版社,1995年,第315~316页。
③ 《省银行小本借贷明日起实行》,天津《益世报》1936年4月30日,第2张第5版。
④ 《河北省银行救济冀省工商业举办小额放款》,天津《益世报》1936年3月22日,第2张第5版。

恢复,办理贷款地区只限平津等地。①

1948年,河北银行继续推行了小额工商信用放款,并根据现实情况的变化对章程进行了改进,对工厂放款有优待,贷款额也有提高。②

1948年7月24日,河北银行总行还推出了对退役军人借贷的办法,凡经营小本工业的退役军人可依照地方金融机关办理小工业贷款办法向各该地方金融机关请贷。③

新华储蓄银行小额借贷的创办始自1930年6月。当时"上海商业储蓄银行鉴于寻常之小本工商业以及一般凭藉藏金生活者遇有经济拮据时,苦无通融方法,特参照美国茂立斯银行制度,在沪埠静安寺分行试办"④。后来,天津新华储蓄银行在1934年也开始举办这项业务。

天津新华储蓄银行小额借贷的业务内容以及特点如下:借款人多为月薪在百元以下的机关职员,借款多用于偿还重利贷款,用于女子教育费、婚嫁费,医药费等次之。这种小借款对银行而言,手续繁琐,风险较高,因而利息较高,必须有服务机关当局负责担保。借款人借款时须同时认储该行人寿储金。如果向该行借100元,期限一年,月息8厘,按月偿还,在借款成立时,须先扣去利息6.24元以及三个月人寿储金4.5元,借款人只能得到89.26元,并且需要在借款后五年内每月缴纳人寿储金1.5元。这一规定加大了借贷者的负担。⑤

天津工商界在抗战胜利后经济危机的时刻,要求向国家借贷。天津工商界请市参议会致电中央呼吁贷款。⑥ 四联总处在天津的办事处拟定了借贷的办法:1.贷款者须有销路、有把握、组织健全、账目完备等。2.借贷

---

① 赵兴国:《本行举办小额贷款之概况》,《河北省银行经济半月刊》第3卷第1、2期合刊,1947年1月,第40~42页。

② 《小额放款函件》,河北省银行,1947年,天津市档案馆,档号:J0169-1-000521。一、原第四条规定之贷额改为100万元至300万元。二、原第五条规定之利率改为月息9分。三、贷额在200万元以上者仅限工厂,其他各业贷额不得超过100万元。四、第三项所规定之工厂申请借贷时必须提出营业执照及工会会员证。五、凡与本行往来之存放款户不得营做小额放款。六、其他各节仍按原章程规定办理。

③ 《小额放款函件》,河北省银行,1947年,天津市档案馆,档号:J0169-1-000521。

④ 吴石城:《天津之市民金融组织》,《银行周报》第19卷第46号,1935年11月26日,第7~12页。

⑤ 天津市地方志编修委员会编著:《天津通志·金融志》,天津:天津社会科学院出版社,1995年,第316页。

⑥ 《平津货款平荣委会准粮商增资采购按十二分利率加入本会计算》,天津《益世报》1947年1月1日,第4版。《救济工商贷款,津再联合申请》,天津《益世报》1947年1月5日,第4版。《津紧急工商贷款商会拟定共同组织审核机构并公推代表晋谒杜市长》,天津《益世报》1947年1月10日,第4版。

方式有押汇、押款，必须有合法证件。3. 各地贷款通则，主要是工矿业，可以用厂基作押，利率则由各地四联总处依据各地情况自定。超过5000万元上报。① 贷款的条件非常麻烦，办理者不多。

1947年，经济形势进一步恶化，民间的资本周转陷入了停滞的状态。民间的消费性借贷也只有求助于四联处。教育界人士黄子坚、杨光弼、郑天挺等便曾到四联总处要求提高燃煤贷款金额以过冬。②

1948年8月18日，天津还成立了天津市国民信用合作社，借助河北银行的资金，满足小本借贷者的需求。此时的天津"商业凋敝，民不聊生，奚自乎游资不为不多，不外奸商之操纵，囤积倒把，不惜高利借款，辗转利图雄资，商业因之而观望，小本工商因之而倒闭，物价日趋高涨"。而天津"为华北重镇，商业繁盛甲于全国"，所以天津市国民信用合作社"拟以法币五十亿元试办"。在举办方式上，希望效法河北银行"对于小本借贷会计独立所有贷款办法"，相关手续也依指示办理。后来双方商议决定合作社由天津河北银行的罗斯福路办事处承做，由该社承兑，两方合作，接做小本工商贷款，可以立即办理，利息可酌减少。③ 这是地方上办理小本救济、打击高利贷、刺激商业的有效举措。

合作社办理后，出现了热火的场面。1948年8月31日，合作社因小借户过多，请求增加借贷额，"拟改为小额放款，商号金元50元"。罗斯福办事处决定"所定额度为法币1亿至3亿，拟改金元30、50、100三种，所请50元可予照办。""已与天津市国民信用合作社接洽，以商业承兑贴现方式，办理小额放款，工业额度为金元100元、商号50元，统由该社承兑期限一个月。"④

随着通胀的加剧，1948年9月4日，罗斯福路办事处要求调整利率。"小额放款自8月10日开始营作，定期1个月，日息9元。改革币值后利率数经调整降落甚多，借户纷来接洽请求按照规定利率付息。"⑤因为"自币值改革后零星货物及原料工资无形增高，采购原料或货品不敷应用，以致叙作者不堪踊跃，而已做诸户亦纷来请求增额"。合作社将小额放款额度放宽，贷款的额度也有所提高，"小额贷款额度拟增为商业由50元起至100元，工业由100元起至300元。"9月28日，随着通胀的加剧，合作社的

---

① 《辅助生产事业发展，津四联举办生产贷款》，天津《益世报》1947年1月17日，第4版。
② 《冬煤贷款不符实际，教授请提高金额》，天津《益世报》1947年9月30日，第4版。
③ 《小额放款函件》，河北省银行，1947年，天津市档案馆，档号：J0169-1-000521。
④ 《小额放款函件》，河北省银行，1947年，天津市档案馆，档号：J0169-1-000521。
⑤ 《小额放款函件》，河北省银行，1947年，天津市档案馆，档号：J0169-1-000521。

借贷额再度变化,小额放款准再增额 1 万元,总额 2 万元。①

1948 年 10 月 27 日,小额定期放款总额又增 3 万元,小额放款总额拟放宽增为 10 万元,小额放款成效很大,"自奉令推动小额定放以来,借户日见增多,截至 10 月 17 日,已故放出 47000 元,蒙准总额 5 万元。"又要求继续贷放 3 万元,得到了总行的允许。通胀很快导致借贷额的再次增加,1948 年 11 月 23 日,小额信用放款每户借额拟增加为商业由 200 元起至 400 元,工业由 300 元起至 600 元。② 但在当时天文数字的通胀面前,小额放款的作用也是杯水车薪。

天津的一些银行还为自己内部的职工提供借贷。如金城银行对内部职工的子女上学和个人用款借贷都有所规定。1935 年 7 月 1 日,金城银行拟定职员子女教育费贷助办法:贷助方法分助金、贷金、奖学金三种,助学金及奖学金系由本行赠送,贷金系暂时贷给。③ 1944 年 10 月 30 日,金城银行天津分行重新改定了对单位职工同仁暂借薪办法。④

20 世纪 30 年代,天津电话局长张子奇鉴于全体员工之生活负担过重,一有婚丧大事,便感无力支持,"外方借款多受高利贷之痛苦",于是决定为单位职工举办借贷。他与天津大陆、中南、盐业、金城四银行商洽优待电话局员工贷款办法。经磋商决定,于 1937 年 2 月开始实行,其贷款办法系月息 8 厘核利,分月还本,定期 4 年,将全体员工以 10 人为一组,互相连环保证,以薪金多寡为贷款标准,四行之放款数额预定为 13 万元。"此项办法实行后,全体员工多深欣幸。"⑤

依靠单位对职工生活消费进行借贷,是当时在城市社会中出现的一种新的独有的借贷方式。但是它的范围是有限的,即使在单位内部也需要保人,具有传统信用的特点。

小　结

银行的借贷利息较轻,银行的借贷资金也较为雄厚,但是银行对民间

---

① 《小额放款函件》,河北省银行,1947 年,天津市档案馆,档号:J0169 – 1 – 000521。
② 《小额放款函件》,河北省银行,1947 年,天津市档案馆,档号:J0169 – 1 – 000521。
③ 蒙秀芳、黑广菊主编:《金城银行档案史料选编》,天津:天津人民出版社,2010 年,第 187 页。
④ 蒙秀芳、黑广菊主编:《金城银行档案史料选编》,天津:天津人民出版社,2010 年,第 224~225 页。
⑤ 《电话局员工贷款——四行拟定优待办法》,天津《益世报》1937 年 2 月 3 日,第 2 张第 5 版。

借贷的手续较为繁杂,与中国民间的习俗不相适应。银行向民间借贷主要是商业上的,尤其重视民间较大的企业,对中小企业不是很重视。这一方面是因为银行起源自外域,一方面是因为当时社会信用度较低。银行在近代也开始注重对民众的消费性借贷,一方面可以解决一些社会问题,一方面可以作为银行借贷的一个新的投放方向。从近代天津的情况来看,民间中小企业和民间的消费性借贷市场是非常巨大的,只要社会有较高的信任度和较为完善和简便的信用手段,则银行的投放空间非常之大。但关键的问题是需要有良好的信用保证。近代天津银行业力推非人格的现代信任[1],对民间人格信任持有怀疑态度,故此对民间借贷的信用手段有限,多以抵押借贷信用为限,故此对民间消费借贷基本不提倡,对中小企业的借贷也不热衷。

---

[1] 〔美〕史瀚波著,池桢译:《乱世中的信任:民国时期天津的货币、银行及国家－社会关系》,上海:上海辞书出版社,2016年。

第十章　近代天津官商合办小本借贷

　　20世纪30年代中期，在经济萧条的背景下，中国一些城市出现了政府和商界联合举办小本借贷处的市政新风。天津市小本借贷处也就此诞生。①

　　小本借贷是近代以来出现的一种针对民间小本营业者实行借贷的业务。一些民间的慈善人士和组织、近代银行以及国家设立的社会保障和救济机构等都曾开展过小本借贷的业务。②20世纪30年代中期，作为一项新的市政工程，北京、天津、南京、汉口、上海、青岛等城市均相继成立了小本借贷处，出现了一个开展小本借贷的高潮。③小本借贷处的成立，一方面在于扶助小本生产事业，"而在另一方面却为银行界谋一条投资的新路。"在当时农村经济凋敝和世界金融危机的背景之下，中国一些城市市面萧条，工商业者告贷无门，而"内地资金集中于都市"。④一些学者和官员希望小本借贷处能够与典当行和合作社一样，成为重要的民间金融机构，并且逐步取代民间高利贷。⑤然而，这些城市成立小本借贷处的成效并不十分显著，"得小本借贷之资助维持生活者，每市不过十数万人"⑥。小本借贷处取代民间高利贷、成为平民金融周转机构的目的最终也未达到。有关当时各城市小本借贷处的成立、运作和绩效，至今还很少有人进行过专门

---

　　①　小本借贷的文章有袁熹的《近代北京的贫民小本借贷处》（《今日科苑》2008年19期），文中对北京小本借贷处的沿革和成绩也进行了介绍；朱静的《金城银行上世纪二三十年代的小本贷款述评》（《中国社会经济史研究》2005年3期）介绍了金城银行小本借贷的活动情况。
　　②　王卫平、黄鸿山：《晚清借钱局的出现与演变》，《历史研究》2009年第3期；等等。王卫平等学者认为借钱局或因利局是发源于扬州的民间慈善组织，针对贫民进行小额借贷，民国时期为国家的保障体系所吸纳。
　　③　当时各城市的小本借贷处大都先后成立于20世纪30年代中期，一直到解放后，这项业务被公私合营的或者国家的金融机构所取代。参见：《中国人民银行天津分行关于开办市民生活抵押借贷方案请示及本委批复》，1951年，天津市档案馆，档号：X0077-C-002646。
　　④　马溥荫：《京平津之小本借贷》，天津《益世报》1937年1月24日，增刊3。
　　⑤　马寅初：《典当论》序，宓公干：《典当论》，上海：商务印书馆，1936年，第10～11页。
　　⑥　马溥荫：《京平津之小本借贷》，天津《益世报》1937年1月24日，增刊3。

的研究。① 1937年初，马溥荫曾对南京、北平、天津等市小本借贷处的运作情况进行过介绍，但对南京和北平的情况介绍较为详细，对天津小本借贷处的情况介绍则稍嫌简略。他还指出"全国其他各地借贷处之概况"与南京、北平、天津等地"大同小异"。② 天津市的小本借贷处成立于1935年初，直到新中国成立后被公私营金融联合小额放款银团所取代。③ 小本借贷处是民国时期由天津市政府和银行界联合承办的针对天津市小本农工商业者的借贷机构，它的成立也是当时天津市政府通过民间借贷促进城市经济建设并树立政府威信的一个重要举措。天津市是当时举办小本借贷处的大城市中比较有成效的一个，与其他城市的小本借贷处也存在交流。④ 天津市小本借贷处的组织系统虽与南京、北平等地的比较一致，然而其最大的不同则在于"京、平两处俱系金城银行与市政府合作"，"俱直接隶属于市政府"，而天津小本借贷处则是政府与银行公会之下的多家银行合作，借贷处先直接隶属于市政府，后来挂靠到了市民银行。⑤

第一节　小本借贷处成立之初的官商博弈

　　小本借贷处的设立是具有现代意识的救济下层民众的方法。这种思想和做法在政府和社会中早已有有识之士呼吁和实践。⑥ 1917年，京畿一带发生大的水灾，当时政府中负责督办救灾善后的熊希龄，就为救济平民

---

①　朱静：《金城银行小本借贷述评》，《中国社会经济史研究》2005年第3期。在其他的一些关于民国时期社会保障和救济的文章著作中，对小本借贷也有提及，在此不赘述。

②　马溥荫：《京平津之小本借贷》，天津《益世报》1937年1月24日，增刊3。

③　天津市地方志编修委员会编著：《天津通志·金融志》，天津：天津社会科学院出版社，1995年，第265页。公私营金融联合小额放款银团原为人民银行天津分行合作部领导的小本贷款处，由人民银行和19家私营银行、31家钱庄组成。1950年3月13日，增资为100亿元，改称天津市公私营银行联合小本贷款处。1951年6月，增资100亿元，改称天津市私营金融业联合小额放款银团。它以辅助小商贩、小手工业者的短期生产流通所需资金，打击高利贷为目的。一年后该银团贷款达582亿元。"三反五反"运动以后，辅助小工商业已成为当时国家银行的突击任务。鉴于国家银行对小型工商业进行贷款，小额放款银团已无存在的必要，遂于1952年6月24日结束。

④　《市立小本借贷处关于接装水表电表优待等杂项事物函稿及市政府的各项训令》，市立小本借贷处，1936年，天津市档案馆，档号：J0178-1-00191。南京、汉口等市曾以天津小本借贷处成立较早，询问有关情况，以资借鉴。天津小本借贷处与北平小本借贷处也有过来函交流。

⑤　马溥荫：《京平津之小本借贷》，天津《益世报》1937年1月24日，增刊3。

⑥　王卫平、黄鸿山：《晚清借钱局的出现与演变》，《历史研究》2009年第3期。

起见，号召地方士绅设立因利局实行救济。① 随着天津城市的发展，贫民问题也日益严重。一些社会人士也采用了小本借贷的方法来解决贫民的生计问题。1921年天津地方绅士李嗣香"因津埠难民众多，生计为艰，拟组织平济局，其宗旨以借款抚恤贫民"②。他的主要借贷对象是小本买卖者、拉洋车者、小泥瓦匠等。他借贷的方法是抵押借贷，但不取利息，分百日归还，可以因故延缓，但他对借贷者的品质提出了要求。③ 1922年天津人士杨敬林等也曾计议要成立一个向平民贷款的银行。参与其事的卞白眉在日记中记载，为组织一个维持贫民生计的银行，杨敬林约请一些人商量，由林熙生草拟了一个非常精细的章程，并且把这个银行定名为裕民储蓄银行，但是"其办法仍一普通银行，不过于小本营生略事辅助而已"。④ 另外，1931年大陆银行举办了小额贷款，以辅助平民小本工商业为宗旨。1934年2月，天津新华信托储蓄银行也开办了小额借贷的业务。⑤

  天津小本借贷的思路是学习北平的经验。⑥ 但天津小本借贷处的成立却由来已久，颇为曲折。1928年新年伊始，一些社会人士便呼吁把成立贫民低率借贷所作为市政内容之一。⑦ 1930年2月，天津市社会局决定要正式成立贫民借本处，并拟定了三项办法。资金打算从救国基金项下拨付，但是没有结果。⑧ 不久，天津市社会局又打算借助大陆银行拨付款项，以资助成立贫民借本处。⑨ 但大陆银行以无款为由没有答应。⑩ 在王韬任天津市长时⑪，财政局曾向市政府呈请，有拟筹设小本借贷处组织章程、草

---

① 《天津商会档案汇编（1912—1928）》（3），天津：天津人民出版社，1992年，第3389页。
② 《组织平济局抚恤贫民》，天津《益世报》1921年7月18日，第3张第10版。
③ 《组织平济局抚恤贫民》，天津《益世报》1921年7月18日，第3张第10版。
④ 中国银行股份有限公司天津市分公司、中国人民政治协商会议天津市委员会文史资料委员会合编：《卞白眉日记》第1卷，天津：天津古籍出版社，2008年，第193页。
⑤ 天津市地方志编修委员会编著：《天津通志·金融志》，天津：天津社会科学院出版社，1995年，第315～316页。
⑥ 《天津小本借贷处案件》，大陆银行总经理处，1936年，天津市档案馆，档号：J0215-1-001270。
⑦ 李根古：《市民与市政》，天津《益世报》1928年1月1日，第5张第17版。
⑧ 《津市贫民福音，社会局筹设贫民借本处，国货工厂亦将着手准备》，天津《益世报》1930年2月10日，第3张第11版。
⑨ 《贫民借本处之推行，社会局函大陆银行拨款协助，该行关怀民瘼必深表同情》，天津《益世报》1930年4月3日，第3张第10版。
⑩ 《贫民借本处大陆银行无款拨付，社会局拟另筹办法》，天津《益世报》1930年4月11日，第3张第10版。
⑪ 王韬，山东福县人，1933年9月至1934年10月任天津市长。参见郭凤岐编著：《天津的城市发展》，天津：天津古籍出版社，2004年，第172页。

案等举措,可是再次因为资金的问题而搁浅。① 但事在人为,1934年底张廷谔在任天津市长后,②虽然面临着同样的困难,却决定立即启动小本借贷处的筹备,并希望尽快成立。当时的社会舆论也为小本借贷处的尽快成立造势。1934年12月12日,《益世报》发表社论,赞扬了张市长即将举办小本借贷处的举措,同时提出了对小本借贷处的三点希望:贷款期限宜长、利息宜低、贷款手续宜便。③ 1935年1月,张廷谔向行政院呈报了自己的三年治市规划,显示了他在天津市长这个位置上要对天津市政大力整顿一番的雄心。④ 为加快小本借贷处成立的进程,他决定向银行界借款。由政府出面举办的小本借贷处为官办性质,并且还是隶属于市政府的永久机关,"俟理事会组成后,即委托其全权主持,内部工作人员,可不随宦海升沉"。⑤ 同时,在没有实际把握的情况之下,他依然表示目前钱款已经不成问题,借贷基金共24万元,"一半由银行界借贷,已经商定;一半由救国基金项下提用,也大致可能"。天津市政府为使小本借贷处早日成立,先垫款4万元,"决于即日开办"。⑥ 1935年1月17日,他又身着制服(为了响应新生活运动),到财政局视察。第二天,他接受了记者的采访,他用坚定的口气表示:小本借贷处的一切筹备工作都已经妥帖,1月20日必可成立。经理以下办事人员早已委定,组织章程亦已拟就。他还解释了小本借贷处没有按原定计划成立的原因,"原拟1月1日成立,后以在东马路所觅办事处地点稍费时间,致迟延至今"。虽然因为银行方面的原因,兼管账目的副经理还没有推定,但是"无论如何,20日亦必开办"。⑦ 为了加快筹备的进程,张市长还任命姬濬⑧主持筹划小本借贷处的事宜。在姬濬的努力下,各方面的准备进展很快,"废年后,即可正式成立,借贷规程现已拟妥,日内

---

① 《市府令关于筹设小本借贷处案》,天津市政府,1934年,天津市档案馆,档号:J0054 - 1 - 001102。
② 张廷谔:河北丰润人,1934年10月至1935年6月任天津市长。参见郭凤岐编著:《天津的城市发展》,天津:天津古籍出版社,2004年,第172页。
③ 社论:《贫民小本借贷处之商榷》,天津《益世报》1934年12月12日,第1张第1版。
④ 《张廷谔治津市规定三年计划已呈行政院审核》,天津《益世报》1935年1月5日,第2张第5版。
⑤ 《小本借贷处确立业务基础由理事会负责维持,俾为市办永久机关》,天津《益世报》1935年2月11日,第2张第5版。
⑥ 《小本借贷处即将开办,市府先垫四万元,基金筹措无问题》,天津《益世报》1935年1月8日,第2张第5版。
⑦ 《小本借贷处决念日开幕,贷款范围限商贩,数目利息临时约定,手续简单,无需觅保》,天津《益世报》1935年1月16日,第2张第5版。
⑧ 姬濬,字莫川,天津金融界人士,在1946年担任中原商业储蓄银行董事长。参见天津市地方志编修委员会编著:《天津通志·金融志》,天津:天津社会科学院出版社,1995年,第143页。

即可公布,代办处定为每警区最低附设一处,与该处同时成立。至于各警区派出所,则均为问讯处。"①

可见,对于举办天津市小本借贷处,张市长的心情颇为急切。他当时选择这个举措作为自己治市执政、树立威信的突破口之一,是很有一番道理的。中国自古以来,保民惠民就是执政者合法性的一个来源和标志,也是民间社会对当权者的一个基本的要求。史华慈教授对此概括道:"在儒家思想中,主张对人民施仁爱,尽管人民是无知的,但他们是善良的。历经千载的儒学一贯谴责对人民的不公正行为。民间经常表达出平等的思想,要求满足群众的基本经济要求。"②民国以来,政府和社会对民生的关注更为强烈,尤其在国民革命后,对民生的关注已经成为一股社会思潮。更何况此时的天津市经济低迷,许多小本工商业者由于资金没有周转来源而陷入了困境,贫民救济问题也十分突出。据统计,1932 年天津市的贫户达 62222 户,如果按照每户 5 人算,约 30 多万人。③ 1936 年天津市人口达到 125 万人,其中,无职业人口达 656801 人,占全部职业人口的 60.75%。④ 城市中的小本工商业者以及贫民告贷无门,"赖以通融资金者……月息低者二分,高者逾五分六分",即便如此也不易借到。⑤ 一些社会人士在提倡慈善救济的同时,也提出希望借助小本借贷,从根本上帮助这些有劳动能力的"年富力强"者。⑥ 张廷谔此时筹设小本借贷处,不仅可以解决他们的困境,而且对树立自己新任市长的威信也有很大的好处。

借贷的目的是借贷者的意向所在,也大致圈定了借贷对象的范围。小本借贷处成立的主要目的,在 1936 年出台的《天津市市立小本借贷处借贷须知》中表明为"扶植小本工商业之发展"。《须知》同时还指出:"凡为婚丧嫁娶及作投机等非生产事业者,一概不得借款。"⑦这些要求体现了小本借贷形式的现代色彩。但从借贷的实际对象看来,大多是传统的营业者,

---

① 《小本借贷处废年后成立,每区设代办处各警所附问讯处》,天津《益世报》1935 年 1 月 13 日,第 2 张第 5 版。
② 〔美〕史华慈:《毛泽东思想的形成》,许纪霖、宋宏编:《史华慈论中国》,北京:新星出版社,2006 年,第 131 页。
③ 《社会经济凋敝,贫民数量与年俱增》,天津《大公报》1933 年 1 月 9 日,第 2 张第 7 版。
④ 李竞能主编:《天津人口史》,天津:南开大学出版社,1990 年,第 245 页。
⑤ 吴石城:《天津之市民金融组织》,《银行周报》第 19 卷第 46 号,上海银行周报社发行,1935 年 11 月 26 日,第 10 页。
⑥ 《二十余万贫民嗷嗷待哺,自治监理处谋救济推广借贷处求治本,望各界人士共襄善举》,天津《益世报》1935 年 1 月 9 日,第 2 张第 8 版。
⑦ 《天津小本借贷处案件》,大陆银行总经理处,1936 年,天津市档案馆,档号:J0215 - 1 - 001270。

如茶庄、货栈、煤栈、药店等。笔者在档案资料中只见到一个现代性的行业进行小本借贷，就是有一个人在天津市河北大经路开设一个无线电行，因为要扩充营业，在小本借贷处借洋 200 元，分为 10 个月还清。①

小本借贷处设立的另一个目的是打击民间的高利贷。据《益世报》的记者报道：当时天津商界对平民的借贷问题进行调查，发现城市平民告贷困难，大都向印子房等高利贷组织借贷，虽然利率极高，但是能够借到也不是容易的事情。而小本借贷处的成立，就是要"对于小额放款，应力求普遍，以期一般平民得有贷款营生之机会"。② 当时关注天津小本借贷处的学者吴石城指出，小本借贷处"直接可提高平民生活、增进生产，间接亦能减免高利贷之苛细盘剥也。③ 小本借贷处在 1935 年 9 月回复社会局的信中，还乐观地表示："小本业者以借款利息轻微，并可整借零还，颇称便利，若能推行日久，则社会高利贷借款之恶习，可逐渐改革。"④

关于借贷的方式，张廷谔也有自己的考虑。当时银行对工商业借贷的一贯做法为抵押放款和信用放款及贴现放款等信用方式，且以抵押放款为主，信用借贷也需要铺保保证信用并负有连带偿还的责任。⑤ 但张市长对银行方面须有铺保和抵押品的借贷方法表示了不满。他认为小本借贷是公益慈善事业，既不需要抵押，也不需要觅保借贷。只要调查属实，就可借款，以减少手续上的麻烦。"区区十二万元，以津市银行家配担，每家不过贷出二三千元，论诸慈善公益，亦应捐助此数，故市府拒绝给保及抵押品。"同时款数、次数、利息归还日期都可临时约定，"手续不似银行之繁"。"唯恐一经限制过严，则诸多不便，且每人贷借三元两元，焉有力量觅保？"但是张廷谔要求借贷者必须有自己的营业处，因为"官家贷款主要目的，是因其人有事业，缺乏资金活动或无款扩充所业"。他强调借贷者的道德品质必须可靠，方可提供这样的贷款，"其人果属诚实可靠，行为正直，则不须觅保，即可借予"。他还指出，借贷主要是为发展小本工商业，比如一个牛肉

---

① 《市银行及所属小本借贷处与借款户的往来函件》，1936~1942 年，天津市档案馆，档号：J0178-1-000048。

② 《小本借贷所普遍设立拟共设十处，短期内实现》，天津《益世报》1935 年 10 月 28 日，第 2 张第 5 版。

③ 吴石城：《天津之市民金融组织》，《银行周报》第 19 卷第 46 号，上海银行周报社发行，1935 年 11 月 26 日，第 7~12 页。

④ 《市立小本借贷处关于接装水表电表优待等杂项事物函稿及市政府的各项训令》，市立小本借贷处，1936 年，天津市档案馆，档号：J0178-1-00191。

⑤ 20 世纪 20 年代以后，天津的银行界对信用放款进行了严格的限制，许多银行一般不做信用放款。对抵押放款的抵押品也有限制和规定，并进行严格审查。参见天津市地方志编修委员会编著：《天津通志·金融志》，天津：天津社会科学院出版社，1995 年，第 313~314 页。

小贩,只要需要即行借予。本来小本借贷处设立的目的是接济小本商人,而不是放账,"故非商人而不合乎小本两字者,绝不借给"。对于那些还未曾营业,因为小本借贷处设立,而拟贷借资金做一小本事业的人,"主办人对此许可,亦可不妨准其贷也"。① 由此看来,张廷谔市长理想中的小本借贷处几乎相当于一个慈善机构,只不过对救济者稍有所选择而已。然而,此举似有慷银行之慨而为自己树立政绩形象之嫌。只注重扶助小本营业者,而忽视了银行的利益,银行界是否买他的账呢?

第二节 慈善与谋利:借款中的官商博弈

要举办天津小本借贷处,需要一笔不少的资金,政府首先想到向银行借贷。1935年1月17日,天津银行同业公会收到了天津市政府的一纸公函。② 内称:

> 查本府因津市经济凋敝,民众生活维艰。兹为救济贫民生计起见,当经援照北平市小本借贷处成例,组织本市小本借贷处,并经拟具章程,提交本府市政会议通过在案。惟借贷处基金一项,照章额定24万元。除已由本府另筹半数外,其余基金12万元,拟向贵会各银行借贷处应用,并拟请由贵会推举代表一人,由本府派充该处副理,俾使襄助一切。此举纯为救济贫民,系属慈善性质,想贵会热心公益,当必乐于赞同。相应检同章程一份,函请查照,务希惠允见复,以便接洽。早日观成,无任企盼。③

银行公会对政府的借贷要求表示响应,但是从各行筹款并不顺利。该借款12万元,除大陆银行未写定数目外,其余会员银行共认定6.5万元。这个结果和12万元的借贷款额还差得很远。对此银行公会一方面以"此

---

① 《小本借贷处决念日开幕》,天津《益世报》1935年1月16日,第2张第5版。
② 天津市地方志编修委员会编著:《天津通志·金融志》,天津:天津社会科学院出版社,1995年,第252页。天津市银行公会于1918年2月由中国、交通等九家银行发起成立。天津银行公会是天津本国银行之组织,凡本国银行和中外合资银行,经依注册设立已满一年,实收资本额在20万元以上,经两人介绍可参加银行公会为会员,当时有成员20多家。
③ 《市政府主办小本借贷文件》,天津市政府,1935年,天津市档案馆,档号:J0217-1-000583。

项借款事关公益"为由扩大借款的范围,"除会员各银行外,其会外各银行亦可请共酌量认借,将 12 万元之数凑足";另一方面调整了借款的办法,"拟仿照北平办法,由各银行公推代表银行一家主持办理"。2 月 26 日,经过银团做工作,筹款的数目有了增加,达到了 8.4 万元,但是仍短 3.6 万元。对此银团又经过讨论,作出了一项决议,以便凑足借款:此项缺额 3.6 万元,拟以 1 万元由公推之代表银行加认,其余 2.6 万元按各银行已认数额成份分摊。但各银行如有不愿加认,或分摊数目在千元以下,均由代表银行认借。至于代表银行的人选,经过公推,由对于此事接洽最多的大陆银行担任。如果大陆银行不愿承办,即由对于办理小额放款较有经验的新华信托储蓄银行担任。结果大陆银行承担了共推代表的地位,认购 1 万元。但是其他的银行似乎仍不积极:"中国银行:2 万元;交通银行:2 万元;新华信托储蓄银行:5 百元(注有:因敝行已自办小额信用放款 10 万元额);盐业银行:5 千元;金城银行:5 千元;北洋保商银行:1 千元;浙江兴业银行:1 千元;中孚银行:1 千元;大生银行:1 千元;大陆银行:2 万元;中国实业银行:1 千元;中南银行:5 千元;殖业银行:5 百元;东莱银行:1 千元;上海商业储蓄银行:1 千元;大中银行,1 千元;中国垦业银行:1 千元;河北银行:5 千元;边业银行:1 千元;中央银行天津分行:暂无;中国农工银行:2 千元;明华银行:1 千元;国华银行:暂无;国民银行:暂无;国货银行:暂无。"①其中一些银行暂无的原因,是需要向上级经理请示。而新华储蓄银行只提供了 500 元,因为它认为自己已经举办小本借贷的业务,所以对此便敷衍了事。这样,本来借贷 12 万元的任务,只完成了 9.4 万元,还有 2.6 万元的差额。3 月 16 日,银行公会再次开会,议定各行借贷的份额。经过一番讨价还价,最终敲定了各行借贷的份额如下:"当经议定中国、交通、大陆三行各加认 6 千元,盐业、金城、中南、河北省四行各加认 1 千元,新华银行加认 4 千元。"②这样,银行方面几经波折,终于使借贷款 12 万元有了着落。最终各行借贷额分别如下:"中国银行:2 万 6 千元;交通银行:2 万 6 千元;大陆银行:2 万 6 千元;盐业银行:6 千元;金城银行:6 千元;中南银行:6 千元;河北银行:6 千元;新华银行 4 千 5 百元;中国农工银行:2 千元;浙江兴业银行:1 千元;中孚银行:1 千元;中国实业银行:1 千元;大生银行:1 千元;东莱银行:1 千元;上海银行:1 千元;垦业银行:1 千元;北洋保

---

① 《小本借贷处立合同》,天津银行业同业公会,1935 年,天津市档案馆,档号:J0129-3-005335。
② 《市政府主办小本借贷文件》,天津市政府,1935 年,天津市档案馆,档号:J0217-1-000583。

商银行:1 千元;大中银行:1 千元;边业银行:1 千元;明华银行:1 千元;殖业银行:5 百元。共计 12 万元。"①

  银行方面虽然有些不太情愿,但是还是筹足了借款。政府方面采用各种办法对银行方面施压是凑足借款的最为重要的因素。政府获得政绩以及市民借贷的需要孔急,非常希望银行方面的资金尽快到位。为此,政府方面除了不断与银行公会协商外,在舆论上,通过报纸新闻的宣传,也对银行方面形成了一定的压力。政府利用道义上的优势,通过舆论对银行界形成了巨大的道德压力。《益世报》《大公报》等媒体对于有关银行方面筹措款项消息随时给予报道。1935 年 1 月 15 日,张市长先声夺人,宣布"现在银行界借贷一节已不成问题,故市府为使该借贷早期成立计,特先垫款 4 万元,决于即日开办"②。"该处基金昨日由财政局长李在中赴大陆银行,访该行经理齐少芹,转向津中国银行经理卞白眉等商借。"③其时,向银行借款的正式程序还未启动。几天后的报纸又报道,因为时届年关,为了惠及一般的贫苦市民,小本借贷处决定在 1 月 20 日左右先行成立开始借贷,并拟定期举行开幕典礼,函请各界莅临指导。对于银行方面因为注重利益,在借贷手续上讨价还价,要求有保证地归还和抵押借贷的想法,政府方面利用舆论进行了公开的批评。④ 之后,政府对银行方面又不吝称赞,可谓极尽又拉又打之能事:"复据该处宣称,关于借贷金之准备……银行界以事关社会事业,故颇愿加入合作。"⑤在借贷处成立后,借贷情况很是火热。开办不过几日,"前往咨询借款手续之商贩,门限为穿,经派有警士在门外维持秩序。据悉,迄昨日止,商民到所填具借款声请书者,已逾 200 家。"⑥社会舆论方面对银行款项的期待也更加热切了,致使银行方面不得不出面做出一定的表示。天津银行界的代表人物卞白眉对记者说:"银团允借之基金已无问题,惟因在废历年关,各行极为繁忙,如何分担尚未决定。须俟废历年后,再经一度会商,方能确定分担数目,即可拨付,同时推定副理人

---

  ① 《市政府主办小本借贷文件》,天津市政府,1935 年,天津市档案馆,档号:J0217 - 1 - 000583。
  ② 《小本借贷处即将开办,市府先垫四万元,基金筹措无问题》,天津《益世报》1935 年 1 月 8 日,第 2 张第 5 版。
  ③ 《小本借贷处提早组设,二十日前后成立,放款数最多千元》,天津《益世报》1935 年 1 月 15 日,第 2 张第 5 版。
  ④ 《小本借贷处决念日开幕》,天津《益世报》1935 年 1 月 16 日,第 2 张第 5 版。
  ⑤ 《小本借贷处户限为穿,借贷者踵相接》,天津《益世报》1935 年 1 月 30 日,第 2 张第 5 版。
  ⑥ 《小本借贷处户限为穿,借贷者踵相接》,天津《益世报》1935 年 1 月 30 日,第 2 张第 5 版。

选云。"①从档案上看,卞白眉的表示实为掩饰。因为此时在银行同业公会执委会会议上,各银行的摊款一直难以确定下来,总的数目还没有凑齐。②对此政府方面依然利用舆论施加压力。在得知银行方面开会仍然没有结果的两天后,政府方面采取了措施,公之于舆论,表明政府对银行的不满:"银行方面虽已原则承认,但各银行所认数目及代表银行团充任该处副经理之人选,均迄未规定。故正式手续,未能即行办理。"并表示要继续对银行施压,加紧催办。③ 随着借贷人数的增加,政府的催促以及社会舆论的呼吁,使银行方面筹备的 12 万元终于在 6 月份到位了。④ 政府方面在博弈中达到了目的,得到了银行允诺的贷款。但是,在这个过程中政府也向银行方面作出让步,使小本借贷处的慈善性质发生了某些变化。

银行方面之所以对小本借贷处抱有消极态度,主要是因为银行方面对小本借贷的性质与政府方面有着不同的看法。政府方面的态度正如张廷谔所言,小本借贷是慈善性质。虽然对银行方面来说"区区 12 万元"的确不算什么,但是他们还是不愿以慈善事业视之。在设计小本借贷处成立的须知中,他们就表示借贷不是慈善性质。⑤ 在 1936 年 4 月小本借贷处挂靠到市民银行后制定的《天津市市立小本借贷处借贷须知》中,他们再次明确说明小本借贷"并非慈善赈恤的性质",并且告诫借贷者在借贷之前要考虑自己的归还能力再申请借贷。⑥ 银行对地方政府也表现出了一种不信任的态度,这主要体现在银行方面竭力要掌握小本借贷处的主导权,尤其是财会权上。早在 1935 年初,政府在给银行公会的公函中提出,"请由贵会推举代表一人,由本府派充该处副理,俾使襄助一切。"⑦在政府所拟的与银行订立的合同中第六条规定:"经理由市政府遴派,副经理由银行推

---

① 《小本借贷处开幕后,借款者达千户,已准借者百余起》,天津《益世报》1935 年 2 月 1 日,第 2 张第 5 版。
② 《市政府主办小本借贷文件》,天津市政府,1935 年,天津市档案馆,档号:J0217 - 1 - 000583。
③ 《小本借贷处基金仍在接洽中,姬潜昨访银行界》,天津《益世报》1935 年 2 月 28 日,第 2 张第 5 版。
④ 《本市小本借贷处售出现款户统计千余,基金缺少,尚在筹备中》,天津《益世报》1935 年 6 月 22 日,第 2 张第 5 版。实际上,银行款项的全部到位大约在 1936 年 4 月市民银行成立之后。参见《市政府主办小本借贷文件》,天津市政府,1935 年,天津市档案馆,档号:J0217 - 1 - 000583。
⑤ 《小本借贷处昨日起开始办公,便利小本营业已筹妥四万元,理事会成立后补行开幕礼,贷款人可自行组织贷款合作社》,天津《大公报》1935 年 1 月 29 日,第 2 张第 6 版。
⑥ 《天津小本借贷处案件》,大陆银行总经理处,1936 年,天津市档案馆,档号:J0215 - 1 - 001270。
⑦ 《小本借贷处立合同》,天津银行业同业公会,1935 年,天津市档案馆,档号:J0129 - 3 - 005335。

荐而市政府任命"。① 但是,在 1935 年 4 月 2 日上午的银行公会执委会的会议上,银行方面则一致通过了对这一条的修正条款:"小本借贷处设立经理一人,会计主任一人,均由银行团推荐,经市政府同意任用。经理承市政府暨理事会之命,综管本处一切事宜,会计主任秉承理事会之命,暨经理之指挥管理会计及稽核事物。"②在给政府的回复中,银行公会作了如下的解释:"各银行之意,以小本借贷为扶助小本工商业起见,贷息较低,收益有限。该处开支自宜力从节约,请改设经理一人、会计主任一人,均由银团推荐,经大府同意任用。"③可见银行公会对小本借贷处的领导权极力争夺,担心政府管理会导致银行的利益遭到损失,力图通过修改这一条款来控制小本借贷处的财权。而政府方面最终在 5 月份和银行订立的合同中,答应了这个请求。④ 这样,银行界实际上控制了借贷处的管理权。

银行对政府不信任的另一个表现,是银行资金到位的情况。根据市政府的意见,小本借贷处的资金主要来自两处,一处是救国基金,一处是银行方面的资金。在两方面的资金都没有到位前,为了满足市民借贷的需求,政府自己先行垫资 4 万元。因为救国基金掌握在党部的手中,需要上面的批示,所以政府方面希望银行方面的资金尽快到位。但是银行方面始终咬住救国基金不放,声称如果救国基金不到位,银行方面只能依照政府方面垫付的基金额来支付。1935 年 6 月,银行公会通过决定,"在前项基金未拨到及理事会未组成以前,所有银行团前借之 12 万元只能通融,允其按照财政局已垫 4 万元之数支用,其余 8 万元暂未便由该处动支。"银行公会在 6 月 8 日的第五次执行委员会的会议记录中以"时局颇紧,市长已更动"⑤作为不得拨动 8 万元的理由。可见当时政局动荡和信用不确定,导致了银行业的谨慎心理。人走茶凉,人亡政息,是自古以来中国政治的潜规则。银行界担心政府人事变动会对小本借贷处的运行产生影响,这一担心并非

---

① 《市政府主办小本借贷文件》,天津市政府,1935 年,天津市档案馆,档号:J0217 - 1 - 000583。
② 《市政府主办小本借贷文件》,天津市政府,1935 年,天津市档案馆,档号:J0217 - 1 - 000583。
③ 《小本借贷处立合同》,天津银行业同业公会,1935 年,天津市档案馆,档号:J0129 - 3 - 005335。
④ 《市政府主办小本借贷文件》,天津市政府,1935 年,天津市档案馆,档号:J0217 - 1 - 000583。
⑤ 《市政府主办小本借贷文件》,天津市政府,1935 年,天津市档案馆,档号:J0217 - 1 - 000583。

没有道理。① 因为银行方面的要求，所以直到救国基金到位后，理事会的成立才进入程序。

总之，银行对政府举办小本借贷处抱消极态度的原因，一方面是出自自身利益的考虑，另一方面也有当时的政治因素而导致的对政府的不信任。但是，直接贸然地反对政府的举措，不仅使自己与政府对立，也会在社会舆论和道义上居于不利的地位。于是银行界把控制借贷处作为博弈的标的，力争对借贷处的主导权，尤其是对财权的掌控，以维护自己的利益。

这样，经过一番讨价还价，借贷处依然是一个官办机构，但是它的财权却掌握在银行界的手中。在此期间，小本借贷处虽然一直处于亏损状态，但是向银行界承诺的5厘利息一直照付不误，②而且银行界能够根据政府对借贷处拨款的数目，相应决定借贷处所能够动用的银行方面拨付的款项。于是，小本借贷处就这样成为了一个"商督官办"的机构。

第三节 小本借贷处的实际运作

小本借贷处的借贷对象，主要是天津市民中的小本工商业者。③ 天津市的《小本借贷处章程》中规定，凡年满二十一岁，居住在本市城郊一年以上，经营小本农工商业者，不论男女，均得依照本规则向本处申请借款。④ 在小本借贷处成立之初，市长张廷谔对记者表示：借贷的对象"须有营业，

---

① 一些现象表明，政府人事的更替确实对小本借贷处的业务和内部人事方面产生了影响。张廷谔市长提出小本借贷处永久设立，并且不随宦海沉浮（参见《小本借贷处确立业务基础由理事会负责维持，俾为市办永久机关》，天津《益世报》1935年2月11日，第2张第5版）。但是后来还是随着人事的变动而改变。在萧振瀛任市长期间，它被归到了市民银行，可是依然隶属于市政府，在日伪时期最终被并到了市民银行。另外，从小本借贷处主任在张廷谔去职后写的辞职信中也可以看出一些端倪。1935年6月张廷谔卸任，由程克任代市长，第一任小本借贷处处长姬奠川便要求辞职（参见《市立小本借贷处关于接装水表电表优待等杂项事物函稿及市政府的各项训令》，市立小本借贷处，1936年，天津市档案馆，档号：J0178－1－00191）。

② 《市政府主办小本借贷文件》，天津市政府，1935年，天津市档案馆，档号：J0217－1－000583。息款由盐业银行向大陆银行转拨，每月为150元。

③ 《小本借贷处昨日起开始办公，便利小本营业已筹妥四万元，理事会成立后补行开幕礼，贷款人可自行组织贷款合作社》，天津《大公报》1935年1月29日，第2张第6版。

④ 《天津小本借贷处案件》，大陆银行总经理处，1936年，天津市档案馆，档号：J0215－1－001270。

官家贷款主要目的,是因其人有事业,缺乏资金活动或无款扩充所业"①。但是他同时也表示:对于那些还未曾营业,因小本借贷处设立而拟借贷资金做一小本事业的人,"主办人对此许可,亦可不妨准其贷也。"但是张市长这个指示在实际中并没有得到执行。如一个叫赵家俊的人,因时局变动而无法生活,打算做一些小本生意,"籍谋生计,惟无资本。"小本借贷处对于他的要求批示道:"须成立营业后,方有借款资格。"②

在实际的借贷中,小本借贷处对"营业"也有自己的理解。在借贷处成立之初,张廷谔市长认为,只要有营业就可以借贷。可是小本借贷处却把一些营业者排除在外。例如,对于一些民间的传统手艺,如理发等,他们认为不属于工商业借贷的范围,拒绝予以借贷。1936年一个理发店主要求借贷,填写了借贷申请书后,一月有余未见答复,便写信询问借贷处:"倘因遗漏,即请从速调查,否则亦请示覆,俾免翘望。"借贷处回答说:"理发所系,属于手艺之一","与本处救济工商业之旨不合"③,没有批准他的借贷请求。

借贷的数额也受到借贷者资本的限制。借贷处对借贷对象调查时,需要查看借贷者的资产,并按照借贷者资产按比例进行借贷。一般来说,借款需要低于其资本的百分之二十。如有一个借贷者名叫王先筹,要求增加借款额200元。经过借贷处的调查,认定他的资本额仅有500元。因此借贷处回复他说:"按照十分之二借贷,百元已含通融程序,已属特别优待。如此后信用无差,则本处自可续借也。"④

小本借贷也有一些农村的借贷者,如1940年一个叫刘更生的农民,因为上年水灾而导致春耕没有款项,致函小本借贷处希望借贷。⑤ 但是从1936年到1937年的部分放款分类表来看,对农业的借贷从来没有超过8个,放款的数目也不过几十到几百元,可谓形同虚设。⑥

---

① 《小本借贷处决念日开幕,贷款范围限商贩,数目利息临时约定,手续简单,无需觅保》,天津《益世报》1935年1月16日,第2张第5版。
② 《市银行及所属小本借贷处与借款户的往来函件》,1936~1942年,天津市档案馆,档号:J0178-1-000048。
③ 《市银行及所属小本借贷处与借款户的往来函件》,1936~1942年,天津市档案馆,档号:J0178-1-000048。
④ 《市银行及所属小本借贷处与借款户的往来函件》,1936~1942年,天津市档案馆,档号:J0178-1-000048。
⑤ 《市银行及所属小本借贷处与借款户的往来函件》,1936~1942年,天津市档案馆,档号:J0178-1-000048。
⑥ 《市民银行小平借贷业务来函》,市民银行,1936年,天津市档案馆,档号:J0161-2-001077。

借贷的信用方式是借贷的首要环节,对借贷最终能否偿还具有非常重要的意义。小本借贷处开始设立的时候,张廷谔市长希望借贷处的手续不要像银行那样繁杂,而且希望借贷处不要抵押物品和铺保。只要借贷者的人品好,诚实可靠,为人正直,就可以直接借到贷款。而且借贷的款数、次数、利息归还日期都可以临时约定。① 可见他的借贷思想依然是传统的人格借贷,但依照人品来决定是否借贷,在当时的天津是不现实的。政府的借贷款项来自银行,而银行界人士对借贷的看法与政府不同,他们关心的是收益,而不是慈善。为了控制政府对借贷资金的使用,他们在借给政府贷款的时候,提出了由银行方面推荐经理和会计主任的要求。② 在现实的困难和银行的压力之下,小本借贷处很快就改变了主意,采用了抵押借贷和铺保借贷的方式,以道德人格借贷的方式始终没有使用过。③ 但是在1935年底,抵押借贷的方式也最终被放弃了:"津市小本借贷处开办后,津市商民颇感便利,该处前曾筹办添办抵押放款,嗣因故未克实现。"④没有实现的原因与交易成本有关。因为银行的资金始终未能全部到位,所以小本借贷处的人力和财力十分紧张。这样,节省成本而又符合社会习俗的铺保方式,一直是借贷处的主要信用方式。商民李东皋经营硝皮厂,因为周转不灵以致停业,需要借贷数千元。他听说小本借贷处有不动产抵押的业务,就希望以自己的房基红契和工厂全部家具作押,得到借款。当然他的想法因为与定章不合而没有实现。⑤

借贷处对铺保的资格有比较严格的规定:铺保首先要居住在华界。1936年6月,南市荣安大街怡庆里隆盛号颜料铺要求借贷。因为铺保有一家住在租界内,不符合借贷的规定,导致借贷要求被注销。⑥ 其次铺保一般要求两家,这样更为保险。1939年王绍良任小本借贷处主任后,为方便借贷者对此进行了改革,铺保"拟改为一家,如实无保铺人保,亦可总以

---

① 《小本借贷处决念日开幕》,天津《益世报》1935年1月16日,第2张第5版。
② 《小本借贷处立合同》,天津银行业同业公会,1935年,天津市档案馆,档号:J0129-3-005335。
③ 《小本借贷处增指导所十五处,设于自治事务区分所内备有申请书便民众借款,小本借贷处增办业务,增加抵押放款》,天津《益世报》1935年2月8日,第2张8版。
④ 《小本借贷处筹增基金,废年关借户骤多,有保着即可借到》,天津《益世报》1935年12月30日,第2张第5版。
⑤ 《市银行及所属小本借贷处与借款户的往来函件》,1936~1942年,天津市档案馆,档号:J0178-1-000048。
⑥ 《市银行及所属小本借贷处与借款户的往来函件》,1936~1942年,天津市档案馆,档号:J0178-1-000048。

殷实可靠为主"。① 这样给借贷者提供了很多的便利。

此外,借贷者请求的铺保已经为别人担保,而所担保的借贷者还没有偿还完毕的,不能担保。如一个叫丁双增的人要求借贷,他请的铺保因为自己的借贷还没有还,所以不能为他担保。另一个借贷者的铺保是仁义兴煤栈,该煤栈在小本借贷处已经为张文通担保借款,而张的借款当时尚未还清,于是便失去了做担保的资格。② 铺保仅限于在小本借贷处借款并有信誉者才能担任,这个办法虽然稳妥,但是也为借贷设置了更高的门槛。也有借贷发生后更换铺保的情况。如新记鲜货庄要求改换保人,前一个保人是滕记,因为经理在外面未归,所以要改变保人。在借贷中,出现过借贷钱款由铺保使用的情况。如德兴厚的借款到期后没有还款,而让借贷处向铺保索取,得知此笔款项"完全由保人金城药坊借使"。如果借贷者不能归还,铺保需要负完全的责任。所以铺保是否愿意担保,往往取决于借贷者的信用以及与铺保的人际关系。如一个叫王乐年的,他的铺保"情愿担保其借洋 300 元,如该户到期不付,由鄙号负一切代偿之责,立此信为证"③。对于借贷不还的,借贷处要求保人归还。如时人丁化民为他人作保,借贷人借款 30 元,计划分 10 期还清,已经还了 5 期借款便到期,而借贷者不在本地,没有按期还款,导致银行向他追钱。他以不景气为由,认为无法一次性清偿,要求分期归还,得到了银行的准许。在 1939 年前,铺保一般是两家,共负完全的责任。如果一家有问题的话,另一家就要负有完全的责任。如体仁堂药社,就遇到了这种情况。由于所保的润文斋借贷不还,而另一家保人文裕斋又倒闭,体仁堂药社要求豁免代偿,没有得到允许。对于一些执意不愿归还的借贷者,银行往往求之于警察和法律来解决问题。如 1938 年 11 月 5 日小本借贷处对借贷 200 元而有意不还的周某,限期三日内归还,"如仍置若罔闻,即当送警押追……以免效尤,届时勿谓言之不预也"。④

小本借贷方式主要有三种:定期、活期、分期。贷款数目,在借贷处成

---

① 《天津市银行所属小本借贷处及主任调动交接清册余额表与理事会陈报的函件》,天津市银行所属小本借贷处,1936 年,天津市档案馆,档号:J0178 - 1 - 00190。
② 《市银行及所属小本借贷处与借款户的往来函件》,1936~1942 年,天津市档案馆,档号:J0178 - 1 - 000048。
③ 《市银行及所属小本借贷处与借款户的往来函件》,1936~1942 年,天津市档案馆,档号:J0178 - 1 - 000048。
④ 《市银行及所属小本借贷处与借款户的往来函件》,1936~1942 年,天津市档案馆,档号:J0178 - 1 - 000048。

立之初,最多为 100 元①,后来有所增加,在 1936 年借贷处归属到市民银行后,涨到了 500 元②。不久又涨到了 1000 元,利息在 7 厘到 1 分之间。为了便于归还,分期办理的人占了多数。③ 1937 年初,时任天津市长的张自忠对市民银行进行了整顿,决定小本借贷处实行无限制贷款。④

小本借贷处成立后,因为银行界在博弈中掌握了借贷处的业务管理权,所以借贷处的借贷方式也没有如张市长希望的那样简便,而是严格按照银行的正规手续进行。首先,借贷者要提出申请,认真填写表格(如表 10-1)。

表 10-1 小本借贷申请表

1. 借款人姓名:邱致禄 2. 字号名称:福增祥 3. 开设何处:河东西方巷前大街门六十二号 属那一区:特二区 电话:无 局
4. 家住何处:山东武城县 5. 营业种类:杂货铺 6. 何时开设:二十三年五月
7. 铺长何人:山东武城县 同伙五人 8. 资本已足收多少:八百元
9. 领东或股东人数及姓名:赵少三
10. 家里人口多少:五口 11. 几等铺捐:五等 12. 每年可做多少买卖:六千元
13. 去年盈亏多少:得利三百六十元 14. 每月开销多少:四十五元 15. 连号几家:无
16. 曾为人担保在本处借款几次:无 17. 想借多少:三百元
18. 分几期归还何时可以本利清还:拟以一年
19. 何铺担保:德玉成米面铺 中和祥杂货铺
借款人:邱致禄
民国二十五年六月十四日

资料来源:《市银行及所属小本借贷处与借款户的往来函件》,1936～1942 年,天津市档案馆,档号:J0178-1-000048。

借贷的第二步则是调查员对借贷者和铺保情况进行详细调查。调查,是小本借贷不同于传统借贷的特点之一,与近代银行运作一致。调查保证

---

① 《本市小本借贷处售出现款户统计千余,基金缺少尚在筹备中》,天津《益世报》1935 年 6 月 22 日,第 2 张第 5 版。
② 《小本借贷处已实行改组,借款最高额决略行增加,推定宋祝田为该处主任》,天津《益世报》1936 年 5 月 19 日,第 2 张第 5 版。
③ 《市银行及所属小本借贷处与借款户的往来函件》,1936～1942 年,天津市档案馆,档号:J0178-1-000048。
④ 《小本借贷处改组,明日开始无限贷款,并修正理事章程》,天津《益世报》1937 年 2 月 7 日,第 2 张第 5 版。

了借贷处的借贷安全和借贷者的信誉。

小本借贷注重调查,是因为城市借贷的环境不同于农村,是一个"生人社会"。调查的主要目的,是要掌握借贷对象的营业情况和铺保的信誉。但是调查是需要成本和时间的,在实施中也会产生一些问题。有的是由借贷者造成的,如1936年6月,一个叫李鸿洲的人,在河东小郭庄派出所对过开设百寿全京局,因资本不足,无法添置应用货物,要借大洋一百元。而当调查员到来的时候,他在外边办事,请别人替他看柜,导致调查员无法查明真相。有的铺保对所保对象的营业和纳税情况一无所知,也影响了借贷。如1936年11月,调查员在对健远鞋帽庄的调查中发现,铺保对鞋帽庄情况毫无了解,"保号同人对于资本铺捐各项概以不知相答,以致敝处无从核查"①,最后借贷没有实现。

借贷处的调查员在调查中也存在着效率低下的问题,因此经常耽误了客户的业务,常常受到客户的埋怨。如天津市河东小集大街六号的益华药房向银行请求贷款400元,限期8个月,分为8期清还本利。"已遵章觅具妥保两家,填写申请书呈报完毕,然至今两月余,尚未调查。"又如增庆永、高竹生在1936年来函向借贷处催促:"所借贵行之款,业经台兄检查已有四五日,言及二三日内即将挣下,至今未见……鄙号资本不敷周转,洽有外客定若干货,辄来信催促,无奈贵行不能实施,仰望归还将执照挣下,以济燃眉之急,不胜感念之至。"②类似的埋怨在小本借贷处的信函中有很多。

调查员身上有官僚习气,时或与客户发生争执。如一个叫刘鸿儒的人在1936年8月份给借贷处写信,反映调查员的问题。他在北门邮政局的对面开了一家秫米饭铺,因为生意不景气,所以要添羊肉及包子的买卖,要求借贷150元。借贷处派李职员前来调查,此时是上午11点半左右,许多商人和学生正在铺内吃饭,刘鸿儒去医院看病,由次子料理营业。李职员调查铺保已经合格,但是来到饭铺调查时,因为人员嘈杂,饭铺服务员招待不周,导致他非常不满。一个伙计又把他误认为是食客,找给他角票,令他更为愤怒,"立即恶语连连,声言取消借款资格,以本铺行贿为辞"。事后,刘鸿儒到借贷处解释误会,借贷处又派李职员出面,双方不欢而散。最后刘鸿儒只有再次给借贷处写信,要求复查,认为"不可任其稽查自便行动,若如此稽查,至某处调查稍有不随意及种种小误会,则立即取消借款之资

---

① 《市银行及所属小本借贷处与借款户的往来函件》,1936~1942年,天津市档案馆,档号:J0178-1-000048。
② 《市银行及所属小本借贷处与借款户的往来函件》,1936~1942年,天津市档案馆,档号:J0178-1-000048。

格,如此以来,岂不妨碍当局救济商业一片苦心?"①

调查中还有其他一些问题出现。如天源堂药店刘世华便因为信誉的问题与调查员发生了争执。1936年7月,调查员说刘世华的第二次借贷信用欠佳,不肯再借。这使刘世华十分惊讶。后来经过查证,这个店铺有1935年分5次还清、1936年分7次还清的记录,是调查员调查有误。有时也有调查员与客户双方各执一词的情况。如对澄兴厚商号的调查,调查员查知,该铺营业不佳,负责人不常在天津市,经两次调查,保人均言语含糊,故调查员表示"爱莫能助",对借贷要求予以注销。而澄兴厚商号的老板则否认,要求重新调查。②

小本借贷处顺时而生,所以借贷处刚开始办公就出现了业务繁忙的景象:"前往咨询借款手续之商贩,门限为穿,经派有警士在门外维持秩序。"当时就有200余家填写借款声请书,贷款数目少者几元十几元,多者百元左右。③ 1935年2月份"贷出312户,计款额10221元"。成立一年后,放款达到1879户,大多数借款数额在10元以下。工业户为556户,其余多为商业户,农业户贷款很少,形同虚设。借贷百元以上的7个,借贷最高额为240元。④

借贷处借贷的偿还情况开始较好。截至1935年6月份,贷出5万余元,陆续回收1万余元,其中只有两户无力归还,要求展期,除此之外并没有别的损失。⑤ 因为"调查借户及借款后之保障,随时由公安局所协助办理,故贷出之款,尚无亏短损失情事。"⑥"惟自贷款以来,尚无拐骗情事,归还拖延间或有之,尚无影响云。"⑦可见借贷处隶属政府之下,是其偿还信誉良好的重要原因。

然而,官商在资金问题上的博弈,致使小本借贷处的代办处最终没有成立,对小本借贷处的成效产生消极的影响。在小本借贷处成立之初,政

---

① 《市银行及所属小本借贷处与借款户的往来函件》,1936~1942年,天津市档案馆,档号:J0178-1-000048。
② 《市银行及所属小本借贷处与借款户的往来函件》,1936~1942年,天津市档案馆,档号:J0178-1-000048。
③ 《小本借贷处户限为穿,借贷者踵相接》,天津《益世报》1935年1月30日,第2张第5版。
④ 《天津市银行所属小本借贷处及主任调动交接清册余额表与理事会陈报的函件》,天津市银行所属小本借贷处,1936年,天津市档案馆,档号:J0178-1-00190。
⑤ 《小本借贷处贷出五万元,归还者达万元》,天津《益世报》1935年7月10日,第2张第5版。
⑥ 《市立小本借贷处关于接装水表电表优待等杂项事物函稿及市政府的各项训令》,市立小本借贷处,1936年,天津市档案馆,档号:J0178-1-00191。
⑦ 《市欵黯云笼罩下,废历中秋节形色,警察由今日起始戒备,小本借贷处顿成拥挤》,天津《益世报》1935年9月11日,第2张第5版。

府方面就许诺,为方便普通市民借贷,在各警区成立问讯处和代办处,"代办处定为每警区最低附设一处,与该处同时成立。至于各警区派出所,则均为问讯处云。"①随着借贷处的成立,贷款业务非常火爆,前往咨询的商贩"门限为穿"。这样,问讯处和代办处便日益成为急需。关于问讯和调查工作,政府请求各警区和省会警察厅出面协助,而代办处则办理小额贷款,正在筹备中,"各区所附设之代办处,亦将于最近期内成立。"②但是,代办处因为银行方面的问题而不能及时设立,"惟此种办法,须俟银团推出副理,理事会正式成立,经理事会通过后,方能次第实施云。"③在相应于政府资金的银行钱款到位后,代办处依然不能成立,主要原因还是在于资金的问题。1935 年 7 月,政府表示自从小本借贷处成立后,贫苦市民借贷的极多,因为救国基金的 12 万元至今没有完全拨到,银行的资金也未全数到位,"各区代办处,本拟分别成立,以余款过少不足开支,故均权停止筹办,候将来余款稍裕时,再为继续筹办云。"④过了几个月,问题似乎有了转机。政府方面鉴于贷款户繁多,而天津市内辽阔,非常不便,打算采取新的办法,拟委托公安局各区所或殷实商号代办小额贷款事务,在天津普通区六处,特别区四处,每区设立一个代办所,"即由各公安局长兼理之,借户可于该管区内,就近申请借款。如此办理,各区分别调查既易,借户相距临近,借还尤较便利云。"⑤然而,没有殷实的商户对此给予配合,最终代办处还是没有成立。政府对此事的解释是:"前传本处拟设分所十处,委托六警区及四特区办理一节,因本市交通尚称便利,市民借还款项并无不便,已决定暂缓设立云。"⑥于是,这个多次要成立的便民机构,就以本市交通便利为借口流产了。真正的原因则于同一篇文章中已经道出:"成立迄今,因基金不足,而贷出款项,复多零星低利,收入甚微,得息不足小本借贷处之开支,近两月来,更见亏蚀,无法弥补。"⑦从档案的资料看来,在下放到市民银行

---

① 《小本借贷处废年后成立,每区设代办处各警所附问讯处》,天津《益世报》1935 年 1 月 13 日,第 2 张第 5 版。
② 《小本借贷处户限为穿,借贷者踵相接》,天津《益世报》1935 年 1 月 30 日,第 2 张第 5 版。
③ 《小本借贷处筹设代办处,俟银行拨付基金即着手推行组设》,天津《益世报》1935 年 2 月 24 日,第 2 张第 5 版。
④ 《小本借贷处贷出五万元,归还者达万元》,天津《益世报》1935 年 7 月 10 日,第 2 张第 5 版。
⑤ 《小本借贷所普遍设立拟共设十处,短期内实现》,天津《益世报》1935 年 10 月 28 日,第 2 张第 5 版。
⑥ 《市府拨实业基金,补充借贷处底款,天气渐冷,借款者骤增,上月份贷出八万余元》,天津《益世报》1935 年 11 月 14 日,第 2 张第 5 版。
⑦ 《市府拨实业基金,补充借贷处底款,天气渐冷,借款者骤增,上月份贷出八万余元》,天津《益世报》1935 年 11 月 14 日,第 2 张第 5 版。

之前，借贷处确实处于亏损状态。从小本借贷处会计许霁祥在1937年上报小本借贷处的经营情况中可见，"至25年年终（民国二十五年，即1936年，作者注），计损失7469元3角3分5厘。迨前岁并归市民银行后，银行团约定未用之垫借基金项下，余数8万元准予全数支用，存储利息因之增收，于是由1937年起至本期止，共盈有2599元6角1分7厘。"①可见小本借贷处代办处不能成立，主要是政府的资金周转困难导致的。在这个过程中，银行界依据政府对借贷处的投入决定自己的资金投放，银行对资金的承诺始终没有全部到位是导致政府资金困难的重要因素。而救国基金也因政府与商界的博弈迟迟未定如何运用。② 因此借户太多，资金周转不过来，而警察局毕竟职能众多而不能兼顾。由此可见，官商博弈致使政府办理小本借贷面临着困境。政府一方面要救济贫民，举办惠民的慈善事业；另一方面自身资金有限而周转不灵，又处处掣肘于银行界，致使其便民借贷的慈善之举终于以流产告终。

总之，官商在借贷中的博弈对借贷的效果产生了双重的影响：一方面政府主办小本借贷处，利用自己的政治和道义上的优势地位迫使银行出钱借贷，又因为借贷处顺应社会的要求，借助政府公共资源如公安局的协助，借贷还贷的效果都较好；另一方面银行与政府在资金以及借贷方式上的博弈导致银行掌握了借贷处的管理权，致使借贷手续复杂，借贷处的代办处迟迟不能设立，对借贷的效果产生了消极的影响。

借贷的偿还是借贷的最后程序，关系到借者的利益和贷者的信誉。

小本借贷的归还率在刚开始的时候还是比较高的，借贷者如果失去了信誉，就不会再有第二次机会。比如一个叫张林的人，因为初次借贷未能按期归还，经过借贷处多次追讨，并责令保人归还，方才归还完毕。有了这个记录，他要求续借的请求没有得到满足。在借贷中表现较好的、信誉较高的人则再借不难。对一些信誉较好的借贷户，还可以追加借贷。如旭记号借贷不足，要求追加，借贷处因为该号信誉较好而慨然应允："台端以往在本处借款，信用甚佳，准予加借四十元，两共二百元，望于本月三号携带前送之借据，亲自来行另换新据领款可也。"对一些有正当理由要求延期的，借贷处也往往给予准许。如裕记洗衣房刘元良，因为市面萧条，不能按

---

① 《天津小本借贷处案件》，大陆银行总经理处，1936年，天津市档案馆，档号：J0215-1-001270。
② 参见《津实业基金用途开会决定，由执监委研讨》，天津《益世报》1935年11月17日，第2张第5版；《实业基金用途正在研究中，行政院令未到》，天津《益世报》1935年11月20日，第2张第5版；《实业基金保委会改组，昨日开会研商》，天津《益世报》1936年1月16日，第2张第5版；等等。

期归还贷款,要求延期一个月,得到了借贷处的允许。① 因为一开始借贷处是由政府直接举办的,不还会导致社区警察的介入,所以借贷归还的情况还是很好的,骗借的情况从没有发生。

但是在小本借贷处归属到市民银行后,偿还开始出现了一些问题。在1936年10月3日的一次理监事联席会议上,张品题理事提出,放款手续先由借贷人所在警区审核后再找保人。这个提议在会议上得以通过。② 在1937年2月3日的联席会议上,对"旧欠疲户,多有容忍心狡展意图延宕者",采取了令警察局从严代催的办法。③ 随着时间的流逝和借贷人数的增加和庞杂,出现这些问题都是正常的,但同时这些问题的出现也与借贷处下放到市民银行有关。借贷处地位隶属不明确,是导致借贷出现这些问题的一个重要因素。以至于在借贷处归属市民银行后,出现了要求"令小本借贷处仍隶于市公署……恳乞即行呈请市公署饬知警察局,拟办其详细办法及一切章则"的呼声。④

自然灾害和社会动荡,对借贷的偿还也有重要的影响。如七七事变和1939年的水灾,都对借贷的信用和偿还产生了一定的影响。有的借贷者因为七七事变而不能及时还贷。一个借贷者受七七事变的影响,生产无法进行,生产的货物"并非普通之物,易于畅销,纯属奢品。又兼各路不通,所作之货,即行消本出售,仅能糊口维持现状而已,祈宝行见信,望求容纳再为展期。"⑤此时,市民银行因为战乱迁到了租界中,偿还问题自然也就更难于办理。⑥ 1939年11月,小本借贷处函请警区协助,要求设法查找的一共有13户,欠洋283元。一些曾被水灾的客户复业后,都请求缓期陆续归还。⑦ 1941年市民银行致函董事会指出,少数借贷者因为受到水灾而不能偿还,但是也有一些是借口故意搪塞的。因此他们希望警方能够协助催

---

① 《市银行及所属小本借贷处与借款户的往来函件》,1936—1942年,天津市档案馆,档号:J0178-1-000048。

② 《市民银行小本借贷业务来函》,市民银行,1936年,天津市档案馆,档号:J0161-2-001077。

③ 《市民银行小本借贷业务来函》,市民银行,1936年,天津市档案馆,档号:J0161-2-001077。

④ 《天津市银行所属小本借贷处及主任调动交接清册余额表与理事会陈报的函件》,天津市银行所属小本借贷处,1936年,天津市档案馆,档号:J0178-1-00190。

⑤ 《市银行及所属小本借贷处与借款户的往来函件》,1936~1942年,天津市档案馆,档号:J0178-1-000048。

⑥ 陈啸崴:《天津市民银行》,中国人民政治协商会议天津市委员会文史资料委员编:《天津文史资料选辑》第73辑,天津:天津人民出版社,1997年。

⑦ 《天津市银行所属小本借贷处及主任调动交接清册余额表与理事会陈报的函件》,天津市银行所属小本借贷处,1936年,天津市档案馆,档号:J0178-1-00190。

讨,为此他们为调查员佩戴服务证,以便证明自己的身份而便于请警察协助。① 1942年初,据小本借贷处统计,因为七七事变和1939年水灾关系而未能如数收回者,计有568户,款额15949.4元,利息10753.765元。估计除了死亡和逃散者以外,"如切实催收可回收者,仍有相当数目。"为此借贷处采取了一些措施。如指派专门人员对这些客户进行调查和催收,对于无力还款者,用备抵呆账款进行补充。对于以前欠下的利息,视借户还款能力如何,分别豁免或豁免一部分,并且对于催收工作人员成绩优良的,年终的时候有特别筹送,以资奖励等。② 1945年2月,据小本借贷处统计,小本借贷历年放款未收回的款额共7456元,第四次董监事联席会议决定,这笔欠款"由呆账准备金项下拨补,以资结束"。③

在动荡的社会环境下,许多借贷者依然非常注重自己的信用,争取及时还贷。如一个借贷者在七七事变后,依然要把应还的25元本利备妥偿还,因为市民银行暂时迁移到租界,而不知道如何办理。他在信函中写道:"有无分行可以代收,此备款以待望祈示知,延期之咎……勿究是幸。"在1939年水灾之时,一个叫石登岭的借贷者,在交通不便的情况下归还本洋10元,受到了银行的赞许:"在此交通阻隔之际,贵号仍按期归款,深为嘉尚。"借贷处对一些信誉较好的借贷者,还要登记在案,将来给予优惠。如1939年7月13日,小本借贷处致函借户冀鼎荣,表示他在水灾交通隔绝的情况下依然按期交款"殊堪嘉许",并承诺"敝行除在调查簿上注明,日后借款时自应格外优待也"。④

---

① 《天津市银行与董事会关于业务指导函聘经付理改聘监事改组为有限公司小本借贷处的付息资金放款问题以及愿警待遇职员制服等项来往函件》,1941年,天津市档案馆,档号:J0178 - 1 - 000158。

② 《天津市银行与董事会关于业务指导函聘经付理改聘监事改组为有限公司小本借贷处的付息资金放款问题以及愿警待遇职员制服等项来往函件》,1941年,天津市档案馆,档号:J0178 - 1 - 000158。

③ 《天津市银行与董事会关于业务指导函聘经付理改聘监事改组为有限公司小本借贷处的付息资金放款问题以及愿警待遇职员制服等项来往函件》,1941年,天津市档案馆,档号:J0178 - 1 - 000158。

④ 《市银行及所属小本借贷处与借款户的往来函件》,1936~1942年,天津市档案馆,档号:J0178 - 1 - 000048。

第四节　官商在借贷处中的重新定位

小本借贷处的资金受制于银行,而银行的资金不及时到位,导致天津市财政局不得不再拨款 2 万元,以满足市民的需要。① 另外有 12 万元资金,原拟由国民党党部掌握的救国基金项下拨付,但这部分资金的到位较银行资金的到位更为曲折。银行界答应拨款后,依据他们的要求,需要救国基金到位,多于政府出资的 8 万元款项才能动用。而救国基金当时被国民党中央党部控制,实际保管于天津商会的手中。天津市政府虽多次向中央党部申请这笔基金,但始终没有得到答复,直至张廷谔市长去职也没有解决这个问题。② 此时,对于救国基金的使用,因为小本借贷处的成立,引起了社会各方面的更大关注。救国基金是 1928 年天津反日运动中,从商界征收日货登记费以及没收货物及交罚巨款而来,总额大约有 70 万元,后来归国民党中央党部管理。之后,从基金中拨付部分款项,办理五三工厂,亏损了 20 多万元,还剩有 40 余万元。这些钱"分存本市各银行,本会(天津商会——作者注)前任五常委及市府、党部具有保管员数人"③。1928 年的反日运动告一段落后,这笔基金就受到了各方的关注,有的商人要求发还,有的则要求用这笔基金举办一些公益事业。④ 此时,实际上控制着救国基金的商会也对这笔基金非常感兴趣。1935 年 5 月,他们以天津经济地位重要及美国考察团来津时商会设备简陋而失体面为由,要求动用剩余的救国基金款建一个新的商会大厦。⑤ 这样政府和商会对此基金产生了争夺。1935 年 8 月 23 日,天津市糖业同业公会、玻璃镜业同业公会、眼

---

①　《小本借贷处借款者踊跃,由财政局再拨 2 万元》,天津《大公报》1935 年 3 月 8 日,第 2 张第 6 版。

②　《本市小本借贷处售出款户统计千余,基金缺少尚在筹备中》,天津《益世报》1935 年 6 月 22 日,第 2 张第 5 版。

③　《市商会监委会提议建筑商会新厦,以救国基金余款为工费,函常委会付议》,天津《益世报》1935 年 5 月 19 日,第 2 张第 5 版。还有的一说是基金数目为近百万元(参见《为调查救国基金事致天津市商会函》,天津市玻璃业镜业同业公会等,1935 年,天津市档案馆,档号:J0128－3－08973－003)。

④　《布商要求发还救国基金》,天津《益世报》1930 年 1 月 15 日,第 3 张第 12 版。《移救国基金修渠筑路,请街公所一致主张》,天津《益世报》1930 年 2 月 23 日,第 3 张第 10 版。

⑤　《市商会监委会提议建筑商会新厦,以救国基金余款为工费,函常委会复议》,天津《益世报》1935 年 5 月 19 日,第 2 张第 5 版。

镜业同业公会、竹木檀木货商同业公会等几个同业公会致函天津商会,认为救国基金是天津商人的"血本",而近来"谣传纷纭,有谓此款已消耗殆尽无从公布者,有谓该会与贵会暗中款洽相喻无言者",表示:"今天津商业凋敝,已达极点,商人等誓不甘以众商之资财,供少数人之操纵",要求商会尽快将基金的保管权依法转移,并公布核实基金数目,召开商会大会决定款项的用途。同时,他们还提出,救国基金保管委员会所有委员皆由商会常务委员取得此项资格,此外还有严慈约委员作为省府委员加入,但是严委员已故,而今商会早经改选,天津市也改为特别市,"依法该会委员会自应随同移转其官方委员会一席,亦应由天津市财政局长当然接充",然而事情已过数月,商会却对此保管权的转移和收支及用途"均未闻依法办理",这些公会认为事关公益,再也不能缄默了。① 这几个同业公会的要求反映当时部分商界人士对商会在救国基金使用问题上的不满。同时,这几个小同业公会联合起来,打着公益的名义,居然向商会挑战,并且力挺政府人士干预,转移商会控制下的基金。在他们的背后,不难发现政府的身影。此时社会舆论也对基金的使用和去向问题颇为关注,要求调查。② 社会其他方面"最近各方对此款项用途极为注意,多有向市府表示意见",而政府方面也出面表示"此项基金,殊不宜长此存置"。③

1935年9月,天津市长程克④在任期间,问题有了转机。9月23日,中央对救国基金下达了处理意见,即撤销救国基金保管委员会,但须经市政府同意,方合手续。实业基金保管委员会第六次会议还对基金的用途进行了表决,⑤决定基金或用于疏浚天津市运河或创办市民银行。⑥ 这样,商会想用此项基金盖商会大厦的要求化为了泡影。10月,救国基金正式被移充实业基金,并加聘保管委员,"该保委会曾于昨日(25日)下午3时,特假

---

① 《为调查救国基金事致天津市商会函》,天津市玻璃业镜业同业公会等,1935年,天津市档案馆,档号:J0128-3-08973-003。
② 《为调查救国基金事致天津市商会函》,天津市玻璃业镜业同业公会等,1935年,天津市档案馆,档号:J0128-3-08973-004。
③ 《救国基金用为实业基金,加聘保委员,明日开会商讨》,天津《益世报》1935年10月24日,第2张第5版。
④ 程克,1935年7月到11月期间任天津市长。参见郭凤岐编著:《天津的城市发展》,天津:天津古籍出版社,2004年,第172页。
⑤ 实业基金保管委员会于1933年9月30日奉中国国民党中央执行委员会秘书处函令成立,专为经营五三工厂等事业。可见它原应为救国基金的一部分(参见《为天津市实业基金保管委员会请回复组织可否备案的提案》,天津市政府秘书处,1946年,天津市档案馆,档号:J0002-3-001245-002)。
⑥ 《关于讨论时委员叙述中央对于基金处理办法等事的实业基金保管委员会第六次会议》,天津市救国基金保管委员会,1935年,天津市档案馆,档号:J0128-3-010382-007。

市府大礼堂开会,讨论改组事宜。"①出席人员不仅有政府高官,而且有商界和社会名流,他们是:执委王晓岩、王文典、高凌雯、张品题、张伯苓、卞白眉,监委程克、孙润宇、严家干等。这样新设立的实业基金保管委员会打破了原来由商会实际控制基金的局面,会议最后做出了三项决议:"一、定名为天津市实业基金保管委员会;二、通过组织章程;三、确定委员名额,执委7人,监委3人。"②从出席人员来看,政府人士主导监察,负责基金实际业务的是商界人士以及社会名流。这样小本借贷处一直发愁的资金问题终于有了盼头,"政府方面倾指示该处,准商实业基金保管委员会,酌拨一部分补充小本借贷处底款,一俟办法商妥及拨供数目确定,再行令知"。③ 而这笔基金究竟如何使用,却很长时间内没有确定下来。从1935年的11月份到1936年的1月份,实业基金保管委员会多次开会讨论实业基金的用途问题,但始终没有确定的结果。④ 这反映了政府和商界以及商界内部在资金的运用上依然存在博弈。

直到1936年年初,市长萧振瀛⑤在任时期,基金的使用才最终确定下来。办法是由官商合作成立市民银行,"附设小本借贷处,即将旧设小本借贷处照案拨由该行办理,以求便捷。"⑥天津市民银行曾于1929年经天津市政府临时委员会通过,并推定常务委员进行筹备,后因市政临时委员会无形解散而搁置。1935年,经商会会长纪仲石、董事王晓岩请准市长肖振云(即萧振瀛),转奉冀察政务委员会核准成立。1936年4月1日,市民银行开幕,行址设于东北角单街子。⑦ 市民银行成立后,市政府让市民银行接收小本借贷处并修正小本借贷处章程,小本借贷处的理事会也重新建立。理事会9人中,有银行团代表2人,一个是卞白眉,一个是许汉卿,市

---

① 《津实业基金保委会成立,推执委七监委三,动用款项须联签》,天津《益世报》1935年10月26日,第2张第5版。

② 《津实业基金保委会成立,推执委七监委三,动用款项须联签》,天津《益世报》1935年10月26日,第2张第5版。

③ 《市府拨实业基金,补充借贷处底款,天气渐冷,借款者骤增,上月份贷出八万余元》,天津《益世报》1935年11月14日,第2张第5版。

④ 《津实业基金用途开会决定,由执监委研讨》,天津《益世报》1935年11月17日,第2张第5版。《实业基金用途正在研究中,行政院今未到》,天津《益世报》1935年11月20日,第2张第5版。《实业基金保委会改组,昨日开会商办》,天津《益世报》1936年1月16日,第2张第5版。

⑤ 萧振瀛,吉林扶余县人,从1935年11月至1936年8月任天津市长。参见郭凤岐编著:《天津的城市发展》,天津:天津古籍出版社,2004年,第172页。

⑥ 《小本借贷处立合同》,天津银行业同业公会,1935年,天津市档案馆,档号:J0129-3-005335。

⑦ 天津市地方志编修委员会编著:《天津通志·金融志》,天津:天津社会科学院出版社,1995年,第118页。

民银行的宋祝田为小本借贷处主任。① 5 月 14 日,小本借贷处的章程重新议定。② 1936 年 6 月 11 日,盐业银行告知银行公会,财政局的 12 万元拨款到位,银行界的贷款也方能全部动用。这样小本借贷处的 24 万款项总算完全落实。小本借贷处虽然在订立的章程中依然"隶属天津市政府",但实际上是一个类似于官督商办性质的机构,商界代表共 5 人,市政府代表 1 人,作为 3 个监察委员会委员,其他三人分别为财政局长、社会局长和公安局长,可见整个机构的运作由商界实际负责,政府人士主要起到监督与核查的作用。③ 这样在救国基金如何运用的问题上,官商博弈的结果是商会没有得到救国基金盖商厦,而商界也力求掌控这笔资金,官商达成了妥协,成立了官督商办的市民银行,小本借贷处挂靠其下。这样导致借贷处的地位发生了变迁。

小本借贷处在开办之初,曾经由张廷谔市长认定为慈善机关,永久为政府所设立,并且借贷手续简单。④ 但是政府最后还是把它下放到了市民银行,实际为官督商办,日常业务为银行商界人士所把持。⑤ 最终在 1942 年借贷处正式归并为市民银行的一部分。这表明政府方面实际上已经从小本借贷处的实际业务中退出。⑥ 之所以如此,一方面是政府与商界在救国基金使用上的博弈导致的结果,另一方面是因为政府在实际承办小本借贷处的过程中,感受到了举办这个业务的艰难和尴尬,尤其是与银行界博弈中导致的资金困难,于是把小本借贷处下放到市民银行,实行官督商办便顺理成章。政府举办的借贷为慈善性质,但是借贷事业终究是金融商业的事物,并非政府所长,也非自己的职能。正如卢曼所说,"没有哪个职能

---

① 《市政府主办小本借贷文件》,天津市政府,1935 年,天津市档案馆,档号:J0217 - 1 - 000583。

② 《市政府主办小本借贷文件》,天津市政府,1935 年,天津市档案馆,档号:J0217 - 1 - 000583。

③ 《市政府主办小本借贷文件》,天津市政府,1935 年,天津市档案馆,档号:J0217 - 1 - 000583。

④ 《小本借贷处决念日开幕》,天津《益世报》1935 年 1 月 16 日,第 2 张第 5 版。《小本借贷处确立业务基础由理事会负责维持,俾为市办永久机关》,天津《益世报》1935 年 2 月 11 日,第 2 张第 5 版。

⑤ 《算及补足股本和小本借贷处划为本行所属的公函》,天津市民银行,1940 年,天津市档案馆,档号:J0178 - 1 - 000006。1940 年,小本借贷处正式更名为市民银行小本借贷处,其业务和账目全部归并到了市民银行之下。

⑥ 《天津市银行与董事会关于业务指导函聘经付理改聘监事改组为有限公司,小本借贷处的付息资金放款问题以及愿警待遇职员制服等项来往函件》,1941 年,天津市档案馆,档号:J0178 - 1 - 000158。1942 年 1 月 12 日,小本借贷处的资金和归属问题决议如下:"小本借贷处经并为本行业务之一部,资金毋庸独立。"

系统能够在它自己的界限之外运作,没有哪个职能系统能够履行其他职能系统的职能。在自己的运作层面上每个职能系统都是一个自成一体的系统"。① 因此"任何政治都不能振兴经济,也不能振兴经济的部分领域。甚至只是个别企业也不能振兴;因为它需要资金,就是说需要投入。"②

政府认识到了自办小本借贷处的局限性,银行方面则得到了小本借贷处慈善性的好处。1937 年 4 月 1 日,国民政府开征所得税,财政部所得税事务所河北兼察哈尔办事处要求小本借贷处依法缴纳所得税。4 月 12 日,天津小本借贷处致函北平小本借贷处,试探一下北平方面对此的反应,并表示平津两市小本借贷处乃为救济工商事业机关,与营利为目的者迥乎不同,所有资本及纯益是否应请免于扣缴收所得税之处,似有商讨之必要,"不知贵处对此有无研讨,或预为商洽之处,敬惠予示,悉以资参考。" 4 月 19 日,北平小本借贷处回电表示:"彼此事同一律,倘荷采及刍荛,一致行动,尤为欣盼。"4 月 13 日,小本借贷处又致函天津市政府,说明自己是隶属于政府的机关,是慈善性质的,"所有放出款项收入之利息,及每年结存之盈余,均系不以盈利为目的之法人所得","所有未经动用之资金,暂在银行存放者,自属各级政府机关之存款与所得税免税之规定极为符合……呈请予以免征。"5 月 6 日,财政部所得税事务所河北兼察哈尔办事处同意了将放出款项收入利息及每年结存之盈余免纳所得税,并将存在各银行的未经动用的资金,须用小本借贷处的户名报该处核准,以便通知收受存款银行免税。至于借贷处职员薪给报酬,仍依法扣缴。5 月 17 日,大陆银行致函小本借贷处,要求银行年息 5 厘的利息,也应该"准予免纳所得税,藉符原旨"。6 月 23 日,天津小本借贷处复函大陆等银行,表示已经"正式证明准予免税"。从这个事件的过程看来,小本借贷处以其慈善性质及其隶属于市政府机关的地位,而免交所得税。但是,免税的目的是为了银行的利益。其实银行所得借贷的年息 5 厘利息,不能说是"均系不以盈利为目的之法人所得"。③ 这样,银行界利用天津市政府对借贷处的慈善性质认定,达到了免于向财政部所得税事务所河北兼察哈尔办事处缴纳所得税的目的。

虽然商界与政府的博弈结果是政府在实际上一度退出了小本借贷处,但是博弈并没有最终的胜利者。

---

① 〔德〕N. 卢曼著,余瑞先、郑伊倩译:《社会的经济》,北京:人民出版社,2008 年,第 223 页。
② 〔德〕N. 卢曼著,余瑞先、郑伊倩译:《社会的经济》,北京:人民出版社,2008 年,第 226 页。
③ 《得税办申请免税的函件及各项开支单据等件》,天津市银行,1935 年,天津市档案馆,档号:J0178 - 1 - 000047。

下放到市民银行后的小本借贷处发生了一些变化。首先，下放到市民银行后，小本借贷处的慈善性质发生了进一步的变化，"如利息一节，自归入市行后，不论多寡，统定为1分"。这个利息"似乎稍高……1分或超过1分较农村之信用社利重"①，就是与当时借贷市场的利率相比，1分的利息也是不低的。② 如1937年，天津金融市场上定期信用放款的利率月息为0.5~1.2分；银号的利息在0.8~1分；而在30年代银行借贷的一般利率，也多为1分左右。③ 在业务上，借贷的偿还开始出现了一些问题，主要是信用难有保障："借款人款既到手，或因营业不振半途辍业，无力偿还，甚或有假托借贷营业为名将款移作不正当之用，及至发觉该借款人，早已迁徙逃亡，卒至无法追偿。此种情形，势所不免。"④这种情况和小本借贷处成立之初的良好信用形成了鲜明的对照。随着时间的流逝和借贷人数的增加和庞杂，出现这些问题都是正常的，但同时应该看到，这些问题的出现也与借贷处下放到市民银行有关。借贷处地位隶属不明确，是导致借贷出现了这些问题的一个重要因素。⑤ 1945年2月，据小本借贷处统计，小本借贷历年放款未收回的款额共7456元。据此，第四次董监事联席会议决定，这笔欠款"由呆账准备金项下拨补，以资结束"。⑥ 此外，小本借贷处还出现了难以适应天津城市发展、辖境不断扩大的情况而导致的交易成本过高的问题。

1937年2月，当时在任市长张自忠⑦认为市民银行与其他的商业银行几乎没有什么不同，既没有减轻往来商户的负担，也没有提供特殊的便利服务，慈善的功能没有显现，对此他非常不满。因此，他决定整顿小本借贷

---

① 马溥荫：《京平津之小本借贷》，天津《益世报》1937年1月24日，增刊3。
② 《天津市银行所属小本借贷处及主任调动交接清册余额表与理事会陈报的函件》，天津市银行所属小本借贷处，1936年，天津市档案馆：档号：J0178-1-00190。1937年天津市银行业的定期信用贷款的利率为月息0.5—1.2分。天津市地方志编修委员会编著：《天津通志·金融志》，天津：天津社会科学院出版社，1995年，第319页。
③ 天津市地方志编修委员会编著：《天津通志·金融志》，天津：天津社会科学院出版社，1995年，第319页。
④ 《天津市银行所属小本借贷处及主任调动交接清册余额表与理事会陈报的函件》，天津市银行所属小本借贷处，1936年，天津市档案馆，档号：J0178-1-00190。
⑤ 《天津市银行与董事会关于业务指导函聘经付理改聘监事改组为有限公司小本借贷处的付息资金放款问题以及愿警待遇职员制服等项来往函件》，1941年，天津市档案馆，档号：J0178-1-000158。
⑥ 《天津市银行与董事会关于业务指导函聘经付理改聘监事改组为有限公司小本借贷处的付息资金放款问题以及愿警待遇职员制服等项来往函件》，1941年，天津市档案馆，档号：J0178-1-000158。
⑦ 张自忠，山东临清人，1936年8月至1937年7月任天津市长。参见郭凤岐编著：《天津的城市发展》，天津：天津古籍出版社，2004年，第172页。

处,改组管理机构,派市政府秘书马彦翀参加理事会,改派市电业监理处处长马翼庭为监事,加强了对小本借贷处的领导。他还决定小本借贷处借贷从2月8日起,没有款额的限制,并对一些生产工业进行减息的优待。同时"令警察局从严代催,以维业务"。① 这些整顿措施有一定的成效,使小本借贷处出现了又一个放款的高潮。② 张自忠看到了市民银行尤其是小本借贷处的业务已经与其慈善的初衷偏离了,于是进行了整顿,加强了政府的监督管理,但为时不长便进入了日伪时期。

另外,为解决业务上出现的问题,小本借贷处希望在东西南北中设立常驻办事处,负责日常的宣传和接洽事宜,"其驻所即借用公共机关,以节开支"。而且依然需要设立分处,并且改革内部的制度,以降低成本。借贷处由于在借贷时只凭借调查员的报告决定放款与否,遂导致了许多问题。他们决定将内部分为调查、营业、会计、出纳及文书五组,"凡来借款者,先经营业员详细询问,再经调查员实地调查,由营业、调查会签意见,再由主任核定准驳与贷额之多寡,人事问题则营业调查应有专员负责,文书即由市行兼办以节糜费。"这些都需要政府合作,由各区的警察负责。小本借贷处提出要仿效北平的做法,由各警区代办。因为各个警区的警察作为"地方亲民之官",管辖范围内的居民平日做何事业及其生活程度,他们应该是最了解的。于是,在小本借贷处下放到市民银行后的1939年,借贷处新上任的主任王绍良要求借贷处重新归并市公署。他认为小本借贷处下放到市民银行后,"一切权责未经明白规定,即系统亦未明定,以致办事殊欠圆滑",而小本借贷处放款前,最为重要的步骤就是调查,而如欲使调查普及,必须在各警区内附设小本借贷代办所,即由各警区主管负责办理,事半功倍,莫善于此。所以他希望"令小本借贷处仍隶于市公署……恳乞即行呈请市公署,饬知警察局拟办其详细办法及一切章则"。③ 小本借贷处下放到市民银行后,表面上虽然仍称官办,但是它的定位模糊不清,导致借贷业务出现了许多问题,政府一度放任了日常运作,交易成本过高而效率太低,因此出现了重新回归直属官办的呼声。商界虽然在官商博弈中实现了自己掌控借贷处的目的,但政府的消极态度也给银行带来了麻烦。由此可见,政府虽然没有必要亲自主办贷放业务,但是为借贷处创设一个良好的

---

① 《小本借贷处改组,明日开始无限贷款,并修正理事章程》,天津《益世报》1937年2月7日,第2张第5版。
② 《津小本借贷处放款踊跃,达三万元以上》,天津《益世报》1937年4月27日,第2张第5版。
③ 《天津市银行所属小本借贷处及主任调动交接清册余额表与理事会陈报的函件》,天津市银行所属小本借贷处,1936年,天津市档案馆,档号:J0178-1-00190。

借贷环境还是必要的。

第五节 小本借贷处的绩效与不足

小本借贷处开办后,取得了一些成绩,得到了借户的欢迎和肯定,也成为天津市政府的政绩之一。如一个铁厂,对借贷处有这样的感谢之词,"当此百物腾贵,生活日高,所自鄙号营业日见发展者,皆赖贵行之款流通,借重之力实非浅"。① 有些因为借贷而生意上有了起色,如已经开办十多年的龙顺发张家煤铺,因为受到了1939年水灾的影响,向小本借贷处借贷,于是生意有了一些起色:"因水灾及鄙号受此影响之际,忽蒙贵行接济,小本补充二年有余,生意略见起色。"② 这些借户虽有为借贷而说此溢美之词的嫌疑,但是基本情况应该还是属实的。

在天津档案馆小本借贷的档案中,有部分1936~1937年的放款分类表,从表10-2中可见当时放款的一般情况。③

表10-2 1936~1937年部分放款分类表

时间	类别	农	工	商
1936年8月	定期抵押放款			放2户,130元
1936年8月	定期担保放款		放1户,收12户,实放60元	放23户,收1户,实放1025元
1936年8月	分期担保放款	放7户,收5户,实放40元	放732户,收472户,实放66945元	放2468户,收1630户,实放121161元
1936年9月	定期抵押放款			放2户,放130元
1936年9月	定期担保放款		放13户,收13户,实放487元	放24户,收1户,实放1055元
1936年9月	分期担保放款	放7户,收7户,实放264元	放839户,收599户,实放40133元	放2892户,收2047户,实放128459元
1936年10月	定期抵押放款			放2户,放130元

---

① 《市银行及所属小本借贷处与借款户的往来函件》,1936~1942年,天津市档案馆,档号:J0178-1-000048。

② 《市银行及所属小本借贷处与借款户的往来函件》,1936~1942年,天津市档案馆,档号:J0178-1-000048。

③ 《市民银行小本借贷业务来函》,市民银行,1936年,天津市档案馆,档号:J0161-2-001077。

(续表)

时间	类别	农	工	商
1936年10月	定期担保放款		放13户,收12户,实放487元	放24户,收23户,实放1055元
1936年10月	分期担保放款	放7户,收5户,实放264元	放772户,收522户,实放34530元	放2651户,收1762户,实放110144元
1936年11月	定期抵押放款			放2户,放130元
1936年11月	定期担保放款		放13户,收13户,实放487元	放24户,收23户,实放1055元
1936年11月	分期担保放款	放7户,收5户,实放264元	放784户,收540户,实放35138元	放2694户,收818户,实放113370元
1936年12月	定期抵押放款			放2户,放130元
1936年12月	定期担保放款		放13户,收13户,实放487元	放24户,收1户,实放1055元
1936年12月	分期担保放款	放7户,收7户,实放264元	放790户,收563户,实放35448元	放2719户,收1883户,实放114847元
1937年1月	定期抵押放款			放2户,放130元
1937年1月	定期担保放款		放13户,收12户,实放487元	放24户,收23户,实放1055元
1937年1月	分期担保放款	放7户,收7户,实放264元	放828户,收581户,实放38923元	放2853户,收1989户,实放124366元
1937年3月	定期抵押放款			放2户,放130元
1937年3月	定期担保放款		放13户,收12户,实放487元	放24户,收23户,实放1055元
1937年3月	分期担保放款	放7户,收7户,实放264元	放828户,收581户,实放38923元	放2853户,收1989户,实放124366元
1937年4月	定期抵押放款			放2户,放130元
1937年4月	定期担保放款		放13户,收13户,实放487元	放24户,收1户,实放1055元
1937年4月	分期担保放款	放7户,收7户,实放264元	放839户,收599户,实放40133元	放2892户,收2047户,实放128459元
1937年5月	定期抵押放款			放2户,放130元
1937年5月	定期担保放款		放13户,收13户,实放487元	放24户,收1户,实放1055元

（续表）

时间	类别	农	工	商
1937年5月	分期担保放款	放7户，收7户，实放264元	放859户，收634户，实放42988元	放2914户，收2119户，实放133919元

资料来源：《市民银行小本借贷业务来函》，市民银行，1936年，天津市档案馆，档号：J0161-2-001077。

当时的定期抵押放款形同虚设，定期担保放款也占很少的比例，基本在一二千元左右，绝大多数采用分期担保放款的形式。借贷者多数是从事小本商业的客户，每月贷出户一般都在两千多户上下，这也符合当时天津市以商业为主、工业不是很发达的社会经济情况。小本工业户，一直在七百到八百多户之间。工商业户数加在一起总数一直在三四千户之间，其中有一些是多次借贷的小本营业者。每月的实放额一般为十几万元。① 据1935年天津社会局的调查，当时天津城市中商店的户数为28427家，其中多数应为中小商户。② 到1945年抗战胜利时，天津市约有140多个行业，共有工厂、商店2万余户，大多是小企业，大中型企业在770户左右。③ 总之，自20世纪二三十年代以来，天津工商业户数一直在2万至3万户之间。据此推算，小本借贷处的覆盖率不足15%。如果考虑到大量的小商贩没有被纳入统计范围之内，那么这个数字还应该更低一些。可见小本借贷处的业务并没有普及到广大的小本工商业者。

前面已经提到了小本借贷的一些不足之处，如借贷范围有限，有条件地对一些小本工商业者借贷，不能达到完全救济贫民、消灭高利贷的目的；办理手续麻烦，调查工作的效率时常低下；调查人员有官僚习气等。

此外，小本借贷还有其他的问题颇值得注意。首先，小本借贷是用于经营性的借贷，但是借贷处对贷出资金的监管有问题。借贷处把监管的任务交给了保人。④ 没有材料表明，小本借贷处对贷出的资金用途进行过有效的监督。比如前面提到过的一个例子，德兴厚的借款到期后没有还款，实际上是金城药坊使用了这笔资金，对此借贷处显然是不知道的。由此可见，借贷处对资金的使用缺少必要的监督。造成这种现象的原因有二：一方面，在调查中已经涉及了借贷资金的用途，因此借贷处可能感到没有必

---

① 由于资料缺乏的原因，1937年5月以后借贷处系统的贷放情况不明。
② 《小统计》，天津《大公报》1935年2月23日，第2张第6版。
③ 李竞能主编：《天津人口史》，天津：南开大学出版社，1990年，第245页。
④ 《小本借贷处昨日起开始办公，便利小本营业已筹妥四万元，理事会成立后补行开幕礼，贷款人可自行组织贷款合作社》，天津《大公报》1935年1月29日，第2张第6版。

要进行监督。另一方面,对资金的监督是需要花费成本,需要调动人力物力的。而小本借贷处的费用和人员一直比较紧张,对此无力进行。

另外,借贷处的隶属关系不断变动,对借贷也有影响。小本借贷处成立后,当时的市长张廷谔表示:小本借贷处是隶属于市政府的永久机关,"内部工作人员,可不随宦海升沉"。① 可是一年多后,小本借贷处就被下放到了市民银行,虽然依然声称是隶属于市政府的机关,但是"一切权责未经明白规定,即系统亦未明定"②。下放到市民银行后,小本借贷处的商业化色彩逐渐浓厚,各区的警察对借贷处的配合也不积极了。这些都导致了借贷处的调查和追偿工作受到了很大的影响。

小　结

总之,导致小本借贷处成效不高的原因有:小本借贷处的借贷范围有限,有条件地对一些小本工商业者借贷,不能达到完全救济贫民、消灭高利贷的目的;办理手续麻烦,调查工作的效率时常低下;调查人员有官僚习气等。③ 官商博弈导致小本借贷处地位的变迁无疑也是一个重要因素。小本借贷处成立后,一度是隶属于市政府的永久性机关,但是围绕资金问题产生的官商博弈导致政府举步维艰。④ 借贷处是政府提议举办的,但吊诡的是,政府却成为一个最大的借贷者。因为资金不足,政府不得不向银行借贷。市长为了联络与银行的感情,还要宴请银行界的头面人物。⑤ 而银行为维护自己的利益,要求掌控借贷处的财务,⑥使政府希望借贷处成为一个慈善机构的愿望落空。从银行的角度看,"为银行界谋一条投资的新路"的愿望也没有实现。⑦ 因为政府强调借贷处的慈善性,故银行并没有视之为投资新路,反而

---

① 《小本借贷处确立业务基础由理事会负责维持,俾为市办永久机关》,天津《益世报》1935年2月11日,5版。
② 《天津市银行所属小本借贷处及主任调动交接清册余额表与理事会陈报的函件》,天津市银行所属小本借贷处,1936年,天津市档案馆,档号:J0178-1-00190。
③ 《市银行及所属小本借贷处与借款户的往来函件》,1936~1942年,天津市档案馆,档号:J0178-1-000048。
④ 《小本借贷处确立业务基础由理事会负责维持,俾为市办永久机关》,天津《益世报》1935年2月11日,第2张第5版。
⑤ 《小本借贷处津银行界允予接济,签订协约即日实行》,天津《大公报》1935年3月16日,第2张第6版。
⑥ 《市政府主办小本借贷文件》,天津市政府,1935年,天津市档案馆,档号:J0217-1-000583。
⑦ 马搏荫:《京平津之小本借贷》,天津《益世报》1937年1月24日,增刊3。

因其利润不高并对政府不信任而消极对待。在政府与商界围绕小本借贷的另一笔资金——救国基金展开的博弈中,双方最后达成了妥协,成立了官督商办的市民银行,小本借贷处也挂靠到了市民银行之下,这对小本借贷的成效也产生了影响。借贷处虽然依然声称是隶属于市政府的机关,但是"一切权责未经明白规定,即系统亦未明定"①。下放到市民银行后,小本借贷处的商业化色彩逐渐浓厚,市政当局各方面对借贷处的配合也不积极。这些都导致了借贷处的调查和追偿工作受到了很大的影响。在举办小本借贷处的过程中,在政府与商界的博弈中,政商两界都对自身在小本借贷处的职能有了新的认识。但是因为时局的关系,双方没有调整好各自的位置。不久,中国进入了抗战时期,小本借贷处的业务因为战乱受到一定的影响。② 抗战胜利后,小本借贷的业务也没有完全恢复正常。因此,小本借贷处始终也没有按照政府和一些专家所希望的那样普遍设立,成为"一种服务社会之组织"③。典当业机构依然是当时天津民间普通市民借贷的主要机构,而小本借贷却"未能普遍实施"④,其范围和作用是依然有限的。

　　小本借贷处成立之初为官办机构,它的创办是政府出面调控社会经济的一个表现。政府不仅要救济小本工商业,辅助它们的生产,帮助它们摆脱缺乏资金周转的困境,还要打击民间的高利贷,调控民间借贷的非法和无序的状态。政府的信用和威信以及民间的需要使小本借贷一度成效较为显著,借贷和归还的情况很好。但是,政府的这一慈善行动需要很高的成本,需要商界社会精英的支持。而商界精英们关注的是经济利益,政府关注的则是社会效益以及政府的政绩。这样,不同的利益需求产生了不同的视阈,导致二者为此发生了博弈。讨价还价的结果是,银行控制了借贷处的财权,也得到了一定的效益,而政府也为自己树立了良好的形象,可谓双赢。小本借贷处也因此成为一个官督商办的机构。但是政府直接参与借贷,导致了借贷成本高,而官商在资金问题上的博弈导致借贷处出现了资金上的拮据。政府不得不不断地修改自己的设想,从简便手续到举办抵押、实行铺保制度,到推迟各区代办处的成立等等。这些反映了政府对社会经济事务的无知和乏力。政府的道德优势并不能转化为其能力的优势。官商在救国基金的博弈中,最后达成了妥协,创建了官督商办的市民银行。

---

① 《天津市银行所属小本借贷处及主任调动交接清册余额表与理事会陈报的函件》,天津市银行所属小本借贷处,1936年,天津市档案馆,档号:J0178-1-00190。

② 《市银行及所属小本借贷处与借款户的往来函件》,1936~1942年,天津市档案馆,档号:J0178-1-000048。

③ 马溥荫:《京平津之小本借贷》,天津《益世报》1937年1月24日,增刊3。

④ 《典当业》,天津市政府,1947年,天津市档案馆,档号:J0002-3-002304。

政府鉴于自己举办小本借贷的困境,顺势将小本借贷处下放到市民银行,使小本借贷处成为了一个官督商办的机构。处在官商之间的借贷处地位模糊,导致出现了责权不明等新问题,成为小本借贷成效有限的重要因素,也使银行界最终认识到了政府在借贷处中应有的位置。

从人格化交换制度到非人格化交换制度的转变,是从传统经济社会向现代经济社会转变的一个必要的条件。① 从小本借贷的借贷条件看,依然可见传统的人格化交换特征的存在。小本借贷先后以人品道德和铺保来保证信用,抵押借贷没有被真正实行过,韦伯所谓的普遍的信任依然没有建立。② 但是,随着近代天津人口的增加和近代化的进程以及城市范围的扩大和人口流动性的加剧,借贷中的非人格化交换情况必然增加,这就需要建立普遍的非人格化的信用制度。从路径依赖的角度看,政府的信誉和权威以及掌握的行政系统使政府在建设社会信任方面可以发挥核心的作用,同时也需要经济上的投入。可是,当时动荡的社会环境和政府人事的频繁更迭使这些作用无法发挥。

从天津小本借贷处中官商博弈的过程,可见地方政府与地方社会精英的关系是既有合作,也有矛盾和对立。但是他们的对立不是政治性质的,只是双方因为地位和愿望不同,而导致不同的需要。他们也有合作和相互需要的一面。银行对举办借贷是行家,政府不仅需要他们的资金,也需要他们的知识经验。在争取救国基金的过程中,地方政府与地方精英也存在着合作。小本借贷处下到市民银行后,出现了回归政府的呼吁,因为政府掌握的行政系统对收回借贷资金、减少交易成本具有很大的作用。在博弈中,双方的立场不断进行着调整,政府的借贷政策在改变,而商界要盈利也需要政府的支持。政府和社会精英的矛盾关系,严格来说不是一种对立性质,而是由在整个社会系统中所担负的职能不同所导致的差异造成的。政府和商界有着不同的利益和诉求,也具有不同的职能和功能。他们各司其职,恰当合作才能把事情办好。政府提供好的公共服务,商界依照市场的需求来解决金融经济的问题。超越自己的职能范围行事,只会给自身带来不必要的风险和麻烦。政府应为经济的发展确立良好的制度环境,这就需

---

① 〔美〕道格拉斯·诺思著,钟正生等译:《理解经济变迁过程》,北京:中国人民大学出版社,2008年,第89页。书中指出,非人格化交换的发展,在复杂的经济结构中有效利用非人格化交换所不可缺少的专门知识的整合,以及支撑这些变化的政体的或多或少成功的发展中所反映的那样,与不发达世界形成鲜明对比。

② 〔德〕马克斯·韦伯著,王容芬译:《儒教与道教》,北京:商务印书馆,1999年,第289页。韦伯认为,在中国,一切信任,一切商业关系的基石明显地建立在亲戚关系或亲戚式的纯粹个人关系上面,这有着十分重要的经济意义。

要政府具有稳定性和连续性；同时，商界的逐利行为也应该受到有效的监管，从而建立合理谋利的社会秩序。① 这样，双方才能建立相互信任的关系，使合作能够最大限度地减少成本和风险。

小本借贷是一个具有现代色彩的民间金融形式。它的目的在于扶植民间的小本工商业，发展生产和营业，打击高利贷，对贫民进行慈善救助等，这些无疑体现出了这个借贷方式的现代性。在借贷的信用方式和追偿等方面也体现出了一定的现代色彩，如借贷注重对客户和铺保的调查，利用警察依据社区建制保证信用和进行追偿等。小本借贷在天津的实施也取得了一定的成绩，对救济小本工商业者起到了一些积极的作用。但是，小本借贷在天津地方社会的实施并没有完全达到自己的目的。因为借贷对象范围有限，借贷方式不能适应城市经济发展的需要，效率低下。在这个具有现代性的金融机构中，融入了许多地方性传统的东西，如放弃了抵押借贷的形式，以铺保形式进行借贷信用保障等。为方便借贷和调查的代办处，也始终没有建立。在下放到市民银行后，小本借贷处的慈善色彩消退，自身的归属地位不明确，导致警察配合追偿也不积极。这些问题使小本借贷处始终没有能够成为与典当业一样的、重要的民间借贷的金融形式。

天津小本借贷处的运作历程表明，政府举办金融业务的知识、经验以及资金都是不足的，需要银行界的管理知识和资金以及业务上的配合才能达到政府的目的。同时，政府的威望以及强力保证又是借贷处所需要的。小本借贷处业务琐碎，需要较高的交易成本。政府和银行界只有充分恰当地配合，才能使小本借贷顺利进行。但政府与银行对小本借贷的目标和立场并不一致，双方需要调和立场，才能有效达到成立小本借贷处的目的。

在社会经济生活中，义利关系始终是一对难以解决的矛盾，也是社会经济发展中的一个永恒的主题。近代以来，随着天津城市向近代社会转型，商业化的趋势日益发展，这一矛盾也表现得更加尖锐②，但是二者之间又有着难以割舍的关联。小本借贷的普及要求义利关系的协调与平衡。二者之间的平衡与协调，在于要照顾彼此的关切，在于国家与社会之间建立良性互动的信任关系。

---

① 〔德〕彼得·科斯洛夫斯基：《资本主义伦理：社会市场经济》，陈筠泉等主编：《经济秩序理论和伦理学——中德比较研究》，北京：中国社会科学出版社，1997年，第4页。承认利润动机是合理的、中立的、值得尊敬的且是经济发展的动力，是资本主义的特点。
② 熊月之主编：《上海通史·晚清社会》，上海：上海人民出版社，1999年，第433页。"随着社会的急速商业化和市民谋生方式的改变，传统的义利观逐渐失去了维系人心的力量，取而代之的是以利为中心的功利主义价值观。"

结　语

　　近代天津各个阶层都有借贷的需求，民间借贷对普通市民的生计和工商业的发展都有重要的意义。民间借贷的资金也来自各个阶层，构成了一个错综复杂的民间借贷金融网络。在近代天津社会急剧转型的时代，民间借贷既反映了传统社会信任危机，也推动了社会关系的变迁。

　　近代天津民间借贷与近代天津城市社会变迁互相推动。首先是繁荣了工商业的需求，其次是推动了市场日趋发展，尤其是金融业市场的发展，最后是社会信任的变迁与信用的扩张。

一、近代天津城市的变迁与民间借贷

　　天津自古为商业要冲，交通便利。明代迁都北京后，天津地位更为重要，成为一个五方杂处之地。南北客商云集津门，使天津地方文化有着商业码头的民风性格。① 从事盐业和粮食等大宗贸易的商人，形成了所谓的"八大家"。商家在从事贸易的同时，为了周转资金并以剩余的资金赚取利润，开设了典当铺、银号、银楼、金店等金融机构。来自不同地域的商人因地域关系互相扶持联系，结成传统的商帮，依靠传统的信任关系从事着金融串换的往来。随着近代天津社会经济的发展，人们的日常生活和风习都导致借贷的需求不断增加。

　　近代天津社会经济与民间借贷的变迁可以分为以下几个阶段，从开埠通商到"庚子事变"前，为近代天津社会变迁第一阶段，随着天津租界的建立，侵略者将天津作为基地，同时也将西方文明带入天津及北方区域。天津不仅成为中国南北经济的重要枢纽，也开始成为东西贸易的重要港口，逐渐占据了华北区域经济贸易金融中心的地位。"天津一埠为水路卫要，

---

① （清）张焘撰，丁绵孙、王黎雅点校：《津门杂记》，来新夏主编：《天津风土丛书》，天津：天津古籍出版社，1986年，第1页。

轮帆火车往来无阻,所有华商洋商货物云集,罔弗销售其间。"①随着天津经济贸易的发展,人口逐渐增加,周边的人们前来寻找生存发展的机遇。借贷成为他们必要的生活与经营的手段,生活窘迫的人们往往先向亲属借贷,实在不行就去当铺,要饭是他们最后的归宿。鸦片、赌博与娼妓等社会毒瘤在天津泛滥,进一步增加了人们借贷和家庭破产的几率。随着外国侵略者的到来,中外商人借贷关系也发展起来。洋行等商贸机构在中外资金的支撑下,从事着中外商品的交流。

庚子之变,天津社会经济受到重大打击,天津市场停滞,民间典当业、银钱业都受到了巨大的冲击,民间小押等高利贷盛行,社会经济面临崩溃。② 之后清朝的新政却使天津迎来了发展的机遇,袁世凯以天津为中心的直隶新政成为全国的样板。在袁世凯主政下成立天津官银号、公估局,稳定市场,集合民间游资,打击高利贷。近代法律变革推动法院司法机构的成立,喜争诉讼的天津人有了因借贷而诉讼的新场域。③ 市场逐步恢复,银钱业有了发展。

辛亥革命爆发后,天津社会经济一度停滞,天津票号结束了其辉煌时代,其地位逐渐被钱庄、银号所取代,典当业遭受了巨大的损失,以至于不得不向洋商借贷。外国资本也大量注入到近代天津民间借贷之中。④ 北洋时代,天津又遇到了中国近代化发展的一个黄金期。新的工商业发展起来,天津的社会经济结构发生了一定的变化,天津出现了从事新式工商业而发财致富的所谓"新八大家"。⑤ 银号的借贷业务对这个时期天津工商业的发展具有重要意义,号称"百业之王"。银号与中外新式银行成为近代天津工商业的三大金融支柱。典当业也因为有了北洋军阀的新资注入,一度繁荣。随着近代天津人口的增长和地域的扩大,传统熟人社会发生了变迁。传统信任受到冲击,赖债、逃债等现象屡见不鲜。随着借贷需求的增长,传统的合会组织的信用在民间社会不断扩展,在新的工商企业和政府单位中合会也有着发展的空间。合会的契约在市场上可做抵押凭证。

---

① 《为殷实银号等商号连环互保等事禀天津商会》,1911年1月1日,天津市档案馆,档号:J0028-3-002582-027。

② 《天津都统衙门告谕》,天津社会科学院历史研究所编:《天津历史资料》第15期,1982年,第64页。

③ (清)张焘撰,丁绵孙、王黎雅点校:《津门杂记》,来新夏主编:《天津风土丛书》,天津:天津古籍出版社,1986年,第41页。

④ 刘文清:《利华大楼与骗子手李亚溥》,中国人民政治协商会议天津市委员会文史资料研究委员会编:《天津文史资料选辑》第3辑,天津:天津人民出版社,1979年。

⑤ 辛成章:《天津"八大家"》,中国人民政治协商会议天津市委员会文史资料研究委员会编:《天津文史资料选辑》第20辑,天津:天津人民出版社,1982年。

国民政府北伐成功,天津发展也进入一个新时期。国民政府下令要求民间借贷的利率年息不能超过20%,对近代天津民间借贷产生了一些影响,典当业遭到了民间的控诉。从档案资料上看,20世纪二三十年代天津民间私人借贷在法院的诉讼中,利息几乎都在年息20%以下,大概都是法律限定的结果。南京国民政府加强了对典当业和民间银钱机构的管理,对当息进行限制,制定了新的典当业行业规范,加大了对典当业和银钱行业团体的控制,对传统钱业的传统信任习惯也进行了改造。传统合会在此期间崩会现象严重。为打击高利贷,加强对民间借贷的管理,政府与商人合办了小本借贷,取得了一些成绩。国民政府时期,银行借贷也推出了不少针对民间借贷的项目,力图限制高利贷,并将民间借贷纳入自己的控制之下。

日伪时期,天津社会经济出现了畸形发展的局面,多家典当行倒闭,小押等高利贷借贷形式盛行,许多日本人、朝鲜人加入开小押的行列。日本人对银号进行了"现代化"改造,规定银号必须为有限公司组织形式,还先后几次要求银号增资,许多银号停业。但钱庄的投机生意盛行,出现了畸形发展的趋势。

抗战胜利后,天津社会经济的发展到了近代的结束期,私人借贷陷入停滞,合会等组织在一定范围内存在,典当业资金匮乏,囤积居奇的黑银号盛行,民间高利贷恶性发展。民间借贷进入停滞状态,社会经济近乎崩溃,国民政府也进入了最后的阶段。

清末,民间借贷开始从民间细故成为国家与社会密切关注的问题。北洋时期,政府出台了一系列措施和法律对民间借贷进行调整。南京国民政府时期,国家对民间借贷问题的介入进一步深化,对民间借贷机构的控制进一步加强。

随着近代天津社会经济的发展,民间也形成了较为完备的借贷市场。家族和私人借贷、高利贷机构以及民间的合会组织、典当业构成了民间消费借贷市场,随着近代天津面积的增加和移民人口的增多,社会信任度的降低又导致家族、私人借贷困难,合会崩会现象频发,新式银行业对民间消费借贷影响有限,典当业在消费借贷市场中的作用日益重要。在商业借贷市场上,家族和私人借贷、高利贷以及典当业日益萎缩。随着票号的衰败,原来依附于货栈、商号和票号的银号、钱庄成为民间商业借贷的主要机构,在天津市场占据着主导地位,是近代天津市场转型的重要标志之一。钱庄与中外银行一起撑起了近代天津商业金融市场。银行业主要的借贷对象为国家、洋行以及大企业,而银号则是民间商号以及内地客商的主要借贷融资者。银号与华资银行之间形成"串换""靠家"关系,平常银号可从银行拆借大量资金,既解银行大量资金无用武之地之苦,也使银号扩大了业务规模。①

近代国家十分关注民间借贷问题,如立法打击高利贷、设立小本借贷处以避免典当业的高利盘剥,向民间商铺借贷资金以济商艰等,然而由于国家与民间信任关系没有确立,所起作用有限。

二、近代天津民间借贷诸形式变迁

家族是传统社会的基本单元。近代天津城市中,民间借贷关系与家族间互有重要的影响,民间借贷与家族有着千丝万缕的关系,家族也利用借贷关系来提高家族的控制力;同时,家族在民间借贷的影响下有解体的趋势,但对一些商业家族来说,家族对借贷依然有很大影响。家族之间以及内部的借贷关系是传统的亲缘熟人的人格信任关系。近代天津转型时期,随着大家族的衰落,社会人际关系的变化,家族中人们的关系在民间借贷中表现出功利和冷漠。

民间日常生活中还存在着大量的低息或者无息的私人借贷,借贷的基础也是传统的人格信任。天津有无息不立据的民间惯习,日常借贷的利息也随着人际关系的亲疏而高低不同。借贷的方式主要有人际信用、保证信用、抵押等。用途也有消费借贷和经营借贷的区分。一般利息多在1.5分上下。在归还中,除正常归还外,躲债、逃债、赖债以及造成暴力冲突的现象时常出现。在商业借贷中,以破产等方式逃债、赖债的现象也很常见。民间商业合伙债务的问题反映了民间债务的复杂情况,同时也折射出了民间合伙制度的一些漏洞,关于债务人的无限责任问题引起了当时国家与社会之间的一场争论。保人在民间借贷中扮演着重要的角色,近代出现的律师在民间借贷的案例中也有重要的作用。天津商会在近代商业中为解决债务纠纷也行使重要的职能,尤其在南京国民政府建立前,对解决民间债务问题以维持民间商业的正常运转起到了重要的作用。

高利贷是近代天津民间社会重要的借贷方式,天津具有多种形式的高利贷方式。天津的高利贷利率最低为2分,并在近代有走高的趋势。高利贷的借贷者多为平民。高利贷不仅用于生活,还用于经营。如抗战之后,天津大量的商业资本一度转入经营高利贷。近代天津的高利贷产生一方

---

① 龚关:《近代天津金融研究(1861—1936)》,天津:天津人民出版社,2007年,第299页。

面源于借贷风险日益加大,平民问题严重而民间借贷资金和借贷渠道较为匮乏;一方面也与国家的作为有密切的关系。高利贷在不同的时期具有不同的影响,在天津近代早期,高利贷对平民融通资金具有一定的济急的作用。但是随着市场风险加大、民间社会日益复杂、社会黑恶势力膨胀、国家治理不力、传统道德缺失和社会信任水平降低等因素的影响,高利贷的社会恶果也不断显现。

合会是一种民间的互助组织,其信任基础也是传统的地缘亲缘关系基础上的人格信任,借贷类的合会对民间借贷有重要的作用。近代天津民间合会有摇会、标会、使钱会以及各种名目的丧葬类合会。丧葬类合会在天津近代民间一度非常盛行,其实质是民间为老人丧葬费用互借互还的一种民间借贷形式。但是这种合会在近代发生了巨大变化,从互助慈善组织变成了一个骗人的代名词,呈现出近代天津民间社会在转型期间的道德缺失和政府维护社会信任不力。合会在近代的衰落体现出了传统金融组织的信用与信任基础在近代社会中的限度。正如韦伯所言,"真正的中国经济组织能够达到何种强大的程度,大致相当于孝道所调解的这些个人团体所能达到的程度"①,传统民间借贷组织的生命力所有的限度大致如此。

典当业是以抵押借贷为主的兼具多种功能的金融、商业、保险机构。典当业号称穷人的后门,近代天津的典当业主要功能就是为中下层人们提供动产抵押借贷。主要抵押物为衣服和首饰等,尤以衣服为大宗。天津典当业有典、质、代、小押等形式。典当业在人们日常生活中具有重要作用,对下层平民来说尤其如此,因此有"穷人的后门"之称。以物抵押作为信用是非常可靠的,但是典当业的信任在近代却因利息问题与政治意识形态的变迁而遇到了危机。近代天津典当业发展兴衰的轨迹与其他城市有所不同,最终因为资本枯竭而逐步走向了衰落,其衰落不仅因为社会经济发展的趋势与政府的管制有关,也与其行业人员的保守性有关。典当业不能说是高利贷机构,但其利息的变动在近代社会中对于其社会信任具有很大的影响。

钱业包括钱庄和票号等民间商业借贷机构,在民间号称百业之主。钱业借贷的利息不重,不应算是高利贷的商业借贷机构。票号多借贷给钱庄,成为民间商业借贷机构的重要资金来源。钱庄为向民间商业借贷的重要来源,信用方式以人格信用为主。但是,在近代抵押借贷也日益增多。钱业被一些学者认为是一种传统保守的过渡性的民间金融机构。但是天

---

① 〔德〕马克斯·韦伯著,洪天富译:《儒教与道教》,南京:江苏人民出版社,2003年,第187页。

津近代钱业在外力和内部先进人物的主张之下,对传统钱庄的弊端进行了改革,力图实现金融业务的现代化。在民国后期经济形势恶化和政府管制的条件下,钱业走向了衰落。钱业对近代中外贸易的发展起到过一定的作用,对国内市场与经济发展与秩序都起到了积极的作用。作为一种本土的内生的金融机构,以本土的传统信任为基础,有其独特的价值。然而,正是因为政府对其进行现代性的改造,使其失去了传统金融信任关系的本质特征,钱业与银行失去了区别,失去了与本土工商业的联系,随着形势的变化而日益衰落。

新式金融机构主要是指银行和信用合作社等。天津的商业银行是天津民间商业借贷的重要的金融机构。银行借贷的利息低,资金雄厚,但借贷手续繁杂,多用抵押,不太适合民间的习俗。银行的借贷对象主要是较大的具有实力的企业,对中小企业和个人借贷的限制日益严格,在天津这个以中小工商业为主的城市来说是不适宜的。银行一般不经营消费性借贷,而多从事经营性的借贷。但是,随着民生问题的严峻以及新的经营思想的传播,一些银行也开办了民间消费借贷的业务,其中以新华储蓄银行举办的小额借贷较为著名。

现代政府对民间的经济事务多有介入,尤其南京国民政府成立后,对民间社会控制日趋严密,对民间借贷也是如此。政府对民间借贷的参与有积极和消极之分。积极的介入表现在对民间借贷注入资金、规范民间借贷的方式、为民间借贷充当保人、在灾害和动乱时期为直接向平民提供借贷等等。消极的介入表现为对高利贷的取缔、对民间借贷的管理等。政府在近代民间借贷中具有建立社会信用的重要功能,但是近代天津政府做得并不充分。在近代天津民间借贷中,政府与民间没有建立起信任的关系。

经济最重要的资源就是信任①,而金融又是现代经济的血脉,民间金融是经济发展和民生的重要内容。从近代天津民间借贷的情况看,近代天津的金融现代化程度不高。借贷中的人际关系、血缘、地缘等因素占有重要的地位。现代的信任关系没有完全建立,具有近代化精神的信用伦理没有被民间社会完全认可。

三、简论

天津是中国城市向近代转型的经典范例之一。金融是城市的血脉,民

---

① 〔以色列〕尤瓦尔·赫拉利著,林俊宏译:《人类简史:从动物到上帝》,北京:中信出版社,2015年,第321页。

间借贷作为城市金融不可缺少的部分,在社会经济发展中占有独特的地位。近代天津民间借贷与近代天津城市社会经济的变迁存在共生互动的密切关系。

近代天津城市的发展推动了近代天津民间借贷的发展。首先是借贷形式日趋多样,除了传统私人借贷外,出现了大量的商业借贷机构满足商业的发展以及民生的诉求,如银号、银行。传统的店铺、票号、货栈、典当等行业也随着城市的变迁而发展。其次是借贷资本的变迁。近代天津社会经济的发展吸引了大量的中外投资者,如北洋军阀、地主、外国投资者。信用手段日趋丰富,从传统到现代,不同性质范畴的信任关系交互存在。

与近代乡村借贷关系相比较,作为经济、金融中心的近代天津城市借贷形式更为多样,借贷额度尤其是商业借贷额度要更为巨大。在中西文明碰撞之下的城市空间更为开放,相较于乡村基于血缘与地缘的熟人社会,近代社会转型中的城市社会信任更为复杂。作为政治中心的城市,国家对民间借贷的控制和管理也与乡村不同,城市中国家对民间借贷的控制有着越来越深入的趋向,利用近代法律和现代组织管理民间借贷和乡村主要依靠惯习的借贷方式也有着不同。

城市是韦伯东西方道路异同比较的主要出发点之一。从城市的不同制度出发,韦伯认为西方的自治城市中,诞生了资产阶级和资本主义,而中国城市是政治的中心,资本主义因素受到了专制主义的压制而无法发展。"事实上,韦伯的分析所得到证实的仅仅是其对中国城市的分析——中国城市既缺乏集体认同也缺乏自主性。"①

近代前,天津城市特色就与韦伯对前近代中国城市的论述有符合之处,天津政治上有重要地位,政府通过邻里中设置堡和义民局等组织对民间社会加以控制,还通过舆论、习俗、宗教对城市的精神加强控制。作为天津经济支柱的粮商、盐商不仅富甲天下,而且与政府关系密切,对推动天津文化的发展和繁荣也有很大的作用。但随着天津城市社会的发展,天津民间自治组织日益增多,如水会(局)达到了几十个。救济团体也不断出现,各种官办民办的机构纷纷出现,如黎育堂、留养局、普济堂、掩骨社、饽饽会、诞生社,大悲院中设有放生院。民间的仓储也相继出现,对生、老、病、死等都有所照料。②

---

① [以]S. N. 艾森斯塔特:《现世的超越论与世界的建构——韦伯的〈儒教与道教〉及中国历史和文明的形式》,苏国勋、刘小枫主编:《社会理论的诸理论》(Ⅱ),上海:华东师范大学出版社,2005年,第440页。

② 罗澍伟主编:《近代天津城市史》,北京:中国社会科学出版社,1993年,第89页。

政治权威的存在有助于社会信任的建立。① 近代天津城市的社会信任处在传统与现代并存的错综复杂的情况之下,国家对社会信任的确立具有重要的意义。货币是社会信用系统,也体现着社会信任的维度,近代天津多种货币并存的局面长期存在,体现了各区域经济关系信任程度较低,反映了社会信任程度的不高。货币与市场的统一与政府的权威也有着密切的关系。近代天津货币一度有一百多种,从晚清到民国政府多次力图统一货币,但直到1935年才初见成效,可见近代政府羸弱导致近代天津社会信任系统建立之难。在近代天津,政府在社会信任的建立中作用是有限的。天津社会依然依靠旧有的传统人际关系维持信任,一旦这个关系断裂则很难运转。货栈业和运输业的发展就是一个例证,日伪时期因为打断了传统的关系,整个行业则陷入了瘫痪。故此保人和铺保等保证信用制度在近代天津城市的民间借贷中起到了极为重要的作用。即使是抵押借贷也往往同时需要保证信用,这样无疑加大了交易成本,对民间经济的发展产生了不利的影响。近代天津政府力求以现代信用形式改造传统社会信任,在与近代天津社会精英的博弈中,促进了近代天津的社会现代信任②,但没有在国家与社会之间建立信任关系。最终,天津近代民间借贷关系处于困难形势之下。

从近代天津社会变迁来看,城市的发展与扩大,现代经济的发展等对传统社会人际信任关系造成了很大的冲击,但传统信任关系在一定范围内还是存在并具有社会作用的。而现代非人格的信任关系没有完全在近代天津社会确立,政府的权威作用没有得到很好的发挥。从钱庄与银行发展的关系来看,具有传统信任特征的钱庄(银号)与现代信任关系的银行一度相辅相成,形成了良性互动。

信用的基础是信任,信任需要以信用来体现。但信用与信任时常有着矛盾。传统社会的人格信任往往表现为信用不足,而现代社会非人格信用多为信用的扩张。信用超越社会信任的基础而无限扩大会导致风险。信用方式稀缺和过度扩张都会导致信任的下降。③ 不同的信用表现为不同

---

① 郑也夫:《信任论》,北京:中信出版社,2015年,第107页。
② 参见[美]史瀚波著,池桢译:《乱世中的信任:民国时期天津的货币、银行及国家—社会关系》,上海:上海辞书出版社,2016年。
③ 杜恂诚:《民国时期的信用扩张与经济周期——对奥地利学派德索托学术观点的讨论》,《财经研究》第2016年第2期,第63~72页。作者指出奥地利学派经济学家德索托的《货币、银行信贷与经济周期》认为银行系统的部分准备金制度扩大了信用媒介,成为经济周期的内因。作者以此来考察民国时期的华资银行业认为确实可以发现,银行过分扩张信贷会引发产业的过度投资和随后的经济波动,并指出信用扩张是一把双刃剑,过多的信贷也会成为引发经济波动的导火索。在本书中,民间借贷中也显现出了信用扩张导致的波动,如在合会中就很明显,但也没有看出有周期。

的信任等级。信任还与利息有关,从借款者来看,利息低则体现信任度高,而在放贷者来看,信任则往往随着利息的提高而加强。

对于中国社会的信任问题,最早在理论上进行系统论述的是韦伯,之后是福山。① 韦伯看到了中国人在信任问题上的矛盾,即在个人信任上的不诚实、不信任与商业大宗贸易中明显和突出的可信性之间的矛盾。②

从近代天津情况看,个人之间的信任不像韦伯说的那样不堪,而在商业上不论是大宗交易还是小买卖,都是具有诚信的。在传统商业中,以现货交易为主,重信义不重契约,尤其是天津等地的商人,往往一诺千金。③然而,随着近代天津城市社会的变迁,不论个人还是商业上的诚信都出现了问题。韦伯将之归咎于"官方的独裁、因袭的不诚实,加之儒教只重视维护面子"。他认为这种"人与人之间的普遍的猜疑"对经济造成的不良影响,"估计是相当大的,虽然我们并没有计量的方法"。④ 这些理由对中国存在传统商业坚守信用的现象并没有太大的解释力。相反,有学者指出是近代外商唯利是图价值观念和逐利行为对传统商业文化产生了冲击,才导致中国市场商业道德和信用的滑坡。⑤ 而在近代,中国本土金融机构与外国金融机构之间却一度建立起了相当的信任关系,当然这种信任是建立在西方强权的基础上的。⑥ 社会商业、金融欺诈现象即使在西方近现代社会也是时常出现的。⑦ 近代天津因为其五方杂处及东西交汇的社会特点,加之近代城市面积与人口急剧的扩大,传统礼俗对社会影响较弱,使社会信任度有所下降,但主要的不信任产生于官与民之间,或曰国家与社会之间。

其原因一方面在于中国传统产权制度中着重于实用,缺乏对私有财产的保护,国家对私人财产具有超强制力。近代法律虽有晚清民国以来吸收的西方民法中有关保护私有财产的内容,然而社会动乱与传统观念使人们对抵押借贷等现代保障的形式没有足够的信任。另一方面中国传统信任

---

① 〔美〕弗兰西斯·福山著,李宛蓉译:《信任——社会道德与繁荣的创造》,呼和浩特:远方出版社,1998年。
② 〔德〕马克斯·韦伯著,洪天富译:《儒教与道教》,南京:江苏人民出版社,2003年,第185页。
③ 张利民等著:《近代环渤海地区经济与社会研究》,天津:天津社会科学院出版社,2003年,第356页。
④ 〔德〕马克斯·韦伯著,洪天富译:《儒教与道教》,南京:江苏人民出版社,2003年,第188页。
⑤ 孙建华:《近代中国金融发展与制度变迁(1840—1945)》,北京:中国财政经济出版社,2008年,第293页。熊月之主编:《上海通史·晚清社会》,上海:上海人民出版社,1999年,第433页。
⑥ 汪敬虞:《十九世纪西方资本主义对中国的经济侵略》,北京:人民日报出版社,1983年,第163页。汪敬虞指出:中国商人对外国银行的信任是汉口金融市场的一个主要特点,把中国商人对外国银行的信任读作中国内汇市场的殖民化,这才是符合事实的结论。
⑦ 〔芬兰〕卡里·纳尔斯著,黄福宁译:《一骗千金:史上十大金融诈骗案》,北京:法律出版社,2013年。

与信用则强调无限责任,使传统社会信任具有坚实的保障,但在近代转型时期,不利于适应转型时期的风险社会,使本土金融机构发展缓慢①,而政府在近代社会信任的建立上也没有发挥应有的作用。

在近代转型社会时期,政府的作用非常重要。政府对外来的银行倚重信任,对民间金融机构则采取了不信任的态度,尤其到了南京国民政府时期,政府利用四行二局加强对金融的控制,如规定了民间借贷的利率上限、成立公益典当、将银号改造为有限股份制度等,使本土的金融机构逐渐脱离了本土特色,而失去了资本、市场,最终走向了衰落。这与近代银行在天津的发展道路不太一样。② 而近代银行对民间借贷则不甚关注。

风险社会是转型时期社会的一个重要特征。在近代天津历史转型时期,民间借贷充满了风险,社会中不信任增加,加大了交易成本。但是,风险对转型也有反作用,它也会成为推动更加合理和现代化的信用制度成长的契机。③

在本书的修改写作期间,"裸贷"、网上借贷、高利贷等民间借贷行为依然在引发社会的关注。处在信息社会发达的今天,民间借贷问题在新的技术条件下,正在以新的面貌出现在当今社会中。信用裹挟着新技术得以无限扩张,而背后则昭示着社会信任的深刻危机,其中所包含的社会信任问题以及由此带来的其他社会问题绝不亚于转型中的近代城市。

---

① 杜恂诚:《近代中国无限责任企业的历史地位》,《社会科学》2006年第1期,第34~40页。作者认为无限责任是落后于有限责任的企业制度形式。但在近代中国的具体历史条件下,无限责任的企业制度有其充分的历史合理性。资本是稀缺资源,无限责任制度有利于企业的生产性积累;而在缺少中央银行、存款保险公司等防范风险的公共机构的情况下,无限责任的钱业组织是一种降低金融风险的有效的制度安排。在配套制度方面,行业协会和司法机关是保证无限责任股东履行其责任的制度力量。

② 参见〔美〕史瀚波著,池桢译:《乱世中的信任:民国时期天津的货币、银行及国家—社会关系》,上海:上海辞书出版社,2016年。

③ 参见〔美〕史瀚波著,池桢译:《乱世中的信任:民国时期天津的货币、银行及国家—社会关系》,上海:上海辞书出版社,2016年。

参考文献

一、史料

天津档案馆藏私人借贷债务民刑事案卷、钱业案卷、商会案卷、银行案卷、典当案卷、合会案卷、合伙债务案卷等。

《天津商会档案汇编》,天津:天津人民出版社,1989~1998 年陆续出版。

《天津租界档案选编》,天津档案馆,天津:天津人民出版社,1992 年。

仇润喜主编:《天津邮政史料》,北京:北京航空航天大学出版社,1999 年。

《天津商会档案·钱业卷》,天津:天津古籍出版社,2010 年。

宋美云主编:《天津商民房地契约与调判案例选编(1686—1949)》,天津:天津古籍出版社,2006 年。

天津市档案馆编:《北洋军阀天津档案史料选编》,天津:天津古籍出版社,1990 年。

刘海岩主编:《清代以来天津土地契证档案选编》,天津:天津古籍出版社,2006 年。

天津市档案馆编:《袁世凯天津档案史料选编》,天津:天津古籍出版社,1999 年。

《大公报》

《东亚晨报》

《东方杂志》

《工商半月刊》

《海光》

《河北省银行经济半月刊》

《河北月刊》

《经济汇刊》

《农行月刊》

《钱业月报》
《商学杂志》
《社会月刊》
《实业部月刊》
《天津商报》
《天津市政公报》
《天津中南报》
《新报》
《益世报》
《银行杂志》
《银钱月报》
《银行月刊》
《银行周报》
《庸报》
《直报》
《中国经济》
《中行月刊》
《中外经济周刊》
历代《天津府志》《天津县志》
《天津通志》
《近代史资料》
《天津和平区文史资料选辑》
《天津历史资料》
《天津文史资料选辑》
《文史资料选辑》
《天津工商史料丛刊》
《天津史志丛刊》

卞白眉:《卞白眉日记》,中国银行股份有限公司天津市分公司、中国人民政治协商会议天津市委员会文史资料委员会合编,天津:天津古籍出版社,2008年。

《天津亦政堂冯氏家谱》1923,静电复印本,南开大学善本库藏。

《天津于氏族谱》,民国七年红格抄本。

来新夏主编:《天津风土丛书》,天津:天津古籍出版社,1986年。

李文海主编:《民国时期社会调查丛编·底边社会卷》,福州:福建教育出版社,2005 年。

林颂河:《塘沽工人调查》,北平社会调查出版,上海新月书店印行,1930 年。

金城银行总经理处天津调查分部编:《天津棉花运销概况》,1937 年 1 月。

甘厚慈编:《北洋公牍类纂续编》,《近代中国史料丛刊三编》第 86 辑,台北:台湾文海出版社,1966 年。

蒙秀芳、黑广菊主编:《金城银行档案史料选编》,天津:天津人民出版社,2010 年。

黄鉴晖等编:《山西票号史料》(增订本),太原:山西经济出版社,2002 年。

中国人民银行上海分行金融研究室编:《金城银行史料》,上海:上海人民出版社,1983 年。

庄建平主编:《近代史资料文库》(第八卷),上海:上海书店出版社,2009 年。

南京国民政府司法行政部编,胡旭晟、夏新华、李交发点校:《民事习惯调查报告录》,北京:中国政法大学出版社,2000 年。

《天津特别市社会局一周年工作总报告》,天津市社会局,1929 年。

吴志铎:《北通县第一区平民借贷状况之研究》,燕京大学经济系,1935 年。

二、专著

白春阳:《现代社会信任问题研究》,北京:中国社会出版社,2009 年。

常梦渠、钱椿涛主编:《近代中国典当业》,北京:中国文史出版社,1995 年。

常明明:《中国农村私人借贷关系研究——以 20 世纪 50 年代前期中南区为中心》,北京:中国经济出版社,2007 年。

陈伯熙编著:《上海轶事大观》,上海:上海书店出版社,2000 年。

陈明光:《钱庄史》,上海:上海文艺出版社,1997 年。

陈其田:《山西票庄考略》,北京:商务印书馆,1937 年。

陈志武:《金融的逻辑》,北京:国际文化出版公司,2009 年。

邓正来:《国家与社会——中国市民社会研究》,北京:北京大学出版社,2008 年。

樊如森:《天津与北方经济现代化》,上海:东方出版中心,2007 年。

方显廷:《中国经济研究》,长沙:商务印书馆,1938年。

费孝通:《费孝通文集》第一卷,北京:群言出版社,1999年。

费孝通:《江村经济——中国农民的生活》,北京:商务印书馆,2002年。

费孝通:《乡土中国 生育制度》,北京:北京大学出版社,2002年。

复旦大学中国金融史研究中心编:《中国金融制度变迁研究》,《中国金融史集刊》第三辑,上海:复旦大学出版社,2008年。

付海晏:《中国近代法律社会史研究》,武汉:华中师范大学出版社,2010年。

侯艳兴:《上海女性自杀问题研究(1927—1937)》,上海:上海辞书出版社,2008年。

〔美〕黄宗智:《长江三角洲小农家庭与乡村发展》,北京:中华书局,1992年。

〔美〕黄宗智:《法典、习俗与司法实践:清代与民国的比较》,上海:上海书店出版社,2003年。

黄鉴晖:《山西票号史》,太原:山西经济出版社,1992年。

黄鉴晖:《中国钱庄史》,太原:山西经济出版社,2005年。

黄鉴晖:《中国典当业史》,太原:山西经济出版社,2006年。

高石钢:《高利贷与20世纪西北乡村社会》,北京:中国社会科学出版社,2011年。

高艳林:《天津人口研究(1404—1949)》,天津:天津人民出版社,2002年。

龚关:《近代天津金融业研究(1861—1936)》,天津:天津人民出版社,2007年。

关文斌:《文明初曙——近代天津盐商与社会》,天津:天津人民出版社,1999年。

江沛、王先明主编:《近代华北区域社会史研究》,天津:天津古籍出版社,2005年。

蒋廷黻:《蒋廷黻回忆录》,长沙:岳麓书社,2003年。

姜旭朝:《中国民间金融研究》,济南:山东人民出版社,1996年。

来新夏主编:《天津近代史》,天津:南开大学出版社,1987年。

陈卫民编著:《天津的人口变迁》,天津:天津古籍出版社,2004年。

李华彬:《天津港史(古、近代部分)》,北京:人民交通出版社,1986年。

李竞能主编:《天津人口史》,天津:南开大学出版社,1990年。

李金铮:《民国乡村借贷关系研究》,北京:人民出版社,2003 年。

李金铮:《近代中国乡村社会经济探微》,北京:人民出版社,2004 年。

李一翔:《近代中国金融业的转型与成长》,北京:中国社会科学出版社,2008 年。

联合征信所平津分所编:《平津金融业概览》,1947 年。

梁媛:《银行信誉研究》,北京:清华大学出版社,2004 年。

梁治平:《清代习惯法:社会与国家》,北京:中国政法大学出版社,1996 年。

林和成:《中国农业金融》,上海:中华书局,1936 年。

刘海岩:《空间与社会——近代天津城市的演变》,天津:天津社会科学院出版社,2003 年。

刘秋根:《中国典当制度史》,上海:上海古籍出版社,1995 年。

刘秋根:《明清高利贷资本》,北京:社会科学文献出版社,2000 年。

刘泽华:《天津文化概况》,天津:天津社会科学院出版社,1990 年。

罗澍伟:《近代天津城市史》,北京:中国社会科学出版社,1993 年。

罗苏文:《女性与近代中国社会》,上海:上海人民出版社,1996 年。

马寅初:《马寅初演讲集》第 3 集,太原:山西人民出版社,2014 年。

马俊亚:《混合与发展——江南地区传统社会经济的现代演变(1900～1950 年)》,北京:社会科学文献出版社,2003 年。

宓公干:《典当论》,上海:商务印书馆,1936 年。

〔美〕明恩溥著,午晴、唐军译:《中国乡村生活》,北京:时事出版社,1998 年。

潘子豪:《中国钱庄概要》,上海:华通书局,1931 年。

庞玉洁:《开埠通商与近代天津商人》,天津:天津古籍出版社,2004 年。

邱建新:《信任文化的断裂——对崇川镇民间"标会"的研究》,北京:社会科学文献出版社,2005 年。

曲彦斌:《中国民间秘密语》,上海:上海三联书店,1990 年。

曲彦斌:《中国典当史》,沈阳:沈阳出版社,2007 年。

任云兰:《近代天津的慈善与社会救济》,天津:天津人民出版社,2007 年。

单光鼐:《中国娼妓——过去和现在》,北京:法律出版社,1995 年。

邵雍:《中国近代妓女史》,上海:上海人民出版社,2005 年。

尚克强、刘海岩:《天津租界社会研究》,天津:天津人民出版社,

1996年。

沈大年:《天津金融简史》,天津:南开大学出版社,1988年。

李贵连:《沈家本传》,北京:法律出版社,2000年。

石毓符:《中国货币金融史略》,天津:天津人民出版社,1984年。

宋美云:《近代天津商会》,天津:天津社会科学院出版社,2002年。

苏智良、陈丽菲:《近代上海黑社会》,北京:商务印书馆,2004年。

孙德常、周祖常:《天津近代经济史》,天津:天津社会科学院出版社,1990年。

孙国群:《旧上海娼妓秘史》,郑州:河南人民出版社,1988年。

孙建国:《信用的嬗变:上海中国征信所研究》,北京:中国社会科学出版社,2007年。

陶百川编:《最新六法全书》,台北:三民书局,1981年。

徐畅:《二十世纪二三十年代华中地区农村金融研究》,济南:齐鲁书社,2005年。

天津社会科学院历史研究所、《天津简史》编写组编著:《天津简史》,天津:天津人民出版社,1987年。

王曙光:《草根金融》,北京:中国发展出版社,2008年。

王淑芹等著:《信用伦理研究》,北京:中央编译出版社,2005年。

王翁如编著:《天津地名杂谈及其他》,天津:天津人民出版社,1998年。

王宗培:《中国之合会》,中国合作学社,1935年。

卫聚贤:《山西票号史》,说文社,1944年。

韦庆远:《明清史新析》,北京:中国社会科学出版社,1995年。

魏晓明:《积沙集》,北京:中国档案出版社,2001年。

武舟:《中国妓女生活史》,长沙:湖南文艺出版社,1990年。

谢振民编著,张知本校订:《中华民国立法史》(下册),北京:中国政法大学出版社,2000年。

熊月之主编:《上海通史·晚清社会》,上海:上海人民出版社,1999年。

徐洁:《担保物权功能论》,北京:法律出版社,2006年。

(清)徐士銮著,张守谦点校:《敬乡笔述》,来新夏主编:《天津风土丛书》,天津:天津古籍出版社,1986年。

薛不器:《天津货栈业》,天津:新联合出版社,1941年。

杨国桢:《明清土地契约文书研究》,北京:人民出版社,1988年。

杨立新点校:《大清民律草案　民国民律草案》,长春:吉林人民出版社,2002年。

杨西孟:《中国合会之研究》,上海:商务印书馆,1935年。

杨荫溥:《杨著中国金融论》,上海:商务印书馆,1930年。

杨肇遇:《中国典当业》,上海:商务印书馆,1933年。

姚洪卓:《近代天津对外贸易(1861~1948)》,天津:天津社会科学院出版社,1993年。

俞如先:《清至民国闽西乡村民间借贷研究》,天津:天津古籍出版社,2010年。

张国辉:《晚清钱庄和票号研究》,北京:社会科学文献出版社,2007年。

张利民等著:《近代环渤海地区经济与社会研究》,天津:天津社会科学院出版社,2003年。

张生:《中国近代民法法典化研究(1901—1949)》,北京:中国政法大学出版社,2004年。

张仁善:《礼·法·社会——清代法律转型与社会变迁》,天津:天津古籍出版社,2002年。

(清)张焘:《津门杂记》,丁绵孙、王黎雅点校,来新夏主编:《天津风土丛书》,天津:天津古籍出版社,1986年。

张中龠:《天津典当业》,万里书店,1935年。

郑成林:《从双向桥梁到多边网络——上海银行公会与银行业(1918—1936)》,武汉:华中师范大学出版社,2007年。

郑小娟、周宇:《15—18世纪的徽州典当商人》,天津:天津古籍出版社,2010年。

郑也夫:《代价论——一个社会学的新视角》,北京:生活·读书·新知三联书店,1995年。

郑也夫:《城市社会学》,北京:中国城市出版社,2002年。

郑也夫编:《信任:合作关系的建立与破坏》,北京:中国城市出版社,2003年。

郑也夫:《信任论》,北京:中信出版社,2015年。

中国人民政治协商会议天津市和平区委员会、天津市档案馆、天津市和平区档案馆:《老天津金融街》,天津:天津人民出版社,2010年。

周秋光:《熊希龄传》,天津:百花文艺出版社,2006年。

张大民主编:《天津近代教育史》,天津:天津人民出版社,1993年。

张利民主编:《解读天津六百年》,天津:天津社会科学院出版社,2003年。

张利民:《艰难的起步——中国近代城市行政管理机制研究》,天津:天津社会科学院出版社,2008年。

周俊旗主编:《民国天津社会生活史》,天津:天津社会科学院出版社,2004年。

〔英〕布莱恩·鲍尔著,刘国强译,刘海岩校订:《租界生活——一个英国人在天津的童年(1918—1936)》,天津:天津人民出版社,2007年。

〔波兰〕彼得·什托姆普卡著,程胜利译:《信任——一种社会学理论》,北京:中华书局,2005年。

〔德〕彼得·科斯洛夫斯基,孙瑜译:《资本主义伦理——社会市场经济》,陈筠泉等主编:《经济秩序理论和伦理学——中德比较研究》,北京:中国社会科学出版社,1997年。

〔德〕马克思著,郭大力、王亚南译:《资本论》第3卷,光华书店,1948年。

中共中央马克思、恩格斯、列宁、斯大林著作编译局编:《马克思恩格斯选集》第1卷,北京:人民出版社,1972年。

〔德〕马克斯·韦伯著,黄宪起、张晓琳译,黄铁珊、杨小滨校:《文明的历史脚步——韦伯文集》,上海:上海三联书店,1997年。

〔德〕马克斯·韦伯著,王容芬译:《儒教与道教》,北京:商务印书馆,1999年。

〔德〕马克斯·韦伯著,洪天富译:《儒教与道教》,南京:江苏人民出版社,2003年。

〔德〕N.卢曼著,余瑞先、郑伊倩译:《社会的经济》,北京:人民出版社,2008年。

〔法〕安克强著,袁燮铭等译:《上海妓女——19—20世纪中国的卖淫与性》,上海:上海古籍出版社,2004年。

〔美〕保罗·萨缪尔森、威廉·诺德豪斯著,萧琛等译:《经济学》,北京:华夏出版社,1999年。

〔美〕大卫·哈维著,黄煜文译:《巴黎城记——现代性之都的诞生》,桂林:广西师范大学出版社,2010年。

〔美〕道格拉瑟·诺思著,钟正生等译:《理解经济变迁过程》,北京:中国人民大学出版社,2008年。

〔美〕菲歇尔著,陈彪如译:《利息理论》,上海:上海人民出版社,

1999 年。

〔美〕弗兰西斯·福山著,李宛蓉译:《信任——社会道德与繁荣的创造》,呼和浩特:远方出版社,1998 年。

〔美〕贺萧著,韩敏中、盛宁译:《危险的愉悦:20 世纪上海的娼妓问题与现代性》,南京:江苏人民出版社,2003 年。

〔美〕罗伯特·布鲁斯·萧著,王振译:《信任的力量》,北京:经济管理出版社,2002 年。

〔美〕罗芙芸著,向磊译:《卫生的现代性——中国通商口岸卫生与疾病的含义》,南京:江苏人民出版社,2007 年。

〔英〕杰西·洛佩兹、约翰·斯科特著,允春喜译:《社会结构》,长春:吉林人民出版社,2007 年。

〔美〕马若孟著,史建云译:《中国农民经济:河北和山东的农业发展(1890—1949)》,南京:江苏人民出版社,1999 年。

〔美〕施坚雅主编,叶光庭等译:《中华帝国晚期的城市》,北京:中华书局,2000 年。

〔美〕史瀚波著,池桢译:《乱世中的信任:民国时期天津的货币、银行及国家-社会关系》,上海:上海辞书出版社,2016 年。

〔美〕悉尼·霍默、理查德·西勒著,肖新明、曹建海译:《利率史》第 4 版,北京:中信出版社,2010 年。

〔美〕约翰·哈特·伊利著,朱中一、顾运译,杨海坤审校:《民主与不信任——关于司法审查的理论》,北京:法律出版社,2003 年。

〔美〕约瑟夫·斯蒂格利茨著,纪沫、陈工文、李飞跃译:《斯蒂格利茨经济学文集》第一卷(上),北京:中国金融出版社,2007 年。

〔美〕詹姆斯·S.科尔曼著,邓方译:《社会理论的基础》(上),北京:社会科学文献出版社,1999 年。

〔日〕可儿弘明著,孙国群译:《"猪花"——被贩卖到海外的妇女》,河南:河南人民出版社,1990 年。

〔以色列〕尤瓦尔·赫拉利著,林俊宏译:《人类简史:从动物到上帝》,北京:中信出版社,2015 年。

〔英〕亨利·梅因著,沈景一译:《古代法》,北京:商务印书馆,1959 年。

〔英〕吉登斯著,赵旭东、方文译,王铭铭校:《现代性与自我认同——现代晚期的自我与社会》,北京:生活·读书·新知三联书店,1998 年。

〔英〕雷穆森著,许逸凡、赵地译,刘海岩校订:《天津租界史》(插图本),天津:天津人民出版社,2009 年。

〔英〕大卫·休谟著,陈玮译:《论利息》,《休谟经济论文选》,北京:商务印书馆,1984年。

〔英〕约翰·希克斯著,厉以平译:《经济史理论》,北京:商务印书馆,1987年。

三、论文

陈峥、李云:《三十年来近代中国乡村民间借贷研究综述》,《中国农史》2013年第2期。

陈志武、林展、彭凯翔:《民间借贷中的暴力冲突:清代债务命案研究》,《经济研究》2014年第9期。

林展、陈志武:《阶级身份、互联性交易、季节性与民间借贷——基于民国时期北方农村家计调查》,《清华大学学报》,2015年第5期。

陈志武、彭凯翔、袁为鹏:《清初至二十世纪前期中国利率史初探——基于中国利率史数据库(1660—2000)的考察》,《清史研究》2016年第4期。

杜恂诚:《20世纪二三十年代中国信用制度的演进》,《中国社会科学》2002年第4期。

杜恂诚:《近代上海钱业习惯法初探》,《历史研究》2006年第1期。

杜恂诚:《道契制度:完全意义上的土地私有产权制度》,《中国经济史研究》2011年第1期。

杜恂诚:《民国时期的信用扩张与经济周期——对奥地利学派德索托学术观点的讨论》,《财经研究》2016年第2期。

方行:《清代前期农村的高利贷资本》,《清史研究》1994年第3期。

傅建成:《二三十年代农家负债问题分析》,《中国经济史研究》1997年第3期。

傅为群:《晚清上海典当忆旧》,《中国金融》2008年第4期。

高海燕:《外国在华洋行、银行与中国钱庄的近代化》,《浙江大学学报》2003年第1期。

高石钢:《民国时期新式金融在西北的农贷活动绩效评价》,《中国农史》2009年第3期。

高石钢:《高利贷在中国古代的起源与发展问题探析》,《宁夏大学学报》2010年第3期。

何一民、谢放、王笛:《近代中国城市研究学术讨论会综述》,《近代史研究》1990年第3期。

何一民：《21 世纪中国近代城市史研究展望》，《云南大学学报》2002 年第 3 期。

胡光明：《论早期天津商会的性质与作用》，《近代史研究》1986 年第 4 期。

胡光明：《论北洋时期天津商会的发展与演变》，《近代史研究》1989 年第 5 期。

黄鉴晖：《清代帐局初探》，《历史研究》1987 年第 4 期。

江沛：《20 世纪上半叶天津娼业结构述论》，《近代史研究》2003 年第 2 期。

孔祥毅：《1883 年金融危机中的票号与钱庄》，《山西财经大学学报》2000 年第 3、4 期。

张亚兰、孔祥毅：《从山西票号看信任半径、信誉均衡与金融发展的关系》，《金融研究》2006 年第 8 期。

王书华、孔祥毅：《信誉博弈、制度均衡与晋商信用制度变迁分析》，《山西财政税务专科学校学报》2009 年第 1 期。

赖慧敏：《乾隆朝内务府的当铺与发商生息（1736—1795）》，《"中央研究院"近代史研究所集刊》1997 年第 28 期。

李金铮、邹晓昇：《二十年来中国近代乡村经济史的新探索》，《历史研究》2003 年第 4 期。

李金铮：《内生与延续：近代中国乡村高利贷习俗的重新解读》，《学海》2005 年 5 期。

李金铮：《释"高利贷"：基于中国近代乡村之考察》，《社会科学战线》2016 年第 9 期。

李南：《山西票号的衰败原因探究》，《邢台学院学报》2013 年第 1 期。

李兴平：《略述清末民初的兰州典当业》，《甘肃行政学院学报》2002 年第 1 期。

李一翔：《传统与现代的柔性博弈——中国经济转型过程中的银行与钱庄关系》，《上海经济研究》2003 年第 1 期。

林地焕：《论 20 世纪前期天津钱庄业的繁荣》，《史学月刊》2000 年第 1 期。

刘海岩：《首届中国沿海城市经济史讨论会综述》，《历史研究》1987 年第 1 期。

刘海岩：《近代中国城市史研究的回顾与展望》，《历史研究》1992 年第 3 期。

刘鸿:《清末民初北京市的典当业》,《北京社会科学》1996年第1期。

刘建生、王瑞芬:《清代以来山西典商的发展及原因》,《中国经济史研究》2002年1期。

刘建生、王瑞芬:《试论明清时期山西典当业与社会各阶层的关系》,《生产力研究》2002年第2期。

刘建生、王瑞芬:《试析明清时期山西典当业对国家财政金融的历史作用》,《生产力研究》2002年第4期。

刘建生、王瑞芬:《浅析明清以来山西典商的特点》,《山西大学学报》2002年第5期。

刘秋根:《中国典当史研究的回顾与展望》,《中国史研究动态》1992年第8期。

刘秋根:《清代城市高利贷资本》,《中国经济史研究》1996年第4期。

刘秋根:《十至十四世纪的中国合伙制》,《历史研究》2002年第6期。

刘秋根、黄登峰:《中国古代合伙制的起源及初步发展——由战国至隋唐五代》,《河北大学学报》2007年第3期。

刘秋根、李潇:《清代前期钱铺银号的放款研究》,《河北大学学报》2013年第6期。

刘征:《民国时期甘宁青农村高利贷问题探析》,《历史教学》2011年第2期(1月下半月刊)。

楼远:《非制度信任与非制度金融:对民间金融的一个分析》,《财经论丛》,2003年第11期。

鲁荡平:《发展天津市工商业最低限度之工作》,《社会月刊》第1卷第5、6号合刊,天津特别市社会局编印,1929年12月。

卢汉超:《从精英到大众:近年美国中国城市史研究的"从上到下"取向》,《史学月刊》2008年第5期。

卢孟宇:《我国之钱庄》,《海光》第1卷第9期,1929年9月。

罗炳锦:《清代以来典当业的管制及其衰落》,《食货月刊》复刊第7卷第5、6期,1977年。

罗炳锦:《近代中国典当业的分布趋势和同业组织》,《食货月刊》复刊第8卷第2、3期,1978年。

吕利、曹云飞:《民国时期上海地区的合会——(1918~1948)法制史的角度》,《枣庄学院学报》2007年第6期。

马俊亚:《近代国内钱业市场的运营与农副产品贸易》,《近代史研究》2001年第2期。

马俊亚:《典当业与江南近代农村社会经济关系辨析》,《中国农史》2002 年第 4 期。

潘连贵:《近代上海的典当业》,《上海金融》1994 年第 2 期。

潘庆中、龙登高:《近代上海钱庄银拆利率探究:基于 1912—1933 年上海汇划钱庄银拆的数据》,《经济研究》2015 年第 2 期。

彭凯翔、陈志武、袁为鹏:《近代中国农村借贷市场的机制——基于民间文书的研究》,《经济研究》2008 年第 5 期。

皮明庥:《城市史研究略论》,《历史研究》1992 年第 3 期。

钱浩、蒋映铁:《民国时期的浙江典当业》,《浙江学刊》1997 年第 2 期。

乔虹:《明清以来天津水患的发生及其原因》,《北国春秋》1960 年第 3 期。

秦晖:《汉代的古典借贷关系》,《中国经济史研究》1990 年第 3 期。

邱建新:《论"合会"的信任机制》,《江南大学学报》2007 年第 5 期。

任吉东:《从宏观到微观 从主流到边缘——中国近代城市史研究回顾与瞻望》,《理论与现代化》2007 年第 4 期。

任云兰:《论近代中国商会的商事仲裁功能》,《中国经济史研究》1995 年第 4 期。

单强:《民国时期江南农村信贷市场之特征》,《中国经济史研究》1995 年第 2 期。

单强、昝金生:《论近代江南农村的"合会"》,《中国经济史研究》2002 年第 4 期。

水羽信男:《日本的中国近代城市史研究》,《历史研究》2004 年第 6 期。

宋美云:《北洋时期官僚私人投资与天津近代工业》,《历史研究》1989 年第 2 期。

孙睿:《市场秩序与行业组织:近代天津钱业同业公会研究》,《中国经济史研究》2015 年第 5 期。

陶鹤山:《论中国近代市民群体的产生和发展》,《东方论坛》1998 年第 4 期。

陶季邑:《史翰波著〈乱世中的信任:民国时期天津的货币、银行与政府社会关系〉》,《历史研究》2004 年第 3 期。

王笛:《近年美国关于近代中国城市的研究》,《历史研究》1996 年第 1 期。

王尔敏:《账折与水牌:传统商贩扩大信用之拓销工具》,《近代中国史研究通讯》(台北"中央研究院"近代史所),2001年6月第32期。

王逢辛:《钱庄业在中国金融市场上之地位》,《钱业月报》第11卷第11号,1931年11月。

王凯旋:《中国典当史研究论》,《辽宁大学学报》2008年第4期。

王建国:《华中抗日根据地减租减息运动探析》,《中共党史研究》2010年第6期。

汪敬虞:《十九世纪外国在华金融活动中的银行与洋行》,《历史研究》1994年第1期。

王路曼、池桢:《再评史瀚波(乱世中的信任)——兼论美国的中国城市史研究》,《史林》2016年第3期。

王绍惠:《沦陷前天津的典当业》,《天津档案史料》1996年创刊号。

王书华、孔祥毅:《信誉博弈与山西票号身股制度变迁分析》,《生产力研究》2010年第2期。

王世华:《明清徽州典商的盛衰》,《清史研究》1999年第2期。

王天奖:《近代河南农村的高利贷》,《近代史研究》1995年第2期。

王廷元:《徽州典商述论》,《安徽史学》1986年第1期。

王卫平、黄鸿山:《晚清借钱局的出现与演变》,《历史研究》2009年第3期。

王曾瑜:《从市易法看中国古代的官府商业和借贷资本》,《大陆杂志》第85卷1期,1992年。

王中良、杨小敏:《清代民国晋商典当业研究综述》,《衡水学院学报》2016年第5期。

魏承铨:《吾国钱庄于金融界之位置》,《钱业月报》第2卷第3号,1922年3月。

魏忠:《近代上海钱业制度的内生性研究》,《山东经济》2011年第2期。

温锐:《民国传统借贷与农村社会经济——以20世纪初期(1900—1930)赣闽边区为例》,《近代史研究》2004年3期。

吴石城:《天津之银号》,《银行周报》第19卷第16号,1935年4月30日。

熊月之、张生:《中国城市史研究综述(1986—2006)》,《史林》2008年第1期。

徐畅:《"合会"述论》,《近代史研究》1998年第2期。

徐畅:《20世纪20-30年代中国农村高利贷特点简述》,《烟台师范学院学报》(哲学社会科学版)2003年第1期。

徐畅:《高利贷与农村经济和农民生活关系新论——以20世纪二三十年代苏、浙、皖三省农村为中心》,《江海学刊》2004年4期。

徐畅:《农家负债与地权异动——以20世纪30年代前期长江中下游地区农村为中心》,《近代史研究》2005年第2期。

徐畅:《近代长江中下游地区农村典当三题》,《安徽史学》2005年第3期。

杨勇:《近代江南典当业的社会转型》,《史学月刊》2005年第5期。

杨元华、赵伟:《解放初期上海典当业的管理与改造》,复旦大学中国金融史研究中心编:《中国金融制度变迁研究》,《中国金融史集刊》第三辑,复旦大学出版社,2008年11月。

姚会元:《近代汉口钱庄研究》,《历史研究》1990年第2期。

易棉阳、姚会元:《1980年以来的中国近代银行史研究综述》,《近代史研究》2005年第3期。

易继苍:《钱庄业研究综述》,《学术界》2008年第1期。

游海华:《债权变革与农村社会经济发展秩序——以中央苏区革命前后的民间借贷为中心》,《中国农史》2010年第2期。

袁熹:《近代北京的贫民小本借贷处》,《今日科苑》2008年19期。

岳璠、田海平:《信任研究的学术理路——对信任研究的若干路径的考察》,《南京社会科学》2004年6期。

张济顺、朱弘:《城市研究与上海研究国际学术讨论会综述》,《历史研究》1992年第3期。

张杰、刘东:《来自继承,还是来自环境？——对我国信任体系缺失的再思考》,《湖北社会科学》2006年第8期。

张利民、任吉东:《近代天津城市史研究综述》,《史林》2011年第2期。

张玮:《中共减息政策实施的困境与对策——以晋西北抗日根据地乡村借贷关系为例》,《党的文献》2009年第6期。

张忠民:《前近代中国社会的高利贷与社会再生产》,《中国经济史研究》1992年第3期。

赵泉民:《进化与异动:合作社对乡村借贷关系影响分析——以20世纪前半期中国的乡村信用社为中心》,《江海学刊》2006年第5期。

赵婧:《近代上海方氏家族钱庄股权变动研究》,《中国经济史研究》2016年第5期。

赵晓耕、刘涛:《中国古代的典、典当、倚当与质》,《云南大学学报》

2008年第7卷第1期。

赵毅:《明代豪民私债论纲》,《东北师大学报》1996年5月。

郑成林、魏文享:《"近代中国社会群体与经济组织"国际学术研讨会评述》,《近代史研究》2006年第2期。

周翔鹤:《清代台湾民间抵押借贷研究》,《中国社会经济史研究》1993年2期。

朱静:《金城银行上世纪二三十年代的小本贷款评述》,《中国社会经济史研究》2005年第3期。

朱荫贵:《抗战前钱庄业的衰落与南京国民政府》,《中国经济史研究》2003年第1期。

朱荫贵:《论抗战时期的杭州钱庄业》,《安徽史学》2010年第1期。

朱荫贵:《论钱庄在近代中国资本市场上的地位和作用》,《社会科学》2011年第8期。

朱荫贵:《论近代中国民间金融资本的地位和作用》,《北京大学学报(哲学社会科学版)》2012年第3期。

鲍正熙:《二十世纪上半叶苏州典当业述论》,苏州大学硕士学位论文,2001年。

曹笑辉:《重建典权制度刍议》,西南政法大学硕士学位论文,2005年。

陈东红:《清代典权制度初步研究》,中国政法大学硕士学位论文,2001年5月。

董才生:《社会信任的基础:一种社会制度的解释》,吉林大学博士学位论文,2004年。

陈鸿铭:《急需借贷、交易成本与管制成本:以台湾当铺为例》,台湾中华大学硕士学位论文,2000年。

陈立谨:《晚清以来济南金融业研究——晚清至1937年》,山东大学硕士学位论文,2007年。

陈峥:《民国时期广西农村高利贷研究》,广西师范大学硕士学位论文,2006年。

高福美:《清代沿海贸易与天津商业的发展》,南开大学博士学位论文,2010年。

洪士峰:《因"物"称"信":典当业存在的基础》,台湾清华大学硕士学位论文,1999年。

顾玉乔:《清代以来徽州乡村民间借贷研究——以〈徽州文书〉中收录的收借条为中心》,安徽大学硕士学位论文,2014年。

姬淑婷:《信任网络破损——山西票号衰败的根源》,山西财经大学硕士学位论文,2014年。

陆雷:《不完全产权的经济分析——应用于农村高息借贷的研究》,中国社科院博士学位论文,2002年。

李道永:《民国时期民间借贷习惯研究》,郑州大学博士学位论文,2012年。

李金铮:《借贷关系与乡村变动——民国时期华北乡村借贷之研究》,南开大学博士学位论文,1999年。

李霖:《近代钱庄与票号对比研究及启示》,河南大学硕士学位论文,2013年。

李永福:《山西票号研究》,华东师范大学博士学位论文,2004年。

李维庆:《中国近现代典当业之研究》,南开大学博士学位论文,2009年。

林益弘:《抵押品、利率与借贷市场——以台湾地区当铺业为例》,台湾中正大学硕士学位论文,1995年。

刘继澳:《合会制度研究》,西南政法大学硕士学位论文,2013年。

潘敏德:《中国近代典当业之研究(1644—1937)》,台湾师范大学历史研究所专刊,总第13期,1985年。

朴恩惠:《韩国传贳权制度研究——兼与中国典权比较》,华东政法大学博士学位论文,2010年。

秦素碧:《民国时期四川典当业研究》,四川大学硕士学位论文,2003年。

苏开亮:《钱庄的金融中介职能研究》,复旦大学硕士学位论文,2014年。

孙季萌:《清朝的高利贷立法与规制略论》,苏州大学硕士学位论文,2016年。

徐攀:《晚清至民国时期赣南地区借贷关系研究》,赣南师范学院硕士学位论文,2013年。

王亮亮:《金融风潮背景下钱庄内部控制研究》,复旦大学硕士学位论文,2014年。

魏晋:《清代至民国钱庄发展变迁研究——基于钱庄数量与资本额的考量》,山西大学硕士学位论文,2012年。

武丹丹:《民国时期典权制度研究》,河南大学硕士学位论文,2009年。

徐玲:《明清以来徽州典当业的地理分布及其社会影响——以长江三

角洲的苏州等地为中心》,复旦大学硕士学位论文,2004年。

杨熠:《〈中华民国民法〉典权法律制度研究》,西南政法大学硕士学位论文,2005年。

杨勇:《近代江南典当业研究》,复旦大学博士学位论文,2005年。

杨贞:《清代前期民间借贷法律研究》,河北大学硕士学位论文,2011年。

张恒静:《民国时期上海钱庄业的行业自治探析(1917年—1937年)——从金融法制视角》,西南政法大学硕士学位论文,2012年。

赵文娟:《从"典"到"典权"——习惯、立法、实践及其体现的若干问题》,西南政法大学硕士学位论文,2009年。

朱园园:《中国钱庄发展问题研究——从1840年到1937年》,吉林大学硕士学位论文,2016年。

邹晓昇:《上海钱业公会研究(1917—1937)——以组织和内部管理制度的演变为中心》,复旦大学博士学位论文,2007年。

左海军:《近代天津银号研究(1900—1937)》,华中师范大学博士学位论文,2014年。

后　记

本书是在我博士论文基础上修改而成的。值博士论文准备出版之时，有幸得到天津古籍出版社推荐，成功通过国家社科基金后期资助项目评审，历经数年终于即将出版。

回首往昔，首先要感谢我的硕士生导师阎书钦老师，是他引领我走上学术之路，并将我推荐给了博士生导师李金铮老师。李老师是著名的中国乡村史学者，尤以乡村借贷研究而闻名学界。当时他认为近代乡村金融的研究成果已较为丰硕，但近代城市借贷的研究还不是很多，建议我就近利用天津地方资料，研究一下近代城市的民间借贷。在李老师的点拨下，我阅读了有关近代金融史的著述，并以在天津市档案馆收集的第一手档案资料为核心，对近代天津的私人借贷、高利贷、合会、典当、钱庄、小本借贷、新式金融及政府对民间借贷的治理进行了研究，形成了本书的框架。在追随李老师学习期间，对老师阐发的史学研究中的问题意识尤为折服，自己也力求利用信任理论，对所收集的原始材料进行解读，希图能有些新创获。然因根底浅薄，终有难以尽如人意之处，如对近代复杂多变的货币及效用关注不够，这也是我进一步努力的方向。

在写作过程中，著名天津史家张利民老师热情指点，并慷慨提供了许多宝贵的资料。南开大学历史学院江沛、王先明等老师的提点教诲，让我深受启发。在天津市档案馆查阅档案期间，有缘结识了辛辛那提大学关文斌老师，他解答了我阅读中的许多疑惑。山东大学徐畅老师赠送的珍贵资料，令我的工作得以顺利进行。博士论文答辩期间，中国社会科学院近代史研究所王建朗老师、河北师范大学戴建兵老师提供了宝贵的建议。国家社科基金后期资助五位匿名评审专家的批评和建议，使我受益匪浅。另外，天津市档案馆贾红林、李静、张园老师和天津社会科学院王翠华、朱小平老师为查阅资料提供了帮助，天津古籍出版社相关工作人员在出版环节付出辛劳。在此一并致谢。

最后，感谢家人对我的付出。

冯剑，2021 年春